S. J. MALIK

ISLAMISIERUNG IN PAKISTAN 1977 - 84

BEITRÄGE ZUR SÜDASIENFORSCHUNG
SÜDASIEN-INSTITUT
UNIVERSITÄT HEIDELBERG

BAND 128

STEINER VERLAG WIESBADEN GMBH
STUTTGART
1989

ISLAMISIERUNG IN PAKISTAN 1977 - 84

UNTERSUCHUNGEN ZUR AUFLÖSUNG AUTOCHTHONER STRUKTUREN

von

S. JAMAL MALIK

STEINER VERLAG WIESBADEN GMBH
STUTTGART
1989

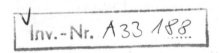

CIP-Titelaufnahme der Deutschen Bibliothek

Malik, S. Jamal:
Islamisierung in Pakistan 1977 - 84 : Untersuchungen zur Auflösung autochthoner Strukturen / von S. Jamal Malik. – Stuttgart: Steiner-Verl. Wiesbaden, 1989
(Beiträge zur Südasienforschung; Bd. 128)
Zugl.: Heidelberg, Univ., Diss., 1988
ISBN 3-515-05389-1

NE: GT

D 16

INHALT

VERZEICHNIS DER TABELLEN, GRAPHEN, DIAGRAMME UND KARTEN

Tabellen

Diagramme

Graphen

Karten

Vorwort

Die vorliegende Arbeit wurde im April 1988 als Dissertation im Fach Geschichte Südasiens an der Universität Heidelberg eingereicht.
In ihrer hier vorliegenden Form wurde sie von mir mit Hilfe eines Textverarbeitungssystems gebracht. Eventuelle Mängel des *Layouts* gehen daher zu meinen Lasten.

Die Arbeit lebt von den unzählbaren Diskussionen mit Informanten, Lehrkräften und Freunden sowohl in Pakistan als auch im Südasien-Institut der Universität Heidelberg. Im einzelnen sei an dieser Stelle den ehrenwerten Herren *Muftîs* und *Mawlânâs* sowie den zahlreichen Vorsitzenden der religiösen Schulen gedankt, ohne deren hilfreiche und zuvorkommende Unterstützung und Mitarbeit diese Untersuchung unvollständig geblieben wäre. Besonderer Dank gebührt Herrn *Muftî Na`îmî*, *Muftî Anwâr Shâh*, *Mawlânâ Yûsuf Ṭalâl* und *Mawlânâ Ḥâmid Miyân*. Für seine moralische und intellektuelle Hilfestellung danke ich Herrn Dr. A.W.J. Halepota.
Die zahlreichen Universitätsprofessoren und Bibliothekare, Mitarbeiter des Bundeserziehungsministeriums sowie die Vertreter der Ministerien der Provinzen haben mir wertvolles Informationsmaterial zur Verfügung gestellt. Besonders hervorzuheben ist die hervorragende Zusammenarbeit mit den Zakatadministrationen. Ihnen allen einen herzlichen Dank.
Ohne die Unterstützung der Freunde und Bekannten in Islamabad und Lahore wären mir zahlreiche Türen verschlossen geblieben.
Für die kleinen und großen Hilfestellungen und Materialbeschaffungen danke ich den Mitarbeitern des Südasien-Instituts, vor allem Herrn Dr. W.-P. Zingel, Herrn Dr. Inayatullah Baloch und Herrn Prof. Fateh Muhammad Malik für ihre zahlreichen wissenschaftlichen Anregungen.
Ganz besonderer Dank gebührt meinem Doktorvater Herrn Prof. Dr. D. Rothermund, der entscheidene Verbesserungsvorschläge machte und dessen wissenschaftlicher Rat und Teilnahme an der Arbeit wesentlich zur ihrer Vollendung beigetragen hat.
Für die Übernahme des Korreferates danke ich Herrn Prof. Dr. R.G. Khoury.

Ohne die großzügige finanzielle Unterstützung der Konrad-Adenauer-Stiftung wäre diese Arbeit nicht entstanden. Es ist mir ein aufrichtiges Bedürfnis, der Stiftung und ihren Mitarbeitern/innen, besonders Herrn K.S. Krieger und Frau R. Düchting, meinen Dank zu übermitteln.
Meinen Eltern sei gedankt für ihre Hilfe bei sprachlichen Engpässen und für ihre moralische Unterstützung während der ganzen Zeit. Gedankt sei auch Benjamin, der während der Feldforschung lange Zeiten auf seinen Vater hat warten müssen und seiner Mutter, die ihm diese Zeit überbrükken half.
Für die gewissenhafte sprachliche Korrektur des Manuskriptes bin ich Frau R. Backhaus verpflichtet.
Schließlich gilt mein Dank für sachliche Anregungen sowie für die unermüdliche Hilfe während den letzten Jahren Chr. Gieraths. Ohne ihre Unterstützung wären die Erkenntnisse nicht aus den *madâris* gelangt.

Heidelberg, im November 1988

S. Jamal Malik

EINLEITUNG

Westliche Wissenschaftler, die sich mit dem Islam als gesellschaftlicher, politischer und wirtschaftlicher Macht auseinandersetzen, haben schon vor vielen Jahren ihre begrenzte Kenntnis über islamische Institutionen wie z.B. *waqf* (religiöse Stiftung), *ṭarîqah* [arab. ṭarîqa] (mystische Vereinigung), *dînî madâris* (religiöse Schulen) und *khânqah* (Rastplatz, bes. für Pilger) problematisiert und ein großes Interesse dafür angezeigt, sie zum Gegenstand wissenschaftlicher Untersuchungen zu machen. Dabei schien es von besonderer Bedeutung zu sein, diese Institutionen im Zusammenhang mit den ihnen innewohnenden Kräften zu erfassen, um Aufschluß über institutionelle und wirtschaftliche Organisationsformen und Formen kultureller und/oder religiöser Artikulation zu erhalten. Das Ziel war es, sich Einblick in die traditionale Struktur muslimischer Gesellschaften zu verschaffen[1].
Welches Erkenntnisinteresse hinter diesen Forderungen stand, wurde zunächst nicht hinterfragt. Ging es darum, *andere* Kulturen besser verstehen zu können? Oder war das heuristische Interesse davon geprägt, die *eigene* Kultur mittels der anderen besser zu begreifen, etwa im Sinne anthropologischer Studien? Oder stand das zentrale Anliegen *orientalistischer* Studien in Zusammmenhang mit anderen, etwa wirtschaftlich oder gar geo-strategisch motivierten, Überlegungen? In welchen erkenntnistheoretischen Rahmen waren Fakten und Erkenntnisse zu stellen? Ging das heuristische Interesse über die reine Datenanhäufung hinaus und legten die Wissenschaftler die Daten als rein praktisch, technisch verwertbare Produkte der Forschung vor, ohne dabei den Verwertungszusammenhang des Erforschten in ihrer zeitgenössischen Tragweite zu reflektieren?[2]

---

1 Vgl. z. B. D. Rothermund (ed.): Islam in South Asia, Heidelberg 1975. Ähnliche Probleme wurden auch auf dem "*Dissertation Workshop on Contemporary Muslim Societies*" im Juli 1987 in Tanger, Marokko, thematisiert (veranstaltet vom amerikanischen sozialwissenschaftlichen Rat [SSRC]).

2 Man denke hier etwa an die Kritik Habermas an Popper; vgl. Th. Adorno et al.: Der Positivismusstreit in der deutschen Soziologie, Darmstadt 1982[10]; dort der Beitrag von J.Habermas: Gegen einen positivistisch halbierten Rationalismus, S. 235 ff.

Wenn eine - etwa historisch-islamwissenschaftliche - Untersuchung analytischen Charakter vorwies und empirisch gewonnene Daten in einen theoretischen Zusammenhang zu setzen versuchte, konnten ihr meist zu Recht neben dem heuristischen auch der normative Eurozentrismus unterstellt werden. Oft, so scheint es, wurde die seit der Kolonialzeit reproduzierte Rückständigkeit des Orients perpetuiert und wissenschaftlich zementiert[3]. Muslimische Intellektuelle griffen sie auf, akzeptierten sie und machten schließlich den Versuch, den von ihnen vermeintlich erkannten verfallstheoretischen Charakter des Islam mittels westlichen Werten und Formen aufzuhalten. Heute dient diese Vorstellung weiterhin dazu, Modernisierungsstrategien in der "Dritten Welt" Vorschub zu leisten. Bedingungen dieser Möglichkeit war die Schaffung einer Teilung der Welt in *Moderne* und *Nicht-Moderne*. Diese Vorstellung basiert auf der allgemeinen Annahme sowohl unter den reformwilligen Vertretern der zu modernisierenden "Entwicklungsländer", als auch unter den Wissenschaftlern in den "entwickelten" Ländern, daß nicht nur "Traditionalität" und "Modernität" besteht, sondern daß vor allem notwendigerweise Traditionalität durch Modernität zu ersetzen sei und die Gesellschaft somit transformiert werden müsse. Damit unterliegt diese Auffassung einer gewissen teleologischen Tendenz, Tradition aufzulösen. In diesem Zusammenhang muß auf die islamischen Institutionen wie das Stiftungswesen, die Orden und die traditionellen Erziehungsstätten sowie die traditionalen Sozialsysteme verwiesen werden. Es handelt sich hierbei nämlich um noch autonome Institutionen, die den autochthonen Charakter vorkolonialer Gesellschaften repräsentieren. Die Mehrzahl dieser Institutionen ist im Rahmen der Kolonialisierung freilich zunächst ins Abseits gerückt und findet auch in der zeitgenössischen nationalen Politik wenig, bisweilen gar keine Beachtung. Sie dienten als Auffangbecken in sozialen Krisen und der nackten Bereicherung der Eliten und Repräsentanten des kolonialen Staates, die ihrerseits westliches, der traditionalen Kultur entfremdetes Gedankengut reflektieren.

Die Wiederentdeckung autochthoner Strukturen, besonders in der jüngsten Vergangenheit, hat auch das akademische Interesse an ihnen geweckt. Es waren jedoch nicht die Traditionalisten, die Hüter autochthoner Kultur

3 Vgl. z. B. Edward Said: Orientalismus, Frankfurt 1981 (die deutsche Übersetzung ist sehr fehlerhaft) sowie der Beitrag von Brain S. Turner: Accounting for the Orient, in: D. Maceoin / A. Al-Shahi (eds.): Islam in the Modern World, Canberra 1983, S. 9-26, die versuchen, dieses Problem aufzuzeigen.

und Institutionen, welche die Tradition und ihre Institutionen ins Rampenlicht stellten, sondern modernistische, z. gr. T. säkularisierte Kräfte. Sie wandten sich diesen Strukturen mit der Absicht zu, sie nun mit höchst modernen Ingredienzen zu reformieren. Auf diese von außen injizierte Modernisierung *re*agierten die Hüter traditionaler Institutionen entweder mit Abschottung vom modernen, kolonialen Sektor (siehe Kapitel I) oder mit Öffnung und damit Assimilation. Diejenigen Kräfte, die die traditionellen Institutionen, wie beispielsweise die religiösen Schulen [*dînî madâris*], \`rekonstruieren' wollten, veranstalten Kongresse in westlichen Metropolen; so z. B. das Seminar über "Traditional forms of Education within a diversified Educational field: The case of Coranic Schools"[4]. Ein erklärtes Ziel war es, "...to make religious teachers aware that modernization properly understood does not pose a threat to Islamic identity"[5]. Interessensdivergenzen sowohl zwischen den Vertretern traditionaler Institutionen untereinander, als auch zwischen den westlichen Wissenschaftlern, die diese Institutionen zum Gegenstand ihrer Forschung machten, sind zwar nicht außergewöhnlich[6]. Auf diesen Seminaren sind sich die meisten Teilnehmer jedoch über die *Notwendigkeit einer Modernisierung* solcher Institutionen einig. Langfristig führt eine solche Vorgehensweise zu einer Integration und schließlich zur Anbindung autonomer Strukturen an den Staat. Auch wenn z.B. K.-H. Osterloh die Einzigartigkeit traditionaler Bildung betont hat[7], so sind Vertreter der "Non-Governmental Organisations", Multinationaler Konzerne und staatlicher Institutionen der Meinung, das traditionale Erziehungswesen müsse "deromantisiert" oder demystifiziert[8] werden, um es für *Entwicklung*[9] -

---

4 10.-12. Dez. 1984 in Paris veranstaltet vom "International Institute for Educational Planning (UNESCO)".

5 D. Eickelman, in: a.a.O.: "working document" vom 17.6.1986 (mimeo), S. 5

6 So z.B. während des Kongresses *"The impact of pesantren on Education and Community Development in Indonesia"*, 9.-13.7.1987 in West Berlin; veranstaltet von der *TU*-Berlin und der Friedrich Naumann Stiftung.

7 K.-H. Osterloh: Traditionelle Lernweisen und europäischer Bildungstransfer. Zur Begründung einer adaptierten Pädagogik in den Entwicklungsländern, in: T. Schöfthaler/D. Goldschmidt (Hrsg.): Soziale Struktur und Vernunft, Frankfurt a.M. 1984 S. 440-460

8 Diese Begriffe erinnern freilich an Webers Religionssoziologie. Einige gute Diskussionsbeiträge zum Islam und der Weber'scher Entmystifizierung finden sich jetzt in: Wolfgang Schluchter (Hrsg.): Max Webers Sicht des Islams, Frankfurt a.M. 1987

wobei unterstellt wird, daß in den Entwicklungsländern eine *Nicht-* oder zumindest *Unterentwicklung* herrscht - zu nutzen.
Das entscheidende Problem der Umsetzung von Lösungsstrategien bei der Überwindung heterogener Verhältnisse liegt nun darin, daß jene, die Verbesserungsvorschläge leisten, meist nur ansatzweise Teile der zahlenmäßig starken traditionalen Kultur darstellen und diesbezüglich exogene Interessen vertreten. Vielmehr sind sie teilweise oder ganz in den modernen (kolonialen) Sektor, der hier als Teil einer komplexen Gesellschaft zu begreifen ist[10], integriert. Dieser Sektor ist mit umfassender politischer Macht ausgestattet. Vorschläge und Vorstellungen aus diesem, wie auch aus jedem anderen Gesellschaftsbereich, sind als Projektionen des jeweils eigenen gesellschaftlichen Mikrokosmos zu begreifen. Dieser wird makrokosmisch propagiert und seine gesamtgesellschaftliche Umsetzung gefordert. Dabei ergeben sich verständlicherweise Diskrepanzen zwischen Anspruch und tatsächlicher Umsetzung. Dies scheint zunächst eine Banalität zu sein. Wenn die Widersprüche sich jedoch gesellschaftlich manifestieren und zum Ausbruch gelangen, können sie eine große soziale und politische Stoßkraft entwickeln. Ähnliche Diskrepanzen können wir für die in der vorliegenden Arbeit behandelten Bereiche nachvollziehen, besonders für den der nunmehr institutionalisierten islamischen Ideologie (*CII*), des traditionalen Sozialsystems [*awqâf* und *zakât* (arab. zakâ)] und der religiösen Schulen [*dînî madâris*].
Wir können schon hier vorwegnehmen, daß es das Ziel der einheimischen Reformer ist - seien sie Repräsentanten des Staates oder andere Produkte kolonialer Herrschaft - die eigene, in erster Linie von *ihnen* selbst empfundene kulturelle Rückständigkeit durch unbedingte moderne Entwicklungsstrategien aufzuheben. Dabei sind ihnen die westlichen Wissenschaftler behilflich, indem sie die Legitimation für den sich selbst von den (islamischen) Avantgardisten auferlegten Reformzwang liefern.
Freilich birgt die Reformfreudigkeit ein hohes Maß an Universalisierung der endogenen Gesellschaften in sich. Sie soll eine Aufhebung oder zumindest Beschränkung des autochthonen Charakters lokaler Kulturen zu Gunsten einer vereinheitlichten Kultur, deren Werte sich selbstverständlich an die der westlichen Gesellschaft orientieren, herbeiführen. Damit

---

9 Dieser überaus diffuse Begriff konnte denn auch während der letztgenannten Konferenz nicht eindeutig erfasst werden.
10 Etwa im Sinne von J. Habermas: Zur Rekonstruktion des Historischen Materialismus, Frankfurt a.M. 1982[3], bes. S. 144-199.

einher geht die immer stärker anwachsende Zentrifugalkraft des staatlichen Sektors und seiner Interessen. Die Tendenz der Universalisierung schreitet mittels institutioneller Reformen voran, die an Strukturen exogener Gesellschaften orientiert sind.
In einem komplexen Land wie Pakistan [Pâkistân] ist die Angleichung verschiedener gesellschaftlicher Sektoren jedoch besonders problematisch, da die Komplexität nicht nur eine geographische Vielseitigkeit aufweist. Sie wird auch durch die Einführung eines kolonialen, nunmehr politisch dominanten, Gesellschaftsbereiches gesteigert. Ferner führen verschiedene ethnische, sprachliche und religiöse Zugehöhrigkeiten und Absplitterungen zu einer weitgefächerten gesellschaftlichen Diversifizierung. Damit besteht zwar das Substrat für eine pluralistische Gesellschaft, das Fehlen einer homologen Orientierung jedoch erschwert eine einheitlich gesamtgesellschaftliche Ordnung.
Die vorliegende Arbeit will sich besonders auf die diversen religiösen Abspaltungen konzentrieren und an Hand von traditionalen als auch nicht-traditionalen Institutionen aufzeigen, wie der Nationalstaat als Inkarnation kolonialer Werte seine Macht konsolidiert und noch von ihm unberührte Gesellschaftsteile integriert und sich einverleibt.
Die Integrationspolitik gegenüber autonomen Kulturen, so wie sie in der Islamisierung sichtbar wird, ist in einem hohen Maße positiv von exogenen Interessen, mitunter geo-strategischer Natur, geprägt. Etwaige Reaktionen lokaler Kulturen auf staatliche Expansion sind ebenfalls von diesen Interessen geprägt, allerdings in negativer Form, indem sie nämlich *re*agieren und sich der staatlichen, universalisierenden 'Weltkultur' zu widersetzen suchen.

An dieser Stelle scheint es sinnvoll, die vielen religiösen Gruppierung in Pakistan in Kürze darzustellen, um für die spätere Diskussion und Analyse der empirisch gewonnen und systematisch aufgearbeiteten Daten den Boden zu bereiten[11].
Bei der Vorstellung religiöser Gruppierungen beschränkt sich die Arbeit auf die weitverbreitetsten Artikulationsformen islamischer Kultur.

---

11 Eine zusammenfassende Darstellung verschiedener Strömungen des Islam in Pakistan findet sich auch bei Duran Khalid: Pakistan und Bangla Desh, in: W. Ende/ U. Steinbach (Hrsg.): Der Islam in der Gegenwart, München 1984, S. 274-307.

Der Verfassung nach ist Pakistan ein islamischer Staat, dessen Rechtsgrundlagen auf der hanafitischen Auslegung *Abû Ḥanîfah* (699–767) des Islam fußen sollen, doch ist bis heute noch das koloniale Rechtssystem (etwa das *Pakistan Penal Law*) verbreitet. Neben diesen beiden, seit der Islamisierung 1977 offiziell gültigen Rechtssystemen, erfreut sich in den meisten Gebieten des heutigen Pakistan auch das Gewohnheitsrecht [*`urf*] großer Beliebtheit. Es unterliegt wiederum regionalen Variationen[12]. Über diese *drei* verschiedenen Rechtssysteme hinaus exististiert noch das Rechtssystem der *Schia* [s͟hî`ah], der etwa 10–15% der pakistanischen Bevölkerung angehören, sowie die "Rechtsauffassung" der sogenannten Fundamentalisten, die streng genommen jegliche Anlehnung an eine der vier bzw. fünf großen Rechtsschulen ablehnen. Sie betrachten Koran [qur'ân] und Sunna als die einzig bindenden Quellen für die Rechtsauslegung.

Die hanafitische Rechtsschule in Pakistan wird, grob gesprochen, vertreten durch die Geistlichen und Rechtsgelehrten [*`ulamâ'* und *fuqahâ'*] zweier sich entgegenstehender und sich bisweilen bekriegender Gruppierungen. Die einen nennen sich *Deobandis* [Dêôbandî], weil sie sich in der einen oder anderen Form mit dem 1867 in Deoband [Dêôband] (bei Dehli) gegründeten theologischen Seminar verbunden fühlen[13]. Das Deoband Seminar hatte es sich zum Ziel gesetzt, traditionale islamische Wissenschaften [*manqûlât*] wiederzuerwecken und zu fördern. Dabei betonten die Väter des Seminars die orthodoxe Lehre vom islamischen Recht, das mittels eines klassischen, theologisch ausgerichteten Curriculums umgesetzt werden sollte. Als Reaktion auf den britischen

12 Etwa den "Codes of honor".

13 Zu den Deobandis in Indien vor der Unabhängigkeit vgl. etwa die Beiträge von Ziya-ul-Hassan Faruqi: The Deoband School and the Demand for Pakistan, Lahore 1963; Yohannan Friedmann: The attitude of the Jam`iyyat al-`Ulama'-i Hind to the Indian national movement and the establishment of Pakistan, in: African and Asian Studies (AAS) 7, 1971, S. 157–180; derselbe: The Jam`iyyat al-`Ulama'-i Hind in the Wake of Partition, in: AAS 11, 1976, S. 181–211; Muḥammad `Abd Allah C͟hughtâî: Qîâm dâr al-`ulûm dêôband, Lâhôr 1980 (Die Gründung des Dâr al-`Ulûm Dêôband) (Urdu); Sayyid Maḥbûb Riḍwî: Tarîk͟h dâr al-`ulûm dêôband, Bd. I und II, Dehli 1977 (Die Geschichte des Dâr al-`Ulûm Dêôband) (Urdu) sowie Barbara D. Metcalf: Islamic Revival in British India, 1860–1900, Princeton University Press 1982 (im folgenden: "Revival").

Imperialismus hatte diese Schule nicht nur reinen akademischen oder theologischen Charakter, sondern beanspruchte auch die politische Führung der Muslime in *Britisch Indien.* Ihr Einzugsgebiet reicht von Bengalen bis zum Iran. Der Kern der Anhängerschaft bestand aus Staatsdienern und Händlern, die Schüler des Seminars stammten im wesentlichen aus städtischen Kleinhändlerfamilien, Kleingrundbesitzverhältnissen und aus ärmeren Gesellschaftsschichten.

Die Figur des Propheten und des in Indien weit verbreiteten Heiligenkultes (Heiliger gleich *pîr*) war unter den *Deobandis entmystifiziert* worden. Sie projizierten die Lösung zeitgenössischer Probleme nicht in das Jenseits, wie etwa andere Gruppierungen. In diesem Sinne waren die *Deobandis* auch stark an den tatsächlichen Verhältnissen im *hic et nunc* interessiert. Damit waren sie in einem hohen Grade politisiert, was sie durch die *Jam`iyyat al `Ulama'-e Hind* [jam`iyyat al-`ulamâ'-e hind] manifestierten[14]. Die politische Vereinigung der Deobandis in Pakistan stellt die *Jam`iyyat-e `Ulama'-e Islam* [jam`iyyat al-`ulamâ'-e islâm] (JUI) dar, ihre mystischen Vertreter finden sich vor allem in dem *Naqshbandiyyah* Orden wieder[15].

Neben dieser, im heutigen Pakistan weitverbreiteten Gruppierung, gibt es die *Brelwis* [Brêlwî], genannt nach dem Ursprungsort des Gründers dieser Gemeinde, *Aḥmad Riḍâ Khân* (1855-1919) aus Bareilly (zwischen Dehli und Lucknow [Lukhnaû])[16]. Sie sind ebenfalls Vertreter der hanafitischen Rechtsschule, unterscheiden sich jedoch von den *Deobandis* zum einen durch die Zugehörigkeit zu anderen sozialen Gruppen - meist aus der Agrarkultur -, zum anderen durch die Praktizierung eines ausgesprochen ausgeprägten Heiligen- und Schreinkultes. Sie zeichnen sich ebenfalls durch die Mitgliedschaft in sufischen [sûfî] Orden, besonders dem *Qâdiriyyah* Orden aus. Für die *Brelwis* repräsentiert der Prophet die

14 Vgl. etwa Yohannan Friedmann a.a.O.

15 Zur Rolle der *Deobandis* in Pakistan liegt z. Zt. noch keine Sekundärliteratur vor. Vgl. jedoch z. B. das Manifest der JUI: Islâmî Manshûr, Kull Pâkistân Jam`iyyat-e `Ulamâ'-e Islâm, 1969 o.O. (Urdu).

16 Zur Zeit liegen noch keine Monographien über die *Brelwi*-Bewegung vor. Frau Usha Sanyal von der Universität Columbia, New York schreibt z. Zt. eine Dissertation über die *Brelwis*. Vgl. auch B.D. Metcalf: Revival a.a.O. S. 296-314 et passim; S.M. Ikram: Modern Muslim India, Oxford University Press 1968, S. 119-121 sowie Francis Robinson: Separatism among Indian Muslims; the politics of the United Provinces' Muslims, 1860-1923, Cambridge 1974 passim (im folgenden: "Separatism").

zentrale Figur. Jedoch nur über einen Heiligen ist dem Muslim möglich, mit dem Propheten zu kommunizieren. Deshalb ist der Gehorsam gegenüber dem Führer und auch gegenüber dem bestehenden System eine wesentliche Säule dieser Denkrichtung. Die Annahme der Herrschaftsstrukturen stellte die *Brelwis* jedoch bisweilen in die Reihen der Loyalisten. Als Gegenorganisation zu den *Deobandis* sollen *Aḥmad Riḍâ Khân* und die *Brelwis* nämlich eine pro-britische Position vertreten haben[17]. Eine ähnliche, staatskonformistische Tendenz unter den *Brelwis* ist noch heute in Pakistan zu finden. Ihre politische Organisation in Pakistan ist die *Jam`iyyat-e 'Ulama'-e Pakistan* [jam`iyyat-e `ulamâ'-e Pâkistân], ihre mystische die *Jam`iyyat al Mashaikh Pakistan* [jam`iyyat al-mashâ'ikh Pâkistân][18].

Beide, *Deobandis* und *Brelwis* betrachten sich als "*ahl-e sunnah wa'l jama`ah*" [ahl-e sunnah wa'l jamâ`ah], als Leute, die der Prophetentradition und der Gemeinschaft der Gläubigen folgen, womit sie die Rechtsschulen, besonders eben die des *Abû Ḥanîfah*, anerkennen. Sie bezeichenen sich deshalb als *muqallidûn* (Nachahmer), die *taqlîd* (Nachahmung) praktizieren. Aber unter den *Deobandis* sind auch *salafitische* [salafiyyah] - also in unserem Sinne etwa fundamentalistische - Strömungen vertreten. Über den *ijtihâd* (individuelle Rechtsfindung) innerhalb der eigenen Rechtsschule hinaus praktizieren ihre *salafitischen* Vertreter ihn nämlich ohne Berücksichtigung der vier anerkannten Rechtsquellen[19].

In Pakistan besteht heute eine starke Rivalität zwischen beiden Gruppierungen, die sich in heftiger Polemik äußert, so z. B. in einem von den *Brelwis* herausgegebenen Flugblatt mit dem Titel "*Die Ansichten und Grundsätze der Dêôbandî `Ulamâ*'"[20], das die Differenzen zwischen beiden Denkschulen verdeutlicht. In den hier aufgeführten 17 Punkten zitieren die *Brelwis* bekannte *Deobandi `Ulamâ'* und Autoren, wobei sie oft das jeweilige Zitat aus seinem Zusammenhang reißen. So wird den *Deobandis* vorgeworfen, sie verträten Vorstellungen wie: Gott sei erfunden, der

17 Vgl. F. Robinson: Separatism a.a.O. S. 266 ff., 325 und 422 sowie *Majalla*, Râbiṭat al-`âlam al-islâmî (Makka), 23 (1405) 5/6 S. 1 (Arabisch).

18 Zu beiden Institutionen liegen z. Zt. keine Untersuchungen vor. Vgl. jedoch die das Manifest *JUP*: Dastûr Jam`iyyat-e `Ulamâ'-e Pâkistân, 1979 o.O. (Urdu) sowie Qandîl, Bd. 4/53, Lâhôr 1979 (Urdu).

19 Vgl. B.D. Metcalf: Revival a.a.O. S. 143 f.

20 `ulamâ'-e dêôband kê `aqâ'id o naẓariyyât, o. A. (Urdu)

Prophet sei übler als ein Straßenkehrer und dürfte nicht verehrt werden, ferner, daß außer Gott niemand verehrenswürdig sei und daß Satan über mehr Wissen verfüge, als der Prophet etc..
Eine ähnliche Polemik gibt es auch auf der Gegenseite.[21] Wesentlich in der Auseinandersetzung zwischen beiden Denkrichtungen ist, daß die für die *Brelwis* so zentrale Rolle des Propheten angegriffen zu werden scheint, dessen Position denn auch die Existenzberechtigung der Heiligen nach sich zieht, da nur über sie das Heil des Propheten erreichbar ist. Dieser wiederum ermöglicht erst den Weg zu Gott. In diesem Sinne ist auch der Streit der beiden Denkrichtungen um das *dûrûd sharîf* Ende 1985 zu verstehen: das *Department* für islamische Stiftungen hatte – wohl auf Betreiben der saudischen Regierung hin –, das von den *Brelwis* traditionellerweise gesungene Prophetenlob vor dem Gebet verboten[22]. Diese Regelung mußte nun islamisch legitimiert werden, wofür Vertreter der *Deobandis*, *Ahl-e Hadith* [Ahl-e Hadîth] und der *Jama'at-e Islami* [jamâ'at-e Islâmî] die probaten Gelehrten waren. Auch die islamische Weltliga in Mekka forderte im selben Jahr, die *Brelwis* in Anlehnung an die Regelung über die *Aḥmadîs* als Nichtmuslime zu erklären[23]. Somit schien ihr jahrelanger Vorwurf, die *Brelwis* würden Gotteslästerung oder gar Vielgötterei [*shirk*] betreiben, nicht nur legitim zu sein, sondern hatte auch Aussichten, legalisiert zu werden. Demgegenüber stellten die *Brelwis* jedoch fest, daß ein Unterlassen des Prophetenlobes gleichzusetzen sei mit Prophetenlästerung [*tawhîn-e rasûl*], weshalb die *Deobandis* und die anderen Gruppen Ungläubige [*kuffâr*] seien. Diese Angelegenheit kam in den *Federal Shariat Court*, konnte aber wegen ihres delikaten Charakters nicht zu Ende geführt werden. Es wurde kein Urteil gefällt. Wenn nämlich eine dieser Gruppen – seien es die *Brelwis* oder die *Deobandis* – zu Nichtmuslimen erklärt worden wären (wie etwa die

---

21 Z. B. Mawlânâ Nûr Muḥammad: Brêlwî Fitnah, Lâhôr 1983 (Die Intrige der *Brelwis*) (Urdu)

22 Also anstatt *ayyah 'alâ al-ṣalât* und *Allah Akbar*, das *Yâ Ḥabîb Allah* oder ähnliches. Der *dûrûd* ist die Anflehung Gottes aber auch der großen Propheten wie Muhammad und vor allem Abraham sowie deren Nachkommen. Auch die *Schia* praktiziert den *dûrûd*. (Vgl. zum *dûrûd* etwa Mawlânâ Muḥammad Shafî' Okârwî: Ghâz mutarajjim ma' ḍarûrî masâ'il, Madîna Publ. Kamp. Karâchî o.D., S. 1-3.

23 *Majalla*, Râbiṭat al-'âlam al-islâmî: Al-Brêlwiyyah ba'd al-Qâdîâniyyah, (Makka) 23 (1405) 5/6, S. 1 (Nach den Qadianis nun die *Brelwis*) (Arabisch). Ich danke Herrn Professor R. Schulze für die Bereitstellung dieses Heftes.

Aḥmadiyyah), hätte es im Lande eine heftige Auseinandersetzung zwischen diesen Denkrichtungen gegeben. Die Regierung zog es also vor, die Regelung zunächst zurückzuziehen.

Außer diesen beiden Gruppierungen sind die *Ahl-e Hadith* - *Leute der Prophetentradition* - zu nennen, die die Autorität jeglicher Rechtsschulen ablehnt. Ihre Vertreter begreifen sich deshalb als *ghair muqallidûn*. Diese Gruppierung, meist aus Anhängern der Händlerkaste bestehend, betont den Koran und die *Hadith*sammlungen als die eigentlichen und einzigen Rechtsquellen und betrachtet jede Art von Neuerung als schlecht, nach dem Motto: *kullu bid'a ḍalâlatun*, jede Neuerung ist eine Schande.[24] Die *Ahl-e Hadith* soll früher (wie bisweilen jetzt auch noch) einen pietistischen Quietismus vertreten haben, war aber dennoch gegen die Kolonialherren eingestellt. Im Gegensatz zu der in den vierziger Jahren dieses Jahrhunderts aufkommenden *Jama'at-e Islami*, die ähnliche fundamentalistische Züge aufweist, stellen die *Ahl-e Hadith* also keinen politischen Führungsanspruch[25].

Für alle drei Bewegungen, *Deobandis*, *Brelwis* und *Ahl-e Hadith*, gilt, daß sie in spezifischen Gebieten Wurzeln fassten und sich aus spezifischen gesellschaftlichen Gruppen zusammensetzten. Alle drei sind Produkte islamischen Selbstverständnisses im Zuge der kolonialen Penetration und orientieren sich formal und zum großen Teil auch inhaltlich an westlichen Mustern kultureller Artikulation. Der Großteil ihrer Vertreter kann im heutigen Pakistan jedoch dem traditionalen Gesellschaftssektor zugeordnet werden.[26]

---

24 Auch sie polemisieren gegen die *Brelwis* und die *Schia*. Ihr führender Funktionär, *Mawlânâ Ẓuhûr Illâhî*, forderte denn auch in dem von der Islamischen Weltliga herausgegebenen Magazin *Majalla*, die *Brelwis* als Nichtmuslime zu erklären; vgl. *Majalla* a.a.O.

25 Zur Zeit liegt keine Monographie über diese Bewegung vor. Vgl. jedoch Muḥammad Ḥanîf Yazdânî (Kompl.): Hindustân men Ahl-e Ḥadîth kî 'ilmî khidmat (von Abû Yaḥyâ Imâm Khân Naushêhrwî), maktabah nadhariyyah, Chîchâwatnî 1970 (Die wissenschaftlichen Beiträge der *Ahl-e Hadith* in Indien) (Urdu); B.D. Metcalf: Revival a.a.O., S. 268-296 et passim; A. Ahmad: Islamic Modernism in India and Pakistan, Oxford 1967, S. 113-122 (im folgenden "Modernism"). Siehe auch das Manifest der Ahl-e Hadith Pakistan: Dastûr Markazî Jam'iyyat Ahl-e Ḥadîth Maghribî Pâkistân, Lâhôr 1955 (Urdu) sowie Manshûr Markazî Jam'iyyat Ahl-e Ḥadîth Pâkistân, Lâhôr 1971 (Urdu).

26 Zur näheren Erläuterung und gesellschaftlichen Einordnung vgl. Kapitel I).

Auch die *Schia* ist in wenigstens zwei größere Gruppen gespalten. Die *Ismailis*[27] setzen sich heute unter dem Vorsitz des *Aghâ Khân Karîm* zusammen aus zum einen der wichtigen und einflußreichen Händlerkaste in Karachi und zum anderen aus Bewohnern in den nördlichen Gebieten Pakistans, besonders Hunza und Gilgit. Letztere sind eher den sozial schwachen Gruppen zuzuordnen. Da dem Norden jedoch besondere politische Bedeutung zukommt, sind die *Ismailis* in diesem Gebiet zunehmend ins Blickfeld gerückt.

Die andere Gruppe der *Schia* in Pakistan ist die der *ithnâ `ashar*. Sie folgen dem zwölften *Imam* [imâm], im Gegensatz zu den *Ismailis*, die Anhänger des sechsten Imam sind. Die "Zwölfer"-*Schia*[28] hat sich bisher, laut eigenen Angaben, jeglicher politischer Aktivitäten enthalten und sich erst unter dem Islamisierungsdruck des Regimes von Zia ul Haq [Diyâ' al-Haq] als politische Bewegung formiert. Ihre Verbindung zum Iran und ihre Solidarität untereinander hat sie in Pakistan zu einem nicht zu vernachlässigenden politischen Faktor werden lassen, oftmals auch außerhalb staatlich legaler Grenzen. Sowohl als Verehrer *`Alîs*, dem vierten Kalifen und dem Vetter und Schwiegersohn des Propheten, als auch als devote Feierer des Kultes um *Ḥusain*, dem Sohn *`Alîs*, neigen die Mitglieder der *Schia* zum Heiligenkult und sind in diesem Aspekt den *Brelwis* gleichgesinnt.

Als letzte organisierte und einflußreiche Gruppe auf der islamischen Bühne kann die *Jama`at-e Islami* genannt werden: sie rekrutiert sich zum großen Teil aus der städtischen Mittelschicht, versucht, politische Programmatiken zu entwickeln und durchzusetzen und beansprucht, ein

---

27 Zu den *Ismailis* vgl. etwa Werner Schmucker: Sekten und Sondergruppen, in: Ende, W./Steinbach, U. (Hrsg.): Der Islam in der Gegenwart, München 1984, S. 505 ff.

28 Zum schiitischen Islam vgl. W. Ende: Der schiitische Islam, in: Ende, W./Steinbach, U. (Hrsg.): Der Islam in der Gegenwart, München 1984, S. 70 ff. und Moojan Momen: An Introduction to Shi`i Islam; The History and Doctrines of Twelver Shi`ism, Yale University Press 1985. Eine Monographie über die *Schia* in Pakistan liegt z. Zt. noch nicht vor. Vgl. jedoch auch J.N. Hollister: The Shi'a of India, London 1953 und M. Ahmed: The Shi'is of Pakistan, in: Martin Kramer (ed.): Shi'ism, Resistance, and Revolution, London 1987, S. 275-287. Wenn im Verlauf des weiteren Textes von der *Schia* die Rede ist, so ist damit grundsätzlich die Zwölfer-*Schia* gemeint.

gesamtgesellschaftliches Interesse zu vertreten[29]. Ihr Gründer, *Abû'l A'lâ Mawdûdî* (1903-1979), der kein islamischer Gelehrter im klassischen Sinne [*'âlim*] war, versuchte in seinen Theorien den Islam als gesellschaftliche Ideologie auszubauen. Wesentlich dabei ist allerdings, daß er fast ausnahmslos alle in der westlichen Welt als universell anerkannten Werte übernahm. Voraussetzung für seinen geforderten Reformismus ist die unbedingte Einführung des *ijtihâd*, im Gegensatz zu den *Deobandis* und den *Brelwis*, die ja dem *taqlîd* folgen. Die *Jama'at-e Islami* lehnt sich somit keiner Rechtsschule an, orientiert sich dennoch in Fragen des alltäglichen Lebens an den Hanafiten[30]. Die strenge Reaktivierung der Fundamente des Islam führt die *Jama'at-e Islami* auch in Opposition zu den *Brelwis* und der *Schia*, nicht zuletzt wegen des Heiligenkultes. Letzteres sei nämlich unislamisch und eine heidnische Neuerung (*bid'ah*). Während alle obengenannten Gruppierungen Institutionen vorweisen, die traditionale Geistliche ['ulamâ'] ausbilden, kann dies die *Jama'at-e Islami* nicht. Vielmehr war es stets das Anliegen *Mawdûdîs* gewesen, traditionale Erziehung mit moderner zu verbinden[31]. Damit sind die Vertreter der *Jama'at-e Islami* nicht der traditionalen Geistlichkeit anzurechnen, sondern einer reformistischen Avantgarde. Sie, wie auch die drei übrigen sunnitischen Strömungen, sind im Laufe der Auseinandersetzung mit den Kolonialherren entstanden. Im Unterschied zu den drei erst genannten Gruppierungen folgt die *Jama'at-e Islami* jedoch ausschließlich höchst modernen Organisationsmustern, anstatt sich auf traditionale Institutionen wie etwa *waqf*, *madâris* und *khânqah* zu beziehen. Ferner hat sich ihre Lehre jeglicher Esoterik entledigt und betont statt dessen den Rationalismus. Damit verfolgt sie auch andere Ziele als die

---

29 Literatur über die Jama'at [jamâ'at] liegt in großer Zahl vor; vgl. z. B. die Festschrift von Khurshid Ahmad/Zafar Ishaq Ansari (eds.): Islamic Perspectives; studies in honour of Mawlana Sayyid Abul A'la Mawdudi, The Islamic Foundation, U.K., London 1979 und dortigen Literaturangaben sowie die Bibliographie von Asaf Hussain: Islamic Movements in Egypt, Pakistan and Iran; an annotated bibliography, Manvell Publishing Ltd., London 1983.

30 Gespräch zwischen *Shaikh al-Ḥadîth Mawlânâ 'Abd al-Mâlik*, Markiz al-'Ulûm al-Islâmiyyah, Manṣûrah Lâhôr und *Mawlânâ Ḥamid Miyân*, Mohtamim Jâmi'ah Madaniyyah, Karîmpark Lâhôr am 13.2.1986 in der *Jami'ah Madaniyyah*, Karimpark Lahore.

31 Vgl. dazu Abû'l 'Alâ Mawdûdî: Ta'lîmât, Lâhôr 1982 (Urdu) (Erziehungswesen). Ähnliche Tendenzen verfolgt das "International Institute of Islamic Education" in *Mansurah Lahore*; vgl. auch die verschiedenen Curricula weiter oben, Kapitel VI 1.5.

Traditionalisten. Hier kann ein Traditionsbruch erkannt werden[32]. Neuerdings ist auch unter der *Jama'at-e Islami* eine Reaktivierung traditionaler Institutionen zu bemerken.
Alle diese Gruppierungen vertreten nicht nur verschiedene ideologische und theologische Positionen, sondern rekrutieren ihre Mitglieder auch heute noch aus verschieden sozialen Schichten und sind mithin jeweils spezifischen Regionen zuzuordnen.

Neben diesen Gruppierungen müssen die Vertreter des Volks-Islam erwähnt werden, die zur Volksfrömmigkeit tendieren und viele außerislamische Elemente in ihre Lehren aufgenommen haben. Dieser *Ṭarîqah*-Islam (*ṭarîqah* bedeutet soviel wie Pfad, etwa der eines Heiligen) baut auf Heiligenkult und mystischen Vereinigungen auf und stellt ein in sich streng hierarchisch gegliedertes Ordnungssystem dar. Diese Form des Islam trat in der islamischen Geschichte oftmals als befreiende egalitäre Bauernbewegung auf, an deren Spitze der charismatische Führer stand[33]. Meist organisieren sich die mystischen Orden[34] - heute vier große Orden in Pakistan - nach Gilden[35] und repräsentieren so jeweils einen Berufsstand. Der Führer eines mystischen Ordens ist der *pîr*, der Heilige; er verfügt über *barakah* (überirdische Kräfte, Charisma) und stellt sozusagen das Tor zu Gott oder zum Propheten dar. Ohne den Heiligen ist der Zugang zu Gott nicht möglich. Der Heilige, *pîr*, verfügt seinerseits je nach Autorität und Charisma über ein Netzwerk von Schreinen und *kh̲ânqah*s, aber auch *madâris*. Sein Einflußbereich kann bisweilen sogar über die regionalen Grenzen hinausgehen. Eine staatliche Politik ohne Einbindung oder Einschränkung der Macht der *pîr*s in Pakistan ist deshalb nur mit Schwierigkeiten umsetzbar. Eine lose Verbindung der

---

32 Nach Thomas Kuhn etwa mit Paradigmawechsel zu vergleichen; siehe Thomas S. Kuhn: Die Struktur wissenschaftlicher Revolutionen, Frankfurt a.M. 1973².

33 Beispiele dafür in Indien sind *Pîr Pagârô* und *Faqîr Ëpî*. Vgl. weiter unten auch Kapitel III.

34 Von ihren Träger meist als *silsilahs* (Kette) identifiziert, da die ungebrochene genealogische Verbindung bis zu einem großen Heiligen oder bestenfalls bis zum Propheten selber hierbei eine wesentliche Legitimationsfunktion des Ordens ist.

35 Vgl. F. Taeschner: Zünfte und Bruderschaften im Islam, München 1979. Damit konnten die Orden auch dazu beitragen, ein gemeinsames Bewußtsein in verschiedenen sozialen Gruppen zu schaffen und so soziale Unterschiede ebnen.

Vertreter dieses mystischen Islam finden wir neben den verschiedenen Orden[36] in Pakistan in der *Jam`iyyat al Mashaikh Pakistan*[37].
Neben dem Volks-Islam besteht der Sharî`a-Islam [Sharî`ah im Urdu], dessen Vertreter die Rechtsgelehrten sind. Viele Rechtsgelehrte lehnen einen exzessiven Heiligenkult sowie andere synkretistische Einflüsse ab und verweisen auf das islamische Recht in seiner reinen Form[38] (mit Ausnahme etwa der *Brelwis*). Zwischen den Vertretern des esoterischen und des exoterischen Islam gibt es deshalb häufig Anlaß zu handfesten Auseinandersetzungen. Bisweilen stellen sie auch zwei verschiedene gesellschaftliche Gruppen dar[39]. Der Bruch zwischen beiden Orientierungen hat sich erst im Laufe der letzten zweihundert Jahre vollzogen. Er setzte mit dem Modernismus, so wie er durch *Sayyid Aḥmad Khân* vertreten wurde, an und ist mit *Mawdûdî* in der Überbetonung des Rationalismus vollständig vollzogen worden[40].

Die verschiedenen Richtungen des Islam in Pakistan legen nahe, daß eine vereinheitlichende Islamisierungspolitik, so wie sie es das Regime von Zia ul Haq unter Bezugnahme fundamentalistischer Kräfte durchsetzen will, von vornherein zum Scheitern verurteilt ist: "Die Auslegungen des Islam verschiedener Gruppen sind das Hindernis für die Einführung des islamischen Systems"[41].
Das in der Islamisierungspolitik angelegte Scheitern wirft die Frage nach dem Zweck der Islamisierungsbemühungen auf. Es liegt nahe, die Islamisierung als eine Art Handlungslegitimation für das Regime zu betrachten. Dabei handelt es sich um einen "Islam from the cantonment" (D. Rother-

---

36 Vgl. dazu etwa J. S. Trimingham: The Sufiorders in Islam, Oxford University Press 1971.
37 Zur politische Lage der *Ṣûfîs* in Pakistan liegen so gut wie gar keine Arbeiten vor; vgl. auch das Kapitel III.
38 Auch die islamischen Avantgardisten zählen sich zu dessen Vertretern.
39 Darüber liegt jedoch noch keine umfassende Untersuchung vor.
40 Diese Meinung vertritt etwa Marc Gaboriau auf dem Seminar: Horizons de pensée et pratiques sociales chez les intellectuels du monde musulman, Paris im Juni 1987.
41 So der Vorsitzende des *CII* am 12.9.1980 an Zia ul Haq [Ḍiyâ' al-Ḥaq], in: GoP, Council of Islamic Ideology (CII): Consolidated Recommendations on the Islamic Economic system, Islamabad 1983 (Urdu/Englisch), S. 178. Die Existenz säkularer politischer Gruppierungen wird in der vorliegende Untersuchung nicht berücksichtigt. Sie steigert die Komplexität und Heterogenität der Gesellschaft noch um einiges mehr.

mund), der mit den Vorstellungen und Bedürfnissen der überwältigenden Mehrheit der Bevölkerung nichts oder nur sehr wenig gemein hat. Dies soll auf den folgenden Seiten dieser Arbeit untersucht werden.
Dabei habe ich versucht, über bloße Fakten- und Datenanhäufung hinaus das von mir gesammelte, gesichtete und ausgewertete Quellenmaterial in einen größeren theoretischen Zusammenhang zu stellen. Hierbei beziehe ich mich nicht auf die Dualismus-Diskussion, da sie die Gesellschaftsformation in Pakistan auf die bloße Polarität von Modernität und Traditionalität reduziert und die Transformation des traditionalen Sektors in einen modernen als immanent notwendig postuliert. Die ihr zugrunde liegenden modernisierungstheoretischen Grundsätze zeugen nicht nur von einer eurozentristischen Sichtweise, sondern verdecken auch die zunehmend komplexen gesellschaftlichen Verhältnisse Pakistans. Sie projizieren lediglich Handlungsstrategien einer kleinen entfremdeten Minderheit, die ihre individuellen Lösungs- und Veränderungsvorschläge zu Maximen gesellschaftlichen Handelns erhebt. Die Vertreter dieses Reformismus entwerfen somit ihren eigenen Mikrokosmos als Makrokosmos: an deren Wesen soll Pakistan dann genesen.
Für die vorliegende Arbeit habe ich mich deshalb erkenntnistheoretisch an ein heuristisches Modell angelehnt, das u.a. auf Grundlage des Theorems der wachsenden gesellschaftlichen Komplexität entwickelt worden ist. Dabei wird deutlich, daß eine neue gesellschaftliche Gruppe in die traditionale Gesellschaft induziert worden ist und versucht, sich als neuen Gesellschaftstyp und seine politische und wirtschaftliche Stellung zu legitimieren und gleichzeitig seine politische Macht auszudehnen.
In diesem Sinne will die vorliegende Arbeit auch die Bedingungen der Möglichkeit aufzeigen, die dazu führten, eine "Islamisierung" als eine politische Programmatik umsetzen zu wollen, ja zu müssen. Wir wollen weder diese Bedingungen noch die Islamisierung selber monokausal festlegen, sondern das vielseitige Spektrum ihrer Ursachen, Einflüssen und Auswirkungen aufzeigen. Hierbei wird sowohl historisch-empirisch als auch theoretisch-systematisch vorgegangen. Diese theoretische Einordnung ist von besonderer Bedeutung für die weitere Interpretation und das Verständnis der im einzelnen dargestellten Islamisierungsschritte. Deshalb werde ich die jeweilige soziale Basis und ihre ideologischen Ausrichtungen der obengenannten religiösen Gruppen im ersten Kapitel in den sozial-geschichtlich theoretischen Zusammenhang einordnen. Diese Ein-

ordnungen werden im Laufe der weiteren Diskussion auf die zeitgenössischen Verhältnisse in Pakistan erweitert.

Gleichwohl wohnt diesem, wie auch jedem anderen erkenntnistheoretischen Modell, ein reduktionistischer Charakter inne, und zwar in doppelter Hinsicht: weil wir geneigt sind, uns innerhalb seiner Theoreme zu bewegen und alle empirischen Daten lediglich innerhalb seiner Grenzen zu analysieren und zu bewerten und damit andere Perspektiven nicht in Betracht ziehen. Somit engen wir das eigene heuristische Interesse ein, was wiederum eine Verzerrung der Deutung des historischen Prozesses nach sich ziehen könnte. Wir interpretieren dann auch sozusagen systemimmanent. Eine Beschränkung ist schlechthin nicht zu vermeiden, da jede Analyse subjektiv geprägt ist.
Um jedoch den dieser Arbeit vorwerfbaren Reduktionismus, wenn nicht aufzuheben, so doch zumindest in seiner Schärfe zu lindern, habe ich auf eine Vielzahl von Verfahrenweisen zurückgegriffen. Diese entstammen nicht nur aus den klassischen geisteswissenschaftlichen Methoden, die etwa Hermeneutik und Ideengeschichte hervorbrachten, sondern auch neueren historischen Erkenntnisinteressen und Fragestellungen und umfassen deshalb Elemente der Sozialpsychologie, der Prosopographie und moderner sozialwissenschaftlicher Verfahren. Zu letzteren kann die statistische Auswertung oder "Kliometrik" gerechnet werden, die die Verhältnisse sozusagen "quantitativ" selber sprechen läßt, sowie umfangreiche Interviews und Fragebogenaktionen.
Bei der Diskussion der zeitgenössischen sozio-ökonomischen Verhältnisse habe ich mich beispielsweise auf schon vorliegende sozialwissenschaftliche Untersuchungen bezogen. Hierbei sind die Parameter zugegebenermaßen modernisierungstheoretischer Natur. Dies steht zwar im Gegensatz zu dem für die Arbeit gewählten Ansatz, erfüllt jedoch bisweilen den Zweck, aufzuzeigen, welche sozialen und wirtschaftlichen Bedingungen sowohl mit den Regionen verschiedener Denkrichtungen als auch mit den staatlichen, "egalisierenden" Islamisierungsmaßnahmen in Verbindung gebracht werden können.

Auf Grundlage des ersten Kapitels werden die weiteren Bereiche der Islamisierungspolitik beschrieben und analysiert, freilich mit Rückgriff auf historische Zusammenhänge.

Dem allgemeinen theoretischen Kapitel folgt die Abhandlung über den Rat der islamischen Ideologie (*CII*), welcher ein Legitimationsforum der staatlichen Politik darstellt und dessen personale Zusammensetzung die jeweilige Politik des Staates reflektiert. An seinen Vorschlägen kann die Diskrepanz einerseits zwischen idealem islamischen Handeln (so wie es von der geistlichen Elite, Teilen der islamischen Avantgarde und der Intelligenz verstanden wird) und andererseits den tatsächlichen Islamsierungsschritten und der Umsetzung durch den staatlichen Bereich aufgezeigt werden. Dieses Kapitel zeigt ferner sowohl die Interessen der Islamisierer und des Staates als auch den Grad der Integration der geistlichen Würdenträger in den staatlichen Bereich. Die Integration dieser Würdenträger und deren Institutionen bildet auch Gegenstand des darauffolgenden Kapitels über das Stiftungswesen. In ihm wird auch die islamische Mystik als Organisationsform und Ausdruck gegen staatliche Expansionspolitik erörtert. Auf spezifisch inhaltliche mystische Aspekte wird hingegen nur am Rande eingegangen. Während das Kapitel über das islamische Stiftungswesen aufzeigt, wie traditionale Gesellschaftsbereiche in den Einflußbereich des Staates gebracht und damit de-traditionalisiert und bürokratisiert werden, wird im Kapitel über den Zakat [*Zakât*] deutlich, wie der Staat versucht, koloniale Werte und Begrifflichkeiten - wie z.B. säkulare Steuern - durch Anwendung islamischer Nomenklaturen zu legitimieren. Damit nicht genug: das Zakatsystem scheint ein überaus probates Mittel zu sein, den staatlichen Einflußbereich zu konsolidieren und zu erweitern. Auf diese Weise werden z.B. auch traditionale Sicherungssysteme wie beispielsweise Armen- und Krankenversorgung zunehmend vom staatlichen Sektor (formal) ersetzt, bringen jedoch nicht das idealisierte und geforderte *social welfare system* hervor. Die darauf folgenden Kapitel schließen an das Theorem der staatlichen Expansion an. Es wird eingehend untersucht, wie die traditionalen, autonomen Institutionen der *dînî madâris* (D.M.; religiöse Schulen) im Zuge der verschiedenen Regime und der Islamisierung besondere Aufmerksamkeit erfahren, wie der Staat versucht, diese Einheiten an sich zu binden, zu welchen Mitteln er dabei greift und welche Auswirkungen die Reformmaßnahmen nach sich ziehen.
Auch wurde versucht, die Reaktionen der Betroffenen auf die jeweiligen Maßnahmen aufzuzeigen.
Alle Islamisierungsbereiche und Institutionen und deren Träger werden deshalb gesellschaftlich lokalisiert und systematisierend eingeordnet.

Bei der Komplexität der Ereignisse und Verhältnisse sowie der immer sich verändernden Informationslage mag dieser Versuch bisweilen sprunghaft anmuten oder vom Zufall geprägt sein. Der dem Forscher latent innewohnende Zwang nach Suche von Kausalbeziehungen kann hier nicht verborgen bleiben. Doch soll der Leser selber urteilen, inwieweit die Daten und die Folgerungen plausibel sind.

Bei der Umschrift arabischer, persischer und *Urdû*-Begriffe habe ich es vorgezogen, die gängige Umschrift in Anlehnung an die Enzyklopädie des Islam der englischen Version zu nutzen. Aus schreibtechnischen Gründen jedoch weicht der dort mit *c* + umgekehrten ˆ umschriebene Buchstabe ab und wird im folgenden zu *ch*. Für das *ḳ* wird *q*, für das *dj* wird *j* benutzt. Die retroflexen Laute sind mit einem Punkt (·) – statt mit einem ′ – über dem ensprechenden Konsonanten gekennzeichnet. Häufig benutzte Begriffe werden nur anfangs umschrieben, im Verlaufe des weiteren Textes wird jedoch der Einfachheit halber auf die Umschrift verzichtet (z.B. Ahl-e Ḥadîth = Ahl-e Hadith). Im Glossar ist die Umschrift der Begriffe aus orientalischen Sprachen nocheinmal, an die Enzyklopädie des Islam der englischen Version orientiert, aufgenommen. Landes- und Ortsnamen sowie Namen der administrativen Einheiten habe ich von der gängigen englischen Schriftweise übernommen.

I. ZUR THEORETISCHEN EINORDNUNG DER ISLAMISIERUNG

Die folgende theoretische Abhandlung setzt sich zum Ziel, die Islamisierung sozial-geschichtlich zu erfassen und sie somit gesellschaftlich einzuordnen. Nur über die gesellschaftliche Einordnung der Träger der Islamisierung ist es möglich, die Islamisierungspolitik in ihren mannigfaltigen Ausdrucksformen begreifbar zu machen. Auf die hier erarbeiteten Theoreme wird dann in der weiteren Abhandlung der Einzelaspekte zurückgegriffen[1]; dabei gehen wir sowohl induktiv als auch deduktiv vor.

Die wissenschaftliche Literatur belegt deutlich, daß der Islam einem Funktionswandel unterworfen war, und zwar von einer Theologie zur Ideologie. Nicht mehr das Verhältnis *Gott-Mensch* steht nun im Vordergrund, sondern das Verhältnis *Mensch-Mensch*[2]; wesentlich begünstigt und beeinflußt wurde diese "Entmystifizierung" und Politisierung des Islam durch das Zeitalter der europäischen Aufklärung und des Kolonialismus.

---

1 Dabei wird in besonderem Maße der im Laufe des Wintersemesters 1983/84 und Sommersemesters 1984 am orientalischen Seminar in Bonn entwickelte Ansatz von Reinhard Schulze Berücksichtigung finden: vgl. dazu Reinhard Schulze: Islamische Kultur und soziale Bewegung, in: Peripherie Nr. 18/19 April 1985, S. 60-84. Dieser Ansatz bedarf für die vorliegende Arbeit einiger Modifikationen, die im folgenden ausgearbeitet werden. Er hat jedoch in seiner grundsätzlichen Aussage auch für Pakistan Gültigkeit.

2 Zum Funktionswandel von Theologie zu Ideologie vgl. z.B. Reinhard Schulze: Die Politisierung des Islam im 19. Jahrhundert, in: Die Welt des Islams, Leiden 1982 Bd. XXII, Nr. 1-4, S. 103-116 sowie C.V. Findley: The Advent of Ideology in the Islamic Middle East, in: Studia Islamica 1982 Bd. 50, S. 143-169 und 1982 Bd. 51, S. 147-180. Für den Bereich des indischen Islam liegen z. Zt. wenige ähnliche Arbeiten dazu vor. Herausragende Figur unter den frühen islamischen Intellektuellen in Indien war *Sir Sayyid Aḥmad Khân*; vgl. dazu C.W. Troll: Sayyid Ahmad Khan; a reinterpretation of Muslim Theology, Oxford University Press 1978/79; W.C. Smith: Modern Islam in India, Lahore 1969², bes. Kapitel I und II (The Movement in Favour of Contemporary British Culture; The Movement in Favour of Islamic Culture of the Past); vgl. auch Aziz Ahmad/Gustav v. Grunebaum (eds.): Muslim Self-statement in India and Pakistan, 1857-1968, Wiesbaden 1970 passim.

1. Die Politisierung des Islam

Die Politisierung des Islam ist unmittelbar verknüpft mit der Entstehung der islamischen Avantgarde, einer europäisch gebildeten Intelligenz. Sie ist an europäischen Werten und Normen orientiert, etwa nach dem Motto, *Inder nur noch nach dem Blute, jedoch britisch im Geschmack und in der Denkart* (MaCauley 1835). Als Produkt der kolonialen Gesellschaft reproduziert sich diese Schicht durch den kolonialen *status quo*, der im Laufe des 19ten und 20ten Jahrhunderts geschaffen worden war und sich seither konsolidiert und erweitert. Deshalb ist sie gleichzeitig auch Garant dieser (post-) "kolonialen Gesellschaft", die nicht nur ähnliche Strukturen widerspiegelt, sondern auch ein hohes Maß an struktureller Abhängigkeit von den "Mutterländern" aufweist[3]. Obgleich sich die koloniale Gesellschaft in politischer Abgrenzung zum Kolonialismus entwickelte, war ihre Ideologie eine zur westlichen Welt analoge: nämlich der Nationalismus[4]. Diese "unter dem Gesetz des Gegners" (D. Rothermund) gebildete Ideologie diente zunächst dazu, das Erreichte, den

---

3 Vgl. etwa die Beiträge von Dieter Senghaas (Hrsg.): Peripherer Kapitalismus, Analysen über Abhängigkeit und Unterentwicklung, Frankfurt a.M. 1981³; derselbe: Kapitalistische Weltökonomie, Kontroversen über ihren Ursprung und ihre Entwicklungsdynamik, Frankfurt a.M. 1982²; derselbe: Weltwirtschaft und Entwicklungspolitik, Plädoyer für Dissoziation, Frankfurt a.M. 1978²; für den Bereich Indien und Pakistan siehe die Beiträge von Hamza Alavi: State and Class under Peripheral Capitalism, in: Hamza Alavi/ Teodor Shanin (eds.): Introduction to the Sociology of "Developing Societies", London 1982, S. 289-307; derselbe: Class and State, in: H. Gardezi/J. Rashid (eds.): Pakistan, the roots of dictatorship, London 1983, S. 40-93; derselbe: The State in Postcolonial Societies: Pakistan and Bangla Desh, in: K. Gough/ H.P. Sharma (eds.): Imperialism and Revolution in South Asia, New York 1973, S. 145 ff. und H. N. Gardezi: Neocolonial Alliances and the Crisis of Pakistan, in: K. Gough/H.P. Sharma (eds.): Imperialism and Revolution in South Asia, New York 1973 S. 130-144. Vgl. auch D. Rothermund: Grundzüge der indischen Geschichte, Darmstadt 1976, S. 83 ff.; derselbe: Europa und Indien im Zeitalter des Merkantilismus, Darmstadt 1978.

4 So fand etwa der erste große Kongreß arabischer Nationalisten auch erst 1913 statt, und zwar in Paris! Zur Frage des Nationalismus auf dem indischen Subkontinent, seiner Strategie und seiner Träger vgl. auch D. Rothermund: Nationalismus und Sozialer Wandel in der Dritten Welt: Zwölf Thesen, in: Otto Dann (Hrsg.): Nationalismus und Sozialer Wandel, Hamburg 1978, S. 187-208; hier bes. S. 189 f..

kolonialen *status quo*, zu konservieren und ihn später mittels der Islamisierung in noch von der kolonialen Gesellschaft unberührte Gebiete auszudehnen.
Durch die Erweiterung des kolonialen Bereiches im Zuge der westlichen Penetration war eine Legitimationskrise der traditionalen Repräsentanten des Islam entstanden. Entsprechend der funktionalen Umwandlung der islamischen Gesellschaft mußte sich deshalb auch die Funktion des Islam verändern. Überdies wurde die westliche Kritik an islamischen Gesellschaften laut, die den Kolonialismus legitimieren sollte. Zum ersten Mal wurde deshalb der Islam hinterfragt: das bisher Selbstverständliche war nun in Frage gestellt worden[5]. Neue Bewegungen unter Teilen der Geistlichkeit reflektierten die islamische Selbstverständlichkeit, indem sie auf Begrifflichkeiten zurückgriffen, die auf Strukturen der kolonialen Gesellschaft abgestimmt waren. So mußte etwa die Khalifatstheorie eine erweiterte Deutung leisten, um die Herrschaft zu legitimieren[6]: der Islam sollte nun Herrschaft schlechthin legitimieren und nicht, wie früher, nur die Herrschaft einer Dynastie oder eines Regimes[7]. Das Selbstverständliche der islamischen Identität mußte in ein islamisches Selbstverständnis transformiert werden. Dies setzte eine Auseinandersetzung mit dem Islam

5 Es gibt zahlreiche Belege für die westliche Kritik an den "barbarischen Orientalen"; vgl. etwa Aziz Ahmad: Islamic Modernism in India and Pakistan, Oxford University Press 1967 passim; C.W. Troll: Sayyid Ahmad Khan; a reinterpretation of Muslim Theology, a.a.O. passim. Für die literaturwissenschaftliche Ebene ist dies dargestellt worden von Edward W. Said: Orientalismus, Frankfurt a. M. 1978. Vgl. auch Bryan S. Turner: Accounting for the Orient, in: D. Maceoin / A. al-Shahi (eds.): Islam in the Modern World, Canberra 1983, S. 9-26.

6 Zur Khalifatstheorie und ihrer Erweiterung siehe Tilman Nagel: Staat und Glaubensgemeinschaft im Islam; Geschichte der politischen Ordnungsvorstellungen der Muslime, Zürich und München 1981, Bd. II, S. 172-223. Deutlich wurde die Defensive der islamischen Traditionalisten in Indien etwa in der Deoband Bewegung.

7 Analog dazu sollten sich auch einzelne Begriffe verändern. So z.B. wurde die Bedeutung des Begriffs *dawla* erweitert vom Zeitraum der Herrschaft einer Dynastie oder eines Regimes auf die Bedeutung des National- und Territorial-Staates schlechthin.

voraus[8]. Entsprechend dazu mußten säkulare westliche Begriffe in die koloniale Gesellschaft aufgenommen werden. Die islamische Intelligenz versuchte also, den Islam durch die Integration westlicher Begriffs- und Wertvorstellungen zu einem umfassenden System auszubauen und damit das bestehende (koloniale) System zu legitimieren. Nunmehr stellte der Islam nicht mehr lediglich eine Herrschaftsform gegenüber den westlichen Ideologien dar, sondern auch eine gesellschaftliche, mit dem Ziel, konkurrenzfähig (*compatible*) zu sein. Dies implizierte ein "*integrationistisches*"[9] Islamverständnis, dessen wichtige Vertreter etwa *Jamâl ad-Dîn al-Afghânî*[10] und *Sayyid Aḥmad Khân*[11] sind. Beide versuchten, den Islam als politische Gegenkraft in der Auseinandersetzung mit dem Westen zu nutzen, ohne dabei allerdings auf die traditionalen Institutionen der islamischen Gelehrsamkeit zurückzugreifen[12]. Die Voraussetzung für die Hebung des Islam auf eine ideologische Platt-

---

8 Deutlich wird dies z.B. im rationalistischen Deismus *Sayyid Aḥmad Khân*s und in der Wiedereinführung der Philosophie in der islamischen Diskussion durch *al-Afghânî* (vgl. dazu auch Nikki R. Keddie: An Islamic Response to Imperialism, University of California Press 1983[2]). Bei diesem Transformationsprozeß konnten die Verfechter der islamischen Ideologie bisweilen dem Islam auch "untreu" werden; vgl. dazu Nikki R. Keddie: An Islamic Response to Imperialism, a.a.O. dort bes. die Auseinandersetzung *al-Afghânî*s mit *Ernest Renan*, S. 84-95 und 181-187. Ebenso vgl. Elie Kedourie: Afghani and `Abduh: An Essay on Religious Unbelief and Political Activism in Modern Islam, London 1966 und W. Ende: Waren Ǧamâladdîn al-Afġânî und Muḥammad `Abduh Agnostiker?, in: Zeitschrift der Deutschen Morgenländischen Gesellschaft, Supplementa I, XVII. Deutscher Orientalistentag, Vorträge Teil 2, Wiesbaden 1969, S. 650-659.

9 Es liegt nahe, in diesem Begriff einen Hang nach Harmonie zu erkennen. Wie sich jedoch im Laufe der Ausarbeitung zeigen wird, handelt es sich bei den *integrationistischen* Unternehmungen nicht nur um einen Versuch, verschiedene Gesellschaftsbereiche miteinander in Einklang zu bringen, sondern auch andere, dem *Integrationismus* entgegenstehende Interessen, aufzuheben im Sinne von unterdrücken oder gar vernichten.

10 Vgl. dazu Nikki R. Keddie: An Islamic Response to Imperialism, a.a.O.

11 C.W. Troll: Sayyid Ahmad Khan, a.a.O.

12 Dabei unterschieden sie sich freilich im Grad ihrer Integrationsfreudigkeit; vgl. die Auseinandersetzung zwischen *al-Afghânî* und *Aḥmad Khân* in: Nikki R. Keddie: An Islamic Response to Imperialism, a.a.O., S. 73-84 und S. 130-180 und Aziz Ahmad: The conflicting heritage of Sayyid Ahmed Khan and Jamal Ad-Din Afghani in the Muslim political thought of the Indian Subcontinent, in: Trudui XXV Mezdhunarod. Kongres Vostokovedov 1960, tom IV (1963), S. 147-152.

form war die unbedingte Wiedereinführung des *ijtihâd*, die einherging mit der Eingrenzung des oder gar Abwendung vom *taqlîd*. Denn nur durch die Institution des *ijtihâd*, so meinten die Avantgardisten, war die islamische Gesellschaft imstande, mit den westlichen Nationen und deren Ideologien zu konkurrieren. Jetzt wurden zeitlose Kategorien, so wie sie im Laufe der westlichen Zivilisation entwickelt worden waren, als islamisch[13] und schon immer als dem Islam immanent interpretiert. Um verstanden werden zu können, mußten sich die islamischen Intellektuellen nämlich der Mittel der westlichen Kritik bedienen. Parallel zu dieser inhaltlichen Adaption westlicher Begrifflichkeit eignete sich die Avantgarde auch die Medien zur Propagierung des politischen Islam oftmals im Exil an (meist sogar in den Metropolen der kolonialen Mutterländer).

Die Vertreter der traditionalen *Geistlichkeit* hingegen versuchten, auf ihre Art die Umwertung von Theologie in Ideologie nachzuvollziehen, um nicht völlig ins Hintertreffen zu geraten[14]. Sie versuchten dennoch mystische Elemente des Islam beizubehalten und damit eine Symbiose esoterischer und exoterischer Elemente zu schaffen. Die islamische Avantgarde dagegen tendierte dazu, beide voneinander zu trennen. Den Anfang dieser Trennung machte dabei *Sayyid Aḥmad Khân* mit seinem rationalistischen Deismus.[15] *Mawdûdî* führte sie bis zur Vervollkommnung durch und lehnte jegliche mystische Erfahrung ab. Diese Trennung

13 So wurden denn auch erst im letzten Jahrhundert zentrale Begriffe wie Nation, Kultur, Freiheit und Gerechtigkeit in Sprachen des islamischen Kulturkreises übertragen; vgl. Albert Hourani: Arabic Thought in the Liberal Age, Oxford University Press 1962, S. 194.

14 So etwa *Deoband*, *Farangî Maḥall* und *Nadwat al-'Ulamâ'*; vgl. dazu B. D. Metcalf: Islamic Revival in British India, 1860-1900, Princeton University Press 1982; Francis Robinson: Separatism among Indian Muslims; the politics of the United provinces' Muslims 1860-1923, Cambridge 1974; Ziya-ul-Hassan Faruqi: The Deoband School and the Demand for Pakistan, Lahore 1963; Yohannan Friedmann: The attitude of the Jam'iyyat al-'Ulama'-i Hind to the Indian national movement and the establishment of Pakistan, in: African and Asian Studies 7, 1971, S. 157-180; Peter Hardy: Partners in Freedom and true Muslims; political thought of some Muslim scholars in British India 1912-1947, Lund 1971; Peter Hardy: The Muslims of British India, Cambridge 1972. Alle genannten Beiträge gehen jedoch nicht eindeutig auf den Ideologisierungsprozeß des Islam ein.

15 Zur Koraninterpretation *Aḥmad Khâns* vgl. auch J.M.S. Baljon: Modern Muslim Koran Interpretation 1880-1960, Leiden 1961 und Chr. Troll: Sayyid Ahmad Khan a.a.O.

zwischen Esoterik und Exoterik mündet jedoch nicht selten in eine Veräußerlichung des Islam[16].

Der Ideologisierungsprozeß des Islam kann demnach als intellektuelle Antwort auf die Dominanz der westlichen Welt im achtzehnten und neunzehnten Jahrhundert verstanden werden. Erst zwischen den beiden Weltkriegen jedoch waren die islamischen Intellektuellen in der Lage, den Islam als politische Ideologie analog zu der westlichen Welt umzuwerten und auszubauen. Der Islam sollte nun alle jene Bereiche abdecken, die als europäische Strukturen im Zuge der Kolonialisierung in die muslimischen Gesellschaften integriert worden waren[17]. In diesem Sinne ist denn auch die Islamisierung zunächst eine Rechtfertigung der Integration westlicher Werte und Normen und damit der kolonialen Strukturen und nicht etwa die Vermittlung des Islam in bisher unislamische Gebiete.

Dieser Ideologisierungsprozeß kann sozial-geschichtlich wie folgt skizziert werden:

16 Diese Veräußerlichung tritt oftmals in einer Zweigeteiltheit des Individuums zu Tage (vgl. dazu etwa Michael Gilsenan: Recognizing Islam, London etwa 1982, bes. S. 9 f.).

17 Deutlich ist dies bei *Ḥasan al-Bannâ*, *Muṣṭafa' al-Ṣibâ'î*, *Maḥmûd Shalṭût*, und bei dem späten *Mawdûdî*. Sie alle sprechen nämlich davon, daß die Vorzüge in westlichen Gesellschaften auch im Islam vertreten wären (zu den ersten dreien vgl. Kemal H. Karpat (ed.): Political and Social Thought in the Contemporay Middle East, Praeger Publishers, New York 1982, bes. S. 90-116, sowie R.P. Mitchell: The Society of the Muslim Brothers, London S. 1969 passim). Ähnliche Vorstellungen finden sich auch bei *'Inâyatullah Khân al-Mashraqî*, der sogar die Meinung vertrat, daß der wahre Islam in Europa zu finden wäre (vgl. Jamal Malik: Al-Mashraqi und die Khaksar, Eine religiöse Sozialbewegung indischer Muslime im 20. Jahrhundert. M.A. Bonn 1982 (unveröffentlicht)). Diese Meinung ist auch heute noch stark unter den muslimischen Intellektuellen verbreitet. Sie zeugt lediglich von einem gestörten Selbstbewußtsein.

1.1. Schaffung des kolonialen Sektors

Ausgehenden von einem **Idealtypos** der orientalischen Gesellschaft[18] wurden die drei bestehenden segmentären und hierarchisch gegliederten Gesellschaften - *urbane*, *agrarische* und *nomadische* - um einen weiteren, von außen induzierten gesellschaftlichen Sektor erweitert[19]. Dieser neue Sektor wird zunächst dargestellt durch die Intelligenz, und später durch die Repräsentanten des kolonialen Staates. Seine Träger können als Brückenköpfe betrachtet werden[20].
Die Anbindung an den Weltmarkt brachte eine ungeheuere Umwälzung der Gesellschaft mit sich. Teile der segmentären Gesellschaften wurden in wachsendem Maße in die Weltmarktbeziehungen integriert. Dieser vielschichtige Prozeß lief vor allem ab über technologische Innovationen[21], Kapitalinvestitionen, Privatisierung von Grund und Boden und natürlich

18 hier rein im geographischen Sinne.
19 Im Sinne einer steigenden gesellschaftlichen Komplexität, die sich sozial, wirtschaftlich und politisch manifestiert.
20 In Anlehnung des Begriffes bei D. Rothermund, der von europäischen Brückenköpfen spricht, die "zunächst nur dazu dienen sollten, den Ostindiengesellschaften Zugang zum Handel Asiens zu verschaffen..." (derselbe: Europa und Indien im Zeitalter des Merkantilismus, Darmstadt 1978, S. 92 und D. Rothermund: Grundzüge der indischen Geschichte, Darmstadt 1976, S. 83 ff.), werden hier ferner die einheimischen Eliten verstanden, etwa im Sinne von Hamza Alavi: Class and State, in: H.Gardezi/ J.Rashid (eds.): Pakistan, the roots of dictatorship, London 1983, S. 40-93; derselbe: The State in Postcolonial Societies: Pakistan and Bangla Desh, in: K. Gough/H.P. Sharma (eds.): Imperialism and Revolution in South Asia, New York 1973, S. 145 ff. und H. N. Gardezi: Neocolonial Alliances and the Crisis of Pakistan, in: K. Gough/H.P. Sharma (eds.): Imperialism and Revolution in South Asia, a.a.O., S. 130-144.
21 Vor allem im Bereich der Anbaumethoden, wie z.B. Monokulturen (Baumwolle), die nur über eine Veränderung der Bewässerungsmethoden möglich waren (vgl. etwa Klaus Dettmann: Agrarkolonisation im Rahmen von Kanalbewässerungsprojekten am Beispiel des Fünfstromlandes, in: J. Hagedorn/J. Hovermann/H.-J. Nitz (Hrsg.): Länderschließung und Kulturlandschaftswandel an den Siedlungsgrenzen der Erde, Göttingen 1976, S. 179-191; weitere bibliographische Angaben vgl. Kapitel 3 meiner M.A. Arbeit).

die Umstrukturierung des wirtschaftlichen Prozesses[22]: neben dem traditionalen agrarischen Sektor (*TAS*)[23] hatte sich ein kolonialer agrarischer Sektor (*KAS*) entwickelt. Der nomadische Sektor marginalisierte zusehends[24]. Er kann hier vernachlässigt werden. Parallel zum traditionalen urbanen Sektor (*TUS*) errichteten die Kolonialherren einen kolonialen urbanen Sektor (*KUS*), nämlich den kolonialen Verwaltungs- und Militärbereich[25]. Dieser bezog sich teilweise auf den Agrarsektor; er ist optisch durch den Aufbau neuer Städte erkennbar (*Civil Lines* und *Cantonment*)[26]. Selbstverständlich wurde auch der traditionale Er-

---

22 Dazu die Beiträge von D. Senghaas und Hamza Alavi (s.o.) und D. Rothermund: Grundzüge der indischen Geschichte, a.a.O., bes. S. 64-87 sowie derselbe: Europa und Indien im Zeitalter des Merkantilismus, a.a.O., bes. 39 ff.

23 Die folgenden Abkürzungen *TAS, KAS, TUS,* und *KUS* sind entnommen aus R. Schulze: Islamische Kultur und soziale Bewegung, in: Peripherie a.a.O., S. 60-84.

24 Vgl. dazu Fred Scholz: Detribalisierung und Marginalität. Eine empirische Fallstudie, in: Wolfgang Köhler (Hrsg.): PAKISTAN; Analysen - Berichte - Dokumentationen, Hamburg 1979, S. 31-68. Wegen der zahlenmäßigen Schwäche dieses Sektors wird er im folgenden nicht weiter behandelt.

25 Zur Geschichte des Militärs vgl. neuerdings den etwas zurückhaltenden Beitrag von Stephen P. Cohen: The Pakistan Army, University of California Press 1984. Zur Bürokratie vgl. jetzt Charles H. Kennedy: Bureaucracy in Pakistan, Oxford University Press 1987; vgl. auch D. Rothermund: Nationalismus und Sozialer Wandel in der Dritten Welt: Zwölf Thesen, in: Otto Dann (Hrsg.): Nationalismus und Sozialer Wandel, a.a.O., S. 187-208, bes. Thesen 4 und 9.

26 Einen ausgezeichneten Beitrag zur Städteentwicklung bietet Mohammad A. Qadeer: LAHORE; Urban Development in the Third World, Vanguard Books Ltd. Lahore 1983. Als weitere städtegeographische Studien können genannt werden die Standardstudie von A.D.King: Colonial urban development: culture, social power and environment, Boston, London 1976 sowie B.L.C. Johnson: Pakistan, London 1979, Wolfgang-Peter Zingel: Urbanisierung und regionale Wirtschaftsentwicklung in Pakistan, in: Hermann Kulke/H.C. Rieger/L. Lutze (Hrsg.): Städte in Süd Asien, Beiträge zur Süd-Asien Forschung, Bd. 60, Wiesbaden 1982, S. 233-267 und Fred Scholz: Verstädterung in der Dritten Welt: Der Fall Pakistan, in: W. Kreisch/W.D. Sick/ J. Stadelbauer (Hrsg.): Siedlungsgeographische Studien, Berlin, New York 1979, S. 341-385.

ziehungsbereich ersetzt durch ein nunmehr formales europäisches[27]. Die kolonialen Sektoren wurden durch eine Infrastruktur verbunden und repräsentieren die koloniale Gesellschaft.
Mit dieser Umstrukturierung gingen auch tiefgreifende Veränderungen im sozial-psychologischen Bereich einher: Die traditionalen Sozial-, Wert- und Bezugssysteme[28] wurden nun durch abstrakte anonyme Instanzen des Staates ersetzt. Es kam zu einer Privatisierung sozialer und wirtschaftlicher Beziehungen.
Alle diese gesellschaftlichen Bereiche orientierten sich jedoch an der Tradition des Islam: während der *TUS* die traditionale Herrschaftslegitimation leistete (z.B. durch Bruderschaften, *Geistlichkeit*, Verwandtschaftssystem), herrscht im *KUS* der Islam als politische Ideologie vor (z.B. Vertreter der islamischen Avantgarde und religio-politischer Parteien). Im *TAS* besteht hingegen noch der Islam als egalitäre Bauernkultur (etwa in Form von mystischen Vereinigungen und millinarischen Bewegungen, besonders deutlich im heutigen Sindh).
Mit fortschreitender Expansion des kolonialen Sektors brachen die traditionalen Kräfte zusammen. Nicht alle Sektoren und Gebiete wurden jedoch durch den kolonialen Sektor erfasst, da sich deren Integration nicht immer rentierte. Deshalb wurden diesen Gebiete nicht für den Weltmarkt integriert und "marginalisierten"[29]. Letzteres bedeutete jedoch keinen

27 Vgl. dazu die Beiträge in Goldschmidt, D./Melber, H. (Hrsg.): Die Dritte Welt als Gegenstand erziehungswissenschaftlicher Forschung, Weinheim 1981 (Zeitschrift für Pädagogik 16. Beiheft). Vgl. z.B. auch Ziaul Haque: Muslim religious education in Indo-Pakistan, in: Islamic Studies Vol. 14, No. 1, 1975, S. 271-292 und Sayyid Muḥammad Salîm: Hind o Pâkistân mêñ musalmânôñ kâ niẓâm-e ta`lîm o tarbiyyat, Lâhôr 1980 (Das Erziehungs- und Bildungswesen der Muslime in Hind- und Pakistan) (Urdu)

28 Aufbauend auf Kollektivverantwortlichkeit. Einen guten Beitrag dazu leistet Rosa Luxemburg: Die Akkumulation des Kapitals, Berlin 1913. Nachdruck in: Rosa Luxemburg: Gesammelte Werke, Bd. 5, Berlin (Ost) 1975, S. 600 f.; vgl. dazu auch Kapitel 3 meiner M.A. Arbeit. Zur kolonialen Umstrukturierung des Gebietes um Agra siehe die M.A. Arbeit von Michael Mann: Das *Central Doab* unter früher britischer Herrschaft; Agrarproduktion und Bevölkerungsentwicklung vor dem Hintergrund ökologischer und sozialer Destabilisation in der Region Agra, 1800-1840; am Süd Asien Institut (Abt. Geschichte), Heidelberg (in Vorbereitung).

29 Im Sinne Senghaas. Zu anderen, weiteren Interpretationen des Begriffs Marginalität vgl. z.B. D. Rothermund: Marginalität und Elite in Entwicklungsländern, in: Die Dritte Welt 1972, Bd. 1, Nr. 1, S. 15-22.

Funktionsverlust weiter Bevölkerungsteile. Ihr funktionaler Charakter lag darin, daß sie jederzeit eingebunden (Saison- und Wanderarbeiter) oder wieder abgestoßen werden konnten; sie dienten damit als billige und allzeit bereite Arbeitskraftarmee[30].
Die steigende Komplexität der Gesellschaft ging einher mit der Auflösung der bisher miteinander verbundenen Lebensbereiche: es entstand eine neue Arbeitsteilung, die sich durch eine Aufspaltung von Produktionsbereich (Arbeit und Herrschaft) und Reproduktionsbereich (Kult und Wohnform) charakterisierte: während sich der Arbeitsplatz im kolonialen Sektor befand (z.B. in der modernen Industrie oder der Administration), "lebte" der Arbeiter im traditionalen (Reproduktions-) Bereich. Beide Bereiche unterliegen jedoch zwei spezifisch kulturellen Normensystemen und spiegeln spezifische wirtschaftliche und kulturelle Organisations- und Ausdrucksformen wider[31]. Im Spannungsfeld dieser Dualität ensteht nun ein Konfliktpotential, dessen Artikulationsart von dem Grad der materiellen Armut des im Produktionsbereich Tätigen abhängt. Es kann sich auf mindestens drei Weisen entladen:

1. Zunächst besteht die Möglichkeit, die mangelnde Konfliktlösung durch eine Art Ersatzkultur zu kompensieren. Hierzu gehören urbane Kriminalität, übermäßiger Drogenkonsum sowie die "heile Kinowelt", die ein zeitweiliges Refugium vor den scharfen Übergängen zwischen den Sektoren bieten[32].
2. Eine Möglichkeit, beide Bereiche miteinander zu integrieren, kann darin bestehen, den Produktionsbereich zu "traditionalisieren". Damit werden die traditionalen Verhaltensnormen (hier des Islam) in den Produktionsprozeß eingebracht (erkennbar etwa in der Integration islamischer Symbole und Riten in den Arbeits- und Herrschaftsbereich). Eine Integration, die über Rituale hinausgeht, findet indes nicht statt[33].

---

30 Vgl. dazu auch D. Senghaas: Weltwirtschaft und Entwicklungspolitik, Plädoyer für Dissoziation, a.a.O., S. 193 ff.

31 Reinhard Schulze: Islamische Kultur und soziale Bewegung, a.a.O., S. 67 ff.

32 Der Konsum kulturentfremdeter Drogen wie z.B. Heroin in der städtischen pakistanischen Gesellschaft hat in den letzten Jahren sehr stark zugenommen; vgl. dazu etwa *Pakistan narcotics Control Board*: National Survey on Drug Abuse in Pakistan 1986 (Highlights), Islamabad 1987. Die Lichtfilmtheater vermitteln oft ein Bild der Harmonie oder Gewalt.

33 Die "Humanisierung des Arbeitsplatzes" in den westlichen Industrienationen kann in diese Kategorie eingereiht werden.

3. Schließlich kann man den Reproduktionsbereich "kolonisieren" und damit die Alltagskultur de-islamisieren (erkennbar etwa in der Übernahme westlichen Kultes und dem übermäßigen Konsum von Luxusgütern).

Entscheidend für die eine oder andere Konfliktlösung ist zum einen die Art der Arbeit und damit die materielle Voraussetzung für eine etwaige Kolonialisierung des Alltags, und zum anderen die Bedeutung, die diese für den einzelnen spielt. Man kann also davon ausgehen, daß der Grad des Wohlstands die Art der Konfliktlösung bestimmt: der arme Arbeiter wird (aus objektiven materiellen Gründen) eher dazu tendieren, seinen Produktionssektor zu traditionalisieren, während z.B. der Facharbeiter eher seinen Reproduktionsbereich modernisieren oder de-traditionalisieren wird.
Sowohl Kolonialisierung als auch Traditionalisierung - beides Formen der Konfliktlösung - sind jeweils die spezifischen "Legitimationsformen für die Rechtfertigung der individuellen Situation"[34].
Dieses Modell kann nun auf die soziale Struktur der Islamisierung wie folgt nach Berufssparten differenziert aufgefächert werden[35]:

34 Vgl. Reinhard Schulze: Islamische Kultur und soziale Bewegung, a.a.O., S. 72

35 Ebenda S. 73; Ergänzungen auch unter Bezugnahme von Mohammad A. Qadeer: LAHORE; Urban Development in the Third World, a.a.O. und Fred Scholz: Verstädterung in der Dritten Welt: Der Fall Pakistan, in: a.a.O., S. 341-385.

TUS	Mischgebiet I	Mischgebiet II	KUS
Straßenökonomie	niedrige Ränge der	mittlere Ränge der	höhere Ränge der
Selbstversorg.	Armee, Bürokratie,	Armee, Bürokratie,	Armee, Bürokratie,
traditionale	Polizei und Infrast.	Polizei und Infrast.	Polizei u. Infrast.
Infrastruktur	Schreine, Moscheen	Schreine, Moscheen	*pîrs, sayyids*
(Pferdekutsche,	trad. Infrastruktur		Schreine, *waqf*
Moschee, *waqf*,			Unis, Hotels
madâris, Schrein),			Ausländer, Kapital
Sozial- und	trad. und staatl.	staatl. und trad.	staatliches
Ordnungssysteme	Sozialsystem	Sozialsystem	Sozialsystem
(Orden, Stamm,	informeller Sektor		
kinship) sowie	rel.-polit. Parteien	rel.-polit. Parteien	polit. Parteien
trad. Berufe	unskill, Studenten	Facharbeiter, Studenten	Freiberufler
(*pîrs*, *'ulamâ'*,			Regierungsmitglied
mulla, *ḥakîm*,	*'ulamâ'*, *pîrs*, Schüler	geistliche Elite	
Wahrsager etc.)		Intelligenz	Intelligenz
lokaler Handel	sektoraler Handel	intersektor. Handel	transurb. Handel
sozial kohäsiv,	nicht kohäsiv,	nicht kohäsiv,	sozial kohäsiv, da
da keine Trennung	da Trennung von	da Trennung von	keine Trennung von
von Produktions-	Produktions- und	Produktions- und	Produktions- und
und Reproduktions-	Reproduktions-	Reproduktions-	Reproduktions-
bereich	bereich	bereich	bereich
	Wohnraum		
Altstadt	*sattelite town*,	neue Siedlungen	*cantonment*,
(vorzugsweise	*kachâ âbâdîs*		*civil lines*
mandîs)	*old settlements*		*planned schemes*
eigener Markt	*ṣadr bazâr*	*ṣadr bazâr*	eigener Markt

ṣadr bazâr als Verbindungsglied von *TUS* und *KUS*
hier sektoraler, intersektoraler und transurbaner Handel

Traditionalisierung	Kolonialisierung
theologische Islamisierung	ideologische Islamisierung
Isolationismus	*Integrationismus*

Diese vier Hauptsektoren unterscheiden sich sowohl hinsichtlich ihrer Trägergruppen, als auch hinsichtlich ihrer normativen Ausrichtung, die vor allem durch ihre jeweilige wirtschaftliche und soziale Organisation bedingt ist.

1.) Im *TUS* herrschen lokaler Handel, kleiner Warenverkehr und die lokale Selbstversorgung vor, die in traditionalen Sicherungssystemen eingebettet sind. Letztere werden jedoch im Zuge der Einführung der

Zakât und 'Ushr Regelung 1980 zusehends geschwächt[36], was zu einer Desintegration des traditionalen sozialen Netzsystems führt. In diesem Sektor konzentrieren sich die zahlreichen Formen lokaler, autochthoner islamischer Kultur, vor allem in Heiligenschreinen[37], Geistlichkeit[38] und religiösen Schulen[39]. Man kann hier deshalb von einer traditionalen (islamischen) kulturellen Identität sprechen. Das Organisationsmuster dieses in sich hierarchisch gegliederten Sektors richtet sich nach den traditionalen Formen der Bruderschaften und Vereinigungen[40], seien sie mystischer, zunftmäßiger, verwandtschaftlicher oder konfessioneller Art[41].

2.) Den *KUS* vertreten die Repräsentanten des (kolonialen) Staates, vor allem durch große Handelsvertretungen, die Regierungsvertreter, die höheren Ränge der Administration, der Polizei und des Militärs, Freiberufler und Intelligenz sowie das (höhere) formale Erziehungswesen[42]. Aber auch säkularisierte Vertreter des traditionalen Be-

---

36 Vgl. dazu das Kapitel IV über Zakat.

37 Die jedoch zusehends in größerem Umfang unter die Kontrolle des *KUS* gelangen und damit kolonisiert werden (vgl. Kapitel III über das islamische Stiftungswesen).

38 deren Elite ebenfalls schon stark durch den kolonialen Sektor integriert ist (vgl. Kapitel II über das *CII*).

39 die neuerdings auch einer starken staatlichen Integrationspolitik ausgesetzt sind (vgl. Kapitel V über das islamische Erziehungswesen).

40 Deutlich im (heutigen) Sindh, vor allem in Verbindung mit dem traditionalen Agrarbereich; vgl. Kapitel VI 9.

41 Dies wird deutlich im Boykott der Vorschläge des "*Halepota Reportes*" und der Zakatregelung durch die *Deobandis* und die *Schia* (vgl. das jeweilige Kapitel dazu, V 5.4., VI 9.1. und IV 5.).

42 In besonderem Maße sind hier die säkularen Richter, die Journalisten, Schriftsteller und Wissenschaftler zu nennen. Sie alle garantieren die koloniale Wertevermittlung.

reiches sind hier integriert[43]. Charakteristisch für diesen Sektor scheint indes zu sein, daß seine Repräsentanten z. gr. T. nicht aus dem heutigen Pakistan stammen. Sie sind meist *muhâjirs* aus Indien oder arabischer, turkischer, afganischer, iranischer oder gar europäischer Herkunft.

Diese beiden Sektoren sind sozial kohäsiv und intern hierarchisch angelegt[44], sodaß Konflikte in einem "internen Arrangement" geregelt werden können. Daher bestehen wenig Identifikationsprobleme[45].

1.2. Gesellschaftliche Übergänge und Mischgebiete

Zwischen den beiden extremen Polen haben sich mindestens zwei *Mischgebiete* entwickelt, die sich hinsichtlich ihres Lebensbereiches am *traditionalen*, in Bezug auf ihren Arbeitsbereich jedoch am *kolonialen* Sektor orientieren. Jedem extremen Sektor ist daher ein *Mischgebiet* zuzuordnen:

---

43 So. z.B. der *Pîr Pagârô* im Sindh (Vorsitzender der (Pagârô) Muslim Liga), der Governeur des Sindh *Sayyid Ghawth `Alî Shâh* und der ehemalige Justizminister und heutige Vorsitzender der islamischen Weltkonferenz *Ḥafîẓ Pîrzâdah.* Sogar dem gegenwärtigen Premierminister *Khân Jûnêjô Khân* wird eine Neigung zum traditionalen Sektor (bes. dem Schreinkult) nachgesagt. Die Integration der *pîrs* und anderer Würdenträger z.B. war auch besonderes Interesse der Kolonialherren gewesen. Vgl. dazu David Gilmartin: Religious Leadership and the Pakistan Movement in the Punjab, in: MAS, 13, Nr. 3 1979, S. 485-517 und S.F.D. Ansari: Sufi Saints, Society and State Power; The Pirs of Sind, 1843-1947, (Ph.D. Royal Holloway and Bedford College London 1987 (unveröffentl.) sowie Abdul Wali Khan: Facts are Sacred, Jaun Publishers Peshawar o.J., Kapitel 10 und 11.

44 Dies manifestiert sich z.B. im hohen Organisationsgrad des Ordenswesens und des Verwandtschaftssystems, sowie der Politik, Administration und Wirtschaft.

45 Aber auch hier wird auf traditionelle Ordnungsprinzipien zurückgegriffen. Der bisweilen hier anzutreffende Heiligen/Schreinkult impliziert eine Fluktuation innerhalb sozialer Zugehörigkeiten.

1a.) Das *Mischgebiet I* umfaßt Arbeiter der Industrie und der Infrastruktur, untere Ränge von Armee, Polizei und Administration, lokale Händler, die den sektoralen Handel kontrollieren sowie traditionale Würdenträger.

2a.) Das *Mischgebiet II* umfaßt dagegen die Facharbeiter, die Vertreter des (mittleren) formalen Erziehungswesens, der mittleren Ränge von Armee, Polizei und Administration sowie Händler, die den zwischensektoralen Handel kontrollieren. Die geistliche Elite[46] und Teile der Intelligenz sind für die Mobilisierung dieses Sektors von wesentlicher Bedeutung.

Auf Grund mangelnder interner Hierarchisierung und der daraus resultierenden latent fehlenden Möglichkeit der internen und stabilen Konfliktlösung kann angenommen werden, daß die *Mischgebiete* dazu neigen, ihre Konfliktlösungen an dem jeweiligen Extrempol zu orientieren[47]. Wegen der bestehenden Desintegration[48] werden sie so zu potentiellen Konfliktherden.

Allen vier Sektoren entsprechen auch Lebensbereiche, die städtetopographisch eingeordnet werden können. Auffallend dabei ist, daß die Vertreter der *Mischgebiete* mit Vorliebe in sogenannten "New Indigenous Communities" und "Satellite Towns" leben, die baulich auch eine *Symbiose* (oder Integration) traditionaler und moderner Architektur darstellen[49].

Überträgt man nun die individuellen Lösungsversuche (Ersatzkultur, Traditionalisierung und Kolonialisierung) auf die *Mischgebiete*, so kann

---

46 Im vorliegenden Fall sind dies die geistlichen Mitglieder des *CII*, sowie die Vertreter der religio-politischen Parteien.

47 Die Integration beider Bereiche ist in der Infrastruktur sichtbar, wo Koranverse, die Anbindung an Schreine und religiöse Schulen den Produktionsbereich traditionalisieren sollen. In diesem Sinne gibt es z.B. auch Taxi- und Rikshawfahrerschreine und *-madâris*. Genauso ist etwa das Angebot für niedrige und mittlere Ränge der Bankenangestellten zu verstehen, wonach sie in zwei (heiligen) Monaten im Jahr die Kredite nicht zurückzuzahlen brauchen. Auch innerhalb dieser *Mischgebiete* gibt es Fluktuationen. Das Modell darf deshalb nicht statisch begriffen werden. Es gibt jedoch Anhaltspunkte und verdeutlicht so die Interessen der verschiedenen Trägergruppen.

48 Forciert etwa durch Migration und Auflösung der Familienverbandes etc.

49 Zu den Begriffbestimmung vgl. Mohammad A. Qadeer: LAHORE; Urban Development in the Third World, a.a.O., S. 181 ff. et passim

angenommen werden, daß das *Mischgebiet I* zu einer Traditionalisierung (hier Islamisierung) seines Produktionsbereiches, das *Mischgebiet II* zu einer Kolonialisierung (Säkularisierung) seines Reproduktionsbereiches tendiert. Der Islam bildet in beiden Fälle den kulturellen Rahmen, unterscheidet sich jedoch in der Interpretation (die im *TUS* eine andere ist als im *KUS*):

> Während nämlich die Vertreter des *Mischgebietes I* in Anlehnung an den *TUS* ihre Konfliktlösung eher in einer theologisch Tradition ausdrücken und sie damit bisweilen auf eine esoterische Ebene heben, neigen die Vertreter des *Mischgebietes II* in Anlehnung an den *KUS* zu einer ideologisch säkularisierten Konfliktlösung, die die Aufhebung der individuellen oder (formal) gesamtgesellschaftlichen Konflikte im *hic et nunc* - im Diesseits - zum Inhalt hat.

Der gesamtgesellschaftliche Anspruch wird von der islamischen Avantgarde (*Mischgebiet II*) postuliert und als politisches Konzept vorgetragen[50]. Bei objektiv schlechten materiellen Bedingungen können auch Teile des *Mischgebietes I* und sogar des *TUS* mobilisiert und damit die fehlende Massenbasis erreicht werden.

Der Islam als Ideologie versucht ganz in der Tradition seiner Genesis Konzepte für das Diesseits zu entwickeln, die zur Aufhebung der Konflikte der städtischen kolonialen Gesellschaft führen sollen. Er steht damit im Gegensatz zum theologisch begriffenen Islam. Die diese Konzepte vortragende Elite konkurriert dabei mit den Vertretern des *KUS* mittels Formen der politischen Öffentlichkeit[51]. In Krisenzeiten neigt der *KUS* jedoch dazu, sich von seiner traditionalen Umwelt abzuschotten. Dadurch sind die Übergänge von den *Mischgebieten* zum *KUS* unterbrochen[52]. In dieser Situation können die Träger des *Mischgebietes II* eine integrative

---

50 Tatsächlich handelt es sich um das Eigeninteresse der Vertreter dieses *Mischgebietes*.

51 Vgl. Reinhard Schulze: Islamische Kultur und soziale Bewegung, a.a.O., S. 75 ff.

52 Dies war z.B. in Pakistan 1977 der Fall, als das Bhutto [Bhuttô] Regime sich nicht mehr in der Lage sah, mit den Vertretern der *Mischgebiete* zu verhandeln. Als dann schließlich das Patt zwischen *PPP* und *PNA* im Mai 1977 hätte beseitigt werden können, intervenierte das Militär unter Zia ul Haq, um den *status quo* zu retten.

Kraft darstellen. Ihre latente Bereitschaft zur Enttraditionalisierung oder Säkularisierung des Reproduktionsbereiches wird zum politischen Faktor: Die islamischen Intellektuellen[53] können ihren ideologischen Machtanspruch zunächst in Ermangelung einer Massenbasis nicht umsetzen. 1977 waren es ja auch nicht die Angehörigen des *TUS*, und nur geringe Teile der *Mischgebiete*, die in Pakistan *ad hoc* mobilisiert werden konnten[54]. Erst im Laufe der Zeit konnten traditionale Institutionen[55] und die Massen bewegt werden[56]. Es war auch lediglich eine Bewegung

---

53 Hier sind zunächst die Vertreter der *Jama`at-e Islami* gemeint. Aber auch einige Spitzenvertreter der *Jam`iyyat-e `Ulama'-e Islam* und *Jam`iyyat-e `Ulama'-e Pakistan* müssen dazu gezählt werden: "The hard-core organization of the movement (*PNA*; J.M.) came from the religious parties..." (vgl. dazu auch Khalid B. Sayeed: Politics in Pakistan; the nature and direction of change, New York 1980, hier S. 157 ff.). Unterschieden wird hier jedoch leider nicht zwischen traditionalen Trägern und solchen, die schon in den kolonialen Bereich integriert waren. Bei dem "hard-core" handelte es sich vorwiegend um Vertreter des *Mischgebietes II*.

54 "...the industrial labor did not play as important a role as shopkeepers, small traders and merchants during the demonstrations against the Bhutto regime." Der "commercial trader" - damit sind die Vertreter der Mischgebiete gemeint - war am stärksten vertreten. (Kh. B. Sayeed: Politics in Pakistan, a.a.O., hier S. 143).

55 Kh. B. Sayeed problematisiert diesen wichtigen Aspekt bei seiner Analyse der sozialen Basis der *PNA* leider nicht: "For cohesion and strength one should look at organizational units and cells like the madrasahs and mosques, commercial associations or federations, and some trade unions..." (Khalid B. Sayeed: Politics in Pakistan, a.a.O., hier S. 158). Die *madâris* wurden erst ab März aktiviert, vgl. dazu z.B. Muḥammad Munshâ Tabish Qaṣûrî: Taḥrîk-e niẓâm-e musṭafâ aur Jâm`iah Niẓâmiyyah Riḍwiyyah Lâhôr, Maktabah Qâdiriyyah, Lâhôr 1978 (Urdu).

56 Vgl. J. S. Burki: Pakistan under Bhutto, 1971-1977, London 1980, S. 171; vgl. auch S. R. Ghauri: How Streetwar and Strikes beat Bhutto, in: Far Eastern Economic Review, July 1. 1977, S. 10 f. Für Analysen der Wahlen vgl. Akhtar Rashid: Elections '77 and aftermath; a political appraisal, Islamabad 1981, bes. Kapitel II-X; Shariful Mujahid: The 1977 Pakistani Elections: an analysis, in: Manzooruddin Ahmed (ed.): Contemporary Pakistan; politics, economy, and society, Karachi 1982², S. 63-91 und W.L. Richter: From Electoral Politics to Martial Law: Alternative Perspectives on Pakistan's Political Crisis of 1977, in: Manzooruddin Ahmed (ed.): Contemporary Pakistan, a.a.O., S. 92-113.

der "Mittelklasse"[57]. Erst graduell nämlich konnten die Massen in politische Organisationen integriert werden. Die Führung dieser Organisationen lag fest in der Hand der islamischen Intellektuellen und der geistlichen Elite, die sich inhaltlich und formal den Vertretern des Regimes und den politischen Intellektuellen als konkurrenzfähig glaubten[58].

> Diese Konkurrenz zwischen *Mischgebiet II* und *KUS* wirkt integrativ dann, wenn sich die islamische Elite zum einen als Avantgarde begreift und damit ein islamisches Selbstverständnis schafft und zum anderen politische Programme entwirft, die sich mit den Legitimationsformen und Programmen des *KUS* messen lassen können[59]. Die Aktionen dieser Avantgarde sind rein politischer Natur und werden über die öffentlichen Medien ausgeübt. Bei deren Umsetzung spielt ihre wirtschaftliche Macht, die sie durch den kolonialen Sektor erlangt hat, eine wesentliche Rolle[60]. Nach außen - gegenüber der kolonialen Öffentlichkeit - argumentiert diese Avantgarde ideologisch, wobei islamische Symbole auf das Unverzichtbare reduziert werden. Nach innen - gegenüber der traditionalen Gesellschaft - verfolgt sie eine theologische Argumentation. Der islamische Kultus wird unterstützt und an theologischen Diskussionen teilgenommen, die allerdings keinen hohen theologischen Gehalt haben[61].

57 Vgl. J. S. Burki: Pakistan under Bhutto, 1971-1977, a.a.O., S. 137 und 184 ff. Khalid B. Sayeed: Politics in Pakistan, a.a.O., hier S. 143, 157 et passim

58 Vgl. Reinhard Schulze: Islamische Kultur und soziale Bewegung, a.a.O., S. 76

59 Die religio-politischen Parteien waren schon seit den sechziger Jahren politisch aktiv und hatten umfangreiche Parteiprogramme vorgelegt. Die *PNA* jedoch konnte erst am 30.10.1977 ihre Verfassung vorlegen.

60 Die wirtschaftliche Macht der *Jama`at-e Islami* ist nicht zu unterschätzen. Eine Analyse einschlägiger Publikationen der *Jama`at*, wie z.B. in *ASIA* aus Lahore (Urdu), hinsichtlich ihrer wirtschaftlichen Verflechtungen würde darüber genauere Angaben liefern.

61 Dies zeigt auch die Tatsache, daß die *Jama`at-e Islami* nicht über klassische theologische oder religiösen Curricula verfügt (Stand 1986); vgl. auch unten die Diskussion über die Curricula, Kapitel VI 1. - 1.5.

Diese islamische Avantgarde orientiert sich demnach inhaltlich und formal an den Wertvorstellungen des kolonialen Sektors. Sie versucht, die kolonialen Werte und Strukturen samt ihren Begrifflichkeiten islamisch zu interpretieren und damit zu garantieren, ohne sie jedoch zu hinterfragen. Deshalb können ihre Träger als Integrationisten bezeichnet werden, deren Ideologie der Integrationismus ist[62]. Es geht also gar nicht um die Aufhebung der kolonialen Gesellschaft[63], sondern um die Integration der traditionalen Gesellschaft in den kolonialen Sektor oder um die *De-Traditionalisierung*. Deutlich wird dies beispielsweise in Schaffung von Neologismen und der nomenklatorischen Veränderung kolonialer Begriffe und Werte:

> "Form und Stil von Propaganda und Organisation wurden meist denen des Gegners nachgebildet und mit dem Inhalt eigenen Ideengutes auf eine oft sehr merkwürdige Weise verbunden"[64].

Entsprechend wurden auch zentrale Begriffe umgedeutet:
Shûrâ, das ursprünglich Beratung, bes. der Rat der Einflußreichen der Gemeinschaft hieß, ist bei Muhammad `Abduh eine parlamentarische Demokratie. *Ijmâ`*, eigentlich Konsensus, wird zur öffentlichen Meinung[65]. *Dawla*, das eigentlich die Zeitspanne der Herrschaft eines Einzelnen oder einer Dynastie bedeutete, wird schließlich zum Nationalstaat. Gleiches gilt für den Begriff Verfassung (*dastûr*): sie wird als schon immmer existent interpretiert, und als ob der Islam die beste aller Verfassungen hätte. Sogar politische Parteien, die es ja im frühen Islam nicht gab und damit

---

62 Vgl. Reinhard Schulze: Islamische Kultur und soziale Bewegung, a.a.O., S. 76

63 Auch wenn *Mawdûdî* und *al-Bannâ* dies behaupten mögen. Sie haben letztlich die universell akzeptierten westlichen Werte angenommen (vgl. dazu z.B. auch: Hassan al Banna: Renaissance in the Islamic World, in: Kemal H. Karpat (ed.): Political and social thought in the contemporary middle east, a.a.O., S. 90-103. Für den frühen *Mawdûdî* vgl. etwa S.A.A. Maududi: Political Thought of Islam, Islamic Publications Ltd. Lahore 1980[6]; zu *Mawdûdîs* Wirtschaftsauffassung vgl. derselbe: The Economic Problem of Man and its Islamic Solution, Islamic Publications Ltd., Lahore 1978[5].

64 D. Rothermund: Nationalismus und Sozialer Wandel in der Dritten Welt: Zwölf Thesen, a.a.O., S. 190 f.

65 Albert Hourani: Arabic Thought in the Liberal Age, a.a.O., S. 144

fundamentalistischer Vorstellung widersprechen[66], werden als islamisch anerkannt und zugelassen.
Dadurch sind die Integrationisten in der Lage, westliche Institutionen zu übernehmen und weiterzuentwickeln, ohne dabei auf die islamische Identität zu verzichten. Gleichzeitig konnte diese "nativistische" Rückverlagerung der Ursprünge kolonialer Begrifflichkeiten in die islamische Geschichte helfen, sich vor dem Vorwurf der *bid`a*, der ketzerischen Neuerung, wie sie von den Traditionalisten verdammt wurde, zu schützen. Auf diese Weise konnten auch Traditionalisten für die Legitimation kolonialer Verhältnisse herangezogen werden[67]. In anderen Gesellschaftsbereichen, wie der Wirtschaft[68] oder dem formalen Erziehungswesen[69] versuchen die Integrationisten Lösungsmodelle vorzulegen, ohne jedoch die gegebenen Strukturen zu verändern oder diese zu erweitern. Im Rahmen der Islamisierung des Rechtswesens heißt es im Jahre 1978 in der "Summary for the Cabinet"[70] denn auch bezeichnenderweise:

> "2(c) "Law" includes any custom or usage having the force of law but does not include the Constitution, any fiscal law, personal law, any law relating to the procedure of any court or tribunal or any law relating to the levy and collection of taxes and fees or banking or insurance practice and procedure...".

---

66 Vgl. Fritz Steppat: Der Muslim und die Obrigkeit, in: Gegenwartskunde, Bd. 28, 1979 S. 319-332, aus: Bassam Tibi: Die Krise des moderen Islam, München 1981, S. 137 f. und 145 et passim.

67 In Pakistan wird dies etwa bei dem *`Ulamâ'-Komitee* von 1951 deutlich, welches die berühmten 22 Punkte verfasste. Auch im *CII* sind für die *integrationistische* Politik gewonnene Vertreter des traditionalen Sektor zu finden.

68 Vgl. Christine Gieraths/Jamal Malik: Die Islamisierung der Wirtschaft in Pakistan unter Zia ul Haq, DSE, Heft 11, Bad Honnef 1988

69 Jamal Malik: Islamisierung des Bildungswesens in Pakistan; zum Verständnis der Erziehungspolitik des Zia-Regimes, Heidelberg 1987 (Forschungsbericht für die Konrad-Adenauer-Stiftung; unveröffent.)

70 GoP, Ministry of Law and Parliamentary Affairs (Law Division), Draft Shariat Commission Order, 1978 o.A., Annex I

Noch heute muß sich das sogenannte *Federal Shariat Court* diesen Auflagen beugen[71].

Neben der *integrationistischen* Avantgarde, gibt es auch eine *isolationistische*[72] Avantgarde, die sich aus dem *Mischgebiet I* rekrutiert. Sie lehnt zum Teil jede Art von Übernahme kolonialer Werte und Ordnungsvorstellungen ab und isoliert sich damit vom *KUS*[73]. Sie neigt dazu, ihren Produktionsbereich zu traditionalisieren und ihn damit aus der nationalen Ökonomie herauszuheben. Indem sie idealisierte islamische Prinzipien, die sie meist aus sozialistischen Auffassungen schöpft[74], zum Mittelpunkt ihrer politischen Propaganda erhebt, politisiert sie die islamischen Begriffe selbst. Die Isolierung wird deutlich etwa in dem Prinzip der Auswanderung (*hijra*)[75] oder der Ablehnung anderer, zentraler, vom kolonialen Sektor geprägter Werte[76]. Diese Avantgarde ist nicht streng organisiert, hat jedoch guten Zugang zu breiten Bevölkerungsschichten, da sie mehr zum *TUS* tendiert. Sie kann sich auch in

---

71 *"(c) "Law" includes any custom or usage having the force of law but does not include the Constitution, Muslim personal law, any law relating to the procedure of any court or tribunal or, until the expiration of ten years from the commencement of this Chapter, any fiscal law or any law relating to the levy and collection of taxes and fees or banking or insurance practice and procedure."* (Unterstreichung des Verfassers) Zitiert nach *Comparative Statement of the Constitution as it stood before the 20th March, 1985 and as it stands after that Date*, GoP, Ministry of Justice and Parliamentary Affairs (Justice Division), o.A., S. 54 unter "Provision, if any, as it stands after amendment".

72 Diese Bezeichnung mag eine zu negative Bedeutung in sich bergen. Wie jedoch noch zu zeigen sein wird, sind die *Isolationisten* als Vertreter zu begreifen, die ihre traditionalen Positionen durchaus berechtigterweise verteidigen.

73 Vgl. Reinhard Schulze: Islamische Kultur und soziale Bewegung, a.a.O., S. 76 f.

74 D. Rothermund spricht in ähnlichem Zusammenhang von "kulturimmanenten Sozialismus", vgl. derselbe: Nationalismus und Sozialer Wandel in der Dritten Welt: Zwölf Thesen, a.a.O., S. 203.

75 Deutlich bei *Sayyid Quṭb* (vgl. Yvonne Y. Haddad: Sayyid Qutb: Ideologue of Islamic Revival, in: J.L. Esposito (ed.): Voices of Resurgent Islam, Oxford University Press 1983, S. 67-98) und später bei *Takfîr wa'l hijra* in Ägypten.

76 So lehnt sich in Pakistan die *Schia* - wie auch Teile der traditionalen Geistlichen, wie z.B. die *Deobandis* (*Faḍl al-Raḥmân Flügel*) - immer wieder gegen das sunnitisch *integrationistische* Regime auf.

terroristischen Einzelaktionen äußern und verfügt selten über ein politisches Programm[77]. Radikale Vertreter des *Isolationismus* scheint es in Pakistan unter den Sindhi Nationalisten zu geben. Die Mitglieder des *Mischgebietes I* können in Krisenzeiten schnell und effektiv breite Massen mobilisieren. Bei dieser Mobilisierung spielt sicherlich ihre Infrastruktur und die des *TUS* (Straßenökonomie) eine wesentliche Rolle, wie die Bewegungen im Iran und in Pakistan belegen. Die Häufigkeit *isolationistischer* Aktionen führt zur stärkeren Polarisierung der *Mischgebiete* einerseits und der extremen Pole andererseits. Dadurch identifizieren sich die *Integrationisten* schließlich mehr und mehr mit dem kolonialen Staat. Dieser wiederum bedient sich der Legitimation dieser Avantgarde für seine bisweilen repressiven Maßnahmen gegen die anderen Sektoren, um "seinen" Staat zu retten. Die Vertreter der Avantgarde erhalten als Gegenleistung politische und wirtschaftliche Macht[78]. Inzwischen sind die *Jama'at-e Islami* und Teile der geistlichen Elite aus den Reihen der *Ahl-e Hadith*, der *Brelwis*, der *Schia* und der *Deobandis* in den Machtbereich integriert und liefern als Gegenleistung die Legitimation für Zia ul Haq[79].

Wie der Staat nun versucht, mittels *integrationistischer* Politik weite Bereiche des traditionalen Sektors und der *Mischgebiete* zu erfassen, ist Thema der vorliegenden Arbeit. Dabei wird deutlich, daß das Regime nicht nur in bisher unberührte Gebiete expandiert und sie damit "kolonisiert" - wie z.B. Schreine und religiöse Schulen -, sondern daß es auch versucht,

---

77 Besonders deutlich bei den Mördern von *Al-Sadât* (vgl. dazu den Beitrag von J.J.G. Jansen: The Creed of Sadat's Assassins, in: Die Welt des Islam, Bd. 25, 1985, S. 1-30). Die ehemals aus dem benachbarten Afghanistan in Pakistan operierende Untergrundorganisation "*Al-dhû al-fiqâr*" zählt ebenfalls dazu.

78 So wurden die Vertreter der *PNA* in das am 8.7.1978 aufgestellt Bundeskabinett berufen, schieden jedoch am 15.4.1979 wieder aus. Ein leitender *Jama'at-e Islami* Funktionär wurde z.B. 1978 zum Vorsitzenden der Planungskomission ernannt. Bis *dato* ist die *Jama'at-e Islami* am politische Entscheidungsprozeß beteiligt. Auch *integrationistische* Geistliche nehmen weiterhin am Integrationsprozeß teil, so im *CII* ab 1977 (vgl. das Kapitel über das *CII*, Annex) und in der *Majlis-e Shûrâ* (vgl. dazu: Directory Federal Councillors of Pakistan, publ. by Message Publications, Karachi o. D.; zur personalen Zusammensetzung der *Majlis* vgl. auch Dawn Overseas Weekly vom 15.1.1982, S. 7).

79 Einige 'Ulamâ' sind sogar im Senat, wie z.B. *Mawlânâ Samî' al-Ḥaq*, der Sohn von *'Abd al-Ḥaq*, dem Begründer des größten *Dâr al-'Ulûm* in Pakistan.

kolonialе Strukturen zu traditionalisieren, wie z.B. die Institution des Rates für islamische Ideologie (*CII*) und das Zakatwesen. Beide Strategien, Traditionalisierung und Kolonialisierung, werden freilich unter Zuhilfenahme der *integrationistischen* Avantgarde umgesetzt, die die staatlichen Zugriffe islamisch fundamentalistisch zu legitimieren versucht. Wir können demnach zusammenfassen, daß die *integrationistische* Avantgarde sich als letzter Retter des kolonialen kapitalistischen Systems herausstellt. Diesen Vorwurf erheben auch die *Isolationisten* gegen die Vertreter des *Mischgebietes II*.

II. DAS "COUNCIL FÜR ISLAMISCHE IDEOLOGIE"

Eine der interessantesten und wichtigsten Institutionen im Rahmen der Islamisierung ist das "Council für islamische Ideologie". Seit der sogenannten Islamisierung unter Präsident General Zia ul Haq genießt es vermehrt Aufmerksamkeit. Wenn man die Aktivitäten des *Council* mit denen der Regierung vergleicht, kann man zahlreiche Aufschlüsse über die Islamisierung gewinnen. Eine Gegenüberstellung der *Council*vorschläge zur Islamisierung mit den tatsächlich implementierten Maßnahmen macht deutlich, inwieweit die offizielle Islamisierung den Prinzipien der Shari`a und ihrer Lehrsätze - so wie sie von den Vertretern des *Council* interpretiert werden - entspricht bzw. inwieweit sie von ihnen divergiert.

1. Geschichte und Aktivitäten

Es war, als 1947 der gerade gegründete pakistanische Staat aufgebaut werden sollte, zu erwarten, daß islamische Werte angesichts der Forderung, eine Heimat für die indischen Muslime zu schaffen, in stärkstem Maße Berücksichtigung finden würden. Um so erstaunlicher ist es, daß bis 1950 keine Körperschaft oder Institution ins Leben gerufen wurde, die sich mit islamischen Richtlinien für das zukünftige Pakistan befasste, nimmt man die *Objectives Resolution* einmal aus[1]. Ebenso erstaunlich ist es, daß der *Geistlichkeit*[2] beim Staatsaufbau keine sonderliche Beachtung geschenkt wurde. Auch die Verfassung sah zunächst keinerlei islamische Institution vor.

---

1 Vgl. dazu Leonard Binder: Religion and Politics in Pakistan, University of California Press 1961, S. 116-154.

2 Es ist klar, daß es im Islam keine dem Christentum vergleichbare *Geistlichkeit* gibt. Lediglich im schiitischen Islam kann streng genommen von einer *Geistlichkeit* gesprochen werden. Dennoch wird im folgenden dieser Begriff verwendet, ohne damit allerdings eine Körperschaft im christlichen Sinne zu meinen, sondern um die Geistlichen als eine mehr oder weniger kohärente gesellschaftliche Gruppe zu bezeichnen.

Erst drei Jahre nach der Staatsgründung wurde ein sogenanntes *Ulama Board* ins Leben gerufen worden, welches aus fünf Ulama und einigen Modernisten bestand[3].
Dieses *Ulama Board* oder *Board of Ta`limat-e Islamiyyah* war von *Mawlânâ Shabbîr Aḥmad `Uthmânî* vorgeschlagen worden. Sein Ziel war es, einen Entwurf für eine Institution vorlegen, die der islamischen Komponente im neuen Staat Geltung verschaffen sollte. Nach seinen eigenen Vorschlägen sollte das *Ulama Board* selbst diese Rolle wahrnehmen.
Die Mitglieder des *Ta`limat-e Islamiyyah Board*[4] verfassten einen Bericht, der jedoch nicht veröffentlicht wurde. Die Vorschläge des *Board* wurden nicht entsprechend implementiert[5]. Das *Board* hatte eine enge Beziehung

3 Vgl. auch Faḍl Karîm Shaikh/Asrâr al-Raḥmân Bukhârî: Pâkistân kê idârê, Lâhôr o.J., etwa 1983, S. 66 (Die Institutionen Pakistans) (Urdu); diese Bestimmmung galt für die Verfassung von 1952, wohingegen in der Verfassung von 1956 von einem "Ulama Board" nicht mehr die Rede war (ebenda). Zur Diskussion über eine islamische Verfassung und das *Ulama Board* vgl. Leonard Binder: Religion and Politics in Pakistan a.a.O., S. 155-182.

4 Der Vorsitzende war *Mawlânâ Shabbîr Aḥmad `Uthmânî* (1887-1949) (Deobandi), der schon vor der Teilung 1947 in der Muslim Liga aktiv war. Er hatte sich in den vierziger Jahren gegen die Anti-Pakistanische Politik des Deoband-Seminars gewandt (vgl. auch Ziya-ul-Hasan Faruqi: The Deoband Seminar and the demand for Pakistan, Lahore 1964, bes. S. 102 f. und 119) und war Präsident der *Jam`iyyat-e `Ulama'-e Islam*, einer Abspaltung der *Jam`iyyat-e `Ulama'-e Hind*. In Pakistan wurde er *Shaikh al-Islâm* genannt (vgl. dazu L. Binder: Religion a.a.O., S. 156 ff.). *Mawlânâ Ẓafar Aḥmad Anṣârî* (Deobandi Sympathisant) - zuvor *office secretary* der Muslim Liga - war der Sekretär des *Board*. Weitere Mitglieder waren *Mawlânâ Muftî Shafî`* (Deobandi), ebenfalls ein Angehöriger der Muslim Liga und eine der bedeutendsten religiösen Persönlichkeit. Er hatte den Titel *Muftî-e A`ẓam-e Pâkistân* erhalten. *Muftî Ja`far Ḥusain* war ein prominenter Vertreter der Schia, *Dr. Hamidullah* einer des islamischen Modernismus. Der Ost-Pakistani *Mawlânâ Muḥammad Akram Khân* war ebenfalls Aktivist der Muslim Liga. *Prof. `Abd al-Khâliq* war ein Bengali, der die bengalischen Interessen vertreten sollte. Als höchste Autorität des *Board* sollte weiterhin *Saiyyid Sulaimân Nadwî* aus Lucknow in Indien eingeladen werden (vgl. dazu auch Manzooruddin Ahmed: Political Role of the "Ulama" in the Indo-Pakistan Sub-continent, in: Islamic Studies Vol. 6 No. 4, Islamabad 1967, S. 334 und L. Binder: Religion a.a.O., S. 155-182).

5 Vgl. Muḥammad Miyân Ṣiddîqî, in: Fikr o Naẓr, nifâz-e sharî`at nambar, Islâmâbâd 1980, S. 164.

zu dem *Basic Principles Committee* (*BPC*)[6]. Die Mitglieder des *BPC* wurden von der *Constituent Assembly* ernannt, und sollten die *basic principles* für die Zusammensetzung der *Assembly* ausarbeiten. Die Vorschläge des *Board* sollen jedoch keine nennenswerten islamischen Inhalte aufgewiesen haben: Die Muslime sollten lediglich den Koran lesen lernen. Dennoch stand es in einem Gegensatz zu den Vorstellungen des *BPC*, dessen zusammenfassender Bericht die bengali Mehrheit diskriminiert haben soll[7]. Dem Entwurf zufolge hatte das *Ulama Board* die Macht, alle Gesetze abzulehnen, die Koran und Sunna widersprachen und konnte so deren Einführung verhindern[8]. Damit hätte das *Ulama Board* über größere Machtbefugnisse verfügt, als das später (1956) in der Verfassung verankerte *CII*. Wohl aus Furcht, ein solches *Board* hätte über größere Entscheidungsbefugnisse verfügen können, kam es zu seiner Auflösung[9]. Wie Binder meint, waren die Vorschläge des *Board* eher romantisierend:

> "They <die Mitglieder> became romantics in the sense of reading back institutions which are a product of their own imagination into the obscure period of the \`Rightly-Guided Caliphs'"

und die Ansichten des *Board* "were not thought through as a rational whole"[10].

Neben diesem *Board* versuchten die *Geistlichkeit* unabhängig vom Staat eine allgemeinverbindliche Plattform für die Umsetzung islamischer Prin-

---

6 *BPC*; bestehend aus einer in westlichen Bildungsinstitutionen sozialisierten Elite der *Constituent Assembly* <meist Angehöriger der Muslim Liga>, die eine Staatsgefüge nach europäischem Vorbild aufbauen wollte.

7 Vgl. Manzooruddin Ahmed: Political Role, a.a.O., S. 335; Afzal Iqbal: Islamization in Pakistan, Vanguard Books Ltd. Lahore 1986, S. 58 ff. und Y.V. Gankovski/V.N. Moshalenku: The three Constitutions of Pakistan, People's Publishing House Lahore 1978, S. 20-26. Zur Kritik der Ulama an dem *BPC*-Bericht vgl. auch A. A. Maudoodi: Islamic Law and Constitution, Islamic Publications Ltd., Lahore 1969[4], S. 327-351. Hier waren nahezu die selben Ulama vertreten, die auch die 22 Punkte ausgearbeitet hatten.

8 Vgl. G. W. Choudhury: Constitutional Development in Pakistan, Lahore 1969, The Ideal Book House, S. 185 f

9 Der *Board* wurde angeblich wegen des Todes des Vorsitzenden *Mawlânâ Sayyid Sulaimân Nadwî* und wegen des Auslandaufenthaltes von Dr. Hamidullah in Paris aufgelöst (vgl. Muḥammad Miyân Ṣiddîqî, in: fikr o naẓr, a.a.O., S. 164).

10 L. Binder: Religion a.a.O., S. 160. Damit waren sie im Sinne des Konfliktlösungsmodells Ausdruck individueller Lösungsversuche und wiesen zunächst kein gemeinsames Bewußtsein auf.

zipien zu errichten und proklamierte Anfang 1951 die berühmten 22 Grundsatzpunkte. Im wesentlichen ging es in den 22 Punkten darum, die Souveränität der Shari`a herauszustellen, das Staatswesen islamischen Gesetzen zu unterwerfen, einen islamischen Internationalismus zu fördern, islamische Erziehung zu schaffen etc.[11]. Mit keinem Wort jedoch wurde etwa das "islamische wirtschaftliche Handeln" erörtert.

1.1. Unter Ayûb Khân

Neun Jahre nach der Staatsgründung - 1956 - wurde erstmals eine islamische Körperschaft als Bestandteil des Staates gefordert, die am Aufbau einer islamisch orientierten Politik beteiligt werden und konstitutionellen Charakter haben sollte. Diese Institution wurde jedoch erst vier Jahre darauf geschaffen - 1962 - und *Islamic Advisory Council* oder *ACII* genannt[12]. Als eine unter Ayûb Khân geschaffene Körperschaft sollte das *ACII* zunächst dazu dienen, den Islam nach modernistischen Parametern zu *re*interpretieren und so die nationalistische Politik islamisch zu legitimieren. Damit wurde der Zweck verfolgt, in einem ideologischen Staat mit einer entsprechenden Verfassung auch Teile der islamisch geistlichen Elite konstitutionell zu institutionalisieren und zu integrieren. Der Präsident Pakistans wachte jedoch damals (und noch heute) stets über die eingeschränkten Rechte des *Council*. Der *Geistlichkeit* ein Vetorecht einzuräumen, wäre für Ayûb Khân "fatal" gewesen, da sonst die

---

11 Vgl. Riaz Ahmad Syed: Pakistan on Road to Islamic Democracy, Referendum 1984, Islamabad 1986, S. 21-27 und Afzal Iqbal: Islamization a.a.O., S. 51 f.; vgl. auch A.A.Maudoodi: Islamic Law a.a.O., S. 321-325 sowie L. Binder: Religion a.a.O., S. 219-232.

12 Tanzîl al-Raḥmân, in: Hurmat, Nifâz-e niẓâm-e Islâm nambar, August 1983 Bd. 20 Nr. 25/26 Ṙâwalpindî (Urdu), S. 193 ff, hier S. 193; derselbe: Islamization in Pakistan, Council of Islamic Ideology, GoP, Islamabad 1984, S. 2; derselbe, in: fikr o naẓr: nifâz-e sharî`at nambar, Bd. 20 Nr. 9-10, März-April 1983, Idârah-e taḥqiqât-e islâmî, Islâmâbâd 1983 (Urdu), S. 153 - 162; sowie Sh. Shaukat Mahmood: The Constitution of Pakistan (as amended upto Date), Pakistan Law Times Publications Lahore 1965 S. 557 ff;Artikel 199 nennt es "Advisory Council of Islamic Ideology" *ACII*; vgl. auch PT, 23.7.62: "CII: eight persons selected".

säkular orientierten Politiker unter zu starken Einfluß der pakistanischen *Geistlichkeit* geraten wären[13].
In der Anfangsphase des *Council* wurde Kritik der Ulama laut, die durch ihre Vernachlässigung provoziert wurden. Diese sahen ihre Forderungen weder durch das *Council* noch durch das *IRI* (Islamic Research Institute; dazu siehe unten) umgesetzt. Die Ulama selber waren im *ACII* nämlich zahlenmäßig den Repräsentanten der Administration, der weltlichen Rechtssprechung und des Bankenwesens unterlegen[14].
Auf Drängen der Traditionalisten hin mußten zwar einige säkulare Mitglieder des *ACII* und des *IRI* zurücktreten. Allein, eine Stärkung der Ulama in diesen Institutionen erfolgte zunächst nicht.
Die Aktivitäten des *ACII* während der ersten zwei Amtsperioden bis 1969 waren auf Klärung des Zinsverbotes, des Zakat und auf allgemeine Verbesserungsvorschläge des gesellschaftlichen Systems beschränkt. Klare Richtlinien für die Umsetzung solcher Vorstellungen wurden jedoch nicht herausgearbeitet. Das *ACII* veröffentlichte in den Medien im September 1963 auf Wunsch der Regierung einen Fragebogen "on certain religious and social problems", um auf der Grundlage der Antworten "Islamisierungs"-Vorschläge zu machen. Die mangelhafte Beantwortung der Fragen machte eine Ausarbeitung jedoch unmöglich.[15]
Auch 1966/67 wurde vom *Council* ein Fragebogen zum Zinsproblem erstellt. Er sollte landesweit und über die nationalen Grenzen hinweg an 123 Geistliche verschickt werden. Der Fragebogen wurde jedoch nie versandt. Hingegen machte das *ACII* eine "historical decision on Riba (Zins)" (am 23.12.69), in der es u. a. hieß, daß alle Transaktionen, für die über die

---

13 Vgl. G. W. Choudhury: Constitutional Development a.a.O., S. 184

14 Vgl. Manzooruddin Ahmed: Political Role, a.a.O., S. 339; die Tageszeitung *Anjâm* vom 26.7.62 (Urdu) gibt eine Stellungnahme von *Abû'l A'lâ Mawdûdî* wieder, der sich gegen die Mitglieder des *CII* ausspricht: durch den Aufbau dieser Körperschaft wollte die Regierung den islamischen Traum völlig beenden. Zur Meinung der *Jama`at-e Islami* über das *CII* vgl. auch D, 4.8.62. Einige Mitglieder der *Jam`iyyat-e `Ulama'-e Islam* (*JUI*) kritisierten ebenso scharf die Zusammensetzung des *CII* und wollten eine adäquate "representation of Ulama". Die *JUI* ging sogar soweit, daß sie im August 1962 ein eigenes inoffizielles *Council* aufbauen wollte, um die Vorschläge und Beschlüsse des Rates zu überprüfen; vgl. dazu D, 6.8.62 und NW, 6.8.62.

15 Die 15 in den Zeitungen abgedruckten Fragen waren der Bevölkerung wohl zu abstrakt; vgl. D, 7.9.63.

Schuldsumme hinaus Geld gezahlt werde, *Ribâ* enthielten[16]. Diese Aktion des *ACII* war eine Antwort auf die Frage der Regierung, inwieweit im Lande Zinswesen bestehe[17].

Laut Verfassung war für das *ACII* folgende Besetzung vorgesehen: Zwei Mitglieder sollten Juristen des *Supreme Court* sein. Jedes Mitglied mußte eine mindestens 15-jährige Beschäftigung mit islamischer Wissenschaft und Erziehung aufweisen. Ein weibliches Mitglied wurde zugelassen. Während die Mitgliedschaft eines *ACII*-Mitglieds nebenamtlich sein sollte, war der Vorsitzende des *Council* ein Jurist des Obersten Gerichtshofs und Vollzeitmitglied. Der pakistanische Präsident war die letzte Entscheidungsinstanz[18]. Die Mitgliedschaft war auf drei Jahre beschränkt, die allerdings nicht immer streng eingehalten wurde.[19] Daß die Unterordnung einer religiösen Beraterinstitution unter politische, säkulare Institutionen ganz in der Absicht Ayûb Khâns lag, wird in folgendem Zitat deutlich:

> "The conclusion was inescapable that Islam had not prescribed any particular pattern of Government but had left it to the community to evolve its own pattern to suit its circumstances, provided that the principles of the Qur'an and Sunnah were observed" ... "... there was obviously no place for a supra-body of religious experts exercising a power of veto of the Legislature and the Judiciary".

Oder noch klarer:

> "A constitution could be regarded as Islamic only (für die Ulama) if it were drafted by the Ulama and conceded them the authority to judge and govern the people. This was a position which neither the people nor I was prepared to accept"[20].

Er hatte die *Geistlichkeit* in ihre Schranken verwiesen. Trotz seiner Beschränkungen war der Rat zeitweilig in der Lage, auf die Politiker einzuwirken. Dieser Einfluß zeigt sich u.a. in der geschichtlichen Entwicklung des Gremiums und in der Zusammensetzung seiner Mitglieder. Die

---

16 Vgl. CII Recommendations on the Islamic Economic system, a.a.O., S. 4 -10

17 Vgl. auch MN, 3.3.63 und GoP, Annual Report of the Proceedings of the Advisory Council of Islamic Ideology for the year 1966, o. A., S. 27-30 und S. 65-67.

18 Vgl. Sh. Sh. Mahmood: The Constitution of Pakistan, a.a.O., S. 558 Art. 202 Ab. 3

19 Vgl. dazu Annex A: Mitgliedertabellen.

20 Ayub Khan: Friends not Masters, Oxford University Press 1967, S. 194 - 204

personelle Zusammensetzung des *ACII*[21] reflektiert einerseits die Politik der Regierung, die seine Mitglieder ernannte und andererseits den gesellschaftlichen Druck der *Geistlichkeit* mittels dem Rat[22].
Die Arbeitsweise des *ACII* wurde in den "Council of Islamic Ideology (Procedure) Rules 1974"[23] festgelegt. Die Verhandlungen und Berichte sollten sich des *Urdû* bedienen und geheim bleiben. Alle drei Monate war eine Sitzung mit mindestens fünf Mitgliedern vorgesehen, so daß ein Beschluß nach Mehrheitsprinzip möglich wäre.
Das *ACII* sollte durch das ebenfalls 1962 gegründete *Islamic Research Institute* (*IRI*) unterstützt werden, dessen Aufgabe insbesondere darin bestand, für das *ACII* zu bestimmten Themen Materialsammlungen zu erstellen. Auch war es Aufgabe des *IRI*, wissenschaftliche Ausarbeitungen zu eigenen Stellungnahmen zu leisten und samt Begründung dem *ACII* als Empfehlung vorzulegen. Im Falle von Engpässen personeller Art war es dem Vorsitzenden des Rates gestattet, Experten zu konsultieren[24].
Neben dem *IRI* und den Experten standen dem beratenden Gremium noch drei Berater (Advisor) zur Verfügung. Diese Berater stammten grundsätzlich nicht aus religiösen Institutionen: ein "Civil Servant of Pakistan" (*CSP*), ein Bankfachmann und ein Mitglied der "Planning Commission"[25].

---

21 Vgl. Annex A
22 Z.B. die Zakatregelung von 1980; vgl. dazu das Kapitel IV über das Zakatwesen.
23 Vgl. The Gazette of Pakistan, Islamabad 18. May 1974, S. 771 ff
24 Vgl. ebenda; Sh. Sh. Mahmood: a.a.O., S. 560; Muhammad Khalid Masud: Islamic Research Institute - an historical analysis, in: Islamic Studies, Islamabad Supplement 1976, S. 38 ff; sowie Hand book and Masterplan of Islamic Research Institute, Islamabad o.D.
25 Vgl. GoP, Annual Report of the Proceedings of the Advisory Council of Islamic Ideology for the year 1971 S. 2

1.2. Unter Bhutto

In der Öffentlichkeit fand das *ACII* zwischen 1965 und 1975 wenig Beachtung. Es rückte erstmals wieder Mitte der 70er Jahre in das öffentliche Blickfeld[26].
Die Verfassung von 1973 räumte der *Geistlichkeit* und dem damit verbundenen normativen Einfluß des Shari`a-Islam auf Gesellschaft, Wirtschaft und Kultur Pakistans mehr Raum ein. Bis zu diesem Zeitpunkt oblag es der Nationalversammlung, den Vorschlägen des Rates zu folgen oder sie zu verwerfen. Die Verfassung unter Bhutto dagegen stellte einen Kompromiß zwischen der Regierungspartei, der Pakistan People's Party (*PPP*), die den Einfluß der Geistlichen zu verringern suchte und den Ulama dar, die dem Rat eine größere Bedeutung im Parlament einräumen wollten[27]. Sie gestand dem Rat neue Aufgabenbereiche zu, die in einer Islamisierung des pakistanischen Staats- und Gesellschaftswesens innerhalb von neun Jahren münden sollten. Dadurch standen der Regierung zunächst neun Jahre zur Verfügung, den Shari`a-Islam als gesellschaftliche Norm einzuführen. Zur Erreichung dieses Zieles sollte der Rat jährlich Zwischenberichte einreichen und nach sieben Jahren einen Abschlußbericht erstellen. Die Ergebnisse der Zwischenberichte sowie der siebenjährige Endbericht sollten von der Nationalversammlung innerhalb von sechs Monaten besprochen und gegebenenfalls umgesetzt werden, so daß nach weiteren zwei Jahren - also im August 1980 - Pakistan vollkommen islamisiert wäre[28]. Auch wurde die Bezeichnung dieser Körperschaft geändert; der *ACII* hieß nun *Council of Islamic Ideology*. Ferner wurde die Mitgliederzahl des *CII* von mindestens acht auf höchstens 15

---

26 Eindrücke aufgrund der Zeitungslektüre im *Press Information Department* zum Thema *CII*. Bis 1972 hatte der Rat mehrere Bände des *Pakistan Code* "islamisiert" und der Regierung vorgelegt. Daneben waren 24 Vorschläge erarbeitet worden, die u. a. das Zinswesen, den Zakat, die Neugestaltung der Curricula sowie das Einhalten des Fastenmonats betrafen; vgl. Tanzîl al-Raḥmân, in: Ḥurmat, a.a.O., S. 194.

27 Vgl. Artikel 228 und 230 der Verfassung von 1972; vgl. auch Anwar Syed: Pakistan; Islam, Politics and National Security, Vanguard Books, Lahore 1984 S. 146 und Tanzil ur Rahman: Islamization a.a.O. S. 2 f

28 Vgl. Tanzîl al-Raḥmân, in: Ḥurmat a.a.O., S. 193 f; vgl. Ahsan Sohail Anjam: The Constitution of the Islamic Republic of Pakistan 1973, Mansoor Book House Lahore o.D., Artikel 230 (4), S. 280

erweitert, um eine effektivere Arbeit zu ermöglichen, führte jedoch dazu, daß die im *CII* vertretenen Repräsentanten verschiedener Denkschulen (*makâtîb-e fikr*) einer einheitlichen islamischen Normierung - aufgrund verschiedener Interpretationen der Rechtsquellen - erschwerten[29] und ihr somit zunächst hinderlich waren.

Zwischen 1974 und 1977 stand *Justice* Hamoodur Rahman [Ḥamûd al-Raḥmân] dem *CII* vor. In seiner Amtszeit wurden 31 Vorschläge zur Islamisierung vorgelegt, die darauf abzielten, den modernen Produktionsbereich dem traditionalen Reproduktionsbereich und umgekehrt anzugleichen, ohne jedoch strukturverändernd wirken zu wollen[30]. Sie können als Ritualisierung einzelner Lebensbereiche betrachtet werden.

Die staatliche Förderung des *CII* reflektiert die innenpolitischen Auseinandersetzungen, mit denen Z.A. Bhutto zunehmend konfrontiert war. Sie verdeutlicht ferner, daß die Regierung Bhutto auch zunehmend unter den politischen Druck der geistlichen Elite kam. So wurde ab April 1975 der Islam wieder durch den Staat selber propagiert und zwar mittels des *CII* und des Ministers für religiöse Angelegenheiten, *Mawlânâ Kawthar Niyâzî*.[31]

Seit Mitte 1975 kamen vermehrt Vorschläge des *CII*. Die Regierung ihrerseits forderte das *CII* dazu auf, seine Ausarbeitungen rascher zu beenden, da die Zeit dränge[32]!

---

29 Dieser Meinung ist auch Anwar Syed: Pakistan; Islam etc. a.a.O., S. 146.

30 Wie z.B. Einführung einer nationalen Tracht, der Gebetsvorschriften für Beamte, jährlicher geheimer Berichte über Beamte hinsichtlich ihrer islamischen Lebensführung, islamischer Prüfungsfächer im öffentlichen Dienst, der *Ḥadd*strafen für Ehebruch (*Zinâ*), des Alkoholverbotes, des Freitags als Feiertag, des Zakat und `Ushr, des zinslosen Bankwesens sowie der Abschaffung der Prostitution etc.; vgl. Tanzîl al-Raḥmân, in: Ḥurmat a.a.O., S. 194.

31 Er vertritt selber eine fundamentalistische Auffassung vom Islam. In den sechziger Jahren war er ein führender Funktionär der *Jama`at-e Islami*; vgl. dazu seine Polemik: "Jamâ`at-e Islâmi `awâmî`adâlat meñ", Lâhôr 1973 (Jama`at-e Islami in der öffentlichen Meinung) (Urdu). Auch heute wird er vom Zia-Regime für dessen Legitimationszwecke genutzt.

32 Vgl. dazu NW, 6. und 8.4.75; M, 8.4.75; New Times, 6.4.75; J, 6.4.75; The Sun, 6.4.75.

2. Das *CII* seit 1977

Mit dem Amtsantritt Zia ul Haqs wurde das *CII* neu besetzt und begann unter dem Vorsitz *Justice Muhammad Afzal Cheemahs* [Muḥammad Afḍal Chîmah], wie zu erwarten, eine umfassende Islamisierungskampagne. Dies bedeutete zunächst eine Anerkennung des *CII*.[33] Es folgte eine umfangreiche Präsentation des Rates in den Medien, wobei selbst die Vitae der einzelnen Mitglieder samt Bildern abgedruckt wurden[34]. Daß die Propa-

33 Administrativ ist das *Council* dem Religionsministerium angeschlossen. Schon im März 1978 war der Rat als eine autonome Körperschaft konstituiert und lediglich "for conduct of Government business" dem Religionsministerium angeschlossen worden (PT und D, 16.5.78). Der autonome Charakter sei in der Autorität des Vorsitzenden begründet, jedes Mitglied selbst zu ernennen, während solche Ernennungen für Behördenmitglieder üblicherweise durch die *Public Service Commission* vorgenommen werden (persönliche Gespräche mit *`Abd al-Mâlik `Irfânî* im Okt./Nov. 1984 in Islamabad). *De facto* und *de jure* nominiert jedoch weiterhin der Präsident sowohl die Mitglieder als auch den Vorsitzenden des *CII* qua Artikel 228 (2) der Verfassung. Der formal autonome Charakter des Rates wurde ferner von Zia ul Haq 1981 eingeschränkt, als er erklärte, "daß das islamische Council eine beratende Institution ist, und daß die Arbeit einer beratenden Institution darin liegt, uns (die Regierung) zu beraten" (vgl. *Ḍîyâ' al-Ḥaq*: Naw tashkîl-e islâmî naẓariyyâtî kawnsil, iftitâḥî ijlâs, Islâmâbâd 22.6.1981, GoP o.A. (Urdu), S. 7). Die zentrale Stellung des Regierungsoberhauptes gegenüber dem *CII* wurde noch einmal 1982 deutlich, als Zia den Artikel 228 (4) der Verfassung von 1972 änderte. Ursprünglich war hier festgelegt worden, daß der Vorsitzende des *Council* ein Richter des *Supreme* oder *High Court* sein müsse. 1982 beschloß Zia, daß "the President shall appoint one of the members of the Islamic Council to be the Chairman thereof" (vgl. Gazette of Pakistan Extraordinary Part I 22.9.82; Constitution Fourth Amendment Order 1982). Dies zielte wohl darauf, *Mawlânâ Anṣârî* zum neuen *Chairman* zu ernennen, der jedoch aus verschiedenen Gründen den Vorsitz ablehnte (Information von Dr. Halepota im Oktober 1985 in Islamabad).

34 Z.B. M, 1.6.81 und PT, 23.6.85 für *Tanzil ur Rahman*; PT, 24.6.81 für *Syed Shams al Haqq Afghani*; Imrôz 21.6.81 (Urdu) für *Mawlânâ Ẓafar Aḥmad Anṣârî* und *Dr. Ashraf `Alî Hâshmî*; Imrôz 27.6.81 und PT, 1.7.81 für *Sayyid Muntakhib al-Ḥaq* und *Qâḍî Sa`îd Allâh* (zum letzteren vgl. auch PT, 1.6.81); PT, 24.6.81 für *Maulana Hanif*; PT, 25.6.81 für *Dr. Ziauddin Ahmad*; PT, 29.6.81 für *Dr. A. W. J. Halepota*; PT, 2.7.82 für *Seyed Najmul Hasan Kararvi*; diese Auflistung der Quellen ist bei weitem nicht vollständig.

gierung des *CII* und seiner Mitglieder wesentlich durch die regierungskonforme *Pakistan Times* unternommen wurde und die Kritik an der Regierung nicht nur hinsichtlich des *CII* von der Schia-Zeitung *The Muslim* kam, sollte nicht weiter verwundern. Ungeachtet der starken publizistischen Förderung des Rates, enthält auch die "Constitution (Fourth Amendment) Order 1980" den Artikel 230. Er verdeutlicht, daß die Regierung sich hinsichtlich vieler Bereiche scharf vom *Council* absetzt und ihm weiterhin Schranken auferlegt. Insbesondere im Falle eines Gesetzes, welches "in the public interest" ist, kann die Regierung es sofort - ohne Bezugnahme auf das *CII* - durchsetzen[35]; eine Klausel, die schon seit der Konstituierung des Rates im Jahre 1962 besteht[36].

Die Empfehlungen früherer Ratsamtspersonen wurden zum Teil erweitert und zusätzliche Vorschläge zum Gebet, zu Zakat, zu den Shari`a-Gerichtshöfen[37], zu den *hudûd*-Regelungen und zu den islamischen Sendungen in den Medien etc. eingebracht. Neben diesen Aktivitäten legte das *Council* besonderen Wert auf "legal and education reforms" sowie auf das islamische Bankwesen und den Zakat[38]. Für die theoretische Ausarbeitung des "islamischen Wirtschaftswesens" stellte das *CII* ein *Panel* auf, welches aus Wissenschaftlern, Wirtschaftlern und Bankiers bestand[39]. Die Mitglieder dieses *Panel* hatten meist im Ausland studiert und waren graduierte Wirtschaftler, die wegen Unkenntnis des Arabischen weder direkten Zugang zu den islamischen Quellen hatten noch eine "wissenschaftliche" Kenntnis des Islam besaßen. Das *Panel* legte einen Fragebogen über ein etwaiges "islamisches Wirtschaftssystem" vor, der jedoch wegen der geringen Resonanz schließlich vom Rat selbst beantwortet wurde, und zwar von drei Ulama[40]. Für die Überprüfung und Reform des Strafgesetzes wurde ebenfalls ein Experten*panel* aufgebaut[41].

35 Vgl. Provisional Constitution Order 1980, S. 33 Artikel 230 Abs. 3
36 Vgl. Sh. Sh. Mahmood: a.a.O., S. 559 Artikel 204 Abs. 3
37 Tanzîl al-Raḥmân, in: Ḥurmat a.a.O., S. 194 f
38 Vgl. PT, 8.10.77 und Jahresbericht des CII von 1977/78 (Urdu)
39 Imrôz 15.10.77; Jasârat 16.10.77 sowie CII Recommendations on Islamic Economic System a.a.O., S. 19 ff.
40 Vgl. CII Recommendations on Islamic Economic System a.a.O., S. 26 ff.; die geringe Resonanz auf den Fragebogen wurde in den Medien nicht erwähnt.
41 Vgl. PT, 7.2.79. Neben diesen konzeptionellen Tätigkeiten des *CII* legte es dem Volk zunächst nahe, von Gott für die letzten 30 Jahre um Vergebung zu erbitten: "Time to beg for forgiveness for 30 years' sins" (PT, 14.11.77).

Die Vorschläge des *CII* setzte die Regierung zum Teil um[42], wenn auch in stark modifizierter Form. Diese Modifizierung führte zu einer massiven Kritik seitens der im *CII* vertreten Geistlichen an der Regierung[43].

Durch die "Constitution (Fourth Amendment) Order 1980"[44] wurde die Mitgliederzahl des Rates von 15 auf 20 erhöht[45]. Um eine effektivere Arbeit des Rates zu ermöglichen, wurde die Wahl von fünf Vollzeitmitgliedern gestattet.

Nicht nur die Zusammensetzung des *Council* hat sich seit Zia ul Haq sowohl in zahlenmäßiger als auch in personeller Hinsicht geändert (vgl. Annex A), sondern auch die Anzahl seiner Arbeitstage und die Zahl der Sitzungen:

Tabelle 1: Arbeitsfrequenz des *CII*

Zeitraum	1962-63	64-66	67-69	70-72	74-77	77-80	81-82	62-77
Jahre	1	2	2	2	3	3	1	10
Sitzungen	4	13	13	5	13	31	9	48
Arbeitstage	11	41	50	17	17	219	66	136

(Quellen:

Tanzîl al-Raḥmân: Islâmî naẓariyyâtî kawnsil kî ripôrṭ, in: GoP, Ministry of Religious and Minority Affairs: *'Ulamâ' Kanwenshan 1980, taqârîr o tajâwîz*, Islâmâbâd o.J., S. 20 (Bericht des *CII*; (Urdu)); *CII* Jahresbericht 1981-82, Islamabad 1983, S. 13 und S. 292 (Urdu))

42 Vgl. Tanzil ur Rahman: Islamization a.a.O. passim

43 Vgl. GoP, Ministry of Religious and Minority Affairs: *'Ulamâ' Kanwenshan 1980, taqârîr o tajâwîz*, Islâmâbâd o.J., S. 11-21 (Reden und Vorschläge der 'Ulamâ' Zusammenkunft; (Urdu)) und dieselbe: *'Ulamâ' Kanwenshan 1984, taqârîr o tajâwîz*, Islâmâbâd o.J., (Urdu), S. 127-138 et passim; diese Konferenzprotokolle sind der Öffentlichkeit nicht zugänglich, während z.B. "Ḥurmat", "Fikr o Naẓr" und "Islamization in Pakistan" der breiten Allgemeinheit offenstehen. Die Kritik des *CII*-Vorsitzenden Tanzîl wird in den drei letztgenannten Quellen im Gegensatz zu den unveröffentlichten nicht deutlich. Hier lobt er, ganz im Gegenteil, die Regierung für ihre Aktivitäten!

44 President's Order No. 16 von 1980 am 30.11.1980

45 Vgl. The All Pakistan Legal Decisions /D.L.D./ 1981 Vol. XXXIII Lahore, S. 332; Gazette of Pakistan Extraord., Part I 30th Nov. 1980; Tanzil ur Rahman: Islamization a.a.O. S. 3 A und Provisional Constitution Order 1981, Lahore, Kauser Brothers 1982, S. 32

Wie aus der tabellarischen Übersicht hervorgeht, stieg mit der staatlichen Förderung des *CII* auch dessen Arbeitsfrequenz.
Ebenso hat die Besuchsfrequenz der aus dem Ausland kommenden Vertreter einschlägiger islamischer Organisationen zugenommen, besonders derjenigen aus Saudi-Arabien, was den salafitischen Charakter der Islamisierung unterstreicht. Aber auch Vertreter anderer Gruppierungen besuchten das *CII.* So hat z.B. ein gewisser John Harsh, Botschaftsrat an der amerikanischen Botschaft, das *CII* am 24. November 1981 besucht[46]. Dies deutet auf eine *integrationistische* Tätigkeit des *CII* hin.

Zielsetzung und Ausrichtung des *CII* über die Jahre hinweg lassen sich aus seiner jeweiligen Besetzung sowie den Funktionen und der berufsmäßigen Einbindung seiner Mitglieder ablesen. Eine Untersuchung der Zusammensetzung der Mitglieder kann somit sowohl zu einer Einschätzung der *Council*aktivitäten als auch der Politik der Regierung gegenüber dem Rat verhelfen. Eine detaillierte Personalanalyse der Mitglieder der verschiedenen *CII*s findet sich deshalb im Annex A.

2.1. *Integrationistische* Islampolitik

Unter Bezugnahme auf die Personalanalyse (vgl. dazu Annex A) können hier folgende Ergebnisse zusammengefaßt werden:
Wird Englisch als beherrschende Sprache an erster Stelle angegeben, so kann angenommen werden, daß der Betreffende in erster Linie eine formale Bildung genossen hat und aus dem kolonialen Sektor oder zumindest aus den *Mischgebiete*n stammt. Daher repräsentiert er westliche - sprich koloniale - Werte .
Zur Aufdeckung des Bildungshintergrundes der *CII* Mitglieder wurde hier die folgende Tabelle erstellt:

46 Vgl. Jahresbericht CII 1981/82 (Urdu), Islamabad 1983, S. 285

Tabelle 2: Mitglieder nach Bildungshintergrund (formales EW oder *madrasah* EW)

	formales EW		*madrasah* EW		Gesamtanzahl	
Amtsperiodenbeginn	*CII* Mitgl.	Consultant + Panel	*CII* Mitgl.	Consultant + Panel	*CII* Mitgl.	Consultant + Panel
1962	5 (5)	3	3 (3)	-	8 (8)	3
1964/65	9 (6)	3	6 (4)	-	15 (10)	3
1969/70	10 (10)	3	3 (3)	-	13 (13)	3
1974	8 (8)	-	5 (5)	-	13 (13)	-
1977	8 (6)	15	10 (10)	-	18 (14)	15
1981	8 (8)	-	11 (11)	-	19 (19)	-

(Quellen:

"Extract from "A Brief Account of the Activities of the Advisory Council of Islamic Ideology", January, 1964, December 1970", Seite 2, 3, 4, 5 (Kopie für die Durchsicht vom *CII* erhalten); The Gazette of Pakistan, Extraord. Part II, February 1974, Islamabad 1974, S. 165 f; The Gazette of Pakistan, Extraord. Part III, May 31.1971, Islamabad, S. 247 f. sowie Jahresbericht des *CII* für 1977-78, GoP, Islamabad 1979 (*Urdu*), S. 6 f.

Erläuterung:

Mitgliederzahlen des *CII* in Klammern, die von den jeweiligen ohne Klammern differieren, zeigen an, daß während einer Periode Mitglieder gewechselt haben (z.B. 1964/65 fünf Mitglieder, d. h. 15 - (10). Die Zahl weiterer Berater konnte nicht ermittelt werden.)

Es ist erkennbar, daß die Zahl derjenigen, die eine formale Erziehung, sprich das englische Erziehungswesen, genossen haben, im Laufe der Jahre zugunsten der traditionalen islamischen Gelehrten abnimmt. Während also bis einschließlich 1974 noch die "Säkularen" sehr stark vertreten waren, änderte sich dies ab 1977 mit dem Machtantritt General Zia ul Haqs. Eine personelle Veränderung legt auch eine inhaltliche nahe. Es ist also zu erwarten, daß mit der Zunahme der Geistlichen auch die vom traditionalen Sektor vertretenen Werte mehr in den Vordergrund treten würden[47].

In Anbetracht der Tatsache, daß die jeweilige Besetzung ausschlaggebend für die Interpretation des Islam ist, kann man davon ausgehen, daß die

47 Daß die Geistlichen ohne Ausnahme in den Anti-Aḥmadiyyah Bewegungen von 1953 und 1972 stark vertreten waren, braucht hier nicht weiter erläutert zu werden.

Stellung der Geistlichen in erster Zeit nur sehr geringe Einflußnahme zuließ, da Juristen, Wissenschaftler und Wirtschaftsexperten zusammen bis 1977 die *Geistlichkeit*, deren einzige staatlich-politische Plattform das *Council* hätte sein können, zurückdrängten. Ferner waren die Geistlichen unter sich kaum in der Lage, einen Konsens herbeizuführen, da sie meist aus verschiedenen untereinander rivalisierenden Denkrichtungen kamen.

Aber auch bei diesen Geistlichen handelt es sich um eine geistliche Elite, die auch schon vor ihrer Ernennung als *CII*-Mitglied in der einen oder anderen Form, meist durch das *Auqaf Department*, neuer-dings durch die verschiedenen Zakat-`Ulamâ'-Komitees, in den Staats-apparat integriert waren. Daher ist anzunehmen, daß sie eher zum kol-onialen Sektor tendieren und eine *integrationistische* Islamisierung vertreten[48].

Wenn wir die *Council*mitglieder nach ihren Titeln kategorisieren, erhalten wir folgendes Bild:

Tabelle 3: *CII* Mitglieder nach Titeln und Ämtern

Titel und Ämter	1962	1964/65	1969/70	1974	1977	1981
Juristen	2 (2)	1 (1)	2 (2)	5 (5)	4 (4)	4
Ulama (*mawlânâ, qâḍî, 'allâmah, muftî, pîr*)	4 (4)	6 (4)	3 (3)	5 (5)	10 (8)	11
Wissenschaftler	2 (2)	7 (5)	7 (7)	3 (3)	2 (1)	4
Bürokraten		1	1		2 (1)	
Gesamt	8 (8)	15 (10)	13 (13)	13 (13)	18 (14)	19
Wirtschafts-experten	3	3	3		15	

(Quellen:
wie bei Tabelle 2
Erläuterung:
Abweichende Zahlen in Klammern bedeuten den Wechsel von Mitglieder.)

48 Terminologie im Sinne der theoretischen Einordnung; vgl. auch R. Schulze: Kulturelle Identität und Nationalstaat, in: Peripherie a.a.O.

Auch diese Darstellung verdeutlicht die stete Zunahme der Geistlichen im Verhältnis zu den säkularen Kräften. Während bis 1974 die Zahl der Ulama noch unter der der Juristen und Wissenschaftler lag, änderte sich dies radikal nach 1977. Einschränkend muß jedoch gesagt werden, daß die Ulama dieses Gremiums sich selbst der Formen der politischen Öffentlichkeit der kolonialen Gesellschaft bedienten und noch bedienen, wie z.B. politische Parteien, Parlamente, Verfassungen etc., auch wenn diesen islamische Attribute zugeteilt wurden. Nicht nur die Art der Problembewältigung war demnach an dem Muster der kolonialen Gesellschaft orientiert. Den Ulama war auch daran gelegen, einen modernen islamischen *Staat* mit zentralistisch starker Regierung zu schaffen, in dem sie den *status quo* legitimierten. Dort konnten sie die traditionale Funktion der Herrschaftslegitimation wieder ausführen[49], und zwar sowohl auf der ideologischen als auch auf der wirtschaftlichen und gesellschaftlichen Ebene. Sie waren jedoch lediglich am islamischen Recht interessiert, und dort auch nur im Bereich des Privatrechts, welches sie seit Jahrhunderten monopolisiert hatten[50]. In diesem Sinne ist die oben vorgenommene Unterteilung in säkulare und traditionale Erziehung bzw. die "Normensystematisierung" nur als Anhaltspunkt zu begreifen. Sie ist jedoch insofern aufschlußreich, als der Modernisierungs- oder Säkularisierungsgrad der pakistanischen *Geistlichkeit* erkennbar wird. Es kann davon ausgegangen werden, daß der Großteil dieser Geistlichen in einem hohen Grade säkularisiert ist. Entsprechend handelt es sich hier auch um Ulama, die in ihren religiösen Schulen auch einen "sh`ubah jadîdah" und also auch einen Lehrplan mit modernen Fächern anbieten und deren Schulen schon seit langem an Dachorganisationen angeschlossen sind.

49 Zur Rolle der Geistlichen vgl. auch W.C. Smith: The `ulama' in Indian Politics, in: C.H. Philips (ed.): Politics and Society in India, London 1963, S. 39-51.

50 Daß das Interesse der pakistanischen Geistlichkeit auf das islamische Privatrecht reduzierbar ist, zeigt z.B. die heftige Auseinandersetzung um die "Family Law Ordinance" in den sechziger Jahren einerseits, und das schwache Durchsetzungsvermögen der Geistlichen in den fünfziger Jahren andererseits. So sind die Beiträge der *`Ulamâ' Kanwenshan 1980* und *1984* nicht als Versuche zu werten, am *status quo* grundlegende Änderungen vorzunehmen.

Mit der offiziellen Islamisierungspolitik kam auch das Problem der verschiedenen Denkschulen und -richtungen auf. Zuvor war in keinem Stadium eine Vorherrschaft der einen oder der anderen Denkschule zu erkennen. Vielmehr waren die Schulen paritätisch vertreten, auch wenn sich einige Brelwis benachteiligt fühlen[51]. Erst seit 1977 scheinen die *CII*-Mitglieder erstmals nach Denkschulen bzw. -richtungen ausgewählt worden zu sein. Dies legt eine systematische *Council*politik der Regierung nahe. Entsprechend sind Brelwis und Deobandis mit drei bis vier Mitgliedern vertreten, die Ahl-e Hadith und die Schia mit nur jeweils einem oder zwei. Dies entspricht etwa der zahlenmäßigen Verteilung der Denkrichtungen im Land.
Nicht zu übersehen ist allerdings der stets große Anteil der "Säkularen".

Seit 1977 wurden zu verschiedenen Problemkreisen *Panels* aufgebaut, deren Vorschläge durch die Verbindung zum formalen Erziehungssektor - oder dem kolonialen Sektor - gekennzeichnet waren. Es wurde eine ideologische Islamisierung gefordert, die im höchsten Grade *integrationistische* Tendenzen verfolgte. Da auch viele Vertreter der geistlichen Elite diese Einstellung teilten, und ihre individuellen Lösungsversuche als makrogesellschaftliche Postulate projizierten, finden sich entsprechende Vorschläge besonders zu ihrem eigenen, dem religiösen Erziehungswesen.
Wie aus den 'Consolidated Recommendations of the Council of Islamic Ideology Relating to Education System in Pakistan 1962-82'[52] hervorgeht, wollten die Ulama neben der Einführung des Arabischen, des Koranunterrichtes[53] und der Integration der *dînî madâris*-Absolventen in das formale Erziehungswesen[54] auch Veränderungen im traditionalen *madrasah*-Wesen schaffen.

---

51 So z.B. die Kritik des *Mawlânâ Riḍwî* (vgl. Annex A Nr. 5 für 1981-84), der sich über die Deobandi-Mehrheit beschwert (Vgl. dazu Riḍwân, Ḥizb al-Aḥnâf, Lâhôr Bd. 38, Nr. 4/5 März 1984 (Urdu), S. 22 f.).

52 GoP, CII, Islamabad 1982; vgl. auch meine Übersetzung des *CII*-Berichtes im Forschungsbericht für die KAS.

53 Vgl. Consolidated Recommendations of the Council of Islamic Ideology Relating to Education System in Pakistan 1962-82 a.a.O. (im folgenden: Consolidated), S. 29, 31 et passim

54 Consolitated a.a.O., S. 52 ff. et passim

Die Integration des traditionalen Erziehungssektors sollte über "unabhängige und autonome Körperschaften" ermöglicht werden, an denen "auch Spezialisten der neuen Erziehung (*jadîd ta'lîm ke mâhirîn*) teilnahmen". Ferner sollten die Urkunden (Zeugnisse) der religiösen Schulen (D.M.) anerkannt und dem formalen Erziehungswesen angeglichen werden. Voraussetzungen waren jedoch die administrative Anbindung der religiösen Schulen an eine zentrale Körperschaft[55], das Angebot neuer, formal anerkannter Fächer wie z.B. "Mathematik", "Gesellschaftswissenschaften" und "neuere Philologie"[56] sowie Primarerziehung als Bedingung für religiöse Erziehung. Die zentrale Körperschaft hatte auch die Befugnis, die Curricula zu erstellen und die Urkunden zu verteilen.
Hier erkennen wir unter den Geistlichen die Tendenz zur Modernisierung ihres *madrasah*-Wesens und ihre implizite Annahme, ihr Bildungswesen sei reformbedürftig. Eine Reform hielten sie nur über ein gesteigertes Maß an Zentralisierung für möglich.

Diese Vorschläge hatte das *CII* 1978 gemacht, also kurz vor der Schaffung des *National Committee on Dini Madaris 1979*[57].
Seit 1980 diskutierte der *CII* über die formale Anerkennung der D.M.-Urkunden. Die damit betrauten *University Grants Commission* (*UGC*) und *Establishment Division* wollten jedoch die religiösen Urkunden nicht ohne Auflage als *M.A.* oder *B.A.* anerkennen, während das *CII* auf einer Gleichstellung beharrte. Hier ist die kritische bis ablehnende Haltung der Bürokratie gegenüber der *Geistlichkeit* erkennbar. Schließlich war es die persönliche Intervention des Präsidenten, die die formale Anerkennung der D.M.-Urkunden durch die *UGC* und der *Establishment Division* ermöglichte[58].
"Dieser Entschluß erkennt den Wert und vermehrt die Ehre und Ansehen des religiösen Wissens, wofür dem Staatspräsidenten gratuliert sei"[59].

---

55 Consolidated a.a.O., S. 34
56 Vgl. weiter unten das Kapitel V über das islamische Erziehungswesen, 2.1. - 5.2. und VI 1. - 1.5.
57 Vgl. unten V 5. ff.
58 Consolidated a.a.O., S. 44 ff. "Tatsache ist, daß das persönliche Interesse des Präsidenten den Entschluß der UGC (die Urkunden der D.M. dem *B.A.* und *M.A.* gleichzustellen; J.M.) erleichtert hat". (Consolidated a.a.O., S. 45. Vgl. dazu auch weiter unten "Formale Anerkennung der D.M.", V 7.)
59 Consolidated a.a.O., S. 46

Der leitende Gedanke bei den Vorschlägen des *CII* war, die *madrasah*-Schüler in den formalen Sektor zu integrieren[60], nicht jedoch den formalen Sektor zu verändern.
Wir erkennen also die latente Bereitschaft der geistlichen Elite, den Islam in das koloniale System zu integrieren und damit letzteres mit islamischen Werten und Worten anzureichern, ohne jedoch eine prinzipielle Veränderung herbeiführen zu wollen.

2.2. Rücktritte und Opposition

Der Grad der Desintegration des *CII* im allgemeinen und der der Ulama im besonderen kann an den Rücktritten der Ratsmitglieder gemessen werden:
Die Rücktritte in der Periode 1964 bis 1969 wurden zum größten Teil von Bengalis vorgenommen. Die Gründe konnten leider nicht erfasst werden. *I.H. Qureshi* trat zu Gunsten seines Vorsitzes im *Islamic Research Institute (IRI)* 1965 zurück.
Zu Ende der Ayûb Khân-Zeit (1969/70) mußte sich der Modernist *Fazlur Rahman* [*Faḍl al-Raḥmân*] wegen seiner "häretischen Ansichten" dem Druck der Ulama beugen und im gleichen Jahr sogar das Land verlassen. Auch als Vorsitzender des *IRI* wurde er von den Ulama nicht geduldet.
Besonders auffallend ist die Anzahl der Rücktritte in der Periode 1977 bis 1980, während der sechs Mitglieder ausschieden. Lediglich drei davon jedoch waren Ulama - zwei davon Schia und ein Vertreter der Brelwis -, die aufgrund der Unzufriedenheit mit der Arbeit des *CII* und der Regierungspolitik ihren Rücktritt erklärten. Die anderen drei waren "Säkulare" und wurden in höhere Regierungsposten ernannt.
In der nächsten Periode (1981-1984) traten drei Mitglieder zurück, wovon einer der Denkschule der Brelwis angehörte und die weiteren Schia waren. Alle waren mit der Regierungspolitik und dem *CII* nicht einverstanden.

Obwohl die Ulama des *CII* im weitesten Sinne selbst säkularisiert sind und eine *integrationistische* Islamisierung verfolgen, ist mit der steigenden Anzahl der Geistlichen auch ein erhöhtes Maß an Opposition im *CII* zu erkennen. Diese Opposition geht jedoch nur selten über die ei-

60 Consolidated a.a.O., S. 32 et passim

gene - hier die eigene Rechts- und Denkschule betreffende - Position hinaus. Besonders deutlich wurde dies bei den Schiiten anläßlich der Zakatregelung 1980.[61] Die schiitischen Mitglieder *Mujtahid Ja`far Ḥusain* und *Syed Muhammad Razi* [*Sayyid Muḥammad Raḍî*] kehrten dem *CII* den Rücken, weil die Regierung die Rechte der Schia nicht umsetzte und sie mit der sunnitischen Islamisierungspolitik der Regierung nicht einverstanden waren[62]. *`Allâmah Karrârwî*, ebenfalls ein Schiite, zog sich angeblich wegen Sehschwäche zurück[63].
Im gleichen Monat verließ *Muftî Muḥammad Ḥusain Na`îmî* (Brelwi) das *CII*; er war der Meinung, daß die *Council*arbeit reine Makulatur sei und seine Vorschläge keinen realen Niederschlag fänden[64]. Er wollte einen Präzedenzfall schaffen und Zia ul Haq demonstrieren, daß er mit den *mawlânâ*s nicht "alles machen kann". Auch nicht, wenn er ihnen den großen Luxus der internationalen Hotels anböte[65]. *Na`îmî* hatte auf der *Ulama Konvention 1980* bemängelt, daß die Vorschläge des *CII* nicht authentisch umgesetzt worden seien und daß die *ZUO* (Zakat and Ushr Ordinance) 1980 eine andere als die vom *CII* vorgeschlagene sei[66]. Ebenso trat *`Allâmah Aḥmad Sa`îd Kâzmî* (Brelwi) Mitte 1981 zurück, weil er die *CII* Arbeit als sinnlos empfand.

Wir können feststellen, daß *CII*-Mitglieder der Brelwis und der Schia zurücktreten, während die Deobandis, Ahl-e Hadith und Vertreter der Jama`at-e Islami ihre Mitgliedschaft beibehalten. Die "Säkularen" treten nur sehr selten zurück. Während einige Ulama ihre Unzufriedenheit mit der Regierung durch ihre Rücktritte zum Ausdruck brachten, manifestierten die Säkularen damit ihren Aufstieg in höhere Regierungsposten.

Unter dem Vorsitz *Tanzîl al-Raḥmâns* scheinen die *CII* Mitglieder eine kritischere Haltung einzunehmen, die es unter *Justice Muḥammad Afḍal Chîmah* nicht gegeben hatte. *Chîmah* war von *Mawlânâ Anṣârî* (kein Alim

61 Vgl. dazu auch das Kapitel IV über den Zakat, Punkt 4.1. und 5. f.
62 Vgl. MN, 5.5.80
63 Vgl. CII Jahresbericht 1981/82 (Urdu), S. 16
64 NW, 13.5.80
65 Gespräch mit mir in Lahore im Dezember 1985.
66 `Ulamâ' Kanwenshan 1980 a.a.O., S. 165; vgl. dazu auch das Kapitel IV über Zakat. Stellvertretend für die Diskrepanz zwischen staatlichen Interessen und denen des *CII* ist dort die Zakatregelung untersucht worden.

im klassischen Sinne), ein sehr enger Berater und Freund von Zia ul Haq, dem Präsidenten als *CII*-Vorsitzender vorgeschlagen und ernannt worden. Demnach machte *C̲hîmah* auch nicht die geringste öffentliche, kritische Äußerung zur Islamisierungspolitik[67].
Anders war es unter *Tanzîl al-Raḥmân*, der vom Justizminister A.K. Brohi zum *Council* gebracht worden war. Er sollte die ab Oktober 1979 im Justizministerium aufgebaute *Islamic Law Cell* leiten, die die unklaren Islamisierungsvorschläge des *CII* überprüfen sollte. *Tanzîl* wollte dieser Aufgabe jedoch im Richteramt gerecht werden, weshalb er alsbald zum Richter des *Sindh High Court* ernannt wurde. Als Richter konnte er dann auch als *CII*-Vorsitzender fungieren. *Tanzîl* wurde sozusagen in das Amt des *CII*-Vorsitzenden von höherer Stelle her plaziert.

Während sich die Interessen des *Council* und der Regierung in den Anfangsphasen der 60er und 70er Jahre nicht widersprachen, kollidierten sie jetzt. Dies wird im Auseinanderklaffen zwischen den *Council*berichten und der Umsetzung der Ratvorschläge durch die Regierung deutlich. Lediglich die Vorschläge, die sich auf eine Ritualisierung der Religion reduzieren lassen, wie z.B. das Gebet, Teile des Rechtswesens - und selbst hier ist das *CII* mit der Implementierung nicht zufrieden -, Feiertagsänderung, Zakat (nicht in der Form eingeführt, wie das *CII* vorgeschlagen hatte)[68] und weitere nomenklatorische Veränderungen, die alle Strukturen unverändert belassen, sind aufgenommen worden.
Bis einschließlich der *C̲hîmah*-Periode 1977-1980 hatte der Rat im Sinne der Regierung gearbeitet und ihre Anfragen in mehr oder weniger konformer Art und Weise beantwortet, sei es in Form von entsprechenden *ijtihâd*, Vernachlässigungen der Shari'a-Grundsätze oder durch *ḥiyyâl* (wörtlich: Ausrede). *C̲hîmah*s Ablösung hatte mindestens zwei Gründe: Zum einen war seine Amtszeit von drei Jahren abgelaufen, zum anderen stand ihm das lukrative Amt des Delegierten des islamischen Weltkongresses für Südasien offen. Erst der Vorsitzende *Tanzîl* machte das *CII* zu einer oppositionellen Plattform gegenüber der Regierung. Seine Haltung läßt sich auch in zahlreichen Reden nachweisen:
Schon 1982, anlässlich des dritten pakistanisch-französichen Kolloquiums in Islamabad, hatte *Tanzîl al-Raḥmân* sein Befürchtung geäußert, daß die

---

67 Im Anschluß an seinen *CII*-Vorsitz soll er Delegierter der *Mu'tamar al -'âlam al-islâmî*, des islamischen Weltkongresses geworden sein.
68 Vgl. dazu das Kapitel IV über den Zakat, 2.2. f.

Islamisierung allein aufgrund der verschiedenen Rechtsauffassungen im Islam sehr schwer, wenn nicht sogar unmöglich, sei[69].

Was die Kritik des *CII*-Vorsitzenden an der Regierung angeht, so ist besonders seine Rede während der *Ulama Konvention 1984* zu nennen, in der er die Regierung ob ihrer schwachen Leistungen im Bereich des islamischen Wirtschaftswesens und des Erziehungssystems tadelte und die Meinung vertrat, daß die Regierung die Vorschläge des *CII* vernachlässigt habe, in besonderen Maße die unislamischen Wirtschaftsreformen und das unislamische Erziehungswesen[70].

Die Kritik einzelner Geistlicher an der *CII*-Arbeit während der *Ulama Konvention 1980* hatte Zia ul Haq schließlich dazu bewogen, in seiner Abschlußrede der Konvention zu versprechen, die *CII*-Berichte vor ihrer Umsetzung veröffentlichen zu lassen, damit darüber diskutiert werden könnte. Er wies jedoch noch einmal darauf hin, daß das *CII* eine beratende und vorschlagende Institution sei. Die Vorschläge des *CII* seien - so Zia - nach administrativen, wirtschaftlichen und politischen Gesichtspunkten zu überprüfen. "Wenn ein Vorschlag des *Council* nicht direkt befolgt wird, heißt das um Gottes Willen nicht, daß die Regierung ihn nicht durchsetzen will. Der Grund dafür liegt in administrativen oder finanziellen Schwierigkeiten"[71] (hier unterschlägt Zia die etwaigen politischen Probleme). Der Rat selber forderte die Regierung oftmals - häufig auch über die Presse[72] - auf, seine Vorschläge durchzusetzen.

Trotz der starken Einflußnahme säkularer Kräfte auf das *CII*, sind weder die *CII*-Berichte noch die -Mitglieder im politischen Geschäft akzeptiert. Nicht nur die Regierung und die Administration, auch die Mitglieder der neuen Nationalversammlung (seit 1985) sind nicht mit den *CII*-Aktivitäten einverstanden: als die *CII*-Berichte endlich in der Nationalversammlung debattiert werden sollten, schienen die Mitglieder die Auseinandersetzung um diese Berichte zu boykottieren, indem sie das Haus verließen

69 Vgl. J (RP), im Januar 1985: "Zusammenstellung des islamischen Gesetzes" (Urdu).

70 Vgl. im Einzelnen: \`Ulamâ' Kanwenshan 1984 a.a.O., S. 131 ff

71 \`Ulamâ' Kanwenshan 1980 a.a.O., S. 236

72 Vgl. TM, 15.1.81; TM, 11.7.82: "CII report on Islamization of banking ignored"; TM, 20.7.82: "Not a very complex PLS system", in dem es heißt, daß der *CII*-Bericht zur Wirtschaft nicht implementiert worden sei. Und schließlich TM, 13.8.82: "Officialdom's obsession with secrecy", in dem die Geheimnistuerei und die Nichtveröffentlichung verschiedener *Council*berichte und -stellungnahmen heftig kritisiert werden.

und so dafür Sorge trugen, daß das *Quorum* nicht eingehalten werden konnte[73].

2.3. Die Haushalte des *CII*

Die Förderung des *CII* unter Bhutto ab 1975 und besonders unter Zia ul Haq ab 1977 war natürlich auch wirtschaftlicher und finanzieller Natur.[74] 1975/76 stiegen die finanziellen Zuweisungen für das *CII* um 68% im Vergleich zum Vorjahr (von 258.100 Rs auf 433.500 Rs). Die Steigerungsrate von 1975/76 auf 1976/77 betrug hingegen nur 12,2 %. In der Tat leistete das *CII* im Jahr 1975/76 mehr Arbeit als zuvor und unmittelbar danach.

Mit dem Amtsantritt Zia ul Haqs stiegen die Haushaltsgelder des *CII* um mehr als das 21-fache, von 486.600 Rs im Jahre 1976/77 auf 10.591.000 Rs im Jahre 1977/78. Ein wesentlicher Teil dieses Betrages fiel unter die Kategorie "lump provision for additional expenditure" (8.549.000 Rs). Hierbei handelte es sich meinen Nachforschungen zufolge um die Gelder für den Aufbau und die Ausgaben des *Panel of Bankers and Economists*, der einen Bericht zum "islamischen Wirtschaftswesen" erstellen sollte[75].

Im Anschluß daran wurde der Haushalt des *CII* im Laufe der Jahre wieder eingeschränkt, sodaß 1979/80 5.965.000 Rs, 1980/81 4.229.000 Rs und 1981/82 nur noch 2.283.000 Rs als (revidierte) Haushaltsgelder angegeben wurden. Nach der großen Aktion von 1977/78 wurden somit die Ausgaben des Rates wieder drastisch reduziert. Auffallend bei der Verteilung der Gelder ist jedoch, daß der Löwenanteil innerhalb des *CII*-Haushaltes an die "Commodities and Services" ging (1979/80: 83%; 1980/81: 75,3%;

---

73 Vgl. Presseberichte vom Januar und Februar 1986

74 Als Quellen dienen im folgenden die verschiedenen "Federal Budgets" von 1964 bis 1982; vgl. dort die jeweiligen Angaben unter "Ministry of Law and Parliamentary Affairs" und ab 1976 unter "Ministry of Religious Affairs".

75 Vgl. dazu oben und Kapitel IV über das Zakatwesen, 2.2. Zu den Ergebnissen des *Panels* vgl. auch Christine Gieraths/Jamal Malik: Die Islamisierung der Wirtschaft in Pakistan unter Zia ul Haq; Arbeitsmaterialien für den landeskundlichen Unterricht, Deutsche Stiftung für Internationale Entwicklung, Heft 11, Horlemann Verlag, Bad Honnef 1988, S. 65 - 70.

1981/82 : 44,8%). Dieser Anteil war früher (bis 1979) in den "Miscellaneous Expenditure" ausgewiesen. Der eigentliche *Council*-Haushalt nimmt also ab, doch scheinen immer noch genügend Gelder für verschiedene Projekte und Auslands- und Expertenbesuche vorhanden zu sein, die aus den "Commodities and Services" bestritten werden können.
Fest steht, daß das *Council* unter Zia ul Haq einen finanziellen Boom erlebte, der jedoch mit dem sogenannten "Report of the *CII* on the Elimination of Interest" etc. langsam wieder verebbte.

3. Zusammenfassung

Die durchgehende Besetzung des Rates mit Ulama und ihr steigender Anteil, die Tatsache, daß der Rat in den vergangenen Jahren für seine Arbeit mehr Zeit als früher aufwendet sowie die Strategie der Regierung, die *Geistlichkeit* nach Gesichtspunkten ihrer politischen Stoßkraft zu berufen, kann nicht über die Tatsache hinwegtäuschen, daß die *Geistlichkeit* von der Regierung lediglich toleriert wird. Dies wird deutlich in den verschiedenen Eröffnungsreden des Präsidenten und der Kabinettsmitglieder anläßlich der *Ulama*- und *Mashaikh-Konventionen* und anderen von staatlicher Seite organisierten Veranstaltungen mit Geistlichen. Der zum einen aus den Worten der Regierungsmitglieder, zum anderen aber auch aus eigenen Interviews herrührende Eindruck wird dadurch bestätigt, daß der Präsident die Überlegung geäußert haben soll, keine Ulama mehr zu Mitgliedern des *CII* zu ernennen, da sie zu wenig motiviert wären zu arbeiten und sich lieber von ihren Schülern und Jüngern bewundern ließen[76]. Dies wurde auch von anderen Vertretern der "islamischen Avantgarde" in persönlichen Gesprächen geäußert[77]. Ferner soll der Präsident im Laufe der Aktivitäten des *Dînî Madâris Komitees 1979* seine

76 Persönliches Gespräch mit einem *CII*-Mitglied am 29.11.84 in Islamabad.

77 Im Dezember 1984 in der islamischen Universität, Islamabad. Eine Isolierung der Geistlichen aus dem islamischen Gremium scheint jedoch unmöglich zu sein. Die Äußerungen des Präsidenten sind somit als dessen Wunschvorstellung zu deuten.

Enttäuschung und seinen Unwillen gegenüber den Ulama geäußert haben.[78]
Gleichwohl ist die Regierung auf die Zusammenarbeit mit den Geistlichen angewiesen und unternimmt jede Anstrengung, die wichtigsten geistlichen Vertreter an einer, wenn auch nur begrenzten, Mitbestimmung teilhaben lassen. Auf die *Geistlichkeit*, so scheint es, kann in Pakistan nicht verzichtet werden.
Da es sich bei der pakistanischen Variante der Islamisierung um eine *integrationistische* Interessensvertretung handelt, werden auch im großen und ganzen nur solche Ulama und andere Würdenträger zu Rate gezogen - und letztlich dazu angehalten, die staatliche Politik zu legitimieren - , die schon aufgrund ihrer politischen und sozialen Position teilweise in den *kolonialen Sektor* eingegliedert sind oder zumindest eine latente Bereitschaft dazu zeigen und daher mindestens den *Mischgebiet*en angehören. Daß Ausnahmen bestehen und daß bisweilen einige Geistliche zurücktraten, kann lediglich als individuelle Reaktion auf die staatliche Politik gewertet werden. Nur im Falle der Schia - als einer gut organisierten Minderheit mit Massenbasis - hatte sich die Reaktion auf nationaler Ebene durchsetzen können. Eine einheitliche kritische Stellungnahme des *CII* gab es bislang nicht. Sie würde einen islamisch (bisweilen traditionalistisch) legitimierten moralischen Druck auf die letztlich de-islamisierende Politik der Regierung bedeuten. Anscheinend sind jedoch die geistlichen Mitglieder des Rates in einem hohen Maße von einander entfremdet und damit nicht in der Lage, eine gemeinsame Opposition zu bilden. Daher hat die Regierung leichtes Spiel, die Ulama für ihre Zwecke auszunutzen.

78 Siehe Ende von Kapitel V 5.4.

III. ISLAMISCHES STIFTUNGSWESEN

Im Rahmen der Islamisierung stellt das islamische Stiftungswesen (*waqf*, pl. *awqâf*; Eigentum, das nicht übertragen werden kann und damit unveräußerlich geworden ist) ein weiteres aufschlußreiches und von der pakistanischen Regierung stets kaschiertes Thema dar. Während die Verstaatlichung dieses Stiftungswesens in anderen islamischen Ländern schon eine sehr viel längere Tradition hat, die zum Teil bis zurück in das letzte Jahrhundert reicht[1], wurde es in Pakistan erst seit 1960 vom Staat übernommen.

Bei der Verstaatlichung geht es um dreierlei: erstens will der Staat seine Interessen in den Stiftungen durchsetzen und gewahrt wissen. Die Stiftungen besitzen nämlich häufig die Form religiöser Schulen, Ländereien und Schreinen. Die Schreine sind wegen des damit verbundenen Heiligenkultes Treffpunkt für große Menschenmassen. Zweitens erhebt der Staat Anspruch auf die umfangreichen Einnahmen, die den Stiftungen, insbesondere den Schreinen, aber auch religiösen Schulen, zufließen. Drittens stellt die Verstaatlichung eine Bürokratisierung der Schreinkultur und des nach Autonomie strebenden islamischen Stiftungswesens und des damit verbundenen Volksislams dar.

Der Einfluß des Staates ging einher mit Reaktionen der von der Verstaatlichung Betroffenen, die sich oft in einem Zusammenschluß der *Geistlichkeit* und der "Heiligen" oder "Erleuchteten" (*pîr*, *murshid*) sowie der Schreinhalter ausdrückten. Diese Würdenträger befürchteten einen zu starken Einfluß der Bürokratie auf ihr materielles und spirituelles Leben.

---

1 Zur Verstaatlichung der islamischen Stiftungen in Afghanistan vgl. z.B. Ashraf Ghani: Islam and State-building in Afghanistan, in: Modern Asian Studies Vol. 12 1978, S. 269-284. Für die Türkei vgl. die in Kemal A. Faruki: The Evolution of Islamic Constitutional Theory and Practice, Lahore 1971 auf Seite 123 angegebenen bibliographischen Hinweise. Die Geschichte des *waqf* zeigt, daß es bei der "künstliche(n) Immobilisierung von Vermögen insbesondere der frommen Stiftungen" darum ging, sie "dem Zugriff der patrimonialen Willkür zu entziehen." Als eine "Reaktion auf die Unberechenbarkeit der patrimonialen Herrschaft...". Vgl. W. Schluchter: Einleitung, in: derselbe (Hrsg.): Max Webers Sicht des Islams, a.a.O., S. 63 f. Vgl. auch Joseph Schacht: An Introduction to Islamic Law, Oxford 1982[4], passim.

1. Historischer Abriß

Die *Awqâf*regelung in Britisch Indien ging auf die Initiative von M.A. Jinnah (1867-1948) zurück. Schon 1906 war Jinnah in seiner Antrittsrede im *National Indian Congress* für die Wiedereinführung und Beibehaltung des Rechtes auf Privatbesitz islamischer Stiftungen eingetreten, die seit 1887 in zunehmendem Maße britischer Rechtsprechnung unterworfen waren[2]. Das *Privy Council* (oberste Rechtsinstanz im britischen *Empire*) hatte 1894 entschieden, daß die islamischen Stiftungen zwar religiöser und wohltätiger Natur sein dürften, jedoch öffentlich sein sollten und sich nicht in privaten Händen befinden durften. So waren diese Stiftungen in Britisch Indien weder rein religiös noch rein privat. Vielmehr handelte es sich um "mixed endowments"[3]. Damit waren *waqf* dem Privatbesitz der Muslime und deren materiellem Gewinn entzogen und Jinnah beklagte[4]:

> "If a man can not make a wakf alalawlaud (ein *waqf* im Namen seiner Kinder)[5], as it is laid down in our law, then it comes to this, that he cannot make any provision for his family and children at all and the consequences are that it has been breaking up Mussalman families"[6].

---

2 Vgl. Francis Robinson: Separatism among Indian Muslims, Cambridge University Press 1975, S. 27 und S. 197 f. sowie S.Kh. Rashid: Muslim Law, a.a.O., S. 150 f.

3 Vgl. dazu G.C. Kozlowski: Muslim Endowments and Society in British India, Cambridge University Press 1985, hier S. 60; zur historischen Entwicklung des *waqf* vgl. S.Kh. Rashid: Muslim Law, Lucknow 1973², S. 140-162

4 Vgl. G.C. Kozlowski: Endowments a.a.O., S. 5 und 131-155 sowie S.Kh. Rashid und S.A. Husain: Wakf Laws and Administration in India, Lucknow 1973², S. 21 ff.

5 Ein Muslim konnte eine Stiftung machen, wenn sie im Rahmen des islamischen Rechts legal war. Das hieß auch, daß er aus den Erträgen seiner Stiftung sich, seine Familie und seine Angehöhrigen unterhalten, sowie die Stiftung dazu nutzen konnte, seine Schulden abzutragen: "A Wakf-alal-aulad can be created for the maintenance and support wholly or partially of the family, children or descendants of the Wakif ...." (Vgl. Zia ul Islam Janjua: The Manual of Auqaf Laws, Lahore o.D., Part II, S. 60, Sektion 3 und S. 61 *Validity of Wakf-alal-aulad.*

6 Jinnah zitiert in G.C. Kozlowski: Endowments a.a.O., S. 187; vgl auch a.a.O., S. 181 ff.

Die Stiftungen waren demnach die wirtschaftliche Grundlage für viele Muslims.

Als einer der ersten nicht der Regierung angehörenden Parlamentarier hatte Jinnah 1909 dem *Imperial Legislative Council* die *waqf*-Angelegenheit in Form eines *private member's bill* vorgelegt. Er drang bis 1911 damit durch, so daβ zwei Jahre später der *Waqf Validating Act 1913* in Kraft treten konnte. Der Text dieses Gesetzes stellte den privatrechtlichen Status der muslimischen Stiftungen wieder her[7].

Jinnah war es zwar gelungen, einige bedeutende Geistliche für die Durchsetzung des *Validating Act* zu mobilisieren. Die Mehrzahl der Geistlichen war jedoch gegen Jinnahs Vorschlag gewesen. Überraschenderweise hatten die **traditionalen** Hüter der islamischen Kultur nicht viel zu dieser Angelegenheit zu sagen[8]. Warum die bis zu diesem Zeitpunkt sich als islamische Avantgarde formierenden Teile der Gesellschaft unter Jinnah diesen Vorschlag trotzdem durchsetzen konnten, bleibt indes zunächst unklar[9].

Die Anwendung des Gesetzes von 1913 erfolgte zwar nur sehr bedingt, seine Ratifizierung bedeutete jedoch einen (legislativen) Sieg der Muslime über die Briten.

---

7 Vgl. Zia ul Islam Janjua: The Manual of Auqaf Laws, Lahore o.D., Part II, S. 59 ff. und Raja Abdul Ghafoor: Manual of Waqf Laws, Lahore 1983, Part I, S. 142 ff.

8 "When it came to the consideration of questions on awqaf, the initiative belonged to those most committed to working within the institutional framework established by the British rule." Zitiert nach G.C. Kozlowski: Endowments a.a.O., S. 177.

9 Lediglich kann die uneinheitliche Reaktion britischer Legislation auf den *bill* Jinnahs als Bedingung der Möglichkeit für dessen Durchsetzung betrachtet werden (vgl. G.C. Kozlowski: Endowments a.a.O., S. 182 ff.). Eine weitere Überlegung ist, daβ die Briten durch diesen Zug das Wohlwollen der Muslime erlangen wollten, etwa im Sinne der "divide et impera" Strategie. Eine dritte Möglichkeit ist, daβ die Reprivatisierung der *waqf* nur deshalb von der britischen Krone anerkannt wurde, weil sie sich hierdurch ein neues Heer von Loyalisten unter den Muslime schaffen konnte. Diese These ist eindrucksvoll erläutert von V. T. Oldenburg: The Making of Colonial Lucknow, 1856-1877, Princeton University Press 1984. Vgl. dort das Kapitel "The city must be loyal", S. 191-200.

Dieses Engagement Jinnahs hatte ihm die Herzen der Muslime erobert[10]. Es ist möglich, daß er diesem seinem Einsatz für die islamische Gemeinde in den vierziger Jahren die starke Unterstützung der Muslim Liga durch einige Teile der *Geistlichkeit* verdankte[11]. Er selber hat aber wohl kaum während der Pakistan Bewegung auf seine historische Leistung hingewiesen.

2. Zur Stellung der Schreinheiligen

Bis zum Eindringen des Staates in die Stiftungen waren die Ulama und *Mashâ'ikh* sehr einflußreich[12] und konnten ihre Macht auf traditionale, religiös legitimierte Art ausüben. Die politische Macht der *pîrs* wurde schon vor und während der Pakistanbewegung in den dreißiger und vierziger Jahren durch die Briten und später durch die Muslim Liga genutzt. Sie wurden in das politische Geschehen integriert und so zu Handlangern zentraler Politik gemacht[13]. Eine politische Administration der *Ṣûfîs* oder *Mashâ'ikh* bestand nur ansatzweise. In Pakistan konnte lediglich die *Jam'iyyat-e 'Ulamâ'-e Islâm* (*JUI*) unter Vorsitz des Deobandi *Mawlânâ Shabbîr Aḥmad 'Uthmânî* ihre an die Deoband angelehnte Organisationsstruktur unter den *pîrs* bedingt durchsetzen.

Gesellschaftlich können die Ulama und die führenden Vertreter des Volksislam als eine Gruppe mit einem exklusiven Lebensstil und der Mög-

---

10 Vgl. Afzal Iqbal: Islamization in Pakistan, Lahore 1986, S. 30 f. Die Gründe für sein Engagement mögen verschiedenartig sein. Zum einen war Jinnah wohl motiviert, das *waqf* des Bombay Magnaten Qasim Ali Jairaybhai Pirbhai zu retten, zum anderen lag ihm daran, seine eigene Karriere aufzubauen; vgl. dazu G.C. Kozlowski: Endowments a.a.O., S. 152 f. und S. 179.

11 Vgl. dazu den Beitrag von D. Gilmartin: Religious Leadership and the Pakistan Movement in the Punjab, in: MAS, 13, Nr. 3 1979, S. 485-517.

12 Sie sind es in eingeschränktem Maße immer noch.

13 Vgl. dazu den Beitrag von D. Gilmartin: Leadership a.a.O. Jetzt auch Sarah F.D. Ansari: Sufi Saints, Society and State Power; The Pirs of Sind, 1843-1947, (Ph.D. Royal Holloway and Bedford College London 1987 (unveröffentl.), bes. Kapitel II und V sowie Abdul Wali Khan: Facts are Sacred, Jaun Publishers Peshawar o.J., Kapitel 10 und 11.

lichkeit des Zugangs zu politischer Macht begriffen werden. Während die Rechtsgelehrten zum größten Teil Vertreter der städtischen Kultur sind, kann man die Vertreter der Mystik im ländlichen Raum ansiedeln. Auf der weltanschaulichen Ebene unterscheiden sich die Würdenträger voneinander, da sie keiner homologen Doktrin folgen.
Während sich die Rechtsgelehrten auf die Schriften des Islam konzentrierten, fanden sich die *Mashâ'ikh* in den Reihen derjenigen, die über das Bücherwissen hinaus das mystische Element suchten[14]. 80% der *Mashâ'ikh* seien, so nach eigenem Bekunden der Vertreter des Volksislam, Leute des Wissens und Weisheit (*ahl-e `ilm wa `irfân*), während lediglich 5-6% der Ulama gebildet seien (*jayyid `ulamâ'*)[15]. Tatsächlich gibt es zwischen Vertretern des Rechts- und des Volksislam zum Teil große Diskrepanzen: die Ulama sollen zu Ayûb Khâns Zeiten ihren Unmut über die Unwissenheit der *pîrs* geäußert haben[16]. Die Polemik der Ulama gegenüber den Heiligen existiert auch heute noch.[17] Bisweilen entladen sich die Animositäten zwischen Vertretern beider Richtungen in gewaltsamen Zusammenstößen[18].

---

14 Eine Symbiose versuchten die Ulama von Farangî Maḥall; vgl. dazu F. Robinson: Separatism a.a.O. sowie derselbe: The `Ulamâ' of Farangî Maḥall and their Adab, in: B.D. Metcalf (ed.): Moral conduct and authority, University of California Press 1984, S. 152-183.
15 Vgl. *Jam`iyyat al-Mashâ'ikh Pâkistân*, Islâmâbâd Bd. II Sept. 1984 (Urdu), S. 6 ff.;
16 ebenda
17 Ähnliches galt auch für den Iran; vgl. dazu Richard Gramlich: Die schiitischen Derwischorden Persiens, Teil II, in: Abhandlungen für die Kunde des Morgenlandes, Wiesbaden 1976, S. 125 f., 148, 153 ff., 301.
18 Vgl. dazu weiter unten zur *Ulama Academy*.

Ein *pîr* oder sein Nachfolger hat aufgrund seines religiösen Charisma (*barakah*) besonders große wirtschaftliche und politische Macht über seine Gläubigen (*murîd*), was sich auch in politischer Macht ausdrückt.[19] Voraussetzung für ein Pirtum war und ist nicht ein theologisches Studium. Vielmehr muß ein *pîr* über *ma`rifah* (Gnosis) verfügen. Heutzutage scheint jeder ein *sajjâdah-nashîn* (Schreinhalter) werden zu können. Wenn er nachweisen kann, daß der Heilige, der an dem Ort der Stiftung entweder begraben ist oder sich dort einmal aufgehalten hatte oder bestenfalls der Prophet, sein Ahnherr ist[20], ist er in der Lage, einen Schrein oder ein anderes *waqf* zu leiten. Dieser Umstand sowie die Tatsache, daß das Pirtum (Pirismus; *A. Schimmel*) inzwischen die ungebildeten, unwissenden und gläubigen Bauern und Dorfbewohner als

19 Vgl. dazu etwa die Arbeit von J.S. Trimingham: The Sufi Orders in Islam, Oxford University Press 1971; David Gilmartin: Shrines, Succession, and Sources of Moral Authority, in: B.D. Metcalf (ed.): Moral conduct and authority, a.a.O., S. 221-240 sowie Adrian C. Mayer: Pir and Murshid, in: MES, 3/1967, S. 160-169 und Richard M. Eaton: The Political and Religious Authority of the Shrine of Bâbâ Farîd, in: B.D. Metcalf (ed.): Moral conduct and authority, a.a.O., S. 333-356; siehe auch R.M. Eaton: Sufis of Bijapur 1300-1700, Princeton University Press 1978; so stach auch die Rolle der Heiligen und Schreine während den Wahlen 1977 in Pakistan hervor (vgl. Viewpoint, Lahore Vol. II No. 2, S. 11 f.). Der *Pîr von Sîâl Sharîf* hatte etwa sehr großen Einfluß in den Distrikten Sargodha und Jhang; vgl. auch Katherine Ewing: The Politics of Sufism: Redefining the Saints of Pakistan, in: Journal of Asian Studies, Vol. XLII, No. 2, Februar 1983, S. 257. Die Schreine spielten in den pakistanischen Wahlen von 1985 ebenfalls eine sehr groß Rolle.

20 Dazu Doris Buddenberg: "Islamization and shrines: An anthropological point of view", Vortrag auf der "9th European Conference on Modern South Asian Studies", 9. - 12. Juli 1986; zum Volksislam vgl. ferner: H.A.R. Gibb: Muhammadanism, Oxford Univerity Press 1982[23]; Nikki Keddie (ed.): Scholars, Saints, and Sufis, University of California Press 1972; F. De Jong: Die mystischen Bruderschaften und der Volksislam, in: W. Ende/U. Steinbach (Hrsg.): Der Islam in der Gegenwart a.a.O. S. 487-504.

Dienstboten ansieht,[21] führte zu heftiger Kritik auch seitens anderer Interessensgruppen als den Ulama, vor allem säkularisierter[22] Kreise. Der Schrein- und Heiligenkult ist in ländlichen Gebieten, besonders in Gebieten mit Großgrundbesitz vorherrschend. In vielen Fällen repräsentiert der lokale *pîr* zugleich den lokalen Großgrundbesitzer oder steht ihm zumindest nahe[23]. Er garantiert den dort Ansässigen die Teilhabe an der *barakah*. Dies ist geknüpft an absoluten Gehorsams (*iṭâ`ah*) und das Aufgeben seiner Selbst zugunsten des *pîr* (*bai`ah*; wörtl. der Kauf, etwa der Seele des Novizen oder Anhänger durch den Heiligen)[24], und manifestiert sich natürlich in Form materieller Gaben an den Heiligen. Deshalb

> "Reality is to follow the Holy Prophet. For this purpose the discipline of *mashâ'ikh* and *pîrs* is needed. The shaikh is the spiritual physician who heals the diseases of soul and body. The *pîr* is the gateway to absorption in the Holy Prophet. Through him we reach the congregation of the Prophet, and to reach this congregation is to become close to God..."[25].

---

21 Annemarie Schimmel: Mystical Dimensions of Islam, University of North Carolina Press 1975, S. 22

22 Vgl. beispielsweise die Kurzgeschichte "*Bain*" (Totenklage) von Aḥmad Nadîm Qâsîmî, Lahore 1985 (Urdu) sowie Istiqlâl, Lâhôr Bd. 11/40 1982: Ma<u>sh</u>â'i<u>kh</u> nambar (Urdu); hier wird der vorbehaltlose Heiligenkult durch Teile der städtischen Bevölkerung aufs heftigste kritisiert. Vgl. auch die Kritik des Vertreters der islamischen Avantgarde *`Inâyat Allâh <u>Kh</u>ân al-Ma<u>sh</u>riqî* in Kapitel 5 und 6 meiner M.A. Arbeit.

23 Dies ist besonders deutlich für den zeitgenössischen Pir Pagâro im Sindh.

24 Vgl. Muba<u>sh</u>ir Ḥasan: Razm-e Zindagî a.a.O. (Urdu) bes. S. 116-118; hier wird das Verhältnis zwischen *pîr* und *murîd* als feudalistisch bezeichnet. Siehe auch Kapitel 6 meiner M.A. Arbeit. Ähnlich geordnet ist auch das Verhältnis zwischen Schüler und Lehrer in traditionellen religiösen Schulen.

25 *`Abd al-Bârî* zitiert in F. Robinson: The `Ulamâ' of Farangî Maḥall and their Adab, in: B.D. Metcalf (ed.): Moral conduct and authority, a.a.O., S. 167. Oder:

Diese Ordnung erinnert an die zentrale Figur des *Guru* in der althinduistischen Weltanschauung. Auch hier konnten "nur durch ihn ... die Wege zur Erlösung erfahrbar werden"[26]. Da die ersten Muslime auf dem Subkontinent meist mystischer Provenienz waren und viele synkretistische Elemente in den Islam aufnahmen[27], ist durchaus zu vermuten, daß die zentrale Figur des Heiligen und des Lehrers auf der Grundlage hinduistischer Anschauungen ausgebildet worden ist. Sie verbreiteten auch in erster Linie den Islam auf dem Subkontinent. Die Schreine dienten hierbei nicht selten als integrative Einrichtungen:

> "For it was through its rituals that a shrine made Islam accessible to nonlettered masses, providing them with vivid and concrete manifestations of the divine order, and integrating them into its ritualized drama both as participants and as sponsors."[28]

"Der Novize soll einem Mann gleichen, der ganz und gar blind ist. In nichts darf er eine eigene Meinung haben, weder in Dingen des täglichen Lebens noch in Fragen des Glaubens oder der Sitte oder des mystischen Weges. Was der Meister sagt und tut, ist für ihn immer richtig, denn ihm gegenüber hat er das fehlersehende Auge geschlossen. Dafür ist ihm das innere Auge, das ins Übersinnliche schaut, geöffnet worden. Der Novize muß dem Toten vor dem Leichenwäscher gleichen. Selbst auf Gottes Gesetz darf er sich nicht berufen. Würde der Meister ihm sagen, er solle Wein trinken oder den Koran verbrennen, so müßte er es tun; sein Gehorsam wäre auch dann eine lobenswerte Tat. Auch dann, wenn der Meister sagen sollte, es gebe keinen Gott, dürfe der Novize sein Wort nicht anzweifeln. Für ihn gibt es letztlich nur ein Vergehen: selbstständiges Denken und Tun, das sich nicht nach den Vorschriften des Meisters richtet. Fehlerlos sind die Scheiche nicht, aber auch ihre Fehler gereichen den Jüngern zum Heil. Der Unglaube des Pir ist der Glaube des Novizen". Ein Ṣûfî Shaikh zitiert in Richard Gramlich: Die schiitischen Derwischorden Persiens, Teil II, in: a.a.O., S. 244.

26 Zur Funktion und Stellung des Guru in der althinduistischen Weltanschauung vgl. etwa Arun Kotenkar: Grundlagen der hinduistischen Erziehung im alten Indien, Frankfurt a. M. 1982, S. 138-151.

27 Vgl. dazu A. Ahmad: Studies a.a.O., S. 119-190.

28 Richard M. Eaton: The Political and Religious Authority of the Shrine of Bâbâ Farîd, in: B.D. Metcalf (ed.): Moral conduct and authority, a.a.O., S. 334

Daß die Heiligen mit ihrem charismatischen Charakter auch Anführer egalitärer millinarischer Bauernbewegungen[29] waren und den Dorf- oder Ordensmitgliedern einen Eindruck von sozialer Geborgenheit vermitteln und so soziale Unterschiede unter den Mitgliedern verwischen konnten, ist hinlänglich bekannt[30].

Im Moghulreich wurde unter dem Einfluß der Vertreter der *Chishtiyyah* - einer der vier großen mystischen Orden - die Schreinkultur wiederbelebt und faßte besonders im Punjab Fuß[31]. Im West-Punjab waren die Distrikte "dotted with the shrines, tombs of the sainted dead...and to the shrines of the saints, thousands upon thousands of devotees resort, in the hopes of gaining something on the sacred soil..."[32]. Besonders in ländlich strukturierten Gebieten wie in den Provinzen Punjab und Sindh, die in Pakistan die größten Großgrundbesitztümer vorweisen, ist der Heiligenkult und die damit verbundene Volksfrömmigkeit stark verbreitet.

---

29 Etwa im Sinne von E.J. Hobsbawm: Die Banditen, Frankfurt a.M. 1972 und derselbe: Sozialrebellionen, Focus Verlag, Gießen 1979. Als ein Vertreter millinarischer Bewegungen kann im Sindh der von den Briten hingerichtete *Pîr Pagâro* genannt werden. Vgl. dazu H.T. Lambrick: The Terrorist, Ernest Benn Ltd., London 1972. Siehe jetzt auch Sarah F.D. Ansari: Sufi Saints, Society and State Power; The Pirs of Sind, 1843-1947, a.a.O. bes. Kapitel III und VI. Zum zeitgenössischen Pîr Pagâro siehe Azhar Suhail: Pîr Pagâro kî kahânî, Ferosons, Karâchî 1987 (Die Geschichte des Pîr Pagâro) (Urdu). Als ein weiterer Vertreter millinarischer Bewegungen in der nordwestlichen Grenzprovinz kann *Faqîr Epî* angesehen werden; vgl. jetzt: `Abd al-Ḥamîd Tarîn: Faqîr Epî, Tâj Kampanî Ltd., Karâchî 1984 (Urdu).

30 "Shrines...made a universal culture system available to local groups, enabling such groups to transcend their local microcosms." Zitiert nach Richard M. Eaton: The Political and Religious Authority of the Shrine of Bâbâ Farîd, in: B.D. Metcalf (ed.): Moral conduct and authority, a.a.O., S. 355.

31 Vgl. hierzu D. Gilmartin: Leadership a.a.O., S. 489 f. und Aziz Ahmad: Studies a.a.O. Die starke Verbreitung der Heiligen im Punjab läßt sich zum einen an Hand der großen Zahl der Biographien solcher Heiligen nachweisen, zum anderen wird die Bedeutung des Punjab in Tabelle 5 deutlich. Auch im Sindh ist das Pirtum weit verbreitet.

32 Major Anbrey O'Brien zitiert in: D. Gilmartin: Leadership a.a.O., S. 487

Noch heute ist fast jeder Muslim Pakistans in der einen oder anderen Form in einen mystischen Orden eingebunden und/oder folgt einem *pîr*[33].

Die religiöse Autorität, wie sie ein *pîr* innehat, entspricht vor allem den Vorstellungen der Brelwis, die eine starke Neigung zum Heiligenkult besitzen. Seit ihrer Gründung durch *Aḥmad Riḍâ Khân* unterwarf sich die Brelwibewegung der zeitgenössischen Autorität. Die Person des Propheten war für die sie auch von zentraler Bedeutung. Dies wird in der Tatsache deutlich, daß der Begründer der Brelwis sich den Beinamen "*`Abd al-Musṭafâ*" gab. Nach islamischer Vorstellung mußte dem Vornamen `Abd (Sklave) einer der 99 Namen Gottes folgen, und nicht etwa der des Propheten. Dies war in den Augen der Deobandis und anderer "Puritaner" Gotteslästerung (*shirk*) oder eine unislamische Neuerung (*bid`ah*).
Die implizierte Hierarchisierung religiöser und politischer Autoritätssysteme bedeutete eine Annahme lokaler, vor allem feudaler oder gar patrimonialer[34] Ordnungsprinzipien. Die Brelwis waren und sind denn auch im wesentlichen eine Ausdrucksform bäuerlicher Kultur, weshalb sie ohne große Probleme im ländlichen Punjab Fuß fassen konnten[35]. Sie sind

33 Vgl. auch *Jam`iyyat al Mashâ'ikh Pâkistân* (*JMP*), laut der 90 mio Pakistanis *murîdîn* sind, darunter auch Intellektuelle und höhere Offiziere der Polizei und des Militärs. Nach langjährigem Exilaufenthalt war selbst *Benazir Bhuttos* erster politischer Schritt 1986 der Gang zum größten Schrein in Pakistan - *Dâtâ Darbâr* in Lahore -, um dem Heiligen (*Shaikh `Alî Bin `Uthmân al-Hijwerî*, genannt *Dâtâ Ganj Bakhsh*, gest. 1072) ihre Aufwartung zu machen. Dies war als implizite Aufforderung an den Punjab zu verstehen, mit ihr politisch zusammenzuarbeiten.

34 Zum patrimonialisten System im Mughulreich vgl. jetzt Peter Hardy: Islamischer Patrimonialismus: Die Moghulherrschaft, in: W. Schluchter (Hrsg.): Max Webers Sicht des Islam, a.a.O., S. 190-216 und Stephen P. Blake: The Patrimonial-Bureaucratic Empire of the Mughals, in: Journal of Asian Studies, Vol. 39 No. 1 1979, S. 77-94.

35 Im Sindh sind die Brelwis in den städtischen Ballungszentren wie Hyderabad und Karachi vertreten. Vgl. auch Verteilung der verschiedenen Denkschulen, VI 7.

auch Schreinanhänger, während die Deobandis, die sich ebenfalls aus Ṣûfîorden rekrutierten, die ausgeprägte Schreinkultur ablehnen[36].

3. Das *Auqaf Department*

Schon in den fünfziger Jahren wurde vorgeschlagen, einen *Survey Act on Waqfs* einzuführen, um einen Überblick sowohl über die Quantität als auch über die Qualität der Stiftungen zu erhalten und anschließend eine mögliche staatliche Übernahme dieser Institutionen in Angriff zu nehmen.[37] Ganz in der Tradition des "Dichter-Philosophen" Muḥammad Iqbâl (1873-1938), der den Schreinkult und die niedere Geistlichkeit kritisiert hatte[38], forderte Ende der fünfziger Jahre sein Sohn Jawed Iqbâl in seinem Buch "Ideology of Pakistan" die Abschaffung der Schreine und die Machtbeschneidung der *pîrs* und *sajjâdah-nashîns*[39]. Im Anschluß daran

---

36 Zur Stellungnahme der Brelwis und Deobandis zu Schreinen vgl. Barbara Metcalf: Islamic Revival a.a.O. passim. Ein Versuch der Annäherung zwischen Deobandis und Brewlis wurde in dem Heftchen *`Ulamâ'-e Deoband awr Mashâ'ikh-e Punjâb* von Muḥammad `Abd Allâh aus Bhakkar unternommen (erschienen in Sîrat Kamîtî 1984; Urdu). Hier wird dargestellt, daß auch die Deobandis Schreine besuchen und sich gegen die *Wahâbiyyah* - im Sinne des Fundamentalismus oder salafitischen Islam - aussprechen. Was abgelehnt wird, ist allerdings der übertriebene Heiligenkult mit Schreinwesen.

37 Vgl. dazu CMG (L), 14.1.1960

38 "Mullas und Paradies
Ich war dabei und konnt den Mund nicht halten,
Als Gott befahl: "Ins Paradies der Molla!"
Bescheiden legte ich dar "Vergib, o Gott, mir -
Nicht werden Huris ihm und Wein gefallen ...
Der Himmel ist kein Platz für Zänkereien,
Doch Streit, Disput, sie sind ihm eingeboren,
Der Völker, Sekten gegeneinanderer aufzuhetzen ...
Dort oben gibt's ja Tempel nicht, noch Kirchen!" (M. Iqbâl zitiert nach A. Schimmel (Hrsg.): Botschaft des Ostens, Tübingen 1977, S. 109 f.

39 Erstmals erschienen 1959 in Karachi; hier vgl. S. 57 f.

soll die *Awqâf*regelung 1960 ausgearbeitet und durchgesetzt worden sein[40].

Die Macht der Erleuchteten sollte durch die "West Pakistan Waqf Properties Rules" von 1960 eingeschränkt und die von *sajjâdah-nashîn* (Erbnachkommen), *mujâwar* (Erbverwaltung) und Ulama "ausgebeuteten" Stiftungen "geregelt" werden. Den *Rules* zufolge sollten die Stiftungen in das Eigentum des Staates übergehen, was zunächst im Widerspruch zum *Waqf Validating Act* von 1913 stand. Um jedoch einer möglichen Kritik seitens der Stiftungsinhaber und -verwalter unter Berufung auf Jinnah's Anstrengungen vorzubeugen, wurde verankert, daß *waqf*-Eigentum zwar jede vom Islam anerkannte Art von Stiftung beinhaltete, jedoch "does not include property of any Waqf such as is described in section 3 of the Mussalman Waqf for the time being claimable for himself by the person by whom the Waqf was created or by any member of his family or descendants."[41] Damit war eine Stiftung für die Unterhaltung der eigenen Person, seiner Familie und Angehöhrigen, sowie für die Zahlung seiner Schulden nicht mehr legal und konnte verstaatlicht werden.

Auf diese Art und Weise hatte sich der Staat die Möglichkeit geschaffen, Stiftungen zu nationalisieren, ohne dabei in Konflikt mit Jinnah's Anstrengung zu geraten.

Die Zentral- oder Provinzregierung war nun dazu befugt, sich um die "vernachlässigten und zweckentfremdenten" Institutionen zu kümmern. Diese neue Politik wird sogar in den formalen Schulen propagiert:

> "They (*waqf*; J.M.) caused anti-social wastage of national wealth. It was misused by pirs, mutawallis, sajjadanashins and other parasites"[42].

Grundsätzlich wurden jedoch nur rentable Stiftungen verstaatlicht.

Durch die *Waqf Properties Ordinance 1961* wurde die Übernahme von religiösen Stiftungen durch einen *Administrator* ermöglicht[43]. Die Stellung

---

40 Vgl. K. Ewing: Politics of Sufism: Redifining the Saints in Pakistan a.a.O., S. 259

41 Vgl. Zia ul Islam Janjua: The Manual of Auqaf Laws, Lahore o.D., Part II, S. 6, Sektion 2 (d).

42 Mazhar ul Haq: Civics of Pakistan for intermediate Classes, Lahore 1983, S. 141. Bei diesem, wie auch vielen anderen Schulbüchern handelt es sich nicht um die Ausgaben des Erziehungsministeriums, sondern es handelt sich um eine private Initiative, wird jedoch in vielen Schulen unterrichtet.

43 Erster *Chief Administrator Auqaf* war A.H.Qureshi, ein *Muhâjir*

dieses *Administrator Auqaf* wurde im Laufe der Jahre, besonders seit 1964, durch viele legislative Änderungen wesentlich gefestigt, sodaß er nunmehr mit großer Macht ausgestattet war, was sich letztlich auch in steigenden *Awqâf*einnahmen des *Auqaf Departments* bemerkbar machte[44].
Der bürokratische Charakter der neuen *Auqaf Administration* wird u. a. darin deutlich, daß der Administrator keine besonderen religiösen oder theologischen Kenntnisse vorweisen muß, obwohl dies für eine angemessene Behandlung der islamischen Angelegenheiten erforderlich wäre. Der Administrator muß lediglich Qualifikationen "as may be prescribed by Government" vorweisen und Muslim sein[45].
Jede Auflehnung gegen dessen Autorität kann strafrechtlich verfolgt werden.[46] Hier wurde die absolute Autorität des Heiligen oder Statthalters durch die quasi omnipotente, aber staatlich anonyme Stellung des *Administrator Auqaf* teilweise ersetzt. Der Unterschied war allerdings, daß der Administrator nicht religiös, theologisch, sondern ideologisch säkular legitimiert war. Daß dies zu zahlreichen Protesten und Gegenmaßnahmen der *Geistlichkeit* und anderer mit dem Stiftungswesen verbundenen und von ihm profitierenden Kräften führte, ist nur zu verständlich.[47]
Im Zuge der zunehmenden Nationalisierung von islamischen Stiftungen scheint denn auch die *Jam'iyyat al-Mashaikh Pakistan* (Gesellschaft der Mashaikh Pakistan; *JMP*) 1963 unter dem Vorsitz des *Pîr Dewal Sharîf* - Anhänger der *Naqshbandiyyah* - gegründet worden zu sein. Diesem *pîr*, der eine große Anzahl *murîdîn* in der Armee gehabt hat, soll Ayûb Khân seine regelmäßige Aufwartung gemacht haben. Neben der Verquickung von Regierung und Heiligen bestand auch zwischen den Vertretern der *Jam'iyyat al-Mashaikh Pakistan* und der saudischen Regierung, die eher einen puristischen Islam vertritt und jeglichen Heiligenkult ablehnt, eine positive Beziehung[48]. Heute kann die *Jam'iyyat al-Mashaikh Pakistan* als eine weitgehend konservative und konformistische Gruppierung betrachtet

---

44 Vgl. Sektion 6 A - B der Waqf Properties Ordinance 1961; vgl. auch Tabelle 4, besonders für den Zeitraum 1965/66 bis 1970/71.
45 Vgl. Waqf Properties Ordinance 1961 Sektion 3
46 Vgl. dazu auch: Die Instruktionen für die "Managers", abgedruckt in Zia ul Islam Janjua: The Manual of Auqaf Laws, Lahore n. D., S. 43 ff.
47 Interessanterweise berief sich keiner in seiner Kritik auf die *Mussalman Wakf Validating Act, 1913*. Anscheinend gab es für die Betroffenen einen Unterschied zwischen dem *Act* und der Regelung von 1961.
48 Siehe Foto von *Pîr Dewal Sharîf* und dem Außenminister von Saudi Arabien in *JMP* Bd. 2 1984, S. 49.

werden[49]. Ihre Stärke ist durch den Umstand bedingt, daß sie Mitglieder aller anderen *silsilahs* oder *turuq*[50] aufnimmt, sich jedoch mehrheitlich aus den Vertretern der *Naqshbandiyyah* und *Qâdiriyyah* zusammensetzt, wobei hier die Brelwis besonders stark vertreten sind. Die scheinbar enge Zusammenarbeit des *Pîr Dewal Sharîf* mit der Regierung kann auch als eine politische Strategie gewertet werden: so eng wie möglich mit der politisch herrschenden Schicht zusammenzuarbeiten, um so auf sie einwirken zu können[51].

Zunächst lag es nicht im Interesse der Regierung, sich an den Einkünften der Stiftungen zu bereichern, denn der Großteil der Einnahmen, die das *Auqaf Department* aus den verstaatlichten Stiftungen tätigte, floß ihnen wieder zu, und zwar in Form von Gehältern für die dort nunmehr staatlich Angestellten. Es war der Regierung vielmehr daran gelegen, die religiösen Würdenträger für ihre nationalistische Politik zu gewinnen und zu mobilisieren. Es bestand ja latent die Gefahr, daß sie ihren traditionellen, religiös legitimierten Einfluß[52] unter den Massen geltend machen und sie dann gegen das staatliche Vordringen aufbringen konnten. Deshalb durften die Stiftungen nicht nur administrativ eingebunden werden. Auch inhaltlich sollten die *Khaṭîbe* (Prediger, vorzugshalber die Freitagsprediger; pl. *Khuṭabâ'*) und *Imâme* (Vorbeter; pl. *A'imma*) in den verstaatlichten Stiftungen staatskonforme (Freitags)-Predigten[53] halten und dafür Sorge tragen, daß der soziale Zusammenhang dieser Stiftung im Sinne der staatlichen Ideologie "funktionierte".[54]. Ermöglicht wurde die Umfunktionalisierung des traditionellen Ordnungs- und Orientierungssystems

---

49 Siehe *JMP* Bd. 4 1984, S. 33 die Fotos von *Pîr Dewal Sharîf* mit General Zia ul Haq.

50 Die Mitglieder der *ṭuruq* nennen die Orden *silsilahs*. Hierdurch wird deutlich, welche zentrale Bedeutung die genealogische Kette vom *pîr* bis zum Heiligen oder gar zum Propheten selber hat. Silsilah heißt nämlich (genealogische) Kette.

51 Zur Bewegung der *Naqshbandiyyah* vgl. etwa Aziz Ahmad: Studies a.a.O., S. 182 ff.

52 Den sie über die *silsilah* ausüben konnten und geradezu mußten.

53 *Khuṭbah*; eine Predigt, die vor dem gemeinsamen Freitagsgebet, dem *juma`*, gehalten wird. Sie ist eine wichtige islamische Institution. Da sich zu dem Gemeinschaftsgebet (*juma`*) viele Menschen treffen, ist die *khuṭbah* von zentraler politischer Bedeutung.

54 Vgl. dazu "The West Pakistan Auqaf Department (Khateebs and Imams) Services Rules 1968", abgedruckt in Raja Abdul Ghafoor: Manual of Waqf Laws, Lahore 1983, S. 108-113

durch eine *Entmystifizierung* der Würdenträger: sie galten nun nicht mehr als die Heiligen, sondern wurden auf die banale Ebene der sinnlichen Erfahrungswelt heruntergeholt[55]. Im Rahmen der Nationalisierung islamischer Stiftungen wurde unter Ayûb Khân und später unter Bhutto nämlich der Versuch unternommen, die traditionelle religiöse Autorität der Schreinhalter zugunsten einer formalen Emanzipation der Schreinbesucher aufzulösen. Dazu war es zunächst notwendig, die Schreine als negativ oder zumindest als irdisch weltlich darzustellen und ihnen somit den kultisch-religösen Charakter zu nehmen. Bis zu diesem Zeitpunkt war dem gewöhnlichen *murîd* der unmittelbare Zugang zu Gott verwehrt geblieben. Der Heilige hatte als Vermittler gedient. Der Schreinhalter hatte die Position des (nunmehr) verstorbenen Heiligen übernommen und stellte zunächst seinerseits den Vermittler zwischen Pilger und Heiligen dar. Der Heilige und damit auch der *mujâwar* oder *sajjâdah-nashîn* verfügte so über das "Zugangsmonopol" zu Gott[56], und nur über ihn war der Weg (*ṭarîqah*) zur Erlösung erfahrbar. Diese Mittlerposition sollte nun durch die Aktivitäten des *Auqaf Department* aufgehoben werden. Durch die Verstaatlichung islamischer Stiftungen und der Integration der Heiligen wurde die traditionelle Kosmologie geändert. Nunmehr sollte es dem einzelnen Bürger möglich sein, unmittelbar mit Gott in einen Dialog zu treten, wenn er nur ein *guter Muslim* war. Dem Heiligen wurden so menschliche Züge verliehen und die jährlichen Feiern am Schrein des Heiligen (*`urs*, arabisch; wörtl. Hochzeit i.e. die Vereinigung mit Gott)[57] wurden zu staatlich anerkannten Feiertagen und damit entmystifiziert und säkularisiert. Die Wunderkraft des Heiligen zu heilen wurde durch den Aufbau von Krankenhäusern in den Schreinen ersetzt. Damit war der Schrein zum Modernisierungskatalysator geworden[58] und der uneingeschränkten Macht der Geistlichen und der Schreinhalter Grenzen gesetzt. Es sollte zwischen dem Staat und den Individuen einer-

---

55 Hierbei lassen sich starke Parallelen zwischen *Ayûbs* Politik und der des *Amir `Abd al-Raḥmân* (reg. 1880-1901) in Afghanistan erkennen. Zum letzteren vgl. Ashraf Ghani: Islam and State-building in Afghanistan a.a.O.

56 Zum Volksislam und zu Schreinen vgl. die ethnologischen Studien in: Imtiaz Ahmad (ed.): Ritual and Religion among Muslims in the Subcontinent, Vanguard Books Ltd. Lahore 1985.

57 Zum *`urs* vgl. etwa Syed Shah Khusro Hussain: Die Bedeutung des `urs Festes im Sufitum und eine Beschreibung des `urs des Gisudaraz, in: Asien Nr. 17 Okt. 1985, S. 43-54

58 Siehe dazu den Aufsatz von K. Ewing: Politics of Sufism a.a.O.

seits und Gott und dem Individuum andererseits keine Mittlerfigur mehr geben.[59] Eine neue Kosmologie wurde geschaffen, die den sozialen und wirtschaftlichen Zielen der Regierung entsprach. Die Integration von Grund und Boden und damit auch von autochthonen Institutionen in die sich stetig ausweitende gesamtgesellschaftliche Kapitalsphäre war eine Notwendigkeit für den Aufbau weiterer Märkte und reflektierte die Politik der "Grünen Revolution" der sechziger Jahre.[60]

Bis zu Bhutto war das Stiftungswesen auf Provinzebene organisiert worden. Die Politik der Nationalisierung seit 1971 unterstellte das Stiftungswesen direkt der Zentralregierung. Der *Administrator Auqaf* hieß nunmehr *Administrator General of Auqaf for Pakistan* und hatte einen noch größeren Aktionsradius. Die neu eingeführte Registrierungspflicht für Stiftungen[61] und die Verfügungsgewalt des *Administrator General* oder eines von ihm Delegierten, "to issue directions as to management, etc., of Waqf properties" dienten der Anbindung des *Awqâf*wesens an die Zentralregierung. Diese Befugnisse sollten auch sektiererische Aktivitäten der *Khaṭîb*e und *Imâm*e verhindern[62]. Inhaltlich lehnte sich die Bhutto-Administration an die Politik Ayûbs an[63].
Unter Zia ul Haq wurde das Stiftungswesen erneut den Provinzregierungen unterstellt[64]. Im Unterschied zu den vorhergehenden Regelungen hat der *Administrator Auqaf* einer Provinz alle Rechte über das dortige *Awqâf*wesen[65]. Trotz der Islamisierung brauchte der Provinzadministrator auch jetzt keine Kenntnis in islamischem Recht vorzuweisen.[66]

---

59 Vgl. den Beitrag von Kathrine Ewing: Malangs of the Punjab: Intoxication or Adab as the Path to God? in: B.D. Metcalf (ed.): Moral conduct and authority, a.a.O., S. 357-371.
60 Zur "Grünen Revolution" vgl. z.B. den Beitrag von Keith Griffin: The Political Economy of Agrarian Change, London 1979².
61 Vgl. The Auqaf (Federal Control) Act, 1976, Sektion 6
62 Vgl. Waqf Properties Ordinance 1961 a.a.O. Sektion 20. Für die "Auqaf (Federal Control) Act 1976" vgl. Sektion 24.
63 Siehe K. Ewing: The politics of Sufism a.a.O.
64 Vgl. The Auqaf (Federal Control) (Repeal) Ordinance 1979
65 Waqf Properties Ordinance 1961 Sektion 3; für die "Auqaf (Federal Control) Act, 1976 " vgl. Sektion 2 und für die "Auqaf (Federal Control) (Repeal) Ordinance 1979 vgl. Sektion 3.
66 The Auqaf (Federal Control) (Repeal) Ordinance 1979 Sektion 4 ff

Die rechtliche Immunität des Administrators reicht bis zur Ebene des obersten Provinz-Gerichtshofes. Der Administrator kann demnach Stiftungen im Sinne der Sektion 7 der *Auqaf (Federal Control) (Repeal) Ordinance 1979* durch eine Bekanntmachung übernehmen[67], ohne dafür strafrechtlich belangt zu werden. Diese Regelung läßt dem Administrator Freiraum für Willkür. Ferner bietet die Sektion 20 (2)[68] die Möglichkeit, bei etwaigen parteipolitischen Agitationen - sei es in Form von Predigten oder anderen Veranstaltungen - in einen *waqf* einzugreifen, um die "sovereignity and integrity of Pakistan" zu garantieren.

Seit 1976 nimmt die *Auqaf Administration* auch für sich in Anspruch, Veränderungen in Curricula derjenigen religiösen Schulen vorzunehmen, die Stiftungen darstellen[69]. Dies ist als Ausweitung der *Jamiah Islamia* Regelung von 1963 zu betrachten (s.u.).
Islamische Stiftungen treten bekanntlich auch in Form von religiösen Schulen und Moscheen auf. Eine landesweite Kontrolle dieser Stiftungen sollte durch ein ausgedehntes Netz von Geistlichen - vom Distrikt-*Khaṭîb* und Distrikt-*Mawlânâ* bis hin zum Dorf-*Khaṭîb*, von der Provinzebene bis hin zur Dorfebene - ermöglicht werden. Hierzu waren schon unter Ayûb Khân verschiedene *Khaṭîb/Imâm Schemes* eingeführt worden, die jedoch scheiterten.
Die an anderer Stelle dargestellte Tendenz der religösen Schulen, sich seit Beginn der Verstaatlichungspolitik ab 1960 in Dachorganisationen zusammenzuschließen[70], zeugte zunächst von einem nur mittelbaren Einfluß des Staates auf religiöse Schulen. Bis zum Jahre 1962 konnte das *Auqaf Department* jedoch schon 247 dieser Schulen im Punjab unter staatliche Aufsicht bringen. Der staatliche Zugriff war demnach nicht durch den Zusammenschluß religiöser Schulen in Dachorganisationen aufzuhalten.
Das Netz staatlicher Kontrolle wurde durch die Vereinnahmung weiterer Schul- und Moschee-Stiftungen dichter. So wurde z.B. ein *Auqaf Ulama Board* errichtet, das die Kompetenz hatte - nach welchen Kriterien auch immer -, neue *Khaṭîbe* zu überprüfen und sie zu ernennen bzw. ihnen zu

---

67 The Auqaf (Federal Control) (Repeal) Ordinance 1979 Sektion 13
68 Für die 1961er Regelung vgl. Sektion 16; Für die Regelung von 1976 und 1979 vgl. Sektion 20.
69 Vgl. The Auqaf (Federal Control) (Repeal) Ordinance 1979 Sektion 25
70 Vgl. unten V 2.1. f.

kündigen. Damit war zumindest eine staatskonforme Freitagspredigt in denjenigen Moscheen garantiert, die dem Department angeschlossen waren.

Der Islamisierungsboom seit den siebziger Jahren führte dazu, daß im August 1984 in Jeddah ein "Seminar on the management and development of Auqaf properties" abgehalten wurde. Sein Ziel war es, die Qualität der verstaatlichten Stiftungen zu verbessern, deren Anzahl und Einnahmen zu erhöhen[71].

Während der letzten acht Jahre haben die Einkünfte aus *waqf* absolut zugenommen. Der Grund mag zum einen in der autoritären Handhabung der Schreine und anderer Stiftungen durch die Regierung liegen. Zum anderen kann die Steigerung aber auch in der Tatsache begründet sein, daß das *Auqaf Department* einige *waqf* an verschiedene Institutionen wie z.B. an städtische Entwicklungsautoritäten (hier *Lahore Development Authority*) verkauft oder sogar an den früheren *mutawallî* zurückgegeben hat.[72] Die Rückgabe der *waqf* kann einerseits als eine Befriedungspolitik der Administration gegenüber politisch unruhigen Schreinhaltern betrachtet werden,[73] andererseits sind diese Schreine möglicherweise nicht rentabel.[74] Die Kritik der Geistlichen und die der *sajjâdah-nashîn* kann mit Hilfe der Tagespresse nachverfolgt werden. Sie hatte schon zuvor, 1960

71 Wie zu erwarten, nahmen an diesem Seminar sehr wenig traditionelle Geistliche teil. Die Initiative ging aus von den Vertretern des kolonialen Bereiches und den Avantgardisten, die eher den salafitischen Islam vertraten.

72 Hierbei bezieht sich das *Auqaf Department* auf die Sektion 12 der Regelung von 1961, bzw. Sektion 16 der Regelungen von 1976 und 1979.

73 Ganz in der britischen Tradition, ein Loyalistenheer zu schaffen; vgl. weiter oben V. T. Oldenburg.

74 Vgl. hierzu die Stellungnahme des Vorsitzenden der *Tanẓîm al-Jihâd* in Lahore (in einem Plakat im Februar 1986); er nennt 15 *waqf*, die 1985 vom *Auqaf Department* zurückgegeben worden waren. Zur Diskussion über die Praktiken des *Auqaf Department* siehe auch *Riḍwân*, Ḥizb al-Aḥnâf, Lâhôr Bd. 38 Nr. 6, Juni 1984 (Urdu), S. 2 und Bd. 33 Nr. 4/5, Mai 1984 (Urdu), in denen ein eigener *Brelwi Auqaf Board* gefordert wird. Auch die Schia fordert seit 1985 einen eigenen schiitischen *Auqaf Board*. Vgl. auch Jahresbericht der *Tanẓîm al-madâris*, Lâhôre 1984 (Urdu), S. 14, S. 31, in dem die Vertreter der *Tanẓîm* den *Zakat Administrator* I.H. Imtiazi über illegale Verkäufe des *Auqaf Department* unterrichten. Dieser mahnte den "Administrator General Auqaf" sofort, dies zu unterlassen.

und 1967, Höhepunkte erreicht[75] und erlebt unter der Zia-Administration einen weiteren Aufschwung. Die Regierung reagierte mit einer Mobilisierung konformistischer Geistlicher gegen die zunehmende Opposition. Im Jahre 1969 hießen über 200 Ulama aus dem Hazara Distrikt (Herkunftsgebiet Ayûb Khâns!) unter Führung *Mawlânâ `Abd al-Salâm Hazârwîs*[76] die Aktivitäten des *Auqaf Departments* für gut[77].

Die Integrationspolitik der Zia-Administration führte zu einer *Mashâ'ikh Kanwenshan* im Jahre 1980 in der Bundeshauptstadt. Hierdurch gelang der Versuch, eine große Anzahl von *pîrs* für die staatliche Politik zu gewinnen[78].

Inhaltlich fand die Säkularisierungspolitik Ayûb Khâns auch unter Zia ul Haq ihre Fortführung:

> "Human being is made of two entities, namely body and soul. Of these, the soul is more important. Islam has underlined the need to develop the soul by prayers and meditation. Those who train their souls in this manner are called `Sufi'."[79]

Somit lag es jedem Bürger offen, Ṣûfî werden.

In Erweiterung der Modernisierungspolitik der früheren Regime, versucht das Zia-Regime neuerdings, die Heiligenschreine dem internationalen

75 Als Kritikpunkt wurde auch der vom *Auqaf Department* praktizierte Zinseinzug angeführt (vgl. etwa Zindagî (L) (Urdu), 22.9.69, S. 35 ff.; Ḥurriyat (K) (Urdu), 21.10.69). Dies veranlaßte das *Auqaf Department* dazu, "to withdraw all Bank Deposits - Earning of Interest". Statt dessen sollten Aktien von *NIT* auf *PLS* Basis gekauft werden. Die Banken (*UBL, HBL* und *NBL*) wollten jedoch die über 40 mio Rs nicht ohne weiteres zurückzahlen (vgl. dazu NW (R) 24.10.70 und National News (L) 21.10.70 und 26.11.70: "Auqaf Department withdraws Bank Deposits").

76 Damaliger Präsident des islamischen Weltkongresses in Pakistan; die Vertreter dieser Institution verfolgen eine in hohem Maße integrationistische Politik.

77 Vgl. D, 24.11.69: "Allegations about accounts are false, says Auqaf Chief".

78 Verständlicherweise wurden zur Konvention nur die *pîrs* eingeladen, die von vornherein konformistisch erschienen. Kritische Kräfte, besonders aus Sindh, wurden nicht dazugebeten. Die Beiträge der Heiligen waren auch entsprechend Zia-freundlich (vgl. dazu GoP, Ministry of Religious Affairs: Mashâ'ikh Kanwenshan 1980, Islâmâbâd 1981 (Urdu)).

79 Zitat aus: Pakistan Tourism Development Corporation: Journey into light, Islamabad 1985, S. 3.

Tourismus zugänglich zu machen. Alleine in der oben zitierten Broschüre sind 137 Schreine aufgelistet[80], von denen insgesamt 100 näher beschrieben werden. Voraussetzung für die Aufnahme der Schreine in die Tourismusbroschüre ist allerdings, daß sie in einem gemäßigten für die ausländischen Touristen akzeptablen Zustand und zugänglich sind. Dies setzt eine effektive Administration dieser Schreine voraus, was wiederum bedeutet, daß sie im höchsten Grade integriert und politisch neutralisiert sind.
Durch den Einfluß von Touristen wird langfristig der traditionale, sakrale und autochthone Charakter der Schreine leiden, obgleich noch heute viele Besucher unter bisweilen sehr großen Anstrengungen diese Heiligtümer besonders zu Zeiten des *'urs* aufsuchen. Der Besuch eines *'urs* kann mit der Pilgerfahrt nach Mekka (*ḥajj*) verglichen werden, sozusagen als *kleiner ḥajj*[81]. Die fortlaufende Aufhebung des sakralen Charakters führt zu einer weiteren Dimension staatlicher Kontrolle und Anonymisierung sozialer und wirtschaftlicher Beziehungen. Kurzfristig allerdings betrachten die *murîdîn* touristische Besucher als eine Aufwertung der jeweiligen Schreine.
Trotz der staatlichen Integrationsmaßnahmen finden wir heute noch politische und andere, im weitestens Sinne "unislamische" Aktivitäten im Zusammenhang mit Schreinen vor, die jedoch lediglich die letzten sozialen Refugien für gesellschaftlich marginalisierte Gruppen darstellen[82].

---

80 Für Sindh 65, 50 für den Punjab, 10 für die NWFP und 12 für Baluchistan.
81 Der *'Urs* wird von vielen *murîdîn* auch so verstanden.
82 Nach einem "working paper" des Religionsministeriums vom Oktober 1985 über Schreine im Punjab und Sindh (mimeo) sind in fast allen dort untersuchten 24 Schreinen illegale Aktivitäten aufzuweisen. Damit dient der Schrein noch heute als Refugium für Subkulturen. Verständlicherweise werden diese Schreine nicht in der oben zitierten Broschüre des Tourism Department aufgeführt.

3.1. Reaktionen

Die Reaktionen der Bevölkerung auf die Aktivitäten des *Auqaf Department* waren mannigfaltiger Art und manifestierten sich teilweise im Aufbau von *Dînî Madâris* Organisationen[83] oder in der sogenannten *Anjuman-e sajjâdah-nashîn* (Gesellschaft der Nachkommen von Schreinheiligen); sie waren jedoch nicht einflußreich genug, um der Verstaatlichung entgegenzuwirken. Man hätte annehmen sollen, daß die *waqf*-Inhaber genügend Gefolgschaft besessen hätten, um den staatlichen Eingriff zu verhindern, zumal das *Auqaf Department* die *high income yielding* Stiftungen[84] und die ohne einen *mujâwar* übernahm[85].
Den Informationen des *Legal Advisor* des *Auqaf Department Punjab*[86] zufolge gab es denn auch bis Ende 1985 ein Duzend Petitionen und Klagen gegen das Eingreifen des *Auqaf Department*, die bis zum *Supreme Court* gelangten. Die Ablehnung der staatlichen Politik durch die Stiftungsinhaber wird darin sichtbar. Von den 12 Petitionsfällen wurden neun abgelehnt und drei angenommen[87].
Die Auseinandersetzung um das *Auqaf Department* und um die tendenziöse Gerichtsbarkeit bezüglich der Verstaatlichung des Stiftungswesens fand ihren vorläufigen Höhepunkt in einer Beurteilung der Verstaatlichung des *waqf* durch den Rat für islamische Ideologie (*CII*). Danach war die Aneignung von *waqf* weder durch eine oder mehrere Personen noch durch den Staat Shari`a-gemäß und sollte rückgängig gemacht werden. Ebenso widerspricht es nach Meinung des *CII*, das *waqf* zu übertragen oder zu verkaufen. Dies war die Antwort auf Anfragen der *Kabinett Division* und des *Ministeriums für religiöse Angelegenheiten* im Mai 1980 und August

---

83 Vgl. unten Kapitel V 2.1.
84 Vgl. Maḥkmah Awqâf Punjâb, Lâhôr: Gâ'id Buk, Lâhôr o.D. (Anleitungen) (Urdu) S. 1
85 D. Buddenberg: Islamization of Shrines, a.a.O., S. 1
86 in Lahore am 15.2.86
87 1.) 1964 SC 126, *PLD* (Pakistan Law Decisions) Vol. XVI, S. 126 ff.; 2.) 1969 SC 223, *PLD* Vol. XXI, S. 223 ff.; 3.) 1971 SC 401, *PLD* Vol. XXIII, S. 401 ff.; 4.) 1971 *SCMR* (Supreme Court Monthly Review) Vol. IV, S. 713 ff.; 5.) 1972 *SCMR* Vol. V, S. 297 ff.; 6.) 1975 *SCMR* Vol. VIII, S. 104 ff.; 7.) 1976 *SCMR* Vol. IX, S. 450 ff.; 8.) 1976 *SCMR* Vol. IX S. 500 f.; 9.) 1976 SC 501, *PLD* Vol. XXVIII, S. 501 ff.; 10.) 1977 SC 639, *PLD* Vol. XXIX, S. 639 ff.; 11.) 1981 *SCMR* Vol. XIV, S. 620 f.; 12.) 1982 *SCMR* Vol. XV, S. 160 f..

1981. Ausgangspunkt war dabei die Landreform (*Martial Law Regulation Nr. 115*) von 1972. Die *waqf*-Ländereien sollten laut *CII*-Beschluß von der Landreform ausgenommen werden[88], was ganz dem *Waqf Validating Act 1913* entsprach.

1983 wiederholte das *CII* seine Ansicht: *waqf* könne weder verkauft noch transferiert werden. Dies verbot eine Übergabe oder den Verkauf von Stiftungen an eine Drittperson bzw. an Institutionen. Es scheint, daß die Stellungnahme des *CII* auch die öffentliche Kritik widerspiegelt, die just zu diesem Zeitpunkt stark war[89]. Auch im islamische Rat selber waren Geistliche vertreten, deren materielle Existenz u. a. von den Stiftungen abhing. So gesehen konnten einige Repräsentanten der Geistlichkeit im *CII* ihre eigenen Interessen verteidigen und islamisch (traditionalistisch) legitimieren. Ihre Stellungnahmen haben jedoch keinen Niederschlag in der Regierungspolitik gefunden, die eher *integrationistisch* fundamentalistische Züge aufweist. Sie möchte den Einfluß der Schreinhalter in privaten *waqf* einschränken, ja zum Teil aufheben.

Daneben hat der *Federal Shariat Court* (*FSC*), der 1981 gegründet wurde[90], im Rahmen der Untersuchung aller in Pakistan existenten Gesetze auch die *Waqf Ordinance 1979* überprüft[91]. Sein Urteil sollte die Politik der Verstaatlichung des Landbesitzes legitimieren: der *FSC* nannte die *waqf* Regelung von 1979 Shari'a-gemäß, und schlug kleine und unwesentliche Veränderungen vor. Auch die Sektion 16 - also der Verkauf von *waqf*-Land - wurde anerkannt, wenn "the main purpose of the Waqf is served and satisfied"[92]. Nicht selten vertraten die vom *FSC* herangezogenen und zitierten Autoritäten eine Umverteilung des Bodens zugunsten des Bauern und gaben dazu auch *fatwâs* (pl. *fatâwâ*) ab.[93] Daß bei

---

88 Vgl. CII Jahresbericht 1981/82 S. 136 f und S. 287 (Urdu)

89 So die Urdu-sprachigen Medien.

90 Vgl. Provisional Constitution Order § 203 A-J; Der *FSC* ist lediglich als Legitimationsinstanz des gegenwärtigen Regimes zu betrachten. Seine Kompetenzen gehen nicht über den Bereich des islamischen Straf- und Privatrechtes hinaus (vgl. dazu auch Kapitel I).

91 Diese Untersuchung erfolgte *suo moto*, also ohne staatliche Anfrage.

92 Urteil vom 21.6.84; die Argumentation folgte den Prämissen, wie sie bei *Mawdûdî*, im Manifest der *JUI* (S. 40), bei *Mawlânâ Ḥifz al-Raḥmân Seokârwî* (Islâm kâ iqtiṣâdî niẓâm, S. 240) - wo auf die *fatwâs* von *Sh. Jalâl*, *Mawlânâ Muḥammad Awlîâ* und *Shâh 'Abd al-'Azîz* verwiesen wird - und *Rafî'ullah Shahâb* (Islâmî rîâsat kâ iqtiṣâdî niẓâm, S. 74 f) vorkommen.

93 Vgl. Akte *FSC's* Judgement, eingesehen am 18.2.86 in Lahore, *Auqaf Department*.

der Urteilsfindung einmal mehr pragmatisch vorgegangen wurde, indem sonst unbeliebte Autoren und Quellen herangezogen wurden, sollte nicht weiter verwundern[94]. Einmal mehr konnte das *law of necessity* durchgesetzt werden.
Wie jedoch weiter unten gezeigt wird, sind die Einnahmen des *Auqaf Department* gerade in den letzen Jahren zurückgegangen. Daraus läßt sich schließen, daß die Besucher der Stiftungen zusehends weniger spenden (siehe weiter unten 3.4.). Dies kann als Reaktion zum einen auf die *Awqâf*-Politik betrachtet werden, zum anderen besteht die Möglichkeit, den Spendenrückgang in Zusammenhang mit der Zakat und Ushr Regelung von 1980 zu bringen. Während im ersten Fall zunehmend neue kleine Schreine, sozusagen "Anti-" oder "Alternativ-Schreine" als Reaktion auf etablierte bzw. verstaatlichte Schreine entstehen[95], liegt beim zweiten Fall die Vermutung nahe, daß ein nach der Zakatregelung von 1980 zahlender Zakatzahler seine Beiträge an Schreine und andere Stiftungen einschränkt.[96] Beide Fälle führen zu einer Abnahme der Einnahmen des *Auqaf Departments*.

3.2. *Awqâf* und Erziehung

Im Bereich des Erziehungswesens sind zunächst die curricularen Reformen des *Auqaf Department* zu nennen[97]. Parallel dazu sollten die D.M. der islamischen Bahawalpur Universität unterstellt werden.

---

94 Die untersuchenden Richter waren Justice *Aftab Hussain, B. G. N. Qazi, Ch. Muhammad Siddique, Mawlânâ Malik Ghulâm `Alî, Mawlânâ `Abd al-Qaddûs Qâsim* und *Muftî Sayyid Shujjâ`at `Alî Qâdrî.* Lediglich der letztgenannte sprach sich gegen das Recht der Regierung aus, sich *waqf* anzueignen. Auch hier wurde die *Mussalman Wakf Validating Act, 1913* nicht erwähnt.
95 Eine Untersuchung dieses Phänomens wäre sicher lohnenswert.
96 Die religiösen Schulen haben sich auch über die Rückläufigkeit ihrer Einnahmen beschwert; vgl. Kapitel V 8.1. Siehe auch MN, 27.2.82.
97 Siehe Kapitel V 2.2.

1963 wurde die *Jamiah Islamia* in Bahawalpur gegründet, um moderne und traditionale Erziehung miteinander zu integrieren. Die zuvor dort existierende *Jâmi'ah 'Abbâsiyyah* (Gründungsjahr 1925) hatte unter Teilen der *Geistlichkeit* einen guten Ruf genossen. Ihre Abschlußzeugnisse waren dem *B.A.* gleichgestellt. Im Zuge der *One Unit* Politik unter Ayûb Khân und der Auflösung des Fürstentums Bahawalpur Mitte der fünfziger Jahre wurde diese Schule dem Erziehungsministerium angegliedert[98]. Ab 1963 wurde sie dann dem *Auqaf Department* untergeordnet. Es wurde beschlossen, der *Jâmi'ah* andere, bislang private religiöse Schulen anzuschließen, so daß 1969 35 D.M. Beitritt gefunden hatten[99]. Analog dazu war eine Verordnung ergangen[100], mittels derer sich das *Auqaf Department* nunmehr über die verstaatlichte *islamische Universität* Zugang zu anderen D.M. verschaffte, die sich der *Jâmi'ah* angeschlossen hatten[101]. Hieraus wird die hierarchische Beziehung zwischen *Auqaf Department*, *Jâmi'ah* und den religiösen Schulen deutlich. Durch die *West Pakistan Jamia Islamia (Delegation of Powers) Regulation, 1968*[102] wurde die Stellung des *Auqaf Department* weiterhin gefestigt. Im Laufe der Zeit geriet diese integrierte Universität in Vergessenheit und ist heute für die meisten Ulama ein mahnendes Beispiel dafür, welche Folgen die Bürokratisierung traditionaler Institutionen nach sich ziehen kann.[103] Dem Staat war jedoch ein weiterer Zugang zu und der Zugriff auf einen traditionalen Gesellschaftsbereich gelungen.

Der *Khaṭîb/Imâm Scheme* war eine weitere Einrichtung zu dem Zweck, Erziehung nach westlichen, modernen Maßstäben in traditionalen Institutionen zu garantieren[104]. Hierbei ging es dem *Auqaf Department* darum,

---

98 Vgl. Ahmed I, S. 639-650 (Vgl. bibliographische Angaben). Ihr Integrationsgrad wird deutlich in der Tatsache, daß ihre ehemaligen Schüler 1953 eine *Abbasia Old Boys Federation* gründeten.

99 Vgl. Ahmed II (Vgl. bibliographische Angaben), S. 66 ff. und S. 603 f.

100 The West Pakistan Jamia Islamia (Bahawalpur) Ordinance, 1964, West Pakistan Ordinance No. XVII of 1964

101 Vgl. Manual of Rules and Regulations of the Auqaf Department West Pakistan, Lahore 1969², S. 68-83

102 a.a.O., S. 87-91 und die amtlichen Mitteilungen vom 17.5.1968 in a.a.O., S. 92-97.

103 So etwa auch die Kritik der Brelwis; vgl. *Tanẓîm al-madâris* Jahresbericht, April 1984 (Urdu), S. 20.

104 Siehe dazu Abdur Rauf: Renaissance of Islamic Culture and Civilisation in Pakistan, Lahore 1965, S. 172-180 und S. 243 ff.

durch staatlich konforme *Khaṭîbe* und *Imâme* in verstaatlichten Stiftungen die offizielle Ideologie durchzusetzen und sie zu legitimieren.
Die in der *Awqâf* Gesetzgebung seit 1976 aufgenommene Klausel, welche eine curriculare Veränderung in den Schulen und D.M. vorschlug[105], fand schließlich ihren Höhepunkt im Aufbau der *Ulama Academy* [`Ulamâ' Akaḍemî] in Lahore.

3.2.1. *Ulama Academy*

Die *Ulama Academy* war schon 1970 gegründet worden, nachdem sie seit den sechziger Jahren von den Vertetern der islamischen Avantgarde gefordert worden war. In dieser, vom *Auqaf Department* geleiteten Institution, sollten die *Imâme* und *Khaṭîbe* praxisnah und nach modernen Inhalten erzogen und ausgebildet werden[106]. Die eigentliche Arbeit der *Ulama Academy* begann jedoch erst mit dem Amtsantritt Zia ul Haqs.
Das zweijährige Curriculum der *Ulama Academy* sollte neue und alte Disziplinen miteinander verbinden, also das klassische theologische Curriculum der religiösen Erziehung mit modernen Fächern anreichern und damit "bereichern"; Zulassungsvoraussetzungen waren ein guter Abschluß des *dars-e niẓâmî* oder *fâḍil `arabî*[107], *Matric* oder *M.A. Arabisch/Islamiyât* oder *B.A. Arabisch/Islamiyât* oder des *darjah-e fawqâniyyah*[108] der

---

105 Vgl. The Auqaf (Federal Control) (Repeal) Orḍinance 1979 Sektion 25

106 Vgl. Ta`âruf `Ulamâ' Akaḍemî, `Ulamâ' Akaḍemî, Maḥkmah-e Awqâf Punjâb Lâhôr 1982 (Urdu) und Tarbiyyat: Maḥkmah Awqâf Punjâb, Lâhôr o.D. (Urdu) sowie D, 9.4.68; PT, 12.5.68 und 3.11.68.

107 Dies war eine in der britischen Zeit eingeführte, auf die britische Administration zugeschnittene, säkulare Sprachenkunde mit Abschlußprüfung; vgl. dazu etwa Sayyid Muḥammad Salîm: Hind o Pâkistân mêñ musalmânôñ kâ niẓâm-e ta`lîm o tarbiyyat, Lâhôr 1980 (Das Erziehungs- und Bildungswesen der Muslime in Hind- und Pakistan) (Urdu), S. 243 ff. und G. M. D. Sufi: Al-Minhaj; evolution of curricula in the Muslim educational institutions, Sh. Muh. Ashraf, Lahore 1981 (erstm. 1941), S. 115 ff. Die Vertreter der *Geistlichkeit* im *CII* sprachen sich 1978 für die Abschaffung dieser säkularen Sprachkurse aus; vgl. dazu GoP, CII: Consolidated Recommendations of the CII relating to Education system in Pakistan, 1962 to 1982, Islamabad 1982 (Urdu/Englisch), S. 35.

108 Damals höchstes Zeugnis der religiösen Erziehung.

Tanẓîm al-madâris al-`arabiyyah* oder/und der *Wafâq al-madâris al-`arabiyyah (beides Dachorganisationen der religiösen Schulen der Brelwis bzw. Deobandis). Der Bewerber durfte nicht älter als 28 Jahre sein und mußte in der *Ulama Academy* wohnen. Dies wurde als wesentlicher Teil der Ausbildung erachtet[109]. Damit sollte, ähnlich wie in den religiösen Schulen, eine ganzheitliche Erziehung ermöglicht werden.
Bis 1982 hatte die *Ulama Academy* 10 Kurse à 6 Monate (einmal im Jahr) durchgeführt und 233 *Khaṭîbe/Imâme* (d.h. höchstens 30 Teilnehmer pro Kurs) entlassen[110].
Neben diesen Kursen veranstaltete die *Ulama Academy* dreimonatige Kurse für die *Mu'adhdhin* (3 Kurse pro Jahr). Bis 1982 waren in insgesamt 10 Kursen immerhin 79 Teilnehmer "erzogen" worden[111].
Bei allen Teilnehmern handelte es sich um Funktionäre des staatlichen *Awqâf* Apparates. Ihnen standen für die Zeit der Kurse auch Stipendien des *Auqaf Department* zur Verfügung[112]. Durch solche integrierten Kurse sollten die staatlichen Interessen bis in die lokale Ebene vordringen.
Ein Komitee der University Grants Commission (*UGC*) vertrat die Ansicht, daß der Unterricht in den Fächern "Politik", "Wirtschaft" "Biographie des Propheten", "Geschichte des Islam", "vergleichende Religionswissenschaften" sowie in "Englisch", "Naturwissenschaften" und "Islamkunde" in der *Academy* durchaus dem Niveau der formalen höheren Schulen entsprach. Ausschlagebend dafür war die Tatsache, daß das Lehrpersonal dieser Fächer aus dem *Government College Lahore* und der Punjab Universität rekrutiert wurde[113]. Durch diese Lehrkräfte, die dem *KUS* und dem *Mischgebiet II*[114] zuzuordnen sind, wurde versucht, die Vertreter traditionaler Gesellschaftbereiche modernistisch westlich auszurichten.

---

109 Vgl. Maḥkmah Awqâf Punjâb, Lâhôr: Tarbiyyat, a.a.O., S. 17
110 Hierbei handelte es sich um Kurse während der Amtszeit (inservice courses). Jahreskurse vor der Arbeitsaufnahme wurden erst ab 1978 angeboten (2 mal) und hatten die Kapazität von 20 Teilnehmern pro Jahr; vgl. Ta`âruf `Ulamâ' Akademî, `Ulamâ' Akademî, a.a.O., S. 11 ff.
111 Diese mußten allerdings unter 40 Jahren sein; vgl. Ta`âruf a.a.O., S. 25. Von 10 *Mu'adhdhins* kamen 5 aus dem Punjab, 2 aus Sindh, 2 aus NWFP, 2 aus Baluchistan; von je 30 *Imâme/Khaṭîbe* kamen jeweils 18 aus dem Punjab, 7 aus dem Sindh, 4 aus NWFP und einer aus Baluchistan; vgl. Tarbiyyat a.a.O., S. 12.
112 Tarbiyyat a.a.O., S. 10
113 Ta`âruf a.a.O., S. 19 f
114 Im Sinne der theoretischen Einordnung.

3.2.1.1. Volks-Islam versus Shari'a-Islam

Die Aktivitäten der *Ulama Academy* wurden jäh durch Unruhen im Jahre 1982 unterbrochen. Der Katalysator war das schon im Jahre 1976 veröffentlichte Buch des Vorsitzenden der *Ulama Academy* Dr. Yûsuf Gorâyyah. Sein Buch "Die Geschichte der Mystik"[115] war schon Mitte der siebziger Jahre als Geschenk des *Islamic Research Institute* an die Ulama und an verschiedene traditionale und säkulare Bildungsinstitutionen verteilt worden. Bis 1982 waren auch keine negativen Reaktionen hervorgegangen.

Anfang 1980 wurde unter Aufsicht des *Auqaf Department* eine neue Institution gegründet, das *markaz-e taḥqîq-e awliyyah*, welches Studien über die Ṣûfîs und andere Heilige betreiben sollte. Dies kann im Rahmen der Islamisierung nicht nur als ein Zugeständnis des Staats-Islam an die Vertreter des Volks-Islam betrachtet, sondern auch als ein weiterer Versuch interpretiert werden, *pîrs* und Schreinhalter zu integrieren und sie somit an die Zentralregierung in Islamabad zu binden. Diese neue Institution und deren Vorsitzender sollten der Administration Gorâyyahs unterstellt werden, wogegen sich allerdings der Vorsitzende des *Markaz* auflehnte. Um die Autorität Gorâyyahs zu schwächen, wurde eine Kampagne gegen den Vorsitzenden der *Ulama Academy* gestartet. Gerechtfertigt wurde die Kampagne mit den angeblichen "unislamischen" Passagen des Buches, die allerdings bisher nicht kritisiert worden waren. Mir selbst sind bei der Lektüre dieses Buches keine "unislamischen" Äußerungen aufgefallen. Gorâyyah weist lediglich - und dies war auch der Angelpunkt der Auseinandersetzung - auf die sogenannten "unislamischen" Sitten in Pakistan hin, die er in Verbindung mit dem weit verbreiteten Schreinkult bringt. Der Schreinkult, so meint er, repräsentiere den feudalen Charakter des Landes sowie die Ausbeutung und die Entfremdung der breiten Bevölkerung vom eigentlichen Islam. Er selber hat sowohl die *madrasah*-Erziehung in Pakistan als auch eine säkulare Erziehung im Westen genossen. Als bürokratisierter Akademiker

---

115 Târikh-e Taṣawwuf, Lâhôr 1976 (Urdu)

beruft er sich auf die Position Ibn Taymiyyahs (1263-1328)[116]. Heute beziehen sich

> "Fundamentalisten und sogar modernistische Autoren auf... <Ibn Taymiyyah; J.M.>, besonders, um Meinungen zu stützen, die sich mit der Rechtsmethodologie (z.B. dem Problem von ijtihad und taqlid), der Verurteilung der Praktiken bestimmter Mystikerorden, der Kritik an der Heiligenverehrung und der Frage des Mittlertums befassen."[117]

Gorâyyah vertritt die Ansicht, daß "Taṣawwuf (islamische Mystik) ... one pillar of corruption" sei, den *status quo* garantiere und die Massen befriede. *Dâtâ Ṣâḥib* (*Shaikh `Alî Bin `Uthmân Al-Hijwerî*, gest. 1072), der Heilige des größten Schreins in Lahore, solle alles regeln, wodurch die Problembewältigung ins Jenseits transferiert würde. Dies entspräche jedoch nicht dem wahren Islam.

Die Polemik gegen Gorâyyah traf vor allem deshalb auf Resonanz, weil er einen der bekanntesten Heiligen in Pakistan - nämlich *Dâtâ Ṣâḥib* - zwar nicht disqualifizierte, jedoch den um ihn herum bestehenden Kult ablehnte. So konnten Gorâyyahs Gegner Massen mobilisieren, und eine blutige Auseinandersetzung in der Nähe der *Ulama Academy* zwischen Brelwis (Befürwortern des Schreinkults) und Deobandis (Gegner des Schreinkults) und Vertretern anderer "puritanischer" Denkrichtungen

---

116 Der syrische hanbalitische Theologe *Aḥmad Ibn Taymiyyah* hatte sich gegen Abweichungen davon ausgesprochen, was er als den ursprünglichen (muhammedanischen) Islam hielt, bes. also gegen die Mystik und die volkstümliche Frömmigkeit (Heiligenverehrung). Mystik und Synkretismus waren für ihn *bid`a* (ungerechtfertigte Neuerungen und Abweichung von der sunna). Er war gegen die Rechtsmethoden des Konsens (*ijmâ`*), Analogieschluß (*qiyâs*) und gegen Philosophie eingestellt, trat aber für *ijtihâd* ein. Seine Ideen wurden erst mit *Muḥammad Ibn `Abd al-Wahhâb* (1703-1792) umgesetzt. Zu den politischen Vorstellungen von *Ibn Taymiyyah* vgl. auch Qamaruddin Khan: The political Thought of Ibn Taymiyah, Islamabad 1985^2 sowie Tilman Nagel: Staat und Glaubensgemeinschaft im Islam; Geschichte der politischen Ordnungsvorstellungen der Muslime, Bd. II, Zürich und München 1981, S. 109 ff. et passim.

117 Zitiert nach R. Peters: Erneuerungsbewegungen im Islam vom 18. bis zum 19. Jahrhundert und die Rolle des Islams in der neueren Geschichte: Antikolonialismus und Nationalismus, in Ende,W./ Steinbach,U. (Hrsg.): Der Islam in der Gegenwart a.a.O., S. 95; vgl. jetzt auch Rudolph Peters: Islamischer Fundamentalismus: Glaube, Handeln, Führung, in: Wolfgang Schluchter (Hrsg.): Max Webers Sicht des Islams, Frankfurt a.M. 1987, S. 217-241, hier bes. S. 221 f.

veranstalten. Dies führte zunächst zur Einziehung des Buches, das erst 1985 wieder auf dem Markt erhältlich wurde und schließlich zur Absetzung des Vorsitzenden der *Ulama Academy* 1983.
Einmal mehr wurde die Ausbeutung der Gefühle vieler Menschen durch religiöse Schlagworte deutlich. Die Affaire hatte einen persönlichen Hintergrund - die Ablehnung des Vorsitzenden -, wurde aber zum Politikum aufgrund des latent bestehenden Konfliktpotentials zwischen den beiden großen Denkrichtungen[118].

3.3. *Auqaf Department* und Dînî Madâris

Unter der Aufsicht des *Auqaf Department*, das bis 1962 schon 247 D.M. verstaatlicht hatte, sollten deren materielle und ideelle Bedürfnisse und Nachfragen befriedigt werden. Dies war jedoch nur bedingt möglich. Deshalb wurden diese Schulen zum großen Teil später wieder privatisiert. Schreine, die Zentren des Volksislam darstellen, wurden ebenfalls teilweise reprivatisiert[119].
Von dem vom *Auqaf Department* Punjab im Jahre 1982 unterhaltenen 24 D.M. bietet derzeit lediglich eine religiöse Schule *dars-e niẓâmî* an, während in 13 der Koran gelesen und auswendig gelernt wird. Der Lehrplan soll zwar reformiert worden sein[120]. Das kann jedoch nicht bestätigt werden, da einfaches Koranlesen und -rezitieren nicht von Reformismus zeugt.
Im Punjab gab es 1985 mit der *Ulama Academy* 55 Einrichtungen dieser Art. Mit Ausnahme der *Ulama Academy* handelt es sich dabei um kleine *ḥifẓ* (Koranmemorierung) und *nâẓirah* Schulen, die meist den Schreinen angeschlossen waren oder sind[121]. Die Beschäftigten in diesen D.M. - ein

---

118 Vgl. hierzu die Urdu-Zeitungen von Oktober 1981 bis März 1982
119 D. Buddenberg: Islamization of shrines a.a.O., S. 1
120 Ta`âruf a.a.O., S. 35 ff
121 Davon 10 in Lahore. Neben diesen D.M. unterhält das *Auqaf Department* auch noch einige formale Primarschulen, die ebenfalls Stiftungen sein sollen. Das *Auqaf Department* hat demnach im Punjab 75 D.M. Angestellte, 19 Schullehrer, 11 Angestellte des Grades 4 und jeweils einen Angestellten für eine "Highschool", "Primary-" und "Middleschool" (zu den curricularen Aktivitäten des *Auqaf Department* vgl. Kapitel V 2.2.).

bis zwei Lehrer pro Schule - werden zum größten Teil vom *Auqaf Department* entlohnt.

3.4. Haushalte

Bei den Einkünften des *Auqaf Department* lassen sich die folgenden Einnahmequellen unterscheiden:

1. "Cash-boxes" an Schreinen (etwa die Hälfte der Einnahmen)[122]
2. Einnahmen aus *nadhrânah* (meist Gaben im Zusammenhang mit Gelübden; Geschenken etc.) (etwa 15 %)
3. Einnahmen aus den anliegenden Geschäften (etwa 5%)
4. Einnahmen aus verpachteten Geschäften/Häusern (15 %)
5. Einnahmen aus verpachtetem Agrarland (etwa 10 %)

(Diese Angaben sind Richtwerte; sie variieren von Jahr zu Jahr.)

122 Hierbei handelt es sich um in Schreinen aufgestellte, verschlossene grüne Metallurnen, die wöchentlich oder monatlich von der *Auqaf Administration* entleert werden. Sie "had been provided double locker system similar to those of bank lockers" (D, 10.8.1967). Alleine im Schrein des *'Alî Hijwerî* (*Dâtâ Ganj Bakhsh*) konnten 1965/66 etwa 1 mio Rs gesammelt werden, 1983/84 15.834.573 Rs, 1984/85 17.100.000 Rs und 1985/86 18.494.000 Rs! (berechnet nach D, 10.8.67 und Bujet Maḥkamah Awqâf Punjâb barâ-e 1985-86, Lâhôr S.15 und 33).

Tabelle 4: Einnahmen und Ausgaben des *Auqaf Department* Punjab 1960-1985

Jahr	Einnahmen	Steig. zum Vorjahr	Infla-tions-rate	reale Steig.	Ausgaben	davon au-ßergewöhn. Ausgaben
60-61	2,085,793				349,050	
65-66	3,969,925	90.3%	7.3%	83.0%	1,550,045	
70-71	8,814,284	122.0%	25.3%	96.7%	4,697,594	
75-76	16,378,334	85.8%	178.5%	-92.7%	12,993,226	
80-81	34,911,507	113.2%	63.7%	49.5%	27,311,422	
82-83	47,111,200	34.9%	18.6%	16.3%	46,066,800	
83-84	52,093,599	7.1%	19.1%	-12.0%	36,087,382	14,631,762
84-85	57,612,700	14.2%	9.1%	5.1%	45,977,500	11,140,900
85-86	54,649,400	-0.5%	n.a.	n.a.	40,990,700	13,031,100

(Quellen:

Bujeṭ Maḥkmah Awqâf Punjâb barâ-e 1985-86, Lâhôr 1986 (Urdu) S. 13; A. A. Khan: Paper presented at the Seminar on the Management and Development of Awkaf properties at Jeddah, Saudi Arabia, 4.8. - 18.8.1984" (mimeo)

Erläuterungen:

Inflationsrate für "General Wholesale Prices" berechnet nach Pakistan Economic Survey 1975/76 Part II S. 65 und Pakistan Economic Survey 1984/85 Part II S. 173; es handelt sich hierbei um offizielle Raten, die angenommenermaßen geschönt sind.

Die Prozentzahlen beziehen sich lediglich auf die Einnahmen, nicht auf die Ausgaben. Angaben für das Jahr 1981-82 waren nicht erhältlich).

Auffallend ist zunächst der enorme reale Zuwachs der *Awqâf*gelder zwischen 1960/61 und 1970/71. Der rapide Anstieg der Einnahmen des *Auqaf Department* deutet darauf hin, daß entweder in den ersten Jahren nach 1960 zusehends mehr gespendet wurde oder die Zahl der nationalisierten Stiftungen rapide zunahm. Presseberichten zufolge muß letzteres angenommen werden. Die Zunahme der Zahl nationalisierter Stiftungen ist allerdings Bedingung der Möglichkeit für höhere Einnahmen. Auf diese Weise konnten sich die Einnahmen anfangs verdoppeln, sodaß die Steigerung alle fünf Jahre etwa 100% betrug.

Während der Nationalisierungs- und Zentralisierungspolitik unter Bhutto sank dann der reale Zuwachs um fast 100%.

Seit 1980 liegen jährliche Zahlen vor: Seit 1980/81 ist wiederum eine - wenn auch beschränkte - Zunahme der Einnahmen zu erkennen. Nun beträgt der jährliche Zuwachs höchstens 35% und mindestens 7,1%.
Zieht man die Inflationsrate in Rechnung, kann nicht von einer großen Steigerung, sondern muß von einer stagnativen Entwicklung der Einnahmen gesprochen werden. Dies gilt besonders für die Jahre 1983/84 und 1985/86.
Obgleich die Nationalisierung vorangetrieben wurde - unter Zia ul Haq stärker als unter Bhutto - und obgleich die Bevölkerung der Verstaatlichung ablehnend gegenübersteht, sind der Schreinkult und die mit ihm verbundenen Spenden weiterhin beliebt. Besonders groß sind die Spenden in Form von Bargeld (1983/84 42%, 1984/85 sogar 46%). Teile der Geldbeträge, die in Form von Spenden in die Schreine gelangen, stammen heutzutage vermutlich aus den "remittances" der Überseearbeiter, die meist aus dem Punjab kommen.
Die weiterhin bestehenden hohen Einnahmen des *Department* sind nicht in der Zustimmung der Bevölkerung zur *Awqâf*-Politik begründet, sondern in einem Loyalitätsprinzip, das den *murîd* an den *pîr* bzw. an den Schrein bindet. Das ist durch die Tradition der religiös legitimierten Hierarchien bedingt und führt sie fort.
Nur ein Bruchteil der pakistanischen Bevölkerung kann den säkularisierten Gesellschaftsbereichen zugeordnet werden, während der Großteil noch in traditionalen Ordnungssystemen eingebunden ist. Es ist deshalb anzunehmen, daß die Schreine und mit ihnen der Schreinkult als traditionale Ordnungsinstanzen weiterbestehen werden. Auch werden weiterhin dieselben Schreine von denselben *murîdîn* besucht werden. Ein "Umsatteln" auf andere Schreine wird gesellschaftlich sanktioniert. Jedoch hat es in letzter Zeit einen Umschwung gegeben: Zusehends entstehen neue Schreine als Alternativen zu den etablierten Institutionen. Interessanterweise werden diese "Anti-Schreine" meist von Frauen unterhalten. Dies legt nahe, daß die weiblichen *murîdîn* dazu tendieren, gesellschaftlich festgelegte Normen zu übergehen bzw. diese neu zu begründen. Der Grund dafür mag darin liegen, daß möglicherweise Frauen pragmatischer handeln als Männer: Sie sind es nämlich, die für den familiären Haushalt verantwortlich sind. Wenn die frommen Gaben an einen Schrein - die dann im eigenen Haushalt fehlen - nicht dazu führen, Anteil an der

barakah zu erhalten, weil etwa der *pîr* etc. die Wünsche der Anhänger nicht erfüllt, so wird nach einer neuen Option gesucht.[123]
Eine Bewegung autonomer Schreinhalter hat es jedoch bis heute nur sehr selten gegeben. Neue private Schreine gibt es zwar, sie bleiben jedoch marginal, denn sobald sie zu *high-yielding income shrines* werden, droht die Nationalisierung.

3.4.1. Struktur der Einnahmen

Bezugnehmend auf Tabelle 4 und unter Berücksichtigung der genaueren Daten des *Awqâf*haushaltes[124] kann zusammenfassend folgendes über die Einnahmestruktur gesagt werden:
In einigen Gebieten, wie z.B. der *Bahawalpur Zone* mit den Distrikten Rahim Yar Khan und Bahawalpur, ist der Anteil der *cash-boxes* gering (18,9% der dortigen Einnahmen), und der der Einnahmen aus Landverpachtung wesentlich höher (42%). Der Prozentsatz der Einnahmen aus Vermietungen beträgt 27,5%. Auch in der *Sargodha Zone* (mit den Distrikten Sargodha, Faisalabad, Jhang und dem Tehsil Chiniot) beträgt der Anteil der *cash-boxes* lediglich 23,9%. 26,8% der Einnahmen stammen aus Verpachtungen und sogar 43,3% aus Mieteinnahmen.
In der *Multan Zone* (mit den Distrikten Multan, Muzaffargarh und Dera Ghazi Khan) steigt der *cash-box* Anteil auf 39,2%. Die höchsten Einnahmen aus den *cash-boxes* dieser Zone werden jedoch aus dem Schrein in Pakpattan erzielt (18,4% = 1.563.000 Rs). Hier betragen die Einnahmen aus Landverpachtungen sogar 1.600.000 Rs oder 18,8%.[125]
Ebenso sind die *cash-box*-Einnahmen im Punjab in der *Central Zone* (mit den Distrikten Lahore, Qasur, Sheikhupura, Gujranwala, Sialkot und

---

123 Diese neue Entwicklung unter den *murîdîn* müßte im einzelnen untersucht werden.
124 Vgl. Bajeṭ Maḥkamah Awqâf, a.a.O. passim.
125 Pakpattan ist ein Tehsil ohne jegliches industrielles Hinterland. Der Schrein ist jedoch sehr bekannt und sein *sajjâdah-nashîn* sehr einflußreich, so daß die Pilger von weither kommen, um ihre Aufwartung zu machen und damit auch zu spenden. Vgl. dazu David Gilmartin: Shrines, Succession, and Sources of Moral Authority, in: B.D. Metcalf (ed.): Moral conduct and authority, a.a.O., bes. S. 228-236.

Okara) am höchsten (5.090.750 Rs = 47,6%), während nur 12,6% der Einnahmen aus Landverpachtungen und 31,8% aus den Mieten stammen.
In der *Rawalpindi Zone* (mit den Distrikten Rawalpindi, Jhelum und Gujrat) haben die *cash-box*-Einnahmen einen Anteil von 45%. Der der Landverpachtung weist nur 6,9% und der der Mieteinnahmen 24% auf.

Die Einkommensverteilung in Schreinen und anderen Stiftungen ist ein Spiegel der jeweiligen Sozialstruktur:[126] dort, wo die Anbindung an die Geldwirtschaft durch Industrie und städtischen Handel sehr stark ist[127], ist der Anteil der *cash-box*-Einnahmen hoch, während in jenen Gebieten, die noch vorwiegend agrarisch strukturiert sind, die Einnahmen aus Landverpachtungen und Miete vorwiegen.
Auffallend ist auch die Tatsache, daß alleine die Einkünfte in der *Lahore Zone* und aus dem *Dâtâ Darbâr* in Lahore schon die Hälfte der gesamten *Awqâf*einnahmen ausmachen (27.606.900 Rs), wovon 20.127.200 Rs aus *cash-boxes* stammen. Dem *Auqaf Department* fließt also aus der Lahore Gegend der Löwenanteil der Einnahmen zu, die besonders aus den *cash-boxes* kommen. Die Zusammensetzung der Gelder weist darauf hin, daß ein distriktübergreifender Geldtransfer selten stattfindet und daß die Pilger meist aus der Umgebung des jeweiligen Heiligtums kommen.

3.4.2. Struktur der Ausgaben

Bei der Analyse der Ausgaben wollen wir uns zunächst auf deren Anteil an der *Auqaf Administration* (gemeint sind hier die Löhne der höheren

126 Bei der Messung des Entwicklungsstandes verschiedener Distrikte habe ich mich auf die schon vorliegenden sozialwissenschaftlichen Arbeiten in: Ijaz Nabi (ed.): The Quality of Life in Pakistan, Lahore, Vanguard Books Ltd. 1986, von Wolfgang-Peter Zingel: Die Problematik regionaler Entwicklungsunterschiede in Entwicklungsländern, Wiesbaden 1979 und von M.H. Khan: Agrarian Structure and Underdevelopment in Pakistan, Lahore 1985 bezogen. Vgl. auch dazu weiter unten die Darstellung der sozio-ökonomischen Verhältnisse der Herkunftsdistrikte der Graduierungskandidaten religiöser Schulen (VII 2. ff. und VII 1. - 1.2.1.).

127 Dazu gehören auch die traditionellen Rekrutierungszentren des Militärs, wie die Zonen Lahore und Rawalpindi.

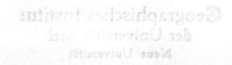

Angestellten) beschränken und damit aufzeigen, wie sich die Bürokratie durch die Verstaatlichung traditioneller Institutionen bereichert und reproduziert[128].

Laut Angaben betrugen die Ausgaben für die Administration 1983/84 8.201.458 Rs, 1984/85 9.372.240 Rs und 1985/86 10.254.100 Rs (nicht sind dies Kosten für die in den Stiftungen selber Beschäftigten). 1985/86 wurden für die Büroräume der "managers" 2.025.500 Rs, für die Distrikt-<u>Kh</u>aṭîbe 586.700 Rs und für die Angestellten in den Stiftungen selber 10.731.740 Rs ausgegeben. Die Ausgaben für die Administration und die in den *waqf* Beschäftigten betrugen somit insgesamt 23.598.040 Rs bzw. 57,6% der Gesamtausgaben. Dies entspricht einem Anteil von 43,2% der Gesamteinnahmen.

Die aussergewöhnlichen Ausgaben werden dazu verwendet, Entwicklungsprojekte, Reperaturen an Stiftungen und die Instandhaltung historisch bedeutsamer *waqf* sowie den Ausbau des *Dâtâ Darbâr* vorzunehmen und betragen 49%, 24% und 31% für die letzten drei Jahre (vgl. Tabelle 4).

Im Gegensatz dazu wird für die Instandhaltung der "unrentabelen" Schreine und anderer Stiftungen sehr wenig getan. Die staatliche Politik wird zu Recht von den Betroffenen heftig kritisiert.

Wir stellen also fest, daß die Verwaltungsausgaben in diesem Bereich weiter zunehmen. Der bürokratische Apparat wird größer und nimmt an Einfluß zu.

3.4.2.1. Ausgaben für Bildung und Sozialwesen

Da die finanziellen Mittel des *Auqaf Department* nach eigenen Angaben sehr beschränkt sind, halten sich die Allokationen für den Bereich Erziehung und Mission in kleinem Rahmen. So betrugen die Ausgaben für *ta'lîm-o-tablîgh-e dîn* (Erziehung und Mission) lediglich 2,4 mio. Rs für das Jahr 1983/84; das sind 6,7% des Jahreshaushaltes des *Auqaf Department* (da die Missionstätigkeit inbegriffen ist, sind die für Bildung ausgegebenen Summen noch geringer zu veranschlagen). In diesen 2,4 mio. Rs sind 382.500 Rs für die *Awqâf Dînî Madâris* und 250.000 Rs für die *Non-*

---

128 Alle folgenden Zahlen sind entnommen aus und berechnet nach Bajeṭ Maḥkamah Awqâf Punjâb, barâ-e 1985-86, Lâhôr (Urdu)

Awqâf Dînî Madâris enthalten, die das *Provincial Zakat Council (PZC)* beigesteuert hat.[129] Auch sind hier die vom *PZC* ausgezahlten 20.000 Rs für die Neumuslime (Mission) inbegriffen. Das bedeutet, daß das *Auqaf Department* selber lediglich 1,7 mio. Rs für Bildung ausgegeben hat. Dies ist ein sehr kleiner Betrag, wenn man die hohen Ausgaben für die "Sîrat-Konferenzen", "Ulama-Konventionen" und anderen Festlichkeiten bedenkt, die aus dem *Awqâf*-Budget finanziert werden[130] und Ausdruck staatlicher Propaganda sind.
Angesichts dieses Sachverhaltes können wir sagen, daß das *Auqaf Department* wenig, um nicht zu sagen gar nichts, zur Verbreitung von Bildung beiträgt.

Im Bereich des Sozialwesens leistet das *Auqaf Department* Bedürftigen und Armen finanzielle Unterstützung. Der Anteil der Ausgaben für *Health and Social Welfare* betrug 1983/84 7.236.007 Rs (= 20% der Ausgaben); ein Jahr später waren es 7.322.900 Rs (etwa 15%). Eine der wichtigsten Einrichtungen des Gesundheitswesens ist das Krankenhaus im *Dâtâ Darbâr* in Lahore. Im Jahre 1985/86 wurden hierfür 7.288.400 Rs investiert. Im gleichen Jahr wurden für andere Krankenhäuser in Stiftungen außerhalb Lahores nur 369.800 Rs ausgegeben[131]. Hinzu kamen Gelder für Witwen (162.400 Rs), für Behinderte (50.000 Rs) und "*jahez*"[132] (280.000 Rs). Hinzu kommen einige andere kleinere Posten. Von diesen Ausgaben werden 1.780.000 Rs aus dem Zakâtfond bestritten[133]. Das bedeutet, daß das *Auqaf Department* 1985/86 lediglich 6.410.600 Rs oder 11,7% der Einnahmen für Soziales und Gesundheitswesen ausgab.
In diesem Bereich hat das *Auqaf Department* demnach ebenfalls sehr wenig geleistet. Seine Unternehmungen weisen darauf hin, daß es bestehende traditionale Sozialsysteme auflöst, aber nicht ersetzt.

---

129 Vgl. dazu auch das Kapitel IV über das Zakatwesen und V 8.1. - 8.1.4.1.

130 Berechnet nach Bajeṭ Maḥkamah Awqâf Punjâb a.a.O., S. 17

131 a.a.O., S. 11

132 Hierbei handelt es sich um Schenkungen des Departments in Höhe von jeweils 2000 Rs an arme und mittellose Familien, um diesen die Hochzeit ihrer Töchter zu ermöglichen.

133 Berechnet nach Bajeṭ Maḥkamah Awqâf Punjâb, a.a.O., S. 18

4. Zusammenfassung

Im Gegensatz zum Wortlaut des *Waqf Validating Act 1913*, den der "Vater der Nation" durchgesetzt hatte, nationalisierte der neue Staat (rentabele) islamische Stiftungen, um sie somit seinen Interessen zu unterwerfen. Die Klausel 3 des Gesetzes von 1913 wurde nun aufgehoben. Damit war es dem Staat möglich, nicht nur seine Anhänger zu beschäftigen, sondern auch andere `subversive' Kräfte zu lokalisieren und an sich zu binden. Die administrative Anbindung autochthoner Institutionen an den kolonialen Bereich wurde durch eine inhaltliche Veränderung in den Stiftungen begleitet. So wurde die zentrale und geheiligte Stellung der Schreinhalter (*pîr, mujâwar* etc.) durch die Präsenz des anonymen Staates und seiner Agenten zwar nicht völlig ersetzt, denn ein *pîr* ist heute noch die ausschlaggebende Autorität, aber doch zumindest zurückgedrängt, vor allem hinsichtlich der wirtschaftlichen Macht. Ebenso versuchten die Bürokratie und das Militär, die mit den Stiftungen verbundene traditionale, religiöse Erziehung durch curriculare Reformen zu ändern[134].
Diese Maßnahmen scheinen zunächst die Einnahmestruktur der Stiftungen nicht geändert zu haben, wohl aber die Einstellung der *murîdîn*. Die Reaktionen der Schreinbesucher auf die staatliche Integrationspolitik schlägt sich nämlich zusehends in den sinkenden Einnahmen des *Auqaf Department* nieder. Darüberhinaus kennzeichnet die Schaffung neuer Schreine die Auflehnung gegen die Staatsgewalt, sozusagen als Anti-Schreine. Jedoch geht diese Reaktion selten über individuelle Bemühungen hinaus. Angesichts dieser Tatsache kann es sich die Regierung leisten, lediglich in jene Stiftungen zu investieren, die hohe Einkommen garantieren. So wird z.B. der *Dâtâ Darbâr* in Lahore zu einem modernen Krankenhaus (mit der Möglichkeit, lasergestützte Augenoperationen durchzuführen!) mit Moschee und Schrein umgebaut, während andere, unrentabele Stiftungen verfallen.
Die Installation der *cash-boxes* in Schreinen hat sich für das *Auqaf Department* als besonders einträglich erwiesen. Ihr Anteil an den jährlichen *Awqâf*-Einnahmen beträgt fast 50%. Die Einnahmestruktur ist von Gebiet zu Gebiet verschieden und reflektiert die jeweilige Sozialstruktur.
Sektiererische Auseinandersetzungen haben unter dem Zia-Regime zugenommen. Diese Tatsache liefert der staatlichen Autorität die Legitimation,

134 Vgl. dazu weiter unten, V 2.1. und 2.2.

weitere Stiftungen zu verstaatlichen und schon verstaatlichte strenger zu kontrollieren; dies meist mit dem erklärten, Ziel, die Integrität des islamischen Staates Pakistan zu wahren.
Wir können sagen, daß der koloniale Sektor sich erfolgreich autonome Institutionen einverleibt. Er bereichert sich dabei, setzt seine Ideologie durch und legitimiert dies noch fundamentalistisch islamisch. Gleichzeitig werden traditionale Ordnungsstrukturen aufgelöst, jedoch nicht adäquat ersetzt. Man kann deshalb schließen, daß die islamische Bewegung, so wie sie sich in den Islamisierungsbemühungen des Zia-Regimes manifestiert, gegen Traditionen ist, ja, wegen ihres säkularistischen Charakters sogar traditionslos scheint.

Tabelle 5: Verstaatlichte *waqf* Eigentümer nach Provinzen, 1984

Art des *waqf*	Punjab	Sindh	NWFP	Baluch.	ICT
Schreine	276	62	1		5
Moscheen	406	94	60	6	82
Verschiedenes	483	24			
Agrarland	73.884 *acres*		6.217 *acres*		
(bebaubar)	25.847 *acres*		6.066 *acres*		
(unbebaubar)	48.037 *acres*		151 *acres*		
Geschäfte	1.596		560	59	
Häuser	1.741		98	30	
Hotels				2	

(Quelle:
A. A. Khan: Papier zum "Seminar on the management and development of Awkaf Properties at Jeddah" 1984 (mimeo))

IV. DAS ZAKATWESEN

1. Einleitung

Im vorliegenden Kapitel wird das 1980 eingeführte staatliche Zakat- [zakât] und Ushr- [`ushr] System dargestellt und analysiert. Dabei werden die Implikationen eines solchen staatlichen Sozialsystems einer kritischen Würdigung unterzogen. Es wird deutlich, daß der koloniale Staat mittels der Traditionalisierung kolonialer Institutionen (etwa das Steuer-wesen) einerseits und der Kolonialisierung traditionaler Institutionen (wie das Zakatsystem) andererseits seine Integrationspolitik durchsetzt. Diese Politik bewirkt die stete Auflösung der traditionalen Sozial- und Krankenversicherungssysteme.

Der Zakat hat seine Wurzeln schon in der vor-muhammedanischen Zeit. Im frühen Islam gab es Richtlinien für das Einsammeln und die Verteilung der Zakat-Almosen. Diese Almosen sind nicht Abgaben, die ausschließlich auf die soziale Verbesserung der schwächeren sozialen Schichten abzielen. Die Wurzel des Wortes "zakat" (aus dem arabischen *zakâ*) bedeutet "reinigen" und "wachsen". "Gereinigt" soll das jährliche Vermögen werden (vgl. auch Sure 2/219)[1]. Zakatabgaben sind mithin ein pietistischer Akt (*`ibâdah*)[2]. Die Shari`a schreibt sie jedem Muslim vor. Die geforderte Abgabe beträgt 2,5% der Jahresersparnisse[3]. Die zakat-

---

1 Vgl. Tanzil ur Rahman: Introduction to Zakat in Pakistan, Islamabad o.J., S. 5. Somit ist der Zakat eine Art Steuer auf Bestandsgröße des Vermögens.

2 Die Avantgardisten verwenden mit Vorliebe den englischen Begriff *devine duty*, der jedoch irreführend ist, da es sich nicht um eine göttliche Pflicht, sondern um eine Pflicht des Menschen handelt gegenüber Gott.

3 Dieser Prozentsatz ist im Koran nicht festgelegt, sondern ist aus der Prophetentradition abgeleitet. Vgl. dazu die Diskussion in: A.I. Qureshi: The Economic and Social System of Islam, Lahore 1979, S. 107 ff. bes. 112-122. Für die Schiiten gilt ergänzend, daß ein Nicht-*Sayyid* (also Nicht-Nachkomme des Propheten) den Zakat nicht an einen *Sayyid* geben darf, da ein Sayyid keiner Almosen bedarf. Hingegen stehen dem *Sayyid* der *Khums*, also ein Fünftel der jährlichen Guthaben, eines Nicht-*Sayyid* zu. Nur untereinander dürfen die *Sayyid*s [sadât] nach den schiitischen Regeln Zakat geben.

pflichtigen Güter sind das Hab und Gut in Form von Geld, Gold, Silber, Schmuck und Handelswaren, landwirtschaftlichen und Meeresprodukten (vgl. Sure 9/103; 2/267; 6/141) sowie Vieh (vgl. Sure 6/136). Abgaben auf landwirtschaftliche Erträge nennt man Ushr, d.h. *der Zehnt*. Dieser wird nicht auf den Landbesitz, sondern auf den Ertrag erhoben.

Während Zakatpflichtige im Koran nicht spezifiziert werden[4], sind die Empfänger des Zakat in Sure 9/60 aufgezählt:

> "Die Almosen sind nur für die Armen und die Bedürftigen (bestimmt), (ferner für) diejenigen, die damit zu tun haben, (für) diejenigen, die (für die Sache des Islam) gewonnen werden sollen, für (den Loskauf von) Sklaven, (für) die, die verschuldet sind, für den heiligen Krieg und (für) den, der unterwegs ist..."[5].

Unterschieden werden muß ferner zwischen den sichtbaren Gütern (*amwâl-e ẓâhirah*)[6], auf die der Staat Zakat erheben kann, und den unsichtbaren Gütern (*amwâl-e bâṭinah*)[7], auf die der Zakat vom Besitzer freiwillig gezahlt und verteilt werden soll; diese Regelung soll unter dem Kalifen *`Umar ibn al-Khaṭṭâb* (gest. 644) eingeführt worden sein[8], um der Intervention des Staates in die Privatsphäre des Einzelnen vorzubeugen. Die Vertreter der islamischen Avantgarde räumen dem Staat das Recht ein, selbst *bâtinah*-Zakat zu erheben, falls die Bürger kein Zakat zahlten[9].

Zur Zakatzahlung gehört ferner eine mit ihr verbundene innere Haltung (*niyyat*). Ohne diese Haltung hat die Zakatabgabe nicht den ihr eigenen pietistischen, reinigenden Wert. Die islamische Avantgarde vertritt die

---

4 Vgl. Sure 21/73, 19/31, 19/55, 7/156, 2/3, 2/43, 2/177, 2/83, 5/12, 5/55, 9/11, 9/18 et passim.

5 Vgl. auch Sure 2/177.

6 Dazu zählen Gold, Silber, Bargeld und Schmuck sowie in neuerer Zeit Gewinnsparzertifikate.

7 Dazu gehören in neuerer Zeit Aktien, Konten in Banken und anderen Finanzinstitutionen, *"Government Savings Certificates"*, *"National Investment Trust Units"*, *"Investment Corporation of Pakistan Accounts"*, Lebensversicherungs-policen, *"Provident Funds"*, andere Formen der Geldanlagen, staatliche Lose.

8 "...this was a new source of revenue under the head of Zakat and its levy began in the reign of Omar." (vgl. Shibli Nu`mani: Omar the Great, Vol. II, Lahore 19817 S. 63). Andere sind der Meinung, daß "It is not exactly known when Zakat began to be "collected" by the Prophet or his agents in Medina. The Muslim authorities place it between the second and the ninth year." (vgl. A.I. Qureshi: The Economic and Social System of Islam, Lahore 1979, S. 111).

9 Vgl. Tanzil ur Rahman: Introduction a.a.O., S. 16

Ansicht, daß diese innere Haltung des Einzelnen auch anzunehmen sei, wenn er Zakat nicht direkt an den Bedürftigen leiste, sondern an den Staat[10].

2. Geschichte des Zakat in Pakistan

Unter dem Premierminister Lîâqat `Alî Khân[11] wurde 1950 ein *Zakat-Komitee* unter der Aufsicht des Finanzministeriums gegründet. Dieses Komitee[12] sollte Vorschläge für die Einführung des Zakat in Pakistan ausarbeiten, um ihn als eine "pietistische Pflicht" (*`ibâdah*) auf freiwilliger Basis einzutreiben. Auf der Grundlage eines Fragebogens zum Thema Zakat wurde der endgültige Bericht 1952 verfaßt.
Das Komitee vertrat als Auslegungsmethode den *ijtihâd*: alle Interpretationen der Rechtsgelehrten besaßen keine letzte Gültigkeit und "all such practices (d.h. bezüglich der Erfassung und Verteilung des Zakat) should be re-examined in the light of the changing circumstances"[13], was den fundamentalistischen Charakter der Zakatregelung unterstreichen sollte. Im Mittelpunkt des avantgardistischen Interesses stand die Schaffung eines den westlichen Wohlfahrtsstaaten vergleichbaren Sozialwesens. Natürlich, so meinten die Avantgardisten, habe der Islam schon früher ein vorzügliches System gehabt. Sie verwiesen dabei auf die muhammedanische Zeit. Durch die Einführung eines an die Shari`a orientierten Zakatsystems sollte deshalb endlich der islamische Wohlfahrtsstaat verwirklicht werden.
Um der Kritik der Träger autonomer traditionaler Institutionen vorzubeugen, betonte das *Zakat-Komitee*, daß es nicht in seinem Interesse läge, dem Staat eine weitere Einnahmequelle zu eröffnen[14]. Nach der Hochrechnung des Komitees waren 200 mio Rs aus Zakatgeldern zu erwarten[15]. Die Zakatsumme, die mittels einer besonderen Körperschaft ge-

---

10 Tanzil ur Rahman: Introduction a.a.O., S. 21
11 Er war ein bedeutender Vertreter der islamischen Avantgarde.
12 Dieses Komitee bestand aus vier Geistlichen verschiedener Denkrichtungen und sieben "Säkularen".
13 Vgl. Pakistan Gazette, Extra., 23. Juli 1954, S. 1481 f
14 Pakistan Gazette a.a.O., S. 1485
15 Pakistan Gazette a.a.O., S. 1501

sammelt werden konnte, überschritt jedoch nicht einmal die 100.000 Rs Grenze, sodaß diese Unternehmung zunächst eingestellt werden mußte[16].

2.1. Die sechziger Jahre

Auf der *International Islamic Conference 1968* in Pakistan wurde der Zakat erneut problematisiert[17], zumal die Einführung eines islamischen Sozialwesens schon in der Verfassung von 1962 festgeschrieben worden war[18]. Die Diskussion wurde hitzig, als der damalige Vorsitzende des *CII*, *Alauddin Siddiqui* [`Alâ al-Dîn Ṣiddîqî], Änderungen im Steuerwesen vorschlug. Grundsatzdiskussionen über das Steuerwesen mündeten u.a. darin, daß ein Teilnehmer - Professor *Rafîullah Shahâb* - die Meinung vertrat, im Islam gäbe es gar keine Steuern außer dem Zakat. Überdies war er der Meinung, daß alles Land in Pakistan im Gegensatz zu Arabien erobertes Land sei. Deshalb dürfe darauf kein Ushr erhoben werden, sondern lediglich *kharâj*[19]. Ferner erkärte er, daß der Islam kein stehendes Heer - das ja in Pakistan den Löwenanteil des Haushaltes verschlag - kenne. Wenn das stehende Heer abgeschafft würde, ließe sich ein islamischer Haushalt ausschließlich mit dem Zakat finanzieren.

---

16 Vgl. Tanzil ur Rahman: Introduction a.a.O., S. 8f. Einzelheiten über die Vorgehensweisen dieses Komitees waren leider nicht erhältlich.

17 Zum Konferenzprotokoll vgl. u.a. International Islamic Conference Feb. 1968, in: Islamic Studies, Islamabad 1970

18 Vgl. Verfassung von 1962 Part II Fundamental Rights and Principles of Policy, Chapter 2, Principles of Policy 1 A Islamic Way of Life, in dem es heißt: "...the proper organization of Zakat, Wakfs and mosques should be ensured...".

19 *Kharâj* bedeutet Grundsteuer, die vom muslimischen Herrscher in einem von den Muslimen eroberten Gebiet erhoben wurde. Augrund dieser Argumentation *Shahâbs* soll das Ushrsystem im Jahre 1980 nicht eingeführt worden sein. 1983 sei Zia unter starkem Legitimationsdruck geraten und habe *Shahâb* darum gebeten, sich nicht wieder einzuschalten. Ein gewisser *Anwar Aziz* habe dann *Shahâbs* Fall im *Federal Shariat Court* gegen die Regierung vertreten wollen. Daraufhin soll der Präsident *Aziz* die Mitgliederschaft in die *Majlis-e Shura* unter der Voraussetzung angeboten haben, daß *Aziz* die Angelegenheit fallen lasse, damit das Ushrsystem endlich eingeführt werden könne (Gespräch mit *Shahâb* am 8.11.85 in Ichhra, Lahore).

Tatsächlich legte *Shahâb* in seinem vom *IRI* 1972 veröffentlichen Buch ein "islamisches" Budget vor[20], das jedoch keine Beachtung fand.

Das *CII* seinerseits schlug 1969 der Zentralregierung vor, für die Sammlung und Verteilung des Zakat ein Ministerium zu gründen[21]. Dieser Vorschlag versandete jedoch ebenfalls, bis 1974 ein weiterer Fragebogen durch das *CII* erarbeitet wurde[22]. Gefragt wurde jetzt,
- ob die Regierung dafür verantwortlich wäre, Zakat einzuziehen
- ob sie ihn gesetzlich verlangen könnte
- auf welchen Gütern Zakat abgezogen werden könnte
- ob Firmen und Teilhaber gleiche Zakatsätze zahlen sollten
- ob nationalisierte und halb-staatliche Institutionen ebenfalls Zakat zu entrichten hätten
- ob auf Bodenschätzen auch Zakat erhoben und das Steuerwesen verändert werden müßte
- wie hoch der Grenzwert zu sein habe[23]
- ob Zakat auch für Verteidigungszwecke ausgegeben werden könnte[24].

Diese erneute Problematisierung des Zakat war im Lichte des Artikels 31 der Verfassung von 1973 zu sehen[25], demzufolge die Regierung für die Zakateintreibung entsprechende Schritte einleiten wollte. Ein Jahr später legte das *CII*-Vorschläge zur Einführung des Zakat vor, in denen es hieß, die Regierung habe die Pflicht, Zakat zu erheben und gemäß den Richtlinien der Shari`a zu verteilen[26].

---

20 Islâmî Riyâsat kâ mâliyâti niẓâm, *IRI*, Islâmâbâd 1973 (Urdu) (Das Finanzsystem des islamischen Staates)

21 Vgl. GoP, Council of Islamic Ideology (CII): Consolidated Recommendations on the Islamic Economic system, Islamabad 1983 (Urdu/Englisch), S. 135 (im folgenden CII Recommendations).

22 Dieser in den nationalen Medien erschienene Fragebogen wurde an 33 Ulama, Wirtschaftsexperten und Finanzinstitutionen verschickt, von denen lediglich 19 antworteten. Vgl. CII Recommendations, S. 138.

23 Gemeint war der Mindestwert an Vermögen bzw. des landwirtschaftlichen Ertrages, ab dem Zakat gezahlt werden muß.

24 CII Recommendations, S. 136 f

25 Vgl. auch 8(4) Part II Chapt. 2 der Verfassung von 1962.

26 CII Recommendations, S. 139; am 8. Mai 1976.

2.2. *Integrationistische* Zakatregelung: Das *Panel* und das *CII*

Unter Zia ul Haq wurde das *CII* im November 1977 aufgefordert, ein *Panel* aus Wirtschaftsexperten aufzubauen[27], welches Anfang 1978 einen Zakatbericht verfassen sollte, auf dessen Grundlage das islamische Wohlfahrtssystem eingeführt werden sollte[28].

Das *Panel* legte am 5. März 1978 dem *CII* in seinem Zakatbericht folgende Vorschläge vor, die das *CII* teils unverändert aufnahm, teils ergänzte:[29]

1. Der Zakat ist vom Staat obligatorisch zu machen, womit sich das *CII* einverstanden zeigte.
2. Die Regierung solle den Zakat von jedem Muslim einziehen. Auch private und öffentliche Unternehmen sollten Zakat entrichten. Auf Lagerbestände solle ebenfalls Zakat erhoben werden, jedoch seien Industriebetriebe und Handelshäuser[30] von Zakatzahlungen befreit. Ergänzend vertrat das *CII* die Ansicht, daß auch von Handelswaren und Handelsinstitutionen Zakat abgeführt werden müsse.
3. Dem Vorschlag, daß Nichtmuslime einen "Special Welfare Tax" entrichten sollten, stimmte das *CII* zu.
4. Zakat sei auf alle jene Güter zu entrichten, worüber sich die Rechtsschulen einig sein würden. Dies bejahte das *CII*.
5. Zakat solle nur in Geldeinheiten erhoben werden, dessen Freibetragsgrenze bei 5.000 Rs liegen solle. Dies entspräche dem jährlichen materiellen Bedarf einer Familie. Das *CII* vertrat demgegenüber die Ansicht, daß der Grenzwert, ab dem Zakat entrichtet werden solle, den Koran gemäßen Wert von 7,5 *tolâ*[31] Gold betrage.
6. Nur der *ṣâḥib-e niṣâb*[32] solle Zakat entrichten, der über ein bestimmtes Einkommen verfüge. Ushr sei nur für denjenigen obligatorisch, der über Subsistenzproduktion hinaus Erträge erwirtschafte. Diesen Vorschlägen schloß sich das *CII* an.

---

27 Vgl. dazu auch das Kapitel über das *CII*, bes. S. 37 f.

28 Zuvor war das *CII* in der Lage, der Regierung eine Aufstellung über die Anzahl der Bedürftigen und Mittellosen einzureichen (vgl. CII Recommendations a.a.O., S. 140). Das *Panel* setzte sich zusammen aus Bankfachleuten und Wirtschaftswissenschaftlern und arbeitete auch im Anschluß an den Zakatbericht den Bericht zur "islamischen Wirtschaft" aus. Dazu ausführlicher Christine Gieraths: Islamische Wirtschaft: Das Modell Pakistan? Zur Islamisierung der Wirtschaft in Pakistan, 1977-1985, Heidelberg 1987 (Forschungsbericht für die KAS), bes. S. 65 ff.

29 Vgl. CII Jahresbericht 1977-78, Islamabad 1979 (Urdu), S. 258-287.

30 Gemeint sind wohl Produktionsmittel.

31 Ein *tolâ* entspricht 11,82 Gramm.

32 Das ist jemand, der das Mindestvermögen besitzt.

7. Die "unsichtbaren Güter" (*amwâl-e bâṭinah*) seien nicht dem obligatorischen Zakat unterworfen. Sie gehörten zur Privatsphäre des Einzelnen. Deshalb sei der Zakat hier freiwillig. Dieser Auffassung schloß sich das *CII* an.
8. Von "sichtbaren Gütern" (*amwâl-e ẓâhirah*) sei Zakat abzuziehen. In Einschränkung dessen war das *CII* der Meinung, daß der Zakat nur auf jene Lose zu zahlen sei, die schon ein Jahr lang im Besitz ihres Eigentümers seien.
9. Auf Meeresfrüchte, Tiere, Wälder und Mineralien sei 5% Ushr zu zahlen. Von Agrarprodukten sei ebenfalls Ushr abzuziehen, sofern der Bauer über den Subsistenzbedarf hinaus produziere. Dagegen unterschied das *CII*, je nach Art und Beschaffenheit des Landes und des Inputs, zwischen der Leistung von 5% und 10% Ushr.
10. Um eine Zakathinterziehung zu verhindern, schlug das *Panel* die Errechnung eines durchschnittlichen Kontostandes, auf den Zakat zu leisten war, vor. Das *CII* hingegen bestand auf der Festlegung eines Stichtages.
11. Alle Schulden seien Zakat-abzüglich. Das *CII* ergänzte, daß nur von denjenigen Schulden Zakat abgezogen werden kann, die für Investionen genutzt werden.
12. Auf Luxusgüter solle kein Zakat erhoben werden.
13. Ein Teil des gesammelten Zakat solle sofort an Bedürftige, der Rest an soziale Einrichtungen verteilt werden.
14. Zakat solle zunächst an dem Ort ausgegeben werden, an dem er gesammelt werde.
15. Bestehende Institutionen seien zu nutzen, um beim Aufbau einer Zakatadministration Geld und Zeit zu sparen. Daran solle sich die zu errichtende zentrale Zakatorganisation orientieren.
16. Zakat sollte vorzugsweise für Arme, Institutionen und Bildungsstätten verwendet werden.
17. Abschließend war das *Panel* der Meinung, daß die Einführung des Zakatsystems eine Änderung im Steuerwesen nötig mache.

Den Punkten 12 bis 17 schloß sich das *CII* an. Es war allerdings der Ansicht, daß das Zakatwesen mit einem Male eingeführt werden solle, und nicht, wie das *Panel* vorschlug, schrittweise. Außerdem seien keine Einkommenssteuer auf die Summe zu zahlen, auf die Zakat entrichtet werde und schließlich sollte sich die Zakatabführung nach dem Mondkalender richten[33].

---

33 Auf diese Weise hätten die *Mustaḥiqîn* weniger Verluste als im Sonnenjahr, das ja zehn Tage länger ist. Vgl. *Panel Report on Zakat 1978*, Islamabad (mimeo); CII Recommendations S. 141-145, S. 147-158; CII Jahresbericht 1977/78 a.a.O. (Urdu) S. 160-178, S. 258-286. Die Argumentation des *Panel* folgte oftmals dem Prinzip des Analogieschlusses.

Einige *Panel*mitglieder rechneten die Zakat- und Ushreinnahmen auf die im Lande bestehenden finanziellen Quellen, Güter und Produkte hoch. Die errechnete Zakatsumme ist, verglichen mit den Summen, die seit 1980 eingetrieben wurden, sehr hoch: Während Zakateinnahmen auf 2,1 mrd Rs geschätzt wurden, kamen im ersten Jahr nur ein Drittel, 855 mio Rs, ein. Die Hochrechnung zeigt die potentielle Stärke des Zakat, besonders deshalb, weil in ihr das Verhalten der Zakatzahler berücksichtigt wurde. Aus den Posten "Einlagen" und "andere Vermögenswerte" setzte sich denn auch der Zakat seit seiner Einführung im wesentlichen zusammen.

Tabelle 6: Zakathochrechnung des *Panel*

Abgabe	Produkt/Gut	Wert (Rs)
Ushr (5%)	Obst (Bäume)	79,651,750
Ushr (5%)	Getreide	15,000,000
Zakat	Tiere (Kühe, Büffel)	2,281,500
Zakat	Tiere (Schafe, Ziegen)	7,826,600
Zakat	Fisch	11,000,000
Zakat	Mineralien	30,000,000
Zakat	Handelswaren	69,057,000
Zakat	Lagerbestände	292,000,000
Zakat	Einlagen	780,000,000
Zakat	andere Vermögenswerte	167,000,000
Zakat	Gold	645,331,213
Gesamt		2,099,148,000

(Quelle:
Annex des *Panel Report on Zakat*, Islamabad 1978 (mimeo).
Quelle für die landwirtschaflichen Produkte etc. ist der *Agricultural Census 1972*, zu allen anderen Zahlen vgl. *Population Census 1972* und *Statistical Bulletin 1977*.)

2.3. Die Probleme des Finanzministeriums

Das Finanzministerium problematisierte folgende Punkte, auf die das *CII* Stellung nahm:

- ob die Höhe des Zakat auf Produkte von bewässerten und Regengebieten je nach Anbaubedingungen verändert werden könne. Dies wurde vom *CII* abgelehnt: wenn die Regierung die Agrareinnahmen erhöhen wolle, könne sie dies durch andere Steuern erreichen;
- ob Lagerbestände und Handelsgüter (Industriegüter und Agrarprodukte) von der Zakatabführung freigesprochen werden könnten. Das *CII* antwortete, daß zwar auf Maschinen und Agrarland kein Zakat zu entrichten sei, wohl aber auf die Produkte und Handelsgüter; wenn der Staat nicht in der Lage sei, dies pflichtmäßig durchzusetzen, sollte er es wenigstens zur "freiwilligen Pflicht" machen;
- ob es möglich sei, statt den nach der Shari`ah vorgegebenen 7,4 *tolā*[34] Gold einen Durchschnittsbetrag für eine Familie festzulegen. Dies bejahte das *CII*, da nur ein Teil der Bevölkerung im Besitz von Gold sei;
- ob 25% des Zakat als private Anlegenheit des Zakatzahlers gelten können (damit von der Pflichtsumme abgezogen werden könne) und bis zu welchem Grad er den Zakat an Verwandten und Nachbarn vergeben dürfe. Darauf braucht der Staat nach Ansicht des *CII* keine Rücksicht zu nehmen;
- ob nur jene offiziellen Industrien und Handelsinstitutionen Zakat entrichten sollten, die privaten Institutionen entsprächen[35]. Das *CII* antwortete, daß diese Institutionen, falls sie Profit abwürfen, Zakat entrichten müssten. Hingegen seien sie vom Zakat befreit, wenn sie subventioniert würden.[36]

Das *CII* war unter dem Vorsitz Justice Muḥammad Afḍal C͟hîmahs deutlich bemüht, mit den staatlichen Organen zusammenzuarbeiten, die staatlichen Interessen durchzusetzen und dies islamisch zu legitimieren. Selbst der kritische Punkt, ob auf Lagerbestände und Handelsgüter Zakat zu zahlen sei - eine Durchsetzung des obligatorischen Zakat auf Lagerbestände und Handelsgüter hätte den Zakat*output* wesentlich erhöht, aber zweifellos die Opposition der Großunternehmer heraufbeschworen -, wurde jetzt durch die Klassifizierung dieser potentiellen Zakatquelle als "unsichtbare Güter" umgangen.

---

34 Dies entspricht 87,48 Gramm.
35 Vermutlich stellt das Finanzministerium mit dieser Frage auf den Unterschied zwischen Investitionen, die mit bzw. ohne Gewinnziel wirtschaften, ab.
36 CII Recommendations S. 158-162; diese Stellungnahme gab das *CII* am 5.8.1978 ab. Diese Sitzung fand statt unter dem Vorsitz von *G͟hulâm Isḥâq K͟hân*, dem damaligen Finanzminister.

Dieser Diskussions- und Sondierungsphase um das Zakat- und Ushrgesetz folgte im Februar 1979 die Veröffentlichung der *Zakat & Ushr Order 1979.* Sie wurde von der Planungskomission, die unter der Leitung des hohen Jama`at-e Islami Funktionärs Professor *Khurshîd Aḥmad* stand, vorgelegt. Deren Vorschlag wurde abermals vom *CII* überprüft und um wesentliche Punkte korrigiert. Von einigen Mitgliedern des *CII* wurde kritisiert, daß laut diesem Vorschlag die Handelsgüter unter die Kategorie *amwâl-e bâṭinah* (bzw. die Güter unter *Schedule II* der Zakatregelung, worauf freiwilliger Zakat zu zahlen war)[37] fielen und damit die "profitgierigen und Schätze anhäufenden Händler weiterhin profitierten" (gemäß *Panel*angaben würden so 264 mio Rs <sic! eigentlich 292 mio Rs> Zakat nicht erfaßt), während die armen Bauern Ushr zu zahlen hätten[38]. Die vorgeschlagene Zakatregelung diente so der Stabilisierung der städtischen Hegemonie auf Kosten ländlicher Gebiete, indem sie städtische Großunternehmer aussparte.
Auch von staatlichen Firmen, in denen Privatunternehmer beteiligt seien, sei Zakat zu entrichten. 25% seiner Zakatsumme dürfte der Zakatzahler an Institutionen vergeben, die selber von der Zakatadministration überwacht würden. Auf Sparzertifikate solle nur dann Zakat erhoben werden, wenn sie verfielen oder fällig seien. Schließlich wandte sich das *CII* gegen die Erhöhung der Vermögenssteuer, während es doch im Zusammenhang mit der Einführung des Zakat eine mildernde Steuerre-form vorgeschlagen habe[39].

Neben den Stellungnahmen des *CII*, des *Panel* und des Finanzministeriums legte eine *working group* der Planungskomission Ende November 1978 16 Punkte zum Ushr vor. Das *CII* antwortete hierauf[40], daß Zakatpflichtige von der Einkommenssteuer und Ushrpflichtige vom "development cess" und von der Bodensteuer zu befreien seien. Ferner solle Ushr auf alle landwirtschaftlichen Produkte erhoben werden. Er solle in Regengebieten 10%, in bewässerten Gebieten nur 5% der Produktion betragen und von Landbesitzern erhoben werden, die eine Mindestproduktion von 948

---

37 Vgl. Annex: Schedule I und II

38 Vgl. CII Recommendations S. 168 ff und S. 197-202; die Gründe hierfür seien, so wurde dem *CII* mitgeteilt, administrativer Art.

39 Vgl. CII Recommendations S.169-174

40 Folgende Stellungnahme gab das *CII* Ende Januar/Anfang Februar 1979 ab.

Kilogramm Weizen vorwiesen. *Subsistenceholdings* seien ausgenommen.[41] Jedoch sollten die in der Regelung vorgeschlagenen 25% der Agrarprodukution, die als Produktionskosten in Anschlag gebracht werden könnten, nicht gelten. Denn dann würde der Produzent lediglich auf 75% seiner Produktion nur 5% Ushr zahlen, was den Bestimmungen der Shari'a entgegenstünde[42].
Der Vorsitzende des *CII*, Tanzîl al-Raḥmân, bekräftigte dies mit dem Argument, daß das Land, auf dem Investitionen in Form von Dünger, Wasser etc. getätigt worden seien, letztlich eine größere Wertschöpfung aufweise, als das regenbewässerte Land, in das keine *Inputs* flössen[43].
Die Regierung umging die Diskussion durch eine Festsetzung des Ushr auf 5%. Die Landwirte in "rainfed areas" sollten weitere 5% freiwillig abführen. Im sogenannten *Hamza Report*[44], der im Sommer 1982 Vorschläge zur Implementierung des Ushrsystems vorlegen sollte, wurde geraten, es nicht gewaltsam durchzusetzen. Die für *Input*kosten veranschlagbaren 25% sollten auf 33%, mit elektrischen "tubewells" bewässerter Produktion auf 40%, mit Diesel "tubewells" bewässerter sogar auf 50% heraufgesetzt werden. Wenn dies nicht möglich sei, sollte die Regierung diese Bauern anderweitig unterstützen[45].

2.4. Kritik des *CII* an der Zakatregelung

Die Regierung führte trotz der Zugeständnisse des *CII* und der Vorschläge des *Panel* im Jahre 1980 eine andere Regelung ein. Damit war das *CII* nicht einverstanden und gab eine verbitterte Kritik ab, jetzt unter dem Vorsitz Justice Tanzîl al-Raḥmâns und einer neuen Besetzung[46]. Die wesentlichen Punkte dieser Kritik seien hier zusammengefaßt:

---

41 Vgl. CII Recommendations S. 167 f.
42 Vgl. CII Recommendations S. 216 f.
43 Vgl. CII Recommendations S. 219 f.; dies war Ende August 1982.
44 Seine Mitglieder bestanden ausnahmslos aus Vertretern der islamischen Avantgarde und Großgrundbesitzern.
45 *Wafâqî konsil sekreṭeriaṭ: Khuṣûṣî kamîtî barâ-e `ushr kî riporṭ*, Islâmâbâd o.D. (Bundestag: Der Bericht des speziellen Komitees für Ushr) (Urdu)
46 Vgl. dazu auch Kapitel II über das *CII*, bes. 2.2.

Das *CII* stellt fest, daß der größte Teil der staatlichen Zakateinnahmen aus den Spareinlagen und nicht etwa aus dem Vermögen der großen Industrieunternehmer und Kapitaleigentümer stammte. Das bedeute *de facto* eine Freistellung der Wohlhabenden vom Zakat, für ärmere Schichten dagegen eine Bürde: lediglich die Mittelschicht habe Sparkonten[47]. Die Handelsunternehmen hingegen tätigten ihre Transaktionen über Girokonten, von denen ja kein Zakat abgezogen werden könne.
Das *CII* schlug deshalb folgende Verbesserungen vor:

1. Die Einbeziehung folgender Zakatquellen in *Schedule I*:
   a. laufende Rechnungen
   b. Handelsgüter
   c. Roh- und Fertigwaren der Industrieunternehmen
   d. Vieh
   e. Produkte aus Minen, Wäldern und Gewässern
2. Obligatorischer Ushr für *Zamîndârs* und Pächter
3. Jährlicher Zakat auf den Gesamtwert der Spareinlagen
4. "Special Welfare Tax" für die vom Zakat Befreiten
5. Vergabe des Zakat nach Präferenzen, die sich nach der "Rückständigkeit" der Gebiete richten, und nicht etwa nach deren Einwohnerzahl[48].
6. Keine Zakatentrichtung auf Güter, welche Waise und Unzurechnungsfähige geerbt haben[49].

Es wird schon hier deutlich, daß die Regierung eine tendenziöse Politik verfolgt, indem sie für eine Festigung des ***status quo*** sorgt. Das *CII* nahm unter dem Vorsitz Justice Tanzîl al-Raḥmâns eine kritische Position ein.

3. Der Aufbau des Zakatsystems

Nach der Darstellung der Diskussion zwischen verschiedenen Institutionen und der Kritik des *CII* wollen wir uns nun mit der Zakatadministration beschäftigen. Sie bestand im wesentlichen schon vor der Einführung des Zakatsystems:

---

47 Zu diesem Aspekt siehe unten 4.
48 Zu diesem Aspekt siehe unten 6.1.1. ff.
49 CII Recommendations S. 206-213

Tabelle 7: Aufgebaute Komitees vor der Einführung des Zakatsystems

Provinz	DZC		TZC		LZC	
	Soll	Haben	Soll	Haben	Soll	Haben
Punjab	21	21	77	77	20.390	20.351
Sindh	15	15	81	81	6.808	6.808
NWFP	12	12	30	30	2.213	3.070
Baluch.	16	16	96	80	1.771	1.763
Gesamt	64	64	284	268	32.182	31.992

(Quellen:

GoP, Ministry of Finance, Central Zakat Administration: Central Zakat Council Proceedings, Vol. I 1 - 7 Meetings, Islamabad 1983, S.78; hier Stand 15.10.1979

Erläuterungen:

DZC = District Zakat Committees

TZC = Tehsil Zakat Committees

LZC = Local Zakat Committees)

Bevor die Zakatregelung von 1980 ausgearbeitet war, wurde die Zakatadministration einschließlich der Verwaltungseinheiten auf lokaler Ebene schon geschaffen. Pro 5.000 Einwohner wurde ein *Local Zakat Committee* (*LZC*) eingerichtet. Beim Aufbau dieser Komitees griff man nicht auf die schon bestehende Infrastruktur, etwa der *masjid kamîtî* oder *maḥallah kamîtî*, zurück[50]. Der Aufbau einer neuen Infrastruktur zeigt, daß es der Regierung damit ernst war, die Zakatregelung umzusetzen.

50 Lediglich die später aufgebauten Ushr Komitees arbeiten mit den *Union Councils* und den *Land revenue offices* zusammen.

3.1. Der Fluß der Zakatgelder

Der institutionelle Aufbau des Zakatwesens in Pakistan und der Fluß der Zakatgelder von den Quellen über die Administration bis hin zu den Zielgruppen und -institutionen wird in der folgenden Skizze deutlich[51]:

Diagramm 1: Geldströme der Erhebung und Verteilung des Zakat und Ushr

(Quellen:

GoP, Ministry of Finance, Central Zakat Administration: Tätigkeitsberichte für das Jahr 1982/83, Islamabad 1984 (Urdu), rückwärtiger Einband und Chr. Gieraths/J. Malik: Die Islamisierung der Wirtschaft in Pakistan unter Zia ul Haq; DSE, Heft 11, Horlemann Verlag, Bad Honnef 1988, S. 41

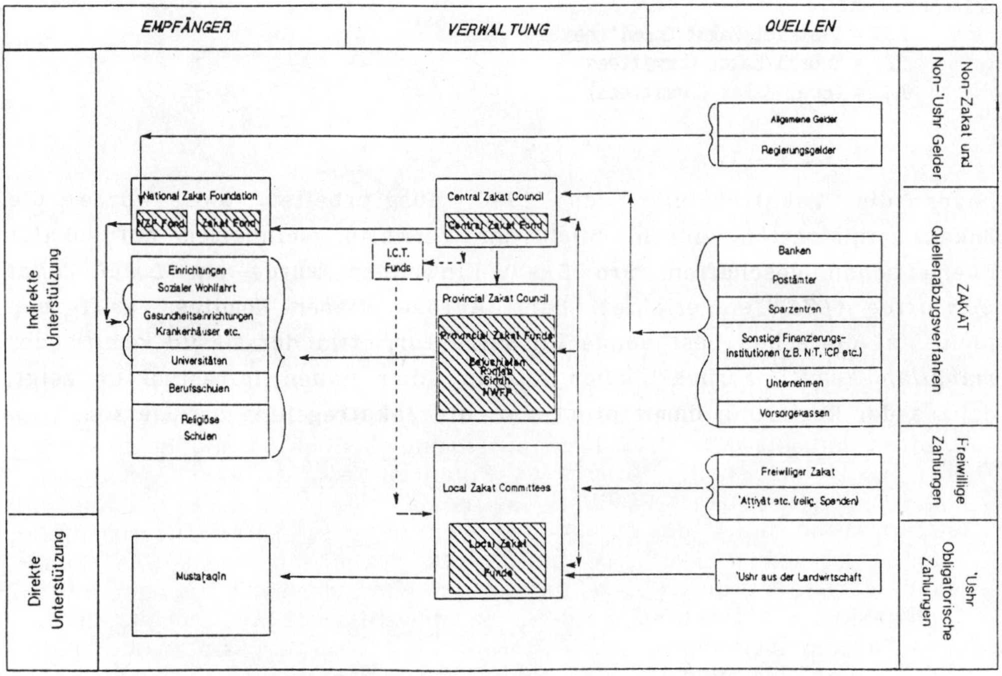

51 Ausgenommen sind hierbei die *Tehsil* und die *Distrikt Zakat Komitees*, da beide lediglich Kontroll- und Koordinierungsinstanzen sind.

Die *Zakat Deducting Agencies* (Banken, Postämter etc.) ziehen am ersten Tag des Fastenmonats *Ramaḍân*[52] im Quellenabzugsverfahren 2,5% derjenigen Sparguthaben ein, die einen bestimmten Grenzwert überschreiten (im ersten Zakatjahr 1980 = 1.000 Rs). Sodann überweisen sie den gesammelten Zakat in den Zentralen Zakat Fond (*CZF*). In diesen münden außerdem Gelder der Posten "freiwilliger Zakat" und "Spenden" sowie anderer Institutionen. Nach bestimmten Kriterien wird nun der Zakat an die "Provincial Zakat Funds" (*PZFs*)[53] sowie an die *National Zakat Foundation*[54] verteilt. Aus den *PZFs* wiederum werden nach bestimmten Richtsätzen Gelder an die "Local Zakat Funds" (*LZFs*), an verschiedene andere Institutionen, an die Bedürftigen (*mustahiqîn*) und die *National Zakat Foundation* (*NZF*) vergeben[55]. Auch Staatsgelder fließen in die *NZF*. Von diesen Geldern werden zum einen Institutionen und zum anderen die *mustahiqîn* direkt unterstützt.
Die Ushrerträge werden am Sammlungsort des Ushr verteilt.

---

52 In der Shari`a ist hingegen der Monat *Rajab* vorgeschrieben.

53 Zur Verteilung im Einzelnen vgl. weiter unten.

54 Hierbei handelt es sich um eine im Jahre 1981/82 unter dem "Charitable Endowment Act 1890" gegründete Institution. Sie wurde mit staatlichen Geldern in Höhe von 100 mio Rs in Leben gerufen, um diejenigen Ausgaben zu finanzieren, die laut Shari`a der Zakat nicht leisten darf. Hierzu gehören etwa Instandsetzung von Gebäuden, Mieten, Gehälter, Ausgaben für Elektrizität, Wasser und Gas etc.. In drei Jahren hat die *NZF* in 111 Unternehmungen über 55 mio Rs ausgegeben (vgl. dazu GoP, Ministry of Finance, Central Zakat Administration: niẓâm-e zakât wâ `Ushr ke pehle pânch sâl, eik jâ'izah (Die ersten fünf Jahre des Zakat und Ushr Systems, eine Zusammenfassung), Islâmâbâd 1986) (Urdu), S. 43 ff.(im folgenden: CZA Fünfjahresbericht (Urdu)). Diese Institution kann demnach als eine Hilfskonstruktion betrachtet werden, um das Dilemma aufzulösen, in das das Zakatsystem wegen seines religiösen Charakters den Staat bringt. Es handelt sich also um eine "hîla", einen Rechtskniff.

55 Die Richtsätze auf Provinzebene sind: 50% an Local Zakat Committees, 25% für Stipendien (des formalen Erziehungswesens), 10% für die D.M. Schüler, 5% für Sozialeinrichtungen, 5% für Krankenhäuser, 5% für Verschiedenes; diese Sätze haben sich im Laufe der Zeit einige Male geändert (vgl. CZC Jahresbericht 1983/84, Islamabad 1984 (Urdu), S.5).

Über die Verwendung der Gelder wird von den unteren Ebenen Buch geführt, das der nächst höheren Ebene eingereicht wird[56]. Das Zakatwesen zeichnet sich damit durch ein starkes Kontrollmoment aus. Das *CZF* ist der zentrale Transmissionsriemen zur Verteilung der Gelder.

3.2. Personelle Zusammensetzung

Die folgende Darstellung zeigt die personelle Zusammensetzung der Zakatadministration (siehe nächste Seite).

(Quellen:

Vgl. "A brief Introduction of Zakat in Pakistan", *CZA*, Islamabad, Juni 1985, mimeo, S. 9 sowie Chr. Gieraths/J. Malik: Die Islami-sierung der Wirtschaft in Pakistan unter Zia ul Haq, a.a.O. S. 37

Erläuterungen:

* = von einer übergeordneten Autorität (Präsident, Gouverneur, *PZC* etc.) ernannt; beamtetes Mitglied.

$ = von einer übergeordneten Autorität ernannt; nichtbeamtetes Mitglied.

& = von einer untergeordneten Ebene gewählt).

56 Nichtsdestotrotz gibt es Korruption, die in einem solchen umfassenden Systems nicht zu verhindern ist.

Diagramm 2: <u>Verwaltungsebenen der Zakatadministration mit der Zahl der jeweiligen Verwaltungseinheiten und der in ihnen tätigen Personen.</u>

Anzahl der Verwaltungseinheiten	*Zusammensetzung*	*Anzahl der beteiligten Personen*
Central Zakat Council ***1 CZC***	Vorsitzender* 15 Mitglieder General Administrator Zakat*, Sek. des Finanzminister.*, Sekretär des Ministeriums für rel. Angelegenheiten*, 4 Chefadministratoren Zakat der Provinzen*, 'Ulamā'$ und Sonstige$	***16***
Provincial Zakat Council ***4 PZCs***	Vorsitzender* 9 Mitglieder Chefadministrator Zakat der Provinzen*, Sek. des Finanzministeriums der Prov.*, Sek. des Ministeriums für Soziale Wohlfahrt der Prov.*, Regierungssekretär der Prov.*, 3 Ulamā'$ und 2 Sonstige$	***Pro PZC: 10*** ***Gesamt: 40***
District Zakat Council ***75 DZCs***	Vorsitzender* 6 Mitglieder District Deputy Commissioner* sowie mindestens 5 Mitglieder, je einer aus aus jedem Bezirk	***Pro DZC: 7*** ***Gesamt: 525***
Tehsil-Zakat-Committee ***297 TZCs***	Vorsitzender& 6 Mitglieder Bezirks-Assistent Commissioner*, 5 Local Zakat Committee Vorsitzende&	***Pro TZC: 7*** ***Gesamt: 2079***
Local-Zakat-Committee ***36555 LZCs***	Vorsitzender 6 Mitglieder Einwohner der Lokalität	***Pro LZC: 7*** ***Gesamt: 255885***

Obgleich der administrative Aufbau des Zakatsystems eine gewisse demokratische Zusammensetzung der Mitglieder reflektieren soll, wird in dem Schaubild deutlich, wie gering die Selbstbestimmung der Mitgliederschaft war. Das hierarchisch gegliederte System weist lediglich auf der Ebene der *Tehsil*e [Taḥṣîl] und der Ortschaften ein gewisses Maß an lokalem Mitbestimmungsrecht auf. Die Mitglieder der übrigen drei Ebenen dieses fünfstufigen Systems werden von "oben" ernannt. Selbst die sieben Mitglieder der *Local Zakat Committees* wurden eher auf andere, traditionale Verfahren ernannt[57]. Dies ist nichts Außergewöhnliches in Systemen, in denen Funktionen, Rechte und Pflichten entweder nach Prinzipien der Verwandtschaft, der Bruderschaften oder anderer traditionaler Organisationsmustern geregelt werden.[58] Die in kolonialer Tradition stehenden Kriterien für die Kandidatur zum *LZC* sind für die Vertreter traditionaler und meist bäuerlicher Gesellschaften fremd: Lese- und Schreibfähigkeit sowie Kenntnis des Zakatwesens. Deshalb wurden Trainingsprogramme unter Berücksichtigung lokaler Bedingungen und Anforderungen mit Unterstützung der *Ulama Academy* in Lahore ausgearbeitet[59]. Bis zum Juli 1980 hatten die Mitglieder der *LZCs* aller Provinzen die Trainingsprogramme abgeschlossen, waren aber schon vorher gewählt oder ernannt worden.[60] Entsprechend wurde die Zusammensetzung der *LZCs* kritisiert und der *Central Zakat Administration* (*CZA*) Beschwerden eingereicht, auf die in der einen oder anderen Form eingegangen wurde:

---

57 Vgl. auch GoP, Ministry of Finance, Central Zakat Administration: Central Zakat Council Proceedings, Vol. I 1 - 7 Meetings, Islamabad 1983, (im folgenden Zakat Proceedings Vol. I) S. 83, Punkt 41, S. 101 sowie S. 111 Punkt 16; GoP, Ministry of Finance, Central Zakat Administration: Central Zakat Council Proceedings, Bd. II 8 - 15 Meetings, Islamabad 1983 (Urdu) (im folgenden: Zakat Proceedings Bd. II) S. 16 Punkt 35, S. 564 Punkt 67, S. 571 f. Punkt 97

58 Diese Fehleinschätzung der traditionalen Gesellschaft zeugt von einer Planung am "grünen Tisch".

59 Vgl. Zakat Proceedings Vol. I S. 79; vgl. Zakat Proceedings Bd. II (Urdu), S. 108; zur Ulama Academy vgl. Kapitel III über das islamische Stiftungswesen, 3.2.1.

60 Zakat Proceedings Vol. I S. 144

Tabelle 8: Beschwerden über die Zusammensetzung der *LZCs* bis Juli 1980

Provinz	*LZC* (Stand 9.4.81)	Anzahl der Beschwerden	davon abgeholfen	noch nicht abgeholfen
Punjab	20.226	1.737	1.648	89
Sindh	6.740	423	322	101
NWFP	3.183	388	327	61
Baluch.	1.773	26	-	26
I.C.T.	57	-	-	-
Gesamt	31.979	2.574	2.297	277
Bis Juli 80		5.856		

(Quellen:
GoP, Ministry of Finance, Markazî zakât kawnsil kê ijlâs kî rûdâd: 8. - 15. ijlâs tak, Bd. II, Islâmâbâd 1983 (Central Zakat Administration: Central Zakat Council Proceedings, 8 - 15 Sitzung) (Zakat Proceedings Bd. II) (Urdu) S. 123; vgl. auch Al-Zakât, Bd. I Nr. 1 (Urdu) S. 26)

Tabelle 8 zeigt, daβ relativ wenig Beschwerden über die Zusammensetzung der *LZCs* eingingen (in 8% Fällen der Zusammensetzung der *LZCs* bis Ende 1979 und 18% bis Ende Juli 1980). Der weitaus gröβten Zahl der Beschwerden wurde scheinbar rasch abgeholfen. Dies deutet auf eine effektive und autoritäre Zakatadministration hin.
Ausgehend von der Annahme, daβ die Mitglieder und Vorsitzenden der Komitees aufgrund der Mitgliederschaft zum einen ein gewisses Maβ an Anerkennung und Macht genieβen und zum anderen tendenziell die Interessen des Staats vertreten - nur über ihn gelangen sie zu diesen angesehenen Posten -, können wir von einer riesigen, neugeschaffenen Staatsbürokratie sprechen. Die Monatszeitung der Zakatadministration *Al-Zakât* nannte in ihrer ersten Ausgabe etwa 250.250 Beschäftigte der Zakatadministration, die als "kostenlose Armee" mobilisiert werden könnten[61].
Das Monatsheft *Al-Zakât* aus Islamabad ist ein wichtiges Instrument der staatlichen Steuerung öffentlicher Meinung. Es erscheint in einer Auflage

61 Al-Zakât Bd. I Nr. 1 Islamabad 1981 (Urdu), S. 26; Zakat Proceedings Bd. II (Urdu) S.407

von über 40.000 Exemplaren, die bis in die unterste Ebene verteilt werden. Auch die *Provincial Zakat Administrations* (*PZAs*) geben vierteljährlich *Al-Zakât*-Hefte heraus. All diese Veröffentlichungen berichten nicht nur in schillernden Worten über das Zakatwesen, sondern dienen auch der Darstellung der neuesten Erfolge der Islamisierung. Einen ersten Höhepunkt erreichte die Zakatpropaganda mit dem im Juli 1980 mit einer Auflage von 50.000 veröffentlichten Urdu Pamphlet *Niẓâm-e Zakât wa 'Ushr*. Gleichzeitig finden vierteljährlich Zakat- und Ushr-Konferenzen auf verschiedenen Ebenen der Zakatadministration statt, die oft in Zusammenarbeit mit den *Auqaf Departments* organisiert werden.
Wir können feststellen, daß der Staat mittels der breit angelegten Zakatadministration in den Bereich der traditionalen Gesellschaft einzudringen vermag und damit seine Expansionspolitik gegenüber weiten Gesellschaftsteilen erfolgreich fortsetzt. Damit verschafft er sich zugleich Zugang zu und Kontrolle über zum Teil sehr abgelegene Gebiete. Institutionalisiert wurde dieser normative Staatseingriff u.a. durch die *Tehsil/Taluka/Subdivisional and Local Comittees (Removal of Chairman and Members) Rules* Ende 1981[62]. Geregelt wurde u.a. die Absetzung der Zakat-Komitee-Vorsitzenden, falls sie nicht im Sinne und im Dienste der Zakatadministration handelten[63]. Damit wurde der Einfluß der Bürokratie in Pakistan wesentlich verstärkt.

4. Anteil des Zakat an den Bundeseinnahmen und -ausgaben

Die Zakateinnahmen beschränken sich auf die Abzüge aus Spar- und Termineinlagen und sonstigen Geldeinlagen der städtischen Mittelschicht.[64] Da die Mittelschicht in Pakistan jedoch sehr klein ist, sind auch die Zakateinnahmen vergleichsweise gering.

---

62 Vgl. Zakat Proceedings Bd. II (Urdu) S. 240, S. 295, S. 351-355

63 Bisweilen konnten diese Regelungen auch durch die höheren Instanzen willkürlich gehandhabt werden.

64 Nicht jedoch aus Einlagen der Girokonten. Dies hatte das *CII* schon bemerkt. Wir werden darauf noch im Einzelnen zu sprechen kommen (siehe Punkt 5.).

Zakat wird als eine *'ibâdah* (religiöse Pflicht) selbstverständlich nicht unter dem Posten "jährliche Staatseinnahmen" geführt. Das *CII* hatte den Zakat als eine "direkte Steuer" bezeichnet: um den Verbrauch zu steigern, sei es sinnvoll, die für die ärmeren Schichten ohnehin zu hohen indirekten Steuern herabzusetzen. Die Mindesteinnahmen würden durch Zakat ausgeglichen.[65]
Die folgende Tabelle verdeutlicht den geringen Anteil des Zakat - mit oder ohne Ushr - an den ordentlichen Staatseinnahmen. Er beträgt noch nicht einmal 2%. Zakat im Quellenabzugsverfahren plus Ushr beträgt an den direkten Steuern lediglich etwa 12%.
Gemessen an den staatlichen Ausgaben ist die Höhe der vom *CZF* verteilten Gelder noch nicht einmal 2%, ja sogar bisweilen nur knapp über 1%. Hingegen macht der proportionale Anteil der verteilten Zakatgelder an den Ausgaben für *Soziales* (Erziehung, Gesundheit, Sozialwesen etc.) der Bundesregierung etwa 40% aus. Wir dürfen jedoch hier nicht außer Acht lassen, daß die Sozialausgaben des Bundes nur einen Bruchteil dessen betragen, was die Provinzen dafür aufwenden, da Erziehung keine Bundes-, sondern eine Provinzangelegenheit ist.

65 CII Jahresbericht 1977-78, Islamabad 1979 (Urdu), S.277 f.

Tabelle 9: Zakat im Verhältnis zu anderen Bundeseinnahmen und -ausgaben

Haushaltsposten	1980/81	1981/82	1982/83	1983/84	1984/85
			in mio Rs		
1. Gesamteinnahmen	46.349	51.166	59.080	72.309	77.777
2. indir. Steuern	29.325	31.883	37.267	41.808	43.062
3. direkte Steuern	7.184	8.486	8.943	8.836	9.619
4. Ausgaben	39.216	43.103	56.183	68.949	84.114
5. Soziales	1.350	1.496	1.804	2.300	2.506
			Zakat und Ushr in mio Rs		
6. Zakat und Ushr	0.844	0.799	1.031	1.263	1.417
7. Quellenabzug	0.844	0.799	0.855	1.011	1.231
8. Ushr	-	-	0.176	0.252	0.186
8a. Bodensteuer	0.241	0.230	0.189	0.169	0.219
9. Verteilter Zakat	0.750	0.500	0.750	0.750	1.000
			Relative Zahlen		
10. 6 % von 1	1,84	1,56	1,75	1,75	1,82
11. 6 % von 3	11,70	9,41	11,53	14,29	14,73
12. 7 % von 1	1,84	1,56	1,45	1,40	1,58
13. 9 % von 4	1,91	1,16	1,33	1,09	1,19
14. 9 % von 5	55,56	33,42	41,58	32,61	39,90

(Quellen:

Berechnungen des Zakat und Ushr aus: GoP, Ministry of Finance, Central Zakat Administration: Nizâm-e zakât wa `ushr kê pehlê pânch sâl, aik jâ'izah, Islâmâbâd 1986 (Die ersten fünf Jahre des Zakat und Ushr Systems, eine Zusammenfassung) (Urdu) (Fünfjahresbericht), S.50 und 59 f. Angaben zum Bundeshaushalt aus *Pakistan Statistical Yearbook 1986* a.a.O., S. 255-260 und 266)

Die Provinzen haben danach
1980 3.553,8 mio Rs,
1981 4.150,2 mio Rs,
1982 5.281,2 mio Rs,
1983 6.562,3 mio Rs und
1984 7.947,3 mio Rs für *Soziales* ausgegeben[66].

66 Angaben aus Pakistan Statistical Yearbook 1986 a.a.O., S.276

Der verteilte Zakat stellt somit etwa 15% der Sozialausgaben der Provinzen in den vier Jahren dar. Auf allen Ebenen zusammen machen die Zakatausgaben jedoch noch nicht einmal 10% der *Sozialausgaben*[67] aus, was ihre vergleichsweise geringe Bedeutung zeigt.

Die Einnahmen aus **Ushr**[68] liegen unter denen aus den Bodensteuern (vgl. Spalte 8a in obiger Tabelle). Ihr Anteil an der landwirtschaftlichen Wertschöpfung betrug sogar nur 0,15% im Jahre 1982/83, 0,29% im Jahre 1983/84 und wieder nur 0,18% im Jahre 1984/85[69], statt der angesetzten 5% bzw. 10%. Für diese geringen Einnahmen macht die Regierung die Administration veranwortlich[70].
Ushr stellte sich als eine Steuer heraus, die den Großbauern gegenüber den Kleinbauern bevorzugte. Es können nämlich zwischen 25% und 33% der Produktionskosten in Anschlag gebracht werden, deren Höhe proportional zur Größe des bewirtschafteten Landes zunimmt. Damit wird Ushr in bezug auf das Nettoeinkommen zu einer regressiven Steuer[71].

---

67 Für 1980 bedeutet dies 4.903,8 mio Rs für Soziales insgesamt (der verteilte Zakat macht davon 15,3% aus), für 1981 5.646,2 mio Rs (der verteilte Zakat beträgt 8,9%), für 1982 7.085,2 mio Rs (der verteilte Zakat stellt 10,6% dar), für 1983 8.862,3 mio Rs (8,5% des verteilten Zakat) und für 1984 10.453,3 mio Rs (der verteilte Zakat beläuft sich auf 9,6%).

68 Eine eingehende Analyse des Ushr in Pakistan kann wesentlichen Aufschluß über die Probleme der Agrarstruktur aufzeigen, soll jedoch hier nicht vorgenommen werden. Eine erste, wenn auch kurze Einschätzung hat Christine Gieraths unternommen: Islamische Wirtschaft: Das Modell Pakistan? Zur Islamisierung der Wirtschaft in Pakistan, 1977-1985, a.a.O., S. 53 f. und 59 f.

69 Berechnet auf Grundlage von Daten der "National Accounts" "16.2 Net national product at current factor cost" (Agriculture), in: Pakistan Statistical Yearbook 1986, Islamabad 1986 S. 389 und Ushrdaten.

70 Vgl. GoP, Pakistan Economic Survey 1984-1985, Islamabad o. D., S. 14

71 Vgl. N. S. Zahid: Ushr, a Theoretical and Empirical Analysis, Discussionpaper No. 39, Applied Economics Research Centre, University of Karachi, Karachi, 1980, S. 14 (unveröffentlicht). Eine Fallstudie weist nach, daß die Ushrabgaben für einen Kleinbauern relativ höher liegen als für einen Großbauern; Vgl. A. Mohammad Kashif: A Sociological Study of the Response Patterns of the Enforcement of Ushr. M. Sc. Thesis, University of Faisalabad, Faisalabad 1984, S. 61 (unveröffentlicht).

Die Schiiten sind von Zakat und Ushr ausgenommen. Für shiitische Landbesitzer wurde jedoch - nach Angaben der Schia - höhere Bodensteuer erhoben, die über dem Ushr lag.[72]
Die geringe Höhe der Einnahmen einerseits und die einseitige Förderung der Großbauern andererseits kann die Effektivität und den egalisierenden Charakter des Ushrsystems in Frage stellen.

4.1. Zakatvergabe im Verhältnis zu anderen Vergabeposten

Da die Zakatausgaben durch die *PZAs* als soziale Ausgaben zu betrachten sind, scheint es sinnvoll, hier zusammenfassend die ordentlichen sozialen Ausgaben mit den Zakatausgaben der Provinzen zu vergleichen.

Tabelle 10: Anteil des Zakat an den Sozialausgaben der Provinzen

Provinz	Zakatauszahlung von 1980-85 1	Soziale Ausgaben von 1980-85 2	1 als % von 2
Punjab	2.109	14.975	14,1%
Sindh	0.659	5.454	12,1%
NWFP	0.551	3.450	16,0%
Baluch.	0.227	1.708	13,3%

(Quellen:
1 = Berechnungen nach dem *CZA* Fünfjahresbericht a.a.O. (Urdu) S. 52-56
2 = Berechnungen nach dem *Pakistan Statistical Yearbook 1986* a.a.O. S. 178-284)

72 Dies sei durch ein *Circular* ermöglicht worden, in dem angeblich stand, daß schon ab einem Besitz von über 2,5 *acre* Bodensteuer zu zahlen sei, während die Größe früher bei 12,5 *acre* lag. Sie gilt heute noch für die Sunniten (vgl. Al-Wafâq: *Wafâq-e `ulamâ'-e shi`iyyah Pâkistân ke chothe sâlânah ijtimâ` kî tafṣîlî riport*, Jâmi`ah al-Muntazar, Lâhôr 1985, S. 54 f. (Urdu)).

Die Gegenüberstellung der Summe, die die Provinzen auf *Soziales* (Erziehung, Gesundheit, Soziale Wohlfahrt etc.) aufwenden, und die der Zakatausgaben zeigt, daß letztere nur einen Bruchteil der ordentlichen Sozialausgaben ausmachen.

Die Zakatgeldverteilung (durch den *CZF* an die *PZAs*) verhält sich proportional zu verschiedenen Geldern aus dem Bundeshaushalt an die Provinzen und zu deren Bevölkerungszahl:

Tabelle 11: Zakat im Vergleich zu anderen Größen auf Provinzebene

Provinz	Anteil an			
	der Zakatzuteilung[1]	der Steuerzuteilung[2]	den Entwicklungsmitteln[3]	der Gesamtbevölkerung[4]
Punjab	59%	57,0%	42,8%	56,1%
Sindh	20%	22,5%	25,1%	22,6%
NWFP	14%	13,0%	7,7%	13,1%
Baluch.	6%	7,5%	24,4%	5,1%
I.C.T.	1%	k.A.	k.A.	0,4%
FATA	-	-	-	2,6%
Gesamt	100%	100,0%	100,0%	99,9%

(Quellen:
[1] = *CZA* Fünfjahresbericht a.a.O. (Urdu), S. 12 f.
[2] = *Pakistan Economic Survey 1984/85* a.a.O.,, S. 143 ff. (Part II)
[3] = ebenda
[4] = *Pakistan Population Census 1981*: Report of Pakistan a.a.O., S. 12)

Diese Verteilungsschlüssel weisen darauf hin, daß die Zakatgelder sowohl nach der Steuerzuteilung als auch nach der Bevölkerungszahl der Provinzen verteilt werden, und nicht, wie auch das *CII* bemängelte, nach der Bedürftigkeit der Gebiete. Bei dem Datenvergleich ist eine leichte Bevorzugung der Provinz Punjab und *Islamabad Capital Territory* auf Kosten der Provinz Sindh zu beobachten.

4.2. Zakateinnahmen und -ausgaben auf verschiedenen administrativen Ebenen

Wie aus Tabelle 12 zu ersehen ist, gibt es zum Teil starke Schwankungen zwischen Einnahmen und Ausgaben.

Tabelle 12: Zakateinnahmen und -ausgaben auf verschiedenen Ebenen

Jahr	Einnahmen in (in 1000 Rs)			Ausgaben in (in 1000 Rs)		
	Distrikt	Provinz	Nation	Distrikt	Provinz	Nation
1980	417857	744220	844000	317573	530309	750000
1981	484298	502650	799000	411805	552376	500000
1982	387570	746510	855000	367343	372408	750000
1983	850775	751080	1011000	525033	980964	750000

(Quellen:

GoP, Ministry of Finance, Central Zakat Administration: Kârkardagî repôrt barâ-e sâl 1983/84, Islâmâbâd 1984 (Jahresbericht *CZA* 1983/84) (Urdu), S.42 und 46.
Für die Distriktebenen: *Compiled Computerized Data*, Stand Mai 1986 (mimeo))

Die Gegenüberstellung von Einnahmen (nur aus dem Quellenabzugsverfahren) und Ausgaben auf nationaler Ebene überrascht ob einer starken Differenz zwischen den beiden Größen. Sie ist im zweiten Zakatjahr mit knapp 300 mio Rs und im vierten Zakatjahr mit über 250 mio Rs zugunsten der Einnahmen besonders groß.

Auf der Provinzebene sehen wir eine *kompensatorische* Entwicklung: Die vom *CZF* erhaltenen Gelder werden später ausgezahlt; die Einnahmen und Ausgaben sind in etwa deckungsgleich (eine Differenz von "lediglich" 300 mio Rs in vier Jahren, gegenüber 760 mio Rs auf nationaler Ebene).

Schwankungen zwischen Einnahmen und Ausgaben gibt es wieder auf der Distriktebene. Die von den *LZCs* getätigten Ausgaben sind grundsätzlich geringer als deren Einnahmen. Besonders deutlich wird dies im vierten Jahr, in dem der Unterschied über 300 mio Rs beträgt. Insgesamt können wir auf dieser Ebene in vier Jahren eine Differenz von 520 mio Rs feststellen.

Auf jeder der Ebenen wird demnach weniger ausgezahlt als ihr zur Verfügung steht. Der Zakatzahler darf sich mit Recht fragen, wohin die Zakatgelder fließen.
Folgende graphische Darstellung verdeutlicht den oben erläuterten Sachverhalt.

Graph 1: Zakateinnahmen und -ausgaben auf verschiedenen Ebenen

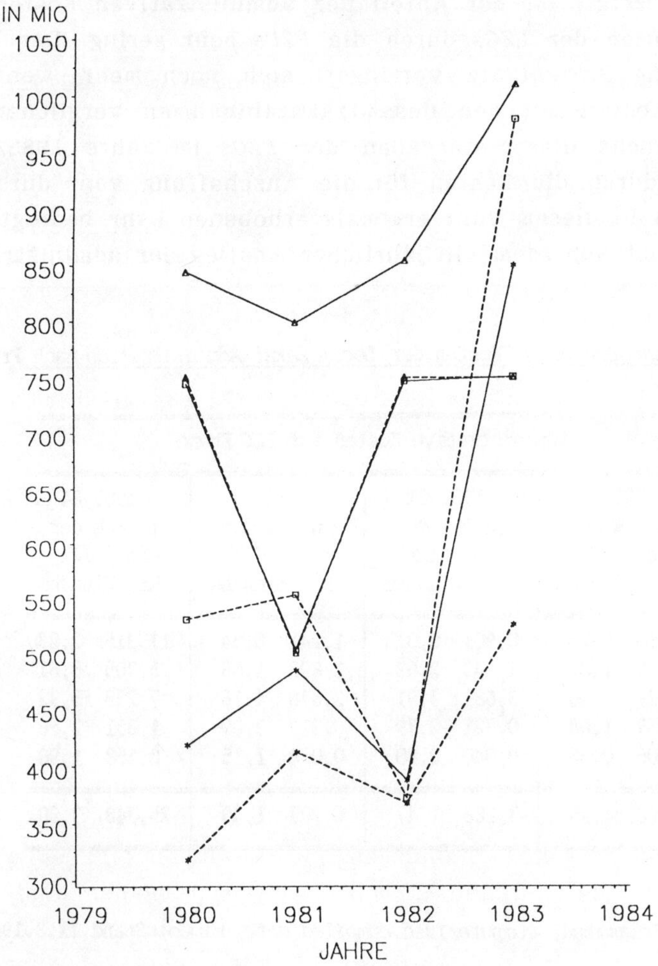

STERN = DISTRIKT, QUADRAT = PROVINZ, DREIECK = NATIONAL
__________ = ZAKATEINNAHMEN; -------- = ZAKATAUSGABEN
QUELLEN: JAHRESBERICHT CZA 1983/84, ISLAMABAD 1984 S. 37, 42, 46
FUER DIE DISTRIKTEINNAHMEN UND -AUSGABEN VGL. COMPUTERIZED DATA
STAND 11.8.1985 (MIMEO)

4.3. Administrative Kosten auf lokaler Ebene

Nach dem Zakatgesetz können die administrativen Kosten der Komitees auf lokaler Ebene aus bis zu 10% der jeweiligen Zakateinnahmen dieser Ortschaft bestritten werden[73]. Diese 10% werden jedoch kaum genutzt, sei es aus Unkenntnis um die damit verbundene Buchführung, oder weil damit das Selbstwertgefühl der Komiteemitglieder verletzt würde. Wie Tabelle 13 zeigt, ist der Anteil der administrativen Kosten gemessen an den Einnahmen der *LZCs* durch die *PZFs* sehr gering. Der in der Tabelle ausgewiesene Prozentsatz verringert sich noch mehr, wenn die administrativen Kosten mit den Gesamtzakateinnahmen verglichen werden. Der starke Zuwachs dieser Ausgaben der *LZCs* im Jahre 1983/84 ist wahrscheinlich durch die Kosten für die Anschaffung von "durable goods" im Rahmen des in diesem Jahr erstmals erhobenen Ushr bedingt.
Erkennbar ist außerdem ein jährlicher Anstieg der administrativen Kosten:

Tabelle 13: Administrative Kosten der *Local Zakat Administration* nach Provinzen

Provinz	Administrative Kosten auf *LZC* Ebene							
	1980-81		1981-82		1982-83		1983-84	
	in mio Rs	% der *LZC*-Einnahm.	in mio Rs	% der *LZC*-Einnahm.	in mio Rs	% der *LZC*-Einnahm.	in mio Rs	% der *LZC*-Einnahm.
Punjab	0,566	0,25	0,901	0,31	1,241	0,54	11,315	2,23
Sindh	1,799	1,80	1,843	2,62	1,893	1,66	5,705	3,61
NWFP	2,539	4,06	3,681	3,91	2,878	4,16	7,239	5,92
Baluch.	0,357	1,08	0,721	2,79	0,219	3,09	1,331	2,56
I.C.T.	0,006	0,36	0,040	0,80	0,034	1,15	0,158	1,90
Gesamt	5,268	1,25	7,188	1,47	6,207	1,49	25,748	3,80

(Quelle:
CZA, Islamabad, *computerized compiled data*, mimeo; Stand 11.8.1985)

73 Vgl. Zakat Proceedings Bd. II (Urdu), Sitzung vom 11.12.80 Punkt 9.9, S. 10 f.

Die Ausgaben für die Administration auf den höheren Ebenen werden aus den jeweiligen Haushalten der Provinzen und/oder des Bundes bestritten, obgleich einer der acht Verwendungszwecke nach der Shari`a die Finanzierung der Zakatadministration ist: "...Die Almosen sind...für diejenigen, die damit zu tun haben,..." (Sure 9/60). Insofern kann man dem Staat zugute halten, daß er seine Bürokratie nicht mit Mitteln des Zakat finanziert.

4.3.1. Administrative Kosten auf anderen Ebenen

Auf der Provinz- bis *Tehsil*ebene ergibt sich nach Tabelle 14 ein anderes Bild. Obgleich die Zakatadministration mit Stolz darauf hinweist, daß ihre administrativen Kosten gering sind - besonders auf der Ebene der *Localities* -, nehmen sie auf höheren Ebenen stark zu:

Tabelle 14: Administrative Kosten für die höheren Stufen der Zakatadministration (in mio Rs)

Provinz	1980/81	1981/82	1982/83	1983/84
Zentrum	2,002	3,443[1]	4,450[1]	6,570[2]
Punjab	k.A.	2,570	3,941	16,276[2]
Sindh	5,618	5,921[3]	k.A.	5,260[2]
NWFP	1,180	1,430	2,953	3,910[2]
Baluch.	2,386	3,509	3,001	10,538[4]
I.C.T.	-	-	-	0,130[2]
Gesamt	11,186	16,873	14,345	42,684

(Quellen:
[1] = Jahresbericht *CZA* 1982/83 a.a.O. (Urdu) S. 57
[2] = Jahresbericht *CZA* 1983/84 a.a.O. (Urdu) S. 49
[3] = estimate budget
[4] = für Baluchistan werden nach dem Jahresbericht *CZA* 1983/84, a.a.O. (Urdu) S.49 lediglich 6,29 mio Rs ausgegeben.
Alle anderen Daten sind den jeweiligen Haushalten der Provinzen und des Bundes entnommen.)

Addiert man die Ausgaben aller Bereiche, so erhält man für die einzelnen Jahre folgende Summen:
1980/81: 16,454 mio Rs (ohne Punjab ab der *Tehsil*ebene), 1981/82: 24,061 mio Rs, 1982/83: 20,552 mio Rs (ohne Sindh ab der *Tehsil*ebene), 1983/84: 68,432 mio Rs. Dies stellt etwa das Drei- bis Vierfache der Ausgaben der *LZAs* dar.
Auch hier stellen wir steigende Ausgaben fest.
Um jedoch ein autenthisches Bild der tatsächlichen Kosten zu erhalten, müssen noch die Arbeitsleistungen folgender Funktionäre hinzugerechnet werden:
Einen *Secretary Minister of Finance*, einen *Secretary Minister of Religious Affairs*, vier *Provincial Secretaries Finance*, vier *Provincial Secretaries Social Welfare*, vier *Provincial Secretaries to the Government* und 75 *District Deputy Commissioners* sowie 297 *Tehsil Assistant Commissioners* und deren jeweilige Bedienstete.

Sie alle werden aus anderen Portefeuilles entgolten. Deshalb liegen für diese Funktionäre auch keine genauen Angaben vor.
Veranschlagt man jedoch für jeden hier angeführten Funktionäre jährlich auch nur 20.000 Rs (dies ist eine sehr niedrige Größe, bedenkt man Fahrt-, Miet- und sonstige Kosten), so ergibt sich eine Summe von etwa 8 mio Rs pro Jahr. Diese 8 mio Rs müßten zu den Ausgaben von der lokalen bis zur Provinzebene addiert werden, um zu einer realistischen Einschätzung des ordentlichen Kostenaufwandes im Rahmen des Zakatsystems zu gelangen. Dann beträgt der Anteil der Administrationskosten in den ersten vier Jahren:

1980/81 24 mio Rs = 2.8% der Gesamtzakatpflichteinnahmen gegenüber 5,3 mio Rs für die *LZA*,

1981/82 32 mio Rs = 4.0% der Gesamtzakatpflichteinnahmen gegenüber 7,2 mio Rs für die *LZA*,

1982/83 28 mio Rs = 3.8% der Gesamtzakatpflichteinnahmen gegenüber 6,2 mio Rs für die *LZA*,

1983/84 76 mio Rs = 7.5% der Gesamtzakatpflichteinnahmen gegenüber 26 mio Rs für die *LZA*,

oder insgesamt 160 mio Rs. Das sind 4,6% der gesamten Einnahmen aus dem obligatorischen Zakat.

Dieser Kostenanteil ist somit nicht sonderlich hoch. Gleichwohl muß festgehalten werden, daß entgegen den Zakatpublikationen, die stets nur die administrativen Kosten der lokalen Ebenen angeben, der tatsächliche Aufwand das Vierfache beträgt.
Wegen der jährlichen Steigerung der Ausgaben für die Zakatadministration besteht die Möglichkeit, daß sich die Administration, statt sich aus anderen Portefeuilles zu finanzieren, langfristig aus den ordentlichen Zakateinnahmen reproduzieren wird. Dies kann koranisch legitimiert werden (Sure 9/60).

4.4. Buchführung und Überprüfung

Bei einem so breit angelegten System wie diesem ist es unerlässlich, Buchführungskommissionen einzuschalten. Die Zakatzahler sollen von der sinngemäßen Verwendung des Zakat überzeugt und den Verteilungsmodi eine gewisse Regelmäßigkeit verliehen werden, um der immer größer werdenden Korruption und Hinterziehung zu begegnen.
Auf nationaler Ebene hat das *Central Zakat Council* (*CZC*) - andere Ebenen werden im folgenden vernachläßigt - eine Überprüfung der Buchführung von den *A.F. Ferguson Chartered Accountants* durchführen lassen. Das Ziel dieser Unternehmung war es,

> "to express an opinion on the correctness of the Zakat Deducted at Source by the Zakat Deduction and Collection Agencies (ZDCA) <eigentlich: Zakat Deductions Controlling Agencies; J.M.> in order to ensure that the Zakat Deducted and remitted to the Central Zakat Fund was what should have been deducted and remitted"[74].

74 Vgl. CZA Jahresbericht 1981/82 a.a.O. (Urdu), S. 68

Tabelle 15: Buchführung des *ZZF* für die Jahre 1980/81 und 1981/82

Finanzjahr und *Valuation Date*	20.6.80 - 30.6.81 20.6.80 Externe	 Interne	1.7.81 - 30.6.82 4.7.81 ; 23.6.82 Externe	 Interne
	Buchführer		Buchführer	
National Bank of Pakistan	u	np	u	s
Habib Bank Ltd.	u	s	d	s
Muslim Commercial Bank	nr	nr	nr	s
United Bank Ltd.	d	s	d	s
Allied Bank Ltd.	d	np	d	s
Grindlays Bank Ltd.	d	s	-	-
Postämter	d	d	-	-
National Savings Centres	-	s	-	-
NIT	u	s	-	-
ICP	u	u	-	-

(Quellen:
CZA Jahresbericht 1981/82 a.a.O. S. 69 f; *CZA* Jahresbericht 1983/84 a.a.O. S. 90
Erläuterungen:
s = satisfactory; d = disclaimed; u = unsatisfactory; np = not possible; nr = not received; - = not recorded)

Wegen der großen Anzahl der *Zakat Deductions Offices* (*ZDOs*) beschloß das *CZC*, daß die Führungsüberprüfungen externer und interner Buchführung der wichtigsten *Zakat Deduction and Collection Agencies* (*ZDCAs*) kritisch betrachtet werden sollten. Die Firma war jedoch nicht in der Lage, anhand der vorgelegten Unterlagen die Buchführung zu überprüfen[75]. Im nächsten Jahr konnte sie eine Führungsüberprüfung vornehmen[76], was eine Verbesserung der Buchführung und/oder des Umgangs mit ihr durch die verschiedenen Komiteemitglieder aufweist. Es kann jedoch eine tatsächliche Überprüfung der Verteilung der Gelder auf Grundlage der Unterlagen nicht nachgewiesen werden: Die Zakatadministration sei nicht für den Nachweis der Authenzität der Verteilung der Gelder verantwortlich. Die *CZA* würde lediglich die von "unten kommenden" Unterlagen unüberprüft annehmen[77].

75 Vgl. a.a.O., S. 70
76 Vgl. CZA Jahresbericht 1983/84 a.a.O. (Urdu), S. 90
77 So ein leitender Technokrat der *CZA* in Islamabad 1986.

4.5. Freiwilliger Zakat

Weiter unten werden wir noch ausführlich auf das islamische bzw. unislamische Handeln der pakistanischen Muslime hinsichtlich des Zakatwesens eingehen. Hier sei zunächst auf den freiwillig zu zahlenden Zakat (*zakât raḍâkârânah*) hingewiesen, der als ein Indikator für die Akzeptanz des staatlichen Zakatsystems angesehen werden kann[78].
Wie Tabelle 16 zeigt, ist der freiwillige Zakatanteil verschwindend gering. Spektakulärer ist jedoch der stete Rückgang dieser Zakatquelle, die nach fünf Jahren bei unter 50% dessen liegt, was als freiwilliger Zakat im ersten Jahr gesammelt werden konnte (3,1 mio Rs gegenüber 7,7 mio Rs).
Der geringe Beitrag des *Zakat Voluntary* - bis 30.9.1980 lediglich 1,2 mio Rs[79] - enttäuschte den *CZC* sichtlich. Als Reaktion darauf schlug der Rat vor, daß die *Imâme* und die *Khaṭîbe* mittels der Freitagspredigt in der Lokalsprache auf die Zakatzahler einwirken sollten, damit diese freiwilligen Zakat in den Zakatfond einzahlten[80]. Ein wesentlicher Anreiz sollte sein, daß den *LZCs* durch die *PZFs* soviel zusätzlicher Zakat zukam, wie in der jeweiligen Lokalität an freiwilligem Zakat eingezahlt worden war[81]. Ferner wurde vorgeschlagen, für die freiwilligen Zakatzahlungen Quittungen auszustellen, die dann bei der Einkommenssteuerveranlagung eingereicht werden konnten[82]. Später entschied man sich, sogenannte *Zakat Vouchers* in Höhe von 100, 500 und 1000 Rs auszustellen[83].

---

78 Dies gilt auch für die selbstveranlagten Ushrzahlungen.
79 Vgl. Zakat Proceedings Bd. II (Urdu), Sitzung vom 11.12.80, S. 3.
80 Vgl. ebenda und Sitzung vom 9.4.81, S. 111.
81 Zakat Proceedings Bd. II (Urdu), Sitzung vom 2.7.81, S. 244 f
82 Zakat Proceedings Bd. II (Urdu), S. 436
83 Zakat Proceedings Bd. II (Urdu), Sitzung vom 12.3.82, S. 494

Tabelle 16: Freiwilliger Zakat in mio Rs

Jahr	*ZZF*		Punjab		Sindh		NWFP		Baluch.		Gesamt
	ZZF	lok.	pro.	lok.	pro.	lok.	pro.	lok.	pro.	lok.	
1980	0.81	-	0,50	4,82	-	1,03	0,06	0,49	0,01	-	7,70
1981	1,36	-	0,33	2,14	-	1,04	-	0,64	0,10	-	9,60
1982	1,22	0,04	0,12	2,18	-	0,95	-	0,12	1,99	-	6,60
1983	0,35	0,01	-	-	-	0,38	-	0,04	1,39	-	2,17
1984	1,65	-	-	-	-	1,38	-	0,08	0,03	-	3,14
ges.	5,39	0,05	0,96	13,13	-	4,78	0,06	1,36	3,51	-	29,20

(Quelle:
CZA Fünfjahresbericht a.a.O. (Urdu) S. 51
Erläuterung:
ZZF = Zentraler Zakat Fond; lok. = lokale Ebene
pro. = Provinzebene; ges. = gesamt)

Gemessen am Quellenabzugszakat betrug der freiwillige Zakat 1980 0,9%, 1981 1,2%, 1982 0,8%, 1983 nur 0,2% und 1984 lediglich 0,3%. Die Protagonisten des Zakatsystems fanden sich ob dieser Entwicklung in der unangenehmen Situation, "Zakat Voluntary" als Indikator für den Erfolg ihrer Politik mit allen erdenklichen Mitteln fördern zu müssen. Die Anreize vermochten jedoch die Zahlungsmoral nicht zu verbessern.

5. Zakatrückzahlungen und Zakathinterziehung

Der im Jahre 1980 plötzliche, unangekündigte Zakatquellenabzug von den Konten der Banken, der Post und den anderen *Zakat Deducting Agencies*, den Einlagen und Wertpapieren etc. führte zu einer Verärgerung der

pakistanischen Städter[84]. Da allen, auch den Mitglieder der Schia, den Nicht-Muslimen und den Nicht-Pakistanis, Zakat abgezogen worden war, fühlten diese sich in ganz besonderem Maße durch die staatliche Maßnahme brüskiert und forderten Rückerstattung.
Daß die Schia sich gegen das Zakatsystem auflehnen würde[85], war dem *CZC* schon während seiner vierten Sitzung am 17.1.1980 - also vor der Einführung des Zakatwesens - bekannt gewesen. Im Bericht des *Administrator General Zakat* hieß es:

> "Composite Law on Zakat and Ushr, practically ready for promulgation, except for the resolution of some Shia-Sunni differences expected to be solved soon"[86].

Dieses Problem wurde jedoch erst nach der Einführung im Juni 1980 geregelt. Die Schia konnte im September durchsetzen, daß sie kein Zakat zu entrichten brauchten: Der Präsident gab am 15.9.1980 eine Anweisung zum *Refund* der den Schiiten abgezogenen Zakatgelder[87].
Das *CZC* konnte jedoch erst im Dezember 1980 eine *Draft Rule* entwerfen. Am 23.4.1981, als das von der Schia gestellte Ultimatum auslief,[88] lag eine endgültige Regelung vor[89].

---

84 Der Stichtag wird in der Regel lediglich im Fernsehen angekündigt, nicht jedoch in den Zeitungen und nicht im Radio (vgl. Al-Wafâq: *Wafâq-e `ulamâ'-e shi`iyyah Pâkistân ke chothe sâlânah ijtimâ` kî tafsîlî riport*, a.a.O., S. 54 (Urdu)). Damit zielt die Regierung auch nur auf bestimmte Gesellschaftschichten.

85 In der schiitischen Glaubenslehre ist es einem Nicht-*Sayyid* (also Nicht-Nachkomme des Propheten) untersagt, den Zakat an einen *Sayyid* zu entrichten. Hingegen steht dem *Sayyid* der *Khums*, also ein Fünftel des jährlichen Nettoeinkommens etc. (vgl. Sure 8/41), eines Nicht-*Sayyid* zu. Die Hälfte dieses *Khums* wiederum gehören dem *Imâm* oder dessen Stellvertreter. Die Prophetennachkommen dürfen Zakat sowohl untereinander als auch bedürftigen Nicht-*Sayyid*s geben (vgl. auch Moojan Momen: An Introduction to Shi`i Islam, Yale University Press 1985, S. 180 f. und 206 f.). Zur Reaktion der Schiiten auf die Zakat Regelung vgl. auch Pakistan Commentary, Vol. 3 No. 8 Hamburg August 1980, S. 1.

86 Zakat Proceedings Vol. I, S. 111

87 Vgl. CII Recommendations Punkt 77, S. 201

88 Vgl. CII Recommendations Punkt 75, S. 177f. Die Schia verhielt sich in diesem Punkt geradezu "konter-*integrationistisch*".

89 Vgl. Zakat Proceedings Bd. II (Urdu), S. 48ff, S. 113, S. 229 und S. 583 und "Deduct Refund Rules 1981", 2(c), 17(1), 26(i) und 27(i) sowie Zakat Manual a.a.O., S. 45, S. 53 und S. 56.

Die Anträge auf Rückzahlung lassen interessante Tendenzen erkennen. Sie können auf den Grad eines islamischen oder unislamischen Verhalten der Zakatzahler hinweisen.
Die Rückzahlungen der von den *ZDAs* eingezogenen Almosensteuer können folgendermaßen kategorisiert und quantifiziert werden (vgl. Tabelle 17): Während die rückerstattete Summe über die Jahre hinweg abnimmt, bleibt die Anzahl der zu bearbeitenden Fälle etwa konstant. Das bedeutet zunächst, daß der zurückzuzahlende Betrag pro Betroffenem sinkt.
Es ist davon auszugehen, daß diejenigen, die mit Rücksichtnahme auf ihre Rechtsschule, ihre Zugehörigkeit zu einer anderen Religion und ihren Ausländerstatus nach der Zakat- und Ushr- Regelung befreit sind, ihre *Affidavits* rechtzeitig (drei Monate vor dem *Zakat Deduction Date*) einreichen. Die etwa konstante Zahl der Schia-Angehörigen deutet darauf hin, daß sie ihre *Affidavits* nach dem Zakatabzug einreichen. Die konstante Zahl deutet aber auch vor allem darauf, daß es sich wahrscheinlich bei dem Großteil dieser Betroffenen um Neuzugänge handelt, da die "echten Schiiten" nicht zögern, ihre *Affidavits* rechtzeitig einzureichen, die Neuzugänge jedoch eine gewisse Anlaufszeit brauchen. Das Ergebnis ist, daß mehr und mehr Sunniten zu Schiiten konvertieren bzw. sich als solche ausweisen, um dem Zakatsystem zu entgehen.[90]

90 Dies wurde auch in zahlreichen Interviews bestätigt. Durch die Zakatregelung sind die Schiiten gezwungen, ihre bisher oft praktizierte Institution der *taqiyyah* (das Verbergen der eigenen Zugehörigkeit zum Schiitentum) aufzuheben. Dadurch kann es erstmalig möglich werden, die Schiiten zahlenmäßig genauer zu erfassen.

Tabelle 17: Gründe der Rückzahlungen, Anzahl der Betroffenen und die zurückgezahlten Beträge

Rückzahlungsgrund	Anzahl der Betroffenen					Rückzahlungen (10.000 Rs)				
	1980	1981	1982	1983	1984	1980	1981	1982	1983	1984
Abrechnungsfehler	k.A.	k.A.	k.A.	429	516	k.A.	k.A.	k.A.	392	625
Nichtpak.	1814	k.A.	k.A.	740	548	170	k.A.	k.A.	349	284
Konten < Mindestbetrag	k.A.	k.A.	k.A.	297	150	k.A.	k.A.	k.A.	316	101
Rechtsschule	1590	k.A.	k.A.	1531	1165	660	k.A.	k.A.	454	592
andere Gründe	1612	k.A.	k.A.	63	1618	626	k.A.	k.A.	948	384
Nicht *ṣâḥib-e niṣâb*	k.A.	k.A.	k.A.	60	k.A.	635	k.A.	k.A.	41	k.A.
Gesamt	k.A.	k.A.	k.A.	3120	3988	1497	6567	2500	2499	1986

(Quellen:
Vgl. Fünfjahresbericht *CZA*, Islamabad 1986 (Urdu), S.9
Jahresbericht *CZA* 1980/81 a.a.O. (Urdu), S.54
Jahresbericht *CZA* 1982/83 a.a.O. (Urdu), S.18
Jahresbericht *CZA* 1983/84 a.a.O. (Urdu), S.40f)

Wie sich vermuten läßt, neigen die Zakatzahler, die im wesentlichen aus der städtischen Mittelschicht kommen, zur Zakathinterziehung. Dies soll im folgenden näher untersucht und belegt werden.

Aus den *CZA*-Jahresberichten geht hervor, daß der weitaus größte Anteil des Zakat aus Spar- und ähnlichen Einlagen geschöpft wird (= 68,6% des Quellenabzuges; das entspricht in fünf Jahren 4.740,14 mio Rs)[91], wäh-

---

91 Vgl. CZA Jahresbericht 1983/84 a.a.O. (Urdu), S.37 und CZA Fünfjahresbericht a.a.O. (Urdu), S. 50. Die Spareinlagen bilden den größten Teil des Gesamteinlagevolumens der "scheduled banks". Dies sind Banken, die in dem Register der State Bank of Pakistan eingetragen sind. Es handelt sich sowohl um nationalisierte als auch um ausländischen Banken.

rend sich nur 25% der Zakatgelder aus den Termineinlagen (Kündigungs- und Festgeldeinlagen) und Sparzertifikaten zusammensetzen. Der Rest von 6,4% verteilt sich auf weitere sieben Quellen des Zakatabzugs[92].
Nimmt man die Zahlen aus Tabelle 18 als Grundlage, so läßt sich folgendes ablesen: In den ersten beiden Jahren der Zakaterhebung entsprach die Differenz zwischen dem aus den "scheduled banks"[93] erhobenen Zakat und dem tatsächlichen Gesamtbetrag der in diesen Banken liegenden Termineinlagen etwa den Summen der Gelder auf den Konten, die unter dem Grenzwert (*niṣâb* = 1.000 Rs) lagen (vgl. Spalte 3, 4 und 5 in folgender Tabelle). Im dritten Jahr veränderte sich die Situation: Der Unterschied zwischen den tatsächlichen Summen in den Banken und den "zakatable" Einlagen wurde größer und ließ sich nur teilweise durch den *niṣâb* (2.000 Rs) erklären. Ein großer Teil der Einlagen fiel nunmehr unter die Kategorien "Nicht-Pakistanis", "Nicht- Muslims" oder/und "Schiiten".

92 Als da wären: *NIT Units, ICP Mutual Fund Certificates, Government Securities, Securities including debentures and shares, annuities, Lebensversicherungspolicen* und *Provident Funds.* Vgl. CZA Jahresbericht 1983/84 a.a.O. (Urdu) S.37 und CZA Fünfjahresbericht a.a.O. (Urdu) S. 50.

93 Wir können annehmen, daß es sich bei den Konten, die von der Zakathinterziehungspolitik betroffen sind, in erster Linie um Konten in nationalisierten Banken handelt.

Tabelle 18: Die von Zakat ausgenommen Spar- und Termineinlagen

1	2+	3	4	5	6	7
Jahr	Zakat in mio Rs	x 40 in mio Rs	Summe in *s. banks* in mio Rs	Differenz v. 3 und 4 in mio Rs	Gelder in Konten unter dem *niṣâb* in mio Rs	Restbetrag der Nicht-Pakistanis, -Muslime und Schia (Differenz v. 5 u. 6)
1980	765,1	30.604	32.325	1.721	1.072	649
1981	708,8	28.352	33.513	5.161	4.910	251
1982	760,6	30.424	39.485	9.061	5.063	3.998
1983	882,7	35.308	52.931	17.623	8.824	8.799
1984	1.078,2	43.128	64.942	21.814	10.027	11.787

(Quellen:

+ = *CZA* Fünfjahresbericht a.a.O. (Urdu), S. 50 (also Zakat aus Spar- und Termineinlagen).
3 = Erhebungsgrundlage: Spalte 3 multipliziert mit 2,5% = Spalte 2.
4 = tatsächliche Summen in den *scheduled banks*. Daten entnommen aus: Bulletin of the State Bank of Pakistan (*BSBP*) Feb. 1982, S. 12, Stand: Ende 1980; *BSBP* Feb. 1982, S. 12, Stand: Mai 1981; *BSBP* Feb. 1983, S. 14, Stand: Mai 1982; *BSBP* Feb. 1984, S. 16, Stand: Mai 1983; *BSBP* Feb. 1985, S. 16, Stand: April 1984.
6 = *BSBP* Sep. 1986, S. 35 f., eigene Berechnungen daraus.

Erläuterungen:

Der *niṣâb* betrug 1980 1.000 Rs, 1981 und 1982 hingegen 2.000 Rs, 1983 und 1984 schon 3.000 Rs.
Für die letzten beiden Jahre habe ich lediglich die Summe derjenigen Konten addiert, die Spareinlagen zwischen 1.000 und 2.000 Rs vorweisen.)

Im nächsten Jahr (1983) wuchsen die Beträge der Kategorien Nicht-Muslims, Nicht-Pakistanis und Schiiten drastisch.
1984/85 erreichte diese Tendenz ihren Höhepunkt mit 11,787 mio Rs, die nicht "zakatable" zu sein schienen. Mit großer Wahrscheinlichkeit wurden zunehmend Wege gefunden, um dem obligatorischen Zakatabzug zu entgehen. Deutlich wird der Anstieg des vom Zakat ausgenommenen Betrages besonders dann, wenn die Steigungsraten von Spalte 2 und Spalte 7 verglichen werden:

Tabelle 19: Jährliche Steigerungsraten des Zakat und der Restbeträge

Jahr	Zakat	Restbeträge
1980	-	-
1981	-7,4%	-61,0%
1982	7,3%	1492,8%
1983	16,1%	120,1%
1984	22,1%	34,0%

Da es für einen Muslim gleichermaßen schwierig ist, sich als Nicht-Muslim auszugeben, wie für einen Pakistani, als Nicht-Pakistani aufzutreten, liegt die Vermutung nahe, daß die Beträge aus Spalte 7 Kontoinhabern gehören, die immer häufiger der Rechtsschule der Schia beitreten, um dem Zakat zu entgehen.

Ein weiterer Hinweis auf Zakathinterziehung ist die Tatsache, daß der Andrang der Kontenhalter besonders in den nationalisierten Banken wenige Tage vor dem "Zakat deduction date" sehr groß wird.[94]
Die Höhe der Zakathinterziehung ist zwar nicht eindeutig festlegbar, jedoch kann die folgende Analyse über die Kontenbewegungen Aufschluß darüber geben, in welchem Maße eine solche Hinterziehung annähernd stattgefunden hat. In Tabelle 20 sehen wir nämlich ein nahezu komplementäres Verhältnis zwischen den Einlagen in Girokonten , auf die ja kein Zakat zu zahlen ist, einerseits und den Spar- und Termineinlagen in den "scheduled banks" andererseits und zwar just vor dem "Zakat deduction date": Während vor dem Stichtag die Spareinlagen etc. abnehmen, steigen die Einlagen in den Girokonten entsprechend. Nach dem Stichtag nehmen die Spareinlagen wieder zu, die Einlagen in den Girokonten hingegen wieder ab.

94 Eigene Beobachtungen 1985 und 1986.

Tabelle 20: Zakathinterziehung 1981-1985, Giro- und Spareinlagen in mio Rs

Stichtag/Jahr/Monat	Giroeinlagen in mio Rs	Steig./Abnahme zum Vorjahr %	Termineinlagen in mio Rs	Steig./Abnahme zum Vorjahr %
1.7.1981/1981/April	34.832,3		33.545,3	
1.7.1981/1981/Mai	35.552,3	2,1%	33.512,5	-0,1
1.7.1981/1981/***Juni***	38.379,3	8,0%	32.983,8	-1,6%
1.7.1981/1981/Juli	36.229,6	-5,6%	34.598,9	4,9%
1.7.1981/1981/Aug.	35.986,3	-0,7%	35.015,8	1,2%
21.6.1982/1982/April	38.483,4		39.972,4	
21.6.1982/1982/Mai	39.509,2	2,7%	39.485,3	-1,2%
21.6.1982/1982/***Juni***	42.853,4	8,7%	38.895,2	-1,5%
21.6.1982/1982/Juli	41.880,3	-2,3%	41.624,7	7,0%
21.6.1982/1982/Aug.	42.341,2	1,1%	42,739,9	2,7%
11.6.1983/1983/April	46.661,6		51.271,4	
11.6.1983/1983/Mai	47.777,0	2,4%	52.930,9	3,2%
11.6.1983/1983/***Juni***	50.703,8	6,1%	53.184,0	0,5%
11.6.1983/1983/Juli	48.949,8	-3,5%	54.868,9	3,2%
11.6.1983/1983/Aug.	49.897,6	1,9%	55.974,6	2,0%
31.5.1984/1984/März	49.252,3		64.396,2	
31.5.1984/1984/April	48.593,7	-1,4%	64,961,5	0,9%
31.5.1984/1984/***Mai***	51.492,6	5,7%	60.843,3	-6,3%
31.5.1984/1984/Juni	51.183,8	-0,6%	64.402,7	5,7%
31.5.1984/1984/Juli	50.476,8	-1,4%	64.933,8	0,8%
21.5.1985/1985/Jan.	58.582,3		69.677,6	
21.5.1985/1985/Feb.	58.351,0	-0,4%	70.849,3	1,7%
21.5.1985/1985/März	58.442,5	0,2%	70.974,8	0,2%
21.5.1985/1985/April	58.934,5	0,8%	70.418,6	-0,8%
21.5.1985/1985/***Mai***	60.000,4	1,8%	66.562,8	-5,5%
21.5.1985/1985/Juni	63.717,0	6,2%	71.120,7	6,8%
21.5.1985/1985/Juli	61.537,3	-3,5%	71.479,1	0,5%
21.5.1985/1985/Aug.	61.146,2	-0,6%	73.558,8	2,9%

(Quellen:

Ausgewählte Monate entnommen aus Bulletin of the State Bank of Pakistan (*BSBP*): für 1981 *BSBP* Feb. 1982 S. 12, für 1982 *BSBP* Feb. 1983 S. 14, für 1983 *BSBP* Feb. 1983 S. 16, für 1984 *BSBP* Feb. 1984 S. 16, für 1985 *BSBP* Feb. 1985 S. 16

Erläuterungen:

Der fettgedruckte, kursive Monat markiert den Zakatabzugsmonat. Prozentsätze berechnet vom Autor. Nur relevante Monate berücksichtigt.)

Wie die folgende graphische Darstellung: "Kontenbewegung und Zakathinterziehung" verdeutlicht, entsprechen sich die beiden Graphen für Termineinlagen und Einlagen in Girokonten insofern, als ein Ausschlag der Giroeinlagen nach oben gleichzeitig mit einem Ausschlag der Termineinlagen nach unten erfolgt, und zwar im Monat des Zakatabzuges.

Graph 2: <u>Kontenbewegung und Zakathinterziehung</u>

(Quelle:

Daten entnommen aus Tabelle 20; entsprechend sind auch hier lediglich für jedes Jahr nur fünf Monate berücksichtigt.)

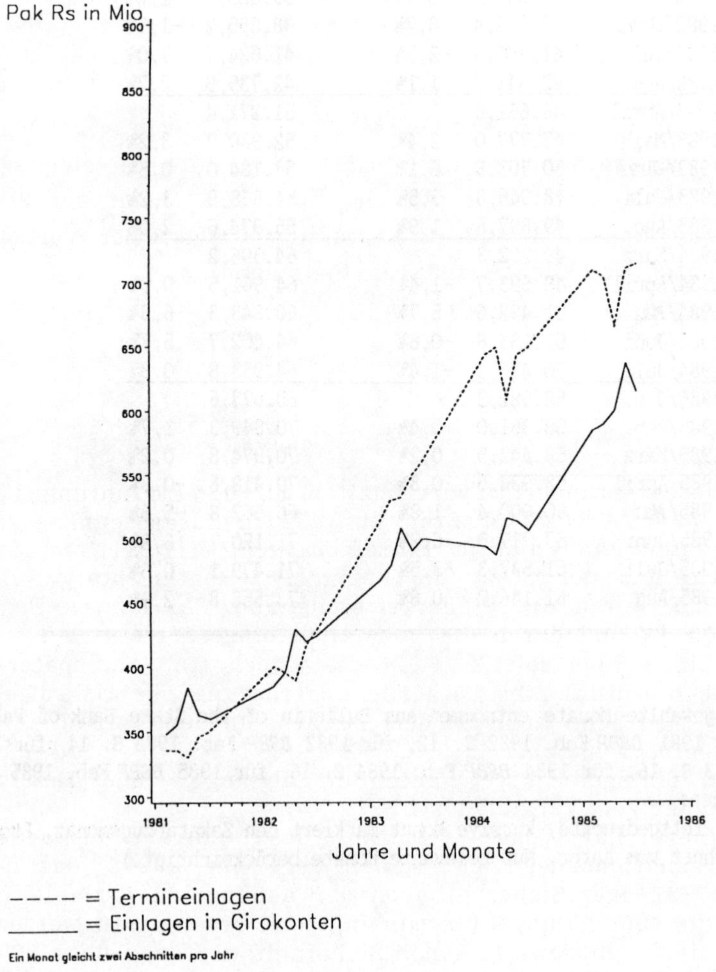

Ergänzend kann hier noch auf die massive Steigerung der Termineinlagen gegenüber den Einlagen in Girokonten seit 1982/83 hingewiesen werden. Dies impliziert zunächst einmal ein verändertes Sparverhalten der Einleger.[95]

Unterzieht man die Daten der Einlagen in Girokonten und der Termineinlagen einem Korrelationstest[96], so ist ein linearer Zusammenhang zwischen beiden Variablen zu erkennen; der Korrelationskoeffizient (0) stellt die 0-Hypothese auf, daß zwischen den Variablen kein Zusammenhang besteht. Wir erhalten aber in unserem Fall einen Korrelationswert von 0,94720, was einen streng positiven, linearen Zusammenhang bedeutet. Der Signifikanzwert (kein Zusammenhang wenn < 0,05) liegt mit 0,0001 weit unter dem Signifikanzniveau. Demnach können wir von einem hochsignifikanten Zusammenhang zwischen Giro- und Termineinlagen sprechen.
Die Regressionsanalyse verdeutlicht[97] in der Regressionsdatei, daß die Residuen entsprechend normal verteilt sind. Ihre Abweichungen im Monat Mai sind nicht hoch, wohl aber im Juni, dem Monat der Zakatzahlungen (vgl. dazu Annex B I und II: Regressionsanalyse der Variablen Einlagen in Girokonten und Sicht- und Termineinlagen).

95 Ob dieses veränderte Sparverhalten mit der Einführung der "Profit and Loss Sharing (*PLS*)"-Konten ab 1982 in Zusammenhang gebracht werden kann, kann hier im Einzelnen nicht erläutert werden. Fest steht jedoch, daß der Staat die neuen *PLS*-Konten stark subventionierte, wie z.B. durch die Steuerbefreiung von *PLS*-Konten-Erträgen bis zu 15.000 Rs und durch die zusätzlich eingeführte 10% ige Sondersteuer auf Zinserträge seit 1.7.84 - die jedoch ein Jahr später wieder aufgehoben wurde. Diese staatliche Förderung des "islamischen Bankwesens" mag denn auch zu dem Zuwachs in den Termin- und Spareinlagen geführt haben.

96 Wobei Einlagen in Girokonten die abhängige und Termineinlagen die unabhängigen Variablen sind.

97 Ferner hat das Quadrat des Korrelationskoeffizienten (= Determinationskoeffizient) einen Wert von 0,8972, das heißt, daß mit über 89% iger Sicherheit von der abhängigen Variable (Giroeinlagen) auf die unabhängige (Termineinlagen) geschlossen werden kann, bzw. daß die Prognosewerte einen Sicherheitswert von über 89% haben.

Die Zakathinterziehung wird noch offenbarer, wenn die wöchentliche Kontenbewegung untersucht wird[98].

Tabelle 21: Kontenbewegung auf wöchentlicher Ebene (Stichtag 21.5.1985)

Stand am	Giroeinlagen in mio Rs	Spareinlagen in mio Rs
2. 5.1985	22.949	55.222
9. 5.1985	23.120	53.975
16. 5.1985	26.257	51.152
23. 5.1985	30.055	47.464
30. 5.1985	27.278	49.946
6. 6.1985	24.987	52.192
13. 6.1985	24.910	53.122
18. 6.1985	24.123	53.913
27. 6.1985	24.546	55.453
26.12.1985	24.631	62.142
6. 3.1986	25.055	65.206

(Quellen:
Daten aus dem *Pakistan Banking Council* (mimeo)
Daten für Nationalisierte Geschäftsbanken; Einlagen im Inland)

Der Stichtag der Zakatberechnung war hier der erste *Ramaḍân*, also der 21.5.1985. Parallel zur Abnahme der Gelder in den Sparkonten nehmen die Summen in den Girokonten zu, einschließlich des 23.5.1985. In den darauf folgenden Wochen steigt das Geld in den Sparkonten wieder.
Auch hier verdeutlicht die Darstellung im Graph 3: "Zakathinterzie hung 1985" den Zusammenhang zwischen Abnahme und Zunahme der Ter min- und Giroeinlagen vor und nach dem Stichtag. Die beiden Graphen

98 Hier für die nationalisierten Geschäftsbanken mit inländischen Einlagen. Ich nehme an, daß es hier weniger "foreign exchange accounts" gibt und daß weniger Ausländer hier ihre Gelder anlegen, als in ausländischen Banken. Die hier angegebenen Daten betreffen danach zum überwiegenden Teil in Pakistan lebende pakistanische Staatsbürger.

verhalten sich praktisch spiegelverkehrt. Wir haben sozusagen einen "Einlagenflaschenhals" am 23.5.1985.[99]

Graph 3: <u>Zakathinterziehung 1985</u>

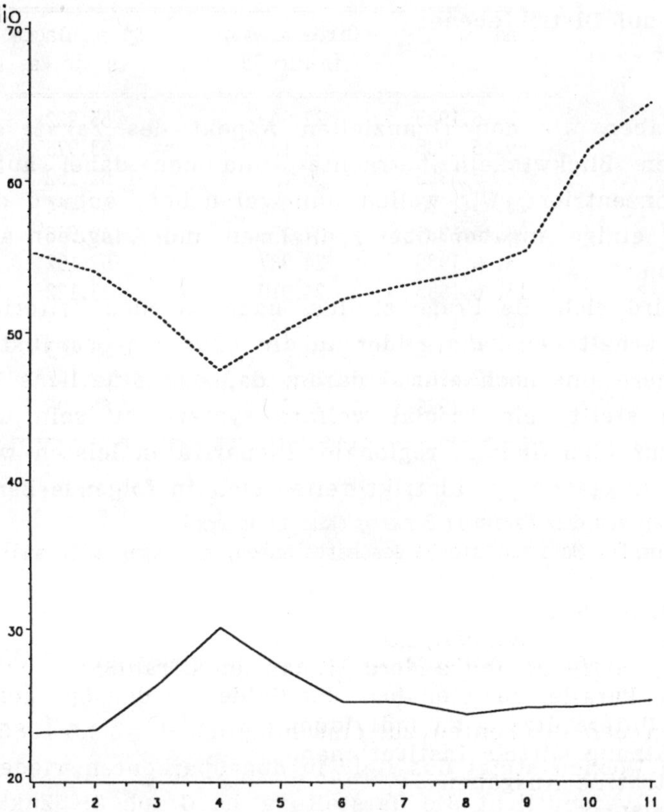

Tag, Monat und Jahr siehe Fussnote
1 = 02. Mai, 2 = 09. Mai, 3 = 16. Mai, 4 = 23. Mai, 5 = 30. Mai
6 = 06. Juni, 7 = 13. Juni, 8 = 18. Juni, 9 = 27. Juni
10 = 26. Feb. 1986, 11 = 06. Maerz 1986
Der Stichtag ist der 25. Mai 1985 (Zakat deduction date)
---------- = Termineinlagen, ________ = Einlagen in Girokonten
Quelle: Angaben aus dem Pakistan Banking Council

99 Einem Korrelationstest unterworfen, erhalten wir auch hier hochsignifikante Werte positiver Natur zwischen beiden Variablen.

Mit dieser Datenanalyse können wir nunmehr davon ausgehen, daß in Pakistan eine Zakathinterziehung weitverbreitet ist. Der Staat ist bis jetzt nicht in der Lage gewesen, dies zu verhindern.

6. Zakat auf Distriktebene

Bisher haben wir den finanziellen Aspekt des Zakatsystems aus verschiedenen Blickwinkeln betrachtet und uns dabei auf die nationale Ebene konzentriert. Wir wollen nun versuchen, anhand der vorliegenden Daten[100] einige Angaben über Einnahmen und Ausgaben auf Distriktebene zu machen.
Später wird sich die Frage stellen, nach welchen Kriterien die *PZAs* die vom *ZZF* erhaltenen Zakatgelder an die *LZCs* in jedem Distrikt verteilen.
Wir erinnern uns noch einmal daran, daß das staatliche Zakatsystem den Anspruch stellt, ein "social welfare system" zu sein und damit einen Beitrag zur Überwindung regionaler Disparitäten leisten will. Die Einnahmen und Ausgaben pro Distrikt teilen sich in folgende Bereiche auf:

Einnahmen:
Ushr
Freiwilliger Zakat
Transfers vom *Provincial Zakat Fund*
Spenden, *`aṭṭiyyât* und andere Einnahmen (*Grants*)
Ausgaben:
Direkte Unterstützung an Individuen
Unterstützung mittels Institutionen
Administrative Ausgaben
Verschiedenes

100 Hierbei handelt es sich um aggregierte Daten der *LZCs* aller Distrikte für vier Jahre (1980-1984) für die verschiedene Posten.

6.1. Mittelwertsabweichungen der Einnahmen und Ausgaben

Wir konzentrieren uns hier auf die Gesamteinnahmen und -ausgaben. Wir hatten schon gesehen, daß die Einnahmen auf der Distriktebene höher liegen - besonders im Jahre 1984 - als die Ausgaben; das gleiche haben wir für die Provinz- und die nationale Ebene nachgewiesen.[101]
Eine Mittelwerts- und Standardabweichungsberechnung der Einnahmen und Ausgaben auf Distriktebene für alle vier Jahre zeigt, daß die Ausgaben von ihrem Mittelwert weitaus weniger stark abweichen, als die Einnahmen. Während also die Ausgaben auf Distriktebene jährlich konstant bleiben - zugegebenermaßen gibt es auch hier Abweichungen - ist dies bei den Einnahmen kaum der Fall[102].
Ferner kann beobachtet werden, daß je kleiner die von den Distrikten erhaltenen Summen sind, deren Standardabweichung umso größer ist. Dies ist besonders in den Distrikten Baluchistans und der NWFP deutlich[103].
Die hohen Schwankungen sowohl der Einnahmen als auch der Ausgaben auf der Distriktebene deuten auf eine äußerst geringe Stabilität des Zakatsystems in den ersten vier Jahren hin.
Addiert man jedoch die Ausgaben und Einnahmen aller 65 Distrikte, und berechnet man ihren Korrelationskoeffizienten, dann erhält man in 23% aller Distrikte einen hoch signifikanten Zusammenhang zwischen Ausgaben und Einnahmen[104].
Der statistisch errechnete Mittelwert der Einnahmen von 8232,7 Rs pro Distrikt für die Jahre 1980-1984 kann nur von sehr wenigen Distrikten eingehalten werden. Der Punjab liegt weit darüber: Kein Distrikt kommt

101 S.o. Zakateinnahmen und -ausgaben auf verschiedenen Ebenen.
102 Auffallend gering sind die Mittelwertsabweichungen sowohl der Ausgaben wie auch der Einnahmen in den Distrikten Sheikhupura, Rawalpindi, Sargodha, Faisalabad, Jhang, Peshawar, Kohat und Kohistan.
103 Besonders große Mittelwertabweichungen (über 50%) haben folgende Distrikte: Islamabad, Lahore, Kasur, Gujranwala, Sialkot, Rawalpindi, Attock, Mianwali, Multan, Vihari, Bahawalnagar, Rahim Yar Khan, Karachi Ost, Haiderabad, Badin, Thatta, Tharparkar, Sanghar, Nawabshah, Abbottabad, Mansehra, und alle Distrikte Baluchistans bis auf Quetta.
104 Bei 0-Hypothese (= Zusammenhang signifikant verworfen) erhalten wir einen Wert von 0,93108, was die 0-Hypothese hoch-signifikant verwirft und einen Signifikanzkoeffizienten von 0,0001!

diesem Mittelwert auch nur nahe. Hingegen liegen alle Distrikte Baluchistans weit unter dem Mittelwert. Im Sindh liegen lediglich die Distrikte Hayderabad, Tharparkar, Larkana und Nawabshah etwas höher, in der NWFP sind es nur die Distrikte Peshawar und Mardan. Die reichsten Distrikte des Landes[105] haben demnach auch überdurchschnittlich hohen Zakateinnahmen, wogegen ärmere Distrikte und Provinzen (Baluchistan, NWFP und Sindh) abfallen, was gegen die Umverteilungspostulate des Zakatsystems spricht. Dies bedeutet zunächst, daß nur ein kleiner Anteil der Distrikte einen Zusammenhang zwischen Ausgaben und Einnahmen ausweisen kann, während in den meisten Distrikte gar kein oder nur ein unwesentlicher Zusammenhang besteht. Die Gelder werden demnach offenbar nicht in dem Umfang verteilt, in dem die Distrikte sie von den *PZCs* erhalten. Dies spricht wiederum für eine geringe Stabilität des Zakatsystems.[106]

6.1.1. Kriterien für die Verteilung von Zakatgeldern

Die aufgedeckten Unregelmäßigkeiten bei dem Erhalt des Zakat und dessen Verteilung werfen Fragen nach den Kriterien auf, nach denen die *PZAs* die Zakatgelder an die *LZCs* verteilen.

6.1.1.1. Zakateinnahmen und Entwicklungsstand

Wir haben bereits oben einen Zusammenhang zwischen den Zakateinnahmen der Provinzen und ihrer Bevölkerungsanzahl feststellen können. Im folgenden wollen wir nun untersuchen, ob ein Zusammenhang zwischen den Zakateinkünften in den verschiedenen Distrikten und deren Entwicklungsstand besteht.

---

105 Besonders im Punjab, aber auch in den zwei Distrikten der NWFP und den Sindhi Distrikten mit Ausnahme von Tharparkar.

106 Es könnte aber auch als "System" schlechthin begriffen werden.

Der postulierte Umverteilungscharakter des Zakatsystems legt die Vermutung nahe, daß es einen linearen Zusammmenhang zwischen dem Entwicklungsstand eines Distriktes und seinen Zakateinnahmen durch die *PZFs* gibt, und zwar derart, daß der Zakatbetrag pro 1.000 Einwohner wächst, je "rückständiger" ein Distrikt ist.
Um dies zu errechnen, divierte ich zunächst den Mittelwert der Zakateinnahmen von vier Jahren durch die jeweilige Bevölkerungszahl (in 1.000) des Distriktes. Dieser Zakatmittelwert wurde in eine Rangfolge eingeordnet: der höchste Zakatwert der 66 Distrikte bekommt den Rang 1, der zweithöchste den Rang 2 etc. und der kleinste Wert den Rang 66. Die so errechnete Rangliste korrelierte ich mit Rangfolgen, die auf der Grundlage von Entwicklungsindikatoren sozialwissenschaftlicher Untersuchungen ausgearbeitet wurden[107].
Der Korrelationstest verwirft jedoch die Hypothese signifikant: In jedem der fünf Fälle (siehe unten Tabelle 22) erhalten wir nämlich einen Korrelationskoeffizienten unter 0,23, wenn wir unsere Rangfolge mit anderen Rangfolgen korrelieren: Die Korrelationskoeffizienten zwischen unserer Zakatreihenfolge und den übrigen Rangfolgen sind wie folgt:

---

107 Diese Rangfolgen sind übernommen aus den Arbeiten von Mahmood Hasan Khan/Mahmood Iqbal: Socio-Economic Indicators in Rural Pakistan: Some Evidence, in: Ijaz Nabi (ed.): The Quality of Life in Pakistan, Lahore, Vanguard Books Ltd. 1986, S. 93-108 und H.A. Pasha/Tariq Hasan: Development Ranking of Districts of Pakistan, in: Ijaz Nabi (ed.): The Quality of Life in Pakistan, a.a.O., S. 47-92. Zur Erläuterung der dort zu grundliegenden Indikatoren vgl. das Kapitel VIII 1. f. über die Arbeitsmarktproblematik für die Ulama. Die beiden Rangfolgen, die von H.A. Pasha/Tariq Hasan (a.a.O., S. 66 f.) unter Berücksichtigung von 27 Entwicklungsindikatoren entwickelt wurden, weisen miteinander korreliert einen signifikant positiven Zusammenhang mit einem Korrelationskoeffizient von 0,97336 auf (die Korrelation dieser Ränge wurde von mir erstellt). Ein ähnliches Bild ergibt sich bei der Korrelation zwischen den sechs Indikatoren, die Mahmood Hasan Khan/Mahmood Iqbal (a.a.O., S. 100 f.) für den Zugang zu den Inputs und Arbeitsmöglichkeiten in den Dörfern eines Distriktes gewählt haben und den 16 Indikatoren, die die Entfernung der Dörfer eines Distriktes zu diesen Möglichkeiten aufzeigen sollen (mit einem Korrelationskoeffizient von 0,95744; die Korrelation dieser Ränge wurde von mir erstellt).

Tabelle 22: Korrelationskoeffizienten der Ränge des erhaltenen Zakat pro Distrikt pro 1.000 Bevölkerung und dem Entwicklungsstand des Distriktes[108]

RF A[1]	RF B[2]	RF C[3]	RF D[4]	RF E[5]
0,121717	0,18417	0,22014	0,06836	0,15766

(Quellen und Erläuterungen:
[1] = Pasha/Tariqs erste Rangfolge mit 27 Indikatoren[109]
[2] = Pasha/Tariqs zweite Rangfolge mit 27 Indikatoren[110]
[3] = Khan/Iqbals erste Rangfolge mit 6 Indikatoren[111]
[4] = Khan/Iqbals zweite Rangfolge mit 16 Indikatoren[112]
[5] = Khan/Iqbals dritte Rangfolge mit 22 Indikatoren[113])

Zwischen dem "niedrigen" Entwicklungsstand eines Distriktes und den "hohen" Zakateinnahmen besteht demnach kein unmittelbarer Zusammenhang.

Im folgenden soll der Zusammenhang zwischen Zakateinnahmen als abhängige und Bevölkerungszahl der Distrikte als unabhängige Variable untersucht werden.

6.1.1.2. Korrelationen mit Bevölkerungszahlen

Ausgangspunkt bildet die Hypothese, daß zwischen Zakateinnahmen und -ausgaben einerseits und der Bevölkerungszahl andererseits ein Zusammenhang besteht.

---

108 Alle folgenden Korrelationskoeffizienten weisen jeweils einen entsprechend hohen Signifikanzwert auf.

109 Vgl. dazu H.A. Pasha/Tariq Hasan: Development Ranking of Districts of Pakistan, a.a.O., S. 66 f.

110 ebenda

111 Mahmood Hasan Khan/Mahmood Iqbal: Socio-Economic Indicators in Rural Pakistan: Some Evidence, a.a.O., S. 100 f.

112 ebenda

113 ebenda

Als Verfahren wenden wir wiederum den Korrelationstest nach *Spearman* an, und korrelieren die verschiedenen Zakatposten mit der jeweiligen Bevölkerung eines Distriktes.

6.1.1.2.1. Einnahmen

Der **Punjab** weist mit seinen 21 Distrikten keinen Zusammenhang zwischen **Ushreinnahmen** und Bevölkerungsgröße auf.[114]
Ferner besteht kein wesentlicher Zusammenhang zwischen **freiwilligem Zakat** und den Bevölkerungsgrößen.[115]
Dort ist der Korrelationskoeffizient zwischen den von den *PZFs* erhaltenen Zakatgeldern (**Transfers from PZF**) und der Bevölkerung verschiedener Distrikte bedeutend höher als in anderen Provinzen. Er erreicht im zweiten Jahr sogar einen Wert von 0,81688 mit einem Signifikanzwert von 0,0001. Der niedrigste Korrelationswert liegt hingegen bei 0,54416 mit einem Signifikanzwert von 0,0108.
Ähnliches gilt für andere Spenden (**Grants etc.**).
Der Korrelationskoeffizient zwischen **Gesamteinnahmen** und Bevölkerungszahl ist im Punjab am höchsten.[116] Es besteht zwar keine stark signifikante, aber doch signifikante Korrelation mit positiv linearer Steigung.
Der **Sindh** weist so gut wie gar keine Korrelation zwischen den verschiedenen Zakateinnahmeposten und der Zahl der Bevölkerung seiner Distrikte auf. Wir können lediglich im ersten Zakatjahr einen Korrelationskoeffizient von 0,78820 zwischen Gesamteinnahmen und Bevölkerungszahl feststellen.
Die **NWFP** ist die einzige Provinz mit einem starken Zusammenhang zwischen **freiwilligen Zakateinnahmen** und der Bevölkerungszahl, obgleich

114 Das gleiche gilt für alle weiteren Distrikte in den andereren Provinzen.
115 Die Korrelationskoeffizienten liegen zwischen 0,77273 und 0,37403.
116 Mit einem Korrelationskoeffizienten von 0,82468 und einem Signifikanzkoeffizient von 0,0001 im Jahr 1981.

der Trend in den letzten beiden Jahren abnimmt[117]. Ebenso ist der Zusammenhang der **Transfers aus dem PZF** und der Bevölkerung stark und bleibt über die Jahre hinweg konstant[118]. Auch ein starker Zusammenhang zwischen **Grants** und Bevölkerung besteht, der mit den Jahren noch zunimmt[119]. Die Verbindung zwischen Bevölkerung und **Gesamteinnahmen** ist entsprechend hoch und erreicht mit einem Korrelationskoeffizient von 0,89510 die Höchstmarke.

In **Baluchistan** ist der Zusammenhang zwischen **Transfers vom PZF** und Bevölkerung **sowie Gesamteinnahmen** und Anzahl der dort ansässigen Menschen erwähnenswert. Im ersten Fall liegen die Koeffizientwerte zwischen 0,89330 und 0,82561, im zweiten Fall wird sogar ein Wert von 0,91538 erreicht.

6.1.1.2.2. Ausgaben

Wir wollen nun prüfen, ob zwischen den einzelnen Ausgabeposten und den Gesamtausgaben einerseits und der Bevölkerungszahl andererseits ein Zusammenhang besteht.

Zwischen der **direkt** an Einzelne/Individuen geleisteten **Unterstützung** in den 21 Distrikten des **Punjab** und deren Bevölkerungszahl existiert zumindest in den ersten zwei Jahren des Zakatsystems eine relativ hohe positive Korrelation[120]. In den nächsten beiden Jahren sinkt der Korrelationskoeffizient auf 0,62987.

Ebenso nimmt der Betrag ab, den die *LZC*s in den 21 Distrikten an die **Institutionen** vergeben. Während hier im ersten Jahr der Korrelationskoeffizient immerhin 0,75325 beträgt, sinkt er im vierten Jahr auf 0,26753.

---

117 Die Korrelationskoeffizienten liegen hier zwischen 0,76923 und 0,04196. Ob der relativ hohe Anteil am freiwilligen Zakat für den pietistischen Charakter der Pakhtunen spricht, kann hier nicht erläutert werden. Fest steht, daß aus dieser Provinz die relative Mehrheit der religiöser Schüler stammt und daß es hier eine Vielzahl religiöser Schulen gibt. Dies mag ein Grund für den Zusammenhang zwischen freiwilligem Zakat und der Bevölkerungszahl der Distrikte dieser Provinz sein.

118 Mit Korrelationswerten von 0,80420 und 0,89510 und Signifikanzwerten von 0,0016 und 0,0001.

119 Mit Korrelationswerten von 0,31469 bis 0,87413.

120 Mit Korrelationswerten von 0,81039 und 0,86753 und jeweils dem Signifikanzkoeffizient von 0,0001.

Entsprechend positiv ist die Korrelation zwischen den **Gesamtausgaben** und der Bevölkerungsgröße in allen Jahren.[121]
Die Zusammenhänge zwischen **administrativen Ausgaben** und **Verschiedenes** und Bevölkerungszahlen können hier vernachlässigt werden.
Für **Sindh** ist keine nennenswerte Korrelation festzustellen, was für eine eher desolate Position des Zakatwesens in dieser Provinz spricht[122].
In der **NWFP** ist der Zusammenhang zwischen der **individuellen Unterstützung** und der Zahl der dort lebenden Menschen sehr stark[123], während er zwischen den Zahlungen an **Institutionen** und Bevölkerungszahl sehr gering ist.
Die **Gesamtausgaben** wiederum zeigen einen hohen positiven Zusammenhang mit der Bevölkerung auf.[124]
In **Baluchistan** existiert nur eine Verbindung zwischen Bevölkerungszahl und den **Gesamtausgaben**[125].

Es können lediglich hohe Korrelationswerte zwischen den Gesamteinnahmen und -ausgaben eines Distriktes und dessen Bevölkerungszahl nachgewiesen werden, nicht jedoch zwischen dessen sozialem und wirtschaftlichem Entwicklungsstand und den Zakatposten. Wir kommen daher zu dem Ergebnis, daß der von der Zakatadministration gestellte Anspruch, ein "social welfare system" zu schaffen, genauso wenig realisiert wird wie sein Verteilungsanspruch.

---

121 Die Korrelationswerte lauten hier 0,82208; 0,86753; 0,67532; 0,62078.
122 Dies kann auch im Zusammenhang mit der Ablehnung des Zakatsystems durch einige Träger der traditionalen Gesellschaftssektoren gesehen werden; vgl. dazu auch V 8.1.4.1. und VI 9.1.
123 Bis zu 0,92308 im zweiten Jahr!
124 Mit einem Korrelationkoeffizienten von 0,91608.
125 Mit Korrelationswerten von 0,54936 bis 0,84243.

7. Zusammenfassende Bemerkungen

Die Einführung und Umsetzung des Zakatwesens seit 1980 ist Ausdruck einer Kolonialisierung traditionaler Werte und Ordnungssysteme.[126] Letztere werden zunehmend aufgelöst, ohne adäquat ersetzt zu werden. Gleichzeitig bedeutet das staatliche Zakatwesen die Traditionalisierung kolonialer Institutionen (Steuern und Bürokratie) und reflektiert mithin den integrationistischen Charakter der Islamisierung.

Das Zakatwesen ermöglicht durch seinen administrativen Aufbau, seine Überwachungsinstitutionen und die von ihm ausgehenden finanziellen Hilfen, die Abhängigkeitverhältnisse schaffen, eine Integration weiter, teilweise noch vom staatlichen Zugriff unberührter Gebiete und Institutionen in den Einflußbereich des kolonialen Sektors. Eine Verbindung zur Nationalisierung des islamischen Stiftungswesens liegt nahe. Auch dort versucht der Staat, in bislang autonome und autochthone Gebiete vorzudringen. Die Auswertung der Zakatdaten zeigte, daß das Zakatwesen keinen "social welfare" Charakter hat. So zeugen z.B. Zakathinterziehung, starke Mittelwertsabweichungen verschiedener Zakatposten auf Distriktebene, fehlende Zusammenhänge zwischen Zakatzahlungen und Entwicklungsstand bzw. Bedürftigkeit der zakaterhaltenden Gebiete sowie die starke Übervorteilung des Punjab eher von einer Instabilität des Zakatsystems bzw. können sogar als systemimmanente Mechanismen betrachtet werden. Ferner werfen der zu geringe Zakatbetrag, die Einnahmeverfahren und die Verteilungseffekte Zweifel über die Möglichkeit des Systems auf, überhaupt ausgleichend wirken zu können.

Die Rolle des Staates beim Aufbau eines islamischen Sozialwesens ist freilich von zentraler Bedeutung, eine Bedeutung, die sich seine Repräsentanten nicht nehmen lassen werden, konnten sie doch mittels des Zakatsystems nicht nur die staatliche Einflußsphäre erweitern, sondern auch für untere und mittlere Bereiche der Bürokratie neue Arbeitsplätze schaffen.

Der Staat ist in der Lage, seine Politik nicht nur durch die Vertreter der islamischen Avantgarde islamisch fundamentalistisch legitimieren zu lassen. Auch Vertreter der traditionalen *Geistlichkeit* werden zusehends

---

126 Dies wurde aus der vorangehenden Analyse ersichtlich. Auch die Erörterung des Zakatwesens im Zusammenhang mit religiösen Schulen belegt dies (vgl. V 8.1.1. ff.).

als Legitimationsinstanzen für die Durchsetzung dieses modernen "Sozialwesens" mobilisiert.
Nichtsdestotrotz haben sich weite Teile der Bevölkerung von den Zakatzahlungen befreien können. Neben den Mitgliedern der Schia konnten sich auch Vertreter des traditionalen Sektors und der Mischgebiete[127] dieser staatlichen Islamisierungsmaßnahme entziehen. Teile der pakistanischen *Geistlichkeit* lehnen konsequent das Zakatwesen ab und können seine Implementierung sogar verhindern. Hierbei orientieren sie sich an dem Rechtsspruch (*fatwâ*) des *Muftî Maḥmûd*, der in einer Zehn-Punkte Erklärung das neu eingeführte Zakatwesen ablehnte[128]. Hintergrund dieser Ablehnung war mitunter die Befürchtung der Träger autochthoner Institutionen, durch den staatlichen Eingriff ihre Autonomie zu verlieren[129]. Diese eher "isolationistische" Haltung ist bisher jedoch beschränkt auf eine Provinz, dem Sindh, und als Ausdruck der dortigen sozio-ökonomischen und mithin politischen Situation zu bewerten.[130]
Mit Hilfe des Zakat- und Ushrwesens ist es grundsätzlich möglich, Sozialpolitik zu betreiben. Bedingung ist, daß es gelingt, tatsächlich 2,5% bzw. 5% auf all diejenigen Güter einzutragen, auf die nach der Shari`a Zakat bzw. Ushr gezahlt werden soll. Vor allem eine Dynamisierung des Ushrsystems kann höhere Einnahmen bringen. Dies wäre eine steuerliche Innovation, da die Bauern bisher keine Steuern auf landwirtschaftliche Erträge zahlten.

---

127 Im Sinne des theoretischen Modells.
128 Vgl. dazu weiter unten VI 9. ff.
129 Dies wurde z.B. im Nachweis der Buchführung der verwandten Gelder in religiösen Schulen ersichtlich und in der damit einhergehenden staatlichen Steuerung der religio-politischen Parteien. Vgl. auch das Kapitel über das islamische Erziehungswesen, passim.
130 Vgl. dazu weiter unten V 9.2.

V. DAS ISLAMISCHE BILDUNGSWESEN

Die Einführung islamisch-fundamentalistischer Prinzipien erfolgte auch im Bereich des traditionalen Erziehungswesens, den religiösen Bildungsstätten (*dînî madâris*: D.M.). Ihnen kommt in viererlei Hinsicht eine große Bedeutung zu. Erstens spielen sie eine Rolle in der pakistanischen - im übrigen auch prä-pakistanischen - Bildungspolitik. Zweitens sind sie schon wegen ihrer großen Zahl ein wichtiger Faktor in den Islamisierungsbemühungen General Zia ul Haqs. Drittens rekrutieren sich die führenden Geistlichen aus diesen Schulen und viertens stellen sie ein unübersehbares Konfliktpotential dar.
Bis 1981 waren nur einige D.M. in das formale Erziehungswesen integriert[1] und entsprechend wenig in administrative und politische Prozesse einbezogen. Damit standen diese Schulen mit ihren Lehren und Schülern am Rande sowohl der nationalen Entscheidungs- als auch der Wirtschaftsprozesse und können in diesem Sinne als Marginalisierte bezeichnet werden.
Dieses Erziehungswesen war auf den traditionalen Sektor hin ausgerichtet und bildete diejenigen aus, die Teil traditionaler Gesellschaftsformen waren. Zusehends passt es sich aber auch den Bedürfnissen des kolonialen Sektors an. Da der traditionale Gesellschaftsbereich zahlenmäßig über ein erhebliches Mobilisierungspotential verfügt, kann er politisch wirksam werden. Ein Beispiel dafür ist seine Rolle während der *PNA* Bewegung 1977.

1. Zur Forschungslage

Über die Islamisierung im allgemeinen ist in den letzten Jahren zwar eine Fülle von Veröffentlichungen erschienen, doch über das islamische Er-

1 Lediglich die Urkunden (Zeugnisse) einiger weniger, großer D.M. besonders in der NWFP wurden schon seit den sechziger Jahren vom Erziehungsministerium anerkannt.

ziehungswesen seit 1977 wurde kaum gearbeitet[2]. Im folgenden wollen wir die Literatur zum Thema "islamisches Erziehungswesen" betrachten und prüfen.
Seit 1977 sind eine Reihe von Beiträgen zum Thema religiöse Erziehung erschienen. Zur gegenwärtigen Lage des pakistanischen Bildungswesens im Hinblick auf die Islamisierung liegt jedoch noch keine Gesamtdarstellung vor. Nur Teilaspekte sind verschiedentlich behandelt worden.
Auffallend ist zunächst die Tatsache, daß viele Beiträge Mitte der vierziger und Mitte der sechziger Jahre erstmals veröffentlicht wurden. Wegen ihrer angeblichen Aktualität angesichts der neuesten Entwicklungen werden sie nochmals, meist jedoch unverändert, auf den Markt gebracht. Es sind häufig idealisierte Darstellungen des Systems der *dînî madâris* und des von ihnen repräsentierten "islamischen Erziehungswesens". Diese Literatur beschränkt sich auf die Zeit zwischen dem Propheten Muḥammad und der Ankunft der Briten auf dem indischen Subkontinent (z.B. Quraishi[3], Chaudhury[4], Shalabî[5]). Eigene Darstellungen behandeln die Phase der britischen Invasion, in denen meist gezeigt wird, wie die imperiale Macht das traditionale Erziehungswesen deformierte und ein neuartiges, nach kolonialen Interessen ausgerichtetes, Erziehungswesen einführte (z.B. Leitner[6], Gîlânî[7], Nadawî[8]). Das traditionale Erziehungs-

---

2 Das gleiche gilt für das *CII*, das Stiftungs- und Zakatwesen. Die meisten Arbeiten zur Islamisierung betrachten den Islamisierungsprozeß. Sie stellen ihn oft in makro-ökonomische und makro-politologische Zusammenhänge, ohne die soziale Mikroebene zu betrachten.

3 Mansoor A. Quraishi: Some aspects of Muslim education, Lahore 1983 (fertiggestellt 1970)

4 A. G. Chaudhri: Some Aspects of Islamic Education, Lahore 1982

5 Aḥmad Shalabî: Tarîkh-e Ta`lîm o Tarbiyyat-e Islâmiyyah (Geschichte der islamischen Erziehung und Bildung), Lahore 1963 (Urdu)

6 G. W. Leitner: History of indigenous education in the Punjab since Annexation and in 1882, veröffentlicht vom Languages Department Punjab, New Dehli 1971 (erstm. 1883).

7 S.M.A. Gîlânî: Hindustân meñ Musalmânoñ kâ niẓâm-i ta`lîm o tarbiyyat, Bd. I und II, Union Printing Press, Dehli 1966 (Das Erziehungswesen der Muslime in Hindustan) (Urdu)

8 Sayyid Sulaimân Nadwî: Maqâlât-e Shiblî, Bd. 3 o.O. 1955 (Aufsätze von Shiblî) (Urdu)

wesen in Pakistan seit 1947 findet in wissenschaftlichen Veröffentlichungen so gut wie gar keine Berücksichtigung.[9]
Dies bedeutet nicht, daß seit der Unabhängigkeit Pakistans kein traditionaler Bildungssektor mehr besteht. Auch nach 1947 existiert er. Daher ist die naheliegende Erklärung für fehlende akademische Abhandlungen in der geringen Bedeutung, die der koloniale Bereich dieser Erziehungsform beimißt, zu suchen. Tatsächlich ist das althergebrachte Erziehungswesen seit 1947 weitgehend von dem formalen überdeckt worden.[10]
Nur der Integrationist Ḥâfiẓ Nadhr Aḥmad bemühte sich um die D.M. und legte vier Arbeiten darüber vor.[11] Der offiziellen Erhebung von 1960 und dem anschließenden Bericht, die beide eine curriculare Neuordnung der D.M. forderten,[12] folgte zehn Jahre später eine weitere umfassende Untersuchung durch Nadhr Aḥmad.[13] Abermals wurde eine curriculare Neugestaltung der religiösen Schulen verlangt.

---

9 Wohl sind Veröffentlichungen seit 1947 erschienen, die sich mit dem traditionalen Erziehungswesen vor diesem Zeitpunkt befassen: Ziaul Haque: Muslim religious education in Indo-Pakistan, in: *IS* Vol. 14, No. 1, 1975, S. 271 - 292; Sayyid Muḥammad Salîm: Hind o Pâkistân meñ musalmânoñ kâ niẓâm-e ta`lîm o tarbiyyat, Lahore 1980 (Das Erziehungs- und Bildungswesen der Muslime in Hind- und Pakistan) (Urdu); Abû'l `Alâ Mawdûdî: Ta`lîmât, Lâhôr 1982 (Urdu) (Erziehungswesen).

10 Die akademische Ausblendung des traditionalen Erziehungswesens ist nicht nur Ausdruck der Monopolisierung wissenschaftlicher Auseinandersetzung durch den formalen Erziehungssektor. Sie spiegelt auch die vorherrschenden säkularen Tendenzen des Wissenschaftsbereiches wider, die auf den urbanen Bereich beschränkt bleiben.

11 Ḥâfiẓ Nadhr Aḥmad: "Hamarî Darsgahon meñ dînî ta`lîm", Vortrag auf der Konferenz "Kull Pâkistân Mu'tamar `arabî wâ `ulûm islâmiyyah" in Peshawar 1955, (mimeo) (Urdu); derselbe: A preliminary survey of madaris-i-deeniyyah in East & West Pakistan, presented at the first Pakistan Oriental Conference, December 1956 (mimeo) (Urdu); derselbe: Jâ'izah Madâris-e `arabiyyah Islâmiyyah maghribî Pâkistân, Lyallpur 1960 (Urdu) (Ahmad I); derselbe: Jâ'izah-e madâris-e `arabiyyah maghribî Pâkistân (Überblick über die arabischen Madâris West-Pakistans), Lahore 1972 (Urdu) (Ahmad II).

12 Ahmad I

13 Ahmad II

Auch der 1979 vom Religionsministerium unternommene "nation-wide survey on dini madaris" forderte eine Umgestaltung der D.M..[14]
Die letzte D.M.-Erhebung wurde 1982/83 vom Erziehungsministerium unternommen[15] und schloß zunächst die staatlichen Bemühungen um das islamische Erziehungswesen und die *Geistlichkeit* ab[16].
Alle staatlichen Erhebungen stellen keine Studien zum "islamischen Erziehungswesen" dar, sondern sind Materialsammlungen, die häufig eher bürokratischen als akademischen Charakter haben[17].
Über die D.M. und die Ulama existiert eine große Menge Urdu-Literatur aus den Reihen der Geistlichen. Sie lehnen die Reformvorschläge meist ab, können jedoch selbst kaum konstruktive Alternativen anbieten.

---

14 GoP, Ministry of Religious Affairs: Riport qâwmî kâmiṭî bârâ-e dînî madâris Pâkistân, Islâmâbâd 1979 (Bericht des Nationalen Komitees für Dînî Madâris Pakistan) (Urdu) (*Halepota Report*); Islamic Research Institute (hrsg.): Pâkistân meñ Dînî Madâris kâ (sic!) fihrist, Islâmâbâd 1982 (Urdu) (Zusammenstellung der Dînî Madâris in Pakistan)

15 GoP, Ministry of Education; Islamic Education Research Cell: Pâkistân ke dînî madâris kî fihrist 1984, Islâmâbâd 1984 (Zusammenstellung der religiösen Schulen Pakistans) (Urdu)

16 Neben diesen Ausführung kann Arbâb Khân Afrîdîs Manuskript zu den Dînî Madâris in NWFP (erarbeitet am *Institute of Education and Research* (*IER*), Peshawar University 1984 (unveröffentlicht) (Urdu)) genannt werden. Er beschränkt seine reformfreudige Studie auf die D.M. der NWFP. Kleinere Untersuchungen des islamischen Erziehungswesens sind von Zeit zu Zeit als *M.A.* Arbeiten an den Universitäten eingereicht worden. Sie zeichnen sich ebenfalls durch eine starke Reformfreudigkeit aus. Z.B. Mohammad Afzal: Integration of Madrasah Education with the formal System of Education at Secondary Level, *M.A.* Thesis, Allama Iqbal Open University, Islamabad 1985 (unveröffentl.); Bîbî Sakîna: Dâr al-`Ulûm Ḥaqqâniyyah, Akoṛâ Khaṭṭak, Peshawar, Pakistan Studies Centre, University Peshawar, *M.A.* Arbeit 1985 (Urdu) (mimeo).

17 Erwähnenswert ist eine umfassende Bibliographie zum Thema islamisches Erziehungswesen von S. M. Khâlid: Islamisches Erziehungswesen und eine kommentierte Bibliographie mit besonderer Berücksichtigung Pakistans, *IPS* Islamabad 1984 (Urdu). Vor allem das *IPS*, eine Zweigstelle der Jama`at-e Islami, zeichnet sich durch stete Publikationen zum Thema islamisches Bildungswesen aus. Die Jama`at selber verfolgt das Ziel, religiöse Erziehung mit säkularer zu verbinden.

1.1. Vor der Kolonialisierung des Erziehungswesen

Zur Zeit der Moghulen waren auf dem indischen Subkontinent die D.M. und andere traditionale autochthone Institutionen (z.B. auch *khânqah*) die Bildungs- und Erziehungsstätten für Muslime und Hindus. Die Unterrichtssprache war meist Persisch[18]. Gelehrt wurden die an die Shari'a orientierten Fächer - die *'ulûm-e naqaliyyah*[19] - "Koran", "Ḥadîth" (überlieferte Tradition des Propheten), "Fiqh" (islamisches Recht), praktische Unterweisung in islamischen Grundsätzen sowie Redekunst[20].
Schon unter Muḥammad Ibn Tughluq (1325-51) waren die rationalen Wissenschaften (*'ulûm-e 'aqaliyyah* oder *ma'qûlât*) sehr verbreitet, "konnte Hindustan sich (doch) nicht von den rationalen Wissenschaften und Künsten (*'aqlî 'ulûm o funûn*), die zu dieser Zeit üblich waren, fernhalten"[21]. "Philosophie", "Logik", "Mathematik", "Astronomie", "Geometrie", "Medizin" und "Musik" wurden als besonders wichtig erachtet[22]. Daß die islamischen Mystiker (*Ṣûfîs*) bei der Wissensvermittlung eine herausragende Rolle spielten, ist allgemein anerkannt. Sie waren es, die *'aqaliyyat* (rationale Wissenschaften) lehrten[23].
Wie viele andere Autoren auch, die das islamische Erziehungswesen untersuchten, idealisierte es Gîlânî und stellte es als human, frei von elitären Tendenzen, nicht funktionalistisch ausgerichtet dar. Erziehungsinhalte und Methoden waren jedoch nicht unabhängig von den damaligen führenden Persönlichkeiten und Notablen (*mawlânâ*, *ḥakîm*, *sulṭân* etc.) gewesen. Gîlânî selbst stellt diese Tatsache heraus: Die Schüler lernten lediglich die "Lehren von Sonne und Büchern" und waren in Erziehungsgruppen (*ta'lîmî ḥalqe*) eingebunden[24] und damit zwar in keine

---

18 S.M.A. Gîlânî: Hindustân meñ Musalmânoñ kâ niẓâm-i ta'lîm o tarbiyyat, a.a.O. Bd. I, S. 186
19 Vgl. auch weiter unten zur Rolle der Curricula bei der integrationistischen Wertevermittlung, Kapitel V 1.
20 Gîlânî a.a.O., S. 145; zum Curriculum vgl. auch Ziaul Haque: Muslim religious education in Indo-Pakistan a.a.O.; G.M.D. Sufi: Al-Minhaj; evolution of curricula in the Muslim educational institutions, Lahore 1981 (erstm. 1941) und Arbab Khân Afrîdî a.a.O. passim.
21 Gîlânî a.a.O., S. 213; Übersetzung aus dem Urdu vom Autor.
22 Gîlânî a.a.O., S. 206 ff. Vgl. dazu auch Kapitel V 1. und die Reaktion der Ulama (Kapitel V 1.1. f.).
23 Gîlânî a.a.O., S. 232 ff
24 Gîlânî a.a.O., S. 273 f

Kaste, jedoch einer Art Zunft eingegliedert: "together with the teacher, they (students; J.M.) formed a guild of the educated - *ashab-e 'amamah*"[25]. Verschiedene Curricula-Veränderungen der D.M. deuten auf eine gesellschaftliche Anpassung dieser Bildungsinstitutionen hin[26], worin sich ein funktionalistischer Charakter äußert. Das bis heute noch gültige und gängige Curriculum für die D.M. im indischen Subkontinent ist das sogenannte *dars-e niẓâmî*[27], das im 18ten Jahrhundert von *Mullâ Niẓâm al-Dîn* (gest. 1748)[28] bei Lucknow eingeführt worden war und seitdem einige säkulare Modifikationen erfahren hatte.[29]

1.2. Kolonialisierung der traditionalen Erziehung

Mit der Ankunft der Kolonialherren wurde die traditionale Bildung an den Rand gedrängt. Die Briten ersetzten das D.M. Bildungswesen durch ein neues formales, auf britische Bedürfnisse zugeschnittenes[30].
Das formale Erziehungswesen wurde seither durch die Regierungen stark gefördert, während die religiösen Schulen wenig staatliche Unterstützung genossen. Sie finanzieren sich aus privaten Einkünften und fristen z. T. ein materiell armseliges Dasein. Gleichzeitig reflektieren sie ein hohes Maß an sozial-geschlossener Hierarchie und repräsentieren das traditionale, in sich stabil gegliederte, System.
Die Politik der Modernisierung wurde von den Trägern des neuen Nationalstaates Pakistan fortgeführt; das moderne Erziehungswesen wurde gefördert, das traditionale immer mehr vernachlässigt. Die an Moderni-

---

25 Vgl. M.A. Quraishi a.a.O., S. 75

26 Zur curricularen Entwicklung in den religösen Schulen bis zur Zeit vor der Staatengründung 1947 vgl. auch Haque a.a.O. und Sufi a.a.O..

27 Vgl. dazu A<u>kh</u>tar Râhî: Ta<u>dh</u>kirah-e muṣannifîn dars-e niẓâmî, Lahore 19782 (Biographie der Autoren des Dars-e Niẓamî) (Urdu).

28 *Mullâ Niẓâm al-Dîn Sehâlvî* aus Sehâl im Bârâ Bauhî Distrikt, U.P.; vgl. auch EI² Bd. I, S. 936 b und Bd. II, S. 132 a.

29 Vgl. auch F. Robinson: The `Ulamâ' of Farangî Maḥall and their Adâb, in: B.D. Metcalf (ed.): Moral conduct and authority, a.a.O., S. 152-183, hier bes. 154 f.

30 Vgl. dazu W. Leitner: Indigenous a.a.O., der als einer von wenigen Europäern das traditionale Erziehungswesen in Indien schätzte und seine Umgestaltung durch die Briten für unangebracht hielt.

sierungsstrategien orientierte Erziehungspolitik konnte die *Geistlichkeit* und andere traditionale Kräfte jedoch nicht völlig ignorieren. Dies führte zu einigen Zugeständnissen an die Geistlichen, um zum einen deren Forderungen nach der Realisierung eines auf islamischen Fundament stehenden Staates entgegenzukommen und um zum anderen die nationale Ideologie und das *raison d'etre* Pakistans zumindest formal zu wahren und zu garantieren.
Von staatlicher Seite mußte ebenfalls versucht werden, die heterogene muslimische Gemeinde Pakistans mit ihrer unübersehbaren Vielfalt von Ethnien, Sprachen und religiösen Ausrichtungen zu integrieren und besonders die geistliche Elite zu gewinnen[31]. Dabei war freilich den Politikern immer daran gelegen, der Geistlichkeit nicht zu viel Rechte und Pflichten einzuräumen.
Aus meist politischen Gründen wurden die Geistlichen samt ihren Schulen erheblich vernachlässigt.[32] Ein weiterer Grund ist die angebliche Weltfremdheit und vermeintliche Unfähigkeit der Geistlichen, wie von staatlicher und formaler Seite her immer wieder betont wird. Bei genauer Betrachtung ergibt sich allerdings, daß diese Weltfremdheit und Unfähigkeit von staatlicher Seite erst geschaffen wurden.

2. Unter Ayûb Khân

Unter Ayûb Khân (1958-69) gewann die Auseinandersetzung zwischen den staatlichen Autoritäten und der *Geistlichkeit* zunehmend an Bedeutung. Dies kommt in verschiedenen Maßnahmen, die Ayûb Khân gegenüber der *Geistlichkeit* ergriff - etwa dem Aufbau des *CII* und des *IRI* -, zum Ausdruck.[33]

31 Gerade sie repräsentiert die Verschiedenartigkeiten.
32 Vgl. dazu auch Kapitel über das *CII* und das Stiftungswesen.
33 Beide Institutionen wurden konzipiert, um den Islam zu "modernisieren" und ihn so mit westlichen Ideologien kompatibel zu gestalten; vgl. auch das Kapitel über das *CII*.

2.1. Das *Auqaf Department* und Dînî Madâris Organisationen

Das Bemühen des staatlichen Sektors, islamisch traditionale Aktivitäten in gewünschte Bahnen zu lenken, läßt sich z.B. anhand der Zentralisierung des *Awqâf*wesens[34] und dem Versuch, die D.M. an das formale Erziehungswesen zu binden und es damit den übergeordneten nationalen Interessen zu unterwerfen, aufzeigen.

Die Polemik Ayûb Khâns gegen die islamische *Geistlichkeit* ist bekannt. Ausdruck der undifferenzierten Einschätzung der D.M. durch staatliche Institutionen war z.B. die Tatsache, daß nur derjenige als Alphabet eingestuft wurde, der eine formale Bildung genossen hatte, während ein Schüler, der in der D.M. selbst die höchste Stufe erreichte, als Analphabet galt[35]. Diese auch heute noch unter den Repräsentanten des kolonialen Sektors weit verbreitete Vorstellung erinnert an die eurozentristische Auffassung MaCauleys (1835).

Um die *Geistlichkeit* in Pakistan zu kontrollieren und sie in ihre Schranken zu verweisen, versuchte der Staat die D.M. an staatliche Organe zu binden. Durch eine administrative Umstrukturierung der Moscheen und *madâris* wurde dies nur bedingt erreicht. Eine Anzahl von ihnen wurde nämlich nationalisiert. Die administrative und damit auch wirtschaftliche und politische Anbindung sollte jetzt durch curriculare Reformen effektiver gestaltet werden[36].

Die Entstehung der *Dînî Madâris*-Dachorganisationen in Pakistan war eine Reaktion auf diese staatlichen Maßnahmen. Bis dahin hatten die religiösen Schulen sich ausschließlich von Einnahmen aus den ihnen angeschlossenen Stiftungen sowie privaten Spenden finanziert. Die Regierung wollte sich der *waqf* (Stiftungen) bemächtigen, um deren Gewinne den Staatseinnahmen zuzuführen und deren Stellung als autonome Insti-

34 Vgl. das Kapitel über das Stiftungswesen.

35 Muhammad Y. Ludhîânwî: *lamhah-e fikariyyah* (Bericht des Nationalen Komitees für Dînî Madâris Pakistans und ein bedenklicher Augenblick für die \`Ulamâ' der Ummah), hrsg. von *Wafâq al-madâris al-\`arabiyyah Pâkistân*, o.J. (Urdu), S. 25 f.

36 Vgl. auch die kritische Stellungnahme zur staatlichen Integrationspolitik von Muhammad Y. Ludhîânwî: *radd-e \`amal* (Der vorgeschlagene Plan des Erziehungsministeriums für die Dînî Madâris und die Verweigerung der \`Ulamâ') hrsg. von *Wafâq al-madâris al-\`arabiyyah Pâkistân*, 1981 (Urdu), bes. S. 20.

tutionen zu schwächen[37]. Dadurch sollte die Politik der Modernisierung vorangetrieben und die Geistlichen als *modern mullas* integriert werden[38]. Um sich gegen derlei Angriffe besser schützen zu können, organisierten sich die Repräsentanten des traditionalen Sektors, vor allem die muslimischen Würdenträger, just vor Ausrufung der *West Pakistan Waqf Property Ordinance 1961* und der damit verbundenen Übertragung privaten Stiftungseigentums an den Staat, in Verbände. Da die Ulama jedoch keinen monolithischen Block darstellen, formierten sie sich, ihre Anhängerschaft und ihre Zentren (die D.M.) nach verschiedenen Denkschulen. Diese Denkschulen waren zum größten Teil im Britisch Indien des neunzehnten Jahrhunderts entstanden:

Die Deobandi Denkrichtung in Pakistan war engstens verknüpft mit dem Mitte des neunzehnten Jahrhunderts etablierten Seminar in Deoband, die eine Institution gewordene Tradition politischen Widerstands gegen die Kolonialherren darstellte.[39] Die Deobandis rekrutierten sich meist aus *ashrâf* und Staatsdienern. Aufgrund ihrer weiten Verbreitung auch nach der Schaffung des heutigen Pakistans, konnten sie im Zuge der Nationalisierung der islamischen Stiftungen eine D.M.-Organisation schaffen. Sie gründeten die "*Wafâq al-Madâris al-`arabiyyah*" im Jahre 1959 in Multan.

Die Brelwis, die als Reaktion auf die anti-kolonialen Deobandis entstanden waren, sprachen mehr die Bauern und die ärmeren ländlichen Bevölkerungsschichten an. Obwohl auch die Brelwis das islamische (hanafitische) Gesetz vertraten, hielten sie dennoch an den Schreinkulten und der damit verbundenen gesellschaftlichen Hierarchisierung fest und zeichneten sich durch einen hohen Grad an Konformismus aus[40]. Sie etablierten im Jahre 1959 die "*Tanẓîm al-Madâris al-`arabiyyah*" in Dera Ghazi Khan.

Die Ahl-e Hadith, die einen hohen Organisationsgrad vorwies, setzte sich hauptsächlich aus wohlsituierten Kaufleuten zusammen. Als Gegenbewegung sowohl zu den Brelwis als auch zu den Deobandis war sie

---

37 Vgl. auch Kapitel über das islamische Stiftungswesen.

38 Vgl. dazu etwa weiter unten auch die curriculare Diskussion ab 1979/80, Kapitel V 1. - 1.5.

39 B.D. Metcalf: Islamic Revival in British India, 1860-1900, Princeton University Press 1982. Zu weiteren Quellenangaben vgl. oben Einleitung und Kapitel I.

40 B.D. Metcalf: Revival a.a.O., S. 264 ff und S. 296 ff. Weitere Quellenangaben zu den Brelwis vgl. oben Einleitung und Kapitel I.

fundamentalistisch eingestellt, lehnte also jegliche Zwischeninstanzen zwischen Mensch und Gott, wie etwa das kanonische Gesetz oder gar die Heiligenkulte ab; sie erkannte lediglich Koran und die Tradition des Propheten als einzig bindende Rechtsquellen an[41] und schaffte 1955 in Lyallpur (heute Faisalabad) die "*Markaz-e Jam'iyyat Ahl-e Ḥadîth*".
Die Schia, die ihre eigene alte Geschichte im indischen Subkontinent hat und nicht selten unter Diskriminierung des sunnitischen Establishments litt[42], formierte ihre D.M. 1959 in Lahore unter der "*Majlis-e naẓârât-e shî'ah madâris-e 'arabiyyah*".
Die Jama'at-e Islami begann erst 1982, ihre D.M. unter der "*Râbiṭah al-madâris al-islamiyyah*" mit dem Zentrum in Lahore zu organisieren.
Die wesentlichen Aufgaben dieser Dachorganisationen waren, die D.M. zu organisieren, die Curricula zu reformieren und mit modernen Fächern anzureichern sowie das Prüfungssystem zu vereinheitlichen. Alle Dachverbände außer der Jama'at-e Islami waren bis in die späten siebziger Jahre jedoch nicht in der Lage, ihre Ziele konsequent durchzusetzen. Nur einzelne Teile davon wurden realisiert, bis schließlich ein erneuter "Angriff" des Staates mit dem Machtantritt Zia ul Haqs die Dachorganisationen mobilisierte und zu einer neuen Formierungsphase führte.
Die Bereitschaft der Ulama, sowohl die Schulen als auch die D.M.-Organisationen zu reformieren, ist zum einen Ausdruck ihres Strebens nach politischer Partizipation[43], zum anderen ihrer Auffassung, ihr Bildungssystem sei rückständig und deshalb reformbedürftig. Dieses verzerrte Selbstverständnis war Folge der kolonialen Penetration und wurde durch die Vertreter der neuaufkommenden islamischen Intelligenz kultiviert. Die Annahme ihrer Rückständigkeit und die gescheiterte Umsetzung der Ziele der D.M.-Dachverbände allerdings zeigt die Unfähigkeit der Traditionalisten, den "Anforderungen der Moderne", so wie sie von den Avantgardisten verstanden wurden, gerecht zu werden. Dieses Scheitern war scheinbar wiederum Grund genug, die *Geistlichkeit* als "backward" zu betrachten.

---

41 B.D. Metcalf: Revival a.a.O., S. 268 ff. Weitere Quellenangaben zu den Ahl-e Hadith vgl. oben Einleitung und Kapitel I.

42 Einige Vertreter der Jama'at-e Islami neigen sogar dazu, die Schia als Nicht-Muslime zu kennzeichnen. Zu bibliographischen Angaben vgl. Einleitung und Kapitel I.

43 Auch wenn ihre Funktion dabei auf die einer Legitimationsinstanz reduziert werden kann.

2.2. Curriculare Anbindung

Für die curriculare Anbindung der D.M. an das formale Erziehungswesen wurde im Jahre 1961 ein Komitee zur Überarbeitung und Neugestaltung des D.M.-Curriculums gegründet.[44] In diesem Gremium war die *Geistlichkeit* unterrepräsentiert.[45] Diese "Staatslastigkeit" sollte auch in den Curriculavorschlägen des Komitees ihren Niederschlag finden.[46]
Die vom Komitee vorgelegte Studie beschränkt sich auf bekannte und große D.M., in denen *dars-e niẓâmî* unterrichtet wurde. Ihre Anzahl belief sich auf 700. An dieser Stelle muß darauf hingewiesen werden, daß die dazu erforderliche Erhebung wesentlich von der amerikanischen *Asia Foundation* finanziert wurde[47], was amerikanisches Interesse an religöse Schulen nahelegen kann.
Ḥâfiẓ Naḏhr Aḥmad hatte schon in den fünfziger Jahren Erhebungen zu dem Thema durchgeführt und modernisierende und reformistische Vorschläge vorgelegt. Das ganz im Sinne staatlicher Interessen arbeitende Komitee verfolgte das gleiche Ziel. Dies wird in seinen Vorschlägen deutlich, in denen neben einer religiösen Erziehung in den D.M. auch eine allgemeine Bildung (*general education*) gefordert wurde. Die Reformen wurden damit begründet, daß die gegenwärtigen Bedürfnisse der Nation zu befriedigen seien und den *challenges of time* zu begegnen sei. Bei der Umsetzung dieser Vorschläge sollte die *Geistlichkeit* ihren "full part as citizens" spielen[48]. Dies sei jedoch nur möglich, wenn "unneccessary non-religious subjects from the existing syllabus" eingeschränkt, und durch "religious subjects based upon undisputed sources of knowledge" ersetzt würden[49]. Das Komitee vertrat ferner die Forderung, "to widen the outlook of Darul Uloom students and to increase their mental horizon". Dies

---

44 Vgl. *Report of the Committee set up by the Governor of West Pakistan for Recommending improved Syllabus for the various Darul Ulooms and Arabic Madrasas in West Pakistan*, Lahore 1962 (*Report*).

45 Es bestand aus insgesamt elf Mitgliedern, von denen drei aktive Madârisvorsitzende waren, sechs aus dem universitären Bereich und zwei aus der staatlichen Verwaltung stammten.

46 Für die folgende Bildungsstrategie des Ayûb Regimes vgl. auch weiter unten Kapitel V 1.

47 Ahmad I, S. 6

48 *Report* a.a.O, S. 1

49 *Report* a.a.O., S. 9

sei nur möglich, wenn neue Disziplinen eingeführt würden, was den Schülern auch den Zugang zu öffentlichen Ämtern ermöglichen würde[50].
Diese Ansichten waren auch von den Autoren des "Report of the Commission on National Education 1959"[51] vertreten worden.
Ganz im Sinne des *Report* von 1959 wurde auch im Komiteebericht die Wichtigkeit der religösen Erziehung und Unterweisung betont und der Beitrag, den die D.M. dafür leisteten, gewürdigt.[52] Eine Erweiterung des Lehrplans um weltliche Fächer sei jedoch unumgänglich. Umgekehrt hatte der Bericht von 1959 vorgeschlagen, das formale Erziehungswesen mit islamischen Riten und Koranversen anzureichern: Religionsunterricht bis zur achten Klasse sollte obligatorisch, im Sekundarbereich optional sein. Im tertiären Bereich waren Möglichkeiten für islamische Wissenschaften zu schaffen[53].
Auf der Forschungsebene galt es, den Islam mit den neuen Bedingungen *kompatibel* zu machen[54]. Parallel zu der Modernisierung des Erziehungswesens und des Islam sollten auch die *maktab*s und die *madâris* reformiert werden[55].
Auf diesem Hintergrund schlug das "Komitee zur Verbesserung des Syllabus" folgendes vor:

> "The whole of the Primary education as approved by the Department of Education shall be compulsory for all students of Darul Uloom under the scheme now prescribed by *us*"[56].

Erst anschließend sollten die üblichen *Dâr al-'Ulûm*-Kurse unterrichtet werden. Umgekehrt sollten die formalen Schulen auf Primarebene die reli-

---

50 ebenda
51 Auch die säkulare Bildungsstrategie war unter maßgeblicher wissenschaftlicher Mitwirkung und finanzieller Unterstützung der *USA* erarbeitet worden.
52 *Report* a.a.O., S. 11
53 GoP, Ministry of Education: Report of the Commission on national Education, Karachi 1959 (*Report of the Commission*), S. 21 ff., vgl. auch PT, 8.3.60: "Future of religious education in Pakistan", worin dieser Vorschlag gelobt wird; ebenso vgl. PT, 25.4.60: "Diniyat compulsory subject in schools" vom Kindergarten bis zur achten Klasse. Zur Diskussion in den Medien vgl. z.B. MCG, 20.10.55 "confusion and moral irresponsibility", MN, 3.1.62 "Defective Islamic educational system" und D, 9.10.67.
54 *Report of the Commission* a.a.O., S. 209 ff. Diese Forderung fand ihren Ausdruck im Aufbau des *CII* und des *IRI*.
55 Vgl. *Report of the Commission* a.a.O., S. 277 f.
56 *Report* a.a.O., S. 12; Kursivschrift von mir.

giösen Fächer der D.M. übernehmen[57], da ihre Schüler auf der Primarstufe nicht genügend religiöse Erziehung genössen[58].
Die Veränderungen der Syllabi sollten mit dem Ziel, das System "more effective and realistic" zu gestalten, das *dars-e niẓâmî* einschränken, nicht-religiöse Fächer ausblenden, die Kurse auf zehn Jahre erweitern und fünf Jahre Primarbildung voranstellen[59].
Die neue Schulbildung war fünfstufig. Die Innovationen jeder Stufe werden in der folgenden Übersicht dargestellt.

Tabelle 23: Vorschläge und Veränderungen durch das Komitee 1960/61

Stufe	Primar-ebene	untere Sekundarstufe	mittlere Sekundarstufe	obere Sekundarstufe	höchste Stufe
arab. Begriff	ibtedâ'iyyah	thânawî taḥtânî	thânawî wusṭânî	thânawî fawqânî	al'lâ
Dauer	5 Jahre	3 Jahre	2 Jahre	2 Jahre	3 Jahre
Klasse	1-5	6-8	9-10	11-12	13-15
Vorschläge und Veränderungen durch das Komitee	Nach den Richtlinien des Erziehungs-ministeriums	1. mehr Koran und Ḥadîth 2. Propheten-biographie 3. moderne arab. Literatur 4. Englisch 5. Mathematik 6. Sozialwissens. 7. Sport 8. Urdu	1. Islamische Geschichte 2. alternative Bücher zum islam. Recht 3. Englisch 4. Sport 5. ein optionales Fach (vorzugs-weise Urdu)	1. Prinzipien der Koranexegese 2. mehr Ḥadîth 3. moderne arab. Rethorik 4. Englisch 5. weniger Philo-sophie 6. weniger Logik	1. Geschichte der Ḥadîth-sammlungen 2. Fatwa Nawerî 3. moderne Philosophie
Zusammen-fassung	Neuerungen	Bis auf das 2. Fach nur neue Fächer; Englisch und Arabisch haben Vorrang	Alle Fächer neu und obligatorisch	Alles neue und ab-gewandelte Fächer; 4 obligatorisch und ein Wahlfach	Zusätzlich ist Englisch und ein Nebenfach. Im letzten Jahr aus-schließlich Ḥadîth

Quelle: Erstellt auf der Grundlage des "Report of the Committee set up by the Governor of West Pakistan for recommending improved syllabus for the various Darul Ulooms and Arabic Madrasas in West Pakistan, Lahore 1962, Appendix I"

57 vgl. *Report* a.a.O., Appendix II, S. XXIX
58 *Report* a.a.O., S. 12
59 a.a.O., S. 14

Im Anschluß an die *al-'la* (sic!) Stufe - höchste Stufe - sah das Komitee fünf Prüfungen in "Ḥadîth" vor. "Astronomie" und "Euklidische Mathematik", die bislang traditionelle Bestandteile des Lehrplanes der D.M. waren, fanden im Komiteevorschlag keine Berücksichtigung[60].
Die Vernachlässigung einiger traditionaler Fächer und der Vorschlag, neuen Fächern mehr Raum zu geben, deutet auf die Absicht hin, einen grundlegenden Wandel der religösen Erziehung herbeizuführen. Die Änderung bezieht sich auch auf die Unterrichtssprache: Urdu sollte nur noch in der Primarstufe obligatorisch sein, in der Sekundarstufe durften Englisch und/oder Arabisch als Unterrichtssprache dienen[61].
Die Begründungen der curricularen Veränderungen waren unterschiedlich: das Erlernen von "Englisch" sei für die Bewältigung des heutigen Lebens und für die Mission des Islam äußerst wichtig; die Einführung von "Mathematik" wurde damit erklärt, daß man in einem Zeitalter der mathematischen Physik lebe. "Urdu" wurde dagegen empfohlen, weil "Urdu has been recommended by us as medium of instruction". Die Aussonderung des Fachs "Logik" wurde damit begründet, daß es "not essential in achieving the objective of religious education" sei[62].
Diese inhaltlichen Umstrukturierungen reflektierten die integrationistischen Züge des Ayûb Khân-Regimes.
Um administrativ auf die D.M. einzuwirken, wurde vorgeschlagen, ein *Directorate of Religious Education* im *Auqaf Department* zu gründen, welches die Arbeit und das Niveau der Schüler und Lehrer beobachten und auswerten sollte[63].
Angehende Lehrer der D.M. sollten in noch aufzubauenden *Teachers' Training Centres* sechs-monatige "Re-Orientierungskurse" besuchen, um die neuen Fächer adäquat zu erlernen. Erziehungswissenschaften, Schul-

60 a.a.O., S. 18-21
61 a.a.O., S. 24; vgl. auch MCG, 29.12.61: "Study period extended to 15 years" wobei Urdu, in höheren Stufen Arabisch, als Unterrichtssprache dienen sollte.
62 *Report* a.a.O., S. 22 f
63 a.a.O., S. 14, 34

organisation und Administration sowie die Aufklärung über die nationalen Ziele bildeten ihren Inhalt[64].
Diese Vorschläge zur Umgestaltung des religiösen Erziehungswesens konnten sich nur bedingt durchsetzen. Deutlich wird jedoch die Einstellung der Regierung gegenüber der *Geistlichkeit*: sie sollte formal an den Regierungsangelegenheiten beteiligt werden[65] und nicht "confine their authorities to the teaching of Islamic knowledge", sondern dabei mithelfen, die Nation zu modernisieren "by selling fertilizers, opening poultry farms, destributing high yield seeds to farmers..."[66]. Diese Politik reflektierte die damalige Strategie der "Grünen Revolution". Sie zielte darauf ab, mindestens 45.000 Schüler und Lehrer in über 400 D.M. zu erreichen. Die Modernisierungsbestrebungen waren darauf angelegt, viele (rentable) Gesellschaftsbereiche zu erfassen. Zumindest im Bereich der traditionalen *Geistlichkeit* scheiterte dieser Versuch zunächst. Diese Politik erreichte nur geringe Teile der Bevölkerung.
An der staatlichen Rentabilitätsstrategie hat sich bis heute nichts geändert. Sie hat damit eine gegenwärtige Bedeutung innerhalb der Islamisierung.
Letztlich war dieser Ansatz sowohl für die Schüler als auch für die Lehrer der D.M. ein Angriff auf deren Selbstverständnis und stieß auf Opposition vieler Geistlicher. Hingegen wurde er von Vertretern der Avantgarde, wie etwa Mawdûdî, unterstützt[67].
Die Vorschläge der Komiteemitglieder lassen also eine andere Interpretation von religiöser Erziehung vermuten, als sie in den D.M. vorherrschte. Religiöse Erziehung beinhaltete dem Komitee zufolge nicht nur die Unter-

---

64 a.a.O., S. 36 f; MCG 14.12.61: "Report on Syllabi for Dar ul Uloom": Das Komitee hätte unter Zeitdruck gestanden und mit Verspätung seinen Bericht eingereicht. Deswegen "The Government is not likely to appoint any special committee to scrutinize the Syllabi reports". Das Programm sollte in 12 *Dâr al-'Ulûms* eingeführt werden. Um dies zu ermöglichen, wurden auch finanzielle Versprechungen gemacht; vgl. PT, 6.1.62: "Aid for institutions adopting new syllabi". Der Karachi-*based Dawn* lobte die Aktivitäten des Komitees (D, 25.4.62). Im Vorfeld hatte der *Statesman* am 28.1.60 auf die Tatsache hingewiesen, daß Indien ein "Committee on religious and moral instruction" aufgebaut hätte, um "promoting spiritual values".

65 D, 12.11.62: "Ulama urged to help solve problems (of industrial era)"; ebenso *Daily Ittehad* (Dacca) 12.11.62

66 *Pakistan Observer* (Dacca), 13.3.68

67 Wenn auch in modifizierter Form; vgl. *Tasneem* 23.3.59; *Shahbaz* 26. - 29.3.59 und 12.4.59 sowie MCG, 10.4.59.

weisung in Koran, Ḥadîth und anderen traditionellen Fächern, sondern darüberhinaus auch den nationalen Aufbau und die Propagierung einer islamischen Nation oder gar der islamischen Gemeinschaft (*umma*). Dies bedeutete eine weitere Transformierung des Islam von einem theologischen zu einem ideologischen Konzept.

3. Islam und Dînî Madâris unter Bhutto

Der Versuch der Ayûb Khân-Administration, die *Geistlichkeit* über deren Schulen zu integrieren, wurde unter dem Bhutto-Regime (1971-77) zunächst nicht fortgesetzt. Nach dem überragenden Sieg der *Pakistan People Party (PPP)* war die Vorstellung *en vogue*, die *Geistlichkeit* in Pakistan sei ein für alle Mal von der politischen und gesellschaftlichen Bühne verschwunden[68], was sich jedoch einige Jahre später als ein Trugschluß erweisen sollte.

Auch Bhuttos Vorstellungen waren davon bestimmt, das Land zu modernisieren. Durch seine Politik wurde die Gesellschaft zunehmend zentralisiert, worunter z. T. auch die *Geistlichkeit* zu leiden hatte. Hier sind das *Awqâf*- und das Schulwesen zu nennen. Letzteres wurde, wie viele andere Bereiche in Politik, Wirtschaft und Administration nationalisiert[69] und somit den staatlichen Entscheidungsinstanzen unterstellt. Dies führte zur Mobilisierung der *Tanẓîm al-Madâris al-`arabiyyah*, die 1974 reorganisiert wurde. Ziel war es, geschlossen aufzutreten, um gemeinsam der drohenden Nationalisierung entgegenwirken zu können.

Es wird nicht selten behauptet, daß Bhutto die *Geistlichkeit* abgelehnt und wenig für die Umsetzung islamischer Prinzipien getan hätte. Seine Islamisierungsmaßnahmen werden deshalb auf sein letztes Regierungsjahr beschränkt, als er einige Zugeständnisse an die Geistlichen machte. Dabei wird die Tatsache übersehen, daß die Verfassung von 1973 erstmals dem - wenn auch modernistischen - Islam und seinen Organen wie z.B. *CII* und *IRI* größere Bedeutung zugemessen hat als zuvor.[70]

---

68 Vgl. z.B. Manzooruddin Ahmed: "The Political role of the `Ulama'in the Indo-Pakistan Sub-Continent", a.a.O., S. 327 - 354.

69 Hiervon ausgenommen war jedoch das D.M.-Wesen.

70 Vgl. Abhandlung zum *CII*.

Im formalen Erziehungsbereich wurde unter Bhutto eine starke Ideologisierung vorgenommen, die sich in der Neugestaltung der Curricula und der Einführung religiöser Fächer niederschlug[71]. Das *CII* erstellte 1975/76 im Auftrag der Regierung einen umfangreichen Bericht über ein zu schaffendes islamisches Bildungswesen[72].
Bemerkenswert ist, daß am Ende der Bhutto-Ära versucht wurde, den wirtschaftlichen und sozialen Status der D.M.-Schüler und -Lehrer, die ja nicht von der Nationalisierungspolitik betroffen waren, zu verbessern. So wurden die höheren Zeugnisse der D.M. von der *UGC* anerkannt. Die staatliche Anerkennung wurde damit begründet, daß den Graduierten der D.M. die Möglichkeit einer sozio-ökonomische Mobilität eingeräumt werden solle: Die Nationalversammlung stellte der Urkunde (*sanad*) der *Wafâq al-Madâris al -arabiyyah* dem *M.A.*-Islamiyat gleich, falls die Schüler der D.M. ein *B.A.* in Englisch vorlegen konnten. Gegen diese an Bedingungen geknüpfte Verbesserung lehnten sich die D.M.-Führer auf, so daß der Vorschlag im Sande verlief[73].
Zur Erörterung der Gleichstellung der Urkunden war ein *equivalence committee of the UGC* aufgebaut worden. Diesem Komitee wurden die Forderungen der *Tanẓîm al-Madâris* in der Nationalversammlung im Jahre 1973 vorgelegt[74], die sich ihnen jedoch erst 1975 anschloss. Das Erziehungsministerium erkannte schließlich 1976 die Urkunden an, damit

---

71 So etwa die Curricula aus dem Jahre 1975.

72 GoP, CII: Consolidated Recommendations of the CII relating to Education system in Pakistan, 1962 to 1982, Islamabad 1982 (Urdu/Englisch), S. 20-28

73 Vgl. *Qurṭâs `amlî/pishnâmah bârâ-e kâmîtî ma`âdalah isnâd dînî wa jamî`î*, 25. August 1982, *UGC* Islamabad; (Urdu); vgl. auch: *UGC*: A Guide to the Equivalences of Degrees and Diplomas in Pakistan, Islamabad 1978, S. 84. Dies galt zunächst für die Deobandi *Madrasah al-Islâmiyyah*, Tando Allah Yâr; sein *mohtamim*, *Mawlânâ Eḥtisâm al-Ḥaq Thânwî*, ist heute noch leidenschaftlicher *PPP* Aktivist. Das Abschlußzeugnis berechtigte zum Lehren von *Islamiyat*, *Islamic Studies* und *islamischer Ideologie* in den *Colleges* und in der Karachi Universität (vgl. *UGC*: A Guide to the Equivalences of Degrees and Diplomas in Pakistan, Islamabad 1978, S. 88). Auch die Urkunde der *Wafâq al-madâris* und der *Tanẓîm al-madâris* wurde dem *M.A.-Islamiyat* gleichgestellt. Andere Arbeitsplätze erforderten Englisch (*B.A.*); diese Regelung sollte für alle Universitäten und *Colleges* gelten, mit Ausnahme der Universitäten für Ingenieurwesen, Technologie und Agrarwirtschaft und andere technischen Disziplinen.

74 Durch *Mawlânâ `Abd al-Musṭafâ* und *Mawlânâ Sayyid Muḥammad Riḍwî*. Die *Wafâq* legte ihre Resolution durch *Mawlânâ `Abd al-Ḥaqî* vor.

die Graduierten der religiösen Schulen "an effective role in the field of Education" spielen könnten. Diese Anerkennung war jedoch lediglich auf *B.A.* beschränkt. Überdies waren nicht alle Universitäten mit dieser Regelung einverstanden, so daß die Graduierten der religiösen Schulen Schwierigkeiten hatten, an formalen Erziehungsinstitutionen zugelassen zu werden. Die Angelegenheit wurde erst 1978 erneut aufgegriffen.

4. Islamisierung der religiösen Erziehung seit Zia ul Haq

Unter Zia ul Haq nahmen die Aktivitäten bezüglich der D.M. an Wirkungskraft zu und reflektieren damit zum einen die Bedeutung der religiösen Schulen in der Gesellschaft und zum anderen ihre Rolle für die Regierung Zias. Hier sei nur noch einmal darauf hingewiesen, daß die Bewegung im Jahre 1977 aus den D.M. und Moscheen heraus ihre Dynamik nahm[75], obgleich ihr Ursprung in langfristigen gesellschaftlichen und wirtschaftlichen Entwicklungen zu suchen ist.
General Zia, der den Zwist zwischen *PPP* und der von Teilen der Geistlichkeit angeführten *PNA* (Pakistan National Alliance) für sich ausnutzen konnte, mußte aufgrund seines propagierten Islams die *Geistlichkeit* und damit auch die D.M. berücksichtigen. Während seines Sargodha Besuches Mitte 1978 schenkte er einer Ulamadelegation Gehör, die darum bat, den D.M. mehr staatliche Aufmerksamkeit zukommen zu lassen. Wollte Zia seiner Islamisierungskampagne eine gewisse Authentizität verleihen, so mußte er auf die Forderungen der Ulama zumindest teilweise eingehen.

4.1. Sargodha Report

Zia ul Haq teilte dem Religionsministerium am 2. September 1978 sein Vorhaben mit, einen "survey" über die D.M. erstellen zu lassen:

---

75 Vgl. oben Kapitel I sowie Khalid B. Sayeed: Politics in Pakistan, New York 1980 passim.

> "Meanwhile, a Team or Sub-Committee should proceed to Sargodha and prepare a report, in the next three weeks, on Deeni Madrassahs currently established there. This report will be a prototype of the principle one which is to be compiled on a nationwide basis"[76].

Die Angelegenheit wurde an den *Auqaf Wing* des Religionsministeriums weitergeleitet; dessen *Joint Secretary* forderte das im *CII* zum Thema vorliegende Material an[77]. Nach Ablauf der drei Wochen wurde General Zia der sogenannte *Sargodha Report* in englischer Sprache vorgelegt:

Einer sehr kurzen historischen Einführung in das D.M.-Wesen folgt seine Beschreibung in Sargodha:

Die D.M.-Erziehung nehme 9-10 Jahre in Anspruch, und sei folgendermaßen aufgeschlüsselt:

Preparatory Stage	3 Jahre,
Intermediate Stage	2-3 Jahre,
Final Stage	4 Jahre.

Es wird festgestellt, daß im Anschluß an das Examen der formalen Primarstufe die Schüler in D.M. eingeschult würden, wo sie Arabisch und Persisch lesen, nicht jedoch schreiben lernten[78].

Die Anzahl der D.M. in der Sargodha *Division* betrage 223 und

> "the owner is responsible for collecting donations ... The staff is ill paid with no security of service or other benefits ... The students mostly hail from the rural areas and belong to humble families"[79].

Die kostenlose Bildung und die Aussicht auf einen Arbeitsplatz machten die D.M. zu attraktiven Sozialisationszentren[80].
Aufgrund der uneinheitlichen Curricula würden verschiedene Wisseninhalte vermittelt werden.

Die Einnahmen bezögen die D.M. aus folgenden Quellen:

---

76 Akte No. S 1/I/CMLA of 28. September 1978

77 Akte M/RA u. o. No. /JS-Auqaf 1. Oktober 1978

78 *Sargodha Report* vom 28. September 1978 Islamabad, (unveröffentlicht), S. 11. Dies bedeutet, daß die D.M.-Schüler zumindest Grundkenntnisse des Lesens, Schreibens und Rechnens haben.

79 *Sargodha Report* a.a.O., S. 12 f; die Feststellungen gründen sich nicht auf eine empirische Untersuchung.

80 *Sargodha Report* a.a.O., S. 13 f; aus dem Bericht ging allerdings nicht hervor, um welche Arbeitsplätze es sich handelte.

1.) Spenden
2.) Sammlungen an muslimischen Festen, bes. zur *'Îd*-Zeit (höchste islamische Feste)
3.) Einkommen aus ihrem Eigentum (Geschäfte, Häuser, Agrarland; Stiftungen) sowie
4.) geringe Einkünfte aus einem angeschlossenen Schrein[81].

Dieser Bestandsaufnahme folgt eine Reihe von Vorschlägen zur Verbesserung der wirtschaftlichen Situation der D.M., ihrer Curricula und Zeugnisse:

Das *Team* ist der Meinung, daß die Regierung die D.M. nicht um ihre Eigenständigkeit bringen sollte. Weder verfügte sie über das Kapital, um die Situation der D.M. zu verbessern, noch wäre der Unterricht in den D.M. dermaßen "unqualifiziert", daß die Regierung hier unterstützend eingreifen müsse.

> "What is to be done is to extend the recognition and patronage to the deeni Madrasahs ... Most of the difficulties of these institutions relate to proprietory rights over lands on which they are situated, grant of scholarschips to the students and teachers for higher education recognition of their sanads for the purpose of obtaining jobs in the army and civil services[82]."

Um die Unterlegenheit der D.M. zu überwinden, sollten demnach Änderungen im curricularen Bereich vorgenommen werden, und zwar durch verstärkten Unterricht in Technologie und Wissenschaft. Damit sei eine Integration der D.M.-Schüler in das formale Erziehungswesen gewährleistet. Zunächst war ein *All Pakistan Education Advisory Board* zu gründen, um über die *madâris* Bericht zu erstatten[83]. Für die höhere Bildung (*M.A.* und *M.Phil.*) sollte eine *Federal Ulama Academy* oder Universität geschaffen sowie das Prüfungssystem vereinheitlicht werden[84].

Die Zusammenfassung des Berichts diente als Vorlage für die 1979 unternommene Erhebung. Ihre ausführliche Darstellung ist nötig, da hieraus

---

81 *Sargodha Report* a.a.O., S. 14 f.
82 *Sargodha Report* a.a.O., S. 17. Dieser Hinweis auf Arbeitsbeschaffung wurde jedoch weder in diesem noch in den folgenden staatlichen Berichten zum D.M.-Wesen aufgenommen.
83 *Sargodha Report* a.a.O., S. 18 f
84 *Sargodha Report* a.a.O., S. 27 ff; In diesen Punkten werden lediglich die Vorschläge des *CII* hinsichtlich der religiösen Erziehung und des islamischen Erziehungswesens plagiiert; vgl. Report des *CII* über das Erziehungssystem a.a.O..

deutlich wird, welche Bereiche für die Zentralregierung von besonderer Bedeutung waren.
Zuvor folgt die chronologische Darstellung der Entwicklung innerhalb des Religionsministeriums hinsichtlich der D.M., um einen Einblick in die Administration und den Ablauf des Erhebungsvorhabens zu geben.

4.2. *Ittiḥâd al-Madâris*

Vor der Schaffung eines Gremiums, das die D.M. zum Gegenstand seiner Untersuchung machen sollte, bat Zia ul Haq am 6. Dezember 1978 das Religionsministerium darum, ein Protokoll über die *Ittihâd al-Madâris* anzufertigen:

> "I am given to understand that a joint platform, for religious institutions of all Muslim sects in Pakistan, called Ittehadul Madaris, was formed in 1975 under the Presidentship of Maulana Mufti Mahmud",

worauf auf Urdu geantwortet wurde, daß die Ulama nach der Schaffung Pakistans versucht hätten, die verschiedenen Denkrichtungen der *madâris* unter einheitliche Dachorganisationen zu bringen. Jedoch habe die *Ittiḥâd al-Madâris* keine Bedeutung erlangt und existierte heute auch nicht[85]. Die *Wafâq al-Madâris al-`arabiyyah* soll sich gegen die Vereinheitlichungspolitik ausgesprochen haben.
Daraus geht hervor, daß sich zum einen einige führende geistliche Persönlichkeiten gegen den *status quo* in den *madâris* erhoben, indem sie ihre Unzufriedenheit mit dem bloßen religiösen Bildungswesen kundtaten und Besserungsvorschläge machten. Zum anderen wird aber auch deutlich, daß zumindest eine Denkrichtung - die der Deobandis - sich gegen diese Vorschläge wandte. Die gegenseitige Polemik der Denkschulen mag auch die *Ittiḥâd al-Madâris* Bewegung zum Scheitern gebracht haben.
Die Existenz reformbewußter Kräfte innerhalb der D.M., die einer Umgestaltung oder Erneuerung des religiösen Erziehungswesens für notwendig

85 Vgl. Religionsministerium: *Madâris-e `arabiyyah kî muttaḥidah tanẓîm; eik sarsarâ jâ'izah*, 19. Dezember 1978 (unveröffentlicht) (Einheitsorganisation der arabischen Schulen; ein grober Überblick) (Urdu); zum Gesagten vgl. auch die Abhandlung bei Afrîdî a.a.O.; ich selber konnte keinen Anhaltspunkt für eine solche gemeinsame Plattform der D.M. finden.

und auch durchsetzbar hielten, erleichterte es für Zia ul Haq, ein entsprechendes Programm konzipieren zu lassen, das im Anschluß an den *National Survey 1979* durchgesetzt werden sollte.

5. Eine bundesweite Erhebung: Der *Halepota Report*

Das am 17. Januar 1979 in Islamabad etablierte *Nationale Komitee für Dînî Madâris*[86] sollte auf den *Sargodha Report* aufbauend Vorschläge erarbeiten, um "extending their (D.M.) scope with a view to transforming them (D.M.) into an integral part of our educational system"[87]. Der *Halepota Report*, genannt nach seinem Vorsitzenden Dr. A. W. J. Halepota, damaliger Direktor des *IRI*, ehemaliges Mitglied des *CII*[88] und führend am 1961 erstellten Bericht unter Ayûb Khân (s.o.) beteiligt, ist von der Einschätzung getragen, daß die D.M. nicht nur qualitativ schlechter seien als das formale Erziehungswesen, sondern daß ihre Curricula den Bedürfnissen der Nation nicht genügten:
"... for making the Deeni Madaris better institutions of learning and training in the comprehensive sense"[89], oder, um, es deutlicher auszudrücken:

> "To suggest concrete and feasible measures for improving and developing Deeni-Madrassahs along sound lines, in terms of physical facilities, curricula and syllabi, staff and equipment etc. etc. so as to bring education and training at such Madrassahs in consonance with the requirements of modern age and the basic tenets of Islam ... to expand higher education and employment opportunities for the students of the Madrassahs ... integrating them with the overall educational system in the country ..."[90].

Dieses Islamverständnis stand im Gegensatz zur Auffassung derjenigen Ulama, die zum traditionalen Sektor zählten.

---

86 Das Komitee setzte sich aus Vertretern der religiösen Elite und Repräsentanten des Staates zusammen.
87 Ministry of Religious Affairs am 8.10.78 Dyno 1586/38 Din.
88 Vgl. Kapitel zum *CII* und Annex A; seit 1986 ist er *CII*-Vorsitzender.
89 *Halepota Report* a.a.O., S. 119
90 a.a.O., S. 115 f und S. 8 f; Hervorhebung vom Verfasser.

5.1. Die Zusammensetzung des Nationalen Komitees für Dînî Madâris

16 der 27 Mitglieder des Komitees waren vom Religionsministerium ernannt worden[91]. Von ihnen waren elf Theologen oder Religionswissenschaftler, von denen wiederum acht den Titel *mawlânâ* trugen und *Madâris*vorsitzende in urbanen Zentren des Punjab waren[92]. Ferner waren die Vize-Kanzler der Universitäten Peshawar, Quetta, Bahawalpur und Sindh, zwei Delegierte des Religionsministeriums sowie ein Abgeordneter des Erziehungsministeriums vertreten[93]. Obwohl die übrigen elf Mitglieder ursprünglich vom Komitee kooptiert werden sollten[94], ernannte die Regierung sechs weitere: vier Geistliche[95], einen Pädagogen und einen Naturwissenschaftler. Unter den restlichen fünf, die tatsächlich vom Komitee ernannt wurden, befanden sich drei Geistliche[96], ein Bürokrat und ein Pädagoge, nämlich Ḥâfiẓ Na<u>dh</u>r Aḥmad[97], der seine Kompetenz schon durch zahlreiche Untersuchungen über die D.M. bewiesen hatte.
Eine derartige Zusammensetzung impliziert eine starke Einflußnahme von Regierung und *Geistlichkeit* (15 *mawlânâs*). Das Komitee galt daher zunächst als ein legitimes Gremium, dessen Vorschläge als ein Produkt der Zusammenarbeit von Geistlichen und Regierung erschienen. Die Regierung hatte offensichtlich einen Lernprozeß durchlaufen und gegenüber dem

91 Vgl. M/O Religious Affairs O.O. No. 370/Scey/78 dt: 26.12.78
92 Hiervon sind 4 Brelwis, 2 Deobandis, 1 Schia und 1 Ahl-e Hadith. Die ausgewählte D.M. sind etablierte Institutionen, die z. T. schon vor der Staatsgründung 1947 bestanden hatten (für die Identifizierung dieser D.M. vgl. Ahmad II, S. 18 ff, 27 f, 31, 105 f, 123 f, 164, 219 ff. und 253 ff. sowie *Halepota Report*, S. 210).
93 Vgl. *Halepota Report*, S. 3 ff. und S. 113-115.
94 *Halepota Report*, S. 115 f.
95 Ein Deobandi und drei Ahl-e Hadith (erarbeitet nach Ahmad II, S. 126 f, 171, 309 ff): auch sie sind Vertreter von in den sechziger Jahren etablierten Institutionen (ebenda) und stammten aus dem Punjab; lediglich ein Pädagoge war aus Baluchistan.
96 Unter den drei Geistlichen befanden sich zwei Deobandis und ein Schiite. Letzterer stammte aus Lahore, während die beiden anderen aus Karachi und Peshawar kamen (erarbeitet nach Ahmad II, S. 407 ff, 479 ff und 32 ff).
97 Vgl. *Halepota Report*, S. 6 f.

früheren Versuch (1960) mehr Ulama hinzugezogen. Der relativ hohe Anteil der Geistlichen darf jedoch nicht darüber hinwegtäuschen, daß es sich bei den beteiligten Würdenträgern durchweg um Vertreter der religiösen Elite handelte, deren Mehrheit die staatlichen Interessen weitgehend gewahrt wissen wollte. Sie diente zur Legitimation der staatlichen Politik.

Die Komiteemitglieder wurden in drei Stufen ernannt. Das Religionsministerium nahm die Ernennungen der ersten beiden, das Komitee die des letzten Durchgangs vor.

Die folgende Tabelle ordnet die Ernennungen nach Denkschulen, Provinzen und Durchgängen.

Tabelle 24: Mitglieder des Nationalen Komitees für Dînî Madâris nach Denkschulen und Provinzen

	nach Denkschulen				nach Provinzen		
	Deo.	Bre.	A. Had.	Sch.	Punjab	Sindh	NWFP
1. Durchgang	2	4	1	1	8		
2. Durchgang	1		3		4		
3. Durchgang	2			1	1	1	1
Gesamt	5	4	4	2	13	1	1

Besonders bei den Vertretern der D.M. war der Punjab deutlich überrepräsentiert. Unter den Technokraten befanden sich hingegen auch Angehörige anderer Provinzen. Daß die Brelwis häufiger vertreten waren als die Deobandis, entsprach nicht der tatsächlichen Stärke der verschiedenen Denkrichtungen im Lande.[98]

Der Grund für diese unproportionale Verteilung der Mitglieder ist nicht klar erkennbar. Vielleicht war sich die Bürokratie über die Opposition der Deobandis gegen die Regierungspolitik im klaren. Möglicherweise handelte

98 Die Deobandis besaßen 1970/71 fast die zweifache Anzahl an D.M. im Punjab wie die Brelwis; vgl. Ahmad II a.a.O., S. 693; im Jahre 1978 hatten die Brelwis mit den Deobandis gleichgezogen; vgl. *Halepota Report* a.a.O., S. 210.

es sich lediglich um eine Brelwi-Sympathie[99]. Die Zusammensetzung des Komitees zeigt, daß die Denkschulen, mit Ausnahme der Schia, paritätisch verteilt sind.

5.2. Der Aufbau des *Halepota Reports* und seine Ergebnisse

Um seine Aufgabe, die Verhältnisse in den D.M. darzustellen und Reformvorschläge zu machen, zu bewältigen, bildete das Komitee fünf Untergruppen:

1.) das Komitee für die Sammlung von Daten über die D.M.[100],
2.) das Komitee für Curriculumangelegenheiten[101],
3.) das Komitee für die Unterbreitung von Vorschlägen zur Verbesserung und Vereinheitlichung des Bildungswesens[102],
4.) das Komitee für die Überprüfung der D.M.[103] und
5.) das Komitee für das Zusammentragen und die Auswertung der Daten[104].

Der Bericht liefert zunächst einen kurzen historischen Überblick zur Entstehung und Verbreitung der D.M. und den Einfluß der Kolonialherren auf das muslimische Bildungswesen[105]. Es wird festgestellt, daß die wirtschaftliche Lage der D.M. ebenso beklagenswert sei, wie die curriculare Ausrichtung, die den Schülern keinen Zugang zum Staatsdienst ermögliche[106].

Als weiteres Problem wird die Uneinheitlichkeit des Curriculums und des Prüfungssystems angesehen. Es wird jedoch betont, daß die D.M. das kulturelle Erbe der Gesellschaft bewahrten und daß die Schüler eine im formalen System nicht vorfindbare Lernmotivation vorwiesen, während formale Schulen an Korrumpiertheit litten. Das Komitee war der Ansicht,

99 Auffallend ist, daß im zweiten Durchgang des Religionsministeriums und beim Durchgang der *NCDM* (dritter Durchgang) kein Brelwi berücksichtigt wurde.
100 *Halepota Report* a.a.O., S. 13 f, 117 f.
101 a.a.O., S. 15 ff, 122 ff.
102 a.a.O., S. 19 ff, 89 ff, 176 ff.
103 a.a.O., S. 23 ff.
104 a.a.O., S. 26 ff, 192 ff.
105 a.a.O., S. 41 ff.
106 a.a.O., S. 47 ff.

daß die D.M. nur insoweit Unterstützung durch staatliche Institutionen erhalten sollten, wie diese es selber für angemessen hielten. Das bedeutete, daß die Regierung in keiner Weise die D.M. zwingen sollte, neue Vorstellungen und Orientierungen zu übernehmen[107].
Das Komitee schlug zur Integration beider Schularten vor, moderne Fächer in das *dars-e nizâmî* einzubauen.[108] Während der Komiteebericht für die formalen Fächer nur auf die Curricula des Erziehungsministeriums verwies, wurden die religiösen Fächer differenziert dargestellt[109].

Im Primarbereich, d.h. bis zur fünften Klasse, sollen "Urdu", "Rechnen", "Soziale Regeln", "General Science" eingeführt werden. In der Sekundarstufe, die bis zur zehnten Klasse reicht, sind "allgemeine Mathematik", "General Science", "Pakistan Studies" und "Englisch", vorgesehen. Im Graduierungsbereich, der bis zum *B.A.* und *M.A.* führt, können von drei Wahlfächern, nämlich "politische Ökonomie", "Politikwissenschaften" und "Englisch", zwei Fächer gewählt werden.
Im Sekundarbereich sollen dem Bericht zufolge die neueinzuführenden Schulfächer mindestens ein Drittel des Unterrichtes ausmachen[110].
Im *M.A.*-Bereich sollen "vergleichende Religionswissenschaften" als Wahlfach sowie "islamische Geschichte", "Islam und Wirtschaft", "Islam und Politik" als obligatorische Fächer angeboten werden[111].
Auch *qirat* (kunstvolle Koranrezitation) Institutionen sollen ähnliche Kombinationen vorweisen und moderne Fächer integrieren[112].
Die Vertreter der vier großen Denkrichtungen waren sich grundsätzlich über den Inhalt der Veränderung im curricularen Bereich einig[113].

Ein weiterer Vorschlag des Komitees betrifft die Gründung eines autonomen *Nationalen Institutes für Dînî Madâris Pakistan*. Es sollte aus 18 Mitgliedern bestehen, nämlich drei Vertreter der vier theologischen Richtungen (= 12; paritätisches System), jeweils einen Vertreter des Erziehungsministeriums, des Religionsministeriums, der *UGC* und der *Inter*

---

107 a.a.O., S. 50 ff.
108 Zum Hintergrund der folgenden Auffassung der Mitglieder des *Nationalen Komitees für Dînî Madâris* vgl. auch weiter unten die Rolle der Curricula bei der *integrationistischen* Wertevermittlung, Kapitel VI 1.
109 a.a.O., S. 147 ff. Zur curricularen Diskussion vgl. weiter unten auch den Überblick über verschiedene Curricula, Kapitel VI 1.5.
110 *Halepota Report* a.a.O., S. 72
111 a.a.O., S. 77 und S. 147 ff.
112 a.a.O., S. 78 ff. Hierauf wollen wir jedoch nicht weiter eingehen.
113 *Halepota Report* a.a.O., S. 138 ff.

Board Commission, der Vorsitzende und ein Sekretär[114]. Dieses Institut hatte die Aufgabe, die Prüfungen der *madâris* bis zum *M.A.* durchzuführen, die Bekanntgabe der Prüfungsergebnisse, Verteilung der Urkunden und die Kompilation der Curricula sowie deren Revision vorzunehmen[115].
Um die Prüfungsverfahren effektiver zu gestalten, schlug das Komitee eine staatliche Durchführung der Abschlußprüfung vor. Die Staatsprüfungen sollten durch ein "verantwortliches" Institut erstellt werden. Mit einer allgemein anerkannten Staatsprüfung wollte man dem Schüler den Zugang zu höheren Ämtern ermöglichen[116].
Die Integrationsaussichten beruhten auf schriftliche Prüfungen aus dem Bereich der neuhinzukommenden Fächer und auf eine zentrale Prüfungskommission[117]. Um die Zeugnisse der neu aufzubauenden Kommission gleichzustellen mit den Urkunden formaler Schulen, wurde der Abschluß der verschiedenen Stufen der D.M. mit einem arabischen Attribut versehen[118].
Zur Verbesserung der materiellen Situation der Schüler, Lehrer und der D.M., die im Vergleich zu Schulen des formalen Bereiches weniger finanzkräftig seien, sollte ihnen die Regierung Ländereien und/oder *Awqâf* zukommen lassen. Die Regierung wurde aufgefordert, für Grundbedürfnisse wie Wasserzufuhr, Gas, und Elektrizität zu sorgen[119]. In künftige Wohnungbauspläne sollte auch der Bau neuer D.M. aufgenommen werden. Den D.M sollten Möbel und Inventar, Bücher, Lehr- und Schreibmaterial zur Verfügung gestellt und ähnlich wie in *Colleges* und Universitäten *book banks* unter Mithilfe der *National Book Foundation* in den D.M. aufgebaut werden. Bibliotheken und Bibliothekare der D.M. sollten ebenfalls staatliche Unterstützung erhalten[120]. Die dem nationalen Institut für D.M. angeschlossen Schulen bräuchten keine Einkommenssteuer zu entrichten. Die finanzielle Hilfe sollte von der Regierung jedoch ohne ir-

---

114 Die Mitglieder dieser Organisation sollten vom Komitee selber ernannt werden; a.a.O., S. 91 ff.
115 *Halepota Report* a.a.O., S. 89 f.
116 Auf die "höheren Ämter" wurde aber nicht im einzelnen eingegangen.
117 *Halepota Report* a.a.O., S. 94 ff.
118 a.a.O., S. 98
119 Da sehr viele D.M. in ländlichen und schwer zugänglichen Gebieten liegen, können diese Grundbedürfnisse selten befriedigt werden.
120 *Halepota Report* a.a.O., S. 102 f.

gendwelche Bedingungen geleistet werden. Finanziert werden sollten diese Projekte durch Zakatgelder[121].

Den Lehrern sollte wirtschaftlich und sozial und bei der Weiterbildung geholfen, den Schülern der Schulbesuch durch Stipendienvergabe und die Fortsetzung ihrer Studien an anderen weiterbildenden Institutionen ermöglicht werden[122]. Das diskrimierende Verhalten gegenüber Lehrern und Schülern der D.M. im öffentlichen Leben sollte abgebaut und den Schülern bei der Integration in die Wirtschaft geholfen werden. Den Absolventen formaler Bildungsinstitutionen sollten umgekehrt im religiösen Bereich, z.B. im *Auqaf Department* oder Religionsministerium, Arbeitsmöglichkeiten eingeräumt werden[123]. Die Möglichkeiten einer Eingliederung in den Arbeitsprozeß wurde jedoch nicht untersucht. Es finden sich keine Überlegungen darüber, wie und wo das bald *staatlich geprüfte* Heer der *mawlânâ*s in den Arbeitsmarkt integriert werden sollte. Diese kurzsichtige Planung kann bald zu einem Problem führen (s.u.).

Gleichzeitig wurden die D.M. aufgefordert, zusätzliche Bedürfnisse geltend zu machen. Die Befriedigung dieser Bedürfnisse wurde später durch Zakatmittelzuflüsse ermöglicht.[124] Damit wurde der Grundstein für eine Veränderung der Bedürfnis- und Konsumstruktur innerhalb der D.M. gelegt.

Den Vorschlägen des Komitees liegt die Haltung zugrunde, daß die D.M. qualitativ dem formalen Erziehungswesen unterlegen seien. Diese Ideen sind als Lösungsversuche der Vertreter der islamischen Avantgarde und der geistlichen Elite zu betrachten, das Niveau der D.M. zu heben.

Die Reformmaßnahmen lassen die staatliche Strategie erkennen, die D.M. in den kolonialen Bereich zu integrieren und so die geistliche Elite stärker in den politischen Prozeß einzugliedern oder sie gar daran zu beteiligen. Dies wiederum entsprach dem Interesse der geistliche Elite.

---

121 a.a.O., S. 104

122 a.a.O., S. 105 ff.

123 a.a.O., S. 109; bei keiner dieser Institutionen ist auch heute eine religiöse oder theologische Ausbildung Voraussetzung für ein Arbeitsverhältnis. All dies lehnte sich stark an die *CII*-Vorschläge an.

124 Vgl. unten Zakat und D.M., Kapitel V 8. ff.

5.3. Die Bürokratisierung des *Dînî Madâris* Komitees

Die Arbeit des Komitees ging sehr langsam voran, angeblich aus finanziellen Gründen.[125] Der Vorsitzende des Komitees mußte deswegen das Religionsministerium mehrere Male anschreiben[126]. Offenbar war das Ministerium dem D.M.-Projekt und dem Komitee nicht wohlgesonnen. Es verlangte vom Finanzministerium am 4. Juni 1979 20 mio Rs für Verbesserungen an etwa 200 *madâris*:

> "The Education Policy (1979) does not provide any funds within the five-year plan for Madrassah Education, although it has been envisaged in the Education Policy that an expenditure of Rs: 201,055 thousands would be needed within five years for bringing the desired changes and improvements of the Madrassahs education system as a whole. The expenditure involved is, however, proposed in the Education Policy to be met from within the resources allocated in education for miscellaneous programmes and the allocation for the programme of the Ministry of Religious Affairs".[127]

Das Religionsministerium bat das Finanzministerium, für die Realisierung der Komiteevorschläge im nächsten Jahresbudget wenigstens 5 mio Rs zu allokieren, weil nach seiner Meinung keine Gelder für das D.M.-Komitee zur Verfügung standen[128].

Der islamischen Erziehung hatte man im Haushalt keine Gelder zugeteilt. Die Ausgaben für diesen Bereich waren aus dem Topf *Verschiedenes* zu bestreiten[129].

Hier läßt sich einmal mehr die latente Abneigung des kolonialen Sektor gegenüber dem traditionalen erkennen. Ferner wird deutlich, daß innerhalb des Staatsapparates verschiedene Interessen vertreten waren.

---

125 Dies geht aus den weiteren Akten zum *Halepota Report* hervor.

126 Ursprünglich waren 150.000 Rs für das *Nationale Komitee für Dînî Madâris* bereit gestellt worden. Von dieser Summe waren dem Komitee bis zum Juni 1979 lediglich 16.500 Rs (= 11%) zugekommen. Die restlichen Gelder seien aus verschiedenen Gründen im Religionsministerium verblieben; vgl. Brief No. D.M.-N.C. 1/79/541 vom 10. Juni 1979 (Urdu).

127 Ebenda

128 Vgl. No. M/ORA u. o. No. 8/6/Secy/79 vom 4. Juni 1979

129 Die in der *NEP 1979* angesetzten Gelder beliefen sich auf einen Bruchteil der Einnahmen/Ausgaben der D.M.; möglicherweise eine Fehlkalkulation der Bürokratie.

Im *Ministerium für religiöse Angelegenheiten* (Religionsministerium) sind sehr wenig Geistliche beschäftigt[130], die die Initiative des D.M.-Komitees begrüßt haben könnten.
Das Komitee konnte erst nach sechsmonatiger Verspätung seinen Bericht am 17. Dezember 1979 vorlegen.
Bei den Diskussionen innerhalb des Komitees wurde oft die Nichteinmischung der Regierung in die D.M.-Angelegenheiten deutlich empfohlen. Die *Main and Sub Committee on Deeni Madaris* schlugen so auch am 4. August 1980 vor, daß die D.M. selbst über die Annahme oder Ablehnung des reformierten Curriculumvorschlags entscheiden sollten. Es wurde jedoch betont, daß nur diejenigen D.M. Graduierten auf dem Arbeitsplatz vermittelt werden würden, die Englisch bis zur zehnten Klasse als Pflichtfach hatten[131].

5.4. Reaktionen auf das Nationale Komitee für Dînî Madâris

Die Reaktion auf die Aktivitäten des Komitees war zunächst positiv. Besonders die Vertreter der islamischen Avantgarde begrüßten die Reformversuche. So schrieb die Urdu-Tageszeitung *Ḥurriyat*, daß eine Reform mit

---

130 Das gleiche gilt auch für die gesamten mittleren und höheren Ränge der Bürokratie; vgl. dazu jetzt Charles H. Kennedy: Bureaucracy in Pakistan, Oxford University Press 1987.

131 Vgl. Vorschläge des "Main und Sub Committee on Deeni Madaris" 4. August 1980, S. 2 (mimeo). Auch zwischen den verschiedenen Komitees herrschte in verschiedenen Punkten Uneinigkeit: "The National Committee on "Deeni Madaris" and the high powered Subcommittee grappling with the subject have yet to reconcile their divergent views and put forward agreed recommendations before three main bodies of Ulama in the country" (TM, 16.7.80, S.4). In der Tat hatte das Kabinett den D.M.-Report entgegengenommen, obgleich die genannten Komitees sich nicht einig waren. Eigentlich hätte dies zuerst geregelt sein und den drei *Ulama Boards* vorgelegt werden müssen, um dann schließlich veröffentlicht zu werden "for eliciting public comments on it". Ebenso sollte eine Delegation andere muslimische Länder besuchen und die Situation der dortigen D.M. untersuchen (vgl. PT, 14.7.80 und D, 14.7.80). Die Differenzen zwischen den verschiedenen Komitees wurden jedoch nicht festgehalten und der Bericht nie der Öffentlichkeit vorgelegt.

dem Ziel der Vereinheitlichung verschiedener theologischer Ausrichtungen der D.M. wichtig und nötig sei. Es sei schwierig, aufgrund der verschiedenartigen Prüfungs- und Zulassungsverfahren und den verschiedenen Standards die Leistungen der Schüler adäquat zu beurteilen. Das Komitee für D.M. sei ein wichtiger Schritt in diese Richtung[132].
Zu diesem Zeitpunkt hatten sich jedoch schon einige Differenzen innerhalb der verschiedenen Denkschulen einerseits, und zwischen den Denkschulen und dem D.M.-Komitee andererseits, gezeigt. Das Komitee wurde von den islamischen Würdenträgern des traditionalen Sektors mehr und mehr als Repräsentant der Staatsgewalt angesehen. Besonders die Deobandis, die, ebenso wie die Vertreter anderer Denkrichtungen, durch die Implementierung der Komitee-Vorschläge ihre Vorherrschaft im traditionalen Bereich hätten einbüßen müssen, erhoben massive Einwände dagegen[133]. *Mawlânâ Muḥammad Yûsuf Ludhîânwî*, ein bedeutender Vertreter der Deobandi *Wafâq al-madâris*, kritisierte in seinem *radd-e `amal* (Aufruf zum Boykott) im Februar 1981 das Komitee heftig und äußerte seine Bedenken über die den Reformmaßnahmen inhärente Kontrolle durch eine Regierung, die er als unreligiös (*lâ dînî*) bezeichnete[134]: Wenn die D. M. erst einmal in den Gesetzeskäfig festgesetzt würden, hätten sie nur noch die Bedeutung offizieller Institutionen und würden dann zu einem Spielzeug (*khêlônâ*) staatlicher Gewalt; damit verlören sie ihre Autonomie[135]. Der Regierung führte er drei Gefahren bei der Intervention in die D.M. Angelegenheiten vor Augen:

1.) Die Durchführung könne einen landesweiten Tumult (*hijân*) hervorrufen, da die Deobandis den Plan der Regierung ablehnten und sich auf Widerstand vorbereiteten.
2.) Die Regierung müsse für die Umsetzung des D.M.-Plans einen beträchtlichen Geldbetrag aufwenden; für die ersten sechs Jahre des Plans wären etwa 67,19 mio Rs veranschlagt worden. Diese Aufwendungen müßten aus Steuergeldern bestritten werden, was zu Lasten der Steuerzahler ginge.
3.) Streik und Demonstrationen, die bisher nicht zur Tradition der D.M. gehörten, würden entstehen[136], weshalb alle anderen *madâris* dazu

132 Karachi 11.2.1979: *Dînî Madâris kî iṣlâḥ* (Die Reform der religiösen Schulen) (Urdu). Diese Zeitung wird von der Jama`at-e Islami unterhalten. Auch die staatliche *Nawâ'-e Waqt* (Karachi 11. November 1980 (Urdu)) berichtete positiv über die Aktivitäten des Komitees.
133 Allen voran ihr Führer *Muftî Maḥmûd*.
134 Muḥammad Y. Ludhîânwî: *radd-e `amal* a.a.O., S. 17 f.
135 a.a.O., S. 21 f.
136 a.a.O., S. 23 f.

aufgerufen seien, sich mit Pflichtbewußtsein gegenüber Gott und dem Islam gegen die Umsetzung der Vorschläge zu wehren[137].

Ein Jahr zuvor hatte *Mawlânâ Muḥammad Yûsuf Ludhîânwî* schon einmal eine Polemik gegen das D.M.-Komitee formuliert[138], in der er feststellte, daß es die Politik der Briten fortsetze und die traditionalen Bildungsinhalte den zeitgenössischen Wissenschaften unterordnen wolle[139]. Für ihn war das formale Erziehungswesen durchaus nicht erstrebenswert[140]. Er verwies auf die Überheblichkeit der Repräsentanten des Staates, die die "Analphabeten" (D.M.-Schüler) zu "alphabetisieren" beanspruchten[141]. Darin spiegele sich die Tradition McCauleys (1800-1859) wider[142].

Da die D.M.-Schüler und -Lehrer in der Gesellschaft diskriminiert würden, unterstütze er bisweilen die Vorschläge des D.M.-Komitees. Das Problem sei jedoch, daß die vom Komitee vorgeschlagenen Verbesserungen an Bedingungen geknüpft seien. So sei z.B. der Anschluß an das vorgeschlagene nationale Institut für D.M. oder an eine *muqtadirah* (Autorität) erforderlich[143]. Ferner widerspreche der Vorschlag zur Verbesserung der wirtschaftlichen Lage der D.M. den acht grundlegenden Punkten des *Mawlânâ Muḥammad Qâsim Nânotawî* (1832-1879)[144]. Laut *Nânotawî* heißt es u. a.:

> "Solange die *madrasah* kein regelmäßiges Einkommen bezieht, wird sie mit Gottes Hilfe existieren. Und wenn ein reguläres Einkommen gefunden sein sollte, wie Landeigentum, Fabriken, Handel oder das Versprechen eines reichen Herrn, dann wird das Gut, das von Gott kommt, verloren gehen, so daß die verborgene Hilfe versiegen, und unter den Arbeitern Streit entstehen wird. Eine unsichere Einnahmequelle ist förderlich, während die Anteilnahme von Regierung und reichen Menschen schadet. Es ist wahr, daß der Reichtum der-

---

137 a a.O., S. 26 f; vgl. auch al-Ḥaq, Bd. 16/6 1981, S. 2-5 und 63.
138 Muḥammad Y. Ludhîânwî: *lamḥah-e fikariyyah* a.a.O. etwa Ende 1980
139 *lamḥah-e fikariyyah* a.a.O., S. 13 f
140 a.a.O., S. 14 f
141 a.a.O., S. 20
142 a.a.O., S. 25
143 a.a.O., S. 23 f; vgl. auch die Ablehnung der Vorschläge des *Halepota Reports* durch den Deobandi *Mawlânâ Muḥammad Idrîs Mehrtî*, in: *Halepota Report* a.a.O., Anhang.
144 *Qâsim Nânotawî* war Gründer des *Dâr al-`Ulûm Deoband*; zu *Nânotawî* vgl. Ḥâfiz Muḥammad Akbar S͟hâh Buk͟hârî: Akâbir-e `Ulamâ'-e Deoband, Lahore o.J. (Die großen Gelehrten Deobands) (Urdu) S. 13-18 (*AUD*); B.D. Metcalf: Revival a.a.O. passim und Z.H. Faruqi: Deoband a.a.O. passim.

jenigen segensreicher ist, die mit ihren Spenden keinen Ruhm verdienen wollen; Gott sei gedankt; die Spenden aufrichtiger Menschen sind eine fortwährende Einnahmequelle"[145]. (Übersetzung aus dem Urdu J.M.)

Die Vertreter der D.M. dürften nicht diesen "Dummen" (*malghûbah*)[146] folgend, staatlicher Kontrolle anheimfallen, um schließlich zu treuen Bürokraten (*wafâdâr sarkârî mulâzamîn*) erzogen zu werden, die dann weder richtige Naturwissenschaftler noch Theologen wären[147]. *Mawlânâ Muḥammad Yûsuf Ludhîânwî* vertrat einen radikalen Standpunkt: Die Ulama sollten solange auf ihren curricularen *Programmen* beharren, bis aus den Curricula der formalen Bildungsinstitutionen a-religiöse Bildungsinhalte entfernt seien[148]. Das setzte primär eine Veränderung des formalen Erziehungswesens voraus.
Schließlich forderte er dazu auf, die Vorschläge des Komitees insgesamt abzulehnen, um nicht das Erlangen von Zeugnissen und Titeln zum Ziel der Ulama werden zu lassen[149]. Überdies sei das vorgeschlagene Curriculum völlig überladen und die Umsetzung der Vorschläge werde die Eigenart der D.M. auflösen[150].
Diesem Aufruf folgte tatsächlich eine Kampagne gegen die nunmehr staatlichen Vorschläge: Das D.M.-Komitee sammelte 39 Telegramme, die an Zia ul Haq adressiert waren. Alle lehnten die Vorschläge des Komitees ab. Als Begründung wurde z.B. angegeben:

> "... as these (proposals) are against the sancity of religious institutions."[151]

oder

---

145 Muḥammad Y. Ludhîânwî: *radd-e `amal*, Multan o.D., S. 27 f.; vgl. Ahmad I, S. 732-734 und Ahmad II, S. 684 ff.
146 Muḥammad Y. Ludhîânwî: *radd-e `amal* a.a.O., S. 27 et passim
147 a.a.O., S. 28
148 a.a.O., S. 17
149 Ähnliche Kritik äußerten auch einflußreiche Vertreter der Brelwis im Frühjahr 1986. Sie stellten fest, daß die Schüler ihre Studien jetzt, nach der formalen Anerkennung der D.M.-Urkunden, nicht mehr *fî sabîl allâh* (für Gott), sondern nur noch *fî sabîl al-nafs* (für sich selbst) unternahmen.
150 Vgl. Resolution der *Wafâq al-madâris* in: Muḥammad Y. Ludhîânwî: *radd-e `amal* a.a.O., S. 31 f.
151 Telegramm vom 11. März 1981 von *M. Khadim Muh., Mohtamim of D.I. Khan.*

"Govt. should not interfere in any affairs of the religious institutions."[152]

oder

"... is against the spirit of Dini Madaris run privately and if promulgated it would be against national interest and harm religious education."[153]

Sogar die Zentrale der *Wafâq al-Madâris* selbst drückte in einem Schreiben vom 25.3.81 an Dr. Halepota ihr Bedauern über die Vorschläge des Komitees aus und lehnte jegliche Zusammenarbeit mit dessen Vorsitzenden ab[154].

Eine derartige Kampagne konnte ohne Schwierigkeiten gestartet werden, da die vier größten D.M. Pakistans einer einzigen, sehr einflußreichen der Denkrichtung der Deobandis nahestehenden Familie gehören.[155]

---

152 Telegramm vom 29.2.81 von *Mr. Muh. Umar of Muzaffargarh.*

153 Telegramm vom 19.2.81 von *Mr. Umar Daraz Mohtamim Madrasa Daruloom Qoran Qurashivabad Dehatar Tandomohdkhan.* Interessanterweise waren alle Telegramme in englischer Sprache abgefaßt. Dies weist auf den hohen Integrationsgrad der *Geistlichkeit* in den kolonialen Bereich hin.

154 Nach Aussagen Dr. Halepotas gingen alle Telegramme von Deobandis aus, was eine "organisierte Konspiration" gegen das Komitee nahelegte.

155 Persönliches Gespräch mit Dr. Halepota am 15.12.84 und am 12.10.85 in Islamabad. Diese vier D.M. befänden sich in *Sukkur, Lahore, Multan* und *Tando Allah Yar* und sind den Familien der *Fârûqî* und der *`Uthmânî* angeschlossen, den *Nachkommen* – wobei nicht zwangsläufig die Genealogie gemeint ist, sondern die *spirituelle* Nachfolge – *Ashraf `Alî Thânwîs* (1860–1943; zu *Mawlânâ Thânwî* vgl. Bukhârî: *AUD* S. 33–45 und EI², Bd. I, S. 701 f. b). Die vier Schulen sind: 1.) *Jâmi`ah Ashrafiyyah*, Lahore gegründet von *Muftî Muḥammad Ḥusain Amratsarî*; 2.) *Qâsim al-`Ulûm*, Multan, gegründet von *Mawlânâ Khair Muḥammad Jallundarî* (vgl. dazu Bukhârî: *AUD* S. 43 und Ahmad II, S. 18 ff., 300 ff., 530); 3.) *Dâr al-`Ulûm al-Islâmiyyah*, Ashrafabâd, Tando Allah Yâr gegründet von *Mawlânâ Shabbîr Aḥmad `Uthmânî* (vgl. Ahmad I, S. 147 ff); 4.) *Jâmi`ah Ashrafiyyah*, Sukkur, gegründet von *Mawlânâ Muḥammad Aḥmad Thânwî* (vgl. Ahmad I, S. 251 f.). Die Gründer aller vier D.M. erhielten von *Mawlânâ Ashraf `Alî Thânwî* den Titel *khalîfah* oder/und *majâz* und sind somit als dessen spirituelle Nachkommen zu begreifen.

Neben den unter der Kontrolle einer Familie stehenden vier großen D.M. ist der Einfluß auf religiöse Schulen aus der NWFP von Bedeutung. Hier ist der ab 1980/81 manifeste Non-Konformismus des *Muftî Maḥmûd*, dem

---

Die *Fârûqîs* gelten mit den Familien Shuyyûkh, *`Uthmânî*, *Ṣiddîqî* und *Anṣârî* als jene *muhajirîn* aus Indien, die sich als Träger der islamischen Kultur bezeichnen konnten. Sie waren bekannt für ihr religiöses Wissen und bildeten Zentren der Wissenschaften in *Nanotah*, *Kandhlah*, *Deoband*, *Gangowah* und *Thana Bhun* – um nur einige herausragende zu nennen –, wo diese Familien auch ansässig waren (vgl. Bukhârî: *AUD* S. 13). Mit der Teilung Indiens siedelten diese Familien zum großen Teil nach Pakistan über.

Die Lehren des *Ashraf `Alî Thânwî* standen ganz in der Tradition des *Mawlânâ Nânotawî*. *Thânwî* vertrat überdies die Meinung, daß sich die Muslime in einer schlechten wirtschaftlichen und politischen Lage befänden, weshalb sie sich an seine ehemaligen Schüler orientieren sollten. Diese wären entweder Staatsbürokraten, "*`Ulamâ'*, *Ṣûfîs* und Lehrer ... Doktoren, Händler, Richter, Ingenieure, die meine *ijâzah* (Lehrerlaubnis) bekommen haben, Bettler (*Faqîr*), Landbesitzer und *Nawwâbs*, die meine *Khulafâ'* (spirituelle Nachfolger) sind ..." (Übersetzung aus dem Urdu vom Autor). Alle seien in "ihren Arbeiten versunken", gleichzeitig jedoch Muslime und gleichzeitig mit dem wirtschaftlichen Erwerb beschäftigt (*tahrîl-e ma`âsh meñ maṣrûf hain*). So gesehen sei der Islam sehr einfach zu leben (zitiert nach Bukhârî: *AUD* a.a.O., S. 39 f). *Mawlânâ Thânwî* legitimiert somit nicht nur den *status quo* und fordert die Muslime auf, sich am Wirtschaftsleben zu beteiligen, sondern er umgeht auch jegliche Politisierung und zeichnet sich so durch einen politischen Quietismus und im Gegensatz zu *Mawlânâ Madanî* und *Nânotawî* durch eine privatistische Einstellung gegenüber den Verhältnissen aus. Dieser Strategie folgten seine Nachfolger 1980/81, als sie den *Halepota Report* ablehnten. Ihre Motivation lag damit letzlich in der Angst, den eigenen Status aufgeben zu müssen.

Zur Problematik der Frauen bei *Thânwî* vgl. jetzt B.D. Metcalf: Islamic Reform and Islamic Women: Maulânâ Thânawî's Jewelry of Paradise, in: B. D. Metcalf (ed.): Moral Conduct and Authority, a.a.O., S. 184-195.

ehemaligen Führer der Pakistan National Alliance (*PNA*) gegen Bhutto[156], erwähnenswert.
Als politisierter Geistlicher trat er schon vor der Bewegung von 1977 für die Einführung des Islam als staatlicher Norm ein.[157] Er sprach sich aber gegen jegliche Form staatlicher Einmischung in die Curricula der D.M. aus (*dînî madâris kê niṣâb meñ kissî tabdîlî kî ḍarûrat nahîñ*)[158]; das Syllabus der D.M. sei "perfect and comprehensive", solle aber um moderne Wissenschaften erweitert und der Lebensstandard der Schüler und Lehrer der D.M. erhöht werden[159].
Mit Stellungnahmen dieser Art bewies *Muftî Maḥmûd* jedoch seine Affinität zum kolonialen Gesellschaftssektor und sein latentes Bewußtsein, die geistlichen Würdenträger seien rückständig. Auch er kann im Rahmen

---

156 *Muftî Ṣâḥib* wurde 1909 in D. I. Khan geboren und genoß sowohl eine formale als auch traditionale Erziehung. Als *Khalîfah* aller vier großen *Ṣûfî*orden und als Deobandi war er in der Lage, breite Massen zu mobilisieren, besonders in der NWFP. Seine Karriere war die eines politischen Aktivisten; er war 1976 Ministerpräsident der NWFP, darüberhinaus Präsident der *Wafâq al-madâris* und leitete den *Qâsim al-'Ulûm* in Multan (vgl. u. a. Bukhârî: *AUD* S. 355 ff. sowie Hâshmî a.a.O.). Mitte 1956 berief *Muftî Maḥmûd* in Multan eine *Ulama Convention* ein, um die Ulama zu vereinen und politisch mobiler zu machen. Hier soll auch die *Jam'iyyat-e 'Ulama'-e Islam* (*JUI*) gegründet worden sein (Hâshmî a.a.O., S. 9). Er ließ ein *JUI*-Komitee aufbauen, um die Verfassung von 1956 aus islamischer Sicht zu untersuchen und einen Bericht vorzulegen (Komitee-Mitglieder waren: *Muftî Maḥmûd*, *Shams al-Ḥaq Afghânî*, *Prof. Khalid Mahmud*, *Shaikh Hisâm al-Dîn*), der den Titel *Tanqîdât wa Tarmîmât* (Kritiken und Veränderungen; Urdu) hatte (vgl. Hâshmî a.a.O., S. 10). Während Ayûbs Militärherrschaft veranstaltete er nochmals eine *Ulama Convention* unter seinem Vorsitz in Multan und gründete eine *niẓâm-e 'ulamâ'* Partei, die die Befolgung islamischer Prinzipien von der Regierung verlangte. Sie spielte jedoch keine Rolle in der Politik. Unter der Bhutto-Regierung war *Muftî Ṣâḥib* nicht gut angesehen. So kann man in den *PID*-Akten ein white paper über ihn finden; danach sei er ein "Tyrann und ein gieriger Herrscher gewesen" und die Allianz mit der *National Awami Party* nur eingegangen, um Minister zu werden.
Zu seiner Ablehnung des 1980 eingeführten Zakatsystem vgl. weiter unten Kapitel VI 9.1.

157 Z.B. im Februar 1976; vgl. *The Sun* 26.3.76; NW, 13. und 23.3.76; D, 2.4.76; J, 5.4.76.

158 J, 16.5.78, statt dessen sei eine Stärkung der *Wafâq* besonders in Lahore nötig.

159 D, 16.5.78 und Imroze, 16.5.78

der theoretischen Einordnung zur geistlichen Elite aus dem *Mischgebiet II* gezählt werden. Wie jedoch deutlich wird, haben auch Vertreter dieses Sektors Zugang zum *Mischgebiet I* und sogar zum traditionalen Bereich. In der Ablehnung des kolonialen Sektors versuchen die Vertreter der *Mischgebiete*, sich über die traditionalen Institutionen autochthoner Kultur eine Massenbasis zu schaffen. Aufgrund ihres Zugangs zu solchen Institutionen sind sie dazu in der Lage und können eine entsprechende Massenbewegung organisieren.

Trotz der Ablehnung und der Kampagne der Ulama bestand das Erziehungsministerium am 15. März 1981 "im Interesse der Nation" darauf, ein baldiges Treffen mit den Ulama zu arrangieren[160]. Es bestätigte Dr. Halepota, daß die D.M nicht verstaatlicht werden sollen, sondern daß sie lediglich finanzielle Unterstützung bekämen und die Graduierten gleichberechtigt behandelt würden[161].

Am 19.4.1981 schrieb das Religionsministerium und das Ministerium für Minderheiten (*Auqaf Section*), das die Kosten für das D.M.-Komitee getragen hatte, an das *Islamic Research Institute* (*IRI*), dessen Direktor der Vorsitzende des Komitees war:

> "Since the Ulama themselves do not want that the government should take any initiative in this behalf and since the government's intentions have been suspected quite unjustifiably, no further action in this behalf, at least for the time being".

Nach Angaben Dr. Halepotas soll Zia ul Haq später im Plenum sein Bedauern geäußert und seinen Überdruß über die Ulama kundgetan haben[162].

---

160 Brief an Dr. Halepota No. F.2-4/81-IES-II.

161 M. of R/A an Dr. Halepota am 25. März 1981 zitiert "President's minutes No. 587 1980 14.3.81" im Baluchistan Governor's House.

162 Er tat dies mit den Worten: "*mêrê bâp awr mêrê bâp dâdê kî tawbah*" <wobei Zia sich mit Daumen und Zeigefinger und überkreuzten Armen die Ohren hielt>; persönliches Gespräch im Januar 1985 in Islamabad.

Die Zentrale der Deobandis in Multan hatte im Dezember 1980 an Zia selber geschrieben und darum gebeten, die Vorschläge des D.M.-Komitees nicht zu implementieren. Dabei wurde auf einige Fehler des *Reports* verwiesen[163].
Dieser staatliche Integrationsversuch wurde jedoch trotz aller Kritik der Geistlichen tatsächlich umgesetzt.

6. Die Dînî Madâris Regelung

Infolge des Widerstandes der D.M. war Zia ul Haq gezwungen, die von Dr. Halepota vorgeschlagene Regelung für die D.M.-Reform[164] zunächst zu verwerfen. Sie sah eine Annäherung beider Bildungssysteme unter Wahrung der Eigenständigkeit der D.M. vor[165]. Ein aus zwei Kammern bestehendes *Nationales Institut für Dînî Madâris Pakistan (NIDMP)* war aufzubauen.

Tawbah ist etwa mit Reue zu übersetzen. Hier ist die Reue angesprochen, die Zia nach einer großen Sünde empfand, die weder sein Vater noch sein Großvater begangen hatten und für die sie dennoch ob der Schrecklichkeit der Sünde nun Reue empfinden sollten. Er verspricht damit, diese große Sünde nie mehr zu begehen; zum *tawbah* Konzept vgl. auch Koran 24/31 und 66/8; etwa auch Imam Ghazzali: Ihya ulum id Din, The Book House Lahore 1983, Vol. IV, S. 1-67 in der engl. Übersetzung von al-Haj Maulana Fazal al-Karim und *Mawdûdîs* Interpretation der Sure *Al-Tawbah* in: A.A. Maududi: The Meaning of the Quran, Islamic Publications Ltd. Lahore 1982[5] Vol. IV, S. 157-248 sowie Abdur Rehman Shad: Muslim Etiquettes, Kazi Publications Lahore 1980, S. 61-66.

163 So sei z.B. in Sahiwal nur eine Deobandi *madrasah* angegeben, in Karachi nur eine Schia *madrasah* etc.; dieser Bericht diskriminiere die Deobandis, nicht zuletzt wegen der paritätischen Zusammensetzung des Komitees (s.o.).

164 *Qawmî idârah bârâ-e dînî madâris Pâkistân ordinens 1401 hijrah*; Vorschlag für Präsident Zia ul Haq, vorgelegt von Dr. Abdul Wahid Halepota 9. November 1980 (Urdu) (unveröffentlicht).

165 a.a.O., S. 1; dies war auch im Sinne des "*Report of the Sub-committee of the Council on Islamic System of Education*" aus dem Jahre 1976; vgl. dazu CII Recommendations on system of Education a.a.O., S. 24.

Das *Syndikat* sollte aus Ulama, Repräsentanten der Ministerien und Bildungsinstitutionen sowie der Provinzregierungen bestehen. Von den 22 Mitgliedern waren 12 Ulama, die sich gleichmäßig auf die verschiedenen Denkrichtungen aufgliederten[166]. Zu den Aufgaben des *Syndikats* zählten u. a. die Beaufsichtigung der D.M., die dem *NIDMP* angeschlossen waren. Ferner sei das *Syndikat* verantwortlich dafür, die Qualifikation der Lehrer zu verbessern, Prüfungen auf höherer und mittlerer Ebenen durchzuführen, Bedingungen für den Anschluß an das *NIDMP* festzulegen, Aufnahmeprüfungen durchzuführen, Zeugnisse zu verteilen, Beiträge zu erheben und zu sammeln, für die Schüler Sorge zu tragen, Stipendien zu verteilen, das Institut (*NIDMP*) wirtschaftlich zu versorgen, jährliche Budgets zu erstellen, gegebenenfalls Grundbesitz für die D.M. bereit zu stellen, *waqf* für das *NIDMP* aufzustellen und anzunehmen und weitere administrative Angelegenheiten zu regeln[167].
Die zweite Kammer war der 32-köpfigen *Akademische Rat*, der sich aus 20 Ulama sowie 12 Verwaltungsfachleuten und Akademikern zusammensetzte. Seine Aufgabe war es, das *Syndikat* in allen wissenschaftlichen und pädagogischen Angelegenheiten zu beraten, besonders aber im curricularen Bereich und in Prüfungsangelegenheiten[168].
Der Vorsitzende des *NIDMP* hatte eine exponierte Stellung; er war Vorsitzender beider Kammern (*Syndikat* und *akademischer Rat*). Sein Stellvertreter war der Ministerpräsidenten. In Ausnahmefällen konnte der Vorsitzende sogar die absolute Führung des *NIDMP* übernehmen und war dann nur dem Präsidenten gegenüber verantwortlich[169]. Es war nicht der staatlichen Gerichtsbarkeit unterworfen. Der Präsident von Pakistan war die oberste Entscheidungsinstanz.
Institutssprachen sollten Urdu und Arabisch sein.[170]
Das Institut sollte aus verschiedenen Quellen finanziert werden: so aus Beiträgen der D.M., durch Zuschüsse der Regierung und verschiedener Institutionen, aus Stipendien, aus *Awqâf*geldern und aus anderen Quellen[171].

---

166 *Qawmî idârah bârâ-e dînî madâris Pâkistân ordinens 1401 hijrah* a.a.O., S. 3 f
167 a.a.O., S. 5 f
168 a.a.O., S. 6 f
169 a.a.O., S. 8
170 a.a.O., S. 11
171 a.a.O., S. 10

Dieser Entwurf ist offensichtlich eine nur unwesentlich modifizierte Form der "säkularen" Satzung der islamischen Universität von 1980. Sein säkularer Charakter soll die Ulama abgeschreckt haben; strategisch wäre es für die Regierung sinnvoller gewesen, die *Geistlichkeit* selbst eine Regelung für die D.M. erstellen zu lassen[172].
Der Entwurf reflektierte jedoch die vom *CII* im Jahre 1978 vorgelegten Vorschläge zum religiösen Erziehungswesen[173].
Da die D.M. sich zunächst erfolgreich der "Kontrolle" der Regierung entziehen und die Einführung der Vorschläge des *National Committee for Dini Madaris* (*NCDM*) verhindern konnten, war die an einigen Stellen mangelhaft formulierte Regelung[174] einmal mehr vergeblich und schien den ebenfalls als Makulatur bezeichneten[175] *Halepota Report* zu krönen. In der Tat konnten zunächst die Vorschläge des *NCDM* nicht gegen den Widerstand des Großteils der *Geistlichkeit* durchgesetzt werden. Die kritischen Punkte waren die Frage nach der absoluten Autonomie der vorgeschlagenen Dachorganisation (*NIDMP*) und nach der wirtschaftlichen Eigenständigkeit der D.M.[176].
Trotz der Annullierung der Gesamtregelung, wurden die Vorschläge des *Halepota Reports* und der D.M.-Regelung im Laufe der Jahre durchgesetzt.

---

172 Diese Annahme wurde von einem leitenden Technokraten des *Islamic Education Research Cell* bestätigt. Das Komitee und sein Report soll vom Kabinett als "unsatisfactory" abgelehnt worden sein. Ein Sub-Komitee mit sieben Staatssekretären (3 Bundes- und 4 Provinzsekretäre) sollte den Bericht überprüfen (D, 23.7.80).

173 S.o. Kapitel II über das *CII*, Punkt 2.1.

174 Besonders Punkt 12 (1) S.7 der *ordinens*.

175 Mitglieder des *IRI* betonten den "schwachen und unkoordinativen" Charakter des *Halepota Reports*, eine mehr polemische, als fundierte Auseinandersetzung mit dem Bericht.

176 Dies hatte auch schon der einzige Sindhi Vertreter, der Deobandi *Mawlânâ Muḥammad Idrîs Mehrtî* (*Mehrtî* war *nâẓim-e `alâ* der *Wafâq al-madâris al-`arabiyyah Pâkistân* und *muhtamim* der *Jâmi`ah Islâmiyyah `Arabiyyah*, Karachi), in seinem abweichenden Votum zum *Halepota Report* geäußert (vgl. *Halepota Report*, S. 7, S. 218 f. und Anhang).

7. Formale Anerkennung der religiösen Schulen

Die Regierung versuchte auch weiterhin, mit Hilfe einer Reformpolitik, die D.M. an sich zu binden, um ihnen damit ihre politische Stoßkraft zu nehmen. Der Weg über die Vorschläge des *NCDM* hatte sich zunächst als Sackgasse erwiesen. Angesichts der Tatsache, daß die politische Mobilisierungsfähigkeit der z. T. hochgradig organisierten pakistanischen *Geistlichkeit* nicht zu unterschätzen war, versuchte die Regierung, sie zunächst wenigstens formal in die Staatspolitik zu integrieren. Zu diesem Zweck wurden seit 1980 einige *Ulama und Mashaikh Conventions* abgehalten[177]. Hier sollte der *Geistlichkeit* der Eindruck vermittelt werden, sie sei für die Islamisierung und für die nationale Politik Pakistans nicht nur äußerst wichtig und förderlich, sondern auch unabdingbar, so daß auf ihre Unterstützung nicht verzichtet werden könne[178]. Diese Konferenzen dienten in Wirklichkeit jedoch der Befriedung der Geistlichen, die nach den Worten von *Mawlânâ Yûsuf Ṭalâl `Alî*[179] aufgrund ihrer Bescheidenheit, die sie durch ihre Herkunft und ihre Ausbildung verinnerlicht habe, sehr leicht zufrieden zu stellen war.
Einen weiteren wichtigen Versuch der Integration der *Geistlichkeit* stellt die Maßnahme dar, D.M.-Abschlüsse anzuerkennen. Die Kriterien für die Anerkennung der D.M.-Urkunden waren vom *Sub-committee on equivalence of the degree of Tanzeem-e Madaris al Arabiyyah with B.A. /M.A. Islamiyat* schon im Juni 1980 auf den Prüfungsbereich beschränkt worden: Da in den *madâris* das Prüfungsverfahren befriedigend sei und auch sonst keine Unregelmäßigkeiten vorherrschten, sollten ihre Urkunden, unter der Voraussetzung, daß Englisch und einige andere moderne Fächer in das religiöse Curriculum integriert würden, denen des formalen Erziehungswesens gleichgestellt werden. Grundsätzlich könnte die *madrasah*-Urkunde dem *B.A./M.A.-Islamiyât* oder *-Arabisch* angeglichen werden. Dieser Stellungnahme war die Ablehnung einer Gleichstellung von

---

177 Vgl. dazu auch die Protokolle zu den *Ulama Convention 1980* und *Mashaikh Convention 1980*, *Ulama Convention 1984* und *Nifâz-e Islâm Conference 1984*.

178 Eine kurze Darstellung der *Conventions* und Konferenzen findet sich in meinem Forschungsbericht a.a.O.: Kapitel A XIV.

179 Persönliches Gespräch am 2.5.85 in Islamabad; *Ṭalâl* ist amerikanischer Muslim und war zeitweilig Berater des Erziehungsministeriums für den Bereich islamische Erziehung.

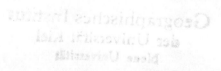

D.M.-Abschlüssen durch die Universitäten (außer der Peshawar Universität) vorausgegangen[180]. Es kann angenommen werden, daß die Universitäten die Konkurrenz der neu hinzukommenden *mawlânâs* als Lehrkräfte, besonders in den Fächern Arabisch und Islamkunde, fürchteten.

Im Anschluß an die Diskussion um die Anerkennung der D.M.-Urkunden zwischen dem *CII*, der *UGC*, der *Establishment Division* und dem Präsidenten seit Ende 1980[181] unternahm man durch die Gründung eines *UGC-Komitees für die Gleichberechtigung der D.M.-Zeugnisse* den nächsten Integrationsversuch. Dessen Vorschläge wurden schließlich am 16. April 1981 in die Tat umgesetzt[182]: Die *fawqâniyyah*-Urkunde sollte - für die Fächer Islamiyât und Arabisch - durch die Universitäten und *Colleges* unter der Voraussetzung anerkannt werden, daß die Graduierten der D.M. zwei weitere Fächer, die für das Bestehen einer *B.A.*-Prüfung notwendig waren, erfolgreich abschlossen[183]. Damit wurden Vorschläge aus dem Jahre 1976 wieder aufgenommen[184].

Erst ein halbes Jahr später[185] wurde beschlossen, sowohl das *Shahadatul-Fazila Sanad* der *Wafâq al-madâris* (Deobandi) als auch das *Shahadatul-Faragh* der *Tanẓîm al-madâris* (Brelwi) sowie die Abschlußzeugnisse der beiden anderen Denkschulen (Schia und Ahl-e Hadith) dem *M.A.-Arabisch / M.A.-Islamic Studies* für Lehrberufe in den

---

180 Vgl. Equivalence of Deeni Sanads, Religionsministerium o.A. (mimeo).

181 Vgl. CII Recommendations on System of Education a.a.O., S. 44 f.

182 Hierbei handelte es sich lediglich um eine Neuauslegung der Vorschläge des *UGC*-Komitees von 1975. Die endgültige Anerkennung der Urkunden im Jahre 1981 wurde allerdings erst nach einer persönlichen Intervention Zia ul Haqs möglich, der sich über die Bürokratie hinwegsetzte und damit die staatliche Anerkennung der Urkunden der *mawlânâs* ermöglicht hatte (vgl. CII Recommendations on System of Education a.a.O., S. 44 f.).

183 *Qurṭâs `amlî/pîsh nâmâ bârâ-e kamîtî ma`âdalah isnâd dînî wa jamî`î* 25. August 1982 Islamabad, S. 2 (Urdu)

184 Vgl. *UGC*: A Guide to the Equivalences of Degrees and Diplomas in Pakistan, Islamabad 1978, S. 84, sowie oben: Islam und Dînî Madâris unter Bhutto.

185 am 12.9.82

Fächern Arabisch und *Islamic Studies* gleichzustellen[186]. Für alle weiteren Berufe sollten die D.M.-Graduierten in zwei weiteren säkularen Fächern (außer Arabisch, *Islamic Studies*, Persisch und Urdu) geprüft werden.[187]
Das Zeugnis sollte, um der Vereinheitlichung willen, die Bezeichnung *Shahadah-ul Alamiya min uloom il islamia* erhalten, für die allerdings eine 16-jährige D.M.-Ausbildung nötig war[188]. Damit schienen die Bildungsstätten der Ulama integriert zu sein, so daß das staatliche Organ *Pakistan Times* am 25.10.82 feierlich verkünden konnte: *"Deeni Madaris degrees' equivalence decided"*.

8. Die wirtschafliche Situation autochthoner theologischer Schulen

Neben der formalen Anerkennung der D.M.-Absolventen ergaben sich auch im Bereich der wirtschaftlichen und finanziellen Verhältnisse der D.M. Veränderungen.
Tabelle 25 zeigt über die Jahre hinweg ein Bild steigender Defizite in den Haushalten der D.M.. So waren die Einnahmen 1960 auf der nationalen Ebene 2% höher als die Ausgaben im selben Jahr. Zehn Jahre später betrug das Verhältnis Einnahmen:Ausgaben 97:100. Im Jahre 1979 hingegen lagen die Ausgaben um 8,3% höher als die Einnahmen - davon wichen die Provinzen z. T. stark ab.

---

186 Die Urkunden der *Râbiṭah al-madâris al-islâmiyyah* der Jama`at-e Islami wurden zunächst nicht anerkannt. Sie hatte bis 1986 keine Anstalten unternommen, dem Erziehungsministerium die theologische Qualifikation ihrer D.M. vorzulegen. Dies untermauert die These, daß die Vertreter der islamischen Avantgarde (Jama`at) nur in sehr geringem Maße an der theologischen Diskussion teilnehmen. Ihre Interessen liegen vielmehr in der Ausarbeitung politisch ideologischer Programmatiken.

187 Vgl. auch Annex C: Notification

188 Vgl. *UGC*: Higher Education News, Vol. II No. 10 Oktober 1982, S. 1 und 8; vgl. auch den *CII* Bericht zum Erziehungswesen. Vgl. auch ANNEX C.

Das ständig größer werdende Defizit der D.M.-Haushalte drohte noch größer zu werden. Aus eigener Kraft schienen die D.M. und ihre Lehrer und Schüler nicht in der Lage zu sein, diese Tendenz aufzuhalten und ihr entgegen zu wirken. Die Betroffenen haben nämlich nur bedingt oder gar keinen Zugang zu den Grundproduktionsmitteln und kommen meist aus sozial schwachen Verhältnissen. In diesen Zusammenhang muß die Forderung des Komitees für D.M., die D.M. zu unterstützen, gestellt werden.

Tabelle 25: Einnahmen (E) und Ausgaben (A) der Dînî Madâris

	1960		1970	
	E in Rs	A in Rs	E in Rs	A in Rs
W.-Pakistan	3173258[189]	3098724	7883003	8157406
Punjab	2438245	k.A.	5400183	5672294
Sindh	k.A.	k.A.	1380808	1346060
NWFP	k.A.	k.A.	803174	812254
Baluchistan	k.A.	k.A.	159051	156759
Azad Kashmir	k.A.	k.A.	142078	130027
North. Areas	k.A.	k.A.	k.A.	k.A.
Islamabad	k.A.	k.A.	k.A.	k.A.

Fortsetzung

189 Neben Bareinnahmen auch Einnahmen in Form von Naturalien.

Fortsetzung

	1979 E in Rs	1979 A in Rs	1983 E in Rs	1983 A in Rs
W.-Pakistan	39291850	42860844	k.A	k.A.
Punjab	23657193	27943777	k.A.	k.A.
Sindh	9209988	8740197	k.A.	k.A.
NWFP	4833752	4492088[190]	38289997[191]	k.A.
Baluchistan	1590917	1684782	k.A.	k.A.
Azad Kashmir	k.A.	k.A.	k.A.	k.A.
North. Areas	k.A.	k.A.	k.A.	k.A.
Islamabad	k.A.	k.A.	k.A.	k.A.

(Quellen:
Ahmad I S. 730 ff; Ahmad II S. 701 ff; *Halepota Report* S. 62 und S. 214 - 217)

Mit einer Beseitigung des Defizits konnte die Regierung die Ernsthaftigkeit ihrer Absichten gegenüber den D.M unter Beweis stellen. Die materielle Unterstützung wurde zunächst durch den Zakat geleistet[192].
Wie jedoch noch aufzuzeigen sein wird, diente das staatliche Zakatsystem als ein politisches Mittel, die *Geistlichkeit* und ihre Zentren zu neutralisieren.

8.1. Zakât für die Dînî Madâris

Die Zakat- und Ushr-Regelung vom Juni 1980 erlaubte zwar den D.M. als Institutionen nicht, Zakat zu erhalten, da dies laut Shari`a nicht vorgesehen war. So heißt es im Koran :

"Die Almosen sind nur für die Armen und Bedürftigen (bestimmt), (ferner für) diejenigen, die damit zu tun haben, (für) diejenigen,

190 Vgl. *Halepota Report* S. 216. Dort lautet der Betrag 449.288 Rs anstatt 4.492.088 Rs.

191 GoP, Ministry of Education; Important statistics of the Dini Madaris of N.W.F.P., Islamabad 1983 (mimeo)

192 Zum folgenden vgl. auch Kapitel über Zakat.

die (für die Sache des Islam gewonnen werden sollen, für (den Loskauf von) Sklaven, (für) die, verschuldet sind, für den heiligen Krieg und (für) den, der unterwegs ist..."[193]

Wohl aber erhielten die Bedürftigen in den D.M. mittels dieser Institutionen den Zakat.[194]

Voraussetzung einer Unterstützung durch Zakat war eine Überprüfung der D.M. entsprechend den Vorschlägen des *Halepota Reports*:

"This report (i.e. *Halepota Report*; J.M.) should be examined and analysed, and recommendations formulated in respect of financial assistance to be provided to the present Deeni Madrassahs and their students, and there should be no discrimination whatsoever on sectarian basis in this report (i.e. den neuzuerstellenden Report; J.M.)"[195].

Obwohl in Sektion 8 der Zakat-Regelung klargestellt wurde, daß die D.M.-Schüler Zakat empfangen durften, wurde ein *Committee on the Eligibility of Religious Institutions and their Students for Zakat* einberufen[196]. Das *CII* seinerseits befürwortete ihren Zakatempfang[197]. Es erläuterte, daß der *muhtamim* (Vorsitzende der *madrasah*) als "agent of the Zakat recipients" fungieren könne[198], machte aber deutlich, daß die Institution D.M. nicht "eligible to receive Zakat under Shariah or under Zakat Ordinance" sei, sondern nur die armen und bedürftigen Schüler:

"In order to fulfill the requirements of the principles of `tamleek' the recipient students will have to be made the exclusive owners of the Zakat received by them individually"[199].

Dem Religionsministerium zufolge gab es etwa 100 D.M., die "could be considered for financial assistance on priority basis" und schlug den

193 Sure 9/60. Übersetzung nach Rudi Paret. Weitere Koranstellen zum Verteilungsmodus des Zakat sind Sure 2/177, 2/215, 2/273 und 59/7.

194 Das Gleiche gilt für Bedürftige in Berufsbildungsstätten, öffentlichen Krankenhäusern und Kliniken etc.; vgl. Tanzil ur-Rahman: Zakat and Ushr Ordinance 1980; Introduction of Zakat in Pakistan, CII Islamabad o.D., bes. Sektion 8 a., S. 39.

195 Vgl. *Report of the Committee on the Eligibility of Religious Institutions and their Students for Zakat*, Annexure I (mimeo), Zia ul Haq am 24. Juli 1980.

196 Dieses Komitee bestand aus dem Finanzsekretär, dem Direktor des *IRI* und dem Additional Secretary Religious Affairs.

197 Vgl. U. o. No. 6 (3)/ 80-R.CII vom 29.7.80 Annexure II

198 Siehe *Report of the Committee on the Eligibility of Religious Institutions and their Students for Zakat* a.a.O., S. 3

199 ebenda

Provincial Zakat Councils (*PZCs*) 100 "prominente" D.M. vor[200]. Die genannten Schulen waren nicht etwa bedürftige, kleinere, sondern etablierte, große Institutionen.

Tabelle 26: Vom Religionsministerium vorgeschlagene Dînî Madâris

	Gesamt	Punjab	Sindh	NWFP	Baluch.	ICT
Deobandi	42	18	9	7	8	1
Brelwi	35	30	4	-	1	-
Ahl-e Hadith	17	15	2	-	-	-
Schia	5	4	1	-	-	-
Gesamt	99	67	16	7	9	1

(Quellen:
Aktenrecherchen zum *NCDM*, Frühjahr 1985 in Islamabad.)

Die Tabelle zeigt zum einen klar die Vormachtstellung des Punjab. Zum anderen wird deutlich, daß die Verteilung nach Denk- und Rechtsschulen etwa ihrer Stärke im Land entspricht[201].
Erstaunlich ist, daß auch der Schia, deren Anhänger ja von der obligatorischen Zakatzahlung an den Staat befreit sind, Zakatgelder zugesprochen wurde.[202]

Das *Central Zakat Council* (*CZC*) verteilte das Zakatgeld an die *Provincial Zakat Councils* (*PZC*s)[203], und schrieb eine Zakatverteilung nach folgenden Richtsätzen vor:

200 a.a.O., S. 4 f. Die Regierung schien unter Zeitdruck zu stehen.
201 Vgl. dazu etwa Tabelle 51 a in Kapitel VI 6.
Jama`at-e Islami existierte zu dieser Zeit noch nicht als eigenständige D.M.-Organisation. Ihre D.M. werden deshalb entweder als Deobandi oder als Ahl-e Hadith D.M. aufgefasst.
202 Vgl. auch das Kapitel IV über Zakat, Punkt 5.
203 Zum Zakatfluß auf verschiedenen Ebenen vgl. Kapitel IV 4.2.

50% an *Local Zakat Committees*
25% für Stipendien (des formalen Erziehungswesens)
10% für die D.M.-Schüler
5% für Sozialeinrichtungen
5% für Krankenhäuser
5% für Verschiedenes[204].

Der Zakat, der den D.M. zufließen sollte, durfte laut Zakatordnung nicht für außerordentliche Ausgaben (Landkauf, Bau, Renovierung), sondern ausschließlich für laufende Ausgaben (Unterhalt der Schüler, Löhne der Lehrer)[205] vergeben werden und diente also der Aufrechterhaltung des D.M.Betriebes.
Die Möglichkeit für die D.M., Zakatgelder durch die *PZCs* zu erhalten, mag einerseits eine positive Wirkung auf ihre finanzielle Situation haben, andererseits jedoch die traditionalen Einnahmequellen durch die Zakat Regelung und den damit verbundenen Zakatabzug bei den Gläubigen einschränken. Tatsächlich wird beklagt:

> "Since the introduction of the Zakat system, the Deeni Madaris have voiced complaints that their source of private donations has dried."[206]

Es muß nun untersucht werden, auf welche Art und in welchem Ausmaß sich die Zakatimplementierung auf die D.M. ausgewirkt hat.
Für den Bezug von Zakat ist die Registrierung der D.M. im Gesellschaftsregister und der Nachweis der rechtmäßigen Verwendung der Gelder Voraussetzung. Trotz dieser Vorschriften gab es sowohl unter den Ulama als auch innerhalb der Zakatadministration Korruptionsfälle. Ein 12-köpfiges *Ulama Komitee*, in dem die verschiedenen Denkschulen vertreten waren, wurde daher von der *Provincial Zakat Administration* (*PZA*) ernannt, um die Richtlinien für die Zakatzuteilung, Verwendung u. a. festzulegen[207].
Bei diesen Ulama handelt es sich ausschließlich um eine geistliche Elite - schon zum Teil in das staatliche Establishment integriert, etwa als Mitglied des *CII*, des *Auqaf Departments* oder des *Halepota Reports* -, die dem *Mischgebiet II* zuzuordnen ist. Ob ein solches Komitee sowohl die

204 Vgl. Central Zakat Council (*CZC*) Jahresbericht 1983/84, Islamabad 1984 (Urdu), S. 5; diese Sätze veränderten sich im Laufe der Zeit schon einige Male.
205 *Report of the Committee on the Eligibility of Religious*, a.a.O., S. 6
206 MN, 27.2.82
207 Zu Einzelheiten über Korruption, Verteilungsmodi und dem Ulama Komitee vgl. meinen Forschungsbericht für die *KAS*, S. 200-214.

Interessen der traditionalen Gesellschaftssektoren vertritt als auch die Korruption wirksam zu bekämpfen vermag, ist zweifelhaft.

8.1.1. Verteilungskriterien für die Zakatvergabe an religiöse Schulen

Das *Ulama Komitee* hatte für den Zakatempfang zunächst drei Gruppen von D.M. festgelegt:

1.) D.M. mit über 100 Internatsschülern **oder** mit 200 und mehr Schülern, die dort nicht wohnhaft sind.
2.) D.M. mit 50 bis 100 Internatsschülern **oder** mit 100 und mehr Schülern, die dort nicht wohnhaft sind.
3.) D.M. mit 20 bis 50 Internatsschülern **oder** mit 50 und mehr Schülern, die dort nicht wohnhaft sind.

Im ersten Zakatjahr wurde das Zakatgeld nach folgenden Sätzen verteilt:
D.M. der Stufe 1: 20.000 Rs pro D.M.
D.M. der Stufe 2: 15.000 Rs pro D.M.
D.M. der Stufe 3: 10.000 Rs pro D.M..[208]

Um die Zakatverteilung für die D.M. von 1981/82 an zu verbessern bzw. zu steigern, wurden zusätzliche Kriterien eingeführt und eine Einteilung in fünf Stufen vorgenommen[209]:

<u>Spezielle Stufe</u>
75.000 Rs pro Jahr für eine *madrasah*, in der *dars-e niẓâmî* plus *dawrah-e ḥadî<u>th</u>* gelehrt wird, deren bauliche Ausgaben 300.000 Rs im Jahr übersteigen und in der mehr als 200 Schüler wohnhaft sind.

<u>Erste Stufe</u>
50.000 Rs pro Jahr für eine *madrasah*, in der *dars-e niẓâmî* und *dawrah-e ḥadî<u>th</u>* gelehrt wird mit mehr als 100 Internatsschülern.

208 Vgl. Al-Zakāt Bd. 1 Nr. 1 Juli 1981 (Urdu), S. 22
209 Vgl. Al-Zakāt Bd. 1 Nr. 5 November 1981 (Urdu), S. 19 f;

<u>Zweite Stufe</u>

30.000 Rs jährlich für eine *madrasah* mit 51 bis 100 Internatsschülern, in der von *dars-e niẓâmî* bis *mawqûf `aliyyah* gelehrt wird.

<u>Dritte Stufe</u>

20.000 Rs jährlich für eine *madrasah* mit 20 bis 50 Internatsschülern, in der *dars-e niẓâmî* gelehrt wird.

<u>Vierte Stufe</u>

Diejenigen *madâris*, in denen weniger als 20 Schüler wohnhaft sind und über 100 Schüler außerhalb wohnen, sollen vom *Ulama Komitee* überprüft werden und gegebenenfalls Zakat empfangen.
Laut *Pakistan Times* vom 1.8.82 sollten diese D.M. jährlich 10.000 Rs bekommen, während eine fünfte Stufe (10 bis 20 Schüler) 7.000 Rs erhalten sollte.[210]

Folgende Tabelle gibt einen Überblick über die Kriterien des Zakaterhaltes, die Summe der vergebenen Zakatgelder und deren Steigerung zwischen 1981 und 1984.

210 Dies sei alles jedoch erst dann möglich, wenn die D.M. die jeweilige Buchführung für das Jahr 1980/81 dem *PZC* vorgelegt hätten.

Tabelle 27: <u>Kategorisierung der Dînî Madâris für den Zakaterhalt</u>

Grad der Erziehung	Zahl der Internats-schüler	Kategorie 1980–81*	Kategorie 1981–84	Pzc Zakat 1981–82 in 1000 Rs	Pzc Zakat 1982–83 in 1000 Rs	St. %	Rs pro Student	PZC Zakat 1983–84 in 1000 Rs	St. %	Rs pro Student	St. %	St. d. Zakat 1981–84 in %
D.N.; D.H. < 300000 Rs Jahresausgaben für Gebäude	< 200	erste	spezial	75	100	33	42	300	200	125	198	300
D.N. mit D.H.	< 150		erste	50	75	50	42	225	200	125	198	350
D.N. mit D.H.	< 75		zweite	50	75	50	58	150	100	125	116	200
D.N. bis mawqûf	< 75	zweite	dritte	30	50	67	56	110	120	122	118	267
D.N. bis mawqûf	< 50	dritte	vierte	30	50	67	83	75	50	125	51	150
D.N. mit hifz und nâzirah	< 20		fünfte	20	30	50	125	30	0	125	0	50
D.N:	< 10		sechste	10	15	50	125	15	0	125	0	50
hifz und nâzirah	< 20		siebte	10	15	50	63	20	33	38	-40	33
hifz und nâzirah	< 10		achte	7	10	43	83	10	0	83	0	43
hifz und nâzirah	> 10 Interne u. < 100 Lokale		neunte	> 7	> 10	-	-	> 9,5				

(Pfeile: 1980–81 erste → 1981–84 spezial, erste, zweite, dritte; zweite → dritte, vierte; dritte → vierte, fünfte)

Quellen: Berechnet auf der Grundlage von al-Zakât, Bd. 1, Nr. 1 Juli 1981, S. 22 ; Punjab Provincial Zakat Administration (PPZA): Şûbâ'î zakât fund se dînî madâris ko sâlânah imdâd kî firhist, Lahore 1985 (mimeo); PPZA: Firhist dînî madâris jin ko sâl 1984/85 ke li'e şûbâ'î zakât fund se mâlî imdâd faraham kî gâ'î, Lahore 1986 (mimeo); alle Quellen in Urdu.

Erläuterungen: D.N. = dars-e nizâmî; D.H. = dawrah-e hadîth (heute gleich dem M. A.); mawqûf = mittlere Stufe (heute gleich dem B.A.); hifz = Auswendiglernen des Koran; nâzirah = Lesen und Rezitieren des Koran

* = Die erste Stufe erfaßte jene Schulen, die < 100 Internats- oder < 200 lokale Schüler vorwiesen; sie erhielten jährl. 20000 Rs vom PZC.
Die zweite Stufe erfaßte jene Schulen, die 50–100 Internats- oder < 100 lokale Schüler vorwiesen; sie erhielten jährl. 15000 Rs vom PZC.
Die dritte Stufe erfaßte jene Schulen, die 20 bis 50 Internats- oder < 50 lokale Schüler vorwiesen; sie erhielten jährl. 10000 Rs vom PZC.

Folgende Tendenzen der Zakatverteilung können aufgezeigt werden: Die erste Kategorisierung, welche nur zwischen drei Ebenen unterschied, ist als eine vorläufige Einteilung der D.M. zu betrachten. Der zugeteilte Betrag zwischen 10.000 Rs und 20.000 Rs war zudem zu gering, um irgendeine Veränderung innerhalb der D.M. zu bewirken.

Einige Zeit später wurde diese relativ grobe Einteilung differenziert, indem die erste Kategorie in drei und die zweite Kategorie in zwei weitere Gruppen aufgeteilt wurde. Dieser Ordnung fügten die Ulama des *PZC Punjab* noch weitere fünf hinzu, so daß schließlich zehn Kategorien der D.M. für den Zakaterhalt entstanden. Damit wurde einem Vorschlag des *CZC* vom Dezember 1980 Folge geleistet, der die Verbesserung der Zakatverteilung bezweckte[211].

Die ersten beiden Kategorien (*special* und *erste* Stufe) hatten die höchsten Zuwachsraten an Zakatgeldern. Zwischen 1981 und 1984 wurden hier Raten von 300% bzw. 350% erreicht.[212]

Ein ähnliches, wenn auch nicht so ausgeprägtes Bild, ist in den nächsten beiden Stufen mit einer Zuwachrate von 200% bzw. 267% im gleichen Zeitraum erkennbar.

Die fünfte Kategorie kann im Zeitraum zwischen 1981 und 1984 immerhin noch eine Steigerungsrate von 150% verzeichnen. Die Zunahme für die nächsten beiden Stufen erreicht dagegen nur noch jeweils 50%. Die vorletzte Gruppe kann lediglich 33%, die letzte wieder 43% Zuwachs aufweisen.

Entsprechend entwickelten sich die Zuwachsraten des Zakat pro *madrasah*-Schüler: Für die Schüler der großen D.M. stiegen die Gelder viel mehr, als für die der kleinen. So beträgt die Zuwachsrate der Gelder für Schüler großer D.M. bis zu 198% während die Rate für die der kleinen D.M. stagniert (0%) oder sogar rückläufig ist (-40%).

Festzustellen ist, daß die Zakatzuweisungen mit der abnehmenden Größe der D.M. z.T. erheblich sinken. Dies gilt besonders für die Kategorie sieben.

---

211 Schon im Dezember 1980 hatte das *CZC* Verbesserungen vorgeschlagen; vgl. *CZC* Zakat Proceedings Bd. II Islamabad (Urdu), S. 8 ff.

212 Nicht berücksichtigt ist dabei die Inflationsrate.

Die Ursache der Stagnation bzw. sogar des Rückganges der Zakatverteilung für kleine D.M. liegt sicherlich in ihrer steten Zunahme[213].

8.1.2. Tendenziöse urbane Zakatverteilungspolitik

Die Zakatadministration verfolgte von Anfang an eine gezielte Verteilungspolitik. Wie wir sahen, hatte das Religionsministerium 100 große D.M. für die Zakatverteilung vorgeschlagen. Hierbei hatte es sich um wohletablierte Schulen gehandelt, deren Haushalte Überschüsse aufwiesen. Diese Politik wurde auch vom *PZC* und seinen Ulama verfolgt: die großen D.M. profitierten vom Zakatsystem wesentlich mehr als die kleinen.
Die meisten großen D.M. liegen in großen Städten oder befinden sich zumindest im städtischen Einzugsgebiet. Wir können daher sagen, daß bei dieser gezielten Zakatpolitik das meiste Geld für den Bereich der D.M. in die urbanen Gebiete fließt, anstatt, wie oft gefordert, in ländliche, in denen sich der Großteil der kleinen, zur fünften oder sechsten Kategorie gehörenden D.M., befindet. Die Bevorzugung urbaner Zentren ist auch in vielen anderen Maßnahmen im Rahmen der Politik nicht nur Zia ul Haqs zu finden[214].

Im Zuge der neuen Kategorisierung des *PZC Punjab* ergeben sich beispielsweise für den Distrikt Lahore in den Jahren 1981 bis 1984 Tendenzen, die eine urbane Begünstigung der Zakatzuteilung durch das *PZC* verdeutlichen[215].

---

213 Zu diesem Themenkomplex vgl. Kapitel VI 3. und 3.1.; hierbei handelt es sich um die rapide Zunahme der Anzahl der D.M. im Anschluß an die formale Anerkennung ihrer Urkunden und den Zakatzahlungen.

214 Vgl. zum Problem der urbanen Hegemonie vor der Zia-Ära z.B. J.S. Burki: Pakistan under Bhutto a.a.O..

215 Zu den folgenden Ausarbeitungen vgl. auch *List of Zakat-receiving D.M. from the Provincial Zakat Fund* (mimeo) sowie die Tabelle 27 und Al-Zakāt Bd. 4. Nr. 10, April 1984 (Urdu), S. 19.

Tabelle 28: Zakat für die Lahori Dînî Madâris

D.M. Kategorien in "Grades"	1981/82 in 1000 Rs	1982/83 in 1000 Rs	(%) Steig. zum Vorjahr	1983/84 in 1000 Rs	(%) Steig. zum Vorjahr	1981-84 (%) Steig. zum Vorjahr
Special Grade	150	200	33	600	200	300
1. *Grade*	50	75	50	225	200	350
2. *Grade*	50	75	50	150	100	200
3. *Grade*	30	50	67	110	120	267
4. *Grade*	240	400	67	600	50	150
5. *Grade*	1040	1560	50	1560	0	50
6. *Grade*	100	150	50	150	0	50
7. *Grade*	27	405	50	540	33	100
8. *Grade*	189	270	43	270	0	43
9. *Grade*	140	200	43	190	-5	36
Gesamt	2259	3385		4395		

(Quellen:
Ṣûbâ'î zakât fund sê dînî madâris kô sâlânah imdâd kî farâhamî, *PZC* Lahore, 1985" (Urdu) (mimeo) und *List of D.M. that receive Zakat from the PZC Punjab; for district Lahore only* (mimeo), *PZC* Lahore 1985 (Urdu)

Der Anteil des Zakat für die Lahori D.M. an den Geldern für die Punjabi D.M. beträgt in den Jahren 1981/82, 1982/83 und 1983/84 jeweils 13,1%, 12% und 49,4%[216].
Entsprechend deutlich ist der Anstieg der absoluten Zakatzuteilung an die Lahori D.M.. Dies wiederum spiegelt die neue, seit 1983/84 verfolgte *PZC*-Politik wider, ländliche D.M. einzuschränken und die in urbanen Gebieten gelegenen stärker zu fördern.

216 Vgl. dazu Tabelle 30. Die Berechnung erfolgte auf der Grundlage der Gesamtverteilung der Zakatgelder an Punjab D.M., dividiert durch die Gesamtzuteilung an Lahori D.M., multipliziert mit 100 für die entsprechenden Jahre.

8.1.1.2. Zakatverteilung im Punjab

Die Zakatgelder wurden an die D.M. nach den in Tabelle 27 angegebenen Stufen gemäß verteilt. Die folgenden zwei Tabellen 29 a/b: "Zakatverteilung an die Dînî Madâris in Punjab, 1982-83/1984-85" hingegen lassen folgendes Bild erkennen:

Tabelle 29a: Zakatverteilung an die Dînî Madâris im Punjab, 1982-1983

Kategorie	Anzahl der D.M.	Zakatbetrag in 1000 Rs	Summe der Zakatvergabe nach Bildungsstufen in 1000 Rs	
special	21	2100		
erste	39	2925	*dawrah-e ḥadîth*	18000
zweite	173	12975	(25,9 %)	
dritte	484	24200	*mawqûf*	45750
vierte	431	21550	(65,9 %)	
fünfte	174	5220	*taḥtânî*	5640
sechste	42	420	(8,1 %)	
Gesamt	1364	69390		

(Quellen:
Unterlagen des *Provincial Zakat Council*, Punjab und e. B.. Vgl. dazu auch Ta belle 27: "Kategorisierung etc.")

Tabelle 29 b: Zakatverteilung an die Dînî Madâris im Punjab, 1984-1985

Kategorie	Anzahl der D.M.	Zakatbetrag in 1000 Rs	Summe der Zakatvergabe nach Bildungsstufen in 1000 Rs	
special	20	6000		
erste	8	1800	*dawrah-e ḥadîth*	10350
zweite	17	2550	(18,6 %)	
dritte	47	5170	*mawqûf*	11695
vierte	87	6525	(21,0 %)	
fünfte	515	15450	*taḥtânî*	16575
sechste	75	1125	(29,8 %)	
siebte	601	12020		
achte	396	3960	*ḥifẓ, nâẓirah*	17082
neunte	116	1102	(30,7 %)	
Gesamt	1882	55702		

(Quellen:
fihrist dînî madâris jin kô sâl 1984/85 kê lîê ṣûbâ'î zakât fund sê mâlî imdâd frâham kî gâî, PZC Punjab, Lahore 1986 (mimeo), (Urdu) und e. B.. Vgl. dazu auch Tabelle 27)

1982/83 wird der Bereich der Bildungsstufe *dawrah-e ḥadîth* an großen Schulen wesentlich mehr gefördert als zwei Jahre später, 1984/85. Der Mittelbau (*mawqûf*) erhält 1982/83 den Hauptanteil der Zakatverteilung (45.750.000 Rs = 66%), im Jahre 1984/85 schrumpfte dieser Bereich dagegen auf 11.695.000 Rs (= 21%) zusammen. Der prozentuale Anteil des *dawrah-e ḥadîth* Bereichs im Jahre 1982/83 und 1984/85 betrug 25,9% bzw. 18,6%, der des *mawqûf* 65,9% bzw. 21%. Dem *taḥtânî* Bereich kam zunächst nur 8,1% zu, die Zuteilung stieg jedoch 1984/85 auf 29,8%. Ebenso wurden 1984/85 auch die kleineren D.M. gefördert und erhielten den größten Anteil der Zakatgelder (30,7%).
All das läßt vermuten, daß die anfängliche überproportionale Förderung der großen D.M. (*dawrah* und *mawqûf*) zwei Jahre später zugunsten besonders der kleinen - von den *taḥtânî* abwärts - verändert wurde. Diese Entwicklung zugunsten der kleinen D.M. steht im Widerspruch zu

den Ergebnissen aus Tabelle 27, in der eine tendenziöse Zakatverteilungspolitik zugunsten der großen D.M. aufgedeckt wurde. Dieser Widerspruch ist insofern bemerkenswert, als sich der Anteil der kleinen, förderungswürdigen D.M. wesentlich vergrößert hat. Parallel dazu nahm auch das *PZC*-Zakatgeld, das in die kleinen D.M. fließt, zu. Die Abnahme der Gelder für die großen D.M. kann darin begründet liegen, daß viele dieser Schulen entweder Zakat ablehnen oder daß er ihnen aber aus politischen Gründen entzogen wird.

Trotz dieser seit 1984/85 sichtbaren Umverteilung von den großen D.M. hin zu den kleinen darf nicht vergessen werden, daß die Steigerung der Zakatgelder bei den großen religiösen Schulen weit höher ausfällt, als bei den kleineren. Das Sinken oder die Stagnierung der Zakatgelder für die kleinen D.M. mag in der höheren finanziellen Förderung sowohl der gewachsenen Anzahl kleiner als auch großer D.M. begründet sein. Viele kleine Schulen bekommen zwar immer weniger Geld, ihr Anteil im Jahre 1984/85 am D.M.-Zakat ist jedoch der absolut höchste.

8.1.3. Verteilung des Zakat an religiösen Schulen nach Provinzen

Aus Tabelle 30: "Zakatzahlungen der Provinz Zakat Fonds an Dînî Madâris" geht zunächst hervor, daß die Anzahl der vom Zakatgeld profitierenden D.M. nur langsam ansteigt. Eigentlich sollten 10% der vom *CZC* an die Provinzen gezahlten Zakatgelder den D.M. zukommen. Stattdessen erreichten im ersten Jahr lediglich 1,9% die D.M.. Dieser niedrige Anteil nahm in den nächsten Jahren nur unwesentlich zu. Bis 1984 wurden sogar bloß 3,5% der Zakatgelder an D.M. geleistet (2.752 Rs mio) und erst 1984/85 wurden 9,4% erreicht. Dies entspricht einem Durchschnitt von 5,2% der Zakatgelder in den ersten fünf Jahren. Damit kamen nur 50% der dafür bestimmten Gelder zur Auszahlung.
1983/84 sank die Summe für die D.M. von 5,2% im Jahre 1982/83 auf 3,1% des Anteils an den Zakatgeldern.
Diese Verminderung war eine staatliche Reaktion auf die durch die Zakatzahlungen an D.M. stetig steigende Anzahl der religiösen Schulen, die eingedämmt werden sollte.

Der Rückgang der Zakatverteilung im Jahre 1983/84 läßt sich nicht nur anhand der Auszahlungen nachweisen, sondern auch anhand der gesunkenen Anzahl der geförderten D.M.. Sie nahm von 1.433 D.M. auf 1.125 D.M. ab, ein über 20%iger Rückgang der "förderungswürdigen" D.M.. Die Zahl der D.M. nahm jedoch 1984/85 rapide zu und erreichte mit 2.525 D.M. zunächst ihren Höhepunkt. Dies kann durch die besondere Förderung der D.M. im Sindh erklärt werden (s.u.).

Tabelle 30: Zakatzahlungen der Provinz Zakat Fonds an die Dînî Madâris

Tabelle 30 a: Verteilte Zakatgelder in 1000 Rs

Jahr	Provinz Punjab	Provinz Sindh	Provinz NWFP	Provinz Baluchi.	Hauptstadt Islamabad	Gesamt
1980-81	9400	10	2755	1811	-	13977
1981-82	17230	59	4122	317	-	21759
1982-83	28190	1308	5741	3807	-	39109
1983-84	8890	4735	8463	1290	78	23457
1984-85	64590	7475	12098	9369	418	95950
Gesamt	128300	13588	33181	16595	486	193161

Tabelle 30 b: Anzahl der Dînî Madâris

Jahr	Provinz Punjab	Provinz Sindh	Provinz NWFP	Provinz Baluchi.	Hauptstadt Islamabad	Gesamt
1980-81	634	2	189	210	-	825
1981-82	939	3	261	190	-	1203
1982-83	1033	40	300	60	-	1373
1983-84	362	123	328	310	2	815
1984-85	1749	135	357	253	31	2272
Gesamt	4717	303	1435	1023	33	7511

Tabelle 30 c: Anzahl der Begünstigten

Jahr	Provinz Punjab	Provinz Sindh	Provinz NWFP	Provinz Baluchi.	Hauptstadt Islamabad	Gesamt
1980-81	35000	269	7785	24147	-	67201
1981-82	45000	364	10068	2133	-	57565
1982-83	46000	1354	13720	25802	-	86876
1983-84	13813	8115	14596	2151	65	38740
1984-85	69677	9700	15361	15615	697	111050
Gesamt	209490	19802	61530	69828	762	361432

Tabelle 30 d: Durchschnittlicher Betrag pro Schüler pro Jahr in Rs

Jahr	Provinz Punjab	Provinz Sindh	Provinz NWFP	Provinz Baluchi.	Hauptstadt Islamabad
1980-81	269	40	354	75	-
1981-82	283	164	410	150	-
1982-83	613	966	418	150	-
1983-84	644	583	580	600	1200
1984-85	927	771	788	600	600

Tabelle 30 e: Anteil der an die Dînî Madâris weitergeleiteten Zakatgelder am Gesamtbetrag der Zakatgelder einer Provinz aus *CZC* Überweisungen, 1980 - 1985

Jahr	Provinz Punjab in %	Provinz Sindh in %	Provinz NWFP in %	Provinz Baluchi. in %	Hauptstadt Islamabad in %	Gesamt in %
1980-81	2.1	0.01	2.6	4.0	-	1.9
1981-82	5.8	0.06	5.9	1.1	-	4.4
1982-83	6.4	0.9	5.5	8.5	-	5.2
1983-84	2.0	3.0	8.1	2.9	1.0	3.1
1984-85	10.9	3.7	8.6	15.6	4.2	9.4
Gesamt	5.8	1.6	6.3	7.4	1.3	5.2

(Quellen siehe nächste Seite)

(Quellen:
Angaben des *CZC*, Islamabad 1985 (mimeo) und e. B.)

Interprovinziell können verschiedene Tendenzen festgestellt werden. So nimmt z.B. das Zakatgeld 1983/84 für D.M. im Punjab und in Baluchistan ab, während es im Sindh und in der NWFP stetig steigt. Das ist entweder auf ein Fehlen des *Mushroom-Problems*[217] in den letztgenannten zwei Provinzen oder auf eine interne, anders begründete Politik der Zakatadministration zurückzuführen. Wir können jedoch davon ausgehen, daß der *Mushroom-growth* im Punjab und in Baluchistan weiter verbreitet ist als in den übrigen Provinzen[218].
Grundsätzlich scheint der Zakatadministration im Sindh sehr viel an einer weiteren Förderung ihrer D.M. zu liegen. Ähnliches gilt für die D.M. der NWFP und für Baluchistan. Die Punjabi D.M. werden ohnehin stark gefördert.

Im Hinblick auf die D.M. in der NWFP, Baluchistan und im Sindh sind folgende Aspekte von Interesse, die hier zunächst nur angerissen werden sollen:
Die D.M. der NWFP und Baluchistans stehen meist unter der Aufsicht der Deobandi *Wafâq al-Madâris*, haben zum Teil Verbindungen nach Afghanistan und sind bis zu einem gewissen Grad am Heiligen Krieg (*Jihâd*) beteiligt. Eine ähnliche Bedeutung kommt den D.M. der Jama`at-e Islami zu, auch wenn diese in absoluten Zahlen bei weitem nicht die Stärke der D.M. der Deobandis erreichen; die D.M. der Jama`at-e Islami sind zum Teil eigens für den *Jihâd* errichtet worden und bedürfen finanzieller und anderer Unterstützung, die u. a. durch den Zakatfond erfolgt.
Es galt somit erstens, die D.M. in dieser Provinz zu stärken, und damit an den Staat zu binden. Zweitens ging es darum, sie auch im Kampf gegen den *Sozialismus* zu mobilisieren. Die Zakatsumme für die D.M. in der NWFP scheint nicht heruntergesetzt worden zu sein, da die Zentralregierung offenbar die Problematik erkannte, die für den Punjab besteht, falls diese D.M. anfingen, mit dem sozialistischen Regime Afghanistans zu

217 Vgl. unten zur Zunahme der D.M., Kapitel VI 3. sowie Kapitel VII 1.
218 Dies belegen die Akten der verschiedenen *PZCs*.

paktieren. Die D.M. werden als Bastionen staatlicher Ideologie genutzt und erhalten deshalb vielfältige Unterstützung.[219]
Ein ähnliches Problem besteht in der Provinz Sindh. Hier haben sich die dort dominierenden D.M. der Deobandis.[220] zu einer nationalen Bewegung gegen den *Punjabi Chauvinismus* formiert. Dies wird auch in der *MRD* (Movement for the Restauration of Democracy) im Sindh deutlich. Die Ablehnung des Zakat durch die dortigen Deobandi D.M. führte nicht zu einer Abnahme der Zuteilung von Zakatgeldern an die D.M., wie man hätte annehmen sollen. Die Summe der Zakatgelder hat ganz im Gegenteil besonders in dieser Provinz in allen Jahren erheblich zugenommen. Zwar schien die Zakatverteilung in den ersten zwei Perioden problematisch gewesen zu sein, seit dem dritten Jahr der Zakatverteilung zeichnete sich jedoch ein Siegeszug des Zakatsystems ab. Dies erklärt sich aus dem Umstand, daß die zakatempfangenden D.M. im Sindh meist der Denkrichtung der Brelwis, Jama`at-e Islami und Ahl-e Hadith angehören, während die Schulen der Deobandis in der Regel kein Zakat annehmen.
Angesichts der Tatsache, daß die Deobandis im Sindh zur Opposition gegen das Regime Zia ul Haqs gehören[221], ist es verständlich, daß die Regierung über die Stärkung anderer Kräfte, hier z.B. der mehr zum Konformismus neigenden Brelwis, ihre Interessen durchsetzen will und kann. Die staatliche Strategie, die eine oder die andere Denkrichtung zu bevorzugen, führt allerdings zunehmend zu sektiererischen Konflikten[222].

Die Steigerung der Gelder für die D.M. entspricht dem starken Anstieg der Zahlungen pro Schüler. Dies gilt für jede Provinz, in besonderem Maße für Sindh. Der hohe Jahresbetrag von 966 Rs jährlich pro Schüler kann dort als ein Anreiz betrachtet werden, die Sindhi D.M. zur Zakatannahme zu motivieren.
Islamabadi Studenten hingegen erhalten einen Betrag von 1.200 Rs pro Jahr und damit deutlich mehr als der Durchschnitt. Diese Politik führte zur Zunahme der Studenten in Islamabad. Daraufhin wurde die Summe um 50% gekürzt, um die *Mulla-Schwemme* in der Hauptstadt einzudämmen.

---

219 Vgl. Abhandlung über den *Jihâd* weiter unten, Kapitel VI 8. - 8.2.
220 Vgl. z.B. Tabelle 51 c und Tabelle 52 b.
221 Hierbei handelt es sich um den sogenannten *Faḍl al-Raḥmân Flügel.* Die Loyalisten unter den Deobandis gehören eher der *Darkhâstî Gruppe* an. Zu dieser zählt auch *Mawlânâ `Abd al-Ḥaq*, der Leiter der großen Schule in Akoṛâ Khaṭṭak (s.u. Kapitel VI 8.1.).
222 Vgl. z.B. das Kapitel über das Stiftungswesen.

Trotz der offensichtlichen Steigerung der Zahlungen pro D.M.-Schüler sind die Ausgaben für sie wesentlich geringer und *rentabler*, als die Stipendienausgaben für Studenten im höheren formalen Bildungsbereich, die ebenfalls aus dem Zakatfond bezahlt werden. Allein ein Student im Fachbereich Medizin, Ingenieurwesen, Landwirtschaft oder Handel kostet die Zakatadministration jährlich zwischen 3.500 Rs und 5.600 Rs[223].
Somit ist der *starke* Anstieg der Zahlungen an die D.M.-Studenten für die Regierung zunächst als eine sehr kostengünstige Investition für ihre Politik zu betrachten.

8.1.4. Anteil des *PZC*-Zakat am Jahreshaushalt der Dînî Madâris

Die Bedeutung des Zakat als politisches Einflußmittel auf die religiösen Schulen ist nur dann korrekt zu erfassen, wenn seine Rolle im Haushalt der D.M. verschiedener Kategorien ermessen werden kann.

Tabelle 31: Die Rolle des staatlichen Zakat in den Dînî Madâris Haushalten

Name der *madrasah*	Zakatempfang in versch. Jahren	in Rs	Anteil am *mad.* Budget in versch. Jahren	Anteil des *PZC*-Zakat am Gesamtzakat einer *mad.*
Taqwiyyat al-Islâm	1980/81	8000	-	
(Ahl-e Hadith)	1983/84	75000	32,4 %	k.A.
Nusrat al-Haq	1980/81	k.A.	-	k.A.
(Deobandi)	1984/85	30000	24,3 %	k.A.
Jâmi'ah Na'îmiyyah	1980/81	20000	-	k.A.
(Brelwi)	1983/84	300000	30,6 %	59,0 %
Jâmi'ah Ashrafiyah	1980/81	18000	-	k.A.
(Deobandi)	1983/84	225000	18,2 %	k.A.
Jâmi'ah Nizâmiyyah	1980/81	30000	-	k.A.
(Brelwi)	1983/84	300000	32,1 %	48,1 %

223 Berechnet nach *CZC* Proceedings Bd. II, 12. Sitzung am 1.10.1981, (Urdu) S. 392 f. und *CZC* Jahresbericht 1982/83 (Urdu), S. 36 ff. Zahlen beziehen sich auf das Jahr 1981.

(Quelle:
Errechnet auf der Grundlage der Angaben zu meinem Fragebogen vom Dezember/Januar 1985/86 in Lahore)

Der Anteil des Zakat vom *PZC* Punjab am Haushalt der befragten D.M ist groß. Er beläuft sich auf etwa ein Fünftel bis ein Drittel (zwischen 18% und 32%). Von den gesamten Einnahmen aus Zakat einer *madrasah* bestreitet das *PZC* mit seinen Zakatbeträgen nahezu die Hälfte[224].
Diese Gelder sollen die Schulleiter, die *mohtamims*, an die Schüler auszahlen. *De facto* erhalten die Schüler jedoch kein Geld. Statt dessen werden die Zakateinnahmen aus dem *PZF* für die Studenten ausgegeben, indem Anschaffungen wie Waschmittel, Lehrmaterialien etc. davon bezahlt werden. Aber auch dies wird nur in seltenen Fällen durchgesetzt[225]. Somit bleibt das Zakatgeld oft im Besitz des Schulleiters und findet beispielsweise Verwendung in aufwendigen baulichen Erweiterungen. Da eine Schule meist in Familienbesitz und vererbbar ist, profitiert auch die jeweilige Familie nicht unwesentlich.

8.1.4.1. Politische Einflußnahme durch das Zakatsystem

Die religio-politischen Parteien rekrutieren ihre führenden Mitglieder aus den etablierten, meist urbanen D.M., die eine hohe Anzahl an Schülern vorweisen und auch ein *dâr al-iftâ'* (Ausbildungsstätte für *muftîs*) haben. Die Zakatunterstützung kann in diesen Schulen als manipulatives Mittel eingesetzt werden und auf sie, die Schüler und die Lehrer - im weitesten Sinne also Geistliche -, und somit indirekt auf deren Parteien und deren Mitglieder Einfluß ausüben. In der Tat gibt es Beispiele dafür, daß Zakat als politisches Mittel eingesetzt wird. Dies gilt z.B. für die zwei sehr

224 Diese Aussagen gelten zunächst nur für große urbane D.M..
225 Dies geht aus einigen Interviews mit Schülern des *Ḥizb al-Aḥnâf*, Lahore und der *Jâmi'ah Salafiyyah*, Faisalabad hervor (Frühjahr 1986). Hier haben sich die Schüler darüber beschwert, daß der *mohtamim* trotz der Zakatgelder "kein besseres Essen serviert und den ganzen Zakat in den Bau und die Renovierung der Schule steckt".

großen D.M. - in der Kategorie *special* - nämlich *Jâmi`ah Madaniyyah* und *Ḥizb al-Aḥnâf* in Lahore. Die Zakatstreichung wird durch die Zakat-administration nicht mit politischen, sondern "illegalen, sektiererischen" Aktivitäten der jeweiligen *madrasah* begründet. So wurde 1984/85 der *Jâmi`ah Madaniyyah*, Karimpark, Lahore[226] vorgehalten, sektiererische Unruhe zu verbreiten, weshalb ihr 300.000 Rs Zakat entzogen wurde. In Wirklichkeit handelt es sich bei dieser Schule um eines der Zentren des oppositionellen *Faḍl al-Raḥmân* Flügels der *Jam`iyyat-e `Ulama'-e Islam* (*JUI*). Der Leiter dieser *madrasah*, *Mawlânâ Ḥâmid Miyân*, ist Sohn des berühmten anti-pakistanischen Deobandi Sayyid *Mawlânâ Muḥammad Miyân* (1903-1975)[227] und *Amîr* der *JUI*.

Im Falle des *Ḥizb al-Aḥnâf*, einer der ältestens Brelwi-Schulen im heutigen Pakistan[228], war es die heftige Kritik des *Mawlânâ Riḍwî* (Mitglied des *CII* und des *Zakat Ulama Komitees*) an den Aktivitäten des *Auqaf Departments*[229], die 1984/85 zum einstweiligen Zakatentzug wegen "sektiererischen Aktivitäten" führte.

Die Betroffenen ihrerseits leiden sehr unter diesen Sanktionen und sehen sich nicht selten gezwungen, von politischen - oder sektiererischen - Aktivitäten Abstand zu nehmen, da neue Bedürfnisse geweckt wurden, die nur über mehr Einnahmen befriedigt werden können. Die Zakatadministration versucht, zum Teil erfolgreich, oppositionelle Kräfte durch Zurückhalten der Zakatgelder zu konformistischem Handeln zu bewegen. Nicht zuletzt deshalb hat die *Wafâq al-madâris* den Zakat als politische Bestechung (*siyâsî rishwat*) bezeichnet.

Wie wir schon aufzeigten, macht der Zakat der *PZCs* bis zu einem Drittel des jährlichen Haushaltes einer großen D.M. aus, bei kleineren etwa 20%. Der Grad der Abhängigkeit der kleineren D.M. vom offiziellen Zakatsystem

226 Zu Angaben über diese Schule vgl. Ahmad I, S. 473 ff. und Ahmad II, S. 24 ff.

227 Autor des *`Ulamâ'-e Hind kâ Shândâr Mâḍî*, Bde. I-IV, Dehli 1957 (Urdu). Zu *Miyân* vgl. auch Peter Hardy: Partners in Freedom - and true friends, Lund 1971 S. 31-37; vgl. auch Yohannan Friedmann: The attitude of the Jam`iyyat al-`Ulama'-i Hind to the Indian national movement and the establishment of Pakistan, in: African and Asian Studies (AAS) 7, 1971, S. 157-180, und derselbe: The Jam`iyyat al-`Ulama'-i Hind in the Wake of Partition, in: AAS 11, 1976, S. 181-211.

228 Vgl. dazu Ahmad I, S. 447 ff. und Ahmad II, S. 27 f.

229 Siehe Kapitel über das islamische Stiftungswesen.

ist somit geringer. Gleichwohl gibt es eine große Anzahl von Schulen, die gerade wegen der Zakatgelder entstanden sind.[230]
Der Staat ist somit in der Lage, zum einen sanktionierend auf politisierte religiöse Schulen einzuwirken, zum anderen aber auch, die Schaffung von neuen, kleinen D.M. zu steuern. Damit scheint es ihm durch seine Integrationspolitik gelungen zu sein, zumindest Teile der *Geistlichkeit* und ihrer Zentren seinen Interessen zu unterwerfen.

230 Vgl. unten *Mushroom-growth*, Kapitel VI 3.1.

VI. REAKTIONEN DER *GEISTLICHKEIT* UND DER DINI MADARIS AUF STAATLICHE MAßNAHMEN UND DIE DARAUS ENTSTEHENDEN FOLGEN

1. Die Rolle der Curricula bei der *integrationistischen* Wertevermittlung

Eine erste, positive Reaktion auf die Empfehlungen des D.M.-Komitees von 1979 kam im Jahre 1983 von dem größten Dachverband, der Deobandi *Wafâq al-madâris*. Er legte ein erweitertes Curriculum vor. 1979/80 hatte diese Organisation sich noch gegen die Vorschläge des Komitees ausgesprochen und eine erfolgreiche Kampagne gegen die Regierung an- und durchgeführt. Die *Tanẓîm al-madâris* der Brelwis war ebenfalls in der Lage, rasch ein neues, leicht modifiziertes Curriculum zu produzieren.
Die neuen von den D.M.-Organisationen erarbeiteten Curricula umfaßten in Übereinstimmung mit den Forderungen des *Nationalen Komitees für Dînî Madâris* nun 16 statt der früheren acht Unterrichtsjahre[1]. Während das Curriculum-Komitee des *Halepota Reports* in Anlehung an das formale Erziehungswesen eine vierstufige Einteilung vorschlug (*primary*, *matric*, *B.A.* und *M.A.* - die *middle*- und *F.A.*-Stufen fielen also weg), zogen die *Wafâq* und die *Tanẓîm* eine strengere Einteilung gemäß dem formalen Erziehungswesen in sechs Stufen vor (vgl. Tabelle 32). Die Geistlichen wollten demnach ihr Erziehungswesen zunächst vor allem formal an das koloniale Erziehungswesen angleichen. Die englischen Urkundenbezeichnungen erhielten im D.M.-Erziehungswesen arabische Nomenklaturen, wodurch die formal säkularen Aspekte der D.M.-Curricula wieder auf eine religiöse, traditionale Ebene gehoben werden konnten.

---

1 Vgl. *solah sâlah niṣâb-e ta'lîm; Wafâq al-madâris al-'arabiyyah Pâkistân*, verabschiedet in Quetta 1983, veröffentlicht von *Wafâq al-madâris* etc. (Urdu) (mimeo) (*manẓûrkardah I*); vgl. auch *Halepota Report* S. 122 f.

Tabelle 32: Einteilung und Kategorisierung der Bildungsstufen

Schulklassen	Stufe dem *Halepota Report* zufolge	Jahre	Qualifikation im D.M.-EW der *Wafâq* zufolge	Jahre	entspricht im formalen EW
(1- 5) X	*darjah-e ibtedâ'iyyah*	5	*shahâdah al-ibtedâ'iyyah*	5	*primary*
(6-10) X	*darjah-e mutawassaṭah*	5	*shahâdah al-mutawassaṭah*	3	*middel*
	darjah-e thâniyyah 'âmah		*shahâdah al-thâniyyah 'âmah*	2	*matric*
(11-14) X	*darjah-e thâniyyah khâṣṣah*	4	*shahâdah al-thâniyyah khâṣṣah*	2	*F.A.*
	darjah-e 'aliyyah		*shahâdah al-'aliyyah*	2	*B.A.*
(15-16) X	*darjah-e 'âlamiyyah*	2	*shahâdah al-'âlamiyyah*	2	*M.A.*
		16			

(Quellen:
Halepota Report S. 66; *solah sâlah niṣâb-e ta'lîm; Wafâq al-madâris al-'arabiyyah Pâkistân*, verabschiedet in Quetta 1983, hrsg. von *Wafâq al-madâris* etc. (Urdu) (mimeo) (*manẓûrkardah I*) S. 4; darüberhinaus wird noch ein Spezialkurs abgeboten, in dem sogenannte "moderne Fächer" gelehrt werden können; vgl. dazu *solah sâlah niṣâb-e ta'lîm; Wafâq al-madâris al-'arabiyyah Pâkistân*, verabschiedet in Multan 1984, hrsg. von *Wafâq al-madâris* etc. (Urdu) (mimeo) (*manẓûrkardah II*) S. 21 ff.
Erläuterungen:
X = die vom *Halepota Report* vorgeschlagenen Stufen
EW = Erziehungswesen
darjah = Stufe
shahâdah = Urkunde)

Im Lehrplan der *Wafâq al-madâris* wurden über den traditionellen *dars-e niẓâmî* hinausgehend jetzt einige Neuerungen eingebracht. Dennoch unterschied sich dieses Curriculum in wesentlichen Punkten von demjenigen, welches das D.M.-Komitee von 1979 vorgeschlagen hatte.
Ziel der Vorschläge des *Nationalen Komitees für Dînî Madâris* war es gewesen, neue Wissenselemente in die traditionale Bildungsform der *madâris* zu integrieren (insbesonders durch die Fächer "Gesellschaftswis-

senschaften" und "General Sciene"). Auf diese Weise sollte das klassische die Tradition respektierende Curriculum modernisiert und gleichzeitig islamisch-fundamentalistisch legitimiert werden.
Die Integrationsfreudigkeit des Mitglieder des *Halepota Reports* und der islamischen Avantgarde fußte u. a. auf dem *Konzept* des Wissens, das 1977 während der ersten "Weltkonferenz zur islamischen Erziehung" in Mekka von den islamischen Intellektuellen vorgetragen und als Resolution verabschiedet worden war. Deutlich trat hier das von der islamischen Avantgarde internalisierte kulturelle Minderwertigkeitsgefühl gekoppelt mit einem unbedingten Technologieglauben zu Tage[2]. Die latent bestehende und akzeptierte Dichotomie zwischen Tradition und Moderne wurde von den Intellektuellen als schon immer bestehend interpretiert. Sie entsprach einer Orientierung sowohl am kolonialen System als auch am fundamentalistischen Islam. Da der *integrationistische* Lösungsversuch jedoch die Veräußerlichung und Entfremdung des traditionalen Islam bedingt, führt er zu einer Erhärtung des kolonialen *status quo* auf Kosten der islamischen Tradition. Durch die Injizierung dieses veräußerlichten und entfremdeten Islam in die bis dahin "unberührten" Institutionen islamischer Tradition werden diese den Parametern des kolonialen Normensystems unterworfen. Auf diese Weise konnte die notwendige Voraussetzung für die Integration weiter Teile autochthoner Kultur in den expandierenden kolonialen Bereich geschaffen werden. Die Architekten einer solchen Erziehungspolitik sind grundsätzlich dem kolonialen Sektor und dem *Mischgebiet II* zuzuordnen. So gehörte z.B. keiner der Vortragenden auf internationalen und nationalen muslimischen Erziehungskonferenzen zum *Mischgebiet I* oder gar dem traditionalen Sektor. Die Reformer sind in den Reihen der Jama`at-e Islami und Vertreter der geistlichen Elite sowie Modernisten (im weitestens Sinne Freiberufler) zu finden.
Im allgemeinen tritt die *integrationistische* Erziehungspolitik für ein Curriculum ein, das nahezu dem integrierten Lehrplan entspricht, den

---

2 Zum Dilemma zwischen Tradition und Moderne siehe etwa auch K.-H. Osterloh: Traditionelle Lernweise und europäischer Bildungstransfer. Zur Begründung einer adaptierten Pädagogik in den Entwicklungsländern, in: T. Schöfthaler/D. Goldschmidt (Hrsg.): Soziale Struktur und Vernunft, Frankfurt a.M. 1984, S. 440-460.

beispielsweise A.A. Mawdûdî, einer der bedeutendsten Vertreter des islamischen Fundamentalismus, konzipiert hatte[3].
Teile der religiösen Elite verschiedener Denkrichtungen waren der Reformpolitik der Regierung nicht abgeneigt und reagierten entsprechend positiv. Als Vertreter der islamischen Avantgarde setzten sie sich deutlich für Modernisierungsmaßnahmen ein[4]. Dabei galt es, den *Traditionalismus* in die gegebenen (kolonialen) Strukturen *einzuarbeiten*, um die Veränderungen für die statusgarantierende muslimische Avantgarde gesellschaftlich und institutionell tragbar zu machen.
Entsprechend unterscheiden die Avantgardisten im Curriculum zwei Hauptbereiche: Die Shari`a-orientierten Wissenschaften, die schon immer vorhanden gewesen sein sollen und Nachahmung verlangten (*`ulûm naqaliyyah*) und die rational orientierten Wissenschaften, die sich der Mensch im Laufe der Zeit angeeignet habe und die sich nach Zeit und Raum unterscheiden (*`ulûm `aqaliyyah*), also einer Dynamik unterlägen.

---

3 Vgl. dazu etwa: A. A. Mawdûdî: Ta`lîmât, Lahore 1982[7], bes. S. 123-164. Die Umsetzung von *Mawdûdîs* Erziehungsidee ist bis heute jedoch nicht befriedigend gelungen. Lediglich das International Institute for Islamic Education und die *`Ulamâ' Akâdemî* in Mansurah, Lahore, versuchen, moderne und traditionale Fächer in einem Curriculum zu verbinden. Die Vertreter der Jama`at-e Islami waren jedoch bis 1986 noch nicht in der Lage, in ihren D.M. den Kurs für *dawrah-e ḥadîth* durchzuführen; so war der *Shaikh al-Ḥadîth* der Jama`at, `Abd al-Mâlik, gezwungen, einen Vertreter der Deobandis, Mawlânâ Ḥâmid Miyân in Lahore, darum zu bitten, daß dieser den *dawrah*-Kurs in der zentralen *madrasah* der Jama`at anbiete. Dieser wiederum lehnte das aus ideologischen Gründen ab (Gespräch der beiden Geistlichen in der *Jâm`iah Madaniyyah*, Karimpark Lahore am 13.2.1986). Wegen des fehlenden *dawrah*-Abschlusses war nach den Richtlinien der *UGC* das Abschlußzeugnis religiöser Schulen der Jama`at bis mindestens 1986 nicht dem *M.A.*-Abschluß einer Universität gleichwertig.
Die Vertreter der Ahl-e Hadith konnten ebenfalls bis 1986 kein umfassendes 16-jähriges Curriculum vorlegen. Dies hinderte die Regierung jedoch nicht daran (wahrscheinlich auf saudisches Drängen hin), deren Abschlußzeugnisse als einem *M.A.*-Abschluß gleichwertig anzuerkennen. Auch die Schia konnte bis 1986 kein integriertes 16-jähriges Curriculum vorlegen, ihre Abschlußzeugnisse werden jedoch ebenfalls anerkannt. Der Grund dafür mag darin liegen, daß die Regierung keine weitere Auseinandersetzung mit dieser Gruppierung riskieren wollte.

4 Für eine noch modernistischere Interpretation vgl. etwa Fazlur Rahman: Islam and Modernity; Transformation of an Intellectual Tradition, University of Chicago Press 1982, bes. S. 130-162.

Diese Kategorisierung entspricht auch der Ibn Khaldûns, dem großen Soziologen der islamischen Welt, dessen Ansichten hier zur Legitimation des eigenen Handelns herangezogen wurden. Er hatte das Wissen in zwei große Blöcke unterteilt[5]:

A. Überlieferte Wissenschaften (aufbauend auf Offenbarung):

1. Koraninterpretationen und -rezitation
2. Ḥadîth und seine Wissenschaften
3. Islamisches Recht und Rechtswissenschaften
4. Theologie
5. Mystizismus
6. Sprachwissenschaften (Grammatik; Lexikographie; Literatur)

B. Rationale Wissenschaften (aufbauend auf empirischen Erfahrungen):

1. Logik
2. Naturwissenschaften oder Physik (Medizin, Landwirtschaft)
3. Metaphysik (Magie; Wissenschaften von dem Verborgenen und des Okkulten, Alchemie)
4. Quantitätswissenschaften (Geometrie; Arithmetik; Musik; Astronomie)

Trotz der starken Förderung des Modernismus durch die islamische Avantgarde galten die überlieferten Wissenschaften als

5 Zitiert nach Seyyed Hossein Nasr: Science and Civilization in Islam, Lahore 1983, S. 63 f.

> "the basis and essential foundation of the second kind, for knowledge of the latter one (i.e. rationale Wissenschaften) alone, without the guiding spirit of the former (i.e überlieferte Wissenschaften), cannot truely lead man in his life, but only confuses and confounds and enmeshes him in the labyrinth of endless and purposeless seeking"[6].

Die beiden Säulen der neuen islamischen Bildungspolitik, Ideologie und Pragmatismus, sollten in der pakistanischen Erziehungspolitik ihren Niederschlag finden[7], ohne auf eine "purely indegenous education policy" zu verzichten und ohne die kommenden Generationen in "chaos and nihilism" zu stürzen[8]. Um Bildung zu gewährleisten und um "gute Pakistanis und

---

6 S. N. Attas (ed.): Aims and Objectives of Islamic Education, King Abdul Aziz University Jeddah 1979, S. 31 f.; zur weiteren Auseinandersetzung um Islam, Erziehung und Wissenschaft aus integrationistischer Perspektive vgl. z.B. Wasiullah M. Khan: Education and Society in the Muslim World, King Abdul Aziz University, Jeddah 1981; S. S. Hussain/ S. A. Ashraf: Crisis in Muslim Education, Hodder and Stoughton, King Abdul Aziz University 1979; Muhammad Muslehuddin: Islamic Education, its Form and Features, *IRI*, Islamabad o.J.; Muslim Education: Vierteljährig, hrsg. von King Abdulaziz Universität, Jeddah. Weiter vgl. A.W.J. Halepota: "Islamic Conception of Knowledge", in: Islamic Studies, Vol. 14, No. 1, 1975, S. 1 - 8; Amanullah Khan: The scientific methodology in Islam, in: Journal of Research (Humanities), University of Punjab, Vol. X No. 2 und Vol. XI No. 1, Juli 1975 und Januar 1976 S. 67-80; Qamaruddin Khan: The methodology of Islamic research, Institute of Islamic Research, Karachi 1973 (erstm. 1967); Azmatullah Khan/Abdul Qadeer Salim: Ideologische Grundlagen des Unterrichtes der Sozialwissenschaften, Islamabad 1983 (Urdu); J.D. Kraan: Religious Education in Islam with special reference to Pakistan, Rawalpindi 1984; Ḥakîm Muḥammad Sa`îd (Komp.): Theorie und Philosophie des Erziehungswesens im Islam (4. *Hamdard Sîrat Konferenz*), Bd. I Karachi 1984 (Urdu); Muslim Sajjâd: Anleitungen zur Gestaltung des islamischen Erziehungssystems in Pakistan, Islamabad 1982 (Urdu); derselbe: Ideologische Grundlagen des zoologischen Unterrichtes, Islamabad 1982 (Urdu); `Abd al-Samî`: Ideologische Grundlagen für den Chemieunterricht, Islamabad 1982 (Urdu); Mohammad Abdus Sami/Muslim Sajjad: Planning Curricula for natural sciences: The Islamic Perspective, Islamabad 1983; Ghulam Nabi Saqib: Modernization of Muslim education, Lahore 1983 (fertiggestellt 1977); Science and Technology in the Islamic World, a quarterly journal, Islamabad; Seminar on Islamization of Knowledge, January 4-9 1982, Papers Contributed Vol. 1., Islamic University Islamabad 1982.

7 National Education Conference 1977, Islamabad 1978, S. 6 et passim

8 a.a.O., S. 1 f.

gute Muslime" heranzubilden, müsse jedoch besonders der private Sektor mobilisiert werden; die Regierung sei nämlich nicht in der Lage,

> "to shoulder the entire responsibility ... there is a requirement of encouraging private individuals, private parties, privat institutions to come forward and either get hold of the educational institutions and run themselves or even raise new private educational institutions"[9].

Letzteres sollte - wie weiter unten deutlich wird[10] - zu einer Kommerzialisierung des Erziehungswesens durch Privatschulen führen, und bestehende Klassenunterschiede noch weiter zementieren[11].
Die Verbindung zwischen Pragmatismus und Ideologie kam besonders in der Mobilisierung von Moschee-Schulen[12] und D.M. zum Ausdruck. Das Analphabetentum (bis zu 85%) sollte verringert und die Dichotomie im Erziehungswesen aufgelöst werden.[13]

1.1. Die Traditionalisierung der Reformmaßnahmen

Forderungen, die auf *integrationistische* Curricula abzielten, wurden von den Traditionalisten der *Wafâq* und der *Tanẓîm* im neuerarbeiteten religiösen Lehrplan zumindest für die Primarstufe ignoriert (vgl. dazu Tabelle 33). Es wurden lediglich einige Bücher aus dem formalen Erziehungswesen (Rechnen und Urdu) in den Kursen benutzt, um eine dem formalen Standard entsprechende Ausbildung der Primarschüler zu garantieren.

---

9 a.a.O., S. 8
10 Vgl. unten Punkt 3.1.
11 Die "responsibility" schien der Regierung u. a. deshalb zu groß zu sein, weil je nach dem, welche Schätzung zugrunde gelegt wird, 60-80 % des Haushaltes in die Rüstung fließen. Für eine Analyse des pakistanischen Militärs siehe Bilal Hashmi: Dragon Seed, in H. Gardezi/R. Jamil (eds.): Pakistan; Roots of Dictatorship a.a.O. S. 148-172; R.W. Jones: The Military and Security in Pakistan, in: C. Baxter (ed.): Zia's Pakistan, Politics and Stability in a Frontline State, Lahore 1985 S. 63-91 und Stephen P. Cohen: The Pakistan Army, University of California Press 1984.
12 National Education Conference 1977, Islamabad 1978, S. 8 et passim
13 Zur weiteren Beschreibung der verschiedenen islamischen Erziehungskonferenzen vgl. meinen Forschungsbericht a.a.O. S. 18-29 sowie die dort angeführte Literatur.

Tabelle 33: Die vom *Dînî Madâris Komitee*, von der *Wafâq* und der *Tanẓîm* vorgeschlagenen Fächer für die untere Stufe

Klassen / Fach	1.	2.	3.	4.	5.
Koranlesen	x,y,z	x,y,z	x,y,z	x,y,z	x,y,z
Gebet und Islamkunde	x,y,z	x,y,z	x,y,z	x,y,z	x,y,z
Persisch Einführung	x	x	x	x	x
Urdu/Schreiben	x,y,z	x,y,z	x,y,z	x,y,z	x,y,z
Arithmetik	x,y	x,y,z	x,y,z	x,y,z	x,y,z
Gesellschaftswiss.	x	x	x	x	x
General Science	x	x	x	x	x
Multiplikation	z	z	z	z	z

(Quellen:

(Halepota Report S. 66 f und 147 sowie *solah sâlah niṣâb manẓûrkardah I* a. a. O. S. 6 und *manẓûrkardah II* etc. für die *Wafâq*. Für die *Tanẓîm* vgl. *Lā'ḥah-e 'amal* etc. S. 9 f;

Erläuterungen:

x = Vorschlag des *D.M.-Komitees*
y = Vorschlag der *Wafâq al-madâris*
z = Vorschlag der *Tanẓîm al-madâris*
Die Bücher für Urdu und Rechnen sollen aus dem formalen Bildungswesen entnommen werden.)

Den modernen Fächern wurde in den ersten fünf Schuljahren ein Drittel der täglichen Schulzeit eingeräumt, während "Koran", "Gebet", "Waschungen und islamische Lehren" auch weiterhin den Hauptanteil am Stundenplan ausmachten.

In Tabelle 34 werden die Unterrichtsfächer aufgeführt, die das *NCDM* 1979 vorgeschlagen hatte.
Die Hauptfächer des formalen Erziehungswesens, wie z.B. "Mathematik", "General Science", "Pakistan Studies", "Englisch", "Naturwissenschaften" und "Sozialwissenschaften" sollten mittels formaler, vom Erziehungsministerium anerkannten Büchern gelehrt werden. Diese Fächer waren bisher weder Bestandteil des D.M.-Curriculums gewesen, noch verfügten die D.M. über die geeigneten Unterrichtsmateralien oder das entsprechende Lehrpersonal.

Zwischen der sechsten und der zehnten Klasse spielen die neuen Fächer eine herausragende Rolle, während die klassischen Fächer wie "Morphologie", "Koranexegese" und "Ḥadîth" vernachlässigt werden. Ferner wird "Rhetorik", "Philosophie", "Methoden der Koranexegese", "Ḥadîth" und "Arabisch" wenig Platz eingeräumt. "Methoden der Rechtswissenschaften" (*uṣûl-e fiqh*) werden hingegen in die *matric* Stufe integriert.
Bei der *fawqânî* Stufe (Klassen 11 bis 14) fällt auf, daß "Englisch" sowie andere moderne Fächer auf Kosten von "Philosophie", "Scholastik", "Islamischem Recht" und "Arabisch" eingeführt werden.
In der höchsten Stufe, die nach dem traditionalen D.M.-Lehrplan ausschließlich dem Studium der "Rechtswissenschaften" und des "Ḥadîth" gewidmet ist, konnte nun der Schüler zwischen "Islamischem Recht", "Koranexegese" und "Ḥadîth" wählen, und mußte in einem dieser Fächer vier Prüfungen ablegen sowie eine schriftliche Abschlußarbeit anfertigen. Gleichzeitig jedoch sollte er die modernen Fächer als Pflichtfächer haben und insgesamt drei Prüfungen ablegen.
Die Kombination der Prüfungsfächer läßt Zweifel darüber aufkommen, ob die ausgebildeten Geistlichen nach dem 16-jährigen, integrierten, säkularisierten Curriculum noch weiterhin die früheren, exklusiven Qualifikationen eines Theologen oder islamischen Rechtskundigen werden aufweisen können.
Die beschriebene Reformierung der D.M.-Systems weckt Erinnerung an Bestrebungen Ayûb Khâns, der in den sechziger Jahren ebenfalls eine besonders die *Geistlichkeit* betreffende Integrationspolitik verfolgte.[14]
In diesem Zusammenhang ist zu fragen, ob, und wenn ja, welche Arbeitsmarktpolitik mit dieser Reform verfolgt wurde. Im *Halepota Report* wurden keine arbeitsmarktpolitischen Erwägungen angestellt. Beiläufig wurde darauf hingewiesen, daß die D.M.-Graduierten in säkulare Institutionen integriert werden sollten.

14 Vgl. oben: Curriculare Anbindung unter Ayûb, Kapitel V 2.2.

Tabelle 34: Das vom Dînî Madâris Komitee vorgeschlagene Curriculum für die mittlere und höhere Stufe

Fach	*darjah-e wusṭânî* Klasse 6.	7.	8.	9.	10.	*darjah-e fawqânî* Klasse 11.	12.	13.	14.	*darjah-e takhaṣṣuṣ* Klasse 15.	16.
Koran	x	x	x	x	x						
Morphologie	x	x									
Syntax	x	x	x	x	x						
Arabisch	x	x	x	x							
Sîrat	x	x	x	x	x						
Mathematik	x	x	x	x	x						
Gen. Science	x		x	x	x						
Pak. Studies	x			x	x						
Englisch	x	x	x	x	x	-	-	+	+		
Fiqh/Ḥadîth		x									
Naturwiss.		x									
Sozialwiss.		x	x								
Fiqh			x	x	x	x	x			"	"
Methoden des *Fiqh*			x	x	x	x	x	x			
Logik			x	x							
Arab. Liter.				x		x	x				
Ḥadîth oder Literatur					x						
Rhetorik					x						
Koranexegese						x	x	x	x	"	"
Ḥadîth						x	x	x	x	"	"
Methoden der Hadithwissens.						x	x				
Scholastik						x	x				
Philosophie						x					
Islam. Geschichte						x	x	x	x	x	x
Wirtschaftswiss.						-	-	+	+	x	x
Politikwiss.						-	-	+	+	x	x
Kulturwiss.						-	-	+	+	x	x
Methoden der Exegese							x				
Fiqh al-Ḥadîth								x			
Vergl. Religionswiss. mit bes. Ber. d. Islam										x	x

(Quellen und Erläuterungen siehe nächste Seite)

(Quelle:

Halepota Report, S. 68 - 77 und S. 147 - 155

Erläuterungen:

x = obligatorische Fächer

_ = Fächer, in denen ausschließlich Unterrichtsmaterialien des formalen Erziehungswesens benutzt werden

- = zwei von vier Fächern müssen gewählt werden

+ = eins von vier Fächern muß gewählt werden

" = eins von drei Fächern muß gewählt werden, in dem vier Prüfungen abzulegen sind.

In den fünf fettgedruckten Fächern sind insgesamt drei Prüfungen abzulegen.

Für die modernen Fächer ab Klasse 11 sind die Bücher nicht weiter spezifiziert.)

Nicht alle Geistlichen waren ohne weiteres mit einer derartigen curricularen Reform einverstanden, so daß es unter den Ulama eine gewisse Auflehnung gegen ein solches *säkulares* Vorhaben gab. Der säkulare Charakter des Curriculums konnte den Einfluß der *Geistlichkeit* in ihren eigenen Zentren mindern. So drohte das traditionale Ordnungssystem und damit ihr Monopol, z.B. in Rechts- und Alltagsangelegenheiten, in Frage gestellt zu werden. Außerdem gab es wegen des in den D.M. bestehenden traditionalen, hierarchisch gegliederte Ordnungssystems bislang keinerlei interne Unruhen oder andere Arten negativer Verweigerung. Der Lehrer hatte zum einen, aufgrund der praktizierten Frontalpädagogik und zum anderen, wegen seines geradezu heiligen Amtes, eine zentrale und unantastbare Stellung[15] inne.

15 Zur Stellung des Lehrers im Islam vgl. Al-Ghazzali: The Book of knowledge (trans. by Nabih A. Faris), Sh. Muh. Ashraf, Lahore 19744 (erstm. 1962), dort: "On the Proprieties of the student and the teacher", S. 126-153; A. G. Chaudhri: Some Aspects of Islamic Education, Lahore 1982, dort: "The Place of the Teacher in Islamic Education", S. 3-82; M.A. Quraishi: Some Aspects of Muslim Education, Lahore 1983, dort: "Teacher and Students", S. 60-84; A. Shalaby: History of Muslim Education, Karachi 1979, dort: Kapitel III, S. 113-157. Das Verhältnis Lehrer-Schüler ist vergleichbar etwa dem Verhältnis *pîr-murîd* (vgl. dazu unten: Stellung des Schreinheiligen, Kapitel III 2.).

1.2. Interessensuneinigkeit zwischen den Geistlichen der Deobandi *Wafâq*

Auf den Vorschlag des *NCDM* hin verfaßten die *Wafâq al-madâris* und die *Tanẓîm al-madâris* zunächst jeweils ein neues Curriculum, da in Aussicht gestellt worden war, ihre Abschlüsse den formalen gleichzustellen. Damit sollte den D.M.-Absolventen zumindest formal der Weg in all jene Berufe offen stehen, die einen staatlich anerkannten Abschluß voraussetzten. Zu diesen Berufen zählen insbesondere Verwaltungstätigkeiten im öffentlichen Dienst.

Während die *Geistlichkeit* die für die Primarebene gemachten curricularen Vorschläge des *Halepota Reports* im großen und ganzen außer Acht ließ (s.o. Tabelle 34), wurden im Curriculumvorschlag der *Wafâq* in die *middle/matric* Bereiche (Klassen 6 bis 10) tatsächlich neue Fächer aufgenommen. Die klassischen Fächer des *dars-e niẓâmî* waren nur gegen Ende dieser Stufe Gegenstand der Studien. Das Studium des islamischen Rechts stand jedoch weiterhin im Mittelpunkt, im Gegensatz zum Vorschlag des *NCDM*, in dem neben klassische auch moderne Fächer obligatorisch waren. Allerdings fanden "Englisch", "Pakistan Studies" und "General Science" im *Wafâq*-Vorschlag auch weiterhin keine Berücksichtigung, während "Wirtschaftwissenschaften", "vergleichende Religionswissenschaften" sowie "Kommunismus und Kapitalismus", "Sozialwissenschaften" und andere neue Fächer lediglich als Wahlfach angeboten wurden.

An den Vorschlägen der *Wafâq* arbeitete zunächst ein fünfköpfiges Komitee, welches aus einer modernistisch orientierten, reformfreudigen, bisweilen auch konformistischen geistlichen Elite bestand[16]. Wir können

---

16 So hatte *Dr. Razzâq* in der *Jâmi`ah Islâmiyyah*, Madina Munawwara, Saudi Arabien, studiert. Diese Institution weist zahlreiche moderne Fächer in ihrem Curriculum auf. Justice *Muḥammad Taqî `Uthmânî*, der Sohn von *Muftî Muḥammad Shafî`* (vgl. Kapitel über das *CII* und Annex: A), hatte neben einer *madrasah*-Ausbildung auch eine formale Erziehung genossen und in seinem *Dâr al-`ulûm Karâchî* schon ein integriertes Curriculum angeboten. *Muftî Ghulâm Qâdir* hatte den Lehrplan seiner Schule Khair al-Madâris an die *Jamiah Islamiyyah Bahawalpur*, die ja schon seit den sechziger Jahren unter der Aufsicht des *Auqaf Departments* stand (vgl. Kapitel III 3.2.1.), angepaßt. Auch in den Schulen *Salîm Allah Khâns*, dem Vorsitzenden dieses Komitees, und *Muḥammad As`ad Thânwîs* wurden "integrierte" Curricula angeboten.

davon ausgehen, daß es sich bei diesen Geistlichen um den *salafitischen* Flügel der Deobandi Richtung handelt. Die von diesen Geistlichen vorgeschlagene Einführung neuer, "moderner" Fächer wurde jedoch von den älteren, traditionalistischen Ulama heftig kritisiert und führte schließlich zu inhaltlichen Auseinandersetzungen im Lager der *Wafâq*. Es bildeten sich zwei Gruppen: einerseits die "*jayyid `ulamâ*'" (die modernistischen Kräfte) und andererseits die Vertreter des "*ancient regime*", das alte Establishment, welches zunächst jede Neuerung ablehnte. Ende 1983 wurde, um den Streit beizulegen, in Multan (dem offiziellen Zentrum der *Wafâq*) beschlossen, die Mitgliederzahl des Curriculum-Komitees der *Wafâq* von fünf auf 20 zu erhöhen[17]. In dem zweiten, erweiterten Gremium zur Neugestaltung des Curriculums waren die meisten Mitglieder ehemalige Schüler der berühmten Ulama des *ancient regime*[18].
Auf der Sitzung vom 11./12. März 1984 in Multan wurden von dem ersten Entwurf des fünfköpfigen Komitees die Vorschläge für die Primar- und Mittelstufe beibehalten, für die letzte Stufe jedoch Änderungen verabschiedet. Danach sollten die neuen Fächer jetzt nur ergänzend zum alten Curriculum in einem Kurs - *darjah-e takmîl* (Stufe der Vervollkommnung) - angeboten werden. Dieser Kurs erstreckte sich über zwei Jahre und sollte im Anschluß an dem *darjah-e takhaṣṣuṣ*, dem *M.A.*, gelehrt werden. In ihm waren "Logik", "Philosophie", "euklidische Mathematik", "Prinzipien der Rechtswissenschaften", "Widerlegung anderer Religionen und der Apo-

---

17 Dies geht aus der Liste der Mitglieder des *Wafâq*-Curriculum-Komitees hervor (Mitglieder, deren Namen unterstrichen sind, waren schon im vorangegangenen ersten Komitee Mitglied):
1.) *Salîm Allah Khân* (Karachi), 2.) *Muftî Walî Ḥasan* (Karachi), 3.) *Dr. `Abd al-Razzâq* (Karachi), 4.) *Muḥammad Taqî `Uthmânî* (Karachi) 5.) *Muḥammad Mûsâ* (Lahore), 6.) *Muḥammad Malik Kandhâlwî* (Lahore) (vgl. Bukhârî: *AUD*, S. 306 ff), 7.) *Muḥammad As`ad Thânwî* (Sukkur), 8.) *Muftî Aḥmad Sa`îd* (Sargodha), 9.) *Muftî Zain al-`Abidîn* (Faisalabad), 10.) *Sarfarâz Khân Ṣafdar* (Gujranwala) (vgl. Bukhârî: *AUD*, S. 348 ff), 11.) *Muftî Ghulâm Qâdir* (Bahawalpur), 12.) *`Abd al-Ghafûr* (Quetta), 13.) *Qâḍî `Abd al-Karîm* (Karachi), 14.) *Ṣadr al-Shahîd* (Bannu), 15.) *Faiḍ Aḥmad* (Multan), 16.) *Muḥammad Ṣâdiq* (Multan), 17.) *Samî` al-Ḥaq* (Akoṛa Khaṭṭak), 18.) *Muḥammad Amîn* (Kohat), 19.) *Muftî Muḥammad Anwâr Shâh* (Multan) 20.) *Ghulâm Muḥammad* (Shams al Huda Club Jail).

18 Das *ancient regime* war hier selbst etwa durch *Mawlânâ Muḥammad Malik Kandhâlwî*, *Mawlânâ Sarfarâz Khân Ṣafdar*, *Muftî Walî Ḥasan* und *Muftî Muḥammad Anwâr Shâh* vertreten. Sie sind meist Nachfolger des *Mawlânâ Yûsuf Binorî* aus Karachi, der der pakistanischen Regierungspolitik stets kritisch gegenüberstand (zum ihm vgl. Annex: A).

stasie" sowie "Wirtschaftswissenschaften", und "Kommunismus und Kapitalismus" enthalten[19].
Mit "Koranlesen", "Gebet", "Rechnen", "Persisch", "Urdu", "Sozialwissenschaften" und "General Science" für die Primarstufe sowie der Ausdehnung der Unterrichtung dieser Fächer bis in die achte Klasse war die *Wafâq* damit in der Lage, das Curriculum von acht bis neun Jahren auf 16 Jahre zu erweitern. Die fünf Jahre der Primarstufe, deren Lehrinhalt in den meisten Fällen sowieso Voraussetzung für das Studium der religiösen Wissenschaften ist sowie drei Jahre der *middle*-Stufe wurden so in das 16-jährige Curriculum integriert bzw. dem religiösen, alten Curriculum vorangestellt. Die Klassen eins bis acht und die Klassen neun bis 16 sind somit zwei völlig verschiedenen Erziehungswesen zuzuordnen; das erste ist säkular, ergänzt um Koran und Islamkunde, so wie es zur Zeit im formalen Erziehungswesen angeboten wird, das zweite ist weiterhin das *dars-e niẓâmî*.

Im Vorwort der zweiten und endgültigen Fassung des Curriculums der *Wafâq al-madâris* wurde einerseits darauf hingewiesen, daß ihre Ulama wie immer, das Curriculum den neuen Bedingungen und Gegebenheiten angepaßt hätten. Andererseits aber sei das Lehren der neuen Fächer für viele D.M. mit Schwierigkeiten (*thaqîl*) verbunden. Deshalb hätten es sogar einige Ulama abgelehnt (*matrûk karnâ*), die neuen Fächer zu lehren. Um trotzdem den Unterricht in diesen Fächern zu ermöglichen, hätten einige "*jayyid `ulamâ*'" deren Wichtigkeit und deren Integration in den Lehrplan nachdrücklich betont.
Die Veränderungen des neuen Komitees zielten vor allem darauf ab, die modernen Fächer zwar *proforma* zu fördern, praktisch aber zu beschneiden. Da jedoch der Druck sowohl der "*jayyid `ulamâ*'" als auch von Regierungsseite wirksam war, konnten die Reformvorschläge des ersten Komitees im überarbeiteten Curriculum nicht völlig außer Acht gelassen werden. Eine Rolle spielte dabei auch die Befürchtung, andernfalls noch mehr Lehrer zu verlieren - in den letzten Jahren gab es auch in diesem Sektor einen "brain drain" weg von den *madâris* hin zu formalen Institutionen und ins Ausland. Bei der Entscheidung für das neue Curriculum spielte ferner die in Aussicht gestellte formale Anerkennung sowie die finanzielle Förderung durch die Regierung eine entscheidende Rolle.

19 Vgl. *manẓûrkardah II* a.a.O., S. 21 ff.

Die Regierung akzeptierte das 16-jährige Curriculum, da es scheinbar die Voraussetzungen für die formale Anerkennung erfüllte.
Insgesamt erfolgte jedoch keine wesentliche Veränderung des klassischen D.M.-Lehrstoffes. Daß die Ulama in der Lage sind, aus diesen "Veränderungen" Kapital zu schlagen (z.B. in Form der formalen Anerkennung), stellt ihre Fähigkeit unter Beweis, verschiedenen innovativen und pragmatischen Ansprüchen gerecht zu werden, ohne gegen die eigenen Interessen zu handeln. Sie haben durch ihr neues Curriculum weniger an Einfluß innerhalb dieses Erziehungsbereiches verloren als vielmehr gewonnen. Durch dieses Curriculum sind sie zumindest formal endlich anerkannt und könnten nun auf der Grundlage dieser Anerkennung ihren Einfluß in säkularen Bereichen geltend machen. Zudem nimmt die Zahl der Schüler in den religiösen Schulen gegenwärtig zu, da nun auch hier formale Primarerziehung angeboten wird. Statt ihre Kinder in staatliche Schulen zu schicken, die Schulgeld verlangen, ziehen immer mehr Eltern aus ärmeren Schichten die kostenlosen D.M. vor. Dadurch können sich die D.M. tatsächlich zu einer Alternative zum herkömmlichen, säkular staatlichen oder kommerziellen Erziehungswesen entwickeln.

Zur Beurteilung dieser Vorgänge muß zwischen den Zielsetzungen Zia ul Haqs, der Bürokratie und der Ulama unterschieden werden:
Während der Präsident von der Motivation geleitet wurde, durch die formale Anerkennung der Ulama die Akzeptanz seines Führungsanspruches und damit eine "islamische" Legitimierung seiner Herrschaft zu erreichen, lag der Bürokratie und dem kolonialen Sektor nur insofern etwas an der Formalisierung der D.M., als sie einer Integration unterworfen und damit politisch neutralisiert werden konnten. Die Ulama hingegen verfolgten das Ziel, endlich ihrer "Rückständigkeit" zu entkommen und die kolonial gesellschaftliche Anerkennung zu erlangen, ohne ihre Tradition aufzugeben.
Somit ist die Gesetzesvorlage Zias, die die Urkunden der *mawlânâ*s den Universitäts- und *College*-Urkunden gleichstellt, als ein äußerst pragmatischer Zug im Rahmen der Islamisierung zu beurteilen, auch wenn sie unter Protest der Bürokratie erfolgte. Inwiefern allerdings diese neue Gruppe staatlich anerkannter Geistlicher neue Probleme als soziales Konfliktpotential einerseits und als auf den Arbeitsmarkt drängendes Heer andererseits aufwerfen kann, bleibt zu erörtern.[20]

---

20 Vgl. unten Arbeitsmarktprobleme, Kapitel VIII 2. ff.

1.3. Die Vorschläge der Brelwi *Tanẓîm*

Auch die *Tanẓîm* der Brelwis zögerte angesichts der in Aussicht gestellten Anerkennung der Zeugnisse nicht lange und legte bald ein integriertes Curriculum vor.
Einzelheiten ihres Curriculumvorschlages für die verschiedenen Stufen sind den folgende Tabellen zu entnehmen. Die Brelwi *Tanẓîm* ging etwas mehr auf die staatlichen Reformvorschläge ein, als die *Wafâq*: in der Mittelstufe wurden "Sozialwissenschaften", "Englisch" und "regionale Sprachen" angeboten. Unter den *Tanẓîm*-Mitgliedern scheint es auch keine Interessensdivergenzen gegeben zu haben (vgl. Tabelle 35).

Tabelle 35: Curriculum der *Tanẓîm al-madâris* für die Klassen 1-8

Fach	*primary* *darjah-e ibtedâ'iyyah*					*middle* *darjah-e mutawassaṭah*		
	1.	2.	3.	4.	5.	6.	7.	8.
Koran, Rezitation, Lesen								
Auswendiglernen	x	x	x	x	x	x	x	x
Islamkunde	x	x	x	x	x	x	x	
Urdu	x	x	x	x	x	x	x	x
Schreiben	x	x	x	x	x	x	x	
Multiplikation	x	x	x					
Rechnen		x	x	x	x	x	x	x
Arabisch						x	x	x
Sozialwissens.						x	x	x
Englisch/Persisch							x	
Regionale Sprachen[A]						x	x	
Biographie des Propheten								x
Scholastik								x

(Quelle:
lā'ḥah-e 'aml, Tanẓîm al-madâris, Lahore 1983 (Urdu) S. 9-12
Erläuterungen:
[A] Angeboten werden Sindhi, Kashmiri, Sara'iki, Punjabi, Balochi, Pashto.
Bücher für die Fächer Rechnen, Urdu, Arabisch, Sozialwissenschaften und regionale Sprachen sollen vom Erziehungsministerium gestellt werden).

Brelwis und Deobandis verwenden zwar von der Primarstufe bis zur Graduierung die gleichen Bücher (Unterschiede gibt es lediglich im Fach "Scholastik" und in "Rechtswissenschaften"[21]), sie unterscheiden sich jedoch in vielerlei Hinsicht. Erstens gibt es Unterschiede in der Art der Wissensvermittlung: Die Brelwis legen mehr Gewicht auf Diskussionen als Element des Unterrichtes, die Deobandis machen die Nachahmung des vom Lehrer Vermittelten zum Schwerpunkt in ihrem Unterricht. Zweitens unterscheiden sich die Brelwis von den Deobandis darin, daß sie großen Wert auf die Vermittlung und Ausübung von Riten legen. Drittens sind die Brelwis in ihren Konfliktlösungen eher auf das Jenseits hin orientiert und legen die Problembewältigung in die Hände ihrer renommierten Heiligen und tendieren dazu, den *status quo* zu akzeptieren und damit auch weltlichen Autoritäten Gehorsam zu zeigen. Diese Verhaltensweise stellt ein Hauptmerkmal der Anschauung dar[22]. Die Deobandis sind dagegen eher auf das Dieseits hin orientiert und stehen daher auch schnell in Opposition zur Regierung.

---

21 Zu den Unterrichtsbüchern vgl. *lā'ḥah-e `amal, Tanẓîm al-madâris* a.a.O., S. 17 f und *manẓûrkardah I* a.a.O., S. 8 - 13.

22 B.D. Metcalf: Revival a.a.O. passim

Tabelle 36: Das von der *Tanẓîm* vorgeschlagene Curriculum für die Klassen 9 - 16

Fach	Klassen (Anzahl der Bücher)							
	9.	10.	11.	12.	13.	14.	15.	16.
Morphologie	x (3)	x (2)						
Scholastik	x (1)				x (1)	x (1)	x (2)	
Literatur	x (1)	x (3)	x (3)	x (3)	x (3)	x (2)		
Syntax	x (1)	x (2)	x (1)	x (1)				
Koranrezitation	x (1)	x (3)						
Islam. Recht		x (1)	x (1)	x (1)	x (1)		x (1)	
Logik		x (1)	x (3)	x (2)	x (1)			
Rechtsprinzip.			x (1)	x (1)	x (1)		x (1)	
Philosophie			x (1)	x (1)	x (1)		x (1)	
Prophetenbiographie und Moral			x (1)				x (2)	
Prinzipien der Koranexegese			x (1)			x (1)	x (2)	
Geschichte und Geographie+				x ( )	x ( )	x ( )	x ( )	
Prinzipien der Traditionswissenschaften					x (2)	x (2)		
Mathematik+								
Diskussionskunst					x (1)			
Koranexegese						x (1)	x (2)	
Tradition (*Ḥadîth*)						x (2)	x (2)	x (6)
Erbschaftsgesetze							x (1)	
Rhetorik				x (2)				
Astronomie					x (1)	x (1)		

(Quelle:
Zusammengestellt nach *Lā'ḥah-e 'amal*, Lahore 1983, S. 17-22)

Auch das neue Curriculum der Brelwis ist dadurch gekennzeichnet, daß es dem alten eine achtjährige formale Phase voranstellt. Die Neuerungen, die innerhalb des alten Curriculums vorgenommen wurden, sind unwesentlich: "Mathematik", "Geschichte" und "Geographie" (+) werden hier zwar aufgeführt, jedoch inhaltlich nicht spezifiziert. Im übrigen sollen diese neuen Fächer nur bis zur Klasse 10 konzipiert sein.[23]

23 Vgl. *Lā'ḥah-e 'amal 1974* a.a.O., S. 18 Punkt 15 und Punkt 19

1.4. *Pakistan Studies* in den religiösen Schulen

Besondere Erwähnung im Rahmen der Curricula-Veränderungen gebührt dem Fach "Pakistan Studies". Mit diesem Fach wird im formalen Erziehungswesen die Entstehungsgeschichte Pakistans und seine ideologischen Grundlagen - der Islam - dargestellt, um neue und bewußte Patrioten heranzubilden.

Im Curriculum für "Pakistan Studies" ist die Zielsetzung dieses Faches wie folgt beschrieben:

> "...2. To understand Islam as a complete code of life which constitutes the basis of the ideology of Pakistan..."
> "...4. To show that great national objectives can be achieved by cooperation, discipline, proper ordering of loyalities and rooting out selfishness ".

Weiter heißt es an gleicher Stelle:

> "...6. To make the students realize that the bonds that unite the people of Pakistan are far more real than the superficial differences that seem to divide them. The Pakistan culture ... is essentially made of those fundamental beliefs and values for the preservation of which Pakistan came into existence" (i. e. Islam) ... "To promote understanding and appreciation of the fundamentals of Islam and the basic ideology of Pakistan ..."[24].

Nun ist jedoch der Regierung zufolge die Ideologie Pakistans der Islam. Da die D.M. in erster Linie den Islam lehren, müßte sich eigentlich ein großer Teil der Lehrinhalte der "Pakistan Studies" erübrigen, insbesondere der ideologische. Die D.M. berücksichtigen allerdings jene Bereiche der "Pakistan Studies" nicht, die den nationalen Fortschritt beinhalten.

Die Weigerung der D.M., "Pakistan Studies" zu unterrichten, läßt sich daraus erklären, daß hier offenbar eine Grenze der Integrationsbereitschaft der *Geistlichkeit* berührt wurde: Sie hatte ihren guten Willen gezeigt, indem sie in das D.M. Curriculum "Rechnen", "Sozialwissenschaften", "Wirtschaftswissenschaften" und "Politikwissenschaften" integrierte, wenn auch nur in einem sehr begrenzten Maße. Gegen den Versuch der Umfunktionalisierung der D.M. auf nationale Interessen leistet der Großteil der Ulama Widerstand.

---

24 Siehe: Pakistan Studies Curriculum for Secondary Classes IX-X, GoP, MoE, National Curriculum Committee, Islamabad 1976, S. 2 f. *specific objectives.*

1.5. Überblick über die verschiedenen Curricula

Die folgende Tabelle soll einen abschließenden Überblick über die vorgenommenen curricularen Veränderungen der verschiedenen Dachorganisationen vermitteln[25]:

25 Curriculare Neuerungen der Schia, Ahl-e Hadith und Jama`at-e Islami Dachverbände lagen 1986 noch nicht vor.

Tabelle 37: Verschiedene Curricula auf einen Blick

Fach	1a	1b	1c	2	3	4	5
Koran, Lesen, Auswendiglernen		x	x	x	x	x	x
Morphologie	x	x	x	x	x	x	x
Syntax	x	x	x	x	x	x	x
Arabisch		x	x	x	x	x	x
Biographie des Propheten (*Sîrat*)			x	x	x	x	x
Arithmetik	x	x	x	x	x	x	x
Pakistan Studies			x				x
General Sciences			x				x
Englisch			x			x	x
Islamisches Recht und *Ḥadîth*			x				
Naturwissenschaften			x				x
Sozialwissenschaften			x	x	x	x	
Islamisches Recht	x	x	x	x	x	x	x
Methoden des islamischen Rechts	x	x	x	x	x	x	x
Logik	x	x	x	x	x	x	
Arabische Literatur	x	x	x			x	x
Tradition oder Literatur			x				
Rhetorik	x		x	x	x	x	
Koraninterpretation	x	x	x	x	x	x	
Tradition	x	x	x	x	x	x	x
Methoden der Tradition	x	x	x	x	x	x	
Glaubensgrundsätze, Scholastik	x	x	x	x	x	x	x
Philosophie	x	x	x	x	x	x	x
Islamische Geschichte		x	x	x	0	x	x
Wirtschaftslehre			x	x	0		
Politische Wissenschaften			x	x	0		
Kulturwissenschaften			x	x	0		
Methoden der Koraninterpretation	x		x			x	
Recht der Tradition			x				
Vergleichende Religionswiss.			x	x	0		
Diskussionen (*Munâẓara*)	x					x	
Prosodie	x						
Religiöse Studien (*Dîniyât*)				x	x	x	x
Urdu			x	x	x	x	
Persisch			x	x	x	x[1]	
Leibesübungen (*Tamrîn*)				x	x		
Moral (*Ikhlâqiyyât*)		x		x	x	x	
Erbrecht (*Farâ'iḍ*)		x		x	x	x	
Diktat		x				x	

Zum Quellennachweis siehe nächste Seite.

(Quellen:

1a = *dars-e niẓâmî*; vgl. dazu *Halepota Report* S. 122, 135 und 147-155

1b = Achtjähriges Curriculum der *Wafâq al-madâris al-ʿarabiyyah*; vgl. dazu *Halepota Report* ebenda

1c = Vorschlag des *National Committee on Dini Madaris 1979*; vgl. dazu *Halepota Report* ebenda

2 = *Wafâq*-Vorschlag, der im Jahre 1983 nur teilweise eingeführt wurde; vgl. *solah sâlah niṣâb-e taʿlîm* (*tajwîz*), Multan 1983, *Wafâq al-madâris* (*manẓûrkardah I*)

3 = Der im Jahre 1984 eingeführte *Wafâq*-Vorschlag; vgl. *solah sâlah niṣâb-e taʿlîm*, Multan 1984, *Wafâq al-madâris* (*manẓûrkardah II*)

4 = *Tanẓîm*-Vorschlag, der im Jahre 1983 umgesetzt wurde; vgl. *solah sâlah niṣâb-e taʿlîm (manẓûr)*, Lahore 1984, *Tanẓîm al-madâris*

5 = Jamaʿat-e Islami: *Cheh sâlah niṣâb-e fâḍil ʿâlim-e islâmî*, *ʿUlamâʾ Akâḍemî Manṣûrah*, Lahore o.D.; hier sind Prüfungen in "Englisch", "Pakistan Studies", "Mathematik", "General Science", "Islamischer Geschichte" und "Diniyat" abzulegen.

Erläuterungen:

0 = Diese Fächer sollen nach der Graduierung (*furâghat*) in einem speziellen Kurs (*darjah-e takhaṣṣuṣ*) gelehrt werden; vgl. dazu *solah sâlah niṣâb-e taʿlîm, Wafâq al-madâris al-ʿarabiyyah*, Multan 1984, (*manẓûrkardah II*) S. 7ff., S. 21 und 39.

[1] = Persisch ist Voraussetzung für die Kurse der *Tanẓîm*.)

Am klassischen D.M.-Lehrplan änderte sich fast nichts. Dies geht soweit, daß 1983 in der *Tanzîm*-Curriculum-Fibel nach wie vor der Satz enthalten ist:

"Das Curriculum der Tanzîm al-madâris umfaßt acht Jahre"[26].

2. Die Zunahme der Schüler und Lehrer

Als Reaktion auf die curricularen Veränderungen ist die Anzahl der Studenten und deren Lehrer in den D.M. im Laufe der letzten Jahre gestiegen. Diese Zunahme wird aus den folgenden Tabellen deutlich.

26 Vgl. *Lāʾḥah-e ʿamal 1983*, a.a.O., S. 28 Punkt B; auch auf meine Frage, wieviele Jahre das Curriculum heute (1986) umfasse, gaben Repräsentanten großer D.M. 8 Jahre an.

Tabelle 38: Die Anzahl der Schüler und Lehrer in den Dînî Madâris in verschiedenen Jahren

Provinz	1960 S	1960 L	1971 S	1971 L	1979+ S	1979+ L	1983 S	1983 L
W.-Pakistan	44407	1846	45238	3186	99041	5005	259827[1]	7394[1]
Punjab	24842	1053	29096	2063	80879*	2992	124670[1]	3549[1]
Sindh	6218	401	5431	453	8344	1245	37949[1]	1080[1]
NWFP	7897	312	8423	515	7749	673	78439[2]	2217[2]
Baluchistan	519	46	1207	95	1814	95	8083[1]	280[1]
A. Kashmir							1644[1]	41[1]
N. Areas	763	23	1083	60	k.A.	k.A.	4384[1]	125[1]
Islamabad	k.A.	k.A.	k.A.	k.A.	k.A.	k.A.	4638[1]	133[1]

(Quellen:

Ahmad I S. 692 ff und S. 705 ff; Ahmad II S. 693 - 696; *Halepota Report* S. 198 - 201

Erläuterungen:

S = Schüler ; L = Lehrer

\+ = irrtümlich im *Halepota Report* 839 D.M. statt 1745 (vgl. a.a.O., S. 56 ff und Anhang).

* = vgl. *Halepota Report* S. 58 und S. 198; dort fälschlicherweise 81834 statt 80879.

[1] = errechnet den Zahlen des Erziehungsministeriums: GoP, "Important statistics of the Dini Madaris of NWFP, Islamabad 1983 Ministry of Education" (mimeo)

[2] = entnommen aus ebenda)

Die Tabelle 38 legt zwar eine Steigerung der Zahlen nahe, ihre Daten sind jedoch aus verschiedenen Gründen mit Vorsicht zu genießen:

1.) Zunächst ist die Erhebung des Erziehungsministeriums von 1982 unvollständig. Lediglich die Zahlen der NWFP können Anspruch auf Vollständigkeit erheben.

2.) Nur für die NWFP gibt es Zahlen über Studenten und Lehrer. In den anderen Provinzen liegen im Erhebungsjahr 1982 lediglich die (unvollständige) Zahlen der D.M. vor. Die in der Tabelle angegebenen Zahlen für die Studenten und Lehrer ([1]) sind mit Hilfe der Zahlen der NWFP (Schüler pro *madrasah*) errechnet worden.

3.) Die Zakatadministration operiert wiederum mit anderen Studentenzahlen. Beispielsweise gab es laut *PZC* Punjab 1984/85 alleine schon im Punjab 206454 D.M. Studenten.[27] Dies würde die Zahl der Studenten in Pakistan auf mindestens 341611 erhöhen.
4.) Da es registrierte und nicht-registrierte Studenten und D.M. gibt[28], stimmen die Zahlen der *PZCs*, die sich nur auf registrierte D.M. beziehen, weder mit denen der verschiedenen D.M.-Zensen, noch mit meiner Hochrechnung überein. Es kann mit einer erheblich höheren Zahl von D.M.-Schülern und -Lehrern gerechnet werden. Die Hochrechnung gibt jedoch Aufschluß über etwaige zahlenmäßige Verteilungen und Trends.

Entsprechend der Tabelle 38 gab es 1982 pro Lehrer 35,1 Schüler und durchschnittlich 137 Schüler pro *madrasah* sowie 3,9 Lehrer pro *madrasah.*[29] Letzteres entspricht einem fast dreifachen Zuwachs im Verhältnis zu den Daten von 1979: laut dem *Halepota Report* betrug das Schülerverhältnis pro *madrasah* in der NWFP 35,5 und das Lehrerverhältnis 3,1 pro Schule. Auf der nationalen Ebene waren es 56,8 Schüler und 2,9 Lehrer pro *madrasah* (vgl. Tabelle 39) und damit 19,8 Schüler pro Lehrer.

27 Vgl. *Fihrist dînî madâris jin kô sâl 1984/85 kê lîê sûbâ'î Zakât Fund sê mâlî imdâd farâham kî gâ'î,* Lahore 1986 *PZC* Punjab (Urdu) (mimeo). Von diesen 206.454 Schülern waren 43.743 Internatsschüler, die *ḥifẓ* und *nâẓirah* erlernten (im Gegensatz zu 122.715 in der selben Ortschaft lebenden) und 24.731 Internatsschüler, die *tajwîd* bis *dawrah-e ḥadîth* studierten. Damit lebten von den 206.454 zakaterhaltenden Schülern 68.474 in den Punjabi D.M.. Dies verdeutlicht die quantitative Stärke der D.M..

28 Z.B. waren in der NWFP im Jahre 1982 von den 553 D.M. 392 nicht registriert.

29 Hier sind alle D.M., ungeachtet der Stufen, die sie anbieten, enthalten.

Tabelle 39: Schüler und Lehrer pro Dînî Madâris laut *Halepota Report* 1979

Provinz	Schüler/D.M.	Lehrer/D.M.	Lehrer/Schüler
Punjab	80,2	3,0	27,1
Sindh	22,0	3,2	6,7
NWFP	35,5	3,1	11,5
Baluchistan	13,4	0,7	19,1
Pakistan	56,8	2,9	19,8

(Quelle:
Halepota Report, S. 198 - 201 und e. B.)

Der Grund für die Zunahme der Schüler bzw. Lehrer im letzten D.M.-Zensus mag erstens seine Ursache darin haben, daß die Erhebung in der NWFP mit sehr viel Sorgfalt und Ausdauer durchgeführt worden ist[30]. Dabei sind möglicherweise Schulen als "neu" eingestuft worden, die schon zuvor bestanden, aber nicht erfaßt worden waren, wie z.B. in den Stammesgebieten (Agenturen). Die dortigen Schulen weisen vermutlich eine überdurchschnittlich hohe Schülerzahl auf. Da der staatliche Zugriff auf diese Gebiete schwach ist, wird dort wenig formale Bildung angeboten.
Zweitens müssen die Auswirkungen staatlicher Integrationsmaßnahmen berücksichtigt werden. Sowohl aufgrund der Zakatgelder, als auch wegen dem In-Aussichtstellen formaler Urkunden stieg die Zahl der Schüler in den D.M..
Von 1979 bis 1983 ergibt sich auf der Basis der zugrunde gelegten Daten der NWFP ein nationaler Zuwachs von 162,3% für die Studenten und 47,7% für die Lehrer.[31]
Meines Erachtens ist die Anzahl der Studenten und der Lehrer nicht so dramatisch gestiegen, wie es die Angaben zunächst vermuten lassen. Die neueingeführte Registrierungspflicht und die damit einhergehende Erfassung der Schüler und Lehrer der D.M. muß in Betracht gezogen werden.

30 Da nur die genauen Zahlen der NWFP vorliegen, haben wir diese zur Grundlage der folgenden Hochrechnungen gemacht.
31 Die Zuwachsraten variieren von Provinz zu Provinz und sollen hier zunächst nicht weiter erörtert werden.

Die Zunahme der Schüler und Lehrer in den D.M. hat Vor- und Nachteile für die Regierung:
Mit der großen Anzahl formal anerkannter, durch staatliche Zakatgelder unterstützter, politisch teilweise neutralisierter Geistlicher und Schüler religiöser Institutionen hat sich das Zia Regime einerseits ein Loyalistenheer geschaffen. Dieses Heer wird durch das Netz der Zakatadministration und des *Auqaf Departments* noch ergänzt und konsolidiert. Andererseits ist die steigende Anzahl der registrierten D.M., der Schüler und Lehrer mit einer gesteigerten Arbeitsplatznachfrage der Graduierten verbunden. Das Zia-Regime kann jedoch hunderttausende D.M.-Schüler kaum vor dem *mismatch* bewahren. Auch wenn einige hundert oder tausend D.M.-Schüler und -Graduierte als Arabisch - oder/und *Islamiyat*-lehrer beschäftigt würden oder gar in der Armee unterkämen[32], so könnte dies nur kurzfristig die wachsende Nachfrage an Arbeitsplätzen unter den D.M.-Absolventen befriedigen. Es ist demnach zu fragen, ob die *integrationistische* Islampolitik langfristig das traditionale Potential, welches die D.M. repräsentieren, aufnehmen kann und in der Lage ist, es für sich produktiv zu nutzen, oder ob die durch das Regime Zia ul Haqs geförderten Geistlichen zu einem Bumerang werden, den die militärisch-bürokratische Allianz nur unter großen Mühen oder gar nicht wieder auffangen kann.

3. Zunahme der Dînî Madâris

Parallel zum Anstieg der Schülerzahlen an religiösen Schulen nahm auch die Zahl der D.M. zu. Im folgenden wird dieser Umstand statistisch anhand der vorliegenden Daten untersucht und untermauert.

32 Vgl. unten Kapitel VIII 2.1. und 2.5.

Tabelle 40: Quantitative Entwicklung der Dînî Madâris in Pakistan (früher West-Pakistan)

Provinz	vor-Pak.	1950	1956	1960	1971	1979	1982	Steigerung 1950-79-82 in %	
W.-Pakistan	137	210	244	401	893	1745	1896	803	8,6
Punjab	87	137	159	264	580	1012	910+	639	-10,1
Sindh	19	25	25	44	120	380	277	1008	-27,1
NWFP	20	31	43	66	127	218	572	1784	168,0
Baluch.	7	11	12	20	44	135	59	1127	-56,3
A. Kash.	4	6	10	11	22	-	12		
N. Areas	-	-	-	-	-	-	32		
Islamabad	-	-	-	-	-	-	34		

(Quellen:

Nadhr Ahmad: A preliminary survey of Madaris-i-deeniyyah in East & West Pakistan, December 1956, S. 12 ff
Ahmad I S. 705 - 708
Ahmad II S. 691 ff
GoP, Ministry of Religious Affairs: *Riporṭ qâwmî kamîtî bârâ-e dînî madâris Pâkistân*, Islamabad 1979 (Urdu), S. 194 - 197
GoP, Ministry of Education: *Pâkistân kê dînî madâris kî fihrist 1984*, Islamabad 1984 (Urdu), S. 100

Erläuterung:

+ = laut Angaben der *Punjab Provinical Zakat Council* gab es 1984/85 im Punjab schon 1856 D.M.[33]).

Die Daten lassen folgende Feststellungen zu: Grundsätzlich stieg die Zahl der D.M.; dies gilt in besonderem Maße für die Zeit zwischen 1950 und 1979 (eine Zuwachsrate von 803%). Dabei korreliert die Anzahl der D.M. mit der Bevölkerungszahl der jeweiligen Provinz.

Überraschend niedrig (8,6%) fällt der D.M.-Gesamtzuwachs von 1979 bis 1982 aus. Ebenso überraschend erscheint der Umstand, daß in sämtlichen Provinzen außer der NWFP der Bestand an D.M. zurückgeht und somit die schmale Zuwachsrate ausschließlich auf den überproportionalen D.M.-Anstieg der NWFP zurückzuführen ist. Zur Klärung dieser ungewöhnlichen Entwicklung trägt eine nähere Untersuchung der Umstände der Umfragen von 1982 bei: Die starke Zunahme der D.M. in der NWFP zwischen den

33 *Fihrist dînî madâris jin kô sâl 1984/85 kê lîê sûbâ'î zakât fuṇd sê mâlî imdâd fraham kî gâ'î*, Lahore 1986, *PZC* Punjab (Urdu) (mimeo)

beiden letzten Erhebungen liegt zum einen darin begründet, daß die Funktionäre, die sie durchführten, aus dieser Provinz stammten und daher die anderen Provinzen vernachlässigt haben sollen[34]. Ein anderer Grund für das besondere Interesse der Zentralregierung an den D.M. der NWFP mag in der Tatsache liegen, daß sie als *Reproduktionszentren* für den *Jihâd* um Afghanistan mobilisiert werden könnten[35]. Während die Zahlen zur NWFP Anspruch auf relative Vollständigkeit erheben können, sind die Daten der übrigen Provinzen für die Erhebung von 1982 als unvollständig und deshalb nur sehr bedingt als repräsentativ zu betrachten.

3.1. "Mushroom-growth" der religiösen Schulen

Die Zunahme der D.M. seit der Einführung des Zakatsystems 1980 und seit der Anerkennung der D.M.-Urkunden 1981 führte tatsächlich zu einem Anschwellen der Anzahl religiöser Schulen und zu einer gewissen Unruhe bei der Zakatadministration, da zu Recht angenommen wird, daß zwischen den Zakatgeldern für die D.M. und deren Zuwachs ein unmittelbarer Zusammenhang besteht. Die Zunahme wird neuerdings durch eine gelenkte, selektive Zakatpolitik der Zakatadministration zu kontrollieren versucht[36]. Gemäß der neuen Vergabepolitik kann Zakat jetzt nur von derjenigen *madrasah* beansprucht werden, die als solche unter dem *"Societies Act 1860"* eingetragen ist. Die Entwicklung der Registrierung von D.M. gibt demnach Aufschluß über ihre Reaktionen und die der *Geistlichkeit* auf den in Aussicht gestellten Zakat. Ferner gibt sie Aufschluß über die Zunahme von Privatschulen und damit über das Ausmaß der Privatisierung des Erziehungswesens. Beide Variablen zusammen wiederum erhellen den jeweiligen Entwicklungsstand und die Sozialstruktur derjenigen Gebiete, in denen die eine oder die andere Institution vorrangig vertreten ist.

34 Information eines leitenden Funktionärs im Erziehungsministerium, der nicht genannt werden will.
35 Siehe unten zum *Jihâd*, Punkt 8.1.1. ff.
36 Vgl. auch unten "Zakat für die Dînî Madâris", Kapitel V 8.1.

Tabelle 41: Registrierte Dînî Madâris und Privatschulen im Punjab, 1974-1985

Jahr der Registrierung	Gesamtzahl der registrierten Institutionen	%	davon Dînî Madâris	in %	davon Privatschulen	in %
1974	117	(100)	21	(17,9)	-	
1975	444	(100)	38	(8,6)	-	
1978	815	(100)	175	(21,5)	17	(2,1)
1983	966	(100)	389	(40,3)	199	(20,6)
1984	2864	(100)	715	(25,0)	443	(15,5)
1985	2296	(100)	624	(27,2)	141	(6,1)

(Quelle:

Nachforschungen in der *Punjab Stock Company, Punchhouse Lahore* im Februar 1986 und August 1987)

Wie Tabelle 41 zeigt, ist in den letzten Jahren eine starke Zunahme der D.M.-Registrierungen unter dem *Societies Act 1860* zu verzeichnen. Dieses Gesetz war zur Registrierung von Erziehungs- und religiösen Institutionen sowie Stiftungen erlassen worden. In Sektion 20 heißt es:

> "The following societies may be registered under this act: Charitable societies, societies for the promotion of science, literature or the fine arts, for instruction, the diffusion of useful knowledge".

Während die D.M. 1974 lediglich 18% und 1975 sogar nur noch 8,6% an der Gesamtzahl der registrierten Institutionen darstellten, was die säkulare Politik des Bhutto-Regimes unterstrich, stieg der Anteil der D.M. auf 21,5% im Jahre 1978, dem Jahr nach der Machtergreifung Zia ul Haqs und unmittelbar vor der offiziellen Verkündung des sogenannten "*Niẓâm-e muṣṭafâ*'" 1979.

1983 erreichte deren Anteil sogar 40,3% bzw. 389 D.M und erzielte im nächsten Jahr mit 715 D.M. zwar nur 25,0% der Gesamtregistrierungen, stellte jedoch mit Abstand ihre bisher höchste Anzahl dar[37].
Die Zunahme der registrierten Institutionen unter dem *Societies Act 1860* ist im Zusammenhang mit der Privatisierungskampagne seit 1979 zu sehen. Dies reflektieren besonders auch die Zahlen der Privatschulen, die seither wie Pilze aus dem Boden schießen und ebenfalls 1984 ihren Höchststand erreichen.
Der Rückgang der D.M. im Jahre 1985 auf 624 Eintragungen ist auf den ersten Blick überraschend. Die Abnahme der D.M. spiegelt jedoch die Politik der Zakatadministration wider, die mit allen Mitteln versucht, den *mushroom-growth* der D.M. zu stoppen. Zu den Eindämmungsmaßnahmen gehörte die Kürzung der Gelder für kleine D.M..[38] Die wesentliche, 1984 eingeführte Neuerung war, daß nur jene D.M. Zakat durch die *PZCs* erhielten, die schon mindestens vier Jahre registriert waren. Diese Maßnahmen haben die Flut der D.M. zunächst verebben lassen. Die Abnahme der Privatschulen scheint demgegenüber Folge eines gesättigten Markts zu sein.
Der oben dargestellt Sachverhalt läßt sich in der graphischen Abbildung 4 gut erkennen: Während eine stete und von 1983 auf 1984 sogar steile Zunahme der Eintragungen erkennbar ist, nimmt ihre Anzahl seit 1984 wieder sichtlich ab. Besonders steil fällt hierbei die Zahl der Privatschulen.

---

37 Hierbei handelt es sich meist um kleine religiöse Erziehungsstätten, die sich in einer Moschee befinden oder ihr unmittelbar angeschlossen sind. Man kann deshalb eher von *maktab*s sprechen, Einrichtungen also, in denen eine religiöse Grunderziehung durch Koranlesen, Islamkunde, Lesen und Schreiben vermittelt wird. Gleichzeitig gibt es auch eine nicht zu unterschätzende Anzahl registrierter D.M., die realiter gar nicht existieren, sondern lediglich geschaffen wurden, um dem jeweiligen Geistlichen (meist niedriger theologischer Qualifikation) eine konstante Einnahmequelle zu garantieren (dazu mein Forschungsbericht, a.a.O. S. 203 ff.). Im Bereich des formalen Erziehungswesens bestehen alleine im Punjab schon 1350 sogenannte *ghost-schools*. Genauere Angaben über D.M.-*ghost-schools* liegen leider nicht vor (vgl. meinen Forschungsbericht, a.a.O. S. 35).

38 S. o., Kapitel V 8.1.1.

Graph 4: <u>Eintragungen unter dem Societies Act 1860 für ausgewählte Jahre in der Provinz Punjab</u>

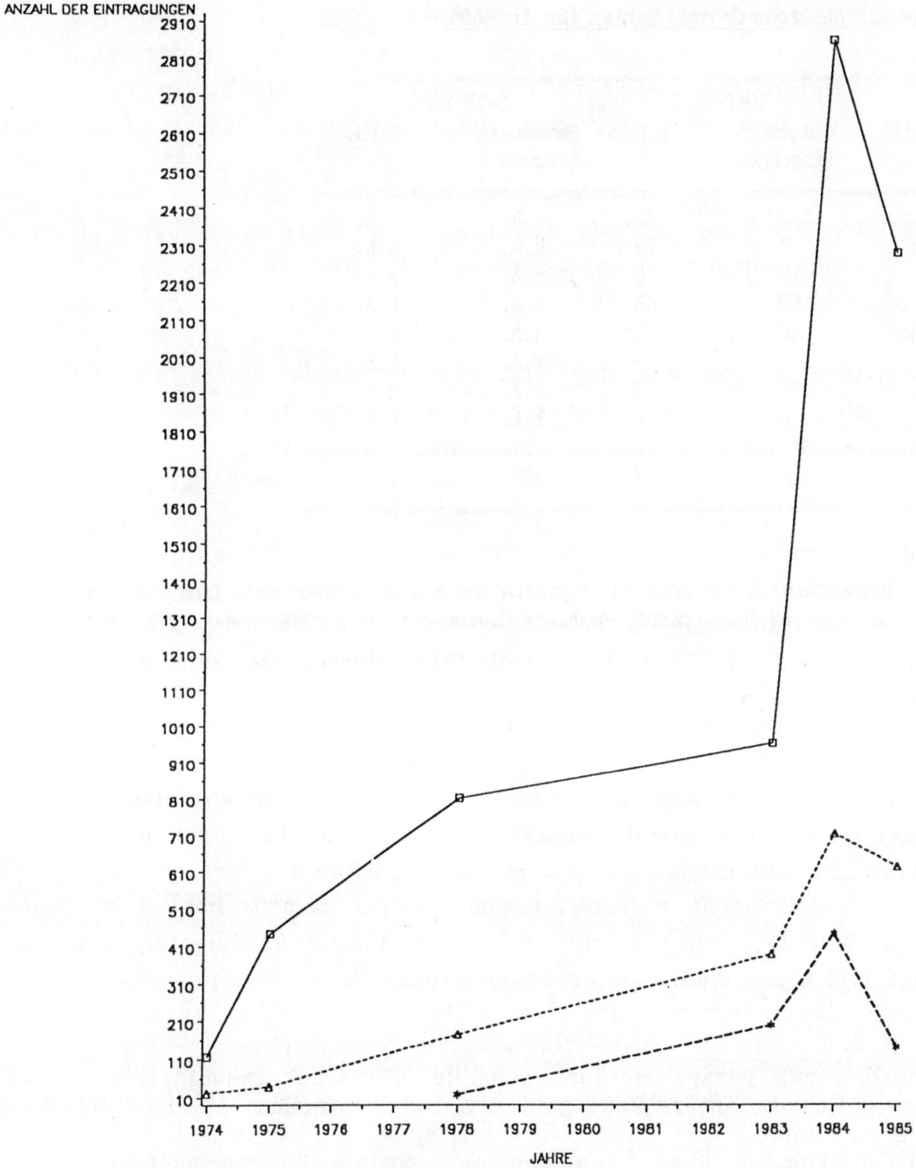

Ähnliche *mushroom-growth* Tendenzen lassen sich für NWFP erkennen.

Tabelle 42: *Mushroom-Growth*, Zahlen für die NWFP

Distrikt	1962-1981 Gesamteintragungen	D.M.	1983-1986 Gesamteintragungen	D.M.
Peshawar	192	42	k.A.	k.A.
Mardan	30	19	k.A.	k.A.
Kohat	10	6	k.A.	k.A.
Bannu	52	49	k.A.	k.A.
D.I.Khan	38	31	k.A.	k.A.
Dir	3	3	k.A.	k.A.
Hazara	78	21	k.A.	k.A.
Swat	6	6	k.A.	k.A.
Gesamt	319	177	255	176

(Quelle:
Recherchen in der *Peshawar Registration Branch, Directorate Commerce, Industries and Mineral Development, Peshawar Cantonment*, März 1986; und e. B.)

Während der prozentuale Anteil der D.M. an den Gesamteintragungen in der NWFP zwischen 1962 und 1981 "nur" 55,5% betrug, stieg er zwischen 1983 bis Februar 1986 auf 69%[39]. Auch hier hatten also die Zakatregelung und die formale Anerkennung der D.M.-Urkunden unmittelbare Auswirkungen auf die Anzahl der religiösen Schulen.
Auf der Distriktebene weisen einzelne Bezirke relativ hohe D.M.-Zahlen auf; so Bannu[40], ein Distrikt mit sehr vielen Graduierten religiöser Schulen und einer traditionalen Sozialstruktur[41].

39 Hierbei muß gesagt werden, daß die NWFP Zakatadministration eine wesentlich kulantere Zakatgeldverteilung vornimmt, als beispielsweise die im Punjab.
40 Zur Diskussion über ethnische und soziale Zusammensetzungen der D.M. Schüler in einzelnen Bezirken siehe weiter unten zu den Herkunftsdistrikten der Graduierten, Kapitel VII 2. - 2.5.
41 Zur Diskussion über die sozio-ökonomischen Verhältnisse und das Problem des Arbeitsmarktes vgl. weiter unten, Kapitel VIII 1. ff.

Für die Provinzen Baluchistan und Sindh (ohne Karachi) können ähnliche *mushroom-growth* Tendenzen angenommen werden[42].
In der Metropole Karachi ergibt sich dagegen folgendes Bild:

Tabelle 43: *Mushroom-Growth*, Zahlen für Karachi

Jahr	D.M.	P.S.	Gesamteintragungen
1974	5	2	134
1979	10	65	1401
1980	14	110	380
1981	19	176	496
1982	26	181	495
1983	11	220	528
1984	22	220	551
1985	23	183	447
Gesamt	130	1157	4432

(Quelle:
Recherchen im *Sindh Department of Industries, Karachi* für die Karachi Region, Juni 1986

Auch hier ist eine Zunahme der D.M. und der Privatschulen zu verzeichnen. Während jedoch in Karachi die Anzahl der D.M. nur geringfügig stieg, war der Zuwachs der Privatschulen teilweise enorm hoch und erreichte 1983 seinen bisherigen Höhepunkt.
Wohl um den Zakaterhalt weiter zu erschweren, ist im Sindh und in Karachi seit Sommer 1985 für die Registrierung einer religiösen Schule die Vorlage eines *Non-Objection Certificate* des *Deputy Commissioner* notwendig. Hingegen ist der Aufbau einer Privatschule ohne weiteres möglich. Der Umstand, daß die religiösen Schulen einer strengeren Überprüfung ausgesetzt sind als die Privatschulen, gibt wiederum Aufschluß über die Politik der Administration gegenüber den Geistlichen und ihren Schulen: Während letztere implizit durch die Administration gefördert werden, sollen sich die Geistlichen nicht "unkontrolliert" verbreiten.

42 Genauerer Daten über Baluchistan und Sindh liegen jedoch nicht vor.

Die Leiter der Privatschulen ihrerseits erheben den Anspruch, den bestehenden Mangel an Schulen im Lande zu beseitigen und reagierten rasch auf die Privatisierung des Schulwesens. Sie erkannten darüberhinaus in der seit 1981 geforderten *Urduisierung* der staatlichen Schulen eine Marktlücke: Da Englisch nach wie vor Zugangsbedingung in gehobenen Positionen ist und nur die Privatschulen weiterhin Englisch als Unterrichtssprache in allen Fächern beibehalten können, ist die Nachfrage nach solchen Schulen erheblich. Schulen, die mit einer *Senior Cambridge*-Prüfung abschließen, sind ein einträgliches Geschäft, das meist aus kommerziellem Interesse und nicht aus Philantropie betrieben wird[43]. Da Karachi das kommerzielle Zentrum Pakistans darstellt[44], ist es nur verständlich, daß hier ein idealer Nährboden für diese Schulen besteht. Obgleich Karachi auch eine große Anzahl marginalisierter, meist hinzugewanderter Tagelöhner und Familien beherbergt, deren Kinder in den D.M. eine kostenlose Erziehung und bisweilen auch Unterhalt genießen können, ist die Anzahl der neu registrierten D.M. hier verschwindend gering. Das deutet darauf hin, daß entweder die Nachfrage nach religiösen Schulen gering ist, da die Tagelöhner dermaßen pauperisiert sind, daß sie jede Arbeitskraft, also auch die der Kinder, benötigen, um ihr Elend zu lindern, oder aber, daß die hier etablierten großen D.M. in einem starken Maße dominieren. Tatsächlich nehmen die großen D.M. in Karachi gerade seit 1980 vermehrt Schüler auf (besonders aus der nördlichen Grenzprovinz)[45]. Sie haben so die Vormachtstellung der traditionalen Bildungszentren wie Peshawar, Lahore und Multan zwar abgelöst, tragen ihrerseits aber durch ihre steigende Schülerzahl zum Konfliktpotential in der Metropole bei[46].

Neben der quantitativen Auswertung der Entwicklung der D.M. in verschiedenen Provinzen bietet die Untersuchung der Register in den *Stock Companies* auch die Möglichkeit, die Standorte der D.M. z.B. für den

43 Z.B. D, 26.4.85: "Want to be rich? Open a `Cambridge' school", oder TM, 7.5.85: "Privat schools are commercial centres". Eigene Beobachtungen belegen diese Tendenz.
44 Mit etwa 40% der pakistanischen Industrie!
45 Vgl. dazu weiter unten: Herkunft der Graduierten, Kapitel VII 2. ff.
46 Zu diesem demographischen Wandel und der Migration via D.M. vgl. unten zu den Graduierungszentren, Kapitel VII 2.1.1., 2.1.2. und 2.2.1.

Punjab auf *Division*sebene[47] näher zu bestimmen. Tabelle 44 zeigt interessante Tendenzen:

Tabelle 44: Registrierte Institutionen im Punjab nach *Divisionen* 1984 und 1985

Divisionen	Gesamtzahl registrierter Institutionen in % 1984	in % 1985	Dînî Madâris in % 1984	in % 1985	Privatschulen in % 1984	in % 1985
Rawalpindi	343 (100)	163 (100)	58 (17)	49 (30)	84 (25)	22 (14)
Faisalabad	345 (100)	327 (100)	65 (19)	76 (23)	38 (11)	21 (6)
Lahore	830 (100)	678 (100)	140 (17)	81 (12)	188 (23)	53 (8)
Gujranwala	370 (100)	318 (100)	74 (20)	73 (23)	64 (17)	17 (5)
Sargodha	272 (100)	186 (100)	53 (19)	70 (38)	25 (9)	14 (8)
Multan	335 (100)	315 (100)	106 (32)	102 (32)	28 (8)	10 (3)
D.G. Khan	146 (100)	101 (100)	85 (58)	82 (81)	3 (2)	3 (3)
Bahawalpur	223 (100)	209 (100)	134 (60)	91 (44)	13 (6)	1 (0)
Gesamt	2864 (100)	2296 (100)	715 (25)	624 (27)	445 (16)	141 (6)

(Quelle:
Nachforschungen in der *Punjab Stock Company, Punchhouse Lahore*, Februar 1986 und August 1987 und e. B.)

Der Tabelle kann entnommen werden, daß zunächst *Divisionen* wie Multan, D.G. Khan und Bahawalpur besonders vom sogenannten *mushroom-growth* der D.M. betroffen sind. Sie unterscheiden sich von den vier *Divisionen* Rawalpindi, Lahore, Faisalabad und Gujranwala dadurch, daß sie keine so gute Infrastruktur besitzen wie diese, keine wichtigen Industrien vorweisen und die damit verbundene Urbanisierung kaum existiert, kurz: sie weisen keinen "hohen Entwicklungsstand" auf[48], sind aber dafür in ihren

47 Eine *Division* faßt mehrere Distrikte zusammen.

48 Wenn hier von Entwicklungsstand gesprochen wird, so liegen die Parameter zugrunde, wie sie Zingel und Pasha/Tariq sowie Khan/Hasan ausgearbeitet haben (zu den bibliographischen Angaben vgl. Kapitel über die Arbeitsmarktproblematik, VIII 1. ff), deren modernisierungstheoretischen Ansatz der Autor jedoch kritisch gegenübersteht. Zur Diskussion über die sozio-ökonomischen Verhältnisse einzelner Distrikte vgl. auch Kapitel VIII 1. ff.

traditionalen Ordnungs- und Sicherungssystemen stärker integriert und damit möglicherweise in einem höheren Maße sozial kohäsiv, als etwa die "modernen Gebiete". Diese *Divisionen* zeichnen sich durch Großgrundbesitztümer und viele Kleinbauern oder landlose Bauern aus[49]. Daß in ihnen die urbanen Privatschulen auf keine oder nur auf sehr geringe Nachfrage stoßen, ist deshalb verständlich. Anders sieht dagegen das Bild in den infrastrukturell besser erfaßten *Divisionen* aus. Hier ist der Urbanisierungsgrad höher, Industrie ist teilweise vorhanden und aufgrund des Industrialisierungsgrades sind höhere Einkommensverhältnisse zu erwarten. Lahore, Faisalabad, Gujranwala und Rawalpindi zählen nämlich zu den wichtigsten Binnenmärkten Pakistans. Weil die normative Ausrichtung in diesen Gebieten wahrscheinlich 'moderner' ist als in den anderen (traditionalistischen) *Divisionen*, sind hier die Privatschulen in einem stärkeren Maße vertreten, als die traditionell religiösen Schulen. Seit 1985 scheint der Markt für Privatschulen gesättigt zu sein.

Auf der untergeordneten Distriktebene läßt sich eine analoge Entwicklung erkennen[50].
Obwohl Rawalpindi eine relativ urbanisierte *Division* ist, lassen sich auch hier eher traditionale bzw. eher moderne Distrikte unterscheiden: Im Distrikt Jhelum sind z.B. nur sehr wenige D.M. zu finden. Dies hat seine Ursache in der Tradition der britischen Politik, die hier im neuzehnten und zwanzigsten Jahrhundert ihre militärischen Zentren besaß und die Armee zu einem nicht geringen Teil aus diesem Gebiet - wie überhaupt aus der Rawalpindi *Division* - rekrutierte (die sogenannten Militärgebiete). Daran hat sich bis heute nicht viel geändert[51]. Die Sozialstruktur im Jhelum Distrikt beispielsweise, im wesentlichen bestehend aus Soldaten und Offizieren sowie einem eigens dafür aufgebauten und entwickelten Dienstleistungssektor, scheint wenig Nachfrage nach

49 Zur Landverteilung siehe Mahmood Hasan Khan: Underdevelopment and Agrarian Structure in Pakistan, Vanguard Books Ltd. Lahore 1981.
50 Um die ländliche Dominanz der D.M. zu verifizieren, sind die Daten zur Registrierung der religiösen Schulen auf der Distriktebene aufschlußreich; vgl. dazu auch Kapitel VIII zur Arbeitsmarktproblematik.
51 So ist Stephen P. Cohen der Meinung, daß aus den traditionalen Militärdistrikten wie Jhelum, Attock, Kohat und Mardan heute noch etwa 3/4 des Militärs gestellt wird (S. P. Cohen: The Pakistan Army, University of California Press 1984, S. 42-45).

D.M. zu wecken. Der Modernisierungsgrad der gesellschaftlichen Verhältnisse spielt demnach eine wesentliche Rolle für das Vorkommen der D.M. bzw. der Privatschulen. Sowohl der relative als auch der absolute Anteil der D.M. im Jhelum Distrikt ist daher niedriger als beispielsweise im Rawalpindi Distrikt[52].
Dies war jedoch nicht immer der Fall. Vor der kolonialen Penetration im Punjab waren vor allem in den Distrikten Jhelum und Rawalpindi, aber auch in anderen Distrikten des nördlichen Punjab, bei weitem mehr D.M. vorhanden als 1979. Im Jahre 1850 gab es allein in der Stadt Lahore 152 religiöse Schulen[53]. Während W.G. Leitner im Jahre 1880 in den Distrikten Rawalpindi 660, Sialkot 455, Lahore 295, Gujrat 275 und Jhelum 200 D.M. vorfand, hatte sich im Jahre 1979 die Anzahl auf jeweils 33, 29, 61, 17 und 11 reduziert.[54] Die koloniale Politik gegenüber den religiösen Schulen wurde also offensichtlich durch den pakistanischen Staat fortgesetzt. Daß sich jedoch in den letzten Jahren auch in solchen "modernen" Distrikten wie Jhelum vermehrt D.M. etablieren konnten, deutet auf eine sich ausbreitende *Marginalisierung* breiter Bevölkerungsschichten hin, die im Rahmen ungleicher Entwicklungsprozesse eine Notwendigkeit für die Bedingung kolonialer Marktwirtschaft ist. Die Massen können nämlich bei Bedarf als billige und damit rentable Arbeitskräfte abgestoßen oder genutzt werden. Das notwendige Sozialsystem wird dann von den Familien[55] oder bestenfalls von den D.M. gestellt.

---

52 Dies spiegelt auch die Tabelle 52 a wider.

53 Muḥammad Ṭufail: *Nuqûsh Lâhôr nambar*, Idârah-e Furûgh-e Urdû, Lâhôr 1962 (Urdu), S. 442

54 W.G. Leitner: History of indigenous education in the Punjab since Annexation and in 1882, veröffentlicht vom Languages Department Punjab, New Dehli 1971 (erstm. 1883)

55 Vgl. dazu auch die Beiträge von Ray Bromley: The urban Informal sector; critical perspective, in: World Development 9/1978 No. 9-10; Stephen Guisinger und Muhammad Irfan: Pakistan's Informal Sector, in: The Journal of Development Studies, Vol. 16 No. 4 July 1980, S. 412-426; Anibal Quijano: Marginaler Pol der Wirtschaft und marginalisierte Arbeitskraft, in: D. Senghaas (Hrsg.): Peripherer Kapitalismus, Frankfurt a.M. 1981^3, S. 298-341; Barbara Stuckey und Margaret Fay: Produktion, Reproduktion und Zerstörung billiger Arbeitskräfte: Ländliche Subsistenz, Migration und Urbanisierung, in: Starnberger Studien 4, Frankfurt a.M. 1980 S. 126-168; Kh. Mahmood Siddiqui: Some aspects of unemployment in Pakistan, in: Economic Quarterly, Berlin (Ost) 16/1981 3, S. 20-36

So wie die Anzahl der D.M. in Jhelum gering ist, gibt es so gut wie gar keine Graduierte der D.M. aus diesem Distrikt[56]. Der relativ gering "entwickelte" Distrikt Attock hingegen besitzt bei etwa einer gleichen Bevölkerungszahl 1981 eine relativ höhere Anzahl an D.M. in den Jahren 1984/85.
Deutlich wird der ländliche Charakter der D.M. - gemeint sind hier vorwiegend kleine religiöse Schulen - besonders in Distrikten wie Bahawalnagar, Rahim Yar Khan (für die Bahawalpur *Division*) und in Distrikten der Dera Ghazi Khan *Division*. Hier sind nur vereinzelt Privatschulen anzutreffen, da es für sie aufgrund der ausgeprägten Agrarstruktur keine Nachfrage gibt. Die Bevölkerung in diesen Gebieten ist wegen ihrer sozioökonomischen Verhältnisse nicht in der Lage, für die hohen Gebühren der Privatschulen aufzukommen. Stattdessen erfahren die D.M. einen starken Zustrom von Schülern, was sich auch in der wachsenden Anzahl der D.M. widerspiegelt.

1983-85 betrug der Anteil der D.M. in den "traditionalen" Distrikten 47% (656 D.M.). Die Privatschulen sind in diesen Distrikten mit 10% (141) entsprechend niedrig vertreten. Von 141 Privatschulen befinden sich alleine 72% (102) im Rawalpindi Distrikt, und zwar in den sehr stark urbanisierten Gebieten dieses Distriktes.

---

56 Vgl. Kapitel VII über die Identifizierung der Distrikte der Graduierten, Punkt 2. passim sowie Tabelle 52 a.

Tabelle 45: Registrierte Institutionen in ausgewählten Distrikten des Punjab 1984-85

Distrikte	1984 D.M.	1984 P.S.	1985 D.M.	1985 P.S
Rawalpindi	29	67	19	20
Attock	16	4	18	2
Jhelum	14	10	7	1
Gujranwala	32	9	35	6
Sialkot	25	37	23	5
Gujrat	17	18	15	6
Sargodha	21	18	35	22
Khushab	12	-	15	1
Mianwali	5	-	7	-
Bhakkar	15	1	13	1
D.G.Khan	20	1	25	1
Muzaffargarh	45	1	34	-
Rajanpur	3	-	10	-
Leiah	14	1	15	1
Bahawalpur	72	1	53	-
Bahawalnagar	19	-	33	-
Rahim Yar Khan	43	12	53	1

(Quelle:
Nachforschungen in der *Punjab Stock Company, Punchhouse Lahore*, Februar 1986 und August 1987 und e. B.)

Zwischen 1984 und 1985 sind ähnliche Tendenzen zu erkennen. Tabelle 45 belegt deutlich, daß die D.M. ihre Domäne in den traditionalen Gebieten haben. Dies ist besonders markant in den Distrikten der Bahawalpur und Muzaffargarh *Divisionen*. Aber auch die Gujranwala, Sialkot und Sargodha Distrikte weisen zunehmend mehr D.M. auf. Der Nachfrage nach D.M. in diesen relativ entwickelten Gebieten mag einerseits die steigende *Marginalisierung* breiter Bevölkerungsschichten zugrunde liegen[57]. Andererseits war bei den Registrierungen zu bemerken, daß vor allem die Vertreter der Ahl-e Hadith vorzugshalber neue D.M. in Gebieten wie Sialkot, Gujranwala, Gujrat und Lahore, also Handelsknotenpunkte, aufbauten. Es scheint demnach zweierlei Zusammenhänge zu geben: Zum

57 Etwa im Sinne von D. Senghaas und B. Stuckey und Margaret Fay (vgl. vorvorhergehende Fußnoten).

einen zwischen der hohen Anzahl der D.M. und dem niedrigen Entwicklungsstand des jeweiligen Gebietes und zum anderen zwischen der hohen Anzahl der D.M. und dem hohen Entwicklungsstand des jeweiligen Gebietes mit einer starken Marginalisierungstendenz breiter Bevölkerungsschichten.

3.2. Zusammenfassung

Der größte Teil der D.M. ist in ländlichen Gebieten zu finden, während in den mehr urbanisierten Regionen Privatschulen vorherrschen. Weiter stellen wir fest, daß die Zahl der D.M. als auch die der Privatschulen seit der Proklamation des "*niẓâm-e muṣṭafâ*" 1979 bis 1984 stetig zugenommen hat. Dann nahm sowohl die Zahl neuregistrierte Privatschulen als auch die der D.M. wieder ab.
Die Gründe für die Abnahme der Privatschulen liegen einerseits in der Befriedigung der Nachfrage nach Schulen in urbanen Gebieten und andererseits in der wachsenden Schwierigkeit für die schmale Mittelschicht, die relativ hohen Kosten für die Privatschulen zu bezahlen.
Der Rückgang unter den neuregistrierten D.M. seit 1984 hat seinen Grund in der von 1983 an verfolgten neuen Zakatpolitik des *CZC* und der *PZCs*. Diese neue Zakatpolitik ist schon in Tabelle 27: "Kategorisierung der Dînî Madâris für den Zakaterhalt" deutlich geworden, die eine tendenziöse Planung und Durchführung der Zakatpolitik bewies; die Zakatadministration ließ den kleinen D.M. zunehmend weniger Zakatgelder zukommen, als etwa den großen D.M.. Viele, wenn nicht sogar die meisten D.M., die sich nach 1980 registieren ließen, verdankten ihre Existenz der Zakat- und Ushr-Regelung 1980. Die Grundgebühr von 50 Rs für die Registrierung schien sich somit zu rentieren, da nun die Zakatgelder in die D.M. flossen. Hier wird auch der im Volksmund bekannte kommerzielle Charakter der *Geistlichkeit* und der D.M. deutlich.[58]

58 Vgl. dazu etwa die Polemik *al-Mashraqis* in seinem Buch "Der falsche Glaube des Maulwi" (*Mawlwî kâ ghalaṭ madhhab*), Lahore 1979 (Urdu); eine Zusammenfassung seiner Thesen findet sich in meiner Magisterarbeit.

Diese Finanzierung bedeutet wiederum Abhängigkeit der D.M. von Staatsgeldern. Damit ist der Staat in der Lage, manipulierend auf das traditionale Erziehungswesen einzuwirken und es durch injizierte Gelder zu mobilisieren bzw. durch das Heruntersetzen der Beträge zu schwächen. Damit werden die D.M. nicht nur wirtschaftlich, sondern auch politisch abhängig und gehorchen den Imperativen der Zakatadministration.

4. Die verschiedenen Stufen der Dînî Madâris

Wie aus der folgenden Darstellung hervorgeht, bieten 1979 wie auch 1983 die meisten erfaßten D.M. die unteren Bildungsstufen an[59]. Wir können annehmen, daß etwa die Hälfte der religiösen Schulen, die während der zwei Erhebungen Gegenstand der Untersuchung waren, kleine *makâtib* oder/und *madâris* sind.

Tabelle 46: Das Bildungsangebot der Dînî Madâris nach Bildungsstufen 1979

Provinz	Primarst. *ulâ* Anteile	in %	Mittelst. *mawqûf* Anteile	in %	Oberstufe *ḥadîth* Anteile	in %	nicht spezif. Anteile	in %	Gesamt Anteile	in %
Pakistan	717	(41,1)	540	(30,9)	265	(15,2)	614	(35,2)	1745	(100)
Punjab	594	(58,7)	352	(34,8)	129	(12,7)	206	(20,4)	1012	(100)
Sindh	77	(20,3)	62	(16,3)	40	(10,5)	208	(54,7)	380	(100)
NWFP	103	(47,2)	89	(40,8)	60	(27,5)	105	(27,5)	218	(100)
Balut.	32	(28,7)	37	(27,4)	27	(20,0)	98	(75,6)	135	(100)

(Quelle:
Halepota Report S. 194-197 und S. 57
Erläuterung:
Eine *madrasah* kann mehrere Stufen gleichzeitig anbieten; Überschneidungen sind deshalb möglich.)

59 Unterschieden werden folgende Stufen:
ulâ und *taḥtânî* = Primarstufe; *nâẓirah* = Koranlesen;
mawqûf = *B.A.*; *ḥadîth* = *M.A.*.

Tabelle 47: Das Bildungsangebot der Dînî Madâris nach Bildungsstufen 1982

Provinz Region	nâẓirah Anteile in %		taḥtânî Anteile in %		mawqûf Anteile in %		ḥadîth Anteile in %		Gesamt Anteile in %	
Pakistan	742	(39,1)	476	(25,1)	352	(18,6)	326	(17,2)	1896	(100)
Punjab	447	(49,0)	187	(20,5)	134	(14,7)	141	(15,6)	910	(100)
Sindh	120	(49,0)	68	(24,5)	47	(27,0)	42	(15,4)	277	(100)
NWFP	135	(26,3)	190	(32,2)	136	(23,8)	111	(18,4)	572	(100)
Balut.	6	(10,2)	13	(22,0)	22	(37,0)	18	(30,5)	59	(100)
A. Kash.	-	-	3	(25,0)	3	(25,0)	6	(50,0)	12	(100)
N. Areas	13	(40,6)	6	(18,8)	7	(18,9)	6	(18,8)	32	(100)
ICT	21	(61,8)	9	(26,5)	3	(8,8)	1	(2,9)	34	(100)

(Quelle:

GoP, Ministry of Education; Islamic Education Research Cell: *Pâkistân kê dînî madâris kî fihrist 1984*, Islamabad 1984 (Urdu), S. 100; e. B.

Erläuterungen:

Hier wird lediglich die Hauptbildungsstufe erfaßt, so daß sich keine Überschneidungen ergeben.

Balut. = Baluchistan, A. Kash. = Azad Kashmir, N. Areas = Northern Areas, ICT = Islamabad Capital Territory)

Wie sowohl aus den obigen Tabellen als auch aus den Ausarbeitungen zum *mushroom-growth* Phänomen ersichtlich wurde, nahmen im Zeitraum zwischen 1979 und 1983 die kleineren D.M. stärker zu als die großen. Die Anzahl der *nâẓirah*, *ḥifẓ*, *tajwîd* und *qirat* Institutionen und die der *taḥtânî*-D.M. betrug im Jahre 1983 zusammen 1218. Dem stehen lediglich 717 D.M. der *ulâ* (Primarstufe) im Jahre 1979 gegenüber. Dies bedeutet einen Zuwachs von nahezu 70% in vier Jahren, eine Tendenz, die für die Schwemme der D.M. unter dem Regime Zia ul Haqs bezeichnend ist.
Im höheren Bildungsbereich nimmt die Zahl dieser Institutionen zwischen beiden Zensen ab, besonders bei Schulen, die bis zur *mawqûf*-Stufe lehren. Die Daten der Deobandi *Wafâq al-madâris* und der Brelwi *Tanẓîm al-madâris* über die ihnen angeschlossen D.M. weisen im Gegensatz zu den Daten der offiziellen Zensen nach, daß die Institutionen mit *mawqûf* stark zugenommen haben. So hatte z.B. die Deobandi *Wafâq* alleine 1982 352 *wusṭânî*-D.M. (mittlere D.M., d.h. mit der Stufe *mawqûf*) in ihrem

Register[60]. Diese Zahl allein ist schon so hoch wie die im Zensus 1982 angegebene Gesamtzahl. Zu diesen 352 *mawqûf*-D.M. müssen noch die an die *Tanẓîm al-madâris* angeschlossenen D.M. sowie die der anderen *Wafâqs* addiert werden[61]. Somit sind die in den Zensen gemachten Angaben lediglich als vage Anhaltspunkte zu betrachten.

Wir können mit Hilfe der Mitgliederlisten der D.M. verschiedener *Wafâqs/Tanẓîms* Aussagen über die Entwicklung der höheren Stufen treffen. In diesem Bereich - *dawrah-e ḥadîth* oder *fawqânî* - besitzt die Deobandi *Wafâq* 1982 alleine immerhin 101 D.M., die *Tanẓîm* 1983 33, die der *Wafâq al-madâris al-salafiyyah* sogar über 70 D.M.. Dazu müßten noch die der Schia D.M., über die keine Angaben vorliegen, addiert werden. Die Summe all dieser *Dâr al-'ulûms* ist allerdings niedriger als die im Zensus 1982 angegebene. Das kann daran liegen, daß längst nicht alle D.M. an Dachorganisationen angeschlossen und deshalb weder als *Wafâq*- noch als *Tanẓîm*-Mitglieder registriert sind.
Auf der Provinzebene ist auffallend, daß die NWFP als traditionales Gebiet der Herkunftsregion der Geistlichen den relativ größten Anteil - gemessen an der Bevölkerung - an den höheren religiösen Institutionen besitzt.
Wir gelangen zu dem Ergebnis, daß die verschiedenen Stufen der D.M. unterschiedlich stark zunehmen. Besonders groß war der Zuwachs in den niedrigen Rängen.

Ein Vergleich der Verhältnisse zwischen Primar-, Mittel- und höheren Stufen des formalen Erziehungswesens mit denen der D.M. ergibt folgendes Bild:

60 Vgl. *Fihris al-Jâmi'ât wa'l madâris* etc.; e. B. daraus.
61 Hierfür liegen leider keine genauen Zahlen vor.

Tabelle 48: Vergleich der Bildungsstufen des formalen und des Dînî Madâris Schulwesens

Bildungs-stufen	formales Schulwesen		D.M.-Schulwesen
Primarstufe	86,4%		64,2%
Zahl der Inst.		69058	
Mittelstufe	12,5%		18,6%
Zahl der Inst.		10016	
Hochstufe[62]	1,1%		17,2%
Zahl der Inst.		885	

(Quellen:
Berechungen aus *Pakistan Economic Survey 1983-1984*, GoP, Islamabad o. D., S. 222 f. sowie Tabellen 46 und 47)

Die Anteile der verschiedenen Stufen weichen zum Teil stark von einander ab. Dies gilt besonders für den Bereich der höheren Bildung. Die höhere religiöse Bildung wird an weitaus mehr Institutionen gelehrt als eine äquivalent höhere säkular technische, künstlerische, medizinische etc. Dabei spielen vermutlich finanzielle Fragen eine große Rolle.
Dies verdeutlicht, daß eine Säkularisierung oder Modernisierung der pakistanischen Gesellschaft nur bruchstückhaft durchgeführt ist.

5. Der Haushalt der Dînî Madâris

Die Islamisierung veränderte nicht nur das Curriculum der D.M., die Anzahl ihrer Schüler und der D.M., sondern auch die Einkommensverhältnisse und damit das Konsumverhalten in den traditionalen Institutionen.

Als Beispiel für die Eigenart und die Entwicklung der Haushaltsführung der D.M. wird im folgenden der Haushalt einer *madrasah* näher betrachtet. Exemplarisch dafür werden die Haushaltsangaben des *Dâr al-*

62 Gemeint sind Primarschulen, "middle" und "high schools" und "secondary vocational institutions, arts colleges, professional colleges" und Universitäten.

'ulûm Jâm'i ah Niẓâmiyyah Riḍwiyyah in Lahore, herangezogen, da hier das vollständige Zahlenmaterial vorliegt. Dieser *Dâr al-'ulûm* ist das administrative Zentrum der Brelwi *Tanẓîm al-madâris.*
In der Zeit zwischen 1958 und 1984/85 verzeichneten die Einnahmen dieser Schule folgende Zuwachsraten:

Tabelle 49: Zuwachs der Einnahmen und Ausgaben der *Jâm'iah Niẓâmiyyah Riḍwiyyah*

Jahr	Einnahmen Zuwachs im Vergleich zum Vorjahr in %	Einnahmen im Zeitraum in %	Ausgaben Zuwachs im Vergleich zum Vorjahr in %	Ausgaben im Zeitraum in %
1958/59	-		-	
1969/70	304,8 %		95,5 %	-
1971/72	-5,3 %	283,4 %	71,7 %	236,4 %
1981/82	1289,8 %		1402,9 %	-
1983	13,3 %		16,8 %	-
1984	46,5 %	65,9 %	48,3 %	31,1 %

(Quellen:
Berechnet nach verschiedenen Haushalten der *Jâm'iah Niẓâmiyyah*, Lahore (Urdu))

Der Umfang des Gesamthaushaltes nahm seit der Gründung der Schule ständig zu. Ein wesentlicher Grund für die besonders starke Steigerung 1981/82 ist sicherlich die zusätzliche Einnahme aus staatlichen Zakatgeldern.
Im Haushaltsplan werden insgesamt 12 Einnahmekategorien aufgelistet. Den größten Anteil an den Einnahmen haben in der Regel die Posten Zakat (privat), die monatlichen Spendenbeiträge (*chandah*), die unregelmäßigen Einnahmen (*'aṭṭiyyât*) sowie neuerdings der Zakat vom *PZC*. Die übrigen Einnahmen aus Krediten, von Schülern bzw. deren Eltern, *ṣadaqah fiṭrânah* und *ṣadaqah wa khairât* (beide, ähnlich wie Zakat, eine Spende, die an bestimmte Anlässe gebunden ist), Einnahmen aus Publikationen und Vermietungen sowie aus Fellen (die nach dem Schlachtfest gesammelt

und verkauft werden) und aus dem *Auqaf Department* machen jeweils nur einen Bruchteil der Gesamteinnahmen aus[63].

Deutlich läßt sich der steigende Anteil des *PZC*-Zakat am Einkommen erkennen. Der Privatzakat-Betrag hingegen stagniert erst, nimmt aber von 1981/82 bis 1983 rapide zu. Ein starker Zuwachs ist auch unter den *`aṭṭiyyât* und den monatlichen Spenden zu verzeichnen. Die einzige Einnahmequelle, die abgenommen hat, ist das *ṣadaqah fiṭrânah wa qurbânî*. Hierbei handelt es sich um Spenden, die an eine bestimmte Festlichkeit wie z.B. das Schlachtfest, die Koranlesung, Beschneidung, Geburt etc. gebunden sind. Es war bislang Sitte, D.M.-Schüler zu solchen Festlichkeiten einzuladen und sie zu beschenken. Der Rückgang dieser Einnahmequelle läßt auf eine Veränderung der Sozialstruktur der Geber und Spender, aber auch auf eine Reaktion gegen die Zakatpolitik schließen. Im Bericht über das D.M.-Wesen an den Präsidenten heißt es:

> "Indeed the occasion of a child's beginning the recitation of the Holy Quraan with the "Bismillah" became an occasion for a family gathering and distribution of sweets among relatives and acquaintances. Unfortunatly, however, all of this is rapidly becoming a thing of the past. The responsibility for teaching Nazira Quraan (Koranlesung) has past to the (formalen) schools, particularily among the rural populance and the urban poor"[64].

Mit dem verstärkten Anschluß der Bevölkerung an den kolonialen Sektor ging demnach eine Veränderung der Sozialstruktur und die sie begleitenden und legitimierenden Riten einher, was wiederum Auswirkungen auf die Einkommensstruktur der D.M. hatte[65]. Auch die Spenden der Schüler und deren Eltern schrumpften. Mit Abnahme traditionaler Einkommensquellen wurden die D.M. zusehends von staatlichen Einnahmequellen abhängiger. Deshalb ist die Kritik der D.M., daß seit der Einführung des Zakatwesens die traditionellen Einnahmequellen zurückgegangen sind, z. T. berechtigt. Absolut gesehen sind die Einnahmen jedoch gestiegen.

In Anbetracht des Umstandes, daß die meisten Schüler als bedürftige Zakatempfänger im Sinne der *ZUO* 1980 gelten, ist es nicht verwunderlich,

---

63 Für die Einnahmestruktur einiger großer D.M. Indiens siehe jetzt auch Mohammad A. Ahmad: Traditional Education in India, a.a.O., S. 76 ff.

64 Dies stellte der amerikanische Muslim Mawlânâ Yûsuf Ṭalâl `Alî in seinem *Task Force* Bericht fest: Yusuf Talal Ali, Advisor on Islamic Education: Draft Chapter on Islamic Education for the inclusion in the Report of the President's Task Force on Education, Ministry of Education, Islamabad 1982 (mimeo), S. 2.

65 So auch in den Schreinen; Kapitel III 3.4. ff.)

daß aus den traditionalen Quellen nur noch sehr geringe Einnahmen zu erwarten sind; ein Zakatempfänger besitzt keinen "Überschuß", den er an die D.M. spenden könnte. Wer schon an den Staat Zakat abgeführt hat, hält seine Pflichten für erledigt und wird selten noch zusätzlich an religiöse Schulen spenden.

Tabelle 50: <u>Budgets der Jâmi`ah Nizâmiyyah, Lahore</u>

Einnahmen aus	1	2	3	4	5	6	7	8
Guthaben vom letzten Jahr			1635	38217	16820	6081		57285
Einnahmen aus Krediten						2000		
monatliche Spenden			7298	54247	35567	6738	70895	89320
Spenden von Schülern			2322	11910	5155	1145	10164	
Zuschüsse ('aṭṭiyāt)			18778	56219	41563	4003	96497	111090
Zakat (privat)			8123	292762*	143152*	14215	219605*	323093*
ṣadaqah fiṭrānah wa qurbānī			2401	12771	11533	2000	15934	10395
Zeitschrift.				473				
Häute#				14915	15797		16405	24927
ṣadaqah wa khairāt				6553	2241	70	5522	16290
Renten				600	300	50	6300	3000
Auqaf Dep.					1300		1300	
Summe der Spenden				488688	273429	36302	438573	635402
Zakat vom PZC				75000*	50000*		200000*	300000*
Gesamteinn.	10579	42820	40558	563668	323429	32302	638573	935402

Quellen:
Zu 1. (1958-59) Ahmad I S. 477
Zu 2. (1969-70) Ahmad II S. 37
Zu 3. (1971-72) Sālānah goshwārah, Dār ul-'Ulūm Niẓāmiyyah, hrsg. v. Dār ul-'Ulūm Niẓāmiyyah, Lahore 1972 (Urdu), S. 3
Zu 4. (Juli 1981-Juni 1982) Sālānah goshwārah, a.a.O. Lahore 1982, S. 13
Zu 5. (Juli 1982-Dez. 1982) Sālānah goshwārah, a.a.O. Lahore 1982, S. 13
Zu 6. (Feb. 1983) Sālānah goshwārah, a.a.O. Lahore 1983, S. 11
Zu 7. (Jan. 1983-Dez. 1983) Sālānah goshwārah, a.a.O. Lahore 1983, S. 13
Zu 8. (Jan. 1984-Dez. 1984) Sālānah goshwārah, a.a.O. Lahore 1984, S. 3

* = diese umschliessen sowohl privaten Zakat und als auch den vom PZC und sind in den Haushaltsaufstellungen nicht getrennt aufgefuehrt worden. Um diese beiden Zakatgroessen von einander zu unterscheiden, wurde der PZC Zakat Betrag in halbjährliche Summen gesplittet. Z.B.: Jan. 1983 - Dez. 1983 (vgl. Spalte 7): 50% des PZC Zakat 1982/83 = 50000 Rs.
50% des PZC Zakat 1983/84 = 150000 dividiert durch 200000 Rs Zakat vom PZC.

hierbei handelt es sich um Haeute der Schlachtopfer anlässlich der großen Schlachtfeste.

Fortsetzung:

Ausgaben für	1	2	3	4	5	6	7	8
Ernährung, Gesundheit der Student. etc.			9732	140016	60742	12355	182822	196305
Bibliothek			210	37085	7548	62	10059	17379
Gehälter (Lehrer)			19063	158030	96809	16540	212101	261972
Schreibwaren etc.			565	5132	3422	43	3903	11998
Post			108	2106	3540	2	348	831
Telefon			1269	10476	4177	344	2569	5306
Rechtsangelegenheiten			1090	1051	665	772	4918	7183
Wasser				2281	533	1012	1372	1239
Elektrizität			567	9552	5652	195	2675	4191
Reisen und Transport			1141	5729	3164	318	8029	9291
Veranstalt.			610	5923	4422	206	5176	6704
Zeitungen, Zeitschrift.			115			122	519	323
Reperatur (Gebäude)			131	122210	192199		35599	13508
Eigentumssteuer für Waqf Häuser							451	1866
Gebühren an Tanzim ul mad.				400		400	400	400
Spenden							2200	2600
Zeremonien				13427	2919		9030	16098
Buchführung			200	100	1000		600	1250
Verschiedenes			1295	3518	3766	376	3196	4294
Landkauf								169764
Brennholz			276	15887	7783	1848		
Kühltruhe								7875
Fotokopierer					4800			
Ventilatoren								2450
Schreibmasch.							7124	
Regale								1010
Schuldentilgung							83992	
Teppiche etc.				1789				10123
Möbel				9795	3657			1400
Stipendien				1470	580	550		
Gesamtausg.	10815	21185	36386	546848	407422	35745	638573	755364

Quellen: Siehe oben Tabelle Einnahmen des Dar ul 'Ulum Nizamiyyah

Bei den Ausgaben haben sich neue Trends im Posten "Nahrungsmittel" ergeben. Sein Anteil ist besonders zwischen 1971/72 und 1981/82 gestiegen. Die Lehrerbesoldung erfuhr dagegen von 1981/82 bis 1984 den stärksten Zuwachs aller Ausgaben in dieser Zeitspanne. Das kann auf eine veränderte Konsumstruktur der Lehrer zurückgehen[66], die im Widerspruch zu den Postulaten, daß diese selbstgenügsam und modest sein sollen, steht. Es wird schwierig sein, die Höhe der Reproduktionskosten zu verringern, da die Geistlichen dazu in Zukunft kaum bereit sein werden.
Ein weiterer großer Ausgabenposten ist der der Investitionen für Um- und Anbauten an der *madrasah* sowie für den Landkauf, um darauf eine weitere Schule zu errichten oder die bestehende zu erweitern. Kleinere Ausgaben, wie etwa die für eine Tiefkühltruhe, Ventilatoren, Matten, Möbel, Schreibmaschinen und Fotokopiermaschinen deuten auf eine gewisse Modernisierung bei der Ausstattung hin.
Die hohen Ausgaben für Bücher, Papier und Schreibmaterial, für Telefon, Post, Elektrizität und Bewirtung für die Zeit 1981/82 weisen auf eine gesteigerte Aktivität und Propagierung sowohl der *madrasah* als auch der *Tanẓîm al-madâris* hin.

Zusammenfassend läßt sich sagen, daß die Einnahmen stärker gestiegen sind als die Ausgaben. Ferner wird deutlich, daß der Zakat vom *PZC* einen wesentlichen Anteil der Jahreseinnahmen ausmacht. Bei den Ausgaben sind die Anschaffungen sogenannter moderner Güter, deren Erwerb vor 1980 aus Geldmangel nicht vorstellbar und aus mangelndem Bedürfnisbewußtsein nicht wesentlich war, eine große Neuerung. Das gleiche gilt für die bauliche Expansion der D.M.. Dies alles deutet auf neue Bedürfnisse und neue Bedürfnisbefriedigung durch die zusätzlichen Zakatgelder bei den Geistlichen und ihren Institutionen hin. Die Finanzierung der Bedürfnisbefriedigung macht jedoch ein loyales Verhalten der Schulen gegenüber dem Staat erforderlich.

66 Tatsächlich sind z.B. zusehends mehr Geistliche motorisiert.

6. Dînî Madâris verschiedener Denkrichtungen und deren Verteilung auf Provinzen

Wie oben schon mehrfach angedeutet wurde, verteilen sich die Denkschulen auf verschiedene Gebiete und weisen damit deutlich auf die Regionalisierung der unterschiedlichen Denkrichtungen des Islam in Pakistan hin. Nun ist zu untersuchen, ob sich die Aussagen aufgrund der Herkunfts- und Graduierungsdistrikte der angehenden Ulama[1] mit denen der Verteilung der D.M. nach Provinzen vereinbaren lassen. Es kann nämlich erwartet werden, daß sich die Konzentration der Herkunft der jeweiligen Graduierten entsprechend der Konzentration der D.M. einer Denkrichtung verhält.
Die Tabellen 51 a-f zeigen tatsächlich das erwartete Bild. Dabei ist die Deobandi Denkschule am stärksten vertreten[2]. Dem folgt die Denkrichtung der Brelwis, dann die der Schia, der Jama`at-e Islami und der Ahl-e Hadith. Diese Reihenfolge entspricht in etwa dem Verhältnis der Anzahl der Graduierungskandidaten verschiedener Denkrichtungen untereinander.
Während die Mitgliedschaft der D.M. verschiedener Denkrichtungen an eine der Dachorganisationen bis einschließlich 1979 relativ unverbindlich war und in seiner Art von einem geringen Interesse der D.M. zeugte, hatte sich dies schon 1983/84 geändert.
Wie gezeigt wurde, konnten die D.M. und die *Geistlichkeit* unter Zia ul Haq formalisiert und integriert werden. Entsprechend stieg die Anzahl der an eine Dachorganisation angeschlossenen D.M. von insgesamt 430 im Jahre 1979 auf 1.781 im Jahre 1983/84. Der Grund dafür liegt meines Erachtens ausschließlich in der Tatsache, daß nur die an einen Dachverband angeschlossene *madrasah* ihren Graduierten ein formal anerkanntes Abschlußzeugnis ausstellen kann[3]. Wie die Daten bis zum Jahr 1984 zeigen, ist auch weiterhin mit einem Anschwellen der Anzahl der an Dachorganisationen angeschlossene D.M. zu rechnen.

---

1 Vgl. unten: Herkunftsdistrikte, Kapitel VII 2. ff.

2 Die folgenden Aussagen sind auf Grundlage der quantitativen Verbreitung der D.M. gemacht, d. h. die Denkschule mit den meisten D.M. gilt als die weitverbreitetste.

3 Der Anschluß an eine der vier Dachorganisationen ist Voraussetzung für die *shahâdah al-`âlamiyyah* Urkunde. Die *Râbiṭah* der Jama`at-e Islami war 1986 noch nicht von der *UGC* als Autorität zur Ausstellung staatlich anerkannter Urkunden akzeptiert.

Auf der Provinzebene gibt es seit jeher eine klare Hegemonie der **Deobandis** im Sindh, in NWFP und Baluchistan[4]. Im Punjab allerdings mußten die Deobandis ihre Vormachtstellung an die **Brelwis** abgeben, die sich dort seit ihrer Reorganisation 1974 stärker formieren, während andere Gebiete von ihnen vernachlässigt werden.[5]
Eine ähnliche Konzentration der D.M. im Punjab finden wir bei den **Ahl-e Hadith**, die 1983/84 dort 77% der ihr angeschlossen D.M. etabliert hatten. Die Ahl-e Hadith verfolgen anscheinend nicht das Ziel, ihre Ideologie auch in anderen Gebieten zu verbreiten. Im D.M.-Netzwerk ist die NWFP und der Sindh sowie in besonderem Maße Baluchistan lückenhaft.
Die **Schia** sind am häufigsten im Punjab und in den nördlichen Regionen wie Gilgit und Baltistan zu finden. Sie sind mit 46,6% ihrer D.M. im Punjab und mit 36,2% ihrer D.M. in den nördlichen Gebieten vertreten, während Sindh, NWFP sowie Baluchistan und Azad Kashmir im Jahre 1983/84 sehr wenige bzw. gar keine Schia D.M. vorweisen[6].
Die **Jama`at-e Islami**, die ja ebenso wie die Schia und die Ahl-e Hadith, ihre D.M. erst seit wenigen Jahren organisiert und in ihrem Dachverband, der *Râbiṭah al-madâris al-islâmiyyah*, vereinigt, zeigt folgende Tendenzen: Von den 107 angeschlossenen D.M. im Jahre 1983/84 befinden sich lediglich 37 im Punjab, aber 41 in der NWFP und den Stammesgebieten, wovon wiederum die meisten in unmittelbarer Nähe der afghanischen Grenze liegen[7].

Zusammenfassend ergibt sich auch für die Verteilung der D.M., daß jede Denkrichtung ein eigenes Gebiet für sich *"reserviert"* hat: Punjab ist die Domäne der Brelwis[8], Sindh, NWFP und Baluchistan sind die Zentren der Deobandis und die nördlichen Gebiete die der Schia.
Wie die folgenden Tabellen weiter zeigen, gibt es bei den Dachverbänden in den letzten Jahren verschieden große Zuwachsraten. Am größten ist

---

4 Zur Problematik im Sindh siehe unten Punkt 9.

5 83,7% der Brelwi D.M. befinden sich 1983/84 im Punjab, während 7% im Sindh, und nur jeweils 4% in der NWFP und in Baluchistan sowie 1,1% in Azad Kashmir gelegen sind. Diese Tendenz wird auch in der Analyse der Graduierungskandidaten erkennbar.

6 Ähnlich Zahlenverhältnisse finden sich auch für die übrigen Jahren.

7 Zur näheren Verteilung der D.M. auf Distriktebene vgl. Tabellen 51 a ff. Zur Problematik des *Jihâd* um Afghanistan siehe unten, Punkt 8.

8 Einige urbane Zentren im Sindh, wie z.B. Hayderabad und Sukkur zählen jedoch zu den Hochburgen der von den Brelwis geführten *Jam`iyyat-e `Ulama'-e Pakistan*.

das Wachstum der Deobandi und der Schia D.M. (für die Jahre 1979 bis 1983/84 fast 500% bzw. 625%). Die Zuwachsraten der Brelwis, der Ahl-e Hadith und der Jama`at-e Islami D.M. betragen für den gleichen Zeitraum jeweils 195%, 16,4%[9] und 107%. Die Deobandi-*Wafâq* arbeitete somit auf der nationalen Ebene am effektivsten für einen Anschluß der D.M.. Im Punjab, der Domäne der Brelwi-*Tanẓîm*, übertrifft die Zuwachsrate der *Wafâq* der Deobandis (233%) sogar die der Brelwis (214,9%). Auffallend ist weiter der sehr starke Zuwachs der angeschlossenen Deobandi D.M. im Sindh (neunzehnfache Steigerung!), in der NWFP (39,1%) und in Baluchistan (fast elffache Steigerung!). Azad Kashmir dagegen zählt offensichtlich nicht zum Wirkungsgebiet der Deobandi-*Wafâq*.

Es ist lohnenswert, die Gründe für die hohen Steigerungsraten der D.M. der Deobandis in den verschiedenen Provinzen zu untersuchen.
Im Sindh kann die Zunahme mit dem Problem des regionalen Nationalismus in Verbindung gebracht werden[10]. Den oben erarbeiteten Zusammenhang zwischen den staatlichen Zakatzahlungen und der Zunahme der D.M. kann man hier ausschließen[11], da die Anzahl der D.M. im Sindh zunimmt, obwohl die Mehrheit der Deobandi D.M. hier keine staatlichen Zakatgelder annimmt. Das bedeutet, daß hinter der Expansion der Deobandis andere Motive stehen, als die staatliche Finanzhilfe durch das Zakatsystem. Die starke Basis der Deobandis im Sindh kann zum Teil dadurch erklärt werden, daß einige ihrer führenden Ulama schon kurz nach der Teilung Indiens im Sindh ihr Zentrum, den *Dâr al-`ulûm Ashrafâbâd*, aufgeschlagen hatten. Dieses theologische Seminar sollte das "pakistanische Deoband" darstellen. Tatsächlich waren hier nicht nur führende Ulama aus Deoband anzutreffen. Dieser *Dâr al-`ulûm* brachte auch viele heute in Pakistan führende Geistliche hervor.[12]

---

9 Es ist nicht anzunehmen, daß die Anzahl der Ahl-e Hadith D.M. abgenommen hat. Ganz im Gegenteil, legt die hohe Anzahl ihrer Graduierungskandidaten während den letzten Jahren eher die Vermutung nahe, daß auch die Zahl der D.M. gestiegen ist. Tatsächlich werden für 1983/84 nur die großen D.M. angegeben. Wie ein leitender Funktionäre der Ahl-e Hadith mitteilte, habe man es "nicht nötig, jedes maktab aufzuzählen, wie die übrigen makâtib-e fikr" (Büro der *Wafâq al-madâris al-salafiyyah* in Lahore, Frühjahr 1986).

10 Vgl. dazu unten: Regionaler Nationalismus, Punkt 9.1. f.

11 Vgl. dazu auch: *mushroom-growth*, Punkt 3.1.

12 Zu näheren Angaben über dieses Seminar vgl. die Abhandlung über den regionalen Nationalismus, Punkt 9.2.

Die starke Verbreitung der Deobandis in der NWFP findet ihre historische Erklärung darin, daß schon seit Ende des neunzehnten Jahrhunderts eine Verbindung zwischen dem indischen Deoband und Kabul in Afghanistan bestand. Warum jedoch die Deobandis auch in Baluchistan so viel Anklang finden, kann z. Zt. noch nicht erklärt werden.
Oppositionelle Kräfte, wie Teile der Deobandis und der Schia, haben sich im Laufe der letzten Jahre mittels endogener Institutionen in solchen Provinzen konsolidiert und ihren Einflußbereich ausgeweitet, in denen ein latentes Konfliktpotential vorhanden ist. Dazu zählen in erster Linie Sindh und Baluchistan sowie die nördlichen Gebiete. Letztere müssen als *sensitive areas* im Bereich der pakistanischen Außenpolitik betrachtet werden[13]. Sie fallen in den Einflußbereich der Schia.
Unter Bezug auf unsere theoretische Ausarbeitung können wir sagen, daß die Deobandis im Sindh und in Baluchistan, aber auch in Teilen der NWFP eine *isolationistische* Position[14] vertreten. Sie scheinen in ihren Unternehmungen durch Teile der Schia[15], die im Sindh ebenfalls repräsentiert sein sollen[16], unterstützt zu werden.

Der Punjab als Garant oder *Ṫhêkêdâr* Pakistans ist durch starken Einfluß der Brelwis geprägt. Dies kommt ganz der Politik der Zia-Administration entgegen, die den Punjab stark fördert und damit für dessen politische Neutralität Sorge trägt. Wir können deshalb die Punjabi Bevölkerung als systemkonform und als Stütze des Regimes betrachten.[17] Die dort gelegenen D.M. der Brelwis und Ahl-e Hadith können als *integrationistisch* loyalistische Gruppen betrachtet werden. Die Jama`at-e Islami als Prototyp der *integrationistischen* Avantgarde greift dem Staat sogar mit strategisch-militärischen Erwägungen unter die Arme, indem sie sich auf die grenznahen Gebiete konzentriert.

---

13 Vgl. z.B. jetzt Christoph Müller-Hofstede: China und Pakistan: Modellnachbarn in Asien oder Kooperation unter geostrategischen Vorzeichen (1963-1987), Berlin (FU) August 1987.

14 Wenn auch nicht immer in radikalisierter Form.

15 Die bisweilen auch in radikalisierter Form auftritt.

16 Lawrence Ziring: Pakistan: The Enigma of Political Development, Dawson Westview 1980, S. 147.

17 Siehe dazu auch den Beitrag "Punjab: The Silent Majority?", in: Herald, Vol. 18 No. 4, Karachi May 1987, S. 57-80.

Tabelle 51 a: Dînî Madâris nach ihren Denkrichtungen und ihrem Anschluß an Dachverbände in Pakistan

Denkrichtungen	1960	1971	1979	1983/84	bis Jan. 1984
Deobandi	233	292	354 (158)	(945)[1]	(1097)[6]
Brelwi	98	123	267 (189)	(557)[2]	
Ahl-e Hadith	55	47	126 (67)	(56)[3]	(76)[7]
Schia	18	15	41 (16)	(116)[4]	
Jama`at-e Islami	13[5]	41[5]	57[5]	(107)[5]	
keine Angaben	55	390	900		

(Quellen und Erläuterungen siehe unter Tabelle 51 f)

Tabelle 51 b: Dînî Madâris nach ihren Denkrichtungen und ihrem Anschluß an Dachverbände im Punjab

Denkrichtungen	1960	1971	1979	1983/84
Deobandi		173	198 (106)	(353)[1]
Brelwi		93	197 (148)	(466)[2]
Ahl-e Hadith		42	122 (66)	(43)[3]
Schia		13	38 (16)	(54)[4]
Jama`at-e Islami	6[5]	14[5]	20[5]	(37)[5]
keine Angaben		244	437	

(Quellen und Erläuterungen siehe unter Tabelle 51 f)

Tabelle 51 c: Dînî Madâris nach ihren Denkrichtungen und ihrem Anschluß an Dachverbände im Sindh

Denkrichtungen	1960	1971	1979		1983/84
Deobandi		68	67	(16)	(319)[1]
Brelwi		11	40	(20)	(38)[2]
Ahl-e Hadith		5	1		(5)[3]
Schia		1	3		(14)[4]
Jama`at-e Islami	3[5]	7[5]	10[5]		(15)[5]
keine Angaben		57	259		

(Quellen und Erläuterungen siehe unter Tabelle 51 f)

Tabelle 51 d: Dînî Madâris nach ihren Denkrichtungen und ihrem Anschluß an Dachverbände in NWFP

Denkrichtungen	1960	1971	1979		1983/84
Deobandi		62	69	(22)	(108)[1]
Brelwi		9	16	(9)	(24)[2]
Ahl-e Hadith		2	3	(1)	(3)[3]
Schia		1			(5)[4]
Jama`at-e Islami	2[5]	15[5]	21[5]		(41)[5] +
keine Angaben		38	109		

(Quellen und Erläuterungen siehe unter Tabelle 51 f)

Tabelle 51 e: <u>Dînî Madâris nach ihren Denkrichtungen und ihrem Anschluß an Dachverbände in Baluchistan</u>

Denkrichtungen	1960	1971	1979	1983/84
Deobandi		15	20 (14)	(163)[1]
Brelwi		1	14 (12)	(23)[2]
Ahl-e Hadith				
Schia				(1)[4]
Jama`at-e Islami	2[5]	5[5]	6[5]	(13)[5]
keine Angaben		12	95	

(Quellen und Erläuterungen siehe unter Tabelle 51 f)

Tabelle 51 f: <u>Dînî Madâris nach ihren Denkrichtungen und ihrem Anschluß an Dachverbände in Azad Kashmir und Northern Areas</u>

Denkrichtungen	1960	1971	1979	1983/84
Deobandi		6		(1)[1]
Brelwi		2		(6)[2]
Ahl-e Hadith		3		(1)[3]
Schia				(42)[4]
Jama`at-e Islami		1[5]	1[5]	(1)[5]

(Quellen:

Angaben für Zahlen ohne hochgestellte Zahlen:

Ahmad I, S. 705-708; Ahmad II, S. 691; *Halepota Report*, S. 194-197;

Angaben für Zahlen mit hochgestellten Zahlen:

[1] = *Fihris al-Jâm`iât wa-l madâris al-mulḥiqah bi wafâq al-madâris al-`arabiyyah Bâkistân*, hrsg. von *maktab wafâq al-madâris al-`arabiyyah Bâkistân*, Multan 1403/1982 (arabisch)

[2] = *Fihrist madâris-e mulḥiqah tanẓîm al-madâris Pâkistân*, Lahore 1984, hrsg. von *Tanẓîm al-madâris al-`arabiyyah* (Urdu)

[3] = *Amad wa <u>Kh</u>ar<u>ch</u>, Jâmi`ah salafiyyah 1984*, Lahore 1984, S. 12 ff. (nur große D.M.) (Urdu)

[4] = *Repôrt bârâ-e sâl 1984*, hrsg. vom *markaz-e `ilm wa dâni<u>sh</u>, Jâmi`ah al-muntaẓar*, Lahore 1984 (Urdu)

[5] = *Ta`âruf; râbiṭah al-madâris al-islâmiyyah Pâkistân*, Lahore 1984 (Urdu)

[6] = Persönliches Gespräch mit dem *nâẓim-e ta`lîm* der *Wafâq al-madâris al-`arabiyyah* in Multan am 2.2.86;

[7] = Persönliches Gespräch mit dem *nâẓim-e imtiḥân* in Lahore im Jan. 1986.

Erläuterungen siehe nächste Seite.

Zahlen in Klammern zeigen die an eine Dachorganisation angeschlossenen D.M. an. + = alle neuen 20 D.M. wurden nach der sowjetischen Intervention in Afghanistan gegründet.)

7. Verteilung der Dînî Madâris nach Denkrichtungen in den Distrikten

Die Aussagen über die regionale Verbreitung der verschiedenen Denkrichtungen, wie sie im Zuge der Formierung seit 1979 ersichtlich wurden, können nun auf die Distrikt-Ebene ausgedehnt werden. Auch hier läßt sich eine Korrespondenz mit den Angaben über die Herkunft der Graduierten erkennen[18].

Wie die Tabellen 52 a-d: "Verteilung der Dînî Madâris in den Provinzen nach ihren Denkschulen" zeigen, befinden sich im **Punjab** die meisten Deobandi D.M. in Distrikten wie Faisalabad, Multan, Muzaffargarh, Rahim Yar Khan, und Rawalpindi. Dies gilt im großen und ganzen für die Jahre 1960 bis 1983.

Die Brelwis dagegen haben ihre D.M. häufiger in Mianwali, Lahore, Gujranwala, Gujrat, Multan und Bahawalnagar. Auffallend ist allerdings, daß Mianwali, Gujranwala, Multan, Bahawalpur und Bahawalnagar in den sechziger Jahren zu Zentren der Deobandis zählten, und erst im Laufe des letzten Jahrzehntes zunehmend unter den Einfluß der Brelwis gelangten, möglicherweise aufgrund der starken Unterstützung der Brelwis durch die Regierung[19]. Während der mittlere und südliche Punjab durch eine ausgeprägte Agrarstruktur und einen weitverbreiteten Heiligenkult charakterisiert ist, weisen die nördlichen Distrikte ein hohes Maß an Urbanität und industrieller Entwicklung auf.

Die Schia hat ihre Position in der Sargodha *Division*, im Jhang sowie Multan und Muzaffargarh Distrikt stärken können. Hierbei handelt es sich ebenfalls um ländlich strukturierte Gebiete, die starken Einflüssen von Heiligen (*pîr*) unterliegen.

---

18 Vgl. unten Kapitel VII 2. et passim.

19 Eine Untersuchung der Gründe, die zur Hegemonie der Brelwis in diesen Gebieten führten, kann interessante Ergebnisse bringen, würde aber den Rahmen der vorliegenden Untersuchung sprengen.

Die D.M. der Ahl-e Hadith sind in Faisalabad, Multan, Lahore und Qasur konzentriert. Diese Gebiete zeichnen sich durch ihren ausgesprochenen kommerziellen Charakter aus. Sie sind wichtige Binnenmärkte im Punjab.
Die Jama`at-e Islami ist meist in urbanen Zentren wie Lahore und Islamabad zu finden. Dies entspricht der sozialen Zusammensetzung ihrer Anhänger aus *Mischgebieten.*
Die Deobandis dominieren in der Provinz **Sindh**[20] in ländlich strukturierten Distrikten. Selbst in Hayderabad und Sukkur[21], den Hochburgen der *Jam`iyyat-e `Ulama'-e Pakistan* (Brewli), können nur ganz wenige D.M. der Brelwis nachgewiesen werden. Ihren Zugang zum ländlichen Sindh verdanken die Brelwis mit hoher Wahrscheinlichkeit ihrer Liäson mit *Pîr Pagâro*[22]. Die etwa 40 D.M. *Pagâros* sollen nämlich von der *Tanẓîm al-madâris* verwaltet werden.
Die Ahl-e Hadith ist im Sindh lediglich auf Karachi konzentriert, was dem *kaufmännischen* Charakter der Träger dieser Denkrichtung entspricht.
Die **NWFP** und **Baluchistan** sind ebenfalls Einflußbereiche der Deobandis. Lediglich in Mansehra in der NWFP scheinen die Brelwis stärker präsent. Alle diese Gebiete sind ländlich und bisweilen stammesgesellschaftlich strukturiert und so bis auf die Provinzhauptstädte Peshawar und Quetta in nur sehr geringem Maße modernisiert[23].
Die **nördlichen Gebiete** werden von den Schiiten dominiert.
Die Jama`at-e Islami ist seit 1979 in besonderem Maße in den **grenznahen Gebieten** Dirs und den Agenturen Bajor und Mohmand zu finden.

Zusammenfassend kann gesagt werden, daß die Deobandis in Distrikten mit meist ländlicher und häufig stammesgesellschaftlicher, seltener städtischer Kultur dominieren, während die Brelwis eher in ländlichen und handelsorientierten Gebieten vorzufinden sind. Die Ahl-e Hadith sind vorwiegend in kommerziellen Zentren, die Schia in den *sensitive areas* der nördlichen Gebiete und in ländlich strukturierten Distrikten des

20 Besonders die Sukkur Division scheint gerade in den letzten Jahren zum Interessenziel der Deobandis geworden zu sein.
21 Hierbei handelt es sich um Distrikte urbaner Kultur, wo autochthone Institutionen aus dem traditionalen Sektor wenig Entfaltungsmöglichkeiten haben.
22 Er ist Sohn des großen *Pîr Pagâro Sabghatullah.* Seit vielen Jahren ist er der Vorsitzende der Muslim Liga (*Pagaro Gruppe*).
23 Andere D.M.-Organisationen sind hier, ähnlich wie in der NWFP und im Sindh, nicht in der Lage, das Monopol der Deobandi zu brechen.

Punjab angesiedelt. Die Jama`at-e Islami errichtet ihre D.M. vorzugsweise in *sensitive areas*, so z.B. in Peshawar und Dir, in der Bajor Agentur und in politisch wichtigen Gebieten wie Islamabad.
Somit hat jede Denkrichtung ihr *ländliches*, *städtisches*, *handelsorientiertes* oder gar als *strategisches* Einflußgebiet.
Die Erklärung dieses Verteilungsmusters ist in der sozialen Basis der jeweiligen Denkschule oder Organisation zu suchen: Die Deobandis, Brelwis und Schiiten sind vornehmlich als Vertreter des traditionalen Sektors zu begreifen. Entsprechend sind sie primär in den eher traditional strukturierten Regionen vorzufinden. Da sie aber auch über Vertreter in den *Mischgebieten* verfügen, sind sie daneben in solchen Zonen angesiedelt, die einen gewissen Grad staatlicher Erfassung vorweisen, wie z.B. im urbanen Sindh oder in anderen modernisierten Distrikten, wie die des nördlichen Punjab. Mitglieder der Ahl-e Hadith und die Jama`at-e Islami als typische Vertreter des *Mischgebietes II* dagegen sind vornehmlich in entweder schon modernisierten und handelsorientierten oder aber in politisch sensiblen Gebieten vorzufinden. Während Teile der Ahl-e Hadith durch ihre bisweilen noch starke Einbindung an traditionalen Ordnungssysteme auf breiter Ebene agieren können, sind die Vertreter der Jama`at-e Islami darauf angewiesen, zentrale politische Positionen zu besetzen, um auf diese Weise ihren Einfluß geltend zu machen.

Tabelle 52 a: Verteilung der Dînî Madâris im Punjab auf Distrikte nach ihren Denkschulen, 1960-83

	1960					1971					1979					1983				
Distrikt	D	B	AH	S	J	D	B	AH	S	J	D	B	AH	S	J	D	B	AH	S	J
Rawalpindi	4	2	2			10	4	1	1		16	13	2	1		18	12	1	1	1
Attock	7				2	6					7	1		1	2	12	4			
Jhelum	2	1	1	1		3		1			2	5	1	2		2	10	1	2	
Sargodha	10	3	1	6		7	1	1	4	1	16	5	5	4		13	9	1	4	
Khushab																	6		1	
Mianwali	10	2		1	1	11	7	1	1		12	12	1	4		8	22	1	8	1
Bhakkar															1	19	6		4	1
Faisalabad	12	9	10			13	3	8	2		18	15	20	1		28	15	6	1	
Jhang	2	1	1	1		9	1	1	1	1	8	1	1	8		13	5	1	4	
Toba Tek S.																11	4		2	
Lahore	10	15	8	2		10	17	9	3		10	25	16	4		8	34	4	4	3
Qasur												3	6			1	5	4		
Sheikhupura	4	5	2				3	2			3	2	15			6	6	2		
Okara																4	10	3		
Gujranwala	9	4	5	1	1	15	3	2			12	5	6	5		6	25	3	3	1
Sialkot	4	2				8	2			1	4	6	5		1	2	15	2		
Gujrat	3	7	1			1	12	1			1	13	1	1	1	2	27		1	1
Multan	28	8	9	2	2	21	17	8	1		30	31	19	6		52	82	6	7	
Vihari											2	3	3			11	14	1	1	
Sahiwal	5	15	6			8	7	7	1		1	19	9		1	6	15	2	1	
D. G. Khan	1					2	1					4	6	1		11	11		2	
Muzaffargarh	7	1				11	2	1		1	19	8	2	4		61	20	3	6	
Rajanpur																1	4			2
Leiah										1						7	18		3	1
Bahawalpur	6	1				8	2				3	4				6	22		1	
Bahawalnagar	7	1				12	4			1	18	11				10	41	1	1	1
Rahim Y. K.	5	6				17	7			1	19	2	2		3	30	25	1	2	
Islamabad																4			1	3

(Quellen:

Zusammengestellt nach Ahmad I und II, *Halepota Report*, sowie Listen der *Wafâqs*, *Tanẓîm* und *Râbiṭah*; zu näheren Quellenangaben vgl. Tabellen 51.

Erläuterungen:

D = Deobandi; B = Brelwi; AH = Ahl-e Hadith; S = Schia; J = Jama`at-e Islami
Alle Angaben beziehen sich auf an Dachverbände angeschlossene D.M. Überschneidungen mit anderen Tabellen können sich wegen Ungenauigkeiten in den Quellen ergeben).

Tabelle 52 b: Verteilung der Dînî Madâris im Sindh auf Distrikte nach ihren Denkschulen, 1961-83

Distrikt	1960 D	B	AH	S	J	1971 D	B	AH	S	J	1979 D	B	AH	S	J	1983 D	B	AH	S	J
Sukkur	8	3				9	2				22	3				62				
Khairpur	1	1					2				2	2		1		42	1		3	
Jacobabad	9			1	1	4	1			1	3				1	40			1	1
Nawabshah	4	1				2	2			1	4	8			1	48	5			1
Larkana		2			1	4	1				4	4				11	7			
Shikarpur					1						4				1	47				1
Hyderabad	5	1	1	1	1	6	3				9	7				21	3	1	2	
Badin											1					4				
Thatta	1					1					1	1				5	1			
Sanghar							3				3	3				11	1	1	1	
Dadu	2	1				1	1				1	3				5	1		1	
Tharparkar	3	1				2	1				2	3				3				
Karachi	5	3	3	1		4	2		1	1	11	6	1	2	1	26	17	3	7	

(Quellen wie bei Tabelle 52 a)

Tabelle 52 c: Verteilung der Dînî Madâris in NWFP, Azad Kashmir und nördliche Gebiete auf Distrikte nach ihren Denkschulen, 1960-83

Distrikt	1960 D	B	AH	S	J	1971 D	B	AH	S	J	1979 D	B	AH	S	J	1983 D	B	AH	S	J
Peshawar	12					12	3			5	4	3	1		2	22	2			1
Mardan	10					8				2	13	1				7	2	1		1
Kohat	3					7				1	2					11			1	
Karak																3				
Abbottabad	6					7	3	1			2	3			1	7	5	1		1
Mansehra										1	3	3				4	8			
Kohistan																1				
D. I. Khan	6			1							16	4				37	6		2	
Bannu	5				1	10	1		1		20	2			1	14	1			
Malakand						14	2	1			1									1
Swat	2					1					4									2
Dir						3				3	1				2	1				6
Agenturen	3	1								1	1	3			1				2	8
North. A.																1	6	5	42	
Azad Kash.	2	1	4			6	2	3		1										

(Quellen wie bei Tabelle 52 a)

Tabelle 52 d: Verteilung der Dînî Madâris in Baluchistan auf Distrikte nach ihren Denkschulen, 1960-83

	1960 und 1979					1971 und 1983				
Distrikt	D	B	AH	S	J	D	B	AH	S	J
Quetta	(3) 7					/3/16	5		1	/1/
Pishin					1	7				
Loralai					(1)	10				
Zhob					(1)	11				
Chagai					(2)	3				/1/
Sibi		2				8	3			
Nasirabad	1	1				2	1			1
Kachi		2				10	6			
Kalat	(4) 5	4				/15/45	/1/3			1
Khuzdar	3	3			1	37	5			
Kharan	2	1								1
Turbat					(1) 1	7				
Gwadar						2				
Panjgur	2					2				

(Quellen wie in Tabelle 52 a.
Erläuterungen:
Zahlen in () zeigen diejenigen D.M., die vor 1960, jene in // zwischen 1971 und 1978 gegründet wurden. Jene ohne Attribute geben Zahlen für 1979 bzw. 1983 an).

Die folgende Karte faßt die Zahlen der Tabelle 52 kartographisch zusammen und gibt so einen groben Überblick über die räumliche Verteilung der verschiedenen Denkrichtungen in Pakistan.

Auf den ersten Blick scheint es sich um eine gewaltige Vormachtstellung der Deobandis zu handeln. Wie aus der obigen Diskussion zu entnehmen ist, besteht innerhalb der Deobandi *Wafâq* tatsächlich die Tendenz, ihre *Ableger* systematisch in verschiedenen Regionen des Landes anzulegen und aufzubauen, während dies bei den übrigen Denkschulen nicht - oder nur bedingt - der Fall zu sein scheint. Die folgende Darstellung soll jedoch nicht darüber hinwegtäuschen, daß die Schulen der Brelwis, der Ahl-e Hadith und der Schia vorzugsweise in Gebieten zu finden sind, die eine besonders hohe Einwohnerzahl vorweisen. So sind sie hauptsächlich im Punjab anzutreffen; in dieser Provinz leben über 56% der pakistanischen Bevölkerung. Hier sind auch die meisten Ballungszentren

des Landes. Im Sindh, in der NWFP und in Baluchistan, die als exklusive Gebiete der Deobandis zu betrachten sind, leben hingegen jeweils nur 22,6%, 15% und 5,1% der Pakistanis. Besonders die große Fläche Baluchistans (43,6% Pakistans) und seine Bevölkerungsdichte (12,5 Einwohner pro km^2 im Gegensatz zum Punjab mit 230,3 Einwohnern pro km^2) muß demnach bei der Interpreation des Kartogramms in Betracht gezogen werden. Die räumliche Verteilung der Denkschulen in Karte 1 sollte demnach nicht den Eindruck erwecken, die Brelwis - und auch die kleineren Denkschulen - würden nur über eine kleine Anhängerschaft verfügen.
Es ist möglich, daß sich die jeweilige Verteilung religiöser Schulen der verschiedenen Denkrichtungen nicht mit der jeweiligen politischen Ausbreitung deckt, wie z.B. im Falle der Jama'at-e Islami, die bisweilen auch in anderen Gebieten vertreten ist und der sich auch einige Vertreter der Deobandis angeschlossen haben.

Karte 1: Räumliche Verteilung der Denkschulen in Pakistan, nach der Anzahl ihrer Institutionen, Stand 1983 (Quellen wie bei Tabelle 51)

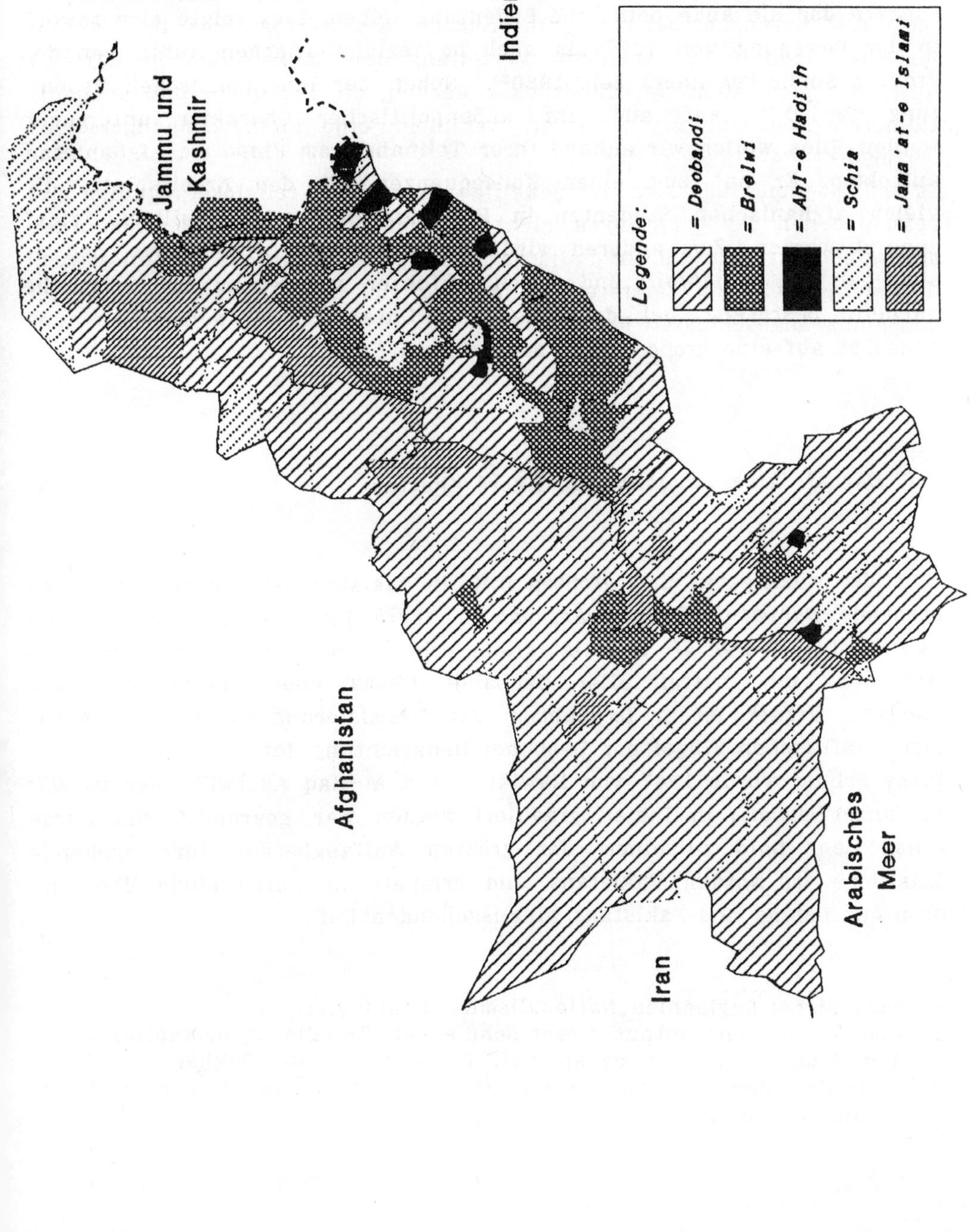

8. Die außenpolitische Dimension der religiösen Schulen

Es wurde bereits erwähnt, daß die D.M. nicht nur als reine Bildungsstätten zu betrachten sind und Auffangbecken für sozial Schwache darstellen, sondern daß sie auch politische Bedeutung haben. Dies zeigte sich sowohl in der Bewegung von 1977 als auch im regionalistischen Aufstreben der Provinz Sindh besonders seit 1980[24]. Neben der innenpolitischen Bedeutung der D.M. muß auch ihr außenpolitischer Charakter untersucht werden. Dies wollen wir anhand ihrer Teilnahme am *Jihâd* um Afghanistan aufzeigen. Er hat zum einen Konsequenzen für den Arbeitsplatz: die vielen afghanischen Studenten in Pakistan können im "heiligen Krieg" genutzt werden. Zum anderen wird hier die These Olivier Roys, daß es sich bei den *mujâhidîn* und deren Anführer vorwiegend um Geistliche handelt, bestätigt. Bei der folgenden Untersuchung wollen wir uns zunächst auf eine große Schule beschränken.

8.1. *Dâr al-`ulûm Ḥaqqâniyyah*, Akoṙâ Khaṫṫak

Eine der wichtigsten und größten D.M. in Pakistan ist der seit 1947 bestehende *Dâr al-`ulûm Ḥaqqâniyyah* in Akoṙâ Khaṫṫak im Distrikt Peshawar[25]. Dieser *Dâr al-`ulûm* ist allein schon deshalb bedeutsam, weil aus ihm etwa ein Drittel aller Deobandi Ulama oder *fuḍalâ'* Pakistans stammen. Ferner ist er im Rahmen der Islamisierung wichtig und stellt den *salafitischen* Flügel der Deobandi Denkrichtung dar.
Diese Schule wurde 1947 von Mawlânâ `Abd al-Ḥaq Akoṙwî[26], der im *Dâr al-`ulûm Deoband* in Indien graduiert worden war, gegründet. Sie wurde schon sehr bald zu einem der größten Auffangbecken für angehende Geistliche im Norden Pakistans und erlangte in Kürze einen über die Grenzen Indiens und Pakistans hinausgehenden Ruf.

---

24 Dazu siehe: Regionalen Nationalismus, Punkt 9.2.
25 Zum Graduierungsoutput dieser Schule vgl. Tabelle 53 u. Kapitel VII 1.
26 Für biographische Angaben vgl. H. Muḥ. A. Sh. Bukhârî: Akâbir-e `ulamâ'-e deoband, Lahore o.J. (Die großen Gelehrten von Deoband) (Urdu) S. 323 ff.

Die abgelegene aber trotzdem infrastrukturell günstige Lage dieses *Dâr al-`ulûm*[27] ermöglicht es den Schülern auch weit entfernter Gebiete hier eine religiöse Erziehung zu genießen.
Die geographische Lage einer *madrasah* ist für ihre Existenz in der heutigen Zeit von besonders Bedeutung, worauf etwa auch Vertreter der Jama`at-e Islami hingewiesen haben. Sie würden z.B. ihre Schulen an Punkten errichten, die zwar abgelegen seien, um eine gute Ausbildung zu garantieren, sich gleichzeitig aber auch an wichtigen Knotenpunkten befänden. Ähnliche Indikatoren lassen sich für den *Dâr al-`ulûm Ḥaqqâniyyah* nachweisen.

Dieser Deobandi *Dâr al-`ulûm* brachte von 1947 bis 1985 nahezu 3.000 Graduierungskandidaten hervor.[28] 1960 schloß er sich der Dachorganisation *Wafâq al-madâris al-`arabiyyah* an, die selber zwischen 1960 und 1985 insgesamt 6.709 graduierte Ulama entließ[29]; das waren 68,1% aller Prüfungskandidaten der *Wafâq*. Von den insgesamt 9.845 Kandidaten kamen seit 1966 2.231 (22,7 %) allein aus dem *Dâr al-`ulûm Ḥaqqâniyyah* (siehe folgende Tabelle). Da sich während der letzten Jahre die *Produktionsstätten* der Graduierten der *Wafâq* nach Karachi verlagerten, ging die Vorrangstellung dieses Seminars zurück. Sein Anteil an den Graduierten betrug zwischen 1967 und 1980 sogar 41,3%. Bis 1980 muß der *Dâr al-`ulûm Ḥaqqâniyyah* deshalb als Haupt*produktionsstätte* für die Graduierten der Deobandis angesehen werden. Ferner können wir feststellen, daß er die Studentenzahl bewußt gering hält, ja bisweilen die Abwanderung seiner Schüler selber fördert.[30]

27 An der Grand Trunk Road (*GTR*) zwischen Rawalpindi und Peshawar gelegen, ist diese Schule etwa 50 km östlich von Peshawar und 5 km östlich von Nowshera, einer Garnisonsstadt entfernt. Außer der gutbefahrenen *GTR* läuft parallel dazu die *Pakistan Railway*, die die Schule verkehrsmäßig anbinden und letztlich ein immer volles Haus garantieren können.
28 Berechnet nach den Angaben des *Dâr al-`ulûm*.
29 Vgl. dazu Kapitel VII 1.
30 Vgl. dazu weiter oben Kapitel VII 2.1.1. f.

Tabelle 53: Graduierungskandidaten der *Wafâq* über die Jahre und der Anteil des *Dâr al-ʿulûm Ḥaqqâniyyah*

Prüfungs-jahr h. chr.	Anzahl der Graduierungs-kandidaten	davon Prüfung bestanden	Anzahl der Kandidaten des *Dâr al-ʿulûm Ḥaqqâniyyah*
1380/1960	231	183	
1381/1961	216	176	
1382/1962	282	199	
1383/1963	214	214	
1384/1964	218	145	
1385/1965	194	121	
1386/1966	-	-	90
1387/1967	267	176	77
1388/1968	282	239	105
1389/1969	340	270	94
1390/1970	-	-	114
1391/1971	307	232	118
1392/1972	401	260	140
1393/1973	366	260	139
1394/1974	396	212	128
1395/1975	297	219	106
1396/1976	360	273	128
1397/1977	-	-	119
1398/1978	412	315	141
1399/1979	410	286	115
1400/1980	387	242	88
1401/1981	396	299	93
1402/1982	725	412	103
1403/1983	814	431	109
1404/1984	997	679	106
1405/1985	1.333	866	118
Gesamt	9.845	6.709	2.231

(Quellen:

Manuskript des *nâẓim-e taʿlîm* der *Wafâq* (mimeo) (Urdu) und Register der Graduierten des *Dâr al-ʿulûm Ḥaqqâniyyah*, Akoṛâ Khaṭṭak, Peshawar (mimeo) (Urdu) sowie e. B.)

Um einen Überblick über den Haushalt dieser großen Schule zu geben, ist es sinnvoll, die Einnahmen und Ausgaben über verschiedene Jahre hinweg zu verfolgen. Bis 1980 nahmen die Einnahmen und Ausgaben nur in geringem Maße zu. Wie die Tabelle 54 zeigt, läßt sich ein relativ schwacher Zuwachs der Einnahmen während den Jahren 1978 bis 1980 erkennen. Die Einnahmen steigen erst zwischen 1982 und 1983 sehr deutlich an.

Tabelle 54: Einnahmen und Ausgaben des *Dâr al-'ulûm Haqqâniyyah*, Akorâ Khattak, Peshawar (1368-1404/h.)

Jahr h.	(chr.)	Einnahmen in Rs	Ausgaben in Rs
1367/68/69		15.352	6.645
1369/70		21.563	10.970
1370/71		24.913	16.262
1371/72/73		50.948	58.185
1373/74		44.213	35.443
1374/75/76		139.596	103.086
1376/77/78		169.665	135.214
1378/79	(1959)	91.751/81.101 (397/60)	94.374
1379/80/81		183.967	172.662
1381		78.257	104.174
1382		112.050	124.175
1383		112.541	115.757
1384		125.768	118.593
1385	(1965)	137.789	124.132
1386		154.017	145.384
1387		163.162	154.968
1388		190.567	151.652
1389		143.889	154.566
1390	(1970)	196.666 (550/204)	195.020
1391		200.130	190.072
1392		241.354	211.769
1393		226.558	224.123
1394		341.985	30.875
1395	(1975)	304.026	362.716
1396		882.127	k.A.
1397		658.031	553.999
1398	(1978)	801.599	756.152
1399		1.046.531	777.204
1400	(1980)	967.704	824.207
1401		1.216.930	1.231.141
1402		1.132.463	1.179.179
1403	(1983)	1.632.391	1.261.529
1404		1.755.569	1.309.577

(Quellen und Erläuterungen siehe nächste Seite)

(Quellen:

Ahmad I: S. 95 ff; Ahmad II: S. 409 ff;

Sakînah Bîbî: *Dâr al-'ulûm Haqqâniyyah Akorâ Khattak*, Pakistan Studies Centre, Peshawar University, 1985 (mimeo) (Urdu);

Al-Haq (Urdu): Bd. 17/1 Oct./Nov. 1981, S. 57 ff, Bd. 17/12 Sep. 1982, S. 61 ff, Bd. 19/11 Aug. 1984, S. 59 f, Bd. 19/12 Sep. 1984, S. 70.

Erläuterungen:

Zahlen in Klammern hinter den Einnahmen geben die Anzahl der pakistanischen bzw. afghanischen Schüler an.)

Auch die Ausgaben stiegen zwischen 1980 und 1981 in einem Maße, wie in keinem der früheren und folgenden Jahre. Um die Steigerungsraten in Relation zu Inflationsraten zu setzen, ist folgende Tabelle erstellt worden.

Tabelle 55: Haushalte des *Dâr al-'ulûm Haqqâniyyah* in ausgewählten Jahren

Jahr	Einnahmen in Rs	St. in %	real[1,2] Einnahm.	St. in %	Ausgaben in Rs	St. in %	real[1,2] Ausgaben	St.[1,2] in %
1970	196666		196666		195020		195020	
1975	304026	55	143884	-27	362716	86	171659	-12
1975			304026				362716	
1981	1216930	300	743390	145	1231141	240	752071	107
1984	1755569	45	834000	12	1309577	6	622127	-17
				Zuwachs				
1970-84		793				572		
1975-84		477		174		261		72

(Quellen:

[1] = 1970: 100 % (Index); 1975: 211,3 % (dies ist die offizielle Inflationsrate; siehe *Pakistan Economic Survey 1982-83*);

[2] = 1975: 100 % (Index); 1981: 163,7 % und 1984: 210,5 % (siehe: *Pakistan Economic survey 1984-85*);

Die Haushalte sind berechnet auf Grundlage der Information, die in meinem Fragebogen vom Dezember und Januar 1985/1986 erbeten wurde.)

Warum für diese Zeiträume so starke Zuwachsraten zu verzeichnen sind, kann nicht mit Genauigkeit gesagt werden. Fest steht jedoch, daß der *Dâr* *al-`ulûm* vom *PZC* seit 1980 Zakat bekommt. Die Zakatsummen belaufen sich in den letzten fünf Jahren wie folgt:

Tabelle 56: Zakatbetrag für den *Dâr al-`ulûm Ḥaqqâniyyah*

Jahr	Zakat in Rs	% an Gesamteinnahmen
1980	50.000	5,2 %
1981	100.000	8,2 %
1982	120.000	10,6 %
1983	175.000	10,7 %
1984	330.000	18,8 %

(Quelle:
"N. W. F. P.: Statement of Deeni Madaris granted Zakat assistance" *CZA*, Islamabad 1985 (mimeo) und e. B.)

Ähnlich wie bei anderen D.M. steigt nicht nur der vom *PZC* kommende Zakat, sondern auch sein Anteil an den ordentlichen Einnahmen nimmt ständig zu.

Neben der deutlichen finanziellen Förderung des Seminars durch staatliche Zakatgelder läßt sich auf ideologischer Ebene in dieser Schule zusehends ein steigender Einfluß der fundamentalistischen Islamisierungspolitik verzeichnen. Dies kann zum einen Folge der Integration ihrer leitenden Funktionäre in die pakistanische Politik sein. Der Gründer, *Mawlânâ `Abd al-Ḥaq Akoṛwî* ist seit jeher Mitglied des Parlaments, sein Sohn *Mawlânâ Samî` al-Ḥaq* dagegen schon Mitglied des Senats, den Zia ul Haq kürzlich neu schuf.
Des weiteren weist ein über den *Dâr al-`ulûm* in Arabisch verfaßter Bericht *`Abd al-Ḥaqs*[31] für das saudi-arabische Konsulat in Islamabad auf eine starke Anteilnahme der saudischen und damit fundamentalistischen Politik an dieser Schule hin. In dem Bericht wurde die traditionelle Ver-

31 *Dalîl Dâr al-`ulûm al-Ḥaqqâniyyah Akorâ Khattak Madîna Bishâwar, Bâkistân, Taqaddamah Idârah al-Ta`lîm, Peshâwar o.D.* (Arabisch). Dieser Bericht ist am 21.8.1984 vom pakistanischen Auswärtigen Amt in Islamabad "attestiert" worden.

bindung zu arabischen Staaten hervorgehoben, insbesondere zur *al-Azhar* Universität und zur ***Islamischen Universität*** in Medina.
Darüberhinaus weist die Teilnahme der Schüler dieser Schule an dem Heiligen Krieg um Afghanistan auf das starke Interesse des Staates an ihr hin. Da der *Jihâd* um Afghanistan wesentlich von der pakistanischen Regierung materiell, ideell und strategisch gefördert wird[32], muß angenommen werden, daß besondere materielle Unterstützung den D.M. zugute kommt, die am *Jihâd* aktiv beteiligt sind.

8.1.1. Dînî Madâris und *Jihâd*

Die Tatsache, daß in der NWFP im Jahre 1982 etwa 9% der D.M. Schüler dieser Provinz aus Afghanistan stammen, ist von großer Bedeutung.
Wie Olivier Roy in seinem Buch *Islam and Resistance in Afghanistan* herausgearbeitet hat, stellen die Geistlichen zu einem wesentlichen Teil die Speerspitzen des *Guerillakrieges* in Afghanistan dar. Die "resistance parties" haben nicht nur islamische Bezeichnungen[33], sondern ihre Mitglieder rekrutieren sich auch zu einem Großteil aus religiösen Schulen und/oder gehören mystischen Orden an.[34] Da die Geistlichen nicht zur Stammeskultur gehören, können sie die latent bestehenden Stammesfehden überwinden und vereinend wirken.[35] Deshalb konnten sie auch zu den führenden Mobilisatoren im Heiligen Krieg werden.[36]

---

32 Olivier Roy: Islam and Resistance in Afghanistan, Cambridge University Press 1986, S. 76, 209 ff. et passim. Man muß aber auch auf die Interessen der westlichen Industriemächte, allen voran die Vereinigten Staaten von Amerika, hinweisen.

33 Wie z.B. *Ḥizb-e Islâmî* oder *Jam`iyyat-e Islâmî* etc.

34 Olivier Roy: Islam and Resistance in Afghanistan a.a.O., S. 110-117 und 219 et passim. "Most of the Pashtunspeaking `ulamas carried out their studies at Peshawar and then returned to the tribal zones". (O. Roy a.a.O., S. 113). Für eine pro-sowjetische Interpretation der Aktivitäten der ***mawlânâs*** vgl. `Abdullah Mâlik: "Yeh muftî, yeh mashâikh" awr inqilâb-e afghânistân, Lahore 1985² (Diese Muftis, diese Mashaikh und der Revolution in Afghanistan) (Urdu).

35 Dazu siehe weiter unten zu den Herkunftsgebieten, Kapitel VII 2. ff

36 Olivier Roy: Islam and Resistance in Afghanistan a.a.O., S. 25 f. et passim

Der *Dâr al-`ulûm Ḥaqqâniyyah* ist eine der vielen religiösen Schulen, die die *mujâhidîn* (heilige Kämpfer) aufnehmen, für sie sorgen und sie ausbilden und für den *Jihâd* vorbereiten. Der 67,8%ige Zuwachs der Einnahmen zwischen 1979 und 1984 sowie die 68,5%ige Zunahme der Ausgaben im selben Zeitraum deutet unmißverständlich in diese Richtung. Der Anteil afghanischer Studenten und Schüler in diesem Seminar ist hoch. 1959 waren es 60 von 397 Internatsschüler (15,1%), 1970 204 von 550 (37,1%)[37], und 1985 sollen es etwa 400 von 680 Internatsschülern gewesen sein (an die 60%)[38]. Im folgenden soll deshalb dargestellt werden, daß dieser *Dâr al-`ulûm* seit geraumer Zeit als eine *Reproduktionsstätte* sowohl für die Ideologie des *Jihâd* als auch für die *mujâhidîn* zu begreifen ist.

Man kann zwar kein direktes Engagement dieser Schule in Form von militärischer Ausbildung und Training der Schüler erkennen, jedoch sollen nach eigenem Verständnis des *Dâr al-`ulûm* viele seiner afghanischen Studenten und Schüler schon in den *Jihâd* gegangen sein und immer noch gehen. Dies würde "den Unterricht während des Jahres gar nicht stören"[39]. Auch in der monatlichen Zeitschrift dieses Seminars *Al-Ḥaq* erscheint viel zum Thema *Jihâd*. *Al-Ḥaq* entwickelte sich sozusagen zu einer *Kriegsberichterstattungszeitung*[40]. Tatsächlich behauptet diese

37 Berechnet nach den Angaben aus Tabelle 54.

38 Berechnet nach Informationen erhalten im Dez. 1985 im *Dâr al-`ulûm Ḥaqqâniyyah*. Ähnliche Angaben finden sich in *Samî` al-Ḥaq*: Aqâ`id wa Sunnan, Peshawar 1985 (Prinzipien und Tradition) (Urdu), S. 14

39 Information erhalten im Dez. 1985 im *Dâr al-`ulûm*.

40 Vgl. dazu z.B. *Al-Ḥaq* Bd. 16/6 (1981) (Urdu) S. 6-10 und 55, wo verschiedene Schlachten zwischen *mujâhidîn* und afghanischen Truppen beschrieben werden, und zwar auf Grundlage von Berichten der Graduierten des *Dâr al-`ulûm*. Vgl. ferner *Al-Ḥaq* Bd. 16/11 (August 1981) (Urdu) S. 17 ff.; Bd. 17/1 (Okt. 1981) S. 22-27 (Urdu); Bd. 17/3 (Jan. 1982) S. 13-15 (Urdu). Viele *mujâhidîn* kamen aus Afghanistan zum *Dâr al-`ulûm*, um mit Mawlânâ `Abd al-Ḥaq strategischen Gesichtspunkte zu besprechen und um seinen Segen zu erhalten (vgl. Bd. 19/2 (Nov. 1983) S. 43-46) (Urdu). Vgl. auch Bd. 19/3 (Dez. 1983) S. 6-9 (Urdu); Bd. 19/4 (Jan. 1984) S. 37-41 (Urdu); so auch Bd. 19/5 (Feb. 1984) S. 43-45, wo beschrieben wird, daß eine *mujâhidîn* Delegation zu `Abd al-Ḥaq kommt und dieser sie moralisch anspornt und dazu auffordert, weiter zu kämpfen; vgl. ferner Bd. 19/7 (April 1984) S. 15-17 (Urdu); Bd. 20/12 (Sep. 1985) S. 9-20 (Urdu); Bd. 21/1 (Okt. 1985) S. 5-13 und passim (Urdu).

religiöse Schule von sich, eine der führenden *Produktionszentren* für die *mujâhidîn* und deren Anführer zu sein:

> "Gott sei gedankt, daß die afghanischen Ulama und Studenten, die im Dâr al-`ulûm Ḥaqqâniyyah gelernt haben, im *Jihâd* in der ersten Reihe kämpfen".[41]

Auch in seinem neusten Buch wies *Mawlânâ Samî` al-Ḥaq* darauf hin, daß die führenden Köpfe des *Jihâd* bei seinem Vater gelernt hätten und ihn immer noch aufsuchten, ja, daß *Mawlânâ `Abd al-Ḥaq Akoṛwî* und seine Schüler sogar "den Grundstein für den *Jihâd* legten"[42]. Aber nicht nur afghanische Schüler beteiligen sich am *Jihâd*:

> "Seit dem Beginn des *Jihâd* hat auch der *Dâr al-`ulûm* jedwede Regel hinsichtlich Anwesenheit, Kommen und Gehen für die afghanischen Schüler und für jene, die außer ihnen noch am *Jihâd* teilnehmen, aufgehoben. Gruppen von Schülern gehen, um ein, zwei oder mehr Monate am *Jihâd* teilzunehmen, und wenn sie wiederkommen, dann gehen andere"[43].

Wir können somit davon ausgehen, daß nicht nur afghanische Schüler am *Jihâd* teilnehmen, sondern auch nicht-afghanische, angenommenermaßen pakistanische und zwar in einem Rotationsprinzip. Außerdem ist diese Schule nicht die einzige, die sich am *Jihâd* beteiligt.

Möglicherweise hat das *PZC* NWFP wegen der großen Anzahl der Ulama aus dieser Schule, des großen Anteils der Studenten und ausgebildeten Geistlichen aus Afghanistan, und ihrer guten geo-strategischen Lage, bewußt ihren Anteil am Zakat radikal erhöht - nämlich innerhalb von fünf Jahren um das Zehnfache!

Al-Ḥaq soll eine monatliche Auflage von etwa 10.000 Exemplaren haben. Diese Zeitschrift verfügt über einen unter den D.M. kaum wiederfindbaren hohen Standard an Vielfältigkeit der Beitragsthemen. Der relativ hohe Standard dieser Zeitschrift ermöglicht es auch, daß sie im Ausland vertrieben werden kann, so auch in Europa.

41 *Al-Ḥaq* Bd. 16/6 (Nov. 1981) S. 6 (Urdu); hier werden des weiteren acht *mujahidin* Studenten namentlich genannt. Besonders viele Studenten aus der afghanischen Provinz Paktia (hier fanden auch die heftigsten Kämpfe statt; vgl. Olivier Roy: Islam and Resistance in Afghanistan a.a.O., S. 193) hätten im Dâr al-`ulûm graduiert; u.a. Muḥammad Yûnus Khâliṣ und Jalâl al-Dîn Ḥaqqânî (*Al-Ḥaq* Bd. 16/7 (April 1981), S. 26 f.(Urdu)); zu Khâliṣ und Ḥaqqânî vgl. O. Roy: Islam and Resistance in Afghanistan a.a.O., S. 128 f. et passim.

42 Aqâ`id wa Sunnan, Peshawar 1985 (Prinzipien und Tradition) (Urdu) S. 14

43 ebenda; Markierung vom Autor.

Um die Angaben von *Al-Ḥaq* zu überprüfen, ist es sinnvoll, kurz die Herkunftsgebiete der Studenten zu beleuchten. Dies soll nun anhand der Register der Graduierungskandidaten dieser Schule erfolgen.

8.1.2. Herkunft der Graduierten des *Dâr al-`ulûm Ḥaqqâniyyah*

Aus den Daten von 799 Graduierten in den Jahren 1397/h. (1977) bis 1404/h. (1984) ergibt sich folgende Verteilung nach Herkunftsland bzw. -distrikten und -orten[44].

44 Für die folgende statistische Auswertung der Daten danke ich meinem Vater, Herrn N.A. Malik.
Ursprünglich waren es 874 Graduierte, jedoch fehlten von vorneherein 35 Angaben wegen fehlender Fotokopien. Weitere 48 Angaben konnten wegen mangelhafter Handschrift nicht identifiziert werden.

Tabelle 57: Herkunftgebiete der Graduierten des *Dâr al-'ulûm*

Herkunfts- distrikte/regionen	Anzahl der Graduierungskandidaten	%	davon traditionell religiöser Familienhintergrund in %
Afghanistan	129	16,2	(34,9 %)
Bannu/Nord Waziristan	133	16,7	(9,0 %)
Mardan	103	13,0	(20,4 %)
Peshawar	75	9,4	(18,7 %)
D. I. Khan	71	9,0	(14,1 %)
Dir	39	4,9	(10,3 %)
Swat	38	4,8	(31,6 %)
Kohat	35	4,4	(28,9 %)
Hazara Division	25	3,1	(20,0 %)
Chitral	6	0,8	(16,7 %)
Bajor Agentur	21	2,6	(14,3 %)
andere Agenturen	18	2,3	(5,6 %)
Quetta	12	1,5	(16,7 %)
Pishin	28	3,5	(25,0 %)
Zhob	24	3,0	(29,2 %)
Lorelai	20	2,5	(30,0 %)
Sibi	9	1,1	(11,1 %)
Kashmir	1	0,0	(0,0 %)
Attock	12	1,5	(8,3 %)
Gesamt	799	100,0	

(Quelle:
Register der Graduierten der *Dâr al-'ulûm Ḥaqqâniyyah* (1397 - 1404 (mimeo) und e.B.)

Aus den Daten können wir sehen, daß der zweitgrößte Teil der Graduierten aus Afghanistan kommt. Davon wiederum stammen die meisten aus den Provinzen *Kandahar*, *Nu'man*, *Ghazni*, *Parwan*, *Jalalabad*[45] und *Paktia*, aus Grenzgebieten zu Pakistan also, in denen die heftigsten Kämpfe

45 Aus den anliegenden Gebieten stammen auch die afghanischen *Safis*, die wegen ihrer Religiösität erwähnenswert sind; vgl. J.H.P. Evans-von Krbek: The social structure and organization of a Pakhtun speaking community in Afghanistan, Dept. of Anthropology, University of Durham 1977 (unveröffentl.), Karte: Safi Tribal Territory S. 18. Vgl. weiter unten: Herkunftsgebiete Kapitel VII 2. ff.

stattfinden[46]. Die afghanischen Schüler sind es auch, die am häufigsten einen traditionell religiösen Familienhintergrund aufweisen.

Die Verbindung des *Dâr al-`ulûm* mit Afghanistan ist älteren Datums und kann bis in die Anfangszeit dieser religösen Schule zurückverfolgt werden. Eine Verbindung zwischen der Mutterschule im indischen Deoband und Afghanistan gab es schon im letzten Jahrhundert. Sie wurde zum Teil durch die bis nach Kabul und weiter liegenden "Brükkenköpfe" der Deobandi Bewegung gefestigt. Dazu gehörten auch die D.M. in Lahore und Peshawar[47]. Im *Dâr al-`ulûm Deoband* selber gab es von jeher eine große Anzahl afghanischer Studenten[48] und er erhielt Spenden vom *Amir* von Afghanistan[49]. Der *Dâr al-`ulûm Ḥaqqâniyyah* seinerseits kristallisierte sich im Laufe der Zeit als ein wichtiger Ableger des *Dâr al-`ulûm Deoband* heraus, auch wenn heute die Zusammenarbeit zwischen den beiden eingeschränkt zu sein scheint.[50]
Der Kontakt des *Dâr al-`ulûm Ḥaqqâniyyah* zu Afghanistan und die relativ zahlreichen Graduierten aus den Stammesgebieten der NWFP - besonders aber aus den Distrikten Bannu/Nord Waziristan, Dir und der Agentur Bajor, die das Grenzland zu Afghanistan bilden sowie dem Distrikt Mardan[51] und Baluchistan - läßt eine ethnische und sprachliche und damit kulturelle (stammesgesellschaftliche) Ähnlichkeit oder gar Gleichartigkeit unter den Studenten vermuten. Wir können also davon ausgehen, daß die Sozialstruktur seiner Schüler relativ homogen ist.[52]
Aufgrund dieser Zusammenhänge zwischen den Stämmen in Pakistan und Afghanistan ist es naheliegend, daß auch pakistanische Studenten für den Heiligen Krieg, wie er für Afghanistan gekämpft wird, mobilisiert werden können.

---

46 Vgl. dazu etwa die zahlreichen Monatsbeiträge im Afghanistan Report, hrsg. vom The Institute of Strategic Studies, Islamabad.
47 Siehe B.D. Metcalf: Revival a.a.O., S. 134.
48 B.D. Metcalf: Revival a.a.O., S. 102 und S. 135
49 B.D. Metcalf: Revival a.a.O., S. 112; vgl. auch S. Maḥbûb Riḍwî: Tarîkh Dâr al-`ulûm Deoband, Bd. I Dehli 1978 (Urdu), S. 295 ff, S. 326 f et passim.
50 Die Gründe hierfür mögen politischer Art sein. Sie können wegen mangelhafter Quellenlage hier nicht weiter erörtert werden.
51 Peshawar und D.I. Khan stellen dagegen lediglich jeweils 9% der Graduierten.
52 Dies mag auch der Grund dafür sein, daß der Zugang zu dieser Schule für afghanische Schüler leicht ist.

8.2. *Jihâd* und Jamâ`at-e Islâmî

Neben den *Jihâd* Aktivitäten des *salafitischen* Flügels der Deobandis ist der Einsatz der ebenso *salafitischen* Jama`at-e Islami erwähnenswert. Sie hat, wie schon erwähnt, ihre D.M. in *sensitive areas* (politisch brisanten Gebiete in der NWFP und in den Stammesgebieten) etabliert. Wie aus Tabellen 52 a und 52 c hervorgeht, liegen von den 107 an die *Râbiṭah al-madâris al-islâmiyyah* angeschlossenen D.M. im Jahre 1983/84 41 in der nordwestlichen Grenzprovinz und in den Stammesgebieten (d.h. über 38%), also mehr als beispielsweise im Punjab mit der administrativen Zentrale der Jama`at-e Islami. Davon wurden 19 nach der sowjetischen Intervention errichtet, sechs im Dir Distrikt und sieben in der Bajor Agentur. Beide Gebiete sind unmittelbar an der afghanischen Grenze gelegen. Nach eigenen Angaben der Jama`at-e Islami ist sie selbst, wenn nicht direkt, so doch indirekt am Heiligen Krieg beteiligt. Verdeutlicht werden kann dies u. a. dadurch, daß viele D.M. eigens für die *muhâjirîn* (Flüchlinge; hier aus Afghanistan) aufgebaut worden sind[53]. Diese D.M. stehen demnach unmittelbar im Dienste des *Jihâd*.

Daß die Jama`at-e Islami vom gegenwärtigen Regime für dessen Zwecke genutzt wird, ist allgemein bekannt, genauso wie die enge Zusammenarbeit zwischen ihr und der Regierung ein offenes Geheimnis ist. Das Regime Zia ul Haqs vergab wichtige Regierungsposten an Jama`at-e Islami Funktionäre.[54]

Die Unterstützung durch die *integrationistische* Jama`at-e Islami ist für die Regierung unersetzbar, so daß weitere Jama`at Projekte, - seien es D.M. oder Hospitäler - staatlich gefördert werden. Der Aufbau von D.M. soll als Bastion des Islam gegen die "kommunistischen Heiden" dienen, der mit allen Mitteln als wesentliche Kraft gegen die "kommunistische" Chimäre eingesetzt wird. Die Säuberung der pakistanischen Bildungsinstitutionen von solch heidnischem Gedankengut war dementsprechend

---

53 Erwähnenswert ist beispielsweise der *Dâr al-`ulûm Idârah-e Ta`lîmât-e islâmî*, in dem eine "gesonderte `Muhajirin Abteilung'" aufgebaut wurde, oder die *Madrasah Ta`lîm al-Islâm, CCI Muhâjirîn Camp*, Bajor Agentur; dazu *Ta`âruf râbiṭah al-madâris al-islâmî*, Lahore 1982 (Urdu), S. 46 f

54 So war z.B. der führende Jama`at Funktionär Prof. Khurshid Ahmad 1978 Vorsitzender der Planungskomission.

eine wesentliche Forderung des *CII*: Denjenigen Lehrkräfte, die wegen sozialistischer Anschauungen bekannt waren, sollte gekündigt werden.[55]
Nicht zuletzt wegen der geradezu traumatischen Angst vor dem Sowjetsystem ist in Pakistan das Buch von Bennigsen/Broxup, welches die Agonien und die Potenz des Islam in der UdSSR darstellt, zum Bestseller geworden. Charakteristischerweise lautet der Titel "The Islamic Threat to the Soviet State".[56]
Der Islam und mit ihm die D.M. werden somit für verschiedene Zwecke mobilisiert. Sie sollen nicht nur die Analphabetenrate verringern, sondern auch den "Kommunismus" fernhalten. Daher liegt es im Interesse der Regierung, entlang der pakistanisch-afghanischen Grenze D.M. zu errichten.[57]
Die Aktivitäten der Jama'at-e Islami lassen sich jedoch nicht auf die Mobilisierung traditioneller Institutionen für den Heiligen Krieg reduzieren. Sie fällt ferner durch ihre politische Öffentlichkeitsarbeit in Form von Publikationen zum Thema *Jihâd* auf. Eine Reihe von Büchern und Pamphleten "klären" über die sowjetische Intervention in Afghanistan "auf", und zeichnen dabei ein böses Feindbild[58]. In diesem Sinne veröffentlicht das *Institute for Strategic Studies* aus Islamabad einen monatlichen *Afghanistan Report*. Dieses Monatsheft ist als ein wesentliches Sprachrohr der Jama'at-e Islami und der Regierung zu betrachten.

55 Vgl. CII Recommendations on Islamic System of Education, a.a.O.
56 Dieses, für pakistanische Verhältnisse teuere Buch (Verlag *Croom Helm*), ist in Pakistan von der Pap-Board Printers *Ltd.*, Rawalpindi im Namen der Ferozsons Ltd., Lahore publiziert worden. Der Neupreis des Buches ist zwar hoch, jedoch ist es erstaunlicherweise auf dem "second-hand" Büchermarkt häufig vorzufinden und kann dort für ein Drittel des Neupreises erstanden werden. Es scheint, daß der Verkauf des Buches durch irgend jemand subventioniert wird.
57 Vgl. dazu auch Interview mit Ataullah Mengal, in: Herald, Karachi Juli 1986, S. 56.
58 Zu erwähnen ist hier z.B. Ijaz S. Gilani: The four 'R's of Afghanistan, Pakistan Institute of Public Opinion, Islamabad etwa 1985, sowie die vielen Urdu Publikationen zum Thema aus Mansurah, Lahore.

8.3. Zusammenfassung

Mit Sicherheit sind auch andere religiöse Denkrichtungen an der Förderung des *Jihâd* beteiligt. So sind die Ahl-e Hadith[59] wegen ihrer starken Bindung an Saudi-Arabien und die Brelwis wegen ihres Konformismus beteiligt. Die Schia hingegen vertritt die Auffassung, daß der *Jihâd* ein Kampf der Großmächte sei (nicht der Supermächte, denn die Supermacht sei Allah!), in den Pakistan unglücklicherweise und ungeschickterweise verwickelt ist.[60]

Neben den von den D.M. selbst vorgelegten Dokumenten zum Thema *Jihâd* gibt es ein weiteres Indiz, was auf das Interesse der Regierung an den D.M. im Zusammenhang mit Afghanistan hinweist: Die letzte offizielle Erhebung über die D.M., die 1982 vom Erziehungsministerium unternommen wurde, legt das Schwergewicht auf die D.M. in der NWFP, während andere Gebiete und Provinzen vernachlässigt wurden. Auch wenn sich dieser tendenziöse Zensus durch die paschtunische Besetzung des Erhebungsteams begünstigt wurde, so kann doch angenommen werden, daß den D.M. in dieser Provinz eine besondere Bedeutung zukommt, und zwar sowohl als Bildungs- und Erziehungsinstitutionen als auch als *Reproduktionszentren* für den *Jihâd*. Nach Angaben des Ministeriums gab es im Jahre 1982 7.002 afghanische Studenten in dieser Provinz[61].

Ein weiteres Indiz, das auf ein staatliches Interesse an den D.M. dieser Provinz hinweist, ist die Erhebung Arbâb Afrîdî Khâns aus dem Jahre 1984 am *Institute of Education and Research* (*IER*) der Universität Peshawar[62]. Sie ist in sofern erwähnenswert, als sie sowohl den *Halepota Report* als auch die bis dahin neueste Erhebung des Erziehungsministeriums unberücksichtigt läßt. Dies wiederum läßt vermuten, daß die Information über vorliegende und laufende Forschungsarbeiten gering ist.

---

59 Die *Jâmi`ah Salafiyyah* in Faisalabad hat ebenfalls speziell eingerichtete "Muhajirin Abteilungen" für Afghanen.

60 Auskunft eines leitenden Funktionärs der *Jâmi`ah al-Muntaẓar* in Lahore. Zur Rolle der Schia im *Jihâd* vgl. Olivier Roy: Islam and Resistance in Afghanistan a.a.O. passim.

61 Das entspricht 9% der Schülergesamtzahl der Provinz; vgl. GoP, Ministry of Education, Islamic Education Research Cell: Important statistics of the Deeni Madaris of NWFP, Islamabad 1983 (mimeo)

62 Arbâb Khân Afrîdî: Manuskript zu den Dînî Madâris in NWFP; Institute of Education and Research, Peshawar University 1984 (unveröffentl.; mimeo) (Urdu)

Die Umfrage ist aber deswegen bemerkenswert, weil keine andere Universität oder ein anderes *IER* eine solch repräsentative Erhebung (mehr als 300 D.M. wurden befragt) unternommen hat. Wir können deshalb von einem gezielten Interesse, wenn nicht der Regierung, so doch einiger Vertreter der islamischen Avantgarde an den D.M. in der NWFP ausgehen. Der Grund dafür kann darin liegen, daß die D.M. für außenpolitische Zwecke, hier als rentable *Reproduktionszentren* für den Heiligen Krieg um Afghanistan, mobilisiert werden können.

9. Regionaler Nationalismus und autochthone Institutionen

Die bisherige Arbeit hat gezeigt, daß nicht nur Ulama und Vertreter religiöser Schulen mit der *integrationistischen* Islamisierungspolitik der Zia-Regierung nicht einverstanden sind. Die Kritik an der staatlichen Politik kam vor allem von der *MRD* (*Movement for the Restauration of Democracy*), in der sich auch religös-politische Parteien unter säkularer Führung zusammengetan hatten[63]. Die Opposition der Geistlichen schien jedoch meist individuell beschränkt und mündete nicht in einer Massenbewegung. Lediglich der Schia war es gelungen, ihre Anhänger zu mobilisieren. Auch Teile des traditionalen Sektors waren in der Lage, gegen die staatlichen Maßnahmen zumindest zeitweilig Widerstand zu leisten.
Die vereinheitlichende Islamisierung in Pakistan konnte sich aufgrund der Zersplitterung des Islam in verschiedene Denkrichtungen, die in bestimmten Regionen dominierten, nicht durchsetzen, zumal es innerhalb der verschiedenen Denkrichtungen Kräfte gibt, die sich immer noch standhaft gegen die staatliche Expansionspolitik wehren und somit dem Regime bis heute, neun Jahre nach der Proklamation des islamischen Systems, Kopfzerbrechen bereiten. Im folgenden sollen diese Reaktionen, die sich bisweilen in *isolationistischen* Aktivitäten äußerten, gewürdigt werden.
Zwei miteinander verbundene Bereiche, der Widerstand gegen das Zakatsystem und die interne politische Lage in der Provinz Sindh, werden hier behandelt.

63 Mit Ausnahme der regierungskonformen Jama`at-e Islami.

9.1. Zakatverweigerung

Eine wahrlich spektakuläre Reaktion der Ulama und der D.M. gegen die staatlichen Islamisierungsmaßnahmen stellt der Boykott des Zakatsystems dar, das 1980 eingeführt wurde.[64]

Der größte Streitpunkt zwischen Staat und traditionaler *Geistlichkeit* war die Bestimmung, daß zakatempfangende Institutionen über die von ihnen erhaltenen Zakatgelder Buch führen sollten und daß diese Buchführung durch die Zakatadministration zu überprüfen war. Die Bürokratie hätte auf diese Weise einen Überblick über die Haushalte der D.M., der Ulama und deren politische Parteien gewonnen. Das Überprüfungspersonal sollte vom *Chief Administrator Zakat* ernannt werden. Damit stand der mit der Überprüfung betraute Beamte in der Hierarchie sogar über dem Vorsitzenden des jeweiligen *PZC*[65]. Die Zentrale Zakat Administration *(CZA)* verlangte also, daß die *mohtamims* über die von ihnen nach den Regeln der Shari`a verwendeten Gelder Nachweise führten.

Das *Zakat Ulama Komitee* des *PZC* hatte die Buchführung vorgeschlagen[66], während die Mitglieder des *PZC* Schwierigkeiten in der Praxis sahen: die meisten D.M.-Leiter sträubten sich gegen diese Pflicht. Die D.M. von der Buchführung zu entheben, würde jedoch einen Präzedenzfall schaffen, auf den sich dann auch andere Institutionen hätten berufen können, um ebenfalls eine Befreiung von staatlichen Überprüfungsinstanzen zu erreichen. Die *CZA* legte den Ulama und den Führern der D.M. nahe, die Forderung nach Buchführung und der damit verbundenen Kontrolle Shari`a-rechtlich zu überprüfen. Falls sie aufgrund ihrer Prüfung die Buchführung über die empfangenen und ausgegebenen Zakatgelder (des

---

64 Vgl. zum folgenden auch das Kapitel über den Zakat.

65 Vgl. GoP, Ministry of Finance, Central Zakat Administration: Central Zakat Council Proceedings, Vol. I, 1-7 Meetings, Islamabad 1983 (im folgenden Zakat Proceedings Vol. I), S. 8 ff.

66 Hierbei handelte es sich um die geistliche Elite, die stark ambitioniert war, an der Macht des kolonialen urbanen Sektors zu partizipieren.

PZC) für überflüssig hielten, sollten sie dies in schriftlicher Form, und zwar in Form einer *fatwâ*, darlegen[67].
In der gleichen Sitzung des *Central Zakat Council* (*CZC*) wurde die Urdu Tageszeitung *Jasârat* aus Karachi vom 16.6.81 zitiert, in der es hieß, daß diejenigen D.M., die der *Wafâq al-madâris al-`arabiyyah* angeschlossen seien, solange kein Zakat (vom *PZC*) akzeptieren würden, bis die *muftîs* sich nicht über die Vereinbarkeit der neuen Regelung mit der Shari`a einig seien.[68] Drei Monate später teilte das Punjab *PZC* mit, daß das *Ulama Komitee* (des *PZC*) für die Ausarbeitung ein *Sub-Komitee* gegründet habe, das die *fatwâ* erstellen und sie dem *CZC* vorlegen würde. Laut Bericht des *PZC* sei der Grund der Zakatablehnung durch die *Wafâq* nicht eindeutig; die *Wafâq al-madâris* sei mit einigen Punkten der Zakatregelung nicht einverstanden, weswegen sie zunächst (*fî'l ḥâl*) die Zakatannahme ablehnte[69]. Tatsächlich hatte die *Wafâq* der Deobandis alle ihr angeschlossenen D.M. im Juni 1981 dazu aufgerufen, keine Zakatgelder aus dem Bundeszakatfond entgegennehmen, und schon erhaltene Gelder sogar zurückzugeben[70]. Mit diesem Aufruf folgten die Deobandi Ulama einem Urteil des 1980 verstorbenen *Muftî Maḥmûd*[71].

Muftî Ṣâḥib hatte schon bald Stellung zur Zakat- und Ushr-Regelung von 1980 genommen. Diese Stellungnahme reflektiert die Haltung derjenigen Deobandi *Geistlichkeit*, die einen Teil der Opposition gegen Bhutto gebildet hatte und später, seit 1980, teilweise auch gegen Zia ul Haq mit der *Movement for the Restauration of Democracy* (*MRD*) zusammenarbeitete und heute als *Faḍl al-Raḥmân Group* der *JUI* bekannt ist.

---

67 Siehe GoP, Ministry of Finance, Central Zakat Administration: Central Zakat Council Proceedings, Bd. II, 8-15 Meetings, Islamabad 1983 (Urdu) (im folgenden Zakat Proceedings Bd. II), S. 249 f; Sitzung am 2.7.81.

68 Diese Meldung wurde vom *Chief Administrator Zakat Sind* überprüft; vgl. Zakat Proceedings Bd. II a.a.O. S. 254

69 Vgl. Zakat Proceedings Bd. II a.a.O. (Urdu), S. 302 f.

70 Vgl. *Karwâ'î ijlâs Wafâq al-madâris, Wafâq al-madâris al-`arabiyyah*, Multan 1981, S. 17 (Protokoll der Sitzung der *Wafâq al-madâris*) (Urdu)

71 Interessanterweise war diese *fatwâ* in den führenden nicht-konformistischen D.M. wie z.B. *Jâmi`ah Madaniyyah*, Lahore und in dem zentralen Büro der *Wafâq al-madâris* in Multan nicht vorfindbar. Es stellte sich heraus, daß auch nicht-konformistische D.M. das Zakatgeld der *PZC* annehmen, wie z.B. die *Jâmi`ah Madaniyyah*, Lahore.

Muftî Maḥmûd bringt zehn z. T. berechtigte Kritikpunkte an der Zakatregelung vor; diese Fehler müßten von der Regierung beseitigt werden, damit das Zakatsystem Shari'a-gemäß werde. Daß dies jedoch kaum möglich ist, wird im folgenden deutlich. Die zehn Punkte sind zusammengefaßt:

1.) Der Zakatfreibetrag sei auf 1.000 Rs festgelegt worden[72], obgleich laut Shari'a der Grenzwert für die Zahlung von Zakat bei 7,5 *tolâ*[73] Gold oder 12,5 *tolâ* Silber oder deren Äquivalent liege. Zur Zeit würde der Geldwert für die Goldmenge 13.000 Rs, für Silber 5.000 Rs betragen (also mehr als der offizielle *niṣâb*). Damit sei der festgelegte Zakatfreibetrag nicht Shari'a-gemäß.
2.) Eine islamische Regierung dürfte zwar Zakat von den *amwâl-e ẓâhirah*[74] erheben, nicht jedoch vom *amwâl-e bâṭinah*[75]. Nach der Shari'a liege es nämlich in der Verantwortung des Einzelnen, hierauf Zakat abzuführen.
3.) Die *niyyat* (Vorsatz, Absicht) sei Teil des Zakat und daher bei der Zakatzahlung notwendig[76]. Durch seine Verstaatlichung werde das Zakatsystem anonymisiert und die direkte Verbindung zwischen Geber und Empfänger aufgehoben.
4.) Das Geld werde von Sparkonten und Termineinlagen abgezogen. Das Geld in den Banken jedoch sei *amânat* (Einlagen zur Sicherheitsaufbewahrung), welches die Banken nicht einsetzen dürften, sondern es sei *qarḍ* (Kredit), wofür der Kreditgeber einen Ertrag erhielt. Laut Shari'a müßte der Sparer jedesmal, wenn er den Kredit als Gegenleistung dafür, daß die Bank mit dem angelegten Geld arbeiten könne bekam, für die Laufzeit Zakat entrichten. Die Bank dürfe, wie es die nationalisierten Banken im neuen Zakatsystem täten, kein Zakat abziehen.
5.) Zakat sei nicht auf *ḥarâm* (verwerfliches) Gut[77] zu zahlen, für das die im Koran verbotenen Zinsen gezahlt würden. Zudem seien die Zinsen höher als der 2,5%ige Zakatsatz, so daß das *ḥarâm* Gut nicht gereinigt werde.
6.) Wenn das ganze Wirtschaftswesen unislamisch sei, dann könne und dürfe vom Staat kein Zakat erhoben werden.

72 Später auf 2.000 bzw. 3.000 Rs.
73 Ein *tolâ* ist gleich 11,664 Gramm.
74 Sichtbare Güter: Landwirtschaftliche Produkte, Obst, Vieh, Kamele, und Handelsgüter, die importiert oder/und exportiert werden sowie Güter, die dem nationalen Handelsaustausch unterliegen und deshalb im Land von einem Markt zum anderen transportiert werden.
75 Nicht sichtbare Güter: Schmuck, Bargeld sowie Handelsgüter, die nicht von einer Stadt in die andere transportiert werden.
76 weil der Zakatgeber nicht mehr selber Zakat abführt, sondern das jeweilige Geldinstitut per Quellenabzugsverfahren.
77 Etwa in Form von Zinseinnahmen oder Wucher etc.

7.) Zakat auf aufgenommene Kredite und Schulden zu erheben, sei nicht Shari`a-gemäß. Es könne nämlich bei der derzeitigen Regelung nicht festgestellt werden, ob das Konto mit Schulden belastet sei oder nicht.
8.) Kinder und Unzurechnungsfähige bräuchten kein Zakat zu zahlen, müßten dies jedoch im gegenwärtigen System.
9.) Zakat sei als nationales System begrüßenswert, wenn sich die Bürger über die rechtmäßige staatliche Verwendung des Zakatgeldes einig wären. Die Bürger hätten jedoch kein Vertrauen in diese Regierung; genauso wie die Regierung die Auqafgelder verschwinden ließe, würden auch die Zakatgeldern in dunkle Kanäle fließen.
10.) Das Datum der Zakaterhebung durch die Regierung sei nicht Shari`a-gemäß und müßte ebenfalls geändert werden[78].

An dieser von *Muftî Maḥmûd* am 26.6.1980 vorgelegten *fatwâ*[79] konnten sich die D.M. der *Wafâq* orientieren. Sie konnten ihren Forderungen nach Autonomie und mehr Partizipationsrechten Nachdruck verleihen, indem sie das Zakatsystem boykottierten.

Die Aufforderung der *Wafâq* vom Juni 1981 wurde jedoch bei weitem nicht einhellig befolgt; denn unter den führenden D.M. gibt es große und einflußreiche Schulen, die den Zakat annehmen.[80] Dabei handelt es um konforme Kräfte, wie um die *Jâmi`ah A̲s̲h̲rafiyyah* in Lahore[81].

Unter den großen Deobandi D.M., die die empfangenen Zakatgelder zurückzahlten, befanden sich der *Qâsim al-`Ulûm* in Multan, die *Jâmi`ah Islâmiyyah* und *Jâmi`ah Fârûqiyyah* in Karachi, *Ma̲k̲h̲zan al-`Ulûm* in Rahim Yar Khan und *Maṭlâ` al-`Ulûm* in Hayderabad[82].

---

78 Vgl. *Al-Raḥmân: Muftî Maḥmûd nambar*, Lahore o.D. (Urdu) S. 43-46

79 Die Kritik ähnelt in vielen Aspekten der Kritik des *CII*, dessen Mitglieder ebenfalls ihre Unzufriedenheit über das Zakatsystem äußerten. Vgl. dazu auch Kapitel IV über Zakat, Punkt 2.4.

80 Ganz zu schweigen von den kleinen D.M.

81 1981 war der mohtamim dieser Schule *CII*-Mitglied, vgl. Annex A: Mitglieder 1981-84, Nr. 10.
Der Leiter dieses *Dâr al-`ulûm* soll durch Heirat mit Zia ul Haqs Familie verschwägert sein; die Tochter Zias soll mit dem Bruder von *Faḍl-e Raḥîm, mohtamim* der *Jâmi`ah A̲s̲h̲rafiyyah*, Nîlâ Gunbat, Lahore, verheiratet sein (Auskunft am 15.3.86 im *Dâr al-`ulûm A̲s̲h̲rafâbâd* in Ashrafabad, Tando Allah Yar). Entsprechend regierungskonform ist auch die Politik dieser Schule.

82 Um nur einige von ihnen aufzuzählen; Information vom *nâẓim-e imtiḥân* der *Wafâq* in Multan. Diese Auskunft wird durch die Unterlagen der *PZAs* bestätigt. Die boykottierenden D.M. sind zum überwiegenden Teil im Sindh zu lokalisieren.

Der Boykott der *Wafâq* veranlaßte die *CZA* zunächst dazu, die Zakatzuteilung an die D.M. weiterhin durchzuführen, sie sah sich aber nicht in der Lage, auf die Buchführungspflicht gänzlich zu verzichten und machte sie schließlich zur Voraussetzung für den Zakatempfang.[83]
Die *CZA* konnte darauf beharren, weil die meisten D.M. die Zakatgelder dankbar annahmen. Die *Tanẓîm al-madâris* der Brelwis forderte im Gegensatz zu den unruhigen Deobandis sogar im Oktober 1980, also wenige Monate nach der Einführung des Zakatsystems, die Regierung dazu auf, den D.M. unbedingt Zakat zukommen zu lassen[84] und zwar mit der Begründung, daß, während früher der Zakat direkt den D.M. zugute kam, er jetzt in den Zakatfond floß. Sie war auch noch im März 1985 der Meinung, daß der Zakat für D.M. erhöht und sein Fluß erleichtert werden sollte[85]. Tatsächlich waren die Brelwi D.M. die wesentlichen Nutznießer des Zakatsystems. Die *Wafâq* der Deobandis hingegen lehnt z. T. immer noch Zakat aus dem *CZ*Fond ab:

> "1378 Dini Madaris to refuse Zakat. All the 1378 Dini Madaris nasims will refuse Zakat-funds in future if they are collected in the wrong way. Special Meeting of Wafaq ul Madaris-e Arabia"[86].

Als Grund nannte die *Wafâq* weiterhin, der Zakat werde von zinstragenden Konten abgezogen. Damit sei dieser Zakat im Grunde *harâm*. Die *Wafâq al-madâris* appellierte deshalb an die *aṣḥâb-e niṣâb* (an jene, die auf Grund ihrer wirtschaftlichen Situation Zakat zu zahlen hätten), direkt an die D.M. statt über den Umweg des Zakatfonds Zakat zu zahlen[87].
Einige Deobandi D.M. lehnen also den staatlichen Zakat ab. Zakaterhalt kann für die Deobandi D.M. in fast allen Provinzen außer Sindh nachgewiesen werden. Dort wird der Zakatempfang mehr aus politischen als aus religiösen Gründen nahezu gänzlich abgelehnt wird. Hier wie auch in den übrigen Provinzen aber nehmen andere wiederum diesen Zakat mit Kußhand an.
Besonders die Brelwis, die Anhänger der Ahl-e Hadith und der Jama`at-e Islami profitieren von den finanziellen Zuschüssen. Obgleich die Schia die Zusammenarbeit mit der pakistanischen Regierung aus *ideologisch-*

83 Zakat Proceedings Bd. II (Urdu), S. 451
84 Jahresbericht der *Tanẓîm al-madâris al-`arabiyyah*, Lahore Oktober 1980 (Urdu), S. 28 f
85 Vgl. Jahresbericht der *Tanẓîm al-madâris al-`arabiyyah*, Lahore März 1985, S. 21
86 Vgl. TM, 23.3.84
87 ebenda

politischen Gründen ablehnt, erhalten auch einige ihrer D.M. Zakatgelder[88].

9.2. Religiöse Schulen und regionaler Nationalismus

Die religiösen Schulen spielten während der Bewegung von 1977 eine zentrale Rolle. Sie waren Zentren der politischen Agitation[89], was auf ihre potentielle Stoßkraft hinweist, die jederzeit entweder von außen durch den kolonialen Sektor oder durch eigene Impulse des traditionalen Sektors mobilisiert werden konnte.
Auch nach 1977 stellten die D.M. wichtige Institutionen dar und konnten im Rahmen der Islamisierung aus dem politischen Leben nicht ausgeklammert werden. Besonders deutlich wurde dies in der Auseinandersetzung Sindhs mit der Zentralregierung[90]. Wir wollen deshalb die Provinz kurz vorstellen, und dann anschließend die D.M. und Zakat Problematik aufzeigen.
Sindh ist geprägt durch wenige sehr reiche Landbesitzer und ein entsprechend großenes Heer landloser leibeigener Bauern, den *Hârîs*. Die ungleiche Verteilung des Landbesitzes in dieser Provinz hatte schon oft zu Konflikten zwischen Großgrundbesitzern und Bauern geführt[91], zuletzt im

---

88 Dies geht aus den Unterlagen der *PZAs* hervor.
89 Einige D.M. haben ihre Rolle in der 77er Bewegung schriftlich festgehalten; vgl. z.B. Muḥammad M. T. Qaṣûrî: Taḥrîk-e niẓâm-e musṭafâ awr Jâmi`ah Niẓâmiyyah Riḍwiyyah Lâhôr, Maktabah Qâdiriyyah, Lahore 1978 (Die Bewegung des Niẓâm-e Musṭafâ und die Jâmi`ah Niẓâmiyyah Riḍwiyyah Lahore) (Urdu).
90 Zur Problematik des Sindh liegen zur Zeit recht wenig zusammenhängende wissenschaftliche Untersuchungen vor. Zu nennen sind hier S. S. Harrison: Ethnicity and the Political Stalemate in Pakistan, in: The State, Religion and Ethnic Politics: Afghanistan, Iran and Pakistan; Paper of the Conference: Islam, Ethnicity and the State in Afghanistan, Iran and Pakistan held in Nov. 1982 in Tuxedo, N.Y. 1986, S. 267-298; Hamida Khuro (ed.): Sind Through the Centuries, Oxford University Press 1982 sowie Lawrence Ziring: Pakistan: The Enigma of Political Development, Dawson Westview 1980, S. 142-148. Vgl. auch die Ausgaben des Herald, Karachi, der letzten zwei Jahre.
91 Siehe hierzu Mahmood Hasan Khan: Agrarian Structure and Underdevelopment in Pakistan a.a.O., S. 74, 133 et passim.

Jahre 1984. Ferner sammelten sich im Sindh viele Nicht-Sindhis, besonders *muhâjirîn*, indische Flüchtlinge, die nach der Teilung Indiens nach Pakistan strömten und die Pakhtunen, die im Laufe der letzten zwanzig Jahre nach Süden abwanderten[92]. Somit sind die Sindhis im Sindh fast eine ethno-sprachliche Minderheit: In 52,4% aller Haushalte Sindhs wird vornehmlich Sindhi gesprochen[93]. Im Rahmen des *One Unit* unter Ayûb K̲h̲ân wurde Sindhi als Verwaltungs-und Unterrichtssprache aufgehoben (dies trifft auch für alle anderen regionalen Sprachen zu).

Diese Umstände haben u.a. den Sindhi Nationalismus aufblühen lassen. Analog dazu beschuldigen die Sindhis die Punjabis, aber auch die *muhâjirîn*, der Ausbeutung[94]. Tatsächlich nehmen die Punjabis und neuerdings in zunehmenden Maße auch die Pakhtunen im Sindh leitende Positionen im Staatsdienst ein.[95]

Die *Väter* Sindhs wollten schon immer mehr Rechte für ihre Provinz, als ihr in der Föderation zugestanden wurde. Obgleich sie mit der *MRD* die Gegnerschaft zu Zia ul Haq verband, erkannten sie selbst die *MRD* nicht an, welche die demokratischen Rechte im Land herstellen wollte und 1981 unter Beteiligung mehrerer Parteien gegründet worden war. G. M. Syed, der *Prophet des Sindh*, warf der *MRD* vor, Ziele des "Bhuttoismus" zu verfolgen und den *Punjabi Chauvinismus* zu betreiben[96]. Trotz dieser

---

92 Karachi ist heute die größte Pakhtunenstadt.

93 Urdu in 22,6% und Punjabi in 7,7%. Pushto, Baluchi, Siraiki und andere repräsentieren zusammen etwa 14% (Daten aus 1981 Census Report of Sind Province, Population Census Organisation, Statistics Division, GoP, Islamabad 1984). Zur Problematik des Urdu und der *muhâjirîn* im Sindh vgl. Mohammad Arif Ghayur/J. Henry Korson: The Effects of Population and Urbanization Growth Rates on the Ethnic Tensions in Pakistan, in: Manzooruddin Ahmed: Contemporary Pakistan a.a.O., S. 204-227, bes. 212 ff.

94 Siehe hierzu G. M. Syed: Sindhu Desh: A Nation in Chains, o.O. 1974, besonders Kapitel IV und V.

95 Entsprechend unterrepräsentiert ist der ländliche Sindh (ausgeschlossen sind hier Karachi, Sukkur und Hayderabad) unter den "Officers of Federal Bureaucracy" (vgl. dazu Tabellen 8.1 bis 8.3 in: Charles H. Kennedy: Bureaucracy in Pakistan, Oxford University Press 1987, S. 194 ff.).

96 Vgl. Ilyâs S̲h̲âkir: MRD; kâmiyyâbîâñ, nâkâmîâñ, Karachi 1985 S. 115 f und 185 (MRD; Erfolge und Versagen) (Urdu) sowie G̲h̲ulâm Nabî Mug̲h̲al: Sindh kîâ so̲c̲h rahâ hai, Karachi 1986, S. 27 ff (Was der Sindh denkt) (Urdu).

Ablehnung war die *MRD* gerade im Sindh sehr stark vertreten[97], besonders in jenen Distrikten, in denen die *PPP* am populärsten war.[98] Auch in den Städten, wo wenig Sindhis lebten, fand die *MRD* Anhang. Selbst die Bauern, die sich nicht mit der *MRD* identifizierten, konnten mit ihrer Hilfe ihre Misere zum Ausdruck bringen.[99] Der *take off* der *MRD* im Sindh kann höchstwahrscheinlich sowohl durch den hohen Grad der Deprivation der Bevölkerung durch die eigenen und nicht-Sindhi Großgrundbesitzer als auch durch die Ausbeutung des Punjab begründet werden[100]. Nach Angaben von *Baghâwat* haben z.B. viele Nicht-Sindhis Staatsland im Sindh erhalten, während etwa 155.000 Sindhi Bauern weiterhin unter 5 *acre* Land besitzen[101].

> "The `revolution of the rising expectations' among haris in Sind,...has turned into an experience of rising frustration for landless tenants and their absentee landlords"[102].

Diese Konfliktsituation eskalierte zunächst 1983 im Sindh in blutigen Auseinandersetzungen zwischen Sindhi Nationalisten und der Zentralregierung[103]. Laut L. Ziring

> "...it was in Sindh where the chief opposition developed to Zia's vision of an Islamic State. Sind contains the largest concentration of Shia Muslims and Zia's Sunni orthodoxy distressed this group. Riots resulting in the loss of life and property were allegedly provoked by Shia resistance to rules and directives that were anathema to their own Islamic teachings."[104]

---

97 Vgl. Asian Post August 27.1983, zitiert in: Ilyâs Shâkir: MRD a.a.O., S. 296 - 300.

98 Diese Distrikte waren Larkana, Dadu, Nawabshah, Khairpur und Hayderabad; vgl. Chr. H. Kennnedy: Rural Groups and the Stability of the Zia Regime, in: Craig Baxter (ed.): Zia's Pakistan: Politics and Stability in a Frontline State, Lahore 1985, S. 39.

99 Hamîda Khurô in: Ghulâm Nabî Mughal: Sindh kîâ soch rahâ hai, a.a.O., S. 128 und 134

100 Weitere Gründe lassen sich in Ghulâm Nabî Mughal: Sindh kîâ soch rahâ hai, a.a.O. finden.

101 Vgl. Vol. 2 No. 4 April 1980 zitiert in: Pakistan Commentary Vol. 3 No. 9 September 1980, S. 4 f.

102 Mahmood Hasan Khan: Agrarian Structure and Underdevelopment in Pakistan a.a.O., S. 240

103 Vgl. Pakistan Commentary Vol. 6 No. 9-12 September - Dezember 1983, S. 1-4

104 Lawrence Ziring: Pakistan: The Enigma of Political Development, Dawson Westview 1980, S. 147.

Daß allerdings die Schia bei den Unruhen eine Rolle spielten, kann bei der gegenwärtigen Lage der Literatur nicht bestätigt werden.[105]
Sindh ist auch weiterhin ein schwelender Krisenherd. Der nationale Kampf der Sindhis wird von den offiziellen Medien nicht selten auf Banditentum reduziert, um ihm die politische Note zu nehmen. In Wirklichkeit handelt es sich aber im Sindh um einen politisch motivierten Widerstand, der seine Ursache in der ungleichen Verteilung wirtschaftlicher und politischer Macht hat.[106] Der mit Zia paktierende *Pîr Pagâro* im Sindh allerdings garantiert mit seiner aus sogenannten *Hûr*s bestehenden Privatarmee für Recht und Ordnung im Sinne der Zentralregierung.
Es ist jedoch nicht nur die mittels politischer Öffentlichkeit operierende *MRD* (*integrationistisch*), durch die die Sindhi Nationalisten ihren Unmut artikulieren, sondern in erster Linie durch ihre radikalisierte Politik, die sich etwa im "Banditentum" ausdrückt (*isolationistisch*). Ihre regionalen Sonderinteressen werden jedoch von der Zentralregierung im Namen des pakistanischen Nationalismus bekämpft[107].
Die D.M. nun sind zum Teil als Vehikel des regionalen Nationalismus zu betrachten.[108] Die Dissenznote zu den Vorschlägen des *Nationalen Komitees für Dînî Madâris 1979* (*NCDM*) hatte der einzige Sindhi Vertreter dieses Gremiums, der Deobandi *Mawlânâ Muḥammad Idrîs Mehrtî*[109], vorgelegt. Sie steht höchst wahrscheinlich in Zusammenhang mit der besonderen Situation Sindhs. So sind es vor allem die Sindhi Deobandi D.M., die das offizielle Zakatsystem in dieser Provinz fast gänzlich zum Erliegen gebracht haben. Während der ersten zwei Jahre des Zakatsystems hatte sich der Boykott der Deobandi D.M. offenbar auf Provinzebene durchsetzen können.[110] Das *PZC* konnte während der ersten drei Jahre nur 1,84% des Gesamtbetrages[111] unter die Sindhi *madâris* verteilen. Nur

105 Vielleicht sind hier die Schiiten aus dem Gebiet um Khairpur gemeint, die im Zuge der Teilung 1947 nach Pakistan kamen.
106 Vgl. Herald besonders August - Oktober 1986
107 Etwa im Sinne der sechsten These D. Rothermunds: Nationalismus und Sozialer Wandel in der Dritten Welt: Zwölf Thesen, in: Otto Dann (Hrsg.): Nationalismus und Sozialer Wandel, Hamburg 1978, S. 194 f.
108 Dies wurde auch in zahlreichen Gesprächen mit führenden D.M.-Vertretern deutlich.
109 *Nâẓim-e `alâ* der *Wafâq al-madâris al-`arabiyyah Pâkistân*, und *muhtamim* der *Jâmi`ah Islâmiyyah `Arabiyyah*, Karachi (vgl. *Halepota Report*, S. 7 und Anhang).
110 Zum folgenden vgl. auch Tabelle 30.
111 Statt der vorgeschriebenen 10%.

45 D.M. erhielten in dieser Zeit Zakat, lediglich 1.987 Studenten profitierten davon[112]. Nach 1983/84 jedoch nahm die Anzahl der geförderten D.M. und ihrer Studenten im Sindh enorm zu. Diese Zunahme ist wesentlich auf die verstärkte Förderung anderer Denkschulen als die der Deobandis zurückzuführen, z.B. die der Brelwis. Aufschlußreich ist in diesem Zusammenhang die Information, daß die Brelwis mit Erlaubnis von *Pîr Pagâro* etwa 40 D.M. ihrer *Tanẓîm* anschlossen.
Die Analyse der Zakatverteilung an Sindhi D.M. ergab, daß die meisten zakatempfangenden D.M. im Sindh der Brelwi, Ahl-e Hadith und Jama'at-e Islami Denkrichtung angehören. Demgegenüber nahmen z.B. alle 24 Deobandi D.M. der Distrikte Sukkur und Hayderabad, welche in der Liste der D.M. zum *Halepota Report* aufgeführt wurden, kein Zakat entgegen.[113]
In der Tat ergab die Prüfung der *PZAs* Daten, daß es sich bei dem größten Teil der zakatempfangenden D.M. meist um seit 1980/81 neu gegründete Brelwi D.M. handelt. Wie der Deobandi *Muftî Anwâr Shâh*[114] erklärte, nehmen die Sindhi D.M. deshalb keinen staatlichen Zakat an, weil sich Sindh in einer "speziellen politischen Lage" befände, was nahelegt, daß die Deobandi D.M. in Sindh sich mit der Sindhi Bevölkerung solidarisieren. Zakat diene der politischen Bestechung (*siyâsî rishwat*).
Die Deobandis sind seit der Staatsgründung im Sindh stark vertreten. Ausschlaggebend hierfür war wohl der im Jahre 1949 in *Ashrafâbâd* von den in Deoband studierten *'Uthmânîs* und *Thânwîs* aufgebaute *Dâr al-*

112 Also 1,3% der zakatempfangenden D.M. in Pakistan und 9,2% aller D.M.-Studenten bis zu diesem Zeitpunkt.

113 Nach einem Vergleich der *CZA*-Akten über die D.M. und dem Handbuch der religiösen Schulen in Pakistan, hsrg. vom *Idârah-e Taḥqîqât-e Islâmî: Pâkistân mêñ dînî madâris kî fihrist*, Islamabad 1982 (Urdu), S. 1-32 et passim.
Weitere nicht-zakatempfangende Deobandi D.M. sind der *Dâr al-'ulûm Ashrafâbâd*, Tando Allah Yar, Hayderabad; die *Madrasah Madîna al-'Ulûm*, Bhinda Sharif, Hayderabad; *Madrasah Dâr al-Fuiyyûḍ*, Sajjawal, Thatta; *Madrasah Sirâj al-'Ulûm*, Ber Sharif, Larkana; *Madrasah Shams al-Hudâ*, Khairpur Miras; *Madrasah Maẓhar al-'Ulûm*, *Jâmi'ah Ḥammâdiyyah*, Manzilgah, Sukkur; *Madrasah Miftaḥ al-'Ulûm*, Hayderabad (Auskunft in *Dâr al-'ulûm Ashrafâbâd* im März 1986).

114 Prüfungsbeauftragter der *Wafâq al-madâris al-'arabiyyah*.

'ulûm Ashrafâbâd.[115] Diese Schule sollte das pakistanische Gegenstück zu Deoband werden, führende Deobandi Geistliche lebten und lehrten hier.[116] Mit zunehmendem Einfluß Karachis wurde diese Schule vernachlässigt und verfällt heute.[117]

Wenn die Deobandi D.M. dem Ruf ihrer Dachorganisation folgen und damit das offizielle Zakatsystem nicht unterstützen, gleichzeitig aber die Zahl der Deobandi D.M. in dieser Provinz während der letzten Jahre stark zugenommen hat,[118] dann bedeutet dies eine Aufhebung der Beziehung zwischen Zakat und *mushroom-growth* für die Deobandi Schulen im Sindh. Diese Schulen werden offenbar ohne offizielle Anreize aufgebaut[119].

Während die D.M. der Deobandis sich als Hilfe des Sindhi Nationalismus entpuppen und sich somit von der Politik der Zentralregierung isolieren, können die Schulen anderer Denkrichtungen durch die Regierung als Gegenpol zum Sindhi Nationalismus genutzt werden, um der Situation zumindest teilweise Herr zu werden. Die D.M. erweisen sich deshalb auch bei dem innenpolitischen Problem des Regionalismus als günstige Zentren.

Es zeigte sich, daß unter den Vertretern der D.M. sowohl stark *isolationistische* als auch *integrationistische* Kräfte zu finden sind. Sie können je nach Grad ihrer Integration in den einen oder in den anderen gesellschaftlichen Sektor staatliche Interessen ausführen oder sich dagegen auflehnen.

Konforme Geistliche können also nicht auf eine herrschaftslegitimierende Funktion reduziert werden. Vielmehr haben sie auch Bedeutung für in-

---

115 Vgl. Ahmad I, S. 147-152. Aber auch schon früher bestanden Beziehungen zwischen Deoband und Sindh; vgl. dazu etwa S.F.D. Ansari: Sufi Saints, Society and State Power; The Pirs of Sind, 1843-1947, (Ph.D. Royal Holloway and Bedford College London 1987 (unveröffentl.) S. 172-182.

116 Erster *mohtamim* war *Iḥtišâm al-Ḥaq Thânwî.* Z.B. lehrten hier *Mawlânâ Yûsuf Binori, Badr-e 'Alam, 'Abd al-Raḥmân Kamâlpûrî, Muftî Ishfâq al-Raḥmân, Salîm Allah Khân* sowie *Shabbîr Aḥmad 'Uthmânî.* Einige sollen diese Schule verlassen haben, da sie vom *mohtamim* vernachlässigt wurde.

117 Der derzeitige *mohtamim* ist der in Karachi lebende *PPP* Aktivist *Mawlânâ Iḥterâm al-Ḥaq Thânwî.*

118 Vgl. dazu auch Tabelle 51 c. Die tendenziell konformistischen Brelwi D.M. hingegen haben zwar auch in dieser Provinz an Zahl zugenommen, liegen jedoch unter den Zuwachsraten der Deobandis.

119 Inwieweit heute im Sindh eine aktuelle Verbindung zu Deoband in Indien besteht, kann z. Zt. nicht eindeutig gesagt werden. Eine Untersuchung dieser Kontakte ist vielversprechend.

nenpolitische Probleme. Ihre Gewinnung ist eine Notwendigkeit für die Zerschlagung regionalistischer Bewegungen, die vom traditionalen Sektor der Gesellschaft getragen werden.

VII. TRADITIONALISTEN AUF DEM VORMARSCH?

1. Prüfungsboom in den religiösen Schulen

Es wurde bereits gezeigt, daß die Zahl der D.M. und ihrer Schüler gestiegen ist. In geradezu spektakulärer Form allerdings nahmen die Graduierungskandidaten[1] der an die verschiedenen Dachverbände angeschlossenen D.M. zu.[2]

Laut Tabelle 53: "Graduierungskandidaten der *Wafâq* und der Anteil des *Dâr al-`ulûm Ḥaqqâniyyah* zwischen 1960 und 1985" (Kapitel VI 8.1.) sind insgesamt 9.845 Deobandi Schüler zu Prüfungen mit der Bezeichnung *shahâdat al-`âlamiyyah* angetreten. Hiervon haben 32% die Prüfung nicht bestanden. Von den Prüflingen erschienen allein 4.265 Kandidaten zwischen 1981 und 1985 zu den Prüfungen. Demnach sind 43,3% der Deobandi Kandidaten im Laufe der letzten fünf Jahre geprüft worden, in den vorangehenden 20 Jahren (1960 bis 1980) dagegen nur 56,7%.

Wie aus dem Diagramm 3: "Anzahl der Graduierungskandidaten verschiedener Denkrichtungen" hervorgeht, hat die *Wafâq* der Deobandis in den acht Jahren zwischen 1978 und 1985 3.530 (52,6%) Kandidaten, sprich Ulama *in spe*, produziert (= 441 *mawlânâs* pro Jahr), während sie in den 18 Jahren zwischen 1960 und 1977 lediglich 3.179 prüfte (= 177 *mawlânâs* pro Jahr). In den letzten zwei Jahren stieg die "Jahresproduktion" der *Wafâq* schon auf 776 Ulama. Setzt die Entwicklung sich fort, ist auch in den nächsten Jahren mit einer hohen Zahl von Deobandi Ulama zu rechnen.

Ähnliche Tendenzen sind für die Graduierungskandidaten der *Tanẓîm al-madâris* der Brelwis zu verzeichnen. Ihre Zahl blieb von 1974 bis 1980/81 etwa konstant. Nachdem mit der "Wiederbelebung" der *Tanẓîm* im Jahre 1974 die Anzahl der Prüflinge 145 betrug und bis 1977 auf gar 85

1 Bei den Graduierungskandidaten handelt es sich um ledige, junge Männer zwischen etwa 20 und 27 Jahren, die die *dawrah-ḥadîth*-Prüfung (seit 1981 *M.A.*) bestehen wollen. Nicht berücksichtigt ist hier die weitaus größere Anzahl von Absolventen der *mawqûf*-Stufe (seit 1981 *B.A.*).

2 Die Daten sind aus den verschiedenen Registern der Dachverbände entnommen.

gesunken war (ein über vierzigprozentiger Rückgang), schnellte die Zahl nach dem Machtantritt Zia ul Haqs in Höhen von 140 im Jahre 1978, 174 im Jahre 1979 und 460 im Jahre 1980. 1981 und 1982 betrug die Anzahl 477 bzw. 487 und sank dann von 1983 bis 1986 auf durchschnittlich 366. So produzierte die *Tanẓîm* von 1974 bis 1979 (sechs Jahre) 1.048 Graduierte (= 175 Graduierte pro Jahr) und von 1980 bis 1986 (sieben Jahre) insgesamt 2.890 (= 413 Graduierte pro Jahr). Da auch hier lediglich 66% die Prüfungen bestanden, betrug die Gesamtzahl der Graduierten 1985 2.348.[3] Auch bei der *Tanẓîm* ist also ein starker Zuwachs an Graduierten zu verzeichnen.
Ein ähnliches Phänomen tritt bei der *Wafâq al-madâris s͟hî`a* auf, die erst seit 1984 formale Prüfungen durchführt. Vor 1984 soll es nach Angaben des zuständigen Funktionärs in der *Jâmi`ah al-Muntaẓar*, dem Zentrum der schiitischen *Wafâq*, keine Prüfungsverfahren gegeben haben.[4] Eine Steigerung der Zahl der Graduierungskandidaten zwischen 1984 und 1985 ist auch hier zu erkennen: sie beträgt 16,7% (von 138 auf 161). Aufgrund der stärkeren Anbindung der nördlichen Gebiete, besonders Baltistans und Gilgits (neuerdings durch die *Karakorum Highway* leicht zugänglich)[5] an die Zentrale in Lahore ist auch in den kommenden Jahren mit einer steten Zunahme zu rechnen. Ein Kontingent von Graduierten wird in den religiösen Zentren der heiligen Städte Qom und Najaf aufgenommen, was Motivation zur und Ziel der religiösen Bildung für schiitische Geistliche ist.

---

3 Z. T. variieren die Zahlen wegen mangelhafter Buchführung.

4 Dies ist plausibel, denn die *Jâmi`ah al-Muntaẓar* hat sich erst 1983 registrieren lassen.

5 Zum Wandel der nördlichen Gebiete durch die *Karakorum Highway* vgl. etwa Hermann Kreutzmann: Die Talschaft Hunza (Northern Areas of Pakistan): Wandel der Austauschbeziehungen unter Einfluß des Karakorum Highway, in: Die Erde Bd. 118 1987, S. 37-53.

Diagramm 3: Anzahl der Graduierungskandidaten verschiedener Denkrichtungen

(Quellen: Verschiedene Register der Graduierungskandidaten)

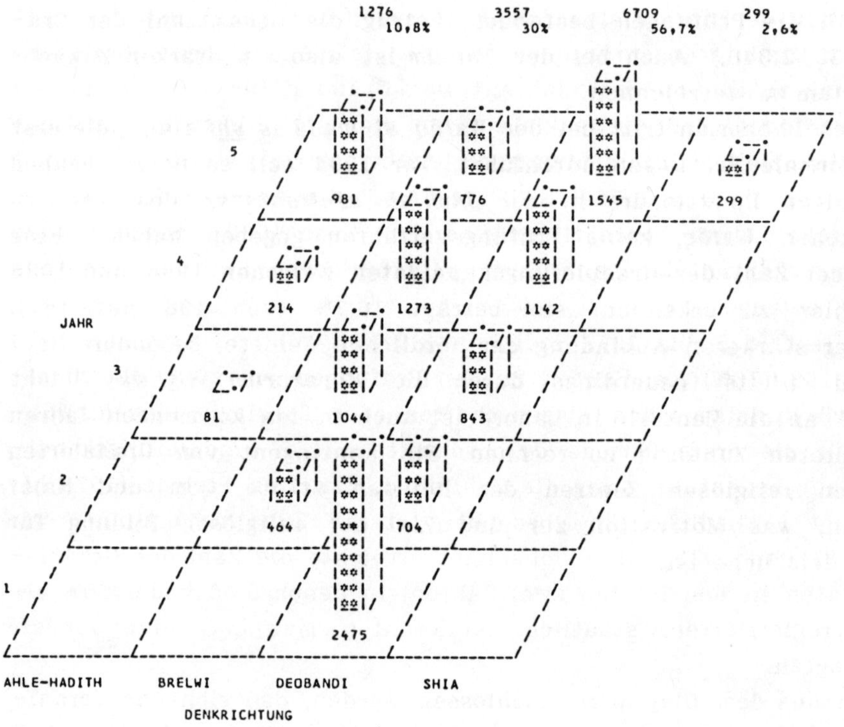

FUSSNOTE: 1 = 1960-73, 2 = 1974-77, 3 = 1978-80, 4 = 1981-83, 5 = 1984-85

Eine ähnliche Tendenz liegt auch bei der *Wafâq al-madâris al-salafiyyah* der Ahl-e Hadith vor. Sie hat erst 1978 damit begonnen, ein einheitliches Prüfungssystem für die ihr angeschlossenen D.M. einzuführen. Obwohl diese Institution, ähnlich wie die Dachorganisation der Schia, schon seit Ende der fünfziger Jahre besteht, hat sie erst mit dem Machtantritt Zia ul Haqs an Bedeutung gewonnen. Während der ersten Jahren ihres Aufschwungs, von 1978 bis 1982, traten lediglich 135 Prüflinge an. In den darauffolgenden drei Jahren (bis 1985) ließ sie 1.141 Studenten zu Graduierungsprüfungen zu. Dies ist eine siebeneinhalbfache Steigerung innerhalb von drei Jahren! Der Grund dafür ist u.a. in der Tatsache begründet, daß die pakistanische und vor allem die saudische Regierung finanzielle Unterstützungen leistet. Afrîdî stellt in seinem Manuskript über die D.M. in der NWFP fest, daß die Ahl-e Hadith Schulen sogar saudische Lehrer beschäftigen und daß diese 1983 monatlich 4000 Rs erhielten, während der Lohn ihrer pakistanischen Kollegen nur 1200 Rs im Monat betrug.[6]

Wir stellen fest, daß bis 1977 lediglich 3.643 (30%) und zwischen 1978 und 1985 8.198 (70%) Kandidaten zu den Prüfungen antraten, die zu einem Abschluß in islamischen Wissenschaften oder Theologie führen. Während dies für die erste Periode durchschnittlich 202 Graduierungskandidaten pro Jahr bedeutete, stieg die Zahl in der zweiten Periode (1978 bis 1985) auf 1.171 jährlich! Eine besonders starke Zunahme erkennen wir zwischen 1981 und 1983. Ihren Höhepunkt erreichte die Zahl der Graduierungskandidaten in den letzten zwei Jahren, in denen 3.601 oder 30% aller 11.841 registrierten, staatlich anerkannten *mawlânâs* eine *formale* Prüfung ablegten.

Ferner kann aus dem Diagramm geschlossen werden, daß sich das Verhalten verschiedener Denkrichtungen gegenüber der staatlichen Reformpolitik voneinander unterscheidet. Es wird deutlich, daß die Brelwis und die Ahl-e Hadith im Vergleich zu den Schiiten und den Deobandis schneller positiv auf die staatlichen Maßnahmen reagierten: Während ein steiler Zuwachs dieser beiden Denkrichtungen schon seit 1978 erkennbar ist, ziehen die Deobandis und die Schiiten erst seit 1984 nach. Die späte, positive Reaktion der beiden letztgenannten Denkrichtungen kann darin begründet sein, daß sie zu einem wesentlichen Teil der Regierung kritisch gegenüberstehen. Sowohl Fraktionen der Schia (die Gruppe um *`Arif Ḥusainî*), als auch Teile der Deobandis (*Faḍl al-Raḥmân Flügel*) lehnten

6 Arbâb Afrîdî Khân: Manuskript, a.a.O.

die Zusammenarbeit mit der Regierung ab und manifestierten dies mit dem Beitritt in die *MRD* (Movement for the Restauration of Democracy) und dem Boykott des Referendums 1984 sowie der Wahlen 1985.
Die Ahl-e Hadith und die Brelwis hingegen zeigen große Kooperationsbereitschaft. Während erstere auch massive finanzielle Unterstützung durch Saudi Arabien erhält[7] und auf der ideologischen Linie Saudi Arabiens und des pakistanischen Fundamentalismus liegt, profitieren die Brelwis durch das Zakat-system (s.o.). Daß sich beide Denkrichtungen grundsätzlich widersprechen, scheint das Zia-Regime in seinem Pragmatismus nicht zu stören.
Die quantitative "Anzahl der Graduierungskandidaten verschiedener Denkschulen" verdeutlicht Graph 5. Hier wird besonders die zahlenmäßige Vormachtstellung der Deobandi Denkrichtung deutlich[8].

---

7 Insbesondere werden viele Lehrer durch die saudische Regierung bezahlt, die den Graduierten der *Wafâq* der Ahl-e Hadith eine kostenlose Weiterbildung in Saudi Arabien mit anschließender Aussicht auf einen Arbeitsplatz entweder dort oder in einem anderen islamischen Land garantiert; für diese Auskunft danke ich Herrn Muhammad Sarwar, *Centre for South Asian Studies, University of Punjab* (im August 1987); Afrîdî hat in seiner Arbeit über die D.M. der NWFP ebenfalls auf diese Tatsache hingewiesen. Ähnliche Ergebnisse haben auch meine Umfragen ergeben.

8 Das Jahr 1977 war geprägt durch innenpolitische Unruhen; deshalb traten lediglich die Brelwis zur Graduierung an.

Graph 5: <u>Anzahl der Graduierungskandidaten verschiedener Denkschulen</u>

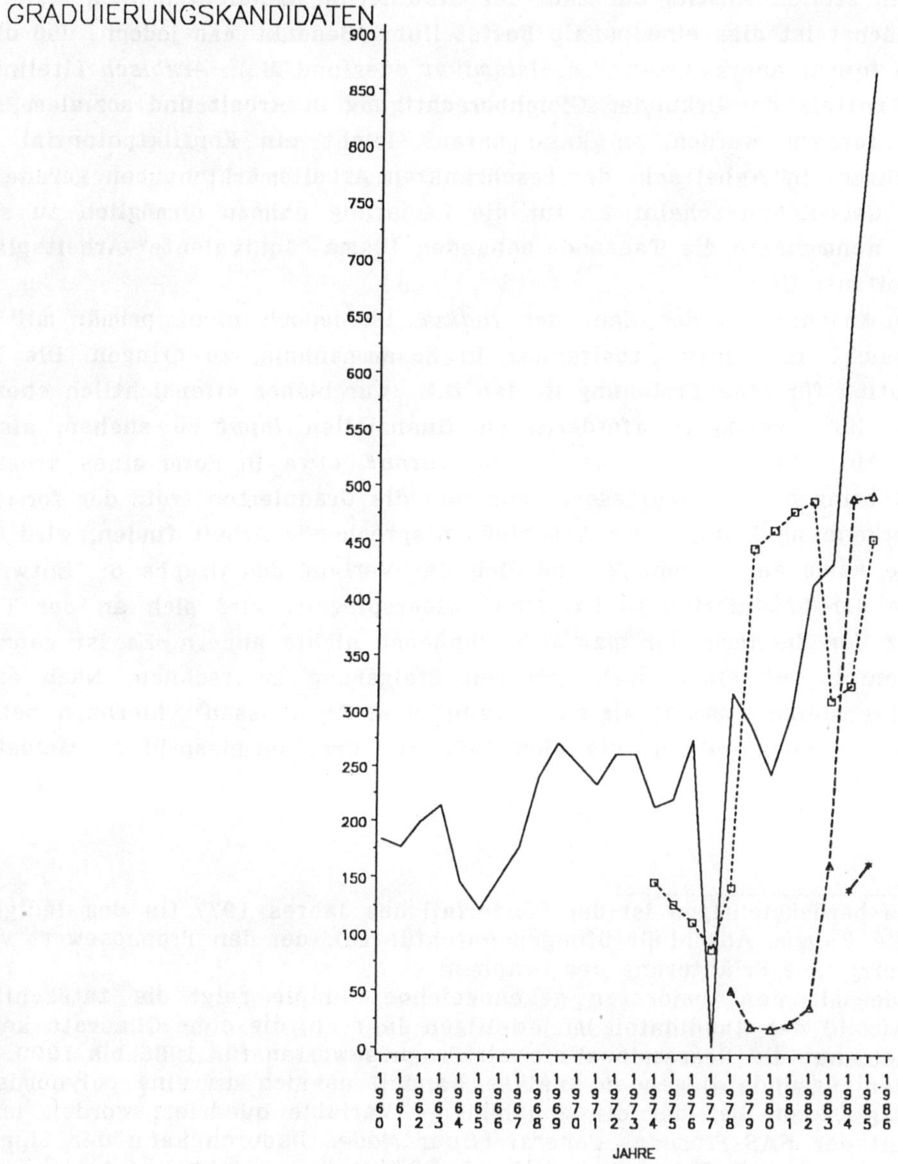

QUELLE: REGISTER DER GRADUIERUNGSKANDIDATEN DER WAFAQS UND TANZIMS

OHNE MARKIERUNG=DEOBANDI
QUADRAT=BRELWI
DREIECK=AHLE HADITH
STERN=SHIA

Es muß also festgestellt werden, daß die "Äquivalenzregelung" der Regierung aus dem Jahre 1981/82 gekoppelt mit der Zakatregelung von 1980 einen steilen Anstieg der Zahl der Graduierungskandidaten nach sich zog. Zunächst ist dies eine banale Feststellung. Bedenkt man jedoch, daß diese nun formal anerkannten *M.A.-Islamiyat* oder/und *M.A.-Arabisch* Titelinhaber mittels der Urkunden Gleichberechtigung in Arbeit und sozialem Status fordern werden, so kann daraus leicht ein Konfliktpotential erwachsen. In Anbetracht der beschränkten Arbeitsmarktchancen gerade für die Geistlichen scheint es für die Regierung nahezu unmöglich zu sein, den nunmehr in die Tausende gehenden Ulama "äquivalente" Arbeitsplätze bereitzustellen.

Das Anschwellen der Zahl der *fuḍalâ'* ist jedoch nicht primär mit der Aussicht auf einen Arbeitsplatz in Zusammenhang zu bringen. Die Motivation für eine Erziehung in den D.M. war bisher offensichtlich eher in dem dafür geringen erforderlichen finanziellen *Input* zu suchen, als in der Aussicht auf einen wertvollen *Output*, etwa in Form eines arbeitsplatzbringenden Abschlusses. Wenn nun die Graduierten trotz der formalen Anerkennung keine ihrem Abschluß entsprechende Arbeit finden, wird Unruhe kaum ausbleiben. Wie nämlich der Verlauf des Graphs 6: "Entwicklung der Graduierten in Pakistan" widerspiegelt, wird sich an der Tendenz der Zunahme der *mawlânâs* zunächst nichts ändern. Es ist ganz im Gegenteil mit einer noch größeren Steigerung zu rechnen. Nach einer Hochrechnung kommen wir zu erstaunlichen Ergebnissen[9]: hiernach beliefe sich die Anzahl derer, die sich 1990 zur Graduierungsprüfung meldeten, auf etwa 2.300!

---

9 Zu berücksichtigen ist der Sonderfall des Jahres 1977 (in dem lediglich die *Tanẓîm* Abschlußprüfungen durchführte), der den Prognosewert verzerrt. Zur Erläuterung des Graphen:
Die mit den Quadraten gekennzeichnete Linie zeigt die tatsächliche Anzahl der Kandidaten im jeweiligen Jahr an, die ohne Quadrate kennzeichnet die Regressionslinie mit Prognosewerten für 1985 bis 1990. Bei der zugrunde liegenden Analyse handelt es sich um eine polynomische Regression, bei der die unabhängige Variable quadriert worden ist - mit der *SAS Prozedur General Liniar Model*. Dadurch kann der Signifikanzwert gesteigert werden. In der Regressionsmatrix findet sich somit ein hoher Wert für die Signifikanzwahrscheinlich (F-Wert = 0,0001). Der Wert für R-Quadrat = 0,860480 bedeutet, daß in 86% der Fälle die Anzahl der Graduierungskandidaten auf die jeweilige Jahreszahl zurückgeführt werden kann.

Graph 6: <u>Entwicklung der Graduierten in Pakistan</u>

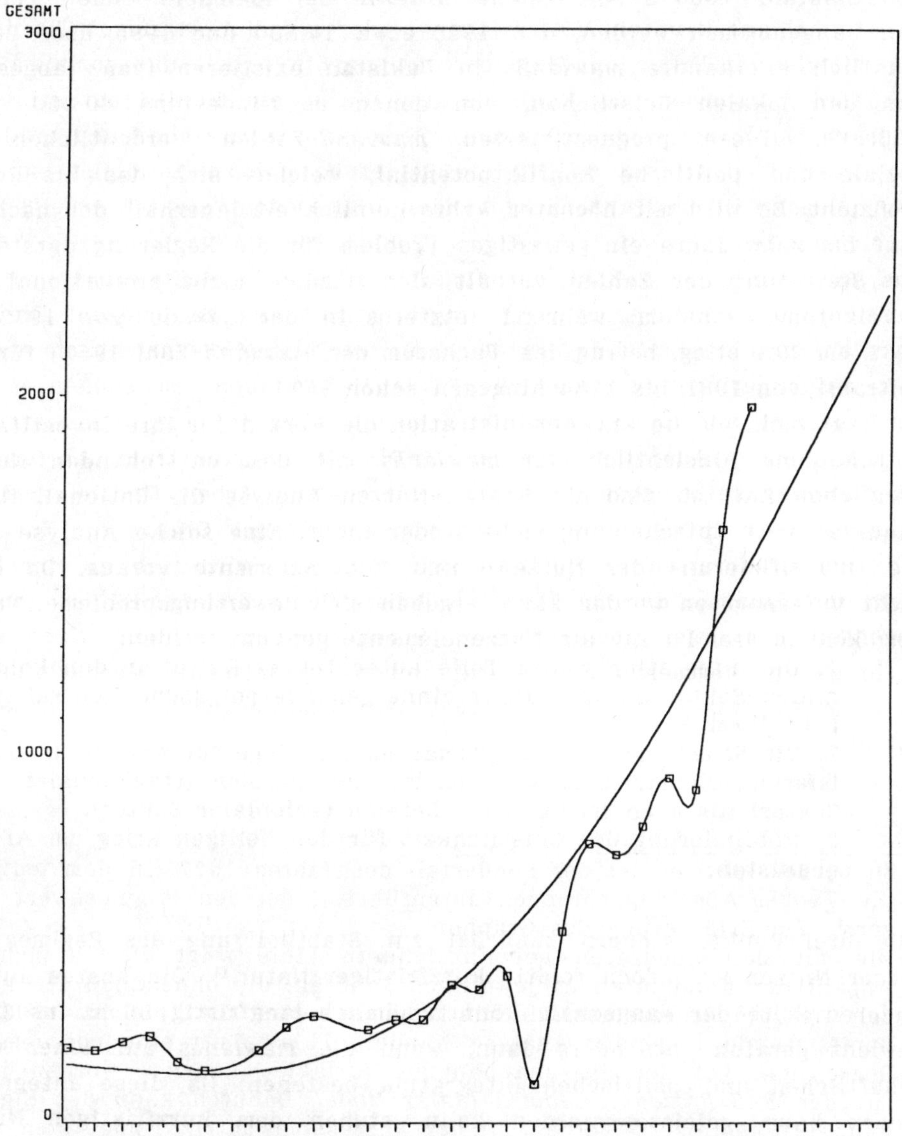

Die *Mawlânâproduktion* ist besonders deshalb von Bedeutung, weil ihre Zahl nicht linear, sondern exponential steigt. Die aggregierte Anzahl der potentiellen Ulama wird deutlich in Graph 7: "Entwicklung der *mawlânâs* in Pakistan, 1960-1995", (siehe unten). Bei gleichbleibender Tendenz kann angenommen werden, daß 1990 etwa 14.500 und 1995 über 20.000 staatlich anerkannte *mawlânâs* in Pakistan existieren (ganz abgesehen von den lokalen Geistlichen, von denen es mindestens 40.000 geben müßte)[10]. Diese prognostizierten *mawlânâ*-Zahlen verdeutlichen das soziale und politische Konfliktpotential, welches sich das Zia-Regime großzieht. Es wird mit höchster Wahrscheinlichkeit innerhalb der nächsten fünf bis zehn Jahre ein gewaltiges Problem für die Regierung darstellen. Die Steigerung der Zahlen verhält sich nämlich nicht proportional zum Bevölkerungswachstum: während letzteres in der Dekade von 1972 bis 1981 um 29% stieg, betrug das Wachstum der *mawlânâ*-Zahl 195%, für den Zeitraum von 1981 bis 1984 hingegen schon 85%!

Es fragt sich, ob die Zia-Administration die Kosten für ihre Investitionsentscheidung hinsichtlich der *mawlânâs* mit dem entstehenden Nutzen verglichen hat; ob also die Kosten-Nutzen-Analyse die Rationalität der (Äquivalenz-) Entscheidung sichert oder nicht. Eine solche Analyse setzt die Quantifizierung der Nutzen- und Kostenelemente voraus. Da diese nicht vorgenommen werden kann, ergeben sich Bewertungsprobleme. Trotzdem können drei Punkte als Nutzenelemente genannt werden:

1. Die Integration weiter Teile autochthoner Kultur in den kolonialen Sektor und die damit einhergehende politische Neutralisierung ihrer Stoßkraft.
2. Die Schaffung einer Legitimationsgrundlage für weitere Islamisierungsmaßnahmen sowohl im internen Bereich (traditionaler Sektor) als auch im externen Bereich (kolonialer Sektor).
3. Mobilisierung der Geistlichkeit für den heiligen Krieg um Afghanistan.

Alle drei Punkte steuern zunächst zur Stabilisierung des Regimes bei. Dieser Nutzen ist jedoch relativ kurzfristiger Natur.[11] Die Kosten auf der anderen Seite der Waagschale können nämlich langfristig leicht ins Übergewicht geraten, besonders dann, wenn die *mawlânâs* auf einer wirtschaftlichen und politischen Integration bestehen. Da diese Integration jedoch kaum geleistet werden kann, stehen dem kurzfristigen Nutzen

10 Es wird angenommen, daß jedes Dorf über mindestens einen lokalen Geistlichen (*mullâ*) verfügt.

11 Die Zia-Administration dauert jedoch schon nahezu zehn Jahre an.

langfristig drückende Kosten gegenüber. Sie können so zur De-Stabilisierung des Regimes beitragen, ähnlich wie es bei den *swabasha-educated* (diejenigen, die in den nationalen Sprachen erzogenen werden) in Sri Lanka der Fall war[12]. Der gesellschaftliche Antagonismus trieb dort die Traditionalisten immer weiter in die Marginalität und teilweise in den politischen Untergrund. Dies "isolierte" sie vom staatlichen, sprich kolonialen Sektor[13]. So ist denn auch das oben prognostizierte Anschwellen der Zahl der *mawlânâs* in Pakistan als das Konfliktpotential der neunziger Jahre zu bewerten.

12 Dort hatte Anfang der fünfziger Jahre S.W.R.D. Bandaranaike mit seiner Indigenisierungskampagne (*Sinhala only*; 1953-56) die bhuddistischen Mönche als Katalysatoren für seinen Wahlsieg und seine Politik nutzen können. Im Anschluß daran kam es parallel zur *Traditionalisierung* der Sri Lankischen Politik zu einem Anschwellen der Zahlen der Klosterschüler. Dies sollte zu erheblichen politischen Konsequenzen führen. Bandaranaike konnte den Erwartungen nicht gerecht werden und enttäuschte somit die sich immer mehr politisierenden und radikalisierenden Mönche. Schließlich war es ein *bhikkhu* (bhuddistischer Mönch), der Bandaranaike 1959 umbrachte. Vgl. etwa Urmila Phadnis: Religion and Politics in Sri Lanka, London 1976, bes. S. 246-276: "Bhikkhu Pressure Groups and the Politics of Language"; James Jupp: Sri Lanka - Third World Democracy, London 1978 passim; Kumari Jayawardena: Ethnic Consciousness in Sri Lanka: Continuity and Change, in: Sri Lanka, The Ethnic Conflict, ed. by Committee for Rational Development, New Dehli 1984, bes. S. 160-173; für weitere Hinweise danke ich Herrn *Dr. Michael Roberts* in Heidelberg (im Mai 1987). Zur neueren Geschichte Sri Lankas aus mehr politologischer Sicht vgl. Thomas Prinz: Die Geschichte der United National Party in Sri Lanka (Arbeitstitel); SAI, Abt. Geschichte (in Vorbereitung).

13 Die radikalen Kräfte rekrutieren sich aus dem traditionalen Sektor und aus dem an ihm orientierten *Mischgebiet I*, und werden ob ihrer Radikalisierung gesellschaftlich abgelehnt, vor allem durch jene, die eine latente Bereitschaft zur Ent-Traditionalisierung ihres Reproduktionsbereiches vorweisen, also dem *Mischgebiet II*.

Graph 7: <u>Entwicklung der *mawlânâs* in Pakistan, 1960-1995</u>

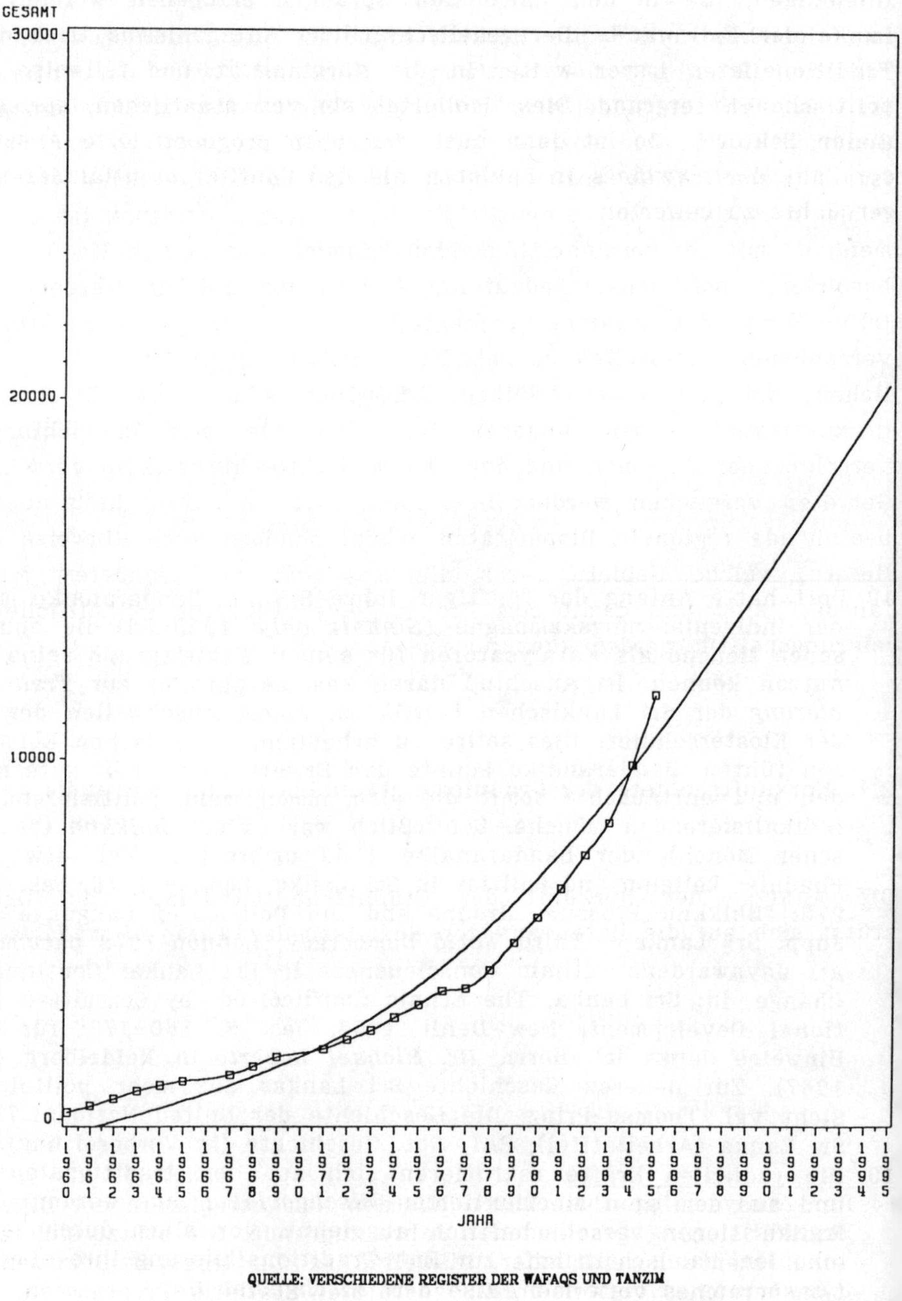

QUELLE: VERSCHIEDENE REGISTER DER WAFAQS UND TANZIM

2. Identifizierung der Distrikte der Graduierungskandidaten

Im folgenden werden die Herkunftsdistrikte der Graduierungskandidaten religiöser Schulen näher bestimmt.[14] Sinn und Zweck der Untersuchung ist es, an die Identifizierung der Herkunftsgebiete verschiedener Denkrichtungen eine soziale und wirtschaftliche Analyse der pakistanischen *Geistlichkeit* anzuschließen und die regionale Zersplitterung des Islam in Pakistan zu verdeutlichen. Diese Regionalisierung ist in Zusammenhang mit der vereinheitlichenden Islamisierungspolitik Zia ul Haqs von besonderer politischer Bedeutung. Der immer stärker werdenden Zentrifugalkraft der *Staatskultur* liegt das zentrale Interesse zu Grunde, die verschieden kulturellen islamischen Artikulationsformen zu vereinheitlichen und sich einzuverleiben. Schießlich können die Ergebnisse der Herkunftsanalyse mit anderen Variablen wie dem Entwicklungsstand verschiedener Regionen und der Arbeitsmarktproblematik in verschiedenen Gebieten verglichen werden. Dies kann nicht nur Aufschluß über schon bestehende regionale Disparitäten geben, sondern auch Hinweise darüber liefern, welche Gebiete durch die *mawlânâs* in besonderem Maß "gefährdet" sind und damit zum Problemgebiet für eine einheitliche Islamisierungspolitik werden können.

2.1. Herkunftsgebiete der Graduierungskandidaten der Deobandis

Die Analyse der Herkunft der Graduierungskandidaten der Deobandis stützt sich auf die Daten aus den Registern der *Wafâq al-madâris* für die

14 Der Analyse liegen die Daten aus den Namensregistern der D.M.-Dachorganisationen verschiedener Jahre zugrunde. Sie stützt sich auf Fotokopien handschriftlicher, bisweilen schwer lesbarer Dokumente. Die Auswertung erfolgte mit *EDV*-gestützten Statistik-Programmen.

fünf Jahre 1963, 1965, 1974, 1975 und 1984[15]. Die 2.077 Kandidaten dieser Jahre sollen für die Herkunftsanalyse als repräsentativ gelten[16].
Es läßt sich zunächst feststellen, daß der Hauptanteil der Deobandi Graduierungskandidaten aus dem Distrikt Bannu (8,9%; einschließlich Nord-Waziristan), aus Afghanistan (8,6%), aus den Distrikten Peshawar (7,2%) Mardan (5,7%) und Mansehra (5,2%), Multan (4,6%), Swat (4%), Dir (3,7%), Dera Ismail Khan (3,2%) und Karachi (3,2%) stammt. Nur geringe Mengen kommen aus dem nördlichen Punjab, aus Sindh und Baluchistan.
Das beweist eine Konzentration von Graduierungskandidaten in der NWFP. Der einzige Distrikt Pakistans außerhalb der NWFP mit einer größeren Zahl ist Multan.
Wie aus dem Kreisdiagramm 1: "Summe der Graduierungskandidaten der Deobandis in verschiedenen Jahren"[17] ersichtlicht wird, stieg ihre Zahl und erreichte 1984 ihren vorläufigen Höhepunkt. Sie entsprach nun der der vier Jahre 1963, 1965, 1974 und 1975 zusammengenommen![18] Aus den Kreisdiagrammen: 2-6[19] über die Herkunftsdistrikte in den untersuchten Jahren läßt sich erkennen, daß ein etwa konstanter Anteil von Graduierungskandidaten (14-28%) aus den Distrikten Bannu, D.I. Khan, Mardan und Dir, den Agenturen Khaibar, Bajor, Mohmand und Nord-Waziristan kommt. Aus Baluchistan stammen etwa nur 7%.
Der Punjab stellt knapp 25% der Graduierungskandidaten, vor allem aus den agrarisch und von Großgrundbesitz geprägten Distrikten Multan, Vihari und Sahiwal. Dagegen fällt auf, daß Karachi erst im letzten Untersuchungsjahr (1984) hier ansässige oder zugewanderte Graduierungskandidaten vorweisen kann (5.6%).
Aus Sindh (ohne Karachi) kommen relativ wenig Prüflinge.
Im Jahre 1984 hat sich die Herkunft der Kandidaten deutlich geändert, wovon besonders Karachi betroffen ist. Diese Entwicklung steht in Zusammenhang mit der Migrationsproblematik.[20]

15 Mit jeweils 280, 173, 394, 297 und 933 Eintragungen.
16 Daß die Zahlen bisweilen von den Daten in Tabelle 53 abweichen (statt 2.077 haben wir dort 2.166 Prüflinge), liegt daran, daß mir die Fotokopien der Register nicht immer vollständig zugänglich waren. So ergeben sich auch kleinere Differenzen bei der Datenanalyse, was jedoch ihre grundsätzliche Aussagekraft nicht schmälert.
17 Vgl. Annex D: Kreisdiagramme.
18 40,9% (= 850) aller 2077; vgl. auch das Diagramm 3, Kapitel VII 1.
19 Vgl. Annex D: Kreisdiagramme.
20 Siehe dazu auch Migrationsproblematik.

Auch die Anzahl der Prüfungskandidaten aus dem Punjab nimmt 1984 rapide zu. Von hier kommen nun fast soviele wie aus den traditionellen Herkunftsgebieten Peshawar, Mardan, Kohat, Bannu, D.I. Khan und den Agenturen. Wesentliche Rekrutierungsgebiete im Punjab sind jetzt die *Division* Bahawalpur, sowie die Distrikte Muzaffargarh und D.G. Khan. Auch aus den *Divisionen* Rawalpindi und Gujranwala kommen zunehmend Graduierungskandidaten (vgl. auch Karte 2 am Ende des Kapitels).
Die Zahl der afghanischen Prüflinge hat in den letzten Jahren ebenfalls stark zugenommen[21].
Aufgrund der Datenanordnung können wir die Herkunftsgebiete sogar bis auf die *Tehsil*ebene (Kreisebene) zurückverfolgen:
Als Herkunftsgebiete treten in der NWFP die Tehsile des Distriktes Bannu hervor, hier besonders Bannu, sowie jene des Distriktes Mardan, hier besonders Swabi, und Peshawar mit Charsadda; ferner Mansehra mit Batgaram und Mansehra, D.I. Khan mit dem Zentrum Tank sowie Karak. Im Punjab fallen die *Tehsile* Multan, Milsi und Lodhran mit hohen Zahlen auf.
Das bedeutet, daß die Prüflinge der Deobandi-Denkrichtung in Pakistan aus ausgesprochen ländlichen Gebieten stammen, nämlich aus Dörfern mit weniger als 10.000 Einwohnern.

Bisher haben wir uns bei unserer Auswertung lediglich auf die absoluten und relativen Zahlen der Graduierungskandidaten gestützt, ohne diese in Relation zu anderen Variablen zu setzen. Als Vergleichsvariable soll nun die jeweilige Bevölkerungszahl eines Distriktes dienen[22]. Ein Vergleich der Graduierungskandidaten pro 10.000 Einwohner unterstützt die Aussage, daß die Deobandis mehrheitlich aus der NWFP stammen (vgl. dazu die folgende Tabelle). Dabei entpuppt sich Chitral als ein weiteres Rekrutierungszentrum. Bannu, Bajor und Zhob treten ebenfalls hervor, während Mansehra und Peshawar stagnieren und Dir und Multan eine rückläufige Entwicklung zeigen. Karachi hingegen macht einen deutlichen Sprung nach vorne, von etwa 1.000.000 Einwohner pro

21 Dies zeigt auch ihr hoher Anteil an der Gesamtschülerzahl in den D.M. der NWFP (etwa 9%); zur Afghanistanproblematik vgl. Kapitel VI 8. ff.
22 Die 179 Angaben für 1963, die 396 Angaben für 1974 und die 997 Angaben für 1984 sind jeweils in Bezug zu Einwohnerzahlen gesetzt worden, wie sie in den Bevölkerungszensen von 1961, 1972 und 1982 erscheinen. Somit erhalten wir zumindest annähernde Aussagen über die Anzahl der Graduierungskandidaten pro 10.000 Einwohner.

Graduierungskandidat Anfang der sechziger Jahre auf nahezu 100.000 Einwohner pro Graduierungskandidat Anfang der achtziger Jahre.

Tabelle 58: Einwohner pro Deobandi Graduierungskandidat und pro *M.A.*-Graduierungskandidat (formales EW)

Distrikt	1961/63	1972/74	1982/84	*M.A.*-Grad. (1982)
Bannu	31.420	10.700	10.160	16.154
Bajor Agen.	93.330	52.000	11.115	12.050
Mansehra	15.420	49.390	17.210	35.553
Chitral	28.250	12.230	20.900	29.794
Dir	32.080	29.390	63.917	59.031
Mardan	30.220	57.330	48.610	60.260
D.I. Khan	36.200	23.700	24.423	12.710
Peshawar	58.700	64.110	40.035	7.313
Zhob	91.000	28.670	27.846	90.412
Multan	15.164	22.379	131.613	24.284
Karachi	1.024.500	601.500	104.577	4.270

(Quellen:

Register der *Wafâq al-madâris al-'arabiyyah*;
Hand Book of Population Census Data, Population Census Organisation; Statistics Division, GoP, Islamabad Dec. 1985, S. 2 f., Tabelle 2; 1981 Census Report of Federally Administrated Tribal Areas (FATA), Population Census Organisation; Statistics Division, GoP, Islamabad August 1984;
bei der Berechnung der *M.A.*-Graduierten ist jeweils Tabelle "10: Population of students (5 years and above) by educational attainment, sex and age group" der Distrikt Zensusberichte zugrunde gelegt worden).

Die Gegenüberstellung der Einwohnerzahl pro Graduierungskandidaten aus dem D.M.-Schulwesen und aus dem formalen Erziehungswesen zeigt deutlich, daß die Zahl der *mawlânâs* pro 10.000 Einwohner bisweilen höher liegt, als die der *M.A.*-Kandidaten. Dies ist in vorwiegend traditional strukturierten Gebiete, in denen vermutlich die *Geistlichkeit* einflußreiche Positionen innehat, der Fall.
Ferner läßt sich anhand der Korrelation nachvollziehen, welche Distrikte von einer steigenden *mawlânâ*-Zahl "betroffen" sind, und welche eher eine rückläufige Tendenz vorweisen. Eine Rangliste von Graduierungskan-

didaten der Deobandis pro 10.000 Einwohnerzahl zeigt für die drei Bevölkerungszensen folgendes:

Tabelle 59: Rangordnung der Graduierungskandidaten pro 10.000 Einwohner je Distrikt

1964	1974	1984
1 CTRL	1 BN	1 BN
2 MR	2 CTRL	2 BAJOR
3 BN	3 DIK	3 MN
4 DIR	4 ZHOB	4 MOHMAND
5 ST	5 DIR	5 CTRL
6 PR	6 MN	6 KT
7 ZHOB	7 BAJOR	7 DIK
8 BAJOR	8 MR	8 ZHOB
9 TH	9 PR	9 KHAR
10 BP	10 KT	10 QLT
11 LL	11 ST	11 CAGHI
12 KHAR	12 DGK	12 PR
13 ML	13 QT	13 KZDR
14 MN	14 MW	14 SIBI
15 MG	15 PSHN	15 ST
16 KT	16 AD	16 AK
17 AD	17 QLT	17 MR
18 DIK	18 TURB	18 MD
19 MW	19 LL	19 QT
20 BR	20 V	20 MG
21 JD	21 ML	21 DIR
22 SG	22 MG	22 BR
23 V	23 DGK	23 DGK
24 SL	24 SG	24 LL
25 KI	25 BP	25 BP
26 J	26 SK	26 RK
27 RP	27 SL	27 KI
28 FD	28 AK	28 AD
29 SKT	29 HD	29 KOHISTAN
	30 KI	30 PSH
	31 FD	31 BADN
	32 TH	32 ML
	33 RK	33 MW
	34 J	34 KCHI
	35 RP	35 PANJGUR
	36 JM	36 LSBL

Fortsetzung

Fortsetzung

1964	1974	1984
	37 BR	37 NSRBD
	38 QSR	38 HD
	39 LR	39 SR
		40 V
		41 TH
		42 SKT
		43 SK
		44 GT
		45 J
		46 KHAIBAR
		47 FD
		48 SL
		49 SG
		50 IS
		51 GW
		52 LR

(Quellen:

Register der *Wafâq al-madâris al-'arabiyyah*;

Hand Book of Population Census Data, Population Census Organisation; Statistics Division, GoP, Islamabad Dec. 1985, S. 2 f., Tab. 2 und 1981 Census Report of Federally Administrated Tribal Areas (FATA), Population Census Organisation; Statistics Division, GoP, Islamabad August 1984 sowie e. B.

Erläuterungen:

Die Reihenfolge orientiert sich an den Daten von 1984;

BN = Bannu; MN = Mansehra; CTRL = Chitral; KT = Kohat; DIK = Dera Ismail Khan; KHAR = Kharan; QLT = Qalat; PR = Peshawar; KZDR = Khuzdar; ST = Swat; AK = Attock; MR = Mardan; MD = Muzaffarabad; QT = Quetta; MG = Muzaffargarh; BR = Bahawalnagar; RK = Rahim Yar Khan; LL = Lorelai; KI = Karachi; AD = Abbottabad; PSHN = Pishin; ML = Multan; MW = Mianwali; KCHI = Kachhi; LSBL = Lasbela; NSRBD = Nasirabad; HD = Hayderabad; SR = Sargodha; V = Vehari; TH = Thatta; SKT = Sialkot; SK = Sukkur; GT = Gujrat; J = Jhang; FD = Faisalabad; SL = Sahiwal; SG = Sanghar; IS = Islamabad; GW = Gujranwala; LR = Lahore; JD = Jacobabad)

Die Skalen lassen eine deutliche Häufung in den Distrikten Bannu sowie eine steigende Tendenz in den Distrikten bzw. Agenturen Bajor, Mansehra und Kohat erkennen. Dir, Mardan, D.I. Khan und Chitral sowie Peshawar, Swat und vor allem Multan können ihre Ränge dagegen nicht halten.

2.1.1. Regionale Schwerpunkte der Graduierung

Aus den 1.950[23] Angaben geht hervor, daß die meisten D.M.-Schüler in Peshawar graduiert wurden (34,3%), gefolgt von Karachi (19,4%), Multan (7,1%), Lahore (7%) und Bannu (6,5%)[24]. Das bedeutet, daß sich die Herkunftsdistrikte der Schüler von denen der Graduierungsdistrikte unterscheiden und folglich Wanderungen zwischen Herkunfts- und Schulort stattfinden. Die Ursache für die Bewegung in den Distrikt Peshawar, in dem sich die zentralen D.M. der Deobandis befinden[25], liegt in der Rolle dieser Schulen als Auffangbecken für Afghanen und für Graduierungskandidaten aus der NWFP. Diese Schulen konnten bis 1980 ihr Einzugsgebiet erweitern. Damit setzte sich ein Trend fort, der schon zu Beginn des neunzehnten Jahrhunderts Peshawar zu einem kulturellen Zentrum werden ließ: "Peshawar seems to be the most learned city in these countries" (i.e. afghan, oriental; J.M.) und war "famous for its Moolahs"[26], die "particularly powerful about Peshawar"[27] waren. Die großen Schulen Peshawars verfolgen eine eher konservative Politik hinsichtlich ihrer Schülerzahl. Der *Dâr al-`ulûm Ḥaqqâniyyah* scheint

---

23 An die 100 Angaben sind wegen fehlender oder unleserlicher Fotokopien nicht identifizierbar. Es kann jedoch angenommen werden, daß sich der Großteil dieser fehlenden Daten auf die D.M. Peshawars bezieht.

24 Vgl. dazu auch Annex D: Tabelle 65: Graduierungsdistrikte der Deobandis in ausgewählten Jahren (1963, 1965, 1974, 1975 und 1984) und Annex D: Kreisdiagramm 7: Graduierungsdistrikte nach Gruppen geordnet.

25 Vgl. unten: Bedeutende Graduierungsschulen, Punkt 2.1.2 und *Dâr al-`ulûm Ḥaqqâniyyah*, VI 8.1.

26 Mountstuart Elphingstone: An Account of the Kindom of Caboul and its Dependencies in Persia, Tartary, and India, Graz 1969 (erstm. 1815), 2. Buch Kap. IV, S. 189

27 Mountstuart Elphingstone: An Account of the Kindom of Caboul a.a.O., S. 216

sogar die Abwanderung der Schüler nach Karachi durch Anzeigen und Reklamen in seinem monatlichen Heft *al-Ḥaq* zu fördern[28].
Freilich ist die Rolle Karachis als junges D.M.-Bildungszentrum zu betonen, dessen Schulen seit ein paar Jahren einen starken Zulauf verzeichnen können. Peshawar und Karachi konkurrieren gegenwärtig um die Vormachtstellung als Zentrum religiöser Bildung, wobei die Schulen in Karachi zusehends aufholen, wie aus Tabelle 60 hervorgeht.

Tabelle 60: Anzahl der Graduierungskandidaten aus Schulen in Peshawar und Karachi

Jahr	Anzahl der Schüler/D.M. in Karachi	Anzahl der Schüler/D.M. in Peshawar
1963	30/3	133/7
1965	18/1	99/3
1974	53/2	157/2
1975	56/2	139/4
1984	224/6	204/9

In den achtziger Jahren veränderte sich die jahrzehntelang konstante Relation zugunsten Karachis: Dort wurden 1984 in sechs Schulen 224 Graduierungskandidaten geprüft, in Peshawar dagegen nur 204 in neun D.M..
Die Absolventen in Karachi stammten zu großen Teilen aus dem Ausland (besonders Bangla Desh, Sri Lanka und Iran) oder den ländlichen Gebieten

28 Auf der Rückseite eines jeden Heftes heißt es regelmäßig: "*KPT (Karachi Port Trust), der nationale Hafen versucht mit allen Mitteln, die Wirtschaft zu fördern. KPT, im Dienste des Handels und der Wirtschaft etc.*" (Übersetzung aus dem Urdu) oder "*On the High Crest of development with Commitment to Progress and Service K.P.T.'s major Programmes for Modernization and Development*"..."*K.P.T.'s accelerated efforts for meeting economic resurgence in the country, and the Government's future target for increased exports. Karachi Port. Gateway to Pakistan*", oftmals angereichert mit Koranversen: "*Prophet, Wir haben dich (zu deinen Landsleuten) gesandt, damit du (dereinst) Zeuge (über sie) seiest, und als Verkünder froher Botschaften und als Warner und damit du (die Menschen) zu Gott rufst - mit seiner Erlaubnis - und ihnen eine helle Leuchte seiest*" (Sure 33/45-46).

anderer Provinzen, vor allem aus dem Distrikt Mansehra (NWFP). Graduierungskandidaten aus Peshawar, Lahore, Multan und Rawalpindi waren hingegen nicht in den D.M. Karachis zu finden, und nur drei von 41 Afghanen wurden hier geprüft.

Wir stellen fest, daß es zunehmend im Bereich der religiösen Erziehung eine Wanderungsbewegung gibt, und zwar einseitig von Norden nach Süden. Das entspricht dem vorherrschenden Wanderungsmuster vom Land in die Metropole:
Die Migrationsraten verdeutlichen, daß gerade Karachi (bzw. der urbane Sindh) in besonderem Maße von der Wanderungsbewegung betroffen ist: In den Jahren 1972 bis 1981 hatte Karachi eine Zuwachsrate von 51% mit einer jährlichen Zunahme von 5% und einer Gesamtimmigrantenzahl von 1.728.213 oder 32% seiner Gesamtbevölkerung! Unter ihnen stellen die Immigranten aus der NWFP den größten Anteil[29]. Daß dieser Influx besonders der Pakhtunen nach Karachi nicht ohne Probleme verläuft, zeigen dort die jüngsten Unruhen zwischen verschiedenen Ethnien.

Das in den letzten Jahren zu konstatierende Erstarken der Deobandi D.M. Karachis im Vergleich zu den D.M. in Peshawar ist jedoch nicht allein durch das Abwandern von NWFP Schülern in die Metropole zu erklären. Vielmehr erhält Karachi auch Zulauf aus den ländlichen Gebieten des Sindh, Baluchistans und Punjabs sowie aus dem Ausland.
Die einzige Ausnahme bildet lediglich die Wanderungsbewegung der religiösen Schüler von Baluchistan nach NWFP. Diese Bewegung kann ethnischen Ursprungs sein, da viele Deobandi Studenten aus dem Gebiet um Zhob in Baluchistan stammen. Dort dominiert der Stamm der *Mando Khel*, ein Zweig der Familie der *Ghurghusht* und der Pakhtunen[30].

---

29 60,2% der Emmigranten aus der NWFP (369.676 bzw. 35% aller Immigranten im Sindh), fast 7.000 aus der FATA und 631.578 Emmigranten aus dem Punjab ließen sich im Sindh, vorzugshalber in Karachi, nieder. Selbst aus Baluchistan kamen fast 57.000 Migranten nach Sindh. Hingegen waren aus dem Sindh nicht einmal 100.000 in den Punjab und lediglich 16.135 in die NWFP migriert (Daten aus den verschiedenen Zensus-Berichten des Pakistan Population Census Report 1982). Der Grund für diese Migration liegt sicherlich in der wirtschaftlichen Attraktivität Karachis.

30 Vgl. dazu Olaf Caroe: The Pathans, 550 b.c. - a.d. 1957, with an epilogue on Russia, Oxford University Press 1984[3], S. 19.

Im Zusammenhang mit der wachsenden Urbanisierung und Zentralisierung des D.M.-Wesens läßt sich eine Ablösung der traditionalen Bildungsinstitutionen, wie dem vorwiegend ländlichen *Dâr al-'ulûm Ḥaqqâniyyah*, durch Karachi erkennen.

2.1.2. Bedeutende Graduierungsschulen

Wie oben schon deutlich geworden ist, kristallisierten sich im Laufe der Zeit einige Bezirke als Hochburgen der Deobandis heraus. In diesen Zentren gibt es eine Reihe von Schulen, die aufgrund ihrer Bedeutung näher betrachtet werden sollen. Neben deren politischer Bedeutung kann aufgezeigt werden, daß sich die Zahl der Graduierungskandidaten in diesen Schulen verändert.
Von 1.987 Kandidaten haben 423 (= 20,4%) in dem *Dâr al-'ulûm Ḥaqqâniyyah*, Akoṛâ Khaṭṭak, Peshawar, ihre Prüfung abgelegt. Damit ist diese Schule als führendes Zentrum der Deobandi Gelehrsamkeit zu betrachten. In Multan war die *Khair al-Madâris* mit 164 (7,9%) Graduierungskandidaten die am zweithäufigsten frequentierte *madrasah*, gefolgt von Karachis *Jâmi'ah Fârûqiyyah* mit 119 (5,7%) und der *Madrasah 'Arabiyyah Islâmiyyah* mit 98 (4,7%)[31].
Ferner kann man feststellen, daß Graduierungskandidaten bestimmter Gebiete häufig in bestimmten D.M. vertreten sind[32]. Als traditionelle Auf-

---

31 Weiter können genannt werden die Lahori *Jâmi'ah Ashrafiyyah* mit 96 (4,6%), die *Jâmi'ah al-'Ulûm al-Islâmiyyah* in Karachi mit 82 (4%), der *Mirâj al-'Ulûm* in Bannu mit 81 (3,9%) und der *Dâr al-'ulûm Sarḥad* in Peshawar mit 66 (3,2%) Kandidaten. Diese Zahlen beziehen sich ausschließlich auf die fünf zugrunde liegenden Jahre.

32 So gingen 1963 vorzugshalber die Studenten aus Mardan und Afghanistan in die *Jâmi'ah al-Islâmiyyah* in Peshawar, während diejenigen aus Dir und auch Mardan den *Dâr al-'ulûm Ḥaqqâniyyah* besuchten. Die D.M. Karachis hingegen nahmen ausländische Studenten, besonders aus Bengalen, Indien und Iran, aber auch aus dem Sindhi Hinterland auf. Nur sehr wenige Schüler aus der NWFP wurden an den Karachi D.M. graduiert.

fangbecken für afghanische Studenten können die Peshawari Schulen *Dâr al-`ulûm Ḥaqqâniyyah*, *Dâr al-`ulûm Sarḥad* und *Jâmi`ah Imdâd al-`Ulûm* angesehen werden[33]. Hingegen kam kein Graduierungskandidat der D.M. Peshawars aus dem Punjab, und nur 14 Punjabis wurden in den Schulen von Karachi geprüft, an denen auch nur drei Afghanen graduiert wurden. Somit ist in den letzten Jahren zumindest unter den Prüfungskandidaten der Deobandis außerhalb der NWFP eine Tendenz zur Nord-Süd-Wanderung zu erkennen, und zwar weg von den traditionalen Bildungsinstitutionen in der NWFP, hin zu den in der Metropole gelegenen.

2.1.3. Familiärer Hintergrund der Graduierungskandidaten

Neben der geographischen Einordnung der Deobandi Ulama ist es wichtig zu untersuchen, inwieweit die pakistanische *Geistlichkeit* auf familiären

---

1965 stammten die Graduierungskanditaten des *Dâr al-`ulûm Ḥaqqâniyyah* vorwiegend aus den Distrikten Dir, Swat und Mardan, während die Peshawari Studenten eher im *Dâr al-`ulûm Islamiyyah* graduiert wurden. Die einzige *madrasah* in Karachi (*Madrasah al-`Arabiyyah al-Islâmiyyah*) konnte lediglich mit 18 Kandidaten aus dem Ausland, dem Sindh Hinterland und Mansehra aufwarten.
Auch **1974** führte der *Dâr al-`ulûm Ḥaqqâniyyah* mit 127 Prüflinge, von denen ein Großteil aus Afghanistan, Bannu, D.I.Khan, Mansehra, Peshawar, Mardan und Dir kam, während die Chitrali Graduierungskandidaten in dem *Dâr al-`ulûm Sarḥad* zur Prüfung antraten. In den zwei Schulen Karachis (*Jâmi`ah Fârûqiyyah* und *Madrasah al-`Arabiyyah al-Islâmiyyah*) stammte bereits eine beträchtliche Anzahl Studenten aus der nördlichen Grenzprovinz (30 von insgesamt 53, die hier graduiert werden wollten), jedoch nur einer aus Peshawar.
1975 fanden sich lediglich Graduierungskandidaten aus Swat, Azad Kashmir, Baluchistan und dem Ausland in den zwei D.M. Karachis (*Jâmi`ah Fârûqiyyah* und *Madrasah al-`Arabiyyah al-Islâmiyyah*).
Im Jahre **1984** wurden in den Karachi D.M. schon 224 Kandidaten geprüft, unter denen die *Jâmi`ah Fârûqiyyah* mit 87 (meist aus dem Ausland, Mansehra und aus Karachi selber) und die *Jâmi`ah al-`Ulûm al-Islâmiyyah* mit 82 (meist aus dem Ausland, darunter drei Afghanen, Swat und Mansehra <27 von 29 aus Mansehra!>, aber auch aus Karachi selber) hervortraten. 1981 waren es 111 Kandidaten, 1983 220 und 1984 schon 225, die in Karachis D.M. geprüft wurden. Allerdings gab es dort keinen Prüfling aus Peshawar.

33 38 afghanischen Studenten der etwa 2000 Graduierungskandidaten.

Traditionen mit einem geistlichen Hintergrund fußt. Wie in der Darstellung des *Drop Out* Problems erwähnt (Kapitel VII 2.5.), stammt die Mehrzahl der D.M.-Schüler ja aus sozial schwachen Schichten.

Die Analyse der Titel der Väter der Graduierungskandidaten zeigt, daß die Graduierten, die *mawlânâs* also, nur selten einen religiösen Familienhintergrund in dem Sinne aufweisen, daß schon der Vater D.M.-Schüler war und/oder einen religiösen Titel besaß:

757 der 2.077 Väter der Graduierungskandidaten besaßen einen Titel. Unter den 24 vorkommenden Titeln[34] haben 18 eine religiöse Konnotation, während sechs Titel Aussagen über den sozialen und wirtschaftlichen Status des Vaters zulassen.[35] Hingegen werden keine Angaben zur für die Pakhtunen sonst wichtigen, Stammeszugehöhrigkeit gemacht, was ganz dem *egalisierenden* Prinzip des Islam entspricht, der keine Herkunftsunterscheidungen zuläßt[36].

Lediglich 63 der 757 Titel waren säkular[37] (8,3% aller Titel und 3% aller Kandidatenväter). Sie sollen hier zunächst vernachlässigt werden. Am

---

34 Die Titel sind: *1. al-ḥâj, 2. ḥâjî, 3. ḥâfiẓ, 4. qârî, 5. imâm, 6. khalîfa, 7. pîr, 8. ghâzî, 9. ḥakîm, 10. mawlânâ, 11. muftî, 12. sayyid, 13. shâh, 14. sharîf, 15. ḥaḍrat. 16. shaikh, 17. ṣâḥib, 18. qâḍî, 19. beg, 20. choudhrî, 21. mîr, 22. malik, 23. miyân, 24. mîrza.*

35 Vgl. dazu Annex D: Tabelle 66: Titel der Väter der Deobandi Graduierungskandidaten in ausgewählten Jahren (1963, 1965, 1974, 1975 und 1984).

36 Einem Ḥadîth zufolge gibt es keine Genealogie im Islam (vgl. Oliver Roy: Islam and Resistance in Afghanistan, a.a.O., S. 59. Zum Problem des *Khân* vgl. weiter unten, Ende von 2.1.3.). Deshalb werden auch in den Registern die Stammesnamen nicht erwähnt.
Die nähere Lokalisierung der werdenden Ulama bis auf die Tehsilebene ermöglicht jedoch auch ethnische Zuordnungen: So dominieren unter den Deobandi Kandidaten die Stämme *Bannuchi* (Bannu), *Marwat* (Lakki Marwat) und *Waziri* (Waziristan), *Daudzai* und *Safi* (Peshawar und Bajor <zu den *Safis* vgl. auch J.H.P. Evans-von Krbek: The social structure and organization of a Pakhtun speaking community in Afghanistan, Department of Anthropology, University of Durham 1977 (unveröffentl.)>, *Gadun* (Mansehra, Hazara, Mardan), *Khattak* (Nowsherah), *Muhammadzai* und *Mundar Yusuf Zai* (Charsadda, Mardan), *Kundi, Lohani* und *Bhatini* (Tank), *Daur* (Miran Shah), *Babar* und *Khetiran* (DIK), *Mian Khel* und *Zamarai* (Kulachi) und *Muhammad Zai* (Swabi) (Bestimmung der Stämme nach Lt. Col. Muḥammad Iḥsân Allâh (retd.): Pashtûn Qabâ'il, Lahore 1984 (Urdu) und Olaf Caroe: The Pathans a.a.O., S. 15-24 und der Karte "Tribal Locations of the Pathans", in: O. Caroe a.a.O., am Ende).

37 Von 19 bis 24; s.o.

häufigsten tritt unter den 757 Titeln der des *mawlânâ/mawlwî/mullâ* auf, der einen religiösen Lehrer bezeichnet (342 oder 45,2% aller Titel)[38]. Dem folgen die Titel *ḥâjî* (Mekkapilger; 78 = 10,3%), *al-ḥâj* (mehrfacher Mekkapilger; 46 = 6,1%), *shâh* (Nachkomme des Propheten; 67 = 8,9%), *sayyid* (Nachkomme des Propheten; 53 = 7,0%) und *ḥâfiẓ* (jemand, der den Koran auswendig gelernt hat; 41 = 5,4%).

Aus der Aufstellung der Vätertitel[39] geht hervor, daß die Zahl der "Pilger" im Jahre 1984 enorm zunimmt. Dies ist sicherlich auf die *Ḥajj*-Politik des Zia-Regimes zurückzuführen[40]. Ein ähnliches Wachstum zeigen die Titel *ḥâfiẓ, qârî, imâm, khalîfa, pîr, ghâzî* und *ḥakîm* auf (sie sind hier in einer Gruppe zusammengefasst).

Die stärkste Zuwachsrate ist bei den *mawlânâ*-Titeln zu verzeichnen. Während ihre Zahl 1962, 1965, 1974 und 1975 insgesamt 172 betrug, stieg sie allein im Jahre 1984 auf 173. Der *mawlânâ* erreicht mit Ausnahme des Jahre 1974 (25%) in den untersuchten Jahren konstant einen Anteil von

---

38 Der Titel *mawlânâ* bezeichnet meist jemanden, der eine formale theologische Ausbildung genossen hat (bisweilen auch ein *Ṣûfî*), damit *'âlim* ist und meist einer Denkrichtung angehört und so in einen größeren religiösen institutionellen Zusammenhang eingebunden ist. Der Titel *mullâ* dagegen bezeichnet heute den niedrigen Geistlichen eines Dorfes, von dessen Bevölkerung er gleichzeitig abhängig ist. Beide gehören neben anderen geistlichen Würdenträgern zu einer "professional group". Die Unterscheidung in "professional group" und "clan" ist besonders in den Stammesgebieten wichtig. Die "professionals" gehören nicht zum "clan" und sind deshalb Außenstehende. Lediglich jene geistlichen Würdenträger, die *barakah* besitzen (also *sayyid, shâh, miyân* und *pîr*), genießen einen höheren Status in der Stammesgesellschaft. (vgl. Oliver Roy: Islam and Resistance a.a.O., S. 23 ff.). Von besonderer Bedeutung ist das Stammesgesetz in diesen Gebieten (*Pashtûnwalî*), das der Shari'a wenig Raum bietet. Deshalb, so argumentiert Roy, würde sich ein *Khân* oder dessen Nachkomme auch niemals einer religiösen Ausbildung unterziehen (vgl. Oliver Roy: Islam and Resistance a.a.O., S. 35; eine kritische Stellungnahme dazu weiter unten, Ende 2.1.3.). Außerhalb der Stammesgebiete genießen der *mullâ* und der *mawlânâ* jedoch großen Respekt, nicht zuletzt deshalb, weil sie das Monopol der Durchführung religiöser Riten im weitesten Sinne innehaben. Oftmals sind sie auch die einzigen, die über Lese- und Schreibkenntnisse verfügen und die islamische Rechtssprechung kennen.

39 Vgl. dazu Annex D: Blockdiagramm 1: Titel der Väter nach Gruppen sortiert.

40 Diese Politik ermöglicht es dem (wohlhabenden) pakistanischen Bürger zunehmend, Pilgerfahrten nach Mekka zu unternehmen.

40% aller Titel. Nahezu die Hälfte aller Graduierungskandidaten, deren Väter Titel besaßen, konnte somit auf eine religiöse Familientradition verweisen.
Die absolute Zunahme der *mawlânâ*-Titel kann entweder bedeuten, daß mehr und mehr *mawlânâs* ihre Kinder in die religiösen Schulen schicken, oder daß mehr und mehr Väter sich (fälschlich) als *mawlânâs* ausgeben. Da jedoch das Informationsnetz unter den Geistlichen gut funktioniert, ist letzteres unwahrscheinlich.
Durch die formale Aufwertung der D.M. seit Zia ul Haq scheint das *Mawlânâ*tum wieder das Ansehen gewonnen zu haben, das es im Laufe der drei letzten Jahrzehnte eingebüßt hatte.

Es stellt sich nun die Frage, woher die traditionalen Geistlichen – *mawlânâs* –, die Pilger – *ḥâjîs* [*ḥujjâj*] und *al-ḥâjs* –, die *ḥâfiẓs* [*ḥuffâẓ*] und vor allem die Prophetennachkommen (*sayyids* und *sh̲âhs*) stammen und ob sich im Laufe der Jahre Veränderungen ergeben haben[41].
Die vorliegenden Daten lassen folgendes erkennen:
Die meisten Pilgerfahrer stammen aus dem Punjab. Von den 120 *ḥujjâj* kamen 47 allein aus dieser Provinz, 22 aus der NWFP und nur 5 aus dem Sindh, hingegen 12 aus Afghanistan. Eine Prüfung der Verteilung auf Distriktebene ergibt, daß die Pilger nur sehr selten aus den traditionellen Rekrutierungszentren der Deobandis, sondern vielmehr aus den Ballungszentren kommen[42].
Die *mawlânâs* waren vorzugsweise in der NWFP vertreten (122 = 16,5% aller Titel bzw. 47% aller *mawlânâs* und 36,6% aller Titelträger dieser Provinz), während Punjab 70 (36,3% der Gesamtheit der Titel dieser Provinz), Sindh nur 8 (53,3% aller Titel dieser Provinz) und Baluchistan 23 (59% der Titel dieser Provinz) vorwiesen. Immerhin waren 29 (also 8,7% aller *mawlânâs* und 47,5% aller afghanischen Titelträger) afghanischer Herkunft[43].

41 Die übrigen Titel werden hier aufgrund ihres seltenen Vorkommens nicht weiter behandelt.
42 Aus Karachi stammen 9, aus Muzaffargarh 7, aus Multan 14, aus Peshawar 11 und aus Quetta 5.
43 Die *mawlânâs* der NWFP kommen vorzugshalber aus den Distrikten Peshawar mit 38, Mansehra mit 30, Mardan mit 29, gefolgt von Bannu mit 29, Swat mit 15 und D.I. Khan mit 8. Die *mawlânâs* des Punjab stammen aus den Bezirken Multan (12), Muzaffargarh (8), Bahawalpur und Bahawalnagar (jeweils 6), D.G. Khan (5). Aus Karachi kommen 11 und aus Zhob 10 Graduierungskandidaten, deren Väter *mawlânâ* waren.

Auffallend ist hier, daß die Zahl der *mawlânâs* in der Peshawar *Division* sowie den Bannu und Mansehra Distrikten und in besonderem Maße in Zhob relativ hoch ist. Dies weist zunächst darauf hin, daß in solchen Gebieten, die relativ abgelegen und "rückständig" sind, das *Mawlânâ*tum stärker verbreitet ist, als in "entwickelten". Dort scheint dieser Berufsstand noch Nachfrage zu finden. Wir wissen, daß die Titel *mawlânâ*, *mawlwî* oder *mullâ* in der NWFP gebietsweise (außerhalb des Stammesgebietes) Ehrentitel sind[44], im Gegensatz etwa zum Punjab, wo sie in breiten Schichten eher eine negative Konnotation besitzen.
Fast jeder zweite Prophetennachkomme (*sayyid* und *shâh*)[45] ist in der NWFP zu finden: 59 *sayyids* und *shâhs* repräsentieren etwa 10% der Titel aus dieser Provinz. 11 *shâhs* kommen allein aus Chitral. Aus dem Sindh stammt kein Prophetennachkomme; Baluchistan kann nur 2, der Punjab 12 und Afghanistan 11 vorweisen. Auf der Distriktebene ist auch hier ein deutlicher Vorteil Bannus, Peshawars und Mansehras nachweisbar[46].
Die *ḥâfiẓs* kommen vorzugshalber aus den Distrikten Multan, Muzaffargarh und Bahawalpur (30 = 73,2% aller *ḥuffâẓ*)[47], während in den traditionellen Zentren der Deobandis so gut wie gar keine *ḥâfiẓs* (nur 7 oder 17,1% aller *ḥuffâẓ*) anzutreffen sind.

Wir stellen fest, daß in der NWFP vorzugsweise die Titel *mawlânâ*, *ḥâjî* und *sayyid/shâh*, im Punjab der des *ḥâfiẓ* verbreitet sind.
Zu bedenken ist nun, daß der Titel *mawlânâ* (hier auch *mawlwî* und bisweilen auch *mullâ*) nicht überall notwendigerweise an eine entsprechende theologische Ausbildung geknüpft ist. Ein *mawlwî/mullâ* kann auch ein gewöhnlicher niedriger Geistlicher sein, der der lokalen Bevölkerung in Alltagsfragen mit religiösen Ratschläge zur Seite steht, und dessen Tätigkeit auf die Pflege lokaler religöser Einrichtungen beschränkt ist. Auch die Titel *sayyid/shâh* und *ḥâjî/al-ḥâj* sind lediglich an die Abstammung bzw. an eine Pilgerreise gebunden, und setzen ebenfalls kein

44 Besonders deshalb, weil die *Geistlichkeit* in diesem Gebiet eine lange egalitäre oder millinarische Tradition besitzt.

45 Sie werden von der lokalen Bevölkerung Araber genannt, eine Bezeichnung, die vor dem pakistanischen *manpower export* nach Saudi Arabien in den siebziger Jahren noch großen Respekt bezeugte.

46 Auf der Distriktebene verteilen sich die Prophetennachkommen wie folgt: Bannu 20, Chitral und Dir insgesamt 19, Peshawar 15, Mansehra 8 und Mardan 5.

47 Der Titel *ḥâfiẓ* bedingt hier kein mehrjähriges religiöses Studium in *ḥifẓ*.

theologisches Studium, oder zumindest ein vierjähriges Studium des Koran voraus, wie es für einen *ḥâfiẓ* der Fall ist. Die Annahme, daß die religiösen Autoritäten in der NWFP deswegen weniger qualifiziert sind, als beispielsweise jene des Punjab, wo der Titel *ḥâfiẓ* vorherrscht, ist jedoch in sofern unbegründet, als ein *ḥâfiẓ* unter den Gelehrten weniger Prestige genießt. Besonders im Punjab hat er keinen guten Ruf[48]. In der NWFP hingegen werden die Geistlichen nicht zuletzt deshalb, weil sie die zahlreichen Freiheitskämpfe gegen die Kolonialherren anführten, respektiert. Da sie außerhalb der Stammesgesellschaft stehen, können sie die latent bestehenden Stammesfehden transzendieren und so oftmals als charismatische Führer auftreten. Dies wird auch als ein Grund dafür genannt, daß die Führer im *Jihâd* um Afghanistan häufig Geistliche seien[49].

Wir können aus all dem folgern, daß Art und Anzahl der Titel zunächst den Grad der Religiösität eines Gebietes andeuten können. Sie geben außerdem Aufschluß darüber, in welchen Gebieten der Berufsstand des religiösen Lehrers *mawlânâ/mawlwî/mullâ*, verbreitet ist. Bei den Deobandis ist dies in der NWFP der Fall. Die Träger religiöser Titel sind in dieser Provinz nicht nur zahlreicher als im Punjab, sondern weisen auch eine höhere theologische Bildung auf.

In Übereinstimmung mit den obigen Beobachtungen über die Wanderung der Graduierungskandidaten läßt sich nachweisen, daß die Väter, die religiöse Titel tragen, ihre Söhne tendenziell in die Hochburgen der Deobandi Erziehung schicken, und damit zur Stärkung islamischer Gelehrsamkeit Deobandischer Ausrichtung in Peshawar beitragen[50].

---

48 Dieser Titel genießt im Punjab einen negativen Beigeschmack. Angeblich wird *ḥâfiẓ*, wer aufgrund seiner geistigen oder körperlichen Unfähigkeit nicht in der Lage ist, seinen Lebensunterhalt "mit normalen Mitteln" und durch selbstständiges Handeln und Denken zu verdienen, sondern nur durch das Auswendiglernen des Koran und dessen, freilich kunstvolle, Rezitation. Das Bild des sogenannten "blinden *ḥâfiẓ*" (*annâ ḥâfiẓ*) stellt z.B. einen ungeschickten, hilflosen (blinden) Mann dar, der eine befahrene Straße überqueren will, dies aber nur mit fremder Unterstützung kann (für diese Deutung danke ich Herrn Prof F. Muh. Malik, SAI Heidelberg, im September 1987).

49 Oliver Roy: Islam and Resistance a.a.O., S. 59 ff. et passim

50 Über 108 Graduierungskandidaten haben Väter mit dem Titel *mawlânâ/mawlwî/mullâ*. Aus dem Distrikt Peshawar selbst schickten lediglich 38 *mawlânâs* ihre Söhne in die D.M.. Dies legt eine Abwanderung der *mawlânâ*-Nachkommen von Distrikten wie Mardan, Mansehra, Swat und Zhob nach Peshawar nahe.

Ferner läßt sich aus den vorliegenden Daten ablesen, daß nicht nur die Anzahl der Titelträger gestiegen ist, sondern auch die der Titelarten im Laufe der letzten Jahre stark zugenommen hat. Dies weist auf eine *Diversifizierung* der Titel hin[51]. Hinzu kamen insbesondere Bezeichnungen, die nicht auf eine religiöse Qualifikation, sondern auf den sozialen Status hindeuten, wie z.B. *ghâzî* (siegreicher Kämpfer für den Islam), *ṣâḥib* (Ehrentitel), *khalîfah* (etwa: Nachfahre eines Heiligen), *ḥaḍrat* (Ehrentitel), *mîrzâdah* (Nachkomme eines Großgrundbesitzers, bisweilen auch eines Heiligen) und *beg* (Ehrentitel; Großgrundbesitzer). Dies bedeutet, daß nun vermehrt auch andere, sozial höher gestellte Schichten ihre Kinder in die religiösen Schulen schicken[52]. Eine Erklärung dafür ist die staatliche Anerkennung der D.M. und der damit verbundene erhöhte Einbezug dieser Institutionen in den staatlichen Bereich.

Daß Träger sozialer (nicht-religiöser) Titel in der NWFP ihre Söhne in religiöse Bildungsstätten schicken konnten, wurde noch in der jüngsten Vergangenheit für unmöglich gehalten:

> "The son of a Khan would never engage in religious studies (at least in the twentieth century, for the situation seems to have been different in earlier times). To be a Pashtun is to be integrated into a tribal structure. Priests are outside the tribal system, either below it, or above it"[53].

Dies sei besonders deshalb der Fall, weil die *Khâns* - die lokalen Großgrundbesitzer und Dorfvorsteher - an lokalen Rechtswesen orientiert seien, dem säkular ausgerichteten *Pakhtûnwalî*[54]. Die Ergebnisse der Titelanalyse zeigen jedoch das Gegenteil. Es gibt offenbar durchaus eine Überschneidung von *Pakhtûnwalî* und Shari'a, in besonderem Maße sogar in den letzten Jahren. Darauf weist der hohe "Khân"-Anteil bei den Titeln der Väter (11,3%) hin[55]. Auf der Grundlage dieses Ergebnisses muß der Ausschließlichkeitscharakter der These Olivier Roys zumindest in Frage gestellt werden.

---

51 Während es 1963 14, 1965 10, 1974 12 und 1975 noch 13 Titel waren, nahm ihre Zahl im Jahre 1984 auf 20 zu.
52 Dies kann anhand eigener Untersuchungen belegt werden.
53 O. Roy: Islam and Resistance a.a.O., S. 35; Hervorhebung von mir.
54 O. Roy: Islam and Resistance a.a.O., S. 23 ff.
55 1963 waren es 32, 1965 20, 1974 schon 44, 1975 37 und 1984 sogar 101 *Khâns*. Die Mehrheit stammt aus dem Bezirk Bannu bzw. dem angrenzenden Gebiet von Waziristan (39 *Khâns*) und Peshawar (26).

Ein Khân kann seine männlichen Nachkommen durchaus in eine religiöse Schule schicken, allerdings meist nicht die erst- oder zweitgeborenen Söhne, sondern jene, die aufgrund der Vererbungsgepflogenheiten wenig Aussicht auf ein für den Lebensunterhalt ausreichendes Erbe haben.

2.2. Herkunftsdistrikte der Brelwi Graduierungskandidaten

Die Analyse der Herkunftsdistrikte der Graduierungskandidaten der *Tanẓîm al-madâris* stützt sich auf die Register der Jahre 1974-1979/80.

Tabelle 61: Verteilung der Graduierungskandidaten der *Tanẓîm al-madâris* nach Provinzen und Jahren

Abstammung aus	1974	1975	1976	1977	1978	1979/80	gesamt	%
Punjab	110	89	82	61	107	316	765	73,0
Sindh	10	7	4	10	13	37	81	7,7
NWFP	14	17	9	6	4	38	88	8,4
Baluchistan	1	1	4	2	2	10	20	1,9
Azad Kash.	10	11	10	5	14	36	86	8,2
andere	-	-	-	1	-	7	8	0,8
gesamt	145	125	109	85	140	444	1048	100,0

(Quellen:
Register der Graduierten der *Tanẓîm al-madâris al-'arabiyyah* für die Jahre 1974-79/80, Lahore (mimeo); e. B.[56])

Wie aus obiger Tabelle hervorgeht, stammen die Brelwis in den sechs untersuchten Jahren (1974-1979/80) in 73% aller Fälle aus der Provinz Punjab. Dabei sind für die Distriktebene folgende Aussagen zu treffen:

56 Im Gegensatz zur Datenanalyse der Deobandis erfolgten die folgenden Auswertungen wegen des geringen Datenumfangs ohne *EDV*-Unterstützung.

Die größte Gruppe kommt aus dem Sahiwal (143 = 13,6%), die zweitgrößte aus dem Multan Distrikt (86 Studenten = 8,2%); die Bezirke D.G. Khan und Muzaffargarh folgen (zusammen 91 Studenten = 8,7%).
Aus urbanen und infrastrukturell gut ausgestalteten Gebieten, wie den Distrikten Lahore, Rawalpindi und Faisalabad stammen insgesamt lediglich 66 Studenten (= 6.3%), während der überwiegende Teil aus ländlicheren Gebieten, wie z.B. aus Sahiwal oder Multan, kommt. 36% aller 1.048 Väter weisen religiöse Titel auf[57].
Die Graduierungskandidaten sind meist Söhne kleiner oder gar landloser Bauern, die es in den von Großgrundbesitz geprägten Distrikten Sahiwal und Multan, D.G. Khan und Muzaffargarh häufig gibt[58]. Ähnlich wie die Deobandis, stammen auch die Brelwis meist aus Dörfern mit weniger als 10.000 Einwohnern[59].
Oft ist der Großgrundbesitzer in Personalunion mit dem lokalen Heiligen und erfüllt beide Funktionen, die des *pîr* und die des *Landlords*, in einer Person. In den Distrikten Multan und Sahiwal ist das *pîrî murîdî* (Heiligenverehrung) entsprechend stark verbreitet.[60] In den von den Brelwis bewohnten Regionen sind hinduistische Glaubenselemente zu finden, die in der Volksfrömmigkeit, welche die Brelwis aus Indien mitbrachten, zum Ausdruck kommen.
Daß es so wenig Brelwis in der NWFP und Baluchistan gibt, liegt mitunter daran, daß die ideologische Ausrichtung der Pakhtunen und der Baluchen mit den hinduistischen Einflüssen, die die Brelwis aufgenommen hatten, nicht vereinbar ist[61]. Die nördliche Grenzprovinz und Baluchistan besitzen eine vom hinduistisch stark beeinflußten Punjab abweichende Sozialstruktur. Einer kastenlose Stammesgesellschaft mit tendenziell demokratischen Zügen (z.B. manifestiert in dem Prinzip der *Jirga*[62]) steht

57 Im einzelnen gibt es 140 Väter mit dem Titel *mawlânâ*, 59 mit *miyân*, 51 *ḥâfiẓ*s, 78 *ḥâji*s und 47 Prophetennachkommen.
58 Zur näheren Erläuterung der verschieden Distrikte hinsichtlich der Arbeitsmarktproblematik vgl. weiter unten, Kapitel VIII 2. ff.
59 Aus sogenannten urbanen Gebieten, wie z.B. Pakpattan und Daska (50.000 bis 100.000 Einwohner), in denen es jedoch keine Industrie gibt, stammen lediglich 1,5% aller Brelwi Prüflinge.
60 Vgl. dazu das Kapitel über das Stiftungswesen, passim.
61 Der Begründer der Brelwi Strömung war dennoch ein Pakhtune.
62 Vgl. dazu etwa Oliver Roy: Islam and Resistance a.a.O., passim.

im Punjab die ausgeprägte und gesellschaftlich akzeptierte Kastengesellschaft gegenüber[63].

Die traditionelle Verbindung zwischen Deoband und Kabul über Lahore und Peshawar mag die Brelwis ebenfalls gehindert oder abgeschreckt haben, ihre Netze auch in diesen Gebieten auszuwerfen. Überdies war die nördliche Grenzprovinz schon vor dem Aufkommen der Deobandis puritanisch orientiert, wie es sich schon in der Bewegung gegen die Sihks und die Briten unter den Nachkommen *Shâh Walî Allâhs*[64] zeigte. Die Denkrichtung der Deobandis ist mit dem Synkretismus der Brelwis schwer zu vereinbaren.

Die meist aus dem heutigen Indien stammenden führenden Brelwi Geistlichen sind als *muhâjirîn* (Flüchtlinge) zu bezeichnen, die im Rahmen der Völkerwanderung seit 1947 vor allem in die an Indien angrenzenden Distrikte Pakistans strömten. Warum die Brewlis allerdings im ebenfalls durch großen Landbesitz und ausgeprägten Heiligenkult bestimmten Sindh nur schwach repräsentiert sind, ist noch nicht erforscht. Wohl aber finden sich Anhänger der Brelwis im urbanen Sindh, wie Hayderabad und Umgebung, einem Gebiet, welches einen hohen Anteil indischer Flüchtlinge

---

63 Vgl. dazu Saghir Ahmad: Class and Power in a Punjabi Village, London 1977.
Eine literarische Kritik an den feudalistischen Verhältnissen des Punjab findet sich vor allem in den Kurzgeschichten von *Aḥmad Nadîm Qâsimî*. Vgl. z.B. Afkâr, Nadîm nambar, Karâchî 1975 (Urdu). Einige seiner Kurzgeschichte sind ins Englische übertragen worden von Sajjad Shaikh: Selected short stories of Ahmad Nadim Qasimi, Karachi 1981.

64 Oftmals wird die Bewegung unter *Shâh `Abd al-`Azîz* und *Shâh Isma`îl Shahîd* in der wissenschaftlichen Literatur fälschlich mit der wahhabitischen Bewegung in Saudi Arabien gleichgestellt. Zur *Jihâd* Problematik im Zusammenhang mit Britisch Indien vgl. z.B. Rudolph Peters: Islam and Colonialism; The Doctrin of Jihad in Modern History, The Hague 1979, bes. S. 44-53.

vorweist. Hayderabad ist die Hochburg der *Jam`iyyat-e `Ulama'-e Pakistan*[65].

Die Verteilung des Landbesitzes, die Rolle des Großgrundbesitzers und die des *pîrs*, die hinduistischen Einflüsse und die indische Herkunft lassen die synkretistisch anmutenden Brewlis zu einer Denkschule werden, die eher konformistischer Art ist. Damit tragen sie dazu bei, den *status quo* im Punjab - mit seinen vielen Heiligen - zu perpetuieren.[66]

2.2.1. Regionale Schwerpunkte der Graduierung

Nach der Analyse der Herkunftsdistrikte der Brelwi-Graduierungskandidaten sollen nun die Bildungszentren der *Tanẓîm* identifiziert werden. Wie Tabelle 62 zeigt, wurden mindestens 840 (= 80,2%) Kandidaten im Punjab geprüft, meist in den Bezirken Multan und Sahiwal.

65 Mit der Teilung Indiens 1947 strömten die *muhâjirîn* vor allem in die grenznahen Distrikte wie Montgomery (heute Sahiwal), Multan, Lyallpur (heute Faisalabad), Lahore und in die urbanen Zentren des Sindh. Zu den *muhâjirîn* vgl. auch T.P. Wright (jr.): Indian Muslim Refugees in the Politics of Pakistan, in: The Journal of Commonwealth Comparative Politics, Vol. XII No. 2 July 1974, S. 189-205 sowie Mohammad Arif Ghayur und J. Henry Korson: The Effects of Population and Urbanization Growth Rates on the Ethnic Tensions in Pakistan, in: Manzooruddin Ahmad (ed.): Contemporary Pakistan, a.a.O., S. 204-227, bes. S. 209-220.

66 In sofern hat Dr. Y. Gorâyyah mit seiner Kritik am Heiligenkult Recht; vgl. dazu Kapitel III über das Stiftungswesen, 3.2.1.1.

Tabelle 62: Distrikte und Städte der Graduierung der Brelwis aus dem Punjab, 1974-1979/80

Distrikt	Anzahl der Kandidaten
Multan	183
Sahiwal/Okara	169
Lahore	162
Faisalabad	158
Rawalpindi	64
andere	104
gesamt	840

(Quellen:
Register der Graduierten der *Tanẓîm al-madâris al-`arabiyyah* 1974-1979/80, Lahore, mimeo; e. B.)

Die Herkunfts- und die Graduierungsdistrikte sind nicht immer identisch. Distrikte wie Rawalpindi, Lahore und Faisalabad haben z.B. weit mehr Kandidaten, als die Anzahl der aus diesen Distrikten stammenden Schüler erwarten läßt: Von 384 Prüflingen stammen nur 66 aus den entsprechenden Distrikten. Dies deutet auf eine Migration innerhalb der Provinz Punjab von ländlichen zu urbanen Distrikten hin. Bedenkt man, daß sich in Lahore, Faisalabad und Rawalpindi die großen und etablierten D.M. befinden, so ist die Abwanderung der Theologen dorthin nicht verwunderlich. Wie in Gesprächen mit Studenten deutlich wurde, "ist die Stadt lukrativer, weil hier mehr Geld vorhanden ist und mehr Verdienstmöglichkeiten bestehen"[67]. Der wirtschaftliche Anreiz erweist sich als mitverantwortlich für die steigende Anziehungskraft städtischer Zentren auf Geistliche.
Im Sindh wurden 17,1% aller *Tanẓîm*-Studenten graduiert. Die Hälfte davon stammte aus Sindh, von ihnen lediglich 34 aus Karachi selber. Hingegen wurden 144 Studenten (6% mehr als aus dem Sindh) in den D.M. Karachis graduiert. Die Rolle Karachis für die Graduierung unterstreicht die Migrationsfreudigkeit der Brelwis nach Karachi, worin sie mit den

67 Im Frühjahr 1986 im *Ḥizb al-Aḥnâf*, in der *Jâmi`ah Madaniyyah*, *Jâmi`ah Ashrafiyyah*, Lahore und der *Jâmi`ah Salafiyyah* in Faisalabad.

Deobandis übereinstimmen. Es ist anzunehmen, daß auch für die *Tanẓîm* die Metropole zunehmend das Zentrum wird[68]. Wesentlich kleinere Bildungszentren im Sindh sind Hayderabad und Sukkur mit zusammen 36 Graduierungskandidaten.
Nur 20 Studenten (1,9%) wurden in der NWFP in den D.M. Peshawars, Mardans und Bannus graduiert. Demgegenüber stammten jedoch 8,4% aller Kandidaten der *Tanẓîm* aus der NWFP. Auch hier neigen die Studenten zu einem Verlassen der Provinz. Das gleiche Phänomen gibt es auch in Baluchistan: Von den 20 Prüflingen (1,9%), die aus dieser Provinz stammten, wurden nur 8 (0,8%) dort graduiert, und zwar in Sibi. Die Kandidaten aus Azad Kashmir wurden nicht dort, sondern meist in den D.M. Faisalabads, Rawalpindis, Lahores und Karachis geprüft. Auch von Kashmir aus ist also eine Wanderungsbewegung in Richtung der Ballungszentren des Punjab zu erkennen.
Wir stellen demnach unter den angehenden Brelwi Ulama eine Nord-Süd-Migration innerhalb Sindhs fest. Ferner kann man eine Wanderungsbewegung von der NWFP in Richtung Punjab beobachten. Auffallend ist besonders, daß die Gebiete mit Großgrundbesitz und ausgeprägter Agrarwirtschaft zunehmend von den Graduierungskandidaten gemieden werden. Dies steht im Zusammenhang mit Arbeitsmarktfragen.[69]

2.3. Die Schiitischen Graduierungskandidaten

Die mit der Formalisierung der D.M. (1981/82) eingeführte Buchführung über die Schüler läßt erste Erkenntnisse über die Herkunftsgebiete der shiitischen Graduierungskandidaten zu.[70]
Wie die folgende Tabelle 63 zeigt, stammen die meisten Prüflinge aus den Distrikten Sargodha, Bhakkar, Jhang und Attock. Sie stellen 36,1% der insgesamt 299 Studenten. Daneben treten Gilgit und Baltistan als Rekrutierungszentren der Schia mit insgesamt 14% der 299 Kandidaten hervor. Der Rest verteilt sich seiner Herkunft nach auf Bezirke des

---

68 Das administrative Zentrum für Prüfungsangelegenheiten wurde im Jahre 1980 aus der *Jâmi'ah Niẓâmiyyah Riḍwiyyah* in Lahore nach Karachi in die *Shams al-'Ulûm* verlegt.
69 Dazu weiter unten, Kapitel VIII.
70 Leider liegen nur Daten zweier Jahrgänge vor.

Punjab wie Lahore, Multan und D.G. Khan, um nur einige wenige zu nennen.
Wie weiter erkennbar ist, übt die Schia in den nördlichen Gebieten sehr großen Einfluß aus[71], während aus der NWFP nur 13 Graduierungskandidaten stammen[72]. Die dünn gesäte Schia Bevölkerung im Sindh (fünf Prüflinge) spiegelt sich auch in Tabelle 51 c, wider[73]. Ebenso kommen

---

71 Diese Erkenntnis gewann ich im Frühsommer 1986 auf einer Reise nach Gilgit und Baltistan. Hier gibt es einen separaten Schia D.M.-Dachverband mit dem Zentrum in *Mahdîâbâd* (eine zweistündige Jeepfahrt von Skardu entfernt). Der Verband ordnet sich nicht der *Wafâq* der Schia mit dem Zentrum in Lahore unter, obgleich sein Vorsitzender selbst ein Graduierter der *Wafâq* ist.
Bei diesem Zentrum (*Mahdîâbâd*) handelt es sich um den von einem gewissen, ehemals in Kuwait lebenden, *al-Ḥâj Shaikh Ḥasan Mahdîâbâdî* (1920-1985) gestifteten, etwa 60 canal großen, *Waqf*, dem sogenannten *Mohammadia Trust* (gegründet im Feb. 1985, kurz vor dem Tod des Sheikhs). 1986 waren nach Auskunft des Vorsitzenden 25 D.M. mit etwa insgesamt 658 Schülern in der Alterstufe zwischen 10 und 22 Jahren und weitere 106 *madâris-dîniyyât* (Primarstufe) dem *Trust* angeschlossen. In der Bibliothek der *Jâmi`ah Muḥammadiyyah* in *Mahdîâbâd* standen große Mengen der neuesten Schulbücher aus dem Iran, was dessen Einfluß verdeutlicht.
Bemerkenswert ist auch der Umfang des iranischen Einflusses - sowohl finanzieller als auch ideeller Art - auf die Schulen bei Gilgit. So erhalten die Lehrer monatlich 1.200 Rs, die Schüler 60 Rs, wenn sie eine jährlichen Prüfung, die meist von einem iranischen Gelehrten (*mumtaḥin*, der einmal im Jahr eigens dafür nach Pakistan kommt) abgenommen wird, bestehen (Auskunft am 15.6.1986 im *Dâr al-`ulûm Ja`fariyyah*, Sikandarabad, Nagir).
Wie auch Tabellen 51 a-f belegen, kann dieser *Trust* der steigenden Anziehungskraft der Zentrale in Lahore nicht lange standhalten. Zudem werden auch Studenten aus Baltistan nach Lahore und Karachi geschickt.
Erwähnenswert ist ferner, daß das formale Erziehungswesen in den "Northern Areas" meist von der Ismailischen Gemeinde geleitet und finanziert wird. Sie stellt auch eigene Unterrichtsmaterialien zu Verfügung. Hier befinden sich etwa 120 "Diamond Jubelee Schools", die meisten für Mädchen, da einem Spruch des *Aghâ Khân* zufolge "priority should be given to education of girls".

72 Obgleich Peshawar das nördliche Zentrum der shiitischen politischen Bewegung unter dem Vorsitz des Mawlânâ Arif Hussaini aus Parachinar darstellt, gab es dort bis 1985 nur einen religiösen Lehrer aus Sialkot.

73 Dies steht in Widerspruch zu der Behauptung L. Zirings, daß "Sind contains the largest concentration of Shia Muslims...". Vgl. Lawrence Ziring: Pakistan: The Enigma, a.a.O., S. 147.

recht wenig Kandidaten aus den urbanisierten Distrikten wie Lahore, Faisalabad, Gujranwala und Sialkot, eine Tendenz, die wir auch bei den Studenten der Brelwis und Deobandis aufzeigen konnten.
Aus dieser Verteilung läßt sich ablesen, daß die angehenden *mujtahid*s im Punjab konzentriert sind, dort vornehmlich in der Sargodha *Division* mit 25% aller Kandidaten. Diese *Division*, ein überwiegend ländlich strukturiertes Gebiet mit ansatzweiser Industrie, hat zahlreiche Schia-Wallfahrtsorte. Die Lokalisierung der Schia D.M. in solchen Regionen läßt Ähnlichkeiten mit den Standorten der Schulen der Brelwis erkennen.
Es muß angenommen werden, daß im Verlaufe der nächsten Jahre die Anzahl der angehenden schiitischen Ulama besonders aus den nördlichen Gebieten zunehmen wird[74], und daß sie zusehends in den großen D.M. von Lahore und in besonderem Maße in Karachi graduiert werden.

---

74 Diese Entwicklung wird besonders durch die verbesserte infrastrukturelle Anbindung der nördlichen Gebiete seit der Öffnung der *Karakorum Highway* gefördert. Zum Anschluß dieser Gebiete an das "Mutterland" vgl. Hermann Kreutzmann: Die Talschaft Hunza, a.a.O., S. 37-53.

Tabelle 63: Verteilung der Graduierungskandidaten der *Wafâq al-madâris shî'a* nach Herkunftsdistrikten, 1984 und 1985

Herkunftsdistrikte	1984	1985	gesamt	%
Rawalpindi	1	8	9	3,0
Attock	9	11	20	6,7
Jhelum	7	3	10	3,3
Sargodha	10	23	33	11,0
Khushab	8	2	10	3,3
Mianwali	-	3	3	1,0
Bhakkar	9	20	29	9,7
Faisalabad	1	-	1	0,3
Jhang	12	14	26	8,7
Lahore	8	4	12	4,0
Shaikhupura	1	3	4	1,3
Okara	2	2	4	1,3
Gujranwala	2	4	6	2,0
Sialkot	1	3	4	1,3
Gujrat	3	5	8	2,7
Multan	6	8	14	4,7
Vihari	2	1	3	1,0
Sahiwal	4	-	4	1,3
D.G. Khan	5	8	13	4,3
Muzaffargarh	5	6	11	3,7
Leiah	3	-	3	1,0
Bahawalpur	3	-	3	1,0
R.Y. Khan	2	4	6	2,0
Kohat	1	1	2	0,7
D.I.Khan	4	7	11	3,7
Khairpur	1	2	3	1,0
Nawabshah	-	1	1	0,3
Hayderabad	1	-	1	0,3
Karachi	1	1	2	0,7
Gilgit	13	5	18	6,0
Baltistan	13	11	24	8,0
Parachinar	-	1	1	0,3
Gesamt	138	161	299	100,0

(Quelle:

"Register der Graduierungskandidaten der *Wafâq al-madâris shî'a*" unter Zusammenarbeit mit Herrn Ajmal Shâh, *Jâmi'ah al-Muntazar*, Lahore, am 1.6.1986)

2.4. Die Graduierungskandidaten der Ahl-e Hadith

Auch über die Herkunftsgebiete der Ahl-e Hadith können für die Jahre 1978 bis 1985 Aussagen anhand der Register getroffen werden.
Diese, im Gegensatz zu den Denkrichtungen der Brelwis, Schia und sogar Deobandis sehr streng "fundamentalistische" Ausrichtung lehnt Heiligenverehrung und Volksbräuche ab[75]. Sie hat den Anspruch, ihre Anhänger aus den Schichten der Handelsleute und Intellektuellen zu gewinnen.
Diese Ansprüche sind auch heute noch haltbar und durchsetzbar, wie aus Tabelle 64 deutlich wird[76]. Die Mehrheit der Graduierungskandidaten stammt danach aus Distrikten wie Faisalabad, Okara, Qasur, Sahiwal und Gujranwala. Bis auf Sahiwal können die genannten Distrikte als kommerzielle Zentren des Landes betrachtet werden. Dort finden sich auch entsprechend zahlreiche D.M. der Ahl-e Hadith.
Nur 5,7%[77] der Prüflinge stammen bei dem relativ urbanen Charakter der Ahl-e Hadith aus *Chaks* (von den Briten um die Mitte des letzten Jahrhunderts aufgebaute Dörfer zur ganzjährigen Bewässerung von Monokultu-

---

75 Jedoch muß auch die Ahl-e Hadith anscheinend Kompromisse eingehen, wenn sie ihre Weltanschauung verbreiten will. So heißt es in einer Registeranmeldung (Reg. Nr. 1346 vom 8.3.1986), daß die "Jamia masjid Usmania Ahle Hadees" in Karachi 41, Orangi Town, Sector 11-E, u.a. auch "*dhikr Allâh*" (meditative Übungen der *murîdîn* und *pîrs*) zulassen, "*milâd al-nabî*" (Geburtstag des Propheten) feiern und nach hanafitischen Regeln leben will. Dies alles steht im Gegensatz zu ihren ursprünglichen Vorstellungen. Das bedeutet, daß eine strenge Umsetzung ideologischer oder theologischer Anschauungen unter den Muslimen in Pakistan nicht immer möglich ist. Oftmals vermischen sich verschiedene Denkrichtungen miteinander.

76 Leider lagen die Daten nicht vollständig vor bzw. der Zugang zu ihnen war aufgrund von "Sicherheitsmaßnahmen" erschwert; trotzdem können erste Ergebnisse vorgestellt werden.

77 Die Daten sind unvollständig.

ren)[78]. Zumindest ein geringer Anteil der Absolventen stammt also aus wirtschaftlich schwachen Gebieten. Nur 7,1% kamen aus traditionell religiösen Familien[79].

Der urbane Charakter dieser Denkrichtung wird auch darin deutlich, daß führende Persönlichkeiten - also sozusagen die Ulama - wie z.B. der Präsident dieser Denkschule selber[80], der Vorsitzende des *Institute for Shariah* in Lahore, Modell-Town oder der kürzlich im Sommer 1987 verstorbene führende Ahl-e Hadith Funktionär *Mawlânâ Ẓuhûr Illâhî*, Großindustrielle bzw. Großunternehmer mit Sitz in Karachi sind/waren.

Für die Ahl-e Hadith ist festzuhalten, daß ihre ursprünglichen Merkmale, zumindest was die soziale Zusammensetzung angeht, beibehalten wurden. Nach anfänglichem Verlust an politischer Stoßkraft hat diese Ausrichtung im Laufe der letzten Jahre im Rahmen der Islamisierung gewaltig an Einfluß gewonnen - was auch in der hohen Zahl der Graduierungskandidaten zum Ausdruck kommt - und steht zur Zeit mit der Jama`at-e Islami im Wettbewerb um saudische Unterstützung[81].

75 Die *Chaks* bieten nämlich sehr wenig Anbaufläche und ermöglichen so gut wie gar kein traditionelles Handwerk. Sie hatten zur Zeit der Briten als administrative Zellen für die Baumwollbewässerungsanlagen gedient. Heute sind dort landlose Bauern und Tagelöhner zu finden. Vgl. dazu den Beitrag von Klaus Dettmann: Agrarkolonisation im Rahmen von Kanalbewässerungsprojekten am Beispiel des Fünfstromlandes, in: J. Hagedorn et al. (Hrsg.): a.a.O., S. 179-191. Zu weiteren bibliographischen Angaben siehe Kapitel 3 meiner Magisterarbeit: Al-Mashraqi und die Khaksars, a.a.O..

79 Wegen der unvollständigen Datenlage gilt die Zahl nur vorbehaltlich.

80 *Mawlânâ Faḍl-e Ḥaq Ṫhêkêdâr* (der Beiname *Ṫhêkêdâr* bedeutet Unternehmer!) ist eigentlich gar kein *mawlânâ*, da er weder eine religiöse Ausbildung genossen hat, noch ein Lehrer in einer *madrasah* ist. Er hält jedoch regelmäßig Freitagspredigten.

81 Nach Meinung einiger Beobachter der politischen Szene in Lahore gerät die Jama`at-e Islami dabei zusehends ins Hintertreffen. Ein Ausdruck dieser Konkurrenz soll das Attentat auf den Vertreter der Ahl-e Hadith, *Mawlânâ Ẓuhûr Illâhî*, im Sommer 1987 gewesen sein.

Tabelle 64: Verteilung der Graduierungskandidaten der *Wafâq al-madâris al-salafiyyah* nach Anzahl, Herkunftsdistrikten und der religiösen Tradition, 1978 - 1985

Jahr	Anzahl	häufigste Herkunftsdistrikte	Vater *mawlânâ* oder *hâfiz*
1978	49	Okara, Kasur, Faisalabad	1
1979	17	*zu wenig Angaben im Register*	4
1980	15	Sahiwal, Qasur, Faisalabad	2
1981	20	Faisalabad, Kasur, Gujranwala	1
1982	34	*zu wenig Angaben im Register*	
gesamt	135		8
1983	160	Okara, Sahiwal, Faisalabad, Kasur	27
1984	489	Okara, Qasur, Sahiwal, Multan	27
1985	492	Kasur, Okara, Faisalabad, Gujranwala	21
gesamt	1276		91

(Quelle:
Register der Graduierten der *Wafâq al-madâris al-salafiyyah*, Lahore, 1978-1985, Recherchen am 3.4.86 im zentralen Büro in Lahore.
Leider war es aus "Sicherheitsgründen" nicht möglich, an alle Daten zu gelangen. Überdies war das Register schlecht ge-führt. Lediglich die Anzahl der Geprüften ist vollständig.)

2.5. Zusammenfassung

Zusammenfassend läßt sich über die Herkunft der Graduierungskandidaten und damit der *Geistlichkeit* in Pakistan folgendes sagen:
Die Prüflinge der verschiedenen Denkrichtungen - im wesentlichen vier - konzentrieren sich herkunftsmäßig auf verschiedene Regionen. Selbst wenn sich hin und wieder Überschneidungen in den regionalen Einflußgebieten ergeben, so kann doch gesagt werden, daß jede Denkrichtung ihren eigenen geographischen Schwerpunkt besitzt. Die geographische Zuweisung gibt auch Auskunft über die soziale und wirtschaftliche Stellung der Vertreter einzelner Denkschulen, selbst wenn diese zu verschiedenen Gesellschaftsschichten gehören können. Den meisten Graduierungskandidaten

ist gemeinsam, daß sie aus ausgesprochen ländlichen Gebieten stammen, nämlich aus Dörfern mit weniger als 10.000 Einwohnern.
Die geographische und damit sozio-ökonomische Eigenheit einer jeden Denkrichtung steht im Zusammenhang mit ihrer Anschauung. So ist die volkstümlich und synkretistisch angelegte Denkrichtung der Brelwis, die in erster Linie (Klein-) Bauern und Arme anspricht, in den sogenannten *Kanal-Kolonien*, die sich durch große Ländereien und viele landlose Bauern auszeichnen, anzutreffen; ferner in jenen Regionen, in denen aufgrund der Grundbesitzverhältnisse eine ausgeprägte Heiligenverehrung besteht[82]. Diese Gebiete boten nach der Flucht der indischen Hindus im Jahre 1947 viel Raum für die neuankommenden Muslime aus dem heutigen Indien[83]. Die Brelwis verbreiteten sich im pakistanischen Punjab vor allem in der Zeit nach der Unabhängigkeit[84]. Etwa ein Drittel der Kandidaten stammt aus traditionell religiösen Familien.
Die Deobandis sind zwar auch im Punjab häufig anzutreffen, haben ihre Zentren aber in der NWFP, hier besonders in den Distrikten Peshawar, Bannu sowie in dem Hazara Gebiet und in Afghanistan. Ein Zusammenhang zwischen der Sozialstruktur und der Ideologie der Deobandis in diesen Gebieten ist aufgrund der geographischen Verbreitung anzunehmen. Auch hier stammen die angehenden Ulama aus Familien mit niedrigen Einkommen und ländlichem Hintergrund und größtenteils aus landlosen bäuerlichen Verhältnissen. Nur knapp ein Drittel kommt aus traditionell religiösen Familien.
Die Graduierungskandidaten der Ahl-e Hadith rekrutieren sich meist aus Distrikten, die Handelszentren sind und einen hohen Urbanisierungsgrad aufweisen. Wie die Schia bleibt die Ahl-e Hadith auf kleine Bereiche im

---

82 Es scheint, daß Großgrundbesitz und Heiligenkult sich ergänzen, da letzterer die feudalen Verhältnisse religiös legitimiert.

83 Vor 1947 gab es unter der Leitung der Brelwis im Punjab des heutigen Pakistan lediglich 31 D.M. (vgl. Ahmad I, passim). Multan konnte 5, Sahiwal und D. G. Khan jeweils 2 D.M. und R. Y. Khan 4 vorweisen. Vor der Teilung Indiens hatten die Brelwis zwei zentrale D.M. in Lahore: Der *Dâr al-`ulûm Jâmi`ah Nu`mâniyyah*, gegründet 1887 und der *Dâr al-`ulûm Ḥizb al-Aḥnâf*, gegründet 1926. Beide D.M. versuchten, das Einflußgebiet der Brelwis zu erweitern (vgl. dazu Ahmad I, S. 447-450 und S. 453-455).

84 Charakteristisch dafür ist auch die Tatsache, daß führende Brelwi Ulama und *muftî*s fast ausnahmslos aus dem Gebiet des jetzigen Indiens stammen, meist aus der Region um Muradabad. *Muftî `Abd al-Qaiyyûm Hazârwî* - Vorsitzender der *Tanẓîm al-madâris* und Leiter der *Jâmi`ah Niẓâmiyyah Riḍwiyyah* in Lahore - ist eine Ausnahme.

Lande begrenzt. Außerhalb dieser Bezirke gibt es kaum Vertreter dieser Denkrichtungen. In Baluchistan und der NWFP stehen z.B. nur wenige D.M. der beiden Denkrichtungen. Aus diesen Gebieten stammen auch keine Graduierungskandidaten.
Der Schwerpunkt der Schia D.M. liegt in zwei Regionen, aus denen auch die meisten Graduierungskandidaten stammen: Die nördlichen Gebiete, besonders Baltistan und Gilgit (Nagir) und die Sargodha *Division* im Punjab. Ihre Prüflinge stammen ebenfalls aus bäuerlichen Verhältnissen mit wenig Landbesitz.[85] Dies gilt in besonderem Maße für die Kandidaten der nördlichen Gebieten.
Somit "teilen" die verschiedenen Denkrichtungen Pakistan unter sich "auf".
Die Anzahl der Mitglieder oder Anhänger schwankt von Denkrichtung zu Denkrichtung. So ist z.B. die Deobandi-Richtung die mit Abstand größte; sie ist auch am gleichmäßigsten über die Provinzen des Landes verteilt. Seit der Fertigstellung des *Karakorum Highway* ist es ihr möglich, ihr Einflußgebiet auch auf die nördlichen Gebieten auszudehnen[86], was nicht selten zu handfesten Auseinandersetzungen zwischen Deobandis, Brelwis, Ahl-e Hadith und Schia führt. Die zweitgrößte Denkrichtung ist die der Brelwis, die jedoch auf den Punjab beschränkt ist, und erst in den letzten Jahren langsam im Sindh Fuß faßte. An dritter Stelle stehen die Schia. Die Angaben über ihre Anhänger variieren je nach Einstellung des Informanden gegenüber der Schia zwischen 5% und 25% der gesamten pakistanischen Bevölkerung[87].
Die Ahl-e Hadith ist am wenigsten von äußeren unislamischen Einflüssen verändert. Sie fand im kulturellen *melting pot* Pakistans wenig Anhängerschaft, da vornehmlich urbane Schichten dazu tendieren, dem Fundamentalismus der Ahl-e Hadith zu folgen. Die geringe Mitgliederzahl ist nicht zuletzt auf den elitären Charakter der Ahl-e Hadith zurückzuführen, der die Massen eher abschreckt, als daß er sie anzieht. Zudem bietet diese Denkrichtung wenig Raum für die Riten und Rituale, die in Pakistan so wichtig sind und den Islam schlechthin repräsentieren. Im Rahmen der Islamisierung gewann sie jedoch an Einfluß.

---

85 Ausnahmen sind hier die wenigen, jedoch sehr einflußreichen, schiitischen Bürokraten und Funktionäre in der Industrie und den Medien.
86 Dies besonders durch die *Tablîghî Jamâ'at*, einem Zweig dieser Schule, mit Sitz in Raiwind bei Lahore.
87 Meiner Meinung nach liegt ihr Anteil etwa bei 10%.

Grundsätzlich kommen die Graduierungskandidaten der verschiedenen Denkschulen aus sogenannten "rückständigen" Gebieten, die kaum von Modernisierungs-strategien erfaßt wurden und in denen es häufig zur Landenteignung von Klein-bauern kommt.[88] Die daraus resultierende Migration in Städte wie Karachi muß als Ergebnis einer unausgewogenen Politik Islamabads gesehen werden.

Bevor wir diese Abhandlung abschließen, muß noch auf das Phänomen des *Drop Out* hingewiesen werden.
Wie die Analyse der Herkunftsgebiete und sozialen Hintergründe der Graduierungskandidaten religiöser Schulen zeigte, gehören sie vorwiegend den traditionalistischen Gesellschaftsbereichen an. Aus Sicht des kolonialen Sektors handelt es sich dabei um eine "negative Auslese", die in Ermangelung anderer Bildungs- und Ausbildungsmöglichkeiten auf das autochthone Erziehungswesen angewiesen ist. Oftmals sind die Graduierungskandidaten auch ehemalige Schüler des formalen Erziehungswesens, in dem sie meist die Primarerziehung genossen[89]. Viele von ihnen können deshalb als *Drop Outs* betrachtet werden. Im folgenden wollen wir nun das Problem des *Drop Out* kurz anschneiden, um diese These zu untermauern[90].

Als Grund für das Phänomen *Drop Out* wird in wissenschaftlichen Untersuchungen meist materielle Armut genannt.
Daneben sind mangelhafte Zusammenarbeit zwischen Lehrerpersonal und Eltern und die oftmals schlechte Behandlung der Kinder durch die Lehrer als Ursachen für *Drop Out* in der Primarstufe anzutreffen. Die aus dieser Armut resultierende objektive Unfähigkeit der Eltern, dem Kinde den Schulbesuch zu finanzieren und gleichzeitig auf die Arbeitskraft des Kindes zu verzichten, führt zum frühzeitigen Abbruch des Schulbesuches mit einer 50%igen Ausfallsquote.
In der Sekundarstufe werden das Desinteresse der Eltern wegen eigenem Analphabetismus, materieller Armut, der Arbeit auf dem Felde, innerfamiliärer Probleme und mangelnder Zusammenarbeit zwischen Lehrer und Schüler sowie der Planungsunfähigkeit der Eltern und ihrem Wunsch, daß die Kinder nur bestimmte kulturell anerkannte Werte erlernen sollen, als

88 Dies trifft für die Ahl-e Hadith nicht zu.
89 Vgl. *Sargodha Report* vom 28. September 1978, Islamabad (mimeo) S. 11
90 Das Phänomen ist leider unzureichend erforscht.

Hauptursachen für den *Drop Out* angegeben. Die Angst der Schüler vor Lehrern, Versetzungen, Inkompetenz und Abwesenheit der Lehrer, überfüllten Klassen, keine finanzielle Unterstützung für arme Kinder, Prügelstrafe, fehlendes pädagogisches Konzept in Schulen, schlechtes (entfremdetes) Curriculum, Migration in den Nahen Osten, politische Instabilität und schlechte Gesundheit durch Unterernährung sowie Auflösung des traditionalen Ordnungszusammenhanges sind als weitere Gründe zu betrachten[91].
Das Englische, ein Fremdkörper in der traditionalen ländlichen Gesellschaft, ist die größte Hürde, die eine Fortsetzung des formalen Schulbesuches auf dieser Bildungsebene erschwert.

Statistische Erhebungen Khans et al. führten zu folgenden Ergebnissen: 12,3% bis 26% der Schüler werden nicht in die zweite Klasse versetzt, während die *Drop Out* Rate in der gesamten Primarstufe (Klassen I-V) über 50% beträgt[92].

Angesichts der Tatsache, daß die *Drop Outs* einen wesentlichen Anteil der pakistanischen Gesellschaft ausmachen,[93] stellt sich die Frage, wel-

---

91 Zweifellos kommen hier Indikatoren zur Anwendung, die von Vertretern des modernen Sektors der Gesellschaft entwickelt wurden.

92 S.R. Khan/N. Mahmood/R. Siddiqui: An analysis of the school-level enrollment, Drop-outs and output in Pakistan 1970/71-1982/83 (mimeo), Islamabad 1984. Zugrunde liegen dabei aggregierte Daten der "Statistics Division".
Die *Drop Out* Raten unterscheiden sich von Provinz zu Provinz: Baluchistan "had the most discouraging overall position on an absolute level ...", während "NWFP revealed the largest differentials by gender", d.h. die *Drop Out* Rate unter den Mädchen liegt höher als bei den Jungen (a.a.O., S. 52). Im Sindh allerdings sei die *Drop Out* Rate im Primarbereich niedriger als in den anderen Provinzen (a.a.O., S. 25 f). Dies mag mit der Tatsache zusammenhängen, daß in Sindh die Tradition verbreitet war, und offensichtlich noch ist, eine Erziehung für die Mädchen zu garantieren (vgl. Sayyid Muḥammad Salîm: a.a.O., S. 187). Wir wollen jedoch hier nicht die kulturspezifischen Aspekte erörtern, die zum Schulbesuch im allgemeinen und Schulbesuch der Mädchen im besonderen zum Inhalt haben. Fest steht, daß kulturelle Gründe einen starken Einfluß auf die Schulbesuche haben. Ebenso ist die wirtschaftliche Stellung der Schülerfamilien zu beachten, die, je nach materiellen Verhältnissen, einen formalen Schulbesuch zuläßt oder verhindert.

93 Wie Khan et al. herausgearbeitet haben.

che Weiterbildungsmöglichkeiten die *Drop Outs* haben und in welchen Bereichen sie Arbeit finden werden.
Wir können annehmen, daß sie meist in religiösen Schulen Anschluß an das Erziehungswesen finden und die D.M. somit zu Auffangbecken für sie werden.
Wie oben erwähnt wurde, sind materielle Armut, kulturelle Zwänge und die Auflösung des traditionalen Zusammenhanges oftmals ausschlaggebend für den *Drop Out.* Die D.M. nun sind Erziehungsstätten, die die Schüler ohne Entgelt (ohne Schul-, Bücher-, Nachhilfegeld etc.) aufnehmen und erziehen. Sie garantieren ihnen nicht nur Verpflegung und Unterkunft sondern bisweilen auch Taschengeld. Gleichzeitig sind die Lehrpläne der D.M. auf autochthone Besonderheiten zugeschnitten. So ist z.B. die Unterrichtssprache in den kleinen religiösen Schulen der lokalen oder regionalen Umgebung angepaßt. Die Wissensvermittlung ist deshalb effektiver, da unmittelbarer. Im Falle von Urdu, eine in Pakistan nur von einem Teil der Bevölkerung gesprochene Sprache[94], findet die Wissensvermittlung erst mittelbar statt[95]. Die größeren religiösen Schulen, die vor allem in

94 Nur in 7,6% der pakistanischen Haushalte wird Urdu gesprochen (vgl. dazu Population Census 1981, Pakistan, Islamabad 1984, S. 18). Zur Geschichte des Urdu siehe z.B. Masud Husain Khan: Urdu, in: Th.A. Seboek: Current Trends in Linguistics, Vol. 5, Linguistics in South Asia, Monton 1969, S. 277 - 283.
Zur politischen Rolle des Urdu in Pakistan vgl. den Beitrag von Moh. Arif Ghayur und J. Henry Korson: The Effects of Population and Urbanization Growth Rates on the Ethnic Tensions in Pakistan, in: Manzooruddin Ahmad (ed.): Contemporary Pakistan, a.a.O., S. 204-227 und neuerdings Mohammad Waseem: Pakistan under Martial Law, 1977-1985; Vanguard Books Ltd. Lahore 1987, S. 227-234 (*Language and class in Pakistan*).

95 Die relativ schwach pathetische Ausbildung des Urdu und ihr Charakter als "lingua franca" sowie ihr Ursprung außerhalb der Grenzen des heutigen Pakistan können als Hauptgründe für die geringe Verbreitung dieser Sprache betrachtet werden. Nichtsdestotrotz steht Urdu der ländlichen Bevölkerung, besonders im Punjab und Sindh, näher, als die koloniale Sprache, die heute noch in den Bildungseinrichtungen und in der Administration weit verbreitet ist.

indischer Tradition stehen (z.B. Deoband, Lucknow), unterrichten jedoch verständlicherweise in Urdu. In der NWFP wird hingegen auch in Pushto und Persisch gelehrt.
Tatsächlich haben zahlreiche Interviews[96] gezeigt, daß etwa 50% der Internatsschüler der D.M. ehemals die Primarebene des formalen Erziehungswesens besuchten. Aufgrund der Armut und Bedürftigkeit ihrer Eltern mußten sie ausscheiden: Die Eltern waren nicht in der Lage, den Kindern den Schulbesuch zu finanzieren. Als Arbeitskraft aber waren die Kinder wegen den schlechten Besitz- und Bodenverhältnissen nicht einsetzbar. In anderen Fällen stand die formale Erziehung in Widerspruch zu den kulturellen Vorstellungen der Eltern, so daß die Kinder nach der Primarstufe auf die D.M. wechseln sollten. Oft hatten die Eltern auch im Zuge der Erfüllung eines Gelübdes, daß eines ihrer Kinder eine religiöse Schule besuchen werde, wenn ein ersehntes Ereignis einträte, die Kinder in eine *madrasah* geschickt.

Durch die Reform des Curriculums und die Erweiterung des Besuches der D.M. von 8 auf 16 Jahre wurden Teile der formalen Primarerziehung in die D.M. inkorporiert. Wenn die ärmeren, dem traditionalen Sektor zugehörigen Gesellschaftsschichten nun von vorneherein die *madrasah* mit 16-jährigem Curriculum vorzögen, könnte sich diese Erziehung als gleichwertig neben der formalen etablieren. Durch die Integration moderner Fächer

---

Zur Entwicklung der Urdu-Literatur vgl. z.B. Khalîl al-Raḥmân A`ẓamî: Urdû meñ taraqqî pasand adabî taḥrîk, `Alîgaṛh 1972 (Urdu) (Die fortschrittliche literarische Bewegung im Urdu); Yûsuf Sarmast: Bîswîñ saddî meñ Urdû nâwal, Ḥayderâbâd 1973 (Der Urdu Roman im zwanzigsten Jahrhundert); M. S. Gorekar: Glimpses of Urdu Literature, Bombay 1961; T. W. Clark (ed.): The Novel in India, London 1970; Wiqâr `Aẓîm: Dastân sê afsânê tak, Karâchî 1966 (Urdu) (Vom Märchen bis zum Roman).

96 Nicht standardisiert, offene und geschlossene Fragen im *Dâr al-`ulûm Ḥaqqâniyyah*, Akoṛâ Khaṭṭak, Peshawar, im *Dâr al-`ulûm Jâmi`ah Na`îmiyyah*, Garhi Shahu, Lahore, im *Dâr al-`ulûm Taqwiyyat al-Islâm*, Shish Mahall Rd., Lahore, in der *Jâmi`ah Ashrafiyyah*, Ferozpur Rd., Lahore, der *Jâmi`ah Madaniyyah*, Karimpark, Lahore, der *Madrasah Nuṣrat al-Ḥaq*, Nisbat Rd. Lahore, der *Jâmi`ah Ashrafiyyah*, Nila Gunbat, Lahore, der *Madrasah `Azîziyyah Ḥanafiyyah*, Sadr Bazar, Lahore, der *Jâmi`ah Niẓâmiyyah Riḍwiyyah*, andarûn Lâhôrî Gait, Lahore, der *Jâmi`ah al-Muntaẓar*, Modell Town, Lahore, der *Jâmi`ah Salafiyyah*, Faisalabad und im *Dâr al-`ulûm Ja`fariyyah*, Sikandarabad, Nagir im Jahre 1985/86.

allerdings drohte sie ihren exklusiven Charakter als religiöse Erziehungsstätte einzubüßen.

Da nur wenige Schüler wegen der familiären Tradition die D.M. besuchen, und noch weniger Geistliche werden wollen[97],liegt es nahe, daß meist soziale und wirtschaftliche Zwänge den Besuch in D.M. begünstigen bzw. erfordern. Die *Drop Outs* verschaffen somit den D.M. einen Großteil ihrer Schüler.

Es wäre nun einerseits aufschlußreich zu erörtern, inwieweit die *Drop Outs* die D.M. erfolgreich absolvieren und an den Berufsstand der *mawlânâs* Anschluß finden. Andererseits wäre es eine Untersuchung wert, die *Drop Outs* der D.M. näher zu beleuchten. Damit könnte nämlich die Rate derjenigen Ulama festgestellt werden, die im formalen Erziehungswesen scheiterten. Die schlechte Quellenlage bei den Graduierungskandidaten und den *Drop Outs* sowie die geringe Kenntnis über regionale sozioökonomische Besonderheiten lassen jedoch eine solche Untersuchung z. Zt. noch nicht zu[98]. Wir können jedoch damit schließen, daß die Deklassierung der D.M. als Schulen für Arme und Gescheitere, für "Marginalisierte" also, diese Erziehung nicht sonderlich lukrativ machte. Sie blieb lang nur für die untere Ebene der sozialen Hierarchie akzeptabel[99]. Dies kann sich jedoch unter den neuen Umständen, die die Zia-Administration schuf, ändern.

---

97 Siehe auch Auswertung der sozialen Hintergründe der Graduierungskandidaten, Punkt 2. ff. und Kapitel VIII 1. ff.

98 Ob mit der Reformierung und staatlichen Förderung der D.M. dem Problem des *Drop Out* entgegengewirkt werden kann, bleibt abzuwarten.

99 Ähnliche Ergebnisse erbrachten auch die Beiträge im Seminar über "Traditional forms of Education within a diversified Educational field: The case of Coranic Schools" vom 10.-12. Dez. 1984 in Paris (veranstaltet von UNESCO) für andere muslimische Länder.

Karte 2: <u>Herkunftsgebiete der maulanas</u>

(Gezeichnet nach THE TIMES WORLD-ATLAS 1983)

VIII. ARBEITSMARKTPROBLEMATIK

In der vorangegangenen Analyse sowohl der Herkunftsdistrikte und des Sozialmilieus der Graduierungskandidaten als auch der Verteilung der D.M. ist deutlich geworden, daß die verschiedenen Denkrichtungen ihren Schwerpunkt in verschiedenen Regionen des Landes besitzen. Dabei wurde auf die sozio-ökonomischen Besonderheiten einiger Distrikte hingewiesen. Im folgenden werden wir uns eingehender mit der schon häufig angesprochenen Arbeitsmarktproblematik, die sich aus der steigenden Anzahl der Ulama ergibt, beschäftigen und versuchen, sie in Beziehung zu den sozio-ökonomischen Verhältnissen der jeweiligen Rekrutierungsgebiete zu setzen. Dabei wird ein signifikanter Zusammenhang zwischen der (hohen) Anzahl der Graduierungskandidaten eines Bezirkes und seines (niedrigen) Entwicklungsstandes vermutet[1]. Damit wird die Arbeitsmarktproblematik sowohl auf nationaler Ebene als auch auf regionaler Ebene beleuchtet. Die staatlichen Maßnahmen auf dem Arbeitsmarkt für Geistliche, so wie sie z.B. in der Einführung des *Arabischen* als einer weiteren obligatorischen Sprache, der *Moschee-Schulen* und der *LAMEC*-Initiative in Erscheinung treten, werden in diesem Zusammenhang berücksichtigt.

1 Bei der Messung des Entwicklungsstandes greifen wir auf die vorliegenden Arbeiten von Zingel, Khan/Iqbal und Pasha/Hasan zurück: M.H. Khan/M. Iqbal: Socio-Economic Indicators in Rural Pakistan: Some Evidence, in: Ijaz Nabi (ed.): The Quality of Life in Pakistan, Lahore, Vanguard Books Ltd. 1986, S. 93-108; H.A. Pasha/T. Hasan: Development Ranking of Districts of Pakistan, in: Ijaz Nabi (ed.): The Quality of Life in Pakistan, a.a.O., S. 47-92 und Wolfgang-Peter Zingel: Die Problematik regionaler Entwicklungsunterschiede in Entwicklungsländern, Wiesbaden 1979. Die hier herangezogenen modernisierungstheoretischen Parameter werden trotz prinzipieller Bedenken herangezogen, da Parameter endogener Art leider bei sozialwissenschaftlichen Studien zu Pakistan weder entwickelt noch angewendet wurden. Dennoch ermöglichen sie eine Typisierung der Distrikte. Einen statistischen Korrelationstest haben wir hier nicht unternommen.

1. Die sozio-ökonomischen Verhältnisse in den Herkunftsgebieten der Graduierungskandidaten

Die Ulama *in spe* stammen aus einigen wenigen Gebieten Pakistans.[2] Auffallend ist zunächst, daß die Deobandis vorzugsweise aus den Regionen der **NWFP** und aus den **Stammesgebieten** kommen, die Brelwis, die Ahl-e Hadith und Schia im wesentlichen aus dem **Punjab**. Deshalb werden wir unser Augenmerk auf diese Regionen richten.

1.1. Die Agrar- und Industriestruktur in der NWFP und in den Stammesgebieten

Der Landbesitz ist hier weit gestreut: etwa 80% aller Bauern haben jeweils mehr als 5 *acres* und insgesamt 41% des Bodens inne. Im Durchschnitt besitzt jeder Eigentümer 4 *acres*[3]. Die Agrarstruktur der NWFP ist relativ egalitär. Der Grund hierfür mag in der Sozialstruktur der nördlichen Grenzprovinz liegen: "... a system of land tenures rooted in tribal equality and so favouring the peasant proprietor..."[4].

---

2 Exemplarisch werden im folgenden die Deobandis behandelt.

3 Die Landbesitzanhäufung im Punjab und besonders im Sindh ist dagegen um vieles höher; vgl. M.H. Khan: Agrarian Structure and Underdevelopment in Pakistan, Lahore 1985, S. 73 f.

4 Olaf Caroe: The Pathans a.a.O., S. 429; weitere Einzelheiten zur Agrarstruktur in Dir, Bajor, Swat und Utman Khel finden sich in R.O. Christensen (ed.): Report on the Tribes of Dir, Swat and Bajour together with the Utman-Khel and Sam Ranizai, Peshawar 1981 (erstmals 1901), S. 40 ff. und Akbar S. Ahmed: Social and Economic Change in the Tribal Areas, Oxford University Press 1977, bes., S. 13 ff.
Auch in diesen Gebieten jedoch finden sich Elemente der Kastengesellschaft, so etwa in der Sozialorganisation der *Sayyids*, der Swatis und der Gujjars. Siehe dazu z.B. M.Z.I. Khan: Land Tenure System in Mansehra District N.W.F.P. Pakistan, M.Sc. Thesis, Department of Anthropology, Quaid-i-Azam University, Islamabad 1981 (unveröffent.) und A.K.H. Qazilbash: Authority and Power Structure in Konsh Valley Distt: Mansehra NWFP, M.Sc. Thesis, Department of Anthropology, Quaid-i-Azam University, Islamabad 1981 (unveröffent.).

Aus modernisierungstheoretischer Sicht allerdings sind die Gebiete der NWFP, besonders Hazara und Bannu, nicht nur "landwirtschaftlich schwach strukturiert", sondern auch der Industrialisierungs- und Urbanisierungsgrad sowie die bildungsmäßige Entwicklung ist gering ausgebildet[5]. Die Ausnahmen sind Peshawar, D.I. Khan und Mardan, wie übrigens auch Quetta.
Die Analyse Khans und Iqbals[6], daß der "most developed" Bezirk der NWFP Peshawar ist, während Mansehra, Bannu, D.I.Khan - um nur die Rekrutierungsdistrikte der Ulama zu nennen - u. a. entweder "moderatly" oder gar "least developed"[7] sind, ist für unsere durchgeführte Herkunftsanalyse von Bedeutung.
Die fehlenden Arbeitsbedingungen in Industrie und Handel, und der damit verbundene, vermeintlich niedrige Entwicklungsstand mit gleichzeitig hoher Bevölkerungsdichte, führten dazu, daß die abwandernde Bevölkerung

---

5 W.P. Zingel: Problematik a.a.O., S. 332; zu ähnlichen Ergebnisse gelangen auch Pasha/Hasan: Development ranking a.a.O., S. 70.

6 Hierbei handelt es sich um sozio-ökonomische Indikatoren, die über den Lebensstandard in ländlichen Gebieten Aussagen treffen sollen. Zugrunde liegen hier in zwei Gruppen eingeteilte 22 Indikatoren.
Für A gilt: 1. Bewässerungsmöglichkeiten, 2. *Cottage*-Industrie, 3. Süßwasser, 4. Elektrizität, 5. Traktoren und 6. *Tubewell.* Für B gilt: 1. Gepflasterte Straßen, 2. Bahnhof, 3. Postamt, 4. Getreidemarkt, 5. Dünger-Depot, 6. Büro des *field assistent*, 7. Tehsil-Hauptamt, 8. Polizeiamt, 9. Dieselpumpe, 10. Traktorenwerkstatt, 11. Tierklinik, 12. Krankenhaus, 13. Bank, 14. Primarschule, 15. Mittelschule und 16. Oberschule. Gruppe A zeigt den Grad des Zuganges zu den Indikatoren an und soll so Aufschluß über die Produktion und die Arbeitsplatzmöglichkeiten des jeweiligen Distriktes geben.
Die Indikatoren der Gruppe B zeigen die Entfernungen der Dörfer eines Bezirkes von den Möglichkeiten zu diesen Indikatoren und die Arbeitsplätze an. Alle Indikatoren werden als gleichwertig betrachtet; vgl. dazu M.H. Khan/M. Iqbal: Socio-Economic Indicators in Rural Pakistan, a.a.O., S. 94 f.

7 M.H. Khan/M. Iqbal: Socio-Economic Indicators in Rural Pakistan, a.a.O., S. 102 ff.

aus den Bergbaugebieten der NWFP stammte[8]. Vor allem aber seien "sämtliche Stammesgebiete der NWFP ... am wenigsten entwikkelt(en)..."[9].

Zwischen 1947 und 1972 waren sich die Stammesgebiete selbst überlassen und somit nicht in den nationalen Fortschrittsprozeß integriert. Es handelte sich um ein autonomes Gebiet, das noch nicht völlig an den Weltmarkt gebunden war, und somit noch Reste einer Subsistenzwirtschaft aufwies. Mit dem Antritt der Bhutto-Administration sollten jedoch diese Gebiete an die Zentralregierung angeschlossen werden. Als Reaktion auf die durch immer stärker werdenden sowjetischen Einfluß gekennzeichneten Verhältnisse in Afghanistan, führte die *People's Party* (*PPP*) unter Bhutto in den Stammesgebieten administrative, wirtschaftliche und infrastrukturelle Veränderungen durch, die auch neue Arbeitsplätze schaffen sollten[10].

Wenn wir die Migrationsrate als Indikator für Entwicklungsstand und wirtschaftliche Lukrativität eines Gebietes nehmen, so kann die These Zingels, daß die Stammesgebiete und die NWFP "schwach ausgebildet" waren, und deshalb ein Abwanderungsgebiet darstellten, bestätigt werden: die Mehrzahl der inländischen pakistanischen Migranten stammt tatsächlich aus der NWFP und besonders aus den Stammesgebieten. Die Abwanderungsgebiete können jedoch als Regionen mit noch traditionalen, in sich hierarchisch gegliederten, Sicherungs- und Ordnungssystemen betrachtet werden. Dieser hohe Grad an sozialem Zusammenhang kann sich jedoch im Zuge der "social and economic changes" zusehends auflösen.

In diesem Zusammenhang kann auch auf die Typologie Kennedys verwiesen werden. In der pakistanischen Agrarstruktur lassen sich danach nämlich traditionale und moderne Sektoren unterscheiden. So kann das Re-

8 Vgl. W.P. Zingel: Problematik a.a.O., S. 354; dieses Gebiet umfaßt die Distrikte Chitral, Dir, Swat, Malakand Protected Area, Hazara, Mardan, Peshawar, Kohat und das angrenzenden Stammesgebiet sowie Teile des D.I. Khan Distriktes. Auch in den Bezirken Rawalpindi, Attock und Jhelum, sowie Quetta, Zhob, Loralai und in Nord-Kalat und Nord-Sibi befinden sich Bergbauregionen.

9 Vgl. W.P. Zingel: Problematik a.a.O., S. 334; für eine Mikroanalyse vgl. Herbert Albrecht: Lebensverhältnisse ländlicher Familien in Westpakistan; Sozialökonomische Schriften zur Agrarentwicklung, Saarbrücken 1971.

10 Es wurden nicht nur Straßen gebaut und die Elektrifizierung und Energieversorgung vorangetrieben, sondern auch die Anbaufläche erweitert und die Ausgaben für den Agrarsektor erhöht; vgl. Olaf Caroe: The Pathans a.a.O., S. 527 ff. und A.S. Ahmed: Social and Economic Change in the Tribal Areas, a.a.O., S. 53 ff. und 61-66.

krutierungsgebiet der Deobandis als ausgesprochen traditional agrarisch bezeichnet werden, da es, laut Kennedy, einen niedrigen Mechanisierungsgrad und eine hohe Anzahl Kleinbauern vorweist (bes. Bannu, Swat, Zhob, Mansehra und Chitral)[11].

Die Migration einer großen Anzahl der nach Süden abgewanderten Graduierungskandidaten vornehmlich aus Gebieten wie Bannu, Hazara, Bajor und um Peshawar kann als weitere Ursache für die Auflösung der traditionalen Ordnungssysteme angesehen werden. Für die Kandidaten stellt die Migration eine der wenigen Möglichkeiten dar, in den modernen Produktionsbereich einzutreten. Das bedeutet, daß entweder die modernisierenden Integrationsmaßnahmen Bhuttos keinen positiven Beitrag zur Arbeitsmarktproblematik geleistet haben, oder aber, daß die hohe Zahl der Migranten aus diesen Gebieten, hier der *Geistlichkeit*, anders begründet werden muß. Nicht zu unterschätzen sind bei der Bewertung der Abwanderung die Auswirkungen der "Saur Revolution" von 1978 auf diese Grenzregion.

Ein weiterer Grund mag in der Tatsache liegen, daß die Agenturen Bajor und Mohmand vom Stamm der *Sâfîs* bewohnt sind. Dies ist einer der letzten afghanischen Stämme, die zum Islam konvertierten, "and for that reason are among the most fruitful in the production of fervent exponents of the faith, even in these latter days". Sie stellen deshalb viele Theologiestudenten[12]. Die "Religiösität" eines Stammes gekoppelt mit der Grenzlage zu Afghanistan kann demnach Grund für die große Zahl der in die urbanen Zentren strömenden religiösen Schüler sein. Damit wäre allerdings der unmittelbare Zusammenhang von fehlenden Arbeitsplätzen und einer hohen Anzahl geistlicher Würdenträger wenn nicht verworfen, so doch in Frage gestellt. Auf der anderen Seite führt die beschränkte Aussicht auf Landeigentum für die Nachkommen häufig dazu, daß die

---

11 Beide Indikatoren dienen Kennedy dazu, den Grad der "Modernität" der Agrarstruktur auf Distriktebene festzustellen; vgl. Ch.H. Kennedy: Rural Groups and the Stability of the Zia Regime, in: Craig Baxter (ed.): Zia's Pakistan: Politics and Stability in a Frontline State, Vanguard Books Ltd., Lahore 1985, S. 23-46, bes. 32 ff.

12 Vgl. Olaf Caroe: The Pathans a.a.O., S. 19 f. und 362 Anm. 4 und Lt. Col. Muḥammad Iḥsân Allâh: Pa<u>sh</u>tûn Qabâ'il, a.a.O., S. 98 f. Vgl. für *Ṣâfîs* in Afghanistan auch J.H.P. Evans-von Krbek: The social structure and organization of a Pakhtun speaking community in Afghanistan, a.a.O..

Mehrheit der hier Ansässigen mindestens einen ihrer Söhne in den Berufsstand der islamischen Gelehrten schickt[13].

1.2. Die Agrarstruktur im Punjab

Im Punjab, besonders in den Gebieten der sogenannten *Kanal-Kolonien* Multan, Sahiwal und Faisalabad, wo vor der Teilung Sikh-Großgrundbesitzer und Bauern lebten, sind die Grundbesitzverhältnisse anders gelagert als in der NWFP. Zunächst zog die Wanderungsbewegung von 1947 eine Umverteilung des Landes und des Eigentums nach sich. Besonders in den *Kanal-Kolonien* nahmen die Flüchtlinge aus Indien (*muhâjirîn*) das Land ein[14], was zur raschen Übervölkerung dieser Gebiete führte. Erst 1954 wurde das Land in Pakistan gemäß dem alten Grundbesitz der *muhâjirîn* umverteilt. Aufgrund der Disparitäten, die sich aus dem beschränkten Zugang zu Ländereien einerseits und aus den Massen von Bauern andererseits ergaben, mußte die Mehrheit der Bauern ihre Arbeitskraft verkaufen. Die arbeitsintensive Landwirtschaft wurde im Rahmen steigender Modernisierung des Agrarsektors durch die Großgrundbesitzer zugunsten moderner Technologien ersetzt. Das Resultat war Arbeitsplatzverlust und Landflucht[15]. Mit dieser Entwicklung ging die Neigung der Großgrundbesitzer einher, ihre politische Macht auszuweiten[16]. Diese Tendenz wurde durch die Politik der *Grünen Revolution* in besonderem Maße gefördert, so daß die Kleinbauern und

---

13 Hier wird der starke Einfluß des *Pakhtûnwalî*, dem säkularen pakhtunischen Gewohnheitsrecht, deutlich. Im Islam ist dagegen das Erbrecht kanonisch festgelegt.

14 Nach der Devise: pro Kopf ein *acre* Land.

15 Vgl. dazu Hamza Alavi: The Rural Elite and Agricultural Development in Pakistan, in: R.D. Stevens/H. Alavi/P.J. Bartocci (eds.): Rural Development in Bangla Desh and Pakistan, University Press Hawaii, Honolulu 1976, S. 317-353; hier besonders S. 322 ff.

16 "The more land that he (the landlord; J.M.) would bring under his control, the larger was his constituency and the greater his political power"; S.J. Burki: The Development of Pakistan's Agriculture; An Interdisciplinary Explanation, in: R.D. Stevens et al. (eds.): Rural Development in Bangla Desh and Pakistan, a.a.O., S. 290-316; hier S. 303.

landlosen Pächter verstärkt in die städtischen Gebiete abwandern mußten, da sie auf dem Land immer weiter in die Marginalisierung gedrängt wurden[17].

Die Agrarstruktur im Punjab kann in unserem Zusammenhang Aufschluß über die Migrationstrends und über die Konzentration der Graduierungskandidaten in bestimmten Gebieten geben. Die Landwirtschaft entwickelte sich folgendermaßen[18]:
In den siebziger Jahren war im Punjab, besonders aber in den Distrikten Mianwali, D.G.Khan und Muzaffargarh (*Western Region*), eine Steigerung des landwirtschaftlichen Ertrags (vornehmlich *cash crops*[19]) zu verzeichnen. Verantwortlich dafür waren die hohen *Inputs* in Form von Dünger und Bewässerung etc. sowie die Zunahme der Anbaufläche. Das Landeigentum war hier stärker konzentriert, die Durchschnittsfarm größer. Im Gegensatz dazu wiesen die Bezirke Faisalabad, Sahiwal und Multan (*Central Region*) sowie Sialkot, Lahore, Rawalpindi und Jhelum die geringste *Landkonzentration* auf. Dennoch hatte in allen anderen Distrikten des Punjab die Anzahl der Kleinbauern zugenommen. Das zeigte zum einen eine Besitzanhäufung unter den Kleingrundbesitzern, zum anderen einen Rückgang der "Top-Konzentration" an, was wiederum eine

---

17 Dies ist als Ergebnis abhängiger Reproduktion zu betrachten: Die Nahrungsmittelproduktion für den Eigenbedarf stagniert, während die weltmarktorientierte Produktion von Agrargütern steigt. Die exportorientierten Sektoren der nationalen Wirtschaft (hier vertreten durch die Großgrundbesitzer) haben leichten Zugang zu Land, Dünge- und Schädlingsbekämpfungsmittel, Saatgütern, Wasser, Krediten und Regierungssubventionen, während der auf den Eigenbedarf konzentrierte Sektor (hier vertreten durch Kleinbauern oder landlosen Pächtern) diese Möglichkeit nicht hat (es muß hinzu gefügt werden, daß es in Pakistan so gut wie gar keine Gebiete mit Subsistenzwirtschaft gibt). Zugleich ist letzterer für die abhängige Wirtschaft notwendig, da er Nahrungsmittel und billige Arbeitskräfte für den außenorientierten Sektor und für die Industrie bietet (vgl. dazu D. Senghaas: Weltwirtschaftsordnung und Entwicklungspolitik; Plädoyer für Dissoziation, Frankfurt a.M. 1978², bes. S. 189-195; Senghaas spricht in diesem Zusammenhang vom *Agrarparadox*).

18 Dies geschieht auf Grundlage der oben gemachten Prämissen und unter Berücksichtigung der Arbeit von M.H. Khan: Agrarian Structure and Underdevelopment, a.a.O.

19 Dies zeigt die Abhängigkeit vom Geldmarkt.

Zunahme der "medium size holdings" (12,5 *acres* bis 25 *acres*) nach sich zog[20].

Ferner bearbeiteten sehr viele Großgrundbesitzer mit über 150 *acres* Landbesitz in allen Distrikten des Punjab[21] selbst ihren eigenen Boden. Weil daher der Zugang zur Anbaufläche für die marginalen Bauern und Kleinbauern zusehends schwieriger wurde[22], verliehen oder verpachteten sie wiederum ihr Land an mittelständische und große Landbesitzer, die als kapitalintensiv Wirtschaftende von der staatliche Politik profitierten[23].

Bei der Zunahme der Armut im ländlichen Gebiet spielten eine Rolle:

1.) die Zunahme der *Landkonzentration* unter den Großgrundbesitzern,
2.) die verstärkte Eigenbewirtschaftung des Landes durch Großbauern,
3.) die Zunahme der Anbaufläche bei gleichzeitiger Förderung der Großbauern,
4.) die zunehmende kapitalintensive Agrarwirtschaft,
5.) halbherzig durchgeführten Landreformen,
6.) die steigende Parzellierung des Bodens und
7.) die Zunahme marginaler Bauern und Kleinbauern.

Auf die Graduierungskandidaten übertragen kann festgestellt werden, daß die Brelwis aus Gebieten stammen, in denen Kleinbauern und marginalen Landbesitzer ihr Land an mittlere und Großgrundbesitzer verpachten und in denen gleichzeitig ein hohes Maß an Modernisierung und damit eine fortschreitende Konzentration des Landeigentums vorzufinden ist. In *ihren* Distrikten[24] ist dem marginalen Bauern und Kleinbauern der Zugang zu mehr Land versperrt. Er hat damit wenig Möglichkeiten, seine materiellen Bedingungen zu verbessern. Dies entspricht auch der Typologie Ch.H.

---

20 Besonders deutlich in den Distrikten Sahiwal, Faisalabad, Multan, Lahore, Mianwali und Muzaffargarh; vgl. M. H. Khan: Agrarian Structure and Underdevelopment, a.a.O., S. 61 ff. und 92.

21 Mit Ausnahme von Attock und D.G.Khan.

22 Besonders in Sahiwal, Faisalabad und Multan, wo die meisten Farmen von Großgrundbesitzern betrieben werden. Im Sindh ist der Zugang zu Land leichter; vgl. dazu M.H. Khan: Agrarian Structure and Underdevelopment, a.a.O., S. 97.

23 Vgl. M.H. Khan: Agrarian Structure and Underdevelopment, a.a.O., S. 219-241.

24 Vgl. Tabellen 52 a-d.

Kennedys[25], nach der die Graduierungskandidaten der Brelwis und der Ahl-e Hadith in jenen Distrikten zu suchen sind, die in einem hohen Grade modernisiert sind. Dies erklärte auch die relative Reformfreudigkeit der Vertreter der *Tanẓîm al-madâris* hinsichtlich normativer, sprich curricularer, Neuerungen.[26]
Die von den Schia Graduierungskandidaten bewohnten Distrikte Sargodha und Jhang scheinen den Rekrutierungsgebieten der Deobandis strukturell ähnlich zu sein[27].

1.2.1. Industrie im Punjab

Unter Berücksichtigung der Indikatoren Zingels und Pasha/Hasans[28] erwiesen sich die Herkunftsregionen der Brelwis als "Industriedistrikte"[29], und gelten damit als relativ gut entwickelt[30]. Weder zeichnen sich die Bezirke Sahiwal und Multan durch "Unterentwicklung" im industriellen Bereich aus, noch ist hier die Anzahl der marginalen Bauern sehr groß, aus denen sich die Graduierungskandidaten vornehmlich rekrutieren. Dies steht jedoch in Widerspruch zu der Annahme, daß zwischen dem niedrigen Entwicklungsstand eines Gebietes und der hohen Anzahl der *mawlânâs* ein Zusammenhang besteht.
Daß immer mehr Schüler eine formale Ausbildung als *mawlânâ* erfahren, weist darauf hin, daß die als "Industriedistrikte apostrophierte Regionen"

---

25 Vgl. Ch.H. Kennnedy: Rural Groups and the Stability of the Zia Regime, in: Craig Baxter (ed.): Zia's Pakistan, a.a.O., S. 23-46, bes. 32 ff.

26 Die curricularen Änderungen der Deobandis hingegen sind ja weniger reformfreudig; s.o. curriculare Diskussion, Kapitel VI 1. - 1.5.

27 Ch. H. Kennnedy: Rural Groups and the Stability of the Zia Regime, in: Craig Baxter (ed.): Zia's Pakistan, a.a.O., bes. 32 ff.

28 Vgl. dazu W.P. Zingel: Problematik a.a.O. und Pasha/Hasan: Development ranking a.a.O.

29 Gemeint sind hier vornehmlich die Distrikte Sahiwal, Multan und Sargodha.

30 Wobei Sargodha (wichtig für die Einordnung der Schia), Sahiwal und Mianwali "stärker ländlich strukturiert" sind; dazu W.P. Zingel: Problematik a.a.O., S. 332.

weder genügend Arbeitsplätze für die lokale Bevölkerung bieten, noch der Berufsstand der *Geistlichkeit* überflüssig wird.
Bei Anwendung der Kriterien Khans und Iqbals kommen wir zu ähnlichen Ergebnissen[31]. Hiernach liegen die "most developed" Distrikte in den Zentral- und Ost-Regionen des Punjab[32], während Multan, Sargodha, Mianwali, und der nördliche Punjab "moderately" entwickelt sind[33].
Die Ahl-e Hadith als urbanisierteste Denkrichtung findet sich denn auch in Regionen, die durch Großgrundbesitz und einen guten Zugang zu den regionalen und überregionalen Märkten (oder durch transsektoralen Handel) gekennzeichnet sind. Sie sind demnach unter den sogenannten "relatively developed"[34] oder "most developed"[35] Bezirken zu finden. Eine Abwanderung dieser Ulama in städtische Zentren liegt deshalb anscheinend kaum vor. Eine Migration nach Saudi Arabien ist jedoch genauso zu beobachten, wie die Abwanderung shiitischer Graduierungskandidaten nach Qom oder Najaf.

Landflucht bleibt häufig die einzige Hoffnung, dem sozialen und wirtschaftlichen Elend kurzfristig zu entgehen. Aber auch die städtische Ökonomie kann die Migranten nicht absorbieren[36], so daß sich dort langsam ein Konfliktpotential ansammelt, das seine Unzufriedenheit in Demonstrationen und Unruhen zum Ausdruck bringt. Dies ist in den Großstädten Pakistans häufig der Fall. Die Art und Weise der jeweiligen kul-

---

31 Vgl. dazu M.H. Khan/M. Iqbal: Socio-Economic Indicators in Rural Pakistan: Some Evidence, a.a.O., S. 94 f.

32 Sowohl hinsichtlich der Produktion und Arbeitsplätze als auch hinsichtlich ihrer Entfernung zu Produktionsmitteln und Möglichkeiten liegen die am meisten entwickelten Gebiete im Punjab. Während zur Gruppe A (Möglichkeiten des *Input*) auch Peshawar, Quetta und einige Distrikte des Sindh gezählt werden können, sind in Gruppe B (Entfernung zu den Indikatoren) Gujrat, Faisalabad, Sialkot und Sahiwal die "most developed" Distrikte (vgl. M.H. Khan/M. Iqbal: Socio-Economic Indicators in Rural Pakistan: Some Evidence, a.a.O., S. 104); vgl. dazu auch Kapitel IV über Zakat, Punkt 6.1.1. f.

33 M.H. Khan/M. Iqbal: Socio-Economic Indicators in Rural Pakistan: Some Evidence, a.a.O., S. 102 ff.

34 Diese Terminologie ist übernommen von Pasha/Hasan: Development ranking, a.a.O., S. 70.

35 Diese Terminologie ist übernommen von M.H. Khan/ M. Iqbal: Socio-Economic Indicators in Rural Pakistan: Some Evidence a.a.O.

36 Für die bisweilen hochspezialisierten Industrien werden ja "skills" benötigt.

turellen Artikulation des Konflikts und seiner Lösung hängt dann wiederum ab vom Grad der Integration in den einen oder den anderen Sektor der komplexen Gesellschaft[37].

2. Quo vadis, oh mullâ?

Bisher fanden die Graduierten der religiösen Schulen traditionellerweise in einer kleinen Ortschaft oder in einem Stadtteil als religiöse Lehrer oder als Geistliche eine Arbeit. Sie fristeten zum Teil ein sehr bescheidenes Dasein. Für die Dachorganisationen und die *mohtamims* stand das Geldverdienen bisher nicht im Mittelpunkt. Ihnen lag vielmehr daran, daß der Graduierte ihre Interessen vertrat, und so für die eigene Denkrichtung als Multiplikator wirkte. Bestenfalls konnte er eine eigene religiöse Schule errichten.

Der Geistliche konnte seine Kenntnis des Islam bei der Lösung alltäglicher Fragen anwenden, da ja der Islam zahlreiche Vorschläge und Vorschriften für verschiedene Lebensbereiche bietet, und so Profanes mit Sakralem verbindet. Darin besaß die *Geistlichkeit* ein Monopol, was ihr aber selten ein überdurchschnittlich wohlhabendes Leben ermöglichte[38], auch wenn einige Ulama und Schreinheilige sich zu den Reichsten der Nation zählen konnten. Handwerkliche Berufe sind unter den *mawlânâ*s nicht verbreitet.

Der Zugang zu säkularen Institutionen hingegen war den Geistlichen bisher, ähnlich wie den Graduierten der *Al-Azhar* Universität in Kairo, aufgrund fehlender Kenntnisse der säkularen Wissenschaften, vor allem jedoch der Buchführung und des Englischen, die Grundvoraussetzungen für höhere Posten in der Bürokratie sind, verwehrt geblieben.

Das Einkommen eines hohen *'âlim* in Pakistan entsprach nicht dem eines höheren Bürokraten. So kamen die angestellten Geistlichen z.B. des *Auqaf*

---

37 Siehe dazu theoretische Einordnung.

38 Sehr gut geschildert wird die Stellung eines Dorf-*Mullâ* in der Kurzgeschichte "*Al-Ḥamd allâh*" von Aḥmad Nadîm Qâsimî: Sannatâ, Naiyyâ Idârah Lâhôr 1959² (Urdu), S. 133-167.

Department nicht über den "grade 12" hinaus[39], obgleich sie häufig eine Gehaltserhöhung forderten. Das *CII* hatte 1978 vorgeschlagen, die Gehälter der Lehrer orientalischer Sprachen (Graduierte religiöser Schulen) denen der Englischlehrer anzugleichen[40]. Im Rahmen der Islamisierung legte das Religionsministerium deshalb noch Anfang 1979 die Gehälter des *khaṭîb*, *imâm* und *mu'adhdhin* neu fest. Freilich handelte es sich dabei ausschließlich um jene Geistlichen, die dem Religionsministerium, sprich dem *Auqaf Department*, angeschlossen waren[41].
Die Shari`a-Gerichtshöfe in Pakistan bieten keine ausreichenden Arbeitsplatzmöglichkeiten, da der Staat jährlich nur sehr wenige Richter dafür

---

39 Dies entsprach dem Gehalt eines *assistent-in-charge* (zwischen 750 und 1.550 Rs monatlich) (vgl. dazu Charles H. Kennedy: Bureaucracy in Pakistan, Oxford University Press 1987, S. 11).

40 Vgl. CII Recommendations on the Education System etc. a.a.O., S. 36 f., wo es heißt: "Ihr Gehalt soll den englischen Graduierten wie vor der Gründung Pakistans angeglichen werden. Sie sollen auch in anderen Angelegenheiten Gleichberechtigung erhalten".

41 Die Gehaltstufen wurden in vier "grades" eingeteilt:
1). Stufe 12 für diejenigen, die ihre Graduierung durch eine der vier D.M.-Dachorganisationen nachweisen konnten und damit *fârigh al-taḥṣîl* waren.
2). Stufe 9 (620 bis 1.200 Rs monatlich; Gehalt eines Stenotypisten) für diejenigen, die durch eine andere, bekannte *madrasah* graduiert wurden (*farâghat*).
3). Stufe 6 (540 bis 940 Rs monatlich; Gehalt eines Büroangestellten) für diejenigen, die bei einer unbekannten *madrasah* ihre Abschlußprüfung gemacht hatten und
4). Stufe 2 und 4 (460 bis 700 Rs monatlich bzw. 500 bis 820 Rs monatlich) für diejenigen, die lediglich *ḥifẓ al-qurân* erlernt hatten (entnommen aus Jurat (R) 1.1.1979 (Urdu)).
Die Studenten einiger, auf einer Liste vermerkter D.M. kommen im Rahmen der Islamisierung in den Genuß, die selben Fahrpreisvergünstigungen für öffentliche Verkehrmittel zu erhalten, wie Schüler des formalen Bildungswesens. Voraussetzung für die Ermäßigung ist die Vorlage eines Schülerausweises, der seit 1982 von den jeweiligen D.M. ausgestellt wird (dazu GoP, Ministry of Education, Curriculum Wing: *Qurṭâs `amlî. Pâkistân men ta`lîmî niẓâm kô islâmî sânchê mêñ ḍâlnê kâ `amal*, Islamabad 1984 (mimeo) (Urdu), S. 3).
Aber diese Regelung war nichts neues; noch unter Bhutto hatte die *Tanẓîm al-madâris* das *Auqaf-*, Militär-, und Transport-*Department* sowie das Erziehungsministerium angeschrieben und eine Fahrpreisermäßigung für die D.M.-Schüler erreicht (vgl. dazu *Lâḥah-e `amal 1974, Tanẓîm al-madâris al-`arabiyyah*, Lahore 1974, S. 9 und 11 (Urdu)).

einstellt[42]. Deshalb bleibt den Ulama oftmals nur noch die schlecht bezahlte Arbeit in den Moscheen, meist in ländlichen Gebieten. Hier stossen sie dann häufig auf die Ablehnung der ansässigen Bevölkerung, die ihren Mann gegenüber einem von außen eingesetzten *`âlim* bevorzugt.
Damit reduzieren sich die Berufsmöglichkeiten auf das Amt des Geistlichen einer Moschee oder auf den traditionellen Lehrerberuf. Wichtigste Arbeitsmöglichkeit bleibt jedoch der Arabisch-unterricht, für den die Graduierten häufig überqualifiziert sind. Sie erfahren nur darin eine Erweiterung, daß neben traditionellen nun auch formale Institutionen den *`âlim* als Lehrer beschäftigen[43].
Ähnliche Arbeitsmarktprobleme hatte es auch schon in Ägypten für die Absolventen der *Al-Azhar* Universität gegeben[44]. Nur ein sehr geringer Teil der *`âlamiyyah* Graduierten wurde in den Staatsdienst aufgenommen[45].

Geringe Gehälter, niedriges Prestige und fehlende Arbeitsplätze bewirken, daß die Ulama zunehmend ihre eigenen Söhne auf staatliche Schulen, *Colleges* und Universitäten schicken, um ihnen bessere Chancen zu eröffnen. Gleichzeitig führen die Söhne das Studium in der *madrasah* weiter, um die Tradition und das Eigentum an der religiösen Institution zu be-

---

42 In Ägypten besteht eine ähnliche Tendenz. Vgl. dazu A. Chris Eccel: Egypt, Islam and Social Change; al-Azhar in conflict and accomodation, Berlin 1984, S. 251 ff. und das Kapitel "Specialization for the Job Market". Die Richter säkularer Gerichtshöfe bekommen ohnehin höhere Gehälter, als die Shari`a-Richter.

43 Neuerdings jedoch bietet die Armee in erhöhtem Maße den Absolventen religiöser Schulen Stellungen als *khaṭîbe* und *imâme* an. Daraus kann sich eine neue Allianz zwischen der Armee und der religiösen Elite entwickeln (vgl. weiter unten, Punkt 2.4.).

44 Auch dort war das monatliche Gehalt eines *`âlim* nicht höher als das eines Bürokraten im Staatsdienst; vgl. dazu A. Chris Eccel: Egypt, Islam and Social Change, a.a.O., hier S. 251 ff.

45 In Pakistan ist bis *dato* kein *Alim* in der "Federal Bureaucracy of Pakistan" beschäftigt (vgl. dazu auch Ch.H. Kennedy: Bureaucracy a.a.O., S. 135, Tabelle 6.3).

wahren[46]. Auch die *Azharis* sahen sich gezwungen, ihr Curriculum zu modernisieren und den neuen Marktbedingungen anzupassen, was nicht zwangsweise zu einer Verbesserung ihrer materiellen Verhältnisse führte. Vielmehr drohten sie in einem hohen Maße zu Gläubigern des Staates zu werden[47].
Die Zia-Administration versucht neuerdings, die begrenzten Arbeitsplatzmöglichkeiten für den von ihr geschaffenen *mawlânâ*-Überschuß durch verschiedene Arbeitsbeschaffungsmaßnahmen zu integrieren. Das Problem der Einbindung in den Arbeitsprozeß, das im *Halepota-Report* z.B. keine signifikante Stellung eingenommen hatte, wurde freilich erst im Laufe der Zeit erkannt.

2.1. Arabisch als Arbeitsbeschaffungsmaßnahme

Als im Zuge der Annäherung der Bhutto-Administration an die arabischen und islamischen Ländern[48] in den siebziger Jahren Arabisch erstmals als

---

46 So schicken z.B. *Mawlânâ Sayyid Riḍwî* (Ḥizb al-Aḥnâf, Lahore; Mitglied des *CII* und des Ulama Komitees des *PZC*), *Muftî `Abd al-Qaiyyûm Hazârwî* (Jâmi`ah Niẓâmiyyah Riḍwiyyah, Lahore; Mitglied des Ulama Komitees des *PZC*) und *Muftî Na`îmî* (Jâmi`ah Na`îmiyyah, Lahore; Mitglied des *CII*) ihre Söhne in formale Schulen. Als rechtmäßige Erben ihrer Väter folgen ihnen die Söhne als *muhtamim* oder *ṣadr mudarris* etc.. In Ägypten ähnlich: "... because their (colleges; J.M.) diplomas led to a brighter future"; vgl. A. Chris Eccel: Egypt, Islam and Social Change, a.a.O., S. 292 und 314. Oder "While still training religious scholars, its (the al-Azhar's; J.M.) graduates now can compete equally with those of the other universities"; Derek Hopwood: Egypt; Politics and Society 1945-1981, London 1982, S. 95-99.

47 Vgl. A. Chris Eccel: Egypt, Islam and Social Change, a.a.O., S. 230 ff und 267 ff. Die Reorganisierung der *al-Azhar* seit 1961 sah eine Integration säkularer Fächer vor, um den Einfluß der konservativen Lehrer zu brechen. Zur Säkularisierung der al-Azhar vgl. auch Derek Hopwood: Egypt; Politics and Society 1945-1981, London 1982, S. 95-99.

48 Das Arabische als Pflichtfach, seine Erhebung zur Unterrichtssprache oder gar seine Durchsetzung als Nationalsprache ist seit Jahren Diskussionsthema.

Wahlfach zwischen Klasse 6 und 8 angeboten wurde[49], versuchte die Regierung erstmals, für die Schulen Lehrkräfte aus den D.M. zu gewinnen. Vorzugsweise sollten Lehrer mit der Qualifikation *fâḍil `arabî* und *fâḍil dars-e niẓâmî* eingestellt und ihnen eine den Lehrern des formalen Erziehungswesens äquivalente Stellung eingeräumt werden[50].

Im Rahmen der Islamisierung wurde diese Idee erneut aufgegriffen und das Arabische schließlich 1982 als Pflichtfach ab Klasse 6 durchgesetzt. Die Maßnahme wurde von verschiedenen Seiten zum einen ideologisch und religiös, zum anderen rein pragmatisch legitimiert[51].

Nach der *National Education Policy* (*NEP*) 1979 stand das Arabische in Zusammenhang mit der pakistanischen Staatsideologie und dem Islam[52]. Die *NEP* folgte in ihrer Haltung der *Nationalen Erziehungskonferenz* von 1977, die neben Ideologie auch Pragmatismus gepredigt hatte. Dies wurde 1982 auch von einem Vertreter der *Task Force* hervorgehoben:

> "A further factor (to learn Arabic - besides its religious character; J.M.) and one specially relevant to the working class Pakistani, is the economic opportunity represented by the nearby Arabian Gulf"[53].

Die *NEP* 1979 hatte für die Förderung des Arabischen den Aufbau von arabischen Sprachzentren vorgeschlagen, die durch die *Allamah Iqbal Open University* (*AIOU*)[54] koordiniert werden sollten. Wie aus den Vor-

---

49 Dieser Schritt wurde damit begründet, daß die Basis eines ideologischen Staates wie Pakistan, der Islam sei. Seine Bürger hätten deshalb einen starken Zugang zu Koran und Sunna und pflegten den Kontakt zur islamischen Welt .

50 Vgl. GOP; Ministry of Education, Curriculum Wing: Arabisch Curriculum, Islamabad 1975, S. 20 (Urdu). Das 1975 ausgearbeitete Curriculum diente noch 1986 als Richtschnur für den Arabischunterricht. Die Mitglieder des Komitees für die Ausarbeitung des Arabischkurses von 1975 waren zum großen Teil keine Arabisch-Kenner!

51 Auf den pragmatischen Aspekt hatte schon 1963 *Abû'l A`lâ Mawdûdî* hingewiesen: Arabisch solle in technischen Institutionen gelehrt werden, da die meisten pakistanischen Ärzte und Ingenieure in Saudi Arabien Arbeit fänden, jedoch kein Arabisch könnten (vgl. PT, 18.9.63). Der Führer der Jama`at-e Islami argumentierte somit in erster Linie pragmatisch und, wie viele andere Verfechter des Arabischen, erst sekundär ideologisch.

52 *NEP 1979* a.a.O., S. 48

53 Yusuf Talal: Draft chapter on Islamic Education for inclusion in the Report of the President's Task Force on Education, Islamabad 1982 (mimeo), S. 8.

54 Diese Institution ist vergleichbar mit dem System der Volkshochschulen in der BRD.

schlägen der *NEP* weiter hervorgeht, sollten diese Zentren in jenen Städten etabliert werden, aus denen sich die Mehrheit der sogenannten *oversea-workers* rekrutiert. Dies lief auf eine *manpower-export* Förderung hinaus. In der Tat war auch ein "functional course for illiterates particularily those intending to serve in the Middle East" geplant[55]. Es ist jedoch kaum vorstellbar, daß die meist säkular orientierten *oversea-workers* geneigt sind, von *mawlânâs* Arabisch zu erlernen.
Die Finanzierung der Lehrmaterialien und Lehrkräfte wollten die arabischen Staaten übernehmen (etwa 44,32 mio Rs): "Arab countries have promised to provide books and reading materials ... and teachers and arrange their training"[56], die offenbar an der Verbreitung ihrer Sprache interessiert waren.
Neben dem Drängen dieser Staaten, das Arabische zu verbreiten, forderte auch das *CII*, dieser Sprache ein größeres Gewicht beizumessen. Es helfe den säkularen Rechtsgelehrten, Zugang zu islamischen Rechtsquellen zu finden. Seit November 1977 bestand das *CII* darauf, dem Arabischen ab der Sekundarstufe einen obligatorischen Status (compulsory) einzuräumen[57].
Um Arabisch-Unterricht auf nationaler Ebene durchzusetzen, wurden mehrere Pläne geschmiedet und eingeführt. Zunächst wurde gefordert, genügend Arabisch-Lehrer auszubilden. Dies war jedoch nicht in ausreichendem Maße möglich, so daß die Möglichkeit erwogen werden mußte,

---

55 Vgl. *NEP 1979* a.a.O., S. 49 IX und X

56 *NEP 1979* a.a.O., S. 49 XII und XIII; vgl. auch zahlreiche "Letters to the editor" im D, und TM; die arabische Finanzierung sei - so polemisierten führende Vertreter der Jama`at-e Islami - auch der Grund dafür gewesen, daß dem Arabischen ein eigenes Kapitel in der *NEP* eingeräumt worden sei (Aḥmad Anis/Ḥafîẓ al-Raḥmân Ṣaddîqî: Ta`lîmî palîsî 1979, Islamabad 1981 (Bildungsplanung 1979) (Urdu), S. 25). Seit einigen Jahren werden täglich arabische TV-Nachrichten für einige wenige Araber gesendet. Der Einfluß der arabischen Länder auf Pakistan ist von Feroz Ahmad herausgearbeitet worden (vgl. Feroz Ahmad: The New Dependency etc.). Beachtenswert ist vor allem die Funktion Pakistans als "super-mercenary" für viele arabische Staaten.

57 Vgl. CII Recommendations on System of education a.a.O., S. 28 f. Die Absicht, das ohnehin mit Sprachen überladene Curriculum (z. Zt. über 40 % der Lehrzeit für Sprachen) mit Arabisch anzureichern, zeugt von einer nicht durchdachten pädagogischen Strategie. Es beweist hingegen das starke Interesse von arabischer Seite besonders nach 1977. Vorausgegangen waren nämlich mehrere Besuche arabischer Rechts- und Islamisierungsspezialisten im *CII*.

Graduierte der D.M. einzusetzen. Voraussetzung dafür war allerdings eine Veränderung der "Rules of Recruitment", die auch tatsächlich stattfand, was jedoch in den Rängen der Bürokratie nicht gern gesehen wurde:

> "Reservations were voiced by various officials of the provincial Departments of Education about recruiting "Maulanas" for the schools on the suspicion that they would devide the students on the basis of their own preferences for a particular "Maktab-i-Fikr"".[58]

Die *AIOU* ist eine der wenigen Institutionen, die für die Ausbildung der Arabischlehrer verantwortlich ist. Adressaten ihrer *Arabic Teacher Training Courses* waren Arabischlehrer aus formalen Schulen und *Colleges*[59].

Die Nachfrage nach Arabischlehrern stieg steil an: Nach Schätzungen waren 1982 6000 Arabischlehrer nötig, um diese Sprache als obligatorisches Fach landesweit einzuführen. Es waren jedoch nur 2.500 Arabischlehrer vorhanden.[60] In vier Jahren wurden die restlichen 3.595 Lehrer ausgebildet.[61]

Aus einem Gebiet, in dem eine große Anzahl D.M.-Schüler graduiert wurde, nämlich der *Division* Peshawar, stammen auch die meisten Arabischlehrer.[62]

Im Zusammenhang mit der wachsenden Graduiertenzahl in den D.M. hätten die *mawlânâs* als Arabischlehrer sinnvoll integriert werden können. Anstatt jedoch das bestehende Potential aus den D.M. zu nutzen, werden neue Arabischlehrer/innen aus dem formalen Erziehungswesen rekrutiert. Damit wird den *mawlânâs* eine wichtige Arbeitsplatzmöglichkeit genommen. Wie wir gesehen haben, ist die pakistanische Bürokratie eher geneigt,

---

58 Y. Talal: Draft chapter on Islamic Education etc. a.a.O., S. 6. *Talâl* meinte weiter: "These suspicions, however, were proved in the field to be ill-founded. Such suspicions should never be allowed to affect the making of educational policy at any level."

59 Diese Lehrer sollen in 397 Stunden innerhalb von 6 Monaten (16 Stunden pro Woche) der arabischen Sprache mächtig werden; vgl. Manuskript der *AIOU* zu den Arabischkursen (mimeo), Islamabad o.D.

60 Y. Talal: Draft chapter on Islamic Education etc. a.a.O., S. 11

61 Eigene Berechnungen aus dem Manuskript der *AIOU* zu den Arabischkursen (mimeo), Islamabad o.D.

62 ebenda

säkularisierte Arbeitskräfte zu fördern, als religiöse. Deshalb werden die Ulama hier auch weiterhin kaum eine Chance haben[63]. Lediglich in den "rückständigen" Gebiete, wie der NWFP und Baluchistan sollen eine größere Anzahl von D.M.-Graduierten als Arabischlehrer eingestellt worden sein. Damit erweist sich die Ausbildung in den D.M. auch weiterhin als das Bildungswesen der Armen.

2.2. Koranstudien in formalen Erziehungsinstitutionen

Die *Task Force* hatte 1982 vorgeschlagen, in den formalen Schulen *Korankurse* einzuführen[64]. Ziel dieser *Korankurse* sei es, den Schülern die Lehren und Prinzipien des Islam durch Lektüre der Originalquellen nahezubringen[65]. Da der *Task Force* Bericht nicht nur eine schlechte Qualität des Koranunterrichtes in formalen Schulen, sondern auch einen Mangel an kompetenten Lehrern feststellte, sollten nun für die *Korankurse* Graduierte der D.M. eingesetzt werden:

---

63 Diese benachteiligende Politik der Administration tritt besonders darin zutage, daß allein 20% der 3.595 Arabischlehrer aus den formalen Institutionen der Peshawar Division stammen. Für die Auswahl der Primarstufenlehrer für *Korankurse* sind denn auch sogenannte *District Education Officers* verantwortlich!

64 Ähnliche Vorschläge hatte das *CII* am 17.März 1982 vorgelegt; vgl. dazu CII Recommendations on Education system etc. a.a.O., S. 51 f.

65 So vertrat der amerikanische Muslim und Berater des Erziehungsministerium für religiöse Erziehung folgende Ansicht: "Such a course would accustom the student to making direct reference to the Holy Quraan on all matters pertaining to his "Deen"". Y. Talal: Draft chapter on Islamic Education etc. a.a.O., S. 5.
Bemerkenswert ist der fundamentalistische Charakter dieser Anschauung.

> "...teachers may be had, for both the teaching of Arabic and Islamiyat at the middle level, from among the graduates of the various Deeni Madaris ... the important thing to note is that the human resources are available. With their specialized training, graduates of Deeni Madaris would make particular good teachers at this level. Those graduates who have further qualified in the general education stream at the Inter, B.A. or M.A. levels could easily assume the responsibility of teaching in the higher schools and colleges"[66].

Auch sollten in höheren Bildungsstufen *ḥâfiẓs* verwandt werden[67].
Somit wurde zum ersten Male ernsthaft vorgeschlagen, die überschüssigen D.M.-Studenten sinnvoll zu integrieren und für staatliche Programme zu nutzen. Nach Angaben eines führenden Funtionärs der Deobandi *Wafâq al-madâris*, *Muftî Anwâr Shâh*, sollen trotz der ablehnenden Haltung der Bürokratie einer wesentlichen Anzahl von D.M.-Graduierten Arbeitsplätze als Koranlehrer vermittelt worden sein[68]. Eine systematische Eingliederung der Ulama als Koranlehrer ist jedoch bis heute nicht erfolgt. Aufgrund der Ablehnung der Bürokratie kann auch in nächster Zukunft nicht mit einer adäquaten Integration gerechnet werden.

2.3. *LAMEC* und Lese-Zirkel

Im Rahmen der Islamisierung sollte der weitverbreitete Analphabetismus ausgemerzt werden. Schließlich gilt es als Aufgabe eines guten Muslim,

---

66 Y. Talal: Draft chapter on Islamic Education etc. a.a.O., S. 2 f und 6; dort heißt es auch: "The fact is, that only a very small percentage of our primary school teachers are themselves able to recite the Quraan properly."

67 So heißt es im Task Force Bericht: "...the Government might consider setting aside a certain number of seats in its institutions of higher learning, particularily in Medical and Engineering colleges for qualified students who have memorized the entire Quraan". (Y. Talal: Draft chapter on Islamic Education etc. a.a.O., S. 4).

68 Z.B. soll dem Erziehungsbeauftragten der *Wafâq al-madâris al-ʿarabiyyah* (*Muftî Anwâr Shâh*) zufolge 1985 der Großteil der etwa 600 Koranlehrer in Baluchistan aus D.M. stammen. Ähnliche Verhältnisse seien in der NWFP zu erwarten. Ob diese Angaben der Realität entsprechen oder ob es sich dabei um eine geschönte Information handelt, konnte nicht festgestellt werden.

dafür Sorge zu tragen, daß seine Mitmenschen Lesen und Schreiben beherrschen, nicht zuletzt, um Gottes Wort im arabischen Original zu lesen, wenn auch nicht zu verstehen. Im Zusammenhang mit der Alphabetisierung wurde deshalb eine *Literacy and Mass Education Campaign* (*LAMEC*) gestartet[69].

Neben dem rein funktionalistisch ausgerichteten Ziel, Lesen und Schreiben zu lernen, will *LAMEC* auch über islamische Werte[70], nationale Geschichte und Kultur aufklären und Kenntnisse über ein produktives Handwerk - besonders im landwirtschaftlichen Bereich - vermitteln[71].

LAMEC entwickelte u.a. das Projekt der sogenannten *Literacy Mosque Centres* in Moscheen und D.M.. In ihnen sollte vor allem Urdu gelehrt werden[72]. Eine staatliche Überwachung und Überprüfung der Zentren auf Distrikt-Ebene verhalf dem Programm zur Durchsetzung.

Dem Plan zufolge waren 1984/85 in 2.000 D.M. sogenannte *Iqra-Centres* (Lesezirkel) zu eröffnen. Zu diesem Zweck schrieb *LAMEC* 2.500 Vorsitzende von D.M. an[73].

---

69 Als Maßstab für Alphabetentum galt die Lesefähigkeit eines einfachen Textes in der nationalen Sprache Urdu oder einer regionalen Sprache. Wie schon der Name *LAMEC* verrät, ging die Initiative für dei Gründung dieser Institution vom kolonialen Gesellschaftsbereich aus.

70 Im Sinne eines Fundamentalismus *integrationistischer* Prägung.

71 Vgl. dazu *LAMEC*; Literacy: a new Thrust, by Dr. A. R. Chaudhary, Chairman *LAMEC*, GoP, Islamabad o. D.

72 Das *LAMEC* war für elf Programme verantwortlich. Die Ausführungen hier konzentrieren sich auf das Programm der Lesezirkel in den Moscheeschulen (vgl. dazu *LAMEC*; Literacy a.a.O., S. 3 und 10). Mit den *Literacy Mosque Centres* sollte der Forderung Zias genügt werden, allen Schülern den Koran verständlich zu machen und sie das Lesen zu lehren. Diese Aktion steht zum einen mit der Einführung der obligatorischen Korankurse im Zusammenhang, zum anderen mit der *Urduisierung*.

73 Vgl. *LAMEC*; Literacy a.a.O., S. 17, sowie TM, 21.2.85: "Madaras to promote religious education". Die Initiative ging von *LAMEC* aus, in dem selber nur zwei Ulama (säkularisiert) vertreten waren. *LAMEC* forderte die Ulama und Mashaikh der D.M. auf, die Schüler Koran und *Ḥadîth* zu lehren, um die Islamisierung voranzutreiben. Finanzielle Anreize sollten dem *LAMEC* Programm zum Durchbruch verhelfen. Im Falle des Aufbaus von *Iqra-Centres* in den D.M. erhielten die Ulama a. Kursbücher für die Schüler (Publikationen der *Local Government, Rural Development Punjab, National Farm Guide Trust of Pakistan*) b. Leitfaden für die Lehrer, sowie c. 250 Rs monatlich für den Lehrer, der allerdings nicht zwangsläufig der *mawlânâ* selbst sein mußte.

Voraussetzung für den Aufbau eines *Iqra-Centre* war, daß

1. es in einer Moschee oder *madrasah* lokalisiert ist,
2. täglich zwei Stunden Unterricht stattfinden,
3. Ulama oder deren Delegierte lehren,
4. erwachsene Männer von Männern unterrichtet werden, während Kinder und Frauen auch von älteren Damen unterwiesen werden dürfen,
5. der Lehrer die islamische Lehre kennt und danach handelt,
6. nach fünfmonatigen Kursen eine Prüfung auf Grundlage eines vom *LAMEC* vorgelegten Prüfungspapieres und mit Hilfe eines auswärtigen Lehrers vorgenommen wird,
7. jährlich zwei Gruppen unterrichtet werden,
8. *LAMEC* ein monatlicher Bericht auf der Basis eines vorgedruckten Formulars zugeht,
9. Zeugnisse für erfolgreiche Prüflinge erteilt werden,
10. gute Schüler und Lehrer auch Geschenke erhalten,
11. die Klassenstärke mindestens 20 Schüler beträgt.

Da die *Iqra-Centres* durch die Mitglieder der jeweiligen *Local Zakat Committees* und der *Nâẓim-e Ṣalât* Gruppen (seit 1984 bestehende Bet-Aufforderungsgruppen, *Blockwarten* vergleichbar) kontrolliert werden, um die Zusammenarbeit zwischen *LAMEC* und den D.M. zu garantieren, büssen die D.M. so mehr und mehr ihre Autonomie ein. Durch diesen Vorschriftenkatalog hatte sich der Staat einen weiteren Weg geschaffen, autonome Träger islamischer Kultur zu durchsetzen.
Inhaltlich wurde eine Modernisierung des D.M. Curriculum verfolgt. Das *Local Government, Rural Development Punjab, National Farm Guide Trust of Pakistan* stellt hierzu die nötigen Publikationen.

Ende 1984 legte das *LAMEC* D.M.-Projekt eine erste Erfolgsbilanz vor: In einem Jahr wurden 841 *Iqra-Centres* eröffnet, von denen jedoch 80% im Punjab lagen, während in anderen Provinzen, besonders aber Baluchistan, nicht Fuß gefaßt werden konnte.[74]
Eine Erklärungsmöglichkeit dieser einseitigen Planung und deren Umsetzung ist, daß die Resourcenallokation aufgrund der vorherrschenden Punjabi Bürokratie vornehmlich zugunsten des Punjab genutzt wird und dabei andere Provinzen vernachlässigt werden. Möglicherweise aber lehnen die

---

74 Zusammengefaßt aus dem "dini madaris projekt" des *LAMEC*, Stand Ende 1984 (mimeo) (Urdu). Zur näheren Erläuterung des *LAMEC* Projektes siehe auch meinen Forschungsbericht für die KAS, a.a.O., S. 52-57.

Ulama der übrigen Provinzen jeglichen Eingriff der Regierung in ihre Angelegenheiten ab. Eine Einbindung in die *LAMEC* Initiative würde unweigerlich zu ihrer Überwachung führen. Die Annahme wird dadurch bekräftigt, daß in bestimmten *Divisionen* viele *Iqra-Centres*, in anderen wiederum gar keine liegen. *Divisionen* wie Lahore, Gujranwala, Multan und Bahawalpur, in denen viele Zentren zu finden sind, haben mehr Brelwi als Deobandi *madâris*.[75] Hier befinden sich auch viele Schulen der Ahl-e Hadith. Wenn also Voraussetzung zur Errichtung der *Iqra-Centres* die Einwilligung der D.M.-Vorsitzenden ist, und man annehmen kann, daß eine große Anzahl der Deobandis, und dies gilt in besonderem Maße für den Sindh, die Zustimmung verweigert, so wird die regionale Verteilung der *Iqra-Centres* verständlich.[76]

Es ist anzunehmen, daß die D.M. mit den *Iqra-Centres* die gleichen sind, die für den *mushroom-growth*[77] Verantwortung tragen. Eher aus finanziellen denn aus erzieherischen Gründen kommt es zum Aufbau dieser Zentren. Ferner impliziert das *LAMEC* Programm, ähnlich wie das *Mosques-School-Scheme* (s.u.), eine Säkularisierung der religiösen Schulen mittels funktionalistisch ausgerichtetem Lehrplan. Diese *De-Islamisierung* autochthoner Institutionen kann kaum im eigentlichen Sinne ihrer Träger sein, zumal das *Literacy Mosque Centres* Programm den Graduierten der D.M. schlecht bezahlte Arbeitsplätze verschafft[78]. Wie sich aber herausgestellte, werden auch hier Schüler des formalen Erziehungswesens als Lehrer bevorzugt.

---

75 Vgl. dazu auch Tabelle 52 a-d.

76 Abgesehen von diesen interprovinziellen Aspekten ist kein Verteilungssystem für *Iqra-Centres* zu erkennen. In der NWFP und im Sindh werden lediglich jene Distrikte für das Programm mobilisiert, die leicht erfaßbar sind, wie z.B. Peshawar, Hayderabad und Karachi, oder wo eine angemessene Anzahl konformistischer Kräfte vorhanden ist, wie z.B. in Hayderabad; vgl. meinen Forschungsbericht für die KAS, a.a.O., S. 55 ff. Tabelle 3.

77 Vgl. Kapitel VI 3.1.

78 Monatlich nur 250 Rs.

2.4. Moschee-Schulen

Auch die kleinsten sozialen Einheiten islamischer Kultur sollten im Rahmen der Islamisierung mobilisiert und schließlich an den kolonialen Sektor angebunden werden. Als soziales Zentrum war und ist die Moschee eins der wichtigsten Elemente islamischer Gemeinden, und ist, ähnlich wie der Schrein[79], der Mikrokosmos traditionaler Kultur. So findet seit jeher in ihr Elementarunterricht statt[80], der nicht selten in der Erlernung "islamischer Wissenschaften" mündet. Der der Moschee angeschlossene *maktab* (wörtl.: der Ort, an dem geschrieben wird) ist auf das Memorieren des Koran (*ḥifẓ*) ausgerichtet, das etwa vier Jahre in Anspruch nimmt[81]. Daneben werden islamische Riten erlernt und geübt, Geschichten aus der Zeit des Propheten erzählt und Grundkenntnisse in Rechnen und Schreiben vermittelt. Darauf können zwei bis drei Jahre religiöser Instruktion und arabischer Grammatik folgen[82]. Für die Moschee-Schulen scheint kein klar ausgearbeitetes pädagogisches Konzept vorzuliegen, der heilige Akt der Wissensvermittlung und der -aneignung jedoch garantiert die unumstrittene Position des Lehrers. Der Raum für Eigeninitiative der Schüler ist deshalb sehr gering.
Die Konstrukteure der *NEP 1979* waren sich darüber einig, daß die Moschee als Erziehungs- und Bildungsinstitution den Kampf mit dem Analphabetentum aufnehmen, das Problem der fehlenden Schulgebäude überwinden und schließlich neue Kräfte freisetzen könnte.
Der Plan sah vor, die Schulen dort aufzubauen, wo wenig formale Schulen existierten, vornehmlich also auf dem Land: "Backward areas of the country will be allocated more (i.e. mosque-) schools"[83]. Die Curricula sollten jedoch nicht etwa "islamisch" sein, sondern dem formalen säkularen Bereich angepaßt und lediglich mit Koranlesen (*nâẓirah*) angereichert

---

79 Siehe oben das Kapitel III über das Stiftungswesen.

80 Zur Funktion der Moschee vgl. etwa S.M. Imamiddin: Mosque as a centre of education in the early Middle Ages, in: IS, Vol. 23 No. 3 1984, S. 159-170

81 Da es sich bei der Koranrezitation um einen heiligen Akt handelt - es wird schließlich Gottes Wort rezitiert - wird jede unkorrekte Aussprache als Sünde identifiziert.

82 Vgl. M.A. Quraishi: Some aspects of Muslim education, Lahore 1983 (fertiggestellt 1970), S. 14 f.

72 *NEP 1979* a.a.O., S. 8 f

werden[84]. Es ging im wesentlichen darum, eine billige und wirksame Primarerziehung vor allem im ländlichen Bereich zu ermöglichen. Für 5.000 Moschee-Schulen waren somit 104,35 mio Rs festgesetzt worden. Dies bedeutete etwa die Aufwendung von 21.000 Rs pro Schule[85]. Der Großteil der finanziellen Ausgaben des Projektes floß in die Bezahlung des Personals. Pro Schule sollte ein *imām*[86] sowie ein Lehrer aus dem säkularen Erziehungswesen angestellt werden. Um das Projekt für die Lehrer mit *Primary Teaching Certificate* (*PTC*) lukrativ zu gestalten, bekamen diese 528 Rs monatlich[87], während der *imâm* nur 150 Rs monatlich erhielt. *PTC* Lehrer waren nicht immer leicht zu finden[88], denn sie mußten die gleiche ideologische Ausrichtung mitbringen, der das jeweilige Dorf oder die jeweilige Moschee anhingen.

Die ersten Moschee-Schulen wurden 1982/83 gegründet. Im darauf folgenden Jahr sank die Zahl der Neugründungen rapide[89], weil die Zentralregierung die Gelder kürzte[90]. Die Verteilung der Gelder durch die Zen-

---

84 ebenda; wesentliche Verantwortung für den säkularen Charakter der *Moschee-Schulen* trägt die Weltbank, die der Hauptträger dieses Projektes ist. Nach Angaben eines führenden Technokraten im *Education Project, Lahore* standen die Vertreter der Weltbank zunächst Islam und Moscheen skeptisch gegenüber. Es sei deutlich geworden, daß die Weltbank keine "church schools" wollte, sondern Wert auf säkulare Erziehung legte. Aus pragmatischen Gründen betonten die pakistanischen Funktionäre deshalb, daß durch das *mosque-school scheme* lediglich die Orte und nicht etwa die curricularen Inhalte verlagert werden, und versicherten, keine religiöse Erziehung zu beabsichtigen. Damit war der säkulare Charakter der Moschee-Schulen vorprogrammiert. Eine ähnliche Tendenz der *De-Islamisierung* oder *De-Traditionalisierung* liegt auch in den *Iqra-Centres* vor.

85 Vgl. *NEP 1979* a.a.O., S. 10. Diese Summe wurde im Rahmen der *Special Priority Development Programmes* (SPDP) auf 400 mio Rs erhöht.

86 Es sollte nicht eigens ein *imam* dafür neu angestellt, sondern auf den lokalen *imâm* zurückgegriffen werden.

87 315 Rs Grundgehalt plu s 150 Rs Tagesgeld + 63 Rs *house rent*.

88 Der Lehrer wurde von dem jeweiligen *District Deputy Commissioner* ernannt. Dieser stand auch dem *District Implemetation Committee* vor und entschied somit über den Aufbau von Schulen und *Moschee-Schulen* in seinem Distrikt.

89 In Presseberichten hieß es sogar: "No mosque school opened last year (1983/84) in Punjab" D, 7.6.85, S. 2

90 Vgl. Ministry of Education, Mosque Schools programme 1982/83: Materials for Supplementaries, Islamabad 1985 (mimeo), S. 3 f.

tralregierung ohne Auflage führte meist zu einem entsprechend willkürlichen Aufbau der Schulen durch die Provinzregierungen. Besonders auffallend ist dies im Punjab, in dem die Anzahl der Moschee-Schulen pro Distrikt zwischen 491 und 498[91] liegt, obgleich die Unterschiede hinsichtlich des Entwicklungsstandes in den verschiedenen Bezirken gewaltig sind: Faisalabad (relativ "modernisiert" und infrastrukturell erfaßt) weist z.B. genauso viele Moschee-Schulen auf wie etwa Bahawalnagar (kaum "modernisiert" und wenig infrastrukturell erfaßt). Dies führte im Punjab dazu, daß 25% dieser Schulen in urbanen Gebieten liegen und 70% in ländlichen Regionen, in denen schon Primarschulen vorhanden waren. Nur 5% der Moschee-Schulen wurden in jenen ländlichen Bereichen errichtet, in denen Primarschulen mehr als einen Kilometer vom Dorf entfernt sind[92]. Diejenigen Gebiete wurden also vernachlässigt, die eigentlich eine Moschee-Schule als Triebfeder der Alphabetisierung nötig gehabt hätten. Damit war das *mosque-school-scheme* gescheitert.

Als Gründe hierfür nannte das *National Education Council*:

1. Auseinandersetzungen unter Angehörigen verschiedener Sekten;
2. Verunreinigungen der Moscheen durch Kleinkinder;
3. das Verbot des Imam für Kinder, den Hauptraum der Moschee zu benutzen;
4. das schlechte Niveau der Moschee-Schulen;
5. die vergleichsweise schlechten Bedingungen für die Lehrer;
6. das Fehlen der Sommerferien;
7. keine angemessene Ausbildung der *Inspektoren* in einigen Provinzen.

Deshalb sei das Projekt zu formalisieren, dem *imâm* sollten 300 Rs monatlich zukommen und ihm die gleichen Vergünstigungen geboten werden, wie sie für die Lehrer des formalen Erziehungswesens bestünden[93].

Das Resultat war, daß die Lehrer der Moschee-Schulen wegen administrativer Schwierigkeiten seit "5 Monaten keinen Lohn bekamen", so NW, 4. und 26.11.83 und J, 5.12.83.

91 Vgl. Ministry of Education, Mosque Schools programme 1982/83: a.a.O. und meinen Forschungsbericht a.a.O., S. 59 f Tabelle 4.

92 Vgl. Rûḥî T. Humairah: Ta'lîm-e `ãmah mêñ masjid skûl skîm kâ jâ'izah (Kritik an dem "MS-scheme" im Rahmen der formalen Erziehung), M. ed. Arbeit im *IER* Punjab University 1984 (Nr. 2596) (unveröffentl.) (Urdu).

93 Vgl. National Education Council: Report of the Meeting of Primary School Teachers and Administrators, Islamabad 1984, S. 18 f.

Die Moscheen waren für die Anbindung und Dynamisierung des traditionalen Sektors ein probates Mittel.[94] Statt Graduierte der D.M. für die vorgeschlagenen Moschee-Schulen zu nutzen, wurden jedoch Lehrer aus dem formalen Erziehungswesen herangezogen. Wenn statt ihrer die Tausende Ulama in den Moschee-Schulen eine Anstellung gefunden hätten, wäre nicht nur das Problem der verschiedenartigen Denkrichtungen möglicherweise umgangen worden. Denn jedes Dorf hätte einen ihm entsprechenden *mawlânâ* erhalten können. Auch das wachsende Konfliktpotential der *mawlânâs* in den urbanen Ballungsgebieten hätte in die ländlichen Regionen kanalisiert und somit entschärft werden können.
In Anbetracht der Tatsache, daß in Pakistan mindestens 60.000 Moscheen (bei 40.000 Dörfern ist diese Zahl sehr niedrig angesetzt) mehr oder weniger autonom sind und damit keiner staatlichen Kontrolle unterliegen, ist es für die Regierung geradezu notwendig, sich dieser Zentren zu bemächtigen. Dies wird durch eine starke Bürokratisierung der Moscheen sowohl mittels *Deputy Commissioner* als auch durch die praktische Überwachung des *backward mulla* durch einen säkularen Lehrer, der die Werte des Nationalstaates Pakistan vermitteln soll, umgesetzt[95]. Eine Einführung ausgebildeter Geistlicher allerdings drohte die Moscheen und die Moschee-Schulen zu entschiedenen Zentren der entsprechenden Denkrichtung zu machen. Damit wären sie dann auch einer Dachorganisation oder

94 Schon in den sechziger Jahren hatte es einen ähnlichen Versuch im Zusammenhang mit der Modernisierungspolitik des *Auqaf Department* unter Ayûb Khân gegeben. Absicht war, die staatliche Ideologie mittels *mullâ* auf der sozialen Mikroebene durchzusetzen: "Literacy centres in mosques: The idea is to convert the imams and khatibs to the concept of the (literacy) campaign and get them committed to the level of active participation" (D, 25.6.68). Oder: "Auqaf progress: The aims ... should be to tell them (imam and khatib) how to help the people to lead a more dynamic life in the light of their religion ... and to make them participants more actively in the national development effort. It must be remembered that the imams command great and attentive audience: this power should be profitably utilizied ... the research and publication programme should ... try to lend vitality and comtemporary relevance to the old classics of Islam" (PT, 10.8.67).

95 Daß der Lehrer formaler Schulen die **richtige** Ideologie zu vertreten hat, geht aus einer Stellungnahme des *CII* hervor: Der Rat war 1981 vom Erziehungsministerium dazu angehalten worden, besonders im Zusammenhang mit Auswahlgesprächen für anstehende Lehrer, die Ideologie Pakistans zu definieren. Dies war jedoch bis 1982 noch nicht geschehen (vgl. Brief des *CII* No. F. 8(21)/81-R-CII 3565).

religio-politischen Partei untergeordnet. Unter diesen Umständen leuchtet natürlich die Beschneidung der Arbeitsplatzmöglichkeiten für die Geistlichen durch die Administration ein.
Eine moderne, säkulare Wertevermittlung durch die Curricula des kolonialen Sektors[96] wird in noch unberührte Gebiete induziert und damit ein sozialer Wandel eingeleitet, der weitreichende Umwälzungen mit sich bringen könnte. Die relativ preiswerten Moschee-Schulen[97] mögen dabei zwar den Alphabetisierungsgrad erhöhen, doch langfristig wird dies Probleme aufwerfen: importierte Curricula wecken Bedürfnisse, deren Befriedigung sich lediglich die Eliten leisten können.

2.5. Die Armee als Retter?

Als momentaner "Retter" der Geistlichen entpuppte sich die Armee. Sie schenkt den Geistlichen in besonderem Maße Aufmerksamkeit und versucht, sie in das koloniale Erbe zu integrieren, freilich nur bis zu einem gewissen Grad.
Nicht nur die nationalen Tageszeitungen fordern neuerdings die D.M.-Graduierten dazu auf, in die Armee einzutreten, sondern auch in den einschlägigen monatlichen Zeitschriften der religiösen Schulen finden sich zunehmend Anzeigen des Militärs. Hierbei wird nicht etwa nur um den Beitritt als gewöhnlicher Soldat geworben. Diverse Arbeitsmöglichkeiten für die *mawlânâs* werden in Aussicht gestellt[98]. Die Arbeitsangebote erstrecken sich von Armeeärzten[99] über den *P.M.A. Long Course* für eine

---

96 Die Curricula werden fast ausschließlich von Vertretern des *KUS* erstellt, vornehmlich von britischen und amerikanischen Spezialisten.
97 Vgl. dazu auch UNESCO: International Institute for Educational Planning, K.A. Khan: The Mosque Schools in Pakistan: An Experiment in integrating nonformal and formal Education, Paris 1981.
98 Stellvertretend für viele werden hier die Anzeigen aus *Al-Ḥaq* (Akoṛâ Khaṭṭak, Peshawar) untersucht. Die Anzeigen der pakistanischen Armee erscheinen in diesem Monatsheft schon seit mindestens 1983.
99 Voraussetzung ist allerdings eine *M.B.B.S.* Urkunde, die wohl kaum in den D.M. zu erhalten ist, da dort solche Kurse nicht angeboten werden (vgl. *Al-Ḥaq*, Bd. 19/3 Dez. 1983, S.64; Urdu).

Commission in der Armee[100] und *Junior Commissioned Officer Khatib*[101] bis hin zu religiösen Lehrern im Dienste der pakistanischen Marine[102]. Noch scheint der Zugang der *mawlânâs* in die Armee beschränkt. Wie jedoch aus Militärkreisen verlautet, soll die Zahl der Graduierten religiöser Schulen in der Armee während den letzten acht Jahren stark zugenommen haben[103]. Dies kann zu neuen Problemen innerhalb des Militärs führen, denn die Mehrheit der Soldaten können durch islamische Lehren und Institutionen mobilisiert werden, besonders dann, wenn ihre Vorgesetzten nicht nach den Prinzipien des Islam handeln.

Trotz der Bemühungen seitens der Armee, den Geistlichen einen neuen, wenn auch bescheidenen Arbeitsbereich zu bieten, kann nicht von einer adäquaten wirtschaftlichen Integration der *Geistlichkeit* die Rede sein, denn die Träger der islamischen Tradition werden nicht ohne weiteres Erbe des kolonialen Sektors werden.

---

100 Voraussetzung ist die Prüfung in *Intermediate* oder ein entsprechender Abschluß, lediger Familienstatus und ein Alter zwischen 17 und 23 Jahren (vgl. *Al-Ḥaq*, Bd. 19/5 Feb. 1984, S.14; Urdu)

101 Voraussetzungen sind eine *dars-e niẓâmî* und eine *matric* Urkunde, sowie flüssige Arabischkenntnisse. Das Alter soll zwischen 20 und 35 Jahren betragen (*Al-Ḥaq*, Bd. 21/1 Oktober 1985 S.14; Urdu).

102 Die Altersgrenze liegt auch hier bei 35 Jahren, gefordert werden auch eine *dars-e niẓâmî* und *matric* Urkunde. Nur die *shahâdah al-`âlamiyyah* Urkunden der *Wafâq*s der Deobandis, der Ahl-e Hadith und der Schia sowie der *Tanẓîm* der Brelwis werden anerkannt (vgl. *Al-Ḥaq*, Bd. 20/12 September 1985, S. 16; Urdu).

103 Genaue Zahlen konnten aus Sicherheitsgründen allerdings nicht in Erfahrung gebracht werden. Wie Stephen P. Cohen feststellte, weist das Curriculum der *Command and Staff Colleges* seit Zia mehr islamische Fächer auf, und es wird versucht, dem Geistlichen in der Armee eine anerkannte Position einzuräumen; vgl. dazu Stephen P. Cohen: The Pakistan Army a.a.O., S. 95 f.

3. Zusammenfassung

Wie gezeigt wurde, hat sich die Bürokratie nicht nur seit jeher gegen die staatliche Anerkennung der *Geistlichkeit* gewehrt[104], sondern auch versucht, ihr keine Möglichkeit zu geben, sich auf dem Arbeitsmarkt zu etablieren. Damit nahm die bürokratische Elite den *mawlânâs* sozusagen den Wind aus den Segeln.
Letztlich scheint es Ziel der staatlichen Programme zu sein, einerseits die Unruheherde zu befrieden und zu kontrollieren, andererseits neue Absatzmärkte zu schaffen. Daß allerdings die Geistlichen nicht systematischer in der Expansionspolitik des kolonialen Sektors einbezogen werden, bleibt unverständlich. Bis *dato* hätten im Rahmen der Islamisierungsmaßnahmen an die 20.000 Graduierte der D.M. in den diversen Projekten Arbeit finden können (12.500 in die Moschee-Schulen, 6.000 als Arabischlehrer und 850 als Leiter oder Lehrer in den *Iqra-Centres*). Statt dessen versucht die Bürokratie systematisch, deren Arbeitsmöglichkeiten zu beschneiden und die von ihnen traditionellerweise eingenommenen Lehrerstellen an Mitglieder des kolonialen Sektors oder der *Mischgebiete* zu vergeben. Damit erhalten die *mawlânâs* kaum eine Chance, im Rahmen der Islamisierung einen akzeptablen Arbeitsplatz zu finden.
Diese Politik der Ausgrenzung der *mawlânâs* kann jedoch durchaus von dem Regime beabsichtigt sein. Wenn sich die D.M.-Erziehung nämlich nicht nur wegen ihrer geringen Kosten für die Schüler, sondern auch wegen der Chance, einen Arbeitsplatz zu finden, als lukrativ erweisen würde, wäre mit überfüllten religiösen Schulen zu rechnen. Dann würde nämlich die Masse der sozial Schwachen ihre Nachkommen mit der Perspektive eines gesicherten Arbeitsplatzes in die ohnehin kostenlosen Schulen schicken. Damit wäre allerdings im Zuge der Integration des traditionalen Sektors auch mit seiner Partizipation zu rechnen, an der der Staat sicherlich nicht interessiert ist. Deshalb zieht er die bloße Integration vor. Die Ulama werden demnach bis auf weiteres Nutznießer des Zakatsystems bleiben[105]. Insofern hat die *Tanẓîm al-madâris* Recht, wenn sie noch im

104 Hier sei etwa an die Diskussion über die formale Anerkennung der Urkunden der Geistlichen und die persönliche Intervention General Zia ul Haqs erinnert; vgl. dazu weiter oben Kapitel II 2.1 sowie Kapitel V 6. und 7.

105 Damit lastet ihnen häufig das Stigma an, das dem Empfang des Zakat eigen ist.

Jahre 1985 beklagt, daß die Gleichstellung der Urkunden der D.M. lediglich formaler Natur sei, und daß sich in der Praxis noch "gar nichts geändert" hätte[106].

106 Jahresbericht der *Tanẓîm al-madâris* 1985, Lahore 1985 (Urdu), S. 22.

IX. SCHLUSSBETRACHTUNG

Ähnlich wie die vorherigen Regimes, deren Repräsentanten die koloniale Gesellschaft bildete, ist auch das Zia-Regime den politischen und wirtschaftlichen Bedingungen einer peripher kapitalistischen Nation unterworfen. Das Ziel der Islamisierung liegt nun darin, den staatlichen Machtbereich in bislang -noch unberührte Gebiete auszudehnen, noch bestehende traditionale Ordnungssysteme autonomer Gesellschaftsbereiche aufzulösen, sie jedoch nicht konsequent durch moderne, an westlichen Maßstäben orientierte, Strukturen zu ersetzen. Deren Einführung richtet sich meist nach staatlichen Rentabilitätserwägungen.
Mit zunehmender, zur Zeit der Kolonialherren eingesetzter und teilweise vollzogener, staatlicher Durchdringung autochtoner Gesellschaftsbereiche entstand im traditionalen Gesellschaftswesen ein kolonialer Machtbereich. Die koloniale Umwälzung des althergebrachten Systems führte zu einer Aufsplittung verschiedener Lebensbereiche, primär in den Produktions- und den Reproduktionsbereichen. Davon betroffen waren zunächst die Gesellschaftsschichten, die erst im Rahmen kolonialer Penetration geschaffen wurden, also ein auf die koloniale Wirtschaft hin orientierter Administrations-, Militär- und Wirtschaftssektor. Die Spaltung beider, nun voneinander isolierter Lebensbereiche wurde durch weitere Modernisierungsstrategien verschiedener Regimes erhärtet. Das Anliegen der Islamisierung war es nun, die Durchdringungspolitik fortzuführen, dabei aber die aufgesplitteten Lebensbereiche integrieren zu wollen, ohne jedoch auf koloniale Strukturen zu verzichten. Die Integration der Bereiche und die Erhaltung des *status quo* mußten durch die Repräsentanten des kolonialen Staates legitimiert werden. Dies wurde unter Berufung auf die islamische Tradition von der islamischen Avantgarde und Teilen der islamischen geistlichen Elite willig geliefert. Damit konnten diese beiden Gesellschaftsteile auch ihre Machtposition rechtfertigen und ausweiten. Der Ruf nach einer islamischen Ideologie, die mit westlichen Ideologien konkurrieren sollte, wurde zunehmend laut und fand schließlich seine verfassungsmäßige Institutionalisierung im *Rat für islamische Ideologie* (*CII*). Dieser Rat stellte jedoch kein traditionales islamisches Gremium dar. Vielmehr rekrutierten sich seine Mitglieder meist aus Reihen der im kolonialen Bereich integrierten oder zumindest an ihn orientieren Gesellschaftsbereiche.
Die forcierte Integrationspolitik Zia ul Haqs führte erstmals zu negativen Reaktionen unter Teilen der traditionalistischen *Geistlichkeit*. Ihre Unzufriedenheit äußerte sich auf verschiedene Weise: Zum Teil boten die diversen Ulama Konferenzen Raum für Kritik, zum Teil traten die Mitglieder des *CII* aus Protest aus dem Rat aus. Die meisten Repräsentanten des *CII* sind an einer gesamtgesellschaftlich revolutionierenden *Problemlösung*, die ihren individuellen Status in Frage stellen würde, nicht interessiert, da sie zu großen Teilen die vom kolonialen Sektor als universal anerkannt postulierten Werte und Formen politischer Öffentlichkeit vertreten. Sie tendieren dazu, die seit der Kolonialzeit einsetzende

Aufsplittung der Gesellschafts- und Lebensbereiche durch deren Angleichung zu entschärfen und aufzuheben, ohne den kolonialen Status jedoch gefährden zu wollen. Dieses Dilemma zeigt sich in der teilweise nomenklatorischen Integration, die von der islamischen Avantgarde gestützt wird. Der Großteil der islamischen Würdenträger setzt sich somit dem Machtstreben des Staates nicht nur willentlich aus, sondern liefert ihm auch die dazu gehörige islamische Legitimation.
Aufgrund ihrer Zugehörigkeit zu einem kleinen Gesellschaftssektor konnten sowohl die geistliche Elite als auch die islamische Avantgarde bisher jedoch keine breiten Massen mobilisieren. Eine Massenmobilisierung führte nur im Falle der Schia zur grundsätzlichen Änderung der Politik des Regimes.[1] Andere Teile der Traditionalisten konnten sich als islamisch egalisierende Bauernbewegung vor allem in ländlichen Gebieten aber auch im traditionalen städtischen Sektor formieren und sich bislang standhaft gegen die universalisierende Islamisierung wehren.
Die "islamisch" legitimierte Penetrationspolitik wurde vor allem in Bereichen der traditionalen Gesellschaft verfolgt, die noch ein relativ hohes Maß an Autonomie vorweisen, so z. B. in dem islamischen Stiftungswesen, dem islamischen Almosenwesen und vor allem den religiösen Schulen. In diesen Bereichen sollte die althergebrachte Kosmologie durch unbedingte *Modernisierung* einer Umorientierung unterworfen werden, um nationalistische Ziele und Zwecke durchzusetzen. Gleichzeitig war es dem Staat möglich, sich an den Einnahmen der traditionalen Institutionen zu bereichern.

Den Vertretern des Volksislam und Hütern islamischer Stiftungen gelang es anscheinend nicht, den staatlichen Expansionsgelüsten zu widerstehen. So konnte beispielsweise die traditionell religiös legitimierte Stellung der *Heiligen* durch die neue, staatlich legitimierte säkulare Macht des *Administrators* formal ersetzt werden. Die Stiftungen konnten im Rahmen der Islamisierung sogar soweit modernisiert und integriert werden, daß mit ihnen heute um westliche Touristen geworben wird. Damit können sie vollends ihren sakralen und z. T. auch politischen Charakter verlieren

---

1 Hier sei an die Affaire um den Zakat im Juli 1980 in Islamabad erinnert.
Die Vertreter der *integrationistischen* Jama`at-e Islami wollen als Reaktion auf schiitische Aktivitäten, die z. T. als *isolationistische* oder *konter-integrationistische* Bewegungen zu betrachten sind, die Schia als Nicht-Muslime bezeichnen und ihr einen der *Ahmadiyyah* ähnlichen Status einräumen (Gespräch zwischen *Mawlânâ `Abd al-Mâlik*, der *Shaikh al-Ḥadîth* des Markaz `Ulûm al-Islâmiyyah, Lahore (Jama`at-e Islami) und *Mawlânâ Ḥamid Miyân* (*Jam`iyyat-e `Ulama'-e Islam*; *Ḥâmid Sâḥib* teilt jedoch nicht die Meinung der Jama`at) am 13.2.86 in der Jâmi`ah Madaniyyah, Karimpark, Lahore.). Diese heute nahezu institutionalisierte Außenseiterposition der Schia führte zunächst zur Gründung der *taḥrîk-e nifâz-e fiqah-e ja`fariyyah* (Bewegung zur Einführung des schiitischen Rechtssystems) und der *Wafâq al-`ulamâ'*.

und zu profanen Institutionen werden. Zugleich wurde das mit den Stiftungen verbundene traditionale Sozial- und Krankenwesen aufgelöst und nur inadäquat durch staatliche soziale Einrichtungen ersetzt. Nichtsdestotrotz ist die Autorität des *pîrs* bis heute ein wesentliches Merkmal der pakistanischen Gesellschaft.
Durch das neue, auf Prinzipien der Partizipation aufbauende, islamische Almosenwesen sollte ein sozialer Wohlfahrtsstaat nach westlichem Muster geschaffen werden.
Die Väter sowohl dieser Konzeption als auch aller anderen *integrationistischen* Islamisierungskampagnen sind eindeutig dem kolonialen urbanen Sektor und dem an ihm orientierten Gesellschaftsbereich zuzuordnen.[2] Diesen beiden Gesellschaftsbereichen fehlt jedoch jegliche Massenbasis und sie sind weder in der Lage noch daran interessiert, *ihren* Staat und ihre Administration *für* breite Bevölkerungsschichten umzugestalten. So wird nicht etwa das in kolonialer Tradition stehende Steuerwesen hinterfragt und gegebenfalls aufgelöst. Stattdessen wird durch die Einführung einer "islamischen Steuer" das ganze Steuerwesen schlechthin legitimiert. Ferner kann die Anwendung der "islamischen Steuer" im Bereich Finanzanlagen eine Anbindung weiterer Teile der Landwirtschaft an den zentralen Geldmarkt rechtfertigen. Zahlreiche Fehler und Unstimmigkeiten, eine sich aufblähende Bürokratie und die durch Anonymisierung inadäquate Ersetzung bestehender traditionaler Ordnungsgeflechte sind Merkmale des neuen bürokratisierten Almosen- und Sozialwesens. Sein redistributiver Charakter ist nur teilweise in einer Umverteilung von der Mittelschicht zu den unteren Schichten zu erkennen, während die Oberschicht weiterhin nicht belastet wird. Entsprechend ist die postulierte Aufhebung regionaler Disparitäten nicht nur nicht erkennbar. Die Disparitäten werden jetzt noch zementiert. Schließlich ist der koloniale Staat in der Lage, seinen Einflußbereich auch mittels des Zakatwesens und den Aktivitäten des *Auqaf Department* zu erweitern.
Lediglich Teilen des traditionalen Sektors war es möglich, den staatlichen Maßnahmen zumindest zeitweilig die Stirn zu bieten. So wurde z. B. die Implementierung der Reformvorschläge des *Nationalen Komitees für Dînî Madâris 1979* von traditionalistischen Würdenträgern zunächst verhindert. Die Inaussichtstellung gleicher Rechte für die Graduierten verschiedener religiöser Denkrichtungen mit denen der Hochschulabsolventen bei Vorlage eines integrierten Curriculums und die finanzielle Förderung autochtoner Schulen im Rahmen des Zakatsystems führte jedoch teilweise zu einer positiven Reaktion der Geistlichen. Das neue sechzehnjährige Curriculum der religiösen Schulen, die starke Zunahme der Anzahl dieser Institutionen sowie der spektakuläre Anstieg der Graduierten ruft jedoch langfristige soziale und politische Probleme hervor. Für die Unterbringung dieser nunmehr staatlich anerkannten Geistlichen hat die Bürokratie wegen ihrer Ablehnung gegen die meist aus sozial schwachen Verhältnissen stammenden Würdenträger keine Konzepte entwickelt. Sie versucht sogar, den auf den Arbeitsmarkt strömenden Ulama jedwede Arbeitsmöglichkeit zu

---

2 Vgl. dazu Kapitel über die theoretische Einordnung der Islamisierung.

verbauen. Lediglich das Militär, dessen oberste Autorität, nämlich Zia ul Haq, die formale Angleichung der Geistlichen an den kolonialen Status im Alleingang durchsetzte, stellt Arbeitsplätze zur Verfügung. Dies zeugt jedoch eher von einem gewissen Pragmatismus als von wirklichem Interesse an den Geistlichen, da das Militär als staatstragende Institution der islamischen Legitimation bedarf.
Die normative Ausrichtung der Vertreter des traditionalen Sektors kann durch das neue Curriculum langfristig eine Veränderung herbeiführen. Ihre Konsumstruktur wandelte sich bereits aufgrund der hohen Zakatgelder. Die Zakatbeiträge für religiöse Schulen dienen auch in erster Linie dazu, die autonomen Träger islamischer Kultur an den Staat zu binden und sie somit ihrer immanent politischen Stoßkraft zu berauben.
Die religiösen Schulen und deren Schüler wurden nicht nur als Modernisierungskatalysatoren und Auffangbecken sozial schwacher Gesellschaftsschichten genutzt, sondern auch für den Kampf in Afghanistan. Dies verleiht den *mawlânâs* und ihren Reproduktionszentren auch eine außenpolitische Bedeutung.
Die vereinheitlichende und *integrationistische* Islamisierung in Pakistan kann wegen der Verschiedenartigkeit der vorherrschenden Denkrichtungen, deren Zentren in verschiedenen Regionen liegen, kaum Erfolg haben. Der zum Teil modernistischen Islaminterpretation auf Grundlage des *ijtihâd*s stehen die traditionalistischen Islaminterpretationen verschiedener Denkrichtungen gegenüber (*taqlîd*), was zu heftigen Auflehnungen gegen staatliche Expansionspolitik führt. Bis heute, neun Jahre nach der Proklamation des islamischen Systems, bereiten einige Traditionalisten dem Regime Kopfzerbrechen. Ihre Reaktionen schlagen sich bisweilen in "*isolationistischen*" Aktivitäten nieder und können das staatliche System auch zum Erliegen bringen, so z. B. im Sindh. Der Staat ist jedoch bislang in der Lage, durch gezielte Maßnahmen Träger traditionaler Gesellschaften im Sinne des "teile und herrsche" gegeneinander auszuspielen, und schließlich seine Interessen durchzusetzen.
Durch die Formalisierung und Förderung des autochtonen Gesellschaftsbereiches wurde jedoch ein unübersehbares Konfliktpotential für die neunziger Jahre geschaffen: die *mawlânâs* drängen in die ihnen nun *formaliter* zustehenden Posten. Um den *status quo* zu erhalten, muß dann entweder eine neue Allianz zwischen Militär/Bürokratie und *Geistlichkeit* entstehen oder der Aktionsbereich eines dieser Bereiche zurückgedrängt werden. Wie der mächtige koloniale urbane Sektor seine Vorherrschaft gegenüber dem immer stärker werdenden traditionalen urbanen Sektor und den *Mischgebieten* wahren wird, bleibt abzuwarten.

Abkürzungen und Glossar

Abkürzungen

AAS:	African and Asian Studies
ACII:	Advisory Council for Islamic Ideology
Ahmad I:	Siehe Bibliographie: Aḥmad, Nadhr
Ahmad II:	Siehe Bibliographie: Aḥmad, Nadhr
AIOU:	Allama Iqbal Open University
A. Kash.:	Azad Kashmir
ATP	Siehe Bibliographie unter: Qaṣûrî, Muḥammad Ṣâdiq
AUD:	Siehe Bibliographie unter: Bukhârî, Muḥammad Akbar Shâh
chr.:	christlich
CII:	Council for Islamic Ideology
CSP:	Civil Service of Pakistan
CZA:	Central Zakat Administration
CZC:	Central Zakat Council
D:	Dawn (Englisch-Tageszeitung)
D.M.:	Dînî Madâris, religiöse Schulen
DO:	Dawn Overseas
DZC:	District Zakat Council
e. B.:	eigene Bearbeitung
EW:	Erziehungswesen
FSC:	Federal Shariat Court
GoP:	Government of Pakistan
h.:	hijrah
HBL:	Habib Bank Limited
ICT:	Islamabad Capital Territory
IPS:	Institute for Policy Studies
IRI:	Islamic Research Institute
IS:	Islamic Studies, Islamabad
J:	Jang (Urdu-Tageszeitung)
J.I.:	Jamâ`at-e Islâmî, politische Partei Pakistans
JMP:	Jam`iyyat al-Mashâ'ikh Pâkistân
JUH:	Jam`iyyat-e `Ulamâ'-e Hind, religio-politische Partei Indiens, auch schon vor der Teilung 1947 (Deobandi)
JUI:	Jam`iyyat-e `Ulamâ'-e Islâm (Deobandi)
JUP:	Jam`iyyat-e `Ulamâ'-e Pâkistân, religio-politische Partei (Brelwi)
K:	Karachi
k.A.:	keine Angaben
L:	Lahore
LAMEC:	Literacy and Mass Education Campaign

LZC:	Local Zakat Council
M:	Mashriq (Urdu-Tageszeitung)
Mad.:	Madrasah
MAS:	Modern Asian Studies
MC:	Mashaikh Convention
MCG:	Military and Civil Gazetteer
ML:	Muslim Liga: Politische Partei Pakistans
MN:	Morning News
MRD:	Movement for the Restauration of Democracy
MS:	Mosque Schools (Moschee Schulen)
NBL:	National Bank Limited
NCDM (P):	National Committee for Dînî Madâris (Pakistan)
NEC:	National Education Council
NEP:	National Education Policy
NIDMP:	National Institute for Dînî Madâris
NIT:	National Investment Trust
NLA:	National Language Authority
N. Areas:	Northern Areas
NW:	Nawâ'-e Waqt (Urdu-Tageszeitung)
NWFP:	North West Frontier Province
PID:	Press Information Department
PNA:	Pakistan National Alliance
PPP:	Pakistan People's Party
P.S.:	Privatschulen
PT:	Pakistan Times (Englisch-Tageszeitung)
PZC:	Provincial Zakat Council
QAU:	Qaid-e Azam University, Islamabad
RP:	Rawalpindi
TM:	The Muslim (Englisch-Tageszeitung)
TUAS:	Siehe Bibliographie unter: Hazârwî, Muḥ. Ṣaddîq
TU:	Siehe Bibliographie unter: Naqwî, Saiyyid Ḥusain `Arif
UBL:	United Bank Limited
UC:	Ulama Convention
UGC:	University Grants Commission
ZUO:	Zakat and Ushr Ordinance 1980

Glossar

`allâmah
Gelehrter

`âlim*, pl. *`ulamâ'
Islamischer Gelehrter; bedarf einer langjährigen Ausbildung in den religiösen Schulen.

`âlim `arabî
(siehe auch *fâḍil `arabî*) (wörtlich Kenner des Arabischen). Es handelt sich um die erste Stufe einer dreistufigen Sprachenausbildung im Arabischen. Diese Sprachenkunde wurde von den Kolonialherren im letzten Jahrhundert eingeführt. Der Lehrstoff in diesem Kurs ist säkular ausgerichtet (siehe auch *âdib `âlim*).

adîb `âlim und *adîb fâḍil*
Zweite und dritte Stufe eines in englischer Tradition stehendem säkularen Sprachstudium. Das Curriculum ist eins der "islamischen" Sprache bzw. hier des Urdu ohne besondere religiöse Elemente. Die erste Stufe nennt sich schlicht *adîb*. In diesem insgesamt drei jährigen Studium hat der Schüler nach jeder Stufe eine größere Prüfung in sechs Fächern (Morphologie, Literatur, Logik, Recht <*fiqh*>, Übersetzung sowie mündliche Prüfung) abzulegen. *Adîb* entspricht dem Matric, *adîb `âlim* dem F.A. und *adîb fâḍil* dem B.A.

amîr, pl. *umarâ'*
Führer, Leiter

`aqâ'id
religiöse Prinzipien

`aṭṭiyyât
Spenden, die nicht Zakat umfassen

awliyyâ', pl. von *walî*
Heiligen Männer; etwa im Sinne von *pîrs*

bai`ah
Handel; Verkauf. Im Zusammenhang mit der Mystik soviel wie der Verkauf seiner Identität an den Heiligen.

barakah
religiöses Charisma

B.ed.; M.ed.
Bachelor of Education; Masters of Education.

bid`ah
Erneuerung; von den Fundamentalisten mit Vorliebe meist als unrechtmäßige und unislamische Neuerung verstanden.

da`wah
Friedliche Mission im Islam.

dâr al-`ulûm
höhere religiöse Schule

darjah-e fawqâniyyah
höhere Stufe der religiösen Ausbildung

darjah-e ibtedâ'iyyah
niedrigste Stufe der religiösen Unterweisung
darjah-e mutawassaṭah
mittlere Stufe der religiösen Unterweisung
darjah-e takhaṣṣuṣ
besonderer Kurs in den religiösen Schulen, der, wenn überhaupt, dem *dars-e niẓâmî* angeschlossen wird.
darjah-e wusṭânî
siehe *darjah-e mutawassaṭah*
dars-e niẓâmî
das traditionale religiöse Curriculum in den religiösen Schulen
dars-e qur'ân
Koranunterricht
dawrah-e ḥadîth
zunächst die höchste Stufe der theologischen Qualifikation
"Degree"ebene
Bildungsstufe, bei der dem Absolventen ein Graduierungszeugnis erteilt wird; meist ab Klasse zwölf - also B.A. (Bachelor of Arts).
dîniyyât
Islamkunde; meist untere Stufe
Establishment Division
jene, mit großer Macht ausgestattete administrative Körperschaft, die u.a. über die Versetzungen innerhalb der Staatsbürokratie entscheidet.
fâḍil, pl. *fuḍalâ'*
Graduierter
fâḍil `arabî*, pl. *fuḍalâ' `arabî
(vgl. auch *`âlim `arabî*) (wörtlich guter Kenner des Arabischen). Hier die dritte und höchste Stufe des säkularen Arabischkurses.
faqîh, pl. *fuqahâ'*
islamischer Rechtsgelehrter; Kenner des islamischen Rechts (*fiqh*)
farâ`iḍ
Erbrecht
fatwâ, pl. *fatâwâ*
islamisches Rechtsurteil
fiqh
das islamische Recht
fitnah
Apostasie
ḥadd, pl. *ḥudûd*
wörtl. Grenze; Bezeichnung für einige wenige im Koran festgelegte Strafen
ḥadîth
Aussprüche und Handlungen des Propheten Muhammad, die in mehreren *Ḥadîth*sammlungen kompiliert sind und einen normativen Charakter für die Muslime haben. Die Authenzität einer solchen prophetischen Norm und Tradition variiert für jeden Muslimen je

nach seiner Rechtsschule. Die Bestandteile eines *Ḥadîth* sind der *isnâd* (die Überliefererkette) und der *matn* (der Text).

ḥâfiẓ, pl. *ḥuffâẓ*, anglisiert: *ḥâfiẓs*
jemand, der den Koran auswendig beherrscht. Durchschnittlich braucht man dafür drei bis vier Jahre.

ḥajj
die Wallfahrt nach Mekka

ḥâjî, pl. *ḥujjâj*, anglisiert: *ḥâjîs*
Pilgerer, der den *ḥajj* macht.

hijrah
die Flucht Mohammeds von Mekka nach Medina; Beginn der islamischen Zeitrechnung; 622 n. Chr.

ḥîlah oder *ḥiyâl*
wörtl. Kniff; oft angewendete Methode, um die Vorschriften der Shari`a zu umgehen.

ḥifẓ
die Kunst, den Koran auswendig zu beherrschen.

`ibâdah
Pflichten des Menschen gegenüber Gott im Gegensatz zu *mu`âmalah*, die das soziale Geschehen unter den Menschen vorschreiben.

`îd
islamisches Fest

ijâzah
wörtl. Erlaubnis; Erlaubnis, die Lehren eines großen Gelehrten weiterzulehren.

ijmâ`
die Methode des Konsens im islamischen Rechtsverfahren.

ijtihâd
das Lösen eines Rechtsproblems mit Hilfe der Heranziehung aller vier gängigen islamischen Rechtsquellen.

imâm, pl. *a'immah*, angl. *imâms*
Moscheevorsteher, der das gemeinsame Gebet betet. In der schiitischen Tradition ist er der Leiter der Gemeinde.

iqrâ'
Aufforderung zum lesen oder rezitieren (wörtlich: rezitiere !). Dies ist eines der ersten Worte, die Muhammad offenbart worden sein sollen.

Islamiyyât
Islamischer Religionsunterricht

isnâd
pl. von *sanad*

iṭâ`ah
absoluter Gehorsam

jayyid `ulamâ'
die modernistischen Kräfte unter den Geistlichen.

jihâd
Heiliger Kampf im Islam

khalîfah, pl. *khulafâ'*
wörtl. Nachfolger; Titel derjenigen, die nach dem Propheten das islamische Reich leiteten. In der mystischen Terminologie der Nachfolger eines *Ṣûfîshaikh*.
khaṭîb, pl. *khuṭabâ'*, anglisiert: *khaṭîbs*, verdeutscht: *khaṭîbe*
Moscheevorsteher, der die Freitagspredigt (*khuṭbah*) hält.
khums
wörtl. ein Fünftel; religiöse Abgabe, die an den Propheten ging. Bei den Schiiten bekommt den *khums* der zeitgenössische Leiter der schiitischen Gemeinde.
khuṭbah
Freitagspredigt
madâris
vgl. *madrasah*
madrasah, pl. *madâris*
religiöse Schule, die ein besonderes Curriculum vorweist, das sich im wesentlichen durch das Studium der koranische Lehren, *Ḥadîth*-wissenschaften und des islamischen Rechts auszeichnet.
maḥkamah
Department
majâz
jemand, der die Erlaubnis eines *pîrs* bekommen hat, dessen Lehren weiter zu verbreiten.
majlis
Versammlung, Konvent
maktab
Stätte, in der Koran memoriert und gelesen wird; beschränkt sich auf Vorschul- oder Primarwissen.
maktab-e fikr, pl. *makâtib-e fikr*
Denkschule oder Denkrichtung. Einige Denkschulen unterscheiden sich jedoch nicht in theologischer Hinsicht von einander. Im Gegensatz dazu können die "*madhâhib*" (sing. *madhhab*) (Rechtsschulen) genannt werden, die sich hinsichtlich der Rechtsauslegung zum Teil grundlegend von einander unterscheiden.
Maktab-Scheme
ein von der Regierung unternommenes Programm während den sechziger Jahren zur Alphabetisierung besonders der ländlichen Bevölkerung. Es sollte in den Moscheen und Maktab stattfinden.
ma'rifah
Gnosis
markaz
wörtl. Zentrum
mashâ'ikh, pl. von *shaikh*
islamische Mystiker und Ordensführer.
Matriculation (matric)
zehn Jahre Schulunterricht. Mittlere Reife.

mawlânâ
(wörtl.: unser Herr) Titel eines - meist sunnitischen- islamischen Gelehrten mit einer formalen theologischen Schulausbildung; wird in der arabischen Welt jedoch nicht benutzt.

mawlwî
islamischer Gelehrter; jedoch in Abgrenzung zum *mawlânâ* ist der *mawlwî* niederer sozialer Herkunft oder theologischer Ausbildung.

mawqûf (*`aliyyah*)
die Stufe zwischen Primar und höhere Stufe in den religiösen Schulen. Heute gleichbedeutend mit dem B.A.

mîr
meist gleichbedeutend mit *sayyid* (Nachfahre des Propheten). Im indischen Subkontinent auch ethnische Gruppe.

mohtamim oder *muhtamim*
Vorsitzender einer religiösen Schule

mu'adhdhin
jene Person, die zum täglichen Gebet aufruft, den *'adhân* ausruft.

muftî
hoher islamischer Gelehrter, der eine *fatwâ* schreiben kann

muhâjir, pl. *muhâjîrîn*
ursprünglich jemand, der die *hijrah*, die Flucht von Mekka nach Medina vollzogen hat. Heute allgemein Flüchtling. Im indisch-pakistanischen Kontext jemand, der Indien bzw. Pakistan verließ, um sich im neuen Staat anzusiedeln. Die *muhâjirs* in Pakistan stammen meist aus dem nördlichen Indien.

mujâwar
Erbverwalter

mujâhid, pl. *mujâhîdîn*
Heiliger Kämpfer; derjenige, der für den Islam kämpft.

mujtahid
jemand, der den *ijtihâd* ausüben kann.

mullâ
meist Bezeichnung für lokale, jedoch im Gegensatz zum *mawlânâ* und *mawlwî* nicht ausgebildete und qualifizierte theologische Authorität. Im Volksmund auch mit abfälliger Konnotation. Im neunzehnten Jahrhundert war jedoch auch der Titel *mullâ* hoch angesehen.

murîd
Jünger, meist eines *pîrs*

murshid
Führer, meist eines mystischen Ordens

mustahiq, pl. *mustahiqîn*
jener Bedürftige, dem nach islamischem Recht der Zakat zusteht.

mutawallî
jemand, dem ein *waqf* übertragen worden ist

nâzim
Vorsteher, Direktor

nâẓirah
das Koranlesen.
na<u>dh</u>rânah
milde Gaben
niṣâb
Curriculum, aber auch eine bestimmte Grenze, z.B. diejenige Grenze, ab der Zakat gezahlt werden muß.
pîr
mystischer Führer
qâḍî
Rechtsgelehrter
qârî
jemand, der den Koran nach bestimmten Vorschriften zu rezitieren in der Lage ist.
qiyâs
eine der Rechtsfindungsarten im Islam; Analogieschluß
qir'at
die kunstvolle Ausbildung, den Koran nach bestimmten Regeln zu rezitieren.
ṣadaqah
freiwillige Almosenspende
ṣâḥib
Ehrenwerter Titel; Anrede
saiyyid, pl. *sadât*
meist Nachkomme des Propheten
sajjâdah-na<u>sh</u>în
Erbnachkomme eines Schreinheiligen
salaf
wörtl. Vorfahre; *al-salafiyyah* bezeichnet eine islamische Reformbewegung des *Muḥammad `Abduh* (1849-1905) in Ägypten. Hier als Bewegung, die den *ijtihâd* ausübt, den Altvorderen (*salaf*) aber nicht den großen Rechtsschulen folgt.
sanad, pl. *isnâd*
Urkunde, Zeugnis. In der *Ḥadî<u>th</u>*wissenschaft auch Bezeichnung für die Überlieferungskette.
<u>sh</u>âh
Bezeichnung für Nachkomme des Propheten oder dessen Familie
<u>sh</u>ahâdah
Urkunde; auch Märtyrium
<u>sh</u>ai<u>kh</u>, pl. *<u>sh</u>uyyu<u>kh</u>*
Bezeichnung eines islamischen Würdenträgers.
<u>sh</u>ai<u>kh</u> al-islâm
hoher islamischer Gelehrter, der über einen Gerichtshof waltet.
<u>sh</u>ai<u>kh</u> al-ḥadî<u>th</u>
ein ausgesprochen guter Kenner der Prophetentradition
<u>sh</u>irk
Gotteslästerung in Form von Vielgötterei

shurâ
Gremium islamischer und sonstiger Authoritäten.
silsilah
wörtl. Kette; hier die Ahnenreihe eines Heiligen oder eines Ordens.
sîrat
Biographie; meist Prophetenbiographie
tablîgh
Mission im Islam.
tafsîr
Koraninterpretation, -exegese.
taḥtânî
Stufe religiöser Ausbildung unter dem *mawqûf*, jedoch noch oberhalb der Primarstufe
tajwîd
die Kunst, den Koran richtig auszusprechen. Auch als Lehrfach in den religiösen Schulen.
tamlîk
die Übertragung des Zakat in den Eigentum des *mustahiq*.
tanẓîm
Dachorganisation hier der religiösen Schulen der Brelwis.
taqlîd
wörtl. Nachahmung; hier die Nachahmung einer der großen Rechtsschulen; im Gegensatz dazu *ijtihâd*.
ṭarîqah, pl. *ṭuruq*
wörtl. Pfad; hier mystischer Orden.
tawḥîd
der Glaube an den einen Gott im Gegensatz zum *shirk*, bei dem Allah andere Götter beigesellt werden.
tawhîn-e rasûl
Prophetenbeleidigung
thâniyyah
zweite; Sekundar-
ulâ
erste; Primar-
`ulûm-e `aqaliyyah
die sogenannten erworbenen oder rationalen Wissenschaften, deren Wahrheitsgehalt einem ewigen Wandel unterworfen ist.
`ulûm-e naqaliyyah
die sogenannten tradierten Wissenschaften; sind transzendenter Natur.
ummah
Gemeinschaft aller Muslime
University Grants Commission (*UGC*)
Im Juli 1973 aufgebaute Körperschaft, mit dem Ziel, akademische Programme in den Universitäten des Landes zu koordinieren und zu finanzieren. Die *UGC* teilt sich im wesentlichen in drei Schwerpunkte: Centres of Exellence; Area Study Centres; Pakistan Study

Centre[1]. Auch Basisarbeit, wie Aufklärung über den Islam durch die Medien, Bücherrevision sowie die Publikation von Büchern sollte durch die *UGC* geleistet werden[2]. Im Bildungsplan von 1979 ist die *UGC* um einige Aufgabenbereiche erweitert worden[3].

`urf
: Gewohnheitsrecht

`urs
: wörtl. die Hochzeit; auf dem indischen Subkontinent auch Bezeichnung für den Todestag des Heiligen; jährliche Feier an einem Schrein.

`ushr
: der Zakat; obligatorische jährliche Abgabe eines Muslime auf landwirtschaftliche Güter (wörtlich: der Zehnt)

uṣûl
: Prinzipien

wafâq
: Dachorganisation, hier der religiösen Schulen.

wâfiq
: jemand, der einen *waqf* spendet.

waqf, pl. *awqâf*
: religiöse Stiftung

zakât
: Obligatorische Abgaben jedes Muslim auf das jährliche Einkommen (2,5%). Herkömmlich mit Almosensteuer übersetzt (wörtlich reinigen, vom Arabischen *`zakâ'*).

1 *lac*
: = 100.000

1 *tolâ*
: = 11,664 Gramm

1 *acre*
: = 0,4047 Hektar

---

1 Vgl. GoP, Pakistan Handbook 1978-81, S. 490
2 a. a. O., S. 492
3 Vgl. NEP 1979, S. 84 f

Bibliographie

`Abdullah, Maḥmûd Muḥammad: *Al–lughat al–`arabiyyah fî Bâkistân*, Bd. I, in Zusammenarbeit mit dem Bundesministerium für Erziehung, Islamabad 1983 (Die arabische Sprache in Pakistan) (Arabisch)

`Askarî, Muḥammad Ḥasan: *Jadîdiyyat*, Lâhôr 1979 (Modernität) (Urdu)

`Aẓîm, Wiqâr: *Dastân sê afsânê tak*, Karâchî 1966 (Vom Märchen bis zum Roman) (Urdu)

A`ẓamî, Khalîl al–Raḥmân : *Urdû meñ taraqqî pasand adabî taḥrîk*, `Alîgarh 1972 (Die fortschrittliche literarische Bewegung im Urdu) (Urdu)

Adorno, Th. et al.: Der Positivismusstreit in der deutschen Soziologie, Darmstadt 1982[10]

Afrîdî, Arbâb Khân: *Manuskript zu den Dînî Madâris in NWFP*; Institute of Education and Research, Peshawar University 1984 (unveröffentl. ohne Titel, mimeo) (Urdu)

Afzal, Mohammad: Integration of Madrasah Education with the formal System of Education at Secondary Level, M. A. Thesis, Allama Iqbal Open University, Islamabad 1985 (unveröffent.)

Ahmad, A./v. Grunebaum, G.E. (eds.): Muslim Selfstatement in India and Pakistan 1857–1968, Wiesbaden 1970

Ahmad, Aziz: Islamic Modernism in India and Pakistan, Oxford 1967

Ahmad, Aziz: Studies in Islamic Culture in the Indian Environment, Oxford 1964

Ahmad, Aziz: The conflicting heritage of Sayyid Ahmed Khan and Jamal Ad-Din Afghani in the Muslim political thought of the Indian Subcontinent, in: Trudui XXV Mezdhunarod. Kongres Vostokovedov 1960, tom IV (1963) S. 147–152

Ahmad, Feroz: Pakistan: The New Dependence, in: Race and Class, Vol. XVIII, No. 1 1976 S. 3 – 22

Aḥmad, Ḥâfiẓ Naḏhr: "*Hamârî Darsgâhôñ meñ dînî ta`lîm*", Vortrag auf der Konferenez "Kull Pâkistân Mu'tamar `arabî wa `ulûm islâmiyyah" in Peshawar 1955, (mimeo) (Urdu)

Aḥmad, Ḥâfiẓ Naḏhr: A preliminary survey of madaris-i-deeniyyah in East & West Pakistan, presented at the first Pakistan Oriental Conference, December 1956 (mimeo) (Urdu)

Aḥmad, Ḥâfiẓ Naḏhr: *Jâ'izah-e Madâris-e `arabiyyah Islâmiyyah maghribî Pâkistân*, Lîâlpûr 1960 (Überblick über die arabisch-islamischen Madâris West-Pakistans) (Urdu) (Ahmad I)

Aḥmad, Ḥâfiẓ Naḏhr: *Jâ'izah-e madâris-e `arabiyyah maghribî Pâkistân*, Lâhôr 1972 (Überblick über die arabischen Madâris West-Pakistans), (Urdu) (Ahmad II)

Ahmad, Imtiaz (ed.): Ritual and Religion among Muslims of the Subcontinent, Lahore 1985

Ahmad, Khurshid/Ansari, Zafar Ishaq (eds.): Islamic Perspectives; studies in honour of Mawlânâ Sayyid Abul A`lâ Mawdûdî, The Islamic Foundation, London 1979

Ahmad, Mohammad Akhlaq: Traditional Education among Muslims; a study of some aspects in modern India, New Dehli 1985

Aḥmad, Zâhid: *Pâkistân mêñ čapnê wâlê dînî rasâ'il o jarâ'id kâ aik jâ'izah*, M.A. Arbeit, Islamic Studies Department, University of Punjab 1984 (Überblick über die in Pakistan veröffentlichten religiösen Zeitschriften) (Urdu) (unveröffentl.)

Ahmed, Akbar S.: Social and Economic Change in the Tribal Areas, Oxford University Press 1977

Ahmed, Manzooruddin (ed.): Contemporary Pakistan, Politics, Economy and Society, Karachi 1982

Ahmed, Manzooruddin: "The Political role of the `Ulama' in the Indo-Pakistan Sub-Continent", in : Islamic Studies, Vol. 4, No. 4 1967, S. 327 - 354

Ahmed, Munir D.: Muslim Education prior to the Establishment of Madrasah, in: Islamic Studies, Vol. 26, No. 4 1984, S. 321-349

Ahmed, Munir: The Shi'is of Pakistan, in: Martin Kramer (ed.): Shi'ism, Resistance, and Revolution, London 1987, S. 275-287.

Ahmed, Saghir: Class and Power in a Punjabi Village, New York 1977

Al-Attas, S. Muhammad: Aims and Objectives of Islamic Education, King Abdul Aziz University, Jeddah 1979

Al-Baiyanât: "Binorî nambar", Jâmi`ah al-`Ulûm al-Islâmiyyah Karâchî, Karachi 1978 (Urdu)

Al-Ghazzali: The Book of knowledge (trans. by Nabih A. Faris), Sh. Muh. Ashraf, Lahore 1974[4] (erstm. im Englischen 1962)

Al-Ḥaq, monatlich aus Akôṙâ Khaṫṫak, Peshawar (Urdu)

Al-Raḥmân: Muftî Maḥmûd nambar, Lâhôr o.J., S. 43-46 (Urdu)

Al-Wafâq: *Wafâq-e `ulamâ'-e shî`iyyah Pâkistân kê chothe sâlânah ijtimâ` kî tafṣîlî repôrt*, Jâmi`at al-Muntaẓar, Lâhôr 1985 (Ausführlicher Bericht über die vierte Jahresgesamtversammlung der Organisation der schiitischen Geistlichen) (Urdu)

Alavi, H./Shanin, T. (eds.): Introduction to the Sociology of "Developing societies", London 1982

Alavi, Hamza: Class and State, in: H. Gardezi/J. Rashid (eds.): Pakistan, the roots of dictatorship, London 1983, S. 40-93;

Alavi, Hamza: The State in Postcolonial Societies: Pakistan and Bangla Desh, in: K. Gough/H.P. Sharma (eds.): Imperialism and Revolution in South Asia, New York 1973, S. 145 ff.

Albrecht, Herbert: Lebensverhältnisse ländlicher Familien in Westpakistan; Sozialökonomische Schriften zur Agrarentwicklung, Saarbrücken 1971

Amad wa Kharch, al-Jâmi`at al-salafiyyah 1984, Lâhôr 1984 (Einnahmen und Ausgaben der Jâmi`at al-salafiyyah) (Urdu)

Ansari, Muhammad Fazl ur-Rahman: The Qur'anic Foundations and Structure of Muslim Society, Karachi 1977[2]

Ansari, Sarah F.D.: Sufi Saints, Society and State Power; The Pirs of Sind, 1843-1947, (Ph.D. Royal Holloway and Bedford College London 1987 (unveröffentl.)

Arshad, `Abd al-Rashîd: *Bîs barê musalmân*, Maktabah Rashîdiyyah, Lâhôr 1986[5] (erstmals 1969) (Zwanzig große Muslims) (Urdu)
Aziz, K.K.: A History of the Idea of Pakistan, Vol. I-IV, Vanguard Books Ltd., Lahore 1987
Aziz, K.K.: Rahmat Ali; a Biography, Vanguard Books Ltd., Lahore 1987
Bahadur, Kalim: The Jama`at-i-Islami of Pakistan, Lahore 1983
Baljon, J.M.S.: Modern Muslim Koran Interpretation 1880-1960, Leiden 1961
Barakâtî, Ḥakîm Maḥmûd Aḥmad: *Shâh Walî Allâh awr in kâ khândân*, Lâhôr 1976 (Shâh Walî Allâh und seine Familie) (Urdu)
Baṭâlwî, `Arif: *Jinnah sê Ḍiyâ' tak*, Lâhôr o.J. (Von Jinnah bis Zia) (Urdu)
Baxter, Craig (ed.): Zia's Pakistan, Vanguard Book Ltd., Lahore 1985
Bâqî, Muḥammad Fu'âd `Abd al: *al-mu'jam al-mufâhras lî alfâẓ al-qur'ân al-karîm*, al-Qâhira 1363 h. (Konkordanz des Koran) (Arabisch)
Bennigsen, A./Broxup, M.: The Islamic Threat to the Soviet State, repr. by Pap-Board Printers Ltd., Rawalpindi 1983
Binder, Leonard: Religion and Politics in Pakistan, University of California Press 1961
Bîbî Sakîna: *Dâr al`Ulûm Ḥaqqâniyyah, Akôṛâ Khaṭṭak, Peshâwar, IER* University of Peshawar, M.A. Arbeit 1985 (Urdu) (mimeo)
Blake, Stephen P.: The Patrimonial-Bureaucratic Empire of the Mughals, in: Journal of Asian Studies, Vol. 39 No. 1 1979, S. 77-94.
Bray, Mark: Universal Education in Pakistan, in: International Review of Education, Vol. 29 No. 2, The Hague 1983, S. 167-178
Brohi, A. K.: Islamic University of Islamabad: principles and purposes, in: Pakistan Studies, Vol. 1 No. 2, London 1982
Buddenberg, Doris: "Islamization and shrines: An anthropological point of view", Vortrag auf der "9th European Conference on Modern South Asian Studies", Heidelberg 9. - 12. Juli 1986 (mimeo)
Bukhârî, Ḥâfiẓ Muḥammad Akbar Shâh: *Akâbir-e `Ulamâ'-e Dêôband*, Lâhôr o.J. (Die Großen von Dêôband) (Urdu) (AUD)
Burki, Sh. Javed: Pakistan under Bhutto, New York 1979
Caroe, Olaf: The Pathans, 550 B.C. - A.D. 1957; with an Epilogue on Russia, Karachi 1984[3]
Chaudhry, A. G.: Some Aspects of Islamic Education, Lahore 1982
Choudhury, G. W.: Constitutional Development in Pakistan, The Ideal Book House, Lahore 1969
Christensen, R.O. (ed.): Report on the Tribes of Dir, Swat and Bajour together with the Utman-Khel and Sam Ranizai, Peshawar 1981 (erstmals 1901)
Chughtâ'î, Muḥammad `Abd Allah: *Qîâm dâr al-`ulûm dêôband*, Lâhôr 1980 (Die Gründung des Dâr al-`ulûm Dêôband) (Urdu)
Clark, T. W. (ed.): The Novel in India, London 1970
Cohen, Stephen P.: The Pakistan Army, University of California Press 1984

Dettmann, Klaus: Agrarkolonisation im Rahmen von Kanalbewässerungsprojekten am Beispiel des Fünfstromlandes, in: J. Hagedorn/J. Hovermann/H.-J. Nitz (Hrsg.): Landerschließung und Kulturlandschaftswandel an den Siedlungsgrenzen der Erde, Göttingen 1976, S. 179-191

Directory Federal Councillors of Pakistan, publ. by Message Publications, Karachi o.J.

Ḍiyâ', Shakîl Aḥmad: *Sindh kâ muqaddimah*, Karâchî 1986 (Das Gerichtverfahren des Sindh) (Urdu)

Eaton, R.M.: Sufis of Bijapur 1300-1700, Princeton University Press 1978

Eaton, R.M.: The Political and Religious Authority of the Shrine of Bâbâ Farîd, in: B.D. Metcalf (ed.): Moral conduct and authority, a.a.O., S. 333-356

Eccel, A. Chris: Egypt, Islam and Social Change; *al-Azhar* in conflict and accomodation, Berlin 1984

Elphingstone, Mountstuart: An Account of the Kindom of Caboul and its Dependencies in Persia, Tartary, and India, Graz 1969 (erstm. 1815), 2. Buch Kap. IV

Ende, W./Steinbach, U. (Hrsg.): Der Islam in der Gegenwart, München 1984

Ende, W.: Waren Ǧamâladdîn al-Afġânî und Muḥammad `Abduh Agnostiker?, in: Zeitschrift der Deutschen Morgenländischen Gesellschaft, Supplementa I, XVII. Deutscher Orientalistentag, Vorträge Teil 2, Wiesbaden 1969, S. 650-659.

Esposito, John L. (ed.): Voices of Resurgent Islam, Oxford University Press, 1983

Ewing, Katherine: The Politics of Sufism: Redefining the Saints of Pakistan, in: Journal of Asian Studies, Vol. XLII, No. 2, Februar 1983, S. 251 - 268

Ewing, Kathrine: Malangs of the Punjab: Intoxication or Adab as the Path to God? in: B.D. Metcalf (ed.): Moral conduct and authority, a.a.O., S. 357-371

Faruki, Kemal A.: The Evolution of Islamic Constitutional Theory and Practice, Karachi 1971

Faruqi, Ziya-ul-Hassan: The Deoband School and the Demand for Pakistan, Lahore 1963

Fihrist-e maqâlât, idârah-e `ulûm-e islâmiyyah, Punjâb Unîwârsitî, M.A. Tîsîs 1952-1984 (Verzeichnis der M.A. Arbeiten im islamwissenschaftlichen Seminar der Punjab Universität) (Urdu)

Findley, C.V.: The Advent of Ideology in the Islamic Middle East, in: Studia Islamica 1982 Bd. 50, S. 143-169 und 1982 Bd. 51, S. 147-180

Flügel, Gustav: Concordance of the Koran, Karachi 1979

Friedmann, Yohannan: The attitude of the Jam`iyyat al-`Ulama'-i Hind to the Indian national movement and the establishment of Pakistan, in: AAS 7, 1971, S. 157-180

Friedmann, Yohannan: The Jam`iyyat al-`Ulama'-i Hind in the Wake of Partition, in: AAS 11, 1976, S. 181-211

Gankovski, Yu.V./Mosalenko, V.N.: The Three Constitutions of Pakistan, Lahore 1978

Gankovski, Yu.V./Polonskaya, L.R.G.: A History of Pakistan 1947-58, Lahore o. D.

Gardezi, H./Rashid J. (eds): Pakistan, the unstable state, Lahore 1983

Gardezi, H./Rashid J. (eds): Pakistan; the roots of dictatorship, London 1983

Geijbels, M.: Aspects of the Veneration of Saints in Islam with special reference to Pakistan, in: Muslim World, No. 68 1978, S. 176-186

Ghafoor, R. A.: Manual of Waqf Laws, Kauser Brothers, Lahore o.J.

Ghani, Ashraf: Islam and State-building in Afghanistan, in: Modern Asian Studies, Vol. 12 1978, S. 269-284

Ghayur, Mohammad Arif/ Korson, J. Henry: The Effects of Population and Urbanization Growth Rates on the Ethnic Tensions in Pakistan, in: Manzooruddin Ahmed (ed.): Contemporary Pakistan a.a.O., S. 204-227

Ghazzali, Imam: Ihya ulum id Din, The Book House Lahore 1983, Vol. IV in der engl. Übersetzung von Al-Haj Maulana Fazal al-Karim

Gieraths, Christine/Malik, Jamal: Die Islamisierung der Wirtschaft in Pakistan unter Zia ul Haq; Arbeitsmaterialien für den landeskundlichen Unterricht, Deutsche Stiftung für Internationale Entwicklung, Heft 11, Horlemann Verlag, Bad Honnef 1988

Gieraths, Christine: "Social Welfare through Islamization: Assessment and Evaluation (Pakistan 1979-84)", Vortrag auf der "9th European Conference on Modern South Asian Studies", Heidelberg 9. - 12. Juli 1986 (mimeo)

Gieraths, Christine: Islamische Wirtschaft: Das Modell Pakistan? Zur Islamisierung der Wirtschaft in Pakistan, 1977-1985, Heidelberg 1987 (Forschungsbericht für die Konrad-Adenauer-Stiftung) (unveröffentl.)

Gilani, Ijaz S.: The four `R's of Afghanistan, Pakistan Institute of Public Opinion, Islamabad etwa 1985

Gilmartin, David: Religious Leadership and the Pakistan Movement in the Punjab, in: Middle Eastern and African Studies, Vol. 13, No. 3, 1979, S. 485-517.

Gilmartin, David: Shrines, Succession, and Sources of Moral Authority, in: B.D. Metcalf (ed.): Moral conduct and authority, a.a.O., S. 221-240

Gîlânî, S. M. A.: *Hindûstân mêñ Musalmânôñ kâ niẓâm-i ta`lîm o tarbiyyat*, Bd. I und II, Union Printing Press, Dehlî 1966 (Das Erziehungswesen der Muslime in Hindustan) (Urdu)

Goldschmidt, D./Melber, H. (Hrsg.): Die Dritte Welt als Gegenstand erziehungswissenschaftlicher Forschung, Weinheim 1981 (Zeitschrift für Pädagogik 16. Beiheft)

GoP, Auqaf Department, West Pakistan: Manual of Rules and Regulations of the Auqaf Department: The West Pakistan Jamia Islamia (Bahawalpur) Ordinance, 1964, West Pakistan Ordinance No. XVII of 1964, Lahore 1969, S. 68-97

GoP, CII: Constitutional Recommendations for the Islamic System of Government, Islamabad 1983

GoP, CII: Tanzil ur-Rahman: Introduction of Zakat in Pakistan, CII, Islamabad o. J.

GoP, Curriculum für Arabisch für Klassen sechs bis acht, Islamabad 1975 (Urdu/arabisch)

GoP, Federal Budgets, verschiedene Jahre

GoP, Federal Ministry of Education: Pakistan Studies, Lahore 1983²

GoP, International Islamic University Ordinance 1985, Islamabad 1985

GoP, Islamic Research Institute (Hrsg.): *Pâkistân mêñ Dînî Mâdâris kâ* (sic!) *fihrist*, Islâmâbâd 1982 (Verzeichnis der Dînî Madâris in Pakistan) (Urdu)

GoP, LAMEC: Literacy a new Thrust, Islamabad o.J.

GoP, *LAMEC*; Literacy: a new Thrust, by Dr. A. R. Chaudhary, Chairman *LAMEC*, Islamabad o. D.

GoP, Maḥkmah Awqâf Punjâb, Lâhôr: *Bujeṭ barâ-e sâl 1985-86*, Lâhôr 1986 (Urdu)

GoP, Manual of Rules and Regulations of the Auqaf Department West Pakistan, Lahore 1969²

GoP, Ministry of Education, Curriculum Wing: Curriculum and Syllabi for PTC (Primary Teaching Certificate) and C.T. (Certificate in Teaching), Islamabad 1983

GoP, Ministry of Education, National Education Policy. (Salient Features), Islamabad 1978 (*NEP*)

GoP, Ministry of Education. Curriculum Wing, Teacher Education in Pakistan, Islamabad 1977

GoP, Ministry of Education: National Education Conference 1977, Islamabad o.J.

GoP, Ministry of Education: Report of the Commission on national Education, Karachi 1959 (Report of the Commission)

GoP, Ministry of Education: Second World Conference on Muslim Education, Recommendations, Islamabad 1980

GoP, Ministry of Education: The Education Policy 1972-1980, Islamabad 1972

GoP, Ministry of Education; Curriculum Wing: *Curriculum für Islâmiyât/Dînîyât für die Klassen eins bis zehn*, Islamabad 1975 (Urdu)

GoP, Ministry of Education; *Islâmik Eḍûkêshan Resârch Zel: Pâkistân kê dînî madâris kî fihrist 1984*, Islâmâbâd 1984 (Forschungsstelle für islamische Erziehung: Verzeichnis der religiösen Schulen Pakistans) (Urdu)

GoP, Ministry of Information and Broadcasting: Pakistan, an official yearbook, 1978-1981, Islamabad o.J.

GoP, Ministry of Justice and Parliamentary Affairs: Comparative Statement of the Constitution as it stood before the 20th March, 1985 and as it stands after that date, Islamabad o.A.

GoP, Ministry of Law and Parliamentary Affairs: Ordinance to establish an Islamic University, Islamabad 1980

GoP, Ministry of Religious Affairs: *Riporṭ qawmî kamîtî barâ-e dînî madâris Pâkistân*, Islâmâbâd 1979 (Bericht des Nationalen Komitees für religiöse Schulen Pakistan) (Urdu) (Halepota Report)

GoP, Ministry of Religious and Minority Affairs: *`Ulamâ' Kanwenshan 1980, taqârîr o tajâwîz*, Islâmâbâd o. J. (Reden und Vorschläge der `Ulamâ' Zusammenkunft), (Urdu) (UC 80)

GoP, Ministry of Religious and Minority Affairs: *`Ulamâ' Kanwenshan 1984, taqârîr o tajâwîz*, Islâmâbâd o. J. (Reden und Vorschläge der `Ulamâ' Zusammenkunft), (Urdu) (UC 84)

GoP, Ministry of Religious and Minority Affairs: *Mashâ'ikh Kanwenshan 1980, taqârîr o tajâwîz*, Islâmâbâd o. J. (Reden und Vorschläge der Mashâ'ikh Zusammenkunft), (Urdu) (MC)

GoP, Ministry of Finance, Central Zakat Administration: *Al-Zakât*, monatlich: Juli 1981 - November 1984, Islamabad (Urdu)

GoP, Ministry of Finance, Central Zakat Administration: Central Zakat Council Proceedings, Vol. I 1 - 7 Meetings, Islamabad 1983 (Zakat Proceedings Vol. I)

GoP, Ministry of Finance, Central Zakat Administration: *Kârkardagî repôrṭ barâ-e sâl* 1980/81, 1981/82, 1982/83, 1983/84, Islâmâbâd 1981, 1982, 1983, 1984 (Tätigkeitsberichte für die Jahre 1980/81, 1981/82, 1982/83, 1983/84) (Urdu)

GoP, Ministry of Finance, Central Zakat Administration: *Niẓâm-e zakât wa `ushr kê pehlê pânch sâl, aik jâ'izah*, Islâmâbâd 1986 (Die ersten fünf Jahre des Zakat und Ushr Systems, ein Überblick) (Urdu) (Fünfjahresbericht)

GoP, Ministry of Finance, Central Zakat Administration: The Zakat Manual, Islamabad 1982

GoP, Ministry of Finance, *Markazî zakât kawnsil kê ijlâs kî rûdâd: 8. - 15. ijlâs tak*, Bd. II, Islâmâbâd 1983, 8 - 15 Sitzung (Protokolle der Sitzungen des Zentralen Zakat Councils) (Zakat Proceedings Bd. II) (Urdu)

GoP, National Education Council: Issues in Education, Islamabad o.J.

GoP, National Education Council: NEC News, Vol. 1 June 1984, Islamabad 1984

GoP, National Education Council: Report of the Meeting of Primary School Teachers and Administrators, Islamabad 1984

GoP, National Education Council: Report of the meeting of Public Schools, Islamabad 1985

GoP, National Education Council: The good schools, a survey, Islamabad o.J.

GoP, National Education Policy and Implementation Programme, Islamabad 1979

GoP, Pakistan Narcotics Control Board: National Survey on Drug Abuse in Pakistan 1986 (Highlights), Islamabad 1987

GoP, Pakistan Statistical Yearbook 1986, Islamabad 1986

GoP, Pakistan Tourism Development Corporation: Journey into light, Islamabad 1985

GoP, Rahman, Tanzil ur: Introduction to Zakat in Pakistan, Islamabad o.J.

GoP, Report of the Committee set up by the Governor of West Pakistan for Recommending improved Syllabus for the various Darul Ulooms and Arabic Madrasas in West Pakistan, Lahore 1962 (Report of the Committee)

GoP, Statistics Division, Population Census Organisation: 1981 Census Report of Pakistan, Islamabad 1984 (für verschiedene Distrikte)

GoP, Statistics Division: Pakistan Statistical Yearbook 1985, Islamabad 1985

GoP, *Ta'âruf al-jâmi'at al-islâmiyyah*, Islâmâbâd 1984 (Vorstellung der Islamischen Universität Islamabad) (Urdu)

GoP, UGC: A Guide to the Equivalences of Degrees and Diplomas in Pakistan, Islamabad 1978

Gorekar, M. S.: Glimpses of Urdu Literature, Bombay 1961

Gough, K. /Sharma , H.P. (eds.): Imperialism and Revolution in South Asia, New York 1973

Gôrâyyah, Muḥammad Yûsuf (Komp.): *Tarîkh-e Taṣawwuf* (Geschichte der islamischen Mystik [von Prof. Y. S. Chishtî]), Awqâf Depârtment (Hrsg.), Lâhôr 1972 (Urdu)

Gramlich, Richard: Die schiitischen Derwischorden Persiens, Teil II, in: Abhandlungen für die Kunde des Morgenlandes, Wiesbaden 1976

Habermas, Jürgen: Zur Rekonstruktion des Historischen Materialismus, Frankfurt a.M. 1982[3]

Halepota, A.W.J.: "Islamic Conception of Knowledge" in: Islamic Studies, Vol. 14, No. 1, Islamabad 1975, S. 1 - 8

Ḥaq, Ḍiyâ' al-: *Tashkîl-e naw*, Eröffnungsrede, Islamabad 1981 (Neuaufbau des Council für islamische Ideologie) (Urdu)

Haq, Mazhar-ul: Civics of Pakistan, Lahore 1983[4]

Ḥaq, Samî' al-: *Aqâ'id wa Sunnan*, Peshâwar 1985 (Prinzipien und Tradition) (Urdu)

Haque, Ziaul: Islamic Research: Method and Scope, in: Islamic Studies, Foundation Day Supplement, Islamabad Sommer 1976, S. 43 - 50

Haque, Ziaul: Muslim religious education in Indo-Pakistan, in: Islamic Studies, Vol. 14, No. 1, Islamabad 1975, S. 271 - 292

Hardy, Peter: Islamischer Patrimonialismus: Die Moghulherrschaft, in: W. Schluchter (Hrsg.): Max Webers Sicht des Islam, a.a.O., S. 190-216

Hardy, Peter: Partners in Freedom and true Muslims; political thought of some Muslim scholars in British India 1912-1947, Lund 1971

Hardy, Peter: The Muslims of British India, Cambridge 1972

Harley, Harry: Mohalla Schools - A Case for Unicef Support. Karachi: Unicef 1979

Harrison, Selig S.: Ethnicity and the Political Stalemate in Pakistan, in: The State, Religion and Ethnic Politics: Afghanistan, Iran and Pakistan; Paper of the Conference: Islam, Ethnicity and the State in Afghanistan, Iran and Pakistan held in Nov. 1982 in Tuxedo, N.Y. 1986, S. 267-298

Ḥasan, Mubashir: *Razm-e Zindagî*, Lâhôr 1978 (Der Kampf des Lebens) (Urdu)

Ḥasan, Sibtê: *Pâkistân mêñ Tahdhîb kâ Irteqâ'*, Karâchî 1984 (Die Entwicklung der Kultur in Pakistan) (Urdu)
Hashmi, Bilal: Dragon Seed, in: H. Gardezi/ R. Jamil (eds.): Pakistan; Roots of Dictatorship a.a.O., S. 148-172
Hazârwî, Muḥammad Ṣadîq: *Ta'âruf-e 'Ulamâ'-e Ahl-e Sunnat*, Lâhôr 1979 (Vorstellung der 'Ulamâ' der Ahl-e Sunnat) (Urdu) (TUAS)
Hâshmî, Ishfâq: *Mawlânâ Muftî Maḥmûd*, Hâshmî Publ. Lâhôr 1980 (Urdu)
Herald, monatlich, Karachi (Englisch)
Hobsbawm, E.J.: Die Banditen, Frankfurt a.M. 1972
Hobsbawm, E.J.: Sozialrebellionen, Focus Verlag, Gießen 1979
Hollister, J.N.: The Shi'a of India, London 1953
Hopwood, Derek: Egypt; Politics and Society 1945-1981, London 1982
Hourani, Albert: Arabic Thought in the Liberal Age 1798-1939, Oxford University Press 1962
Hudhbô'î, Parvêz A.: *Sâ'ins kê maidân mêñ Pâkistân kî pasmândegî, samâjî awr naẓariyyatî asbâb*, Islâmâbâd 1984 (Die Rückständigkeit der Wissenschaften in Pakistan, gesellschaftliche und ideologische Gründe) (Urdu)
Ḥumaîrâ, Rûḥî T.: *Ta'lîm-e 'amah mêñ masjid skûl skîm kâ jâ'izah*, M. ed. Arbeit am *IER* der Punjab University 1984 (Nr. 2596) (unveröffentlicht) (Erörterung des Moschee-Schul-Plans im Rahmen der formalen Erziehung) (Urdu)
Hussain, Asaf: Islamic Movements in Egypt, Pakistan and Iran; an annotated bibliography, Manvell Publishing Ltd., London 1983
Hussain, S.S./Ashraf, S.A.: Crisis in Muslim Education, Hodder and Stoughton, King Abdul Aziz University, Jeddah 1979
Ibn Khaldun: al-Muqaddimah; an introduction to history (translated by F. Rosenthal), London 1978 (erstmalig 1967)
Iḥsânullah, Lt. Col. Muḥammad (retd.): *Pashtûn Qabâ'il*, Lâhôr 1984, (Die Stämme der Pakhtunen) (Urdu)
Ikram, S.M.: Modern Muslim India and the Birth of Pakistan, Institute of Islamic Culture, Lahore 1977[3]
Imamiddin, S. M.: Mosque as a centre of education in the early Middle Ages, in: Islamic Studies, Vol. 23, No. 3, Islamabad 1984, S. 159-170
Index für "*fikr o naẓr*" 1963-1978, *IRI* Islamabad 1980 (Urdu)
Index für "*Islamic Studies*" 1962-1981, *IRI* Islamabad 1982
Iqbal, Afzal: Islamisation of Pakistan, Vanguard Book Ltd., Lahore 1986
Iqbal, Javed: Ideology of Pakistan, Lahore o.J., erstmals Karachi 1959
Istiqlâl: *Mashâ'ikh nambar*, Bd. 11/40 Lâhôr 1982 (Urdu)
Jam'iyyat al-Mashâ'ikh Pâkistân, monatlich, Nr. 2. Sept. 1984, Nr. 4 Nov. 1984, Bd. II Nr. 15 Okt. 1985, Islâmâbâd (Urdu)
Janjua, Zia ul Islam: The Manual of Auqaf Laws, Lahore 1980
Jansen, J.J.G. : The Creed of Sadat's Assassins, in: Die Welt des Islam, Bd. 25, 1985, S. 1-30
Jayawardena, Kumari: Ethnic Consciousness in Sri Lanka: Continuity and Change, in: Sri Lanka, The Ethnic Conflict, ed. by Committee for Rational Development, New Dehli 1984, bes. S. 160-173

Johansen, Barber: Islam und Staat, Argument Verlag, Berlin 1982
Johnson, B.L.C.: Pakistan, London 1979
Jones, D.E./Jones, R.W.: Educational Policy Development in Pakistan, in: Ahmad, M. (ed.): Contemporary Pakistan, Karachi 1982, S. 252-269
Jones, R.W.: The Military and Security in Pakistan, in: C. Baxter (ed.): Zia's Pakistan, Politics and Stability in a Frontline State, Vanguard Books Ltd., Lahore 1985, S. 63-91
Jong, F. De: Die mystischen Bruderschaften und der Volksislam, in: W. Ende/U. Steinbach (Hrsg.): Der Islam in der Gegenwart a.a.O., S. 487-504
Kandil, Fuad: Nativismus in der Dritten Welt, St. Michael: Blaschke 1983
Kardar, Shahid: Political Economy of Pakistan, Progressive Publishers Lahore, Lahore 1987
Karpat, Kemal H. (ed.): Political and Social Thought in the Contemporary Middle East, Praeger Publishers, New York 1982
Kashif, A. Mohammad: A Sociological Study of the Response Patterns of the Enforcement of Ushr. M.Sc. Thesis, University of Faisalabad, Faisalabad 1984 (unveröffentl.)
Keddie, Nikki R. (ed.): Scholars, Saints and Sufis, University of California Press 1972
Keddie, Nikki R.: An Islamic Response to Imperialism, University of California Press 1983[2]
Kedourie, Elie: Afghani and `Abduh: An Essay on Religious Unbelief and Political Activism in Modern Islam, London 1966.
Kennedy, Charles H.: Bureaucracy in Pakistan, Oxford University Press 1987
Kennnedy, Ch. H.: Rural Groups and the Stability of the Zia Regime, in: Craig Baxter (ed.): Zia's Pakistan: Politics and Stability in a Frontline State, a.a.O., S. 23-46
Khalid, Detlev: Reislamisierung und Entwicklungspolitik, Köln 1982
Khalid, Duran: Pakistan und Bangla Desh, in: W. Ende/ U. Steinbach (Hrsg.): Der Islam in der Gegenwart, a.a.O., S. 274-307
Khan, Abdul Wali: Facts are Sacred, Jaun Publishers Peshawar, Peshawar o.J. etwa 1986
Khan, Amanullah: The scientific methodology in Islam, in: Journal of Research (Humanities), University of Punjab, Vol. X No. 2 und Vol. XI No. 1, Juli 1975 und Januar 1976, S. 67-80
Khan, Ayub: Friends not Masters, Oxford University Press 1967
Khan, Hamiduddin: History of Muslim education, Vol. 1, All Pakistan Educational conference, Karachi 1967
Khan, K. A.: The Mosque Schools in Pakistan: An Experiment in integrating nonformal and formal Education, UNESCO: International Institute for Educational Planning, Paris 1981
Khan, Mahmood Hasan/Iqbal, Mahmood: Socio-Economic Indicators in Rural Pakistan: Some Evidence, in: Nabi, Ijaz (ed.) : The Quality of Life in Pakistan, Vanguard Books Ltd. Lahore 1986, S. 93-108
Khan, Mahmood Hasan: Underdevelopment and agrarian structure in Pakistan, Vanguard Books Ltd., Lahore 1981

Khan, Masud Husain: Urdu, in: Seboek, Th. A.: Current Trends in Linguistics, Vol. 5, Linguistics in South Asia, Monton 1969, S. 277 - 283

Khan, Mohammad Asghar (ed.): The Pakistan Experience, State and Religion, Vanguard Book Ltd., Lahore 1985

Khan, Qamaruddin: The methodology of Islamic research, Institute of Islamic Research, Karachi 1973 (erstm. 1967)

Khan, Qamaruddin: The political Thought of Ibn Taymiyah, Islamabad 1985[2]

Khan, S.R./Mahmood, N./Siddiqui R.: An analysis of the school-level enrollment, Drop-outs and output in Pakistan 1970/71-1982/83, Islamabad 1984 (mimeo)

Khan, S.R./Mahmood, N./Siddiqui R.: An assessment of the priorities and the efficiency of Pakistan's public sector educational expenditure 1970/71-1982/83, PIDE Islamabad 1984

Khan, Wasiullah M.: Education and Society in the Muslim World, King Abdul Aziz University, Jeddah 1981

Khan, Zafar Iqbal: Land Tenure System in Mansehra District N.W.F.P. Pakistan, *M.Sc.* Thesis, Department of Anthropology, Quaid-i-Azam University, Islamabad 1981 (unveröffentlicht)

Khâlid, S.M.: *Islâmî niẓâm-e ta`lîm awr Pâkistân kê ḥawâlê sê mashrah kitâbiyyât-e ta`lîm, IPS* Islâmâbâd 1984 (Islamisches Erziehungswesen und eine kommentierte Bibliographie mit besonderer Berücksichtigung von Pakistan) (Urdu)

Khân, `Aẓmat Allâh/Salîm, `Abd al-Qadîr: *`Umrânî `ulûm kî tadrîs kâ naẓariyyâtî pehlû,* Islâmâbâd 1983 (Ideologische Grundlagen des Unterrichtes der Sozialwissenschaften) (Urdu)

Khuro, Hamida (ed.): Sind Through the Centuries, Oxford University Press 1982

King, A.D.: Colonial urban development: culture, social power and environment, Boston, London 1976

Korson, J.H. (ed.): Contemporary Problems of Pakistan, Leiden 1974

Korson, J.H.: Bhutto's Educational Reform in: Korson, J.H. (ed.): Contemporary Problems of Pakistan, a.a.O., S. 119-146

Kotenkar, Arun: Grundlagen hinduistischer Erziehung im alten Indien, Frankfurt a. M. 1982

Kozlowski, G.C.: Muslim endowments and society in British India, Cambridge University Press 1985 (Endowments)

Kraan, J.D.: Religious Education in Islam with special reference to Pakistan, Rawalpindi 1984

Krbek, J.H.P. Evans-von: The social structure and organization of a Pakhtun speaking community in Afghanistan, Department of Anthropology, University of Durham 1977 (unveröffentl.)

Kreutzmann, Hermann: Die Talschaft Hunza (Northern Areas of Pakistan): Wandel der Austauschbeziehungen unter Einfluß des Karakorum Highway, in: Die Erde, Nr. 118 1987, S. 37-53

Kuhn, Thomas S.: Die Struktur wissenschaftlicher Revolutionen, Frankfurt a.M. 1973[2]

Laimer, M./Malik J./Schulze, R.: Jahresbericht zum "Reintegrationsprojekt für freiwillige Rückkehrer in ihre Heimatländer" des *DRK* 1982, Bonn 1983 (mimeo)

Lambrick, H.T.: The Terrorist, Ernest Benn Ltd., London 1972

Leitner, G.W.: History of indigenous education in the Punjab since Annexation and in 1882, veröffentlicht vom Languages Department Punjab, New Dehli 1971 (erstm. 1883)

Ludhîânwî, Muḥammad Y.: *Dînî madâris kê bârê mêñ wizârat-e ta`lîm kâ mujawwazah manṣûbah awr `ulamâ'-e karâm kâ radd-e `amal*, hrsg. von Wafâq al-madâris al-`arabiyyah Pâkistân, Multân 1981 (Der vorgeschlagene Plan des Erziehungsministeriums für die Dînî Madâris und die Verweigerung der ehrenwürdigen `Ulamâ') (Urdu) (radd-e `amal)

Ludhîânwî, Muḥammad Y.: *Repôrṭ qawmî kamîṭî barâ-e dînî madâris Pâkistân awr `ulamâ'-e ummat kê lî'ê lamḥah-e fikriyyah*, hrsg. von Wafâq al-Madâris, Multân o.J., (Report des Nationalen Komitees für Dînî Madâris Pakistans und ein bedenklicher Augenblick für die `Ulamâ' der Ummah), (Urdu) (lamḥah-e fikr)

Luxemburg, Rosa: Gesammelte Werke, Bd. 5, Berlin (Ost) 1975

Maḥkmah Awqâf Punjâb, Lâhôr: *Gâ'iḍ Buk*, Lâhôr o.J. (Anleitungen) (Urdu) (Gaiḍ buk)

Maḥkmah-e Awqâf Punjâb: Ta`âruf `Ulamâ' Akaḍemî, Lâhôr 1982 (Vorstellung der Ulama Akademie) (Urdu) (Ta`aruf))

Mahmood, Shaukat Sh.: The Constitution of Pakistan (as amended upto Date), Pakistan Law Times Publications, Lahore 1969

Majalla, *Râbiṭat al-`âlam al-islâmî*, (Makkah) 23 (1405) 5/6 (Arabisch)

Maktab wafâq al-madâris al-`arabiyyah Pâkistân (Hrsg.): *Fihris al-Jâ`miât wa al-madâris al-mulḥiqah bî wafâq al-madâris al-`arabiyyah Bâkistân*, Multân 1403/1982 (Verzeichnis der an den Verband der arabischen Schulen Pakistans angeschlossenen Seminare und Schulen) (Arabisch)

Malik, Din Mohammad: Philosophical and sociological implication of report of the Commission of National Education for Pakistan 1953, Washington State 1966

Malik, S. Jamal: Al-Mashraqi und die Khaksar, Eine religiöse Sozialbewegung indischer Muslime im 20. Jahrhundert. M.A. Bonn 1982 (unveröffentl.)

Malik, S. Jamal: Islamisierung des Bildungswesens in Pakistan; zum Verständnis der Erziehungspolitik des Zia Regimes, Heidelberg 1987 (Forschungsbericht für die Konrad-Adenauer-Stiftung) (unveröffent.)

Malik, S. Jamal: Islamization of the Ulama and their places of learning in Pakistan 1977-1984, in: Asien Nr. 25 Hamburg Oktober 1987, S. 41-63

Mann, Michael: Das Central Doab unter früher britischer Herrschaft; Agrarproduktion und Bevölkerungsentwicklung vor dem Hintergrund ökologischer und sozialer Destabilisation in der Region Agra, 1800-1840; SAI, Heidelberg (M.A. Arbeit in Vorbereitung)

Masud, Muhammad Khalid: "Islamic Research Institute - An Historical Analysis" in: Islamic Studies, Foundation Day Supplement, Islamabad Sommer 1976, S. 33-41
Maududi, Abul Ala: Islamic Law and Constitution, Lahore 1980[7]
Maududi, Abul Ala: The Meaning of the Quran, Vol. IV, Islamic Publications Ltd., Lahore 1982[5]
Mawdûdî, Abû'l A`lâ: *Islâmî iqtiṣâdî niẓâm*, Lâhôr 1984 (Das islamische Wirtschaftssystem) (Urdu)
Mawdûdî, Abû'l A`lâ: *Ta`lîmât*, Lâhôr 1982 (Erziehungswesen) (Urdu)
Mayer, Adrian C.: Pir and Murshid; an aspect of religious leadership in Westpakistan, in: Middle Eastern Studies 3, 1967, S. 160-169
Mâlik, `Abdullah: "*Yêh muftî, yêh masḫâ'ikh" awr inqilâb-e afghânistân*, Lâhôr 1985[2] (Diese Muftis, diese Mashâ'ikh und die Revolution in Afghanistan) (Urdu)
Memon, Moojan: An Introduction to Shi`i Islam; The History and Doctrines of Twelver Shi`ism, Yale University Press 1985
Metcalf, B. D.(ed.): Moral Conduct and Authority; The place of *ADAB* in South Asian Islam, University of California Press 1984
Metcalf, B. D.: Islamic Revival in British India, 1860-1900, Princeton University Press 1982 (Revival)
Mitchell, R.P.: The Society of the Muslim Brothers, London 1969
Moazzam, Anwar: Jamal al-din al-Afghani, a Muslim intellectual; Lahore o.J.
Mughal, Ghulâm Nabî: *Sindh kîâ sôch rahâ hai*, Karâchî 1986 (Was Sindh denkt) (Urdu)
Muḥammad, Mawlânâ Nûr: *Brêlwî Fitnah*, Lâhôr 1983 (Die Intrige der Brêlwîs) (Urdu)
Munir, M.N.Q.A.: Constitution of the Islamic Republic of Pakistan, All Pakistan Legal Decisions, Lahore o.J.
Munir, Muhammad: From Jinnah to Zia, Lahore 1980[2]
Muslehuddin, Muhammad: Islamic Education, its Form and Features, *IRI*, Islamabad o.J.
Muslim Education: Vierteljährig, hrsg. von King Abdulaziz Universität, Jeddah
Müller-Hofstede, Christoph: China und Pakistan: Modellnachbarn in Asien oder Kooperation unter geostrategischen Vorzeichen (1963-1987), Berlin (*FU*) August 1987 (unveröffentl.)
Nabi, Ijaz (ed.) : The Quality of Life in Pakistan, Vanguard Books Ltd., Lahore 1986
Nadawî, Sayyid Sulaimân: *Maqâlât-e Shiblî*, Bd. 3, o.O. 1955 (Aufsätze von Shiblî) (Urdu)
Nagel, Tilman: Staat und Glaubensgemeinschaft im Islam; Geschichte der politischen Ordnungsvorstellungen der Muslime, Bd. I und II, Zürich und München 1981
Naqwî, Sayyid Ḥussain `Arif: *Tadhkirah-e `Ulamâ'-e Imâmiyyah Pâkistân*, Markiz Taḥqîqât Fârsî wa Pâkistân, Islâmâbâd 1984 (Biographien der schiitischen Würdenträger in Pakistan) (Urdu)
Nasr, Seyyed Hossein: Science and Civilisation in Islam, Lahore 1983

Newman, K.J.: Essays on the Constitution of Pakistan, Falcon Printing Press, Lahore 1980

Niazi, Maulana Kausar: Reorientation of Islamic Research Institute, in: IS, Foundation Day Supplement, Islamabad Sommer 1976, S. 3-7

Niyâzî, Mawlânâ Kaw<u>th</u>ar: *Jamâ`at-e Islâmî `awâmî `adâlat mêñ*, Lâhôr 1973 (Die Jama`at-e Islami in der öffentlichen Meinung) (Urdu)

Nu`mani, Shibli: Omar the Great, Vol. II, Lahore 1981[7]

Oldenburg, Veena Talwar: The making of colonial Lucknow, 1857-1877, Princeton University Press 1984

Osterloh, K.-H.: Traditionelle Lernweisen und europäischer Bildungstransfer. Zur Begründung einer adaptierten Pädagogik in den Entwicklungsländern, in: T. Schöfthaler/D. Goldschmidt (Hrsg.): Soziale Struktur und Vernunft, a.a.O., S. 440-460

Pakistan Commentary, unregelmäßig, Hamburg

Pakistan: a comprehensive bibliography of books and Government publications with annotations 1947-1980, Islamabad 1981

Paret, Rudi (Übers.): Der Koran, Stuttgart-Berlin-Köln-Mainz 1979

Pasha, H.A./Tariq, Hasan: Development Ranking of Districts of Pakistan, in: Nabi, Ijaz (ed.): The Quality of Life in Pakistan, a.a.O., S. 47-92.

Peters, Rudolph: Erneuerungsbewegungen im Islam vom 18. bis zum 19. Jahrhundert und die Rolle des Islams in der neueren Geschichte: Antikolonialismus und Nationalismus, in: Ende, W./ Steinbach, U. (Hrsg.): Der Islam in der Gegenwart, a.a.O., S. 91-131

Peters, Rudolph: Islam and Colonialism; The Doctrin of Jihad in Modern History, The Hague 1979

Peters, Rudolph: Islamischer Fundamentalismus: Glaube, Handeln, Führung, in: Wolfgang Schluchter (Hrsg.): Max Webers Sicht des Islams, a.a.O., S. 217-241

Phadnis, Urmila: Religion and Politics in Sri Lanka, London 1976, bes. S. 246-276

Philips, C.H. (ed.): Politics and Society in India, London 1963

Prinz, Thomas: Die Geschichte der United National Party in Sri lanka (Arbeitstitel); *SAI*, Abt. Geschichte, Heidelberg (Diss. in Vorbereitung)

Provisional Constitution Order 1981, Asmat Kamal Khan (ed.), Lahore 1982

Qadeer, Mohammad A.: LAHORE; Urban Development in the Third World, Vanguard Books Ltd. Lahore 1983

Qaṣûrî, Muḥammad Mun<u>sh</u>â Tâbi<u>sh</u>: *Taḥrîk-e niẓâm-e musṭafâ' awr Jâmi`ah Niẓâmiyyah Riḍwiyyah Lâhôr*, Maktabah Qâdiriyyah, Lâhôr 1978 (Die "Niẓâm-e Musṭafâ" Bewegung und die Jâmi`ah Niẓâmiyyah Riḍwiyyah Lahore) (Urdu)

Qaṣûrî, Muḥammad Ṣâdiq: *Akâbir-e taḥrîk-e Pâkistân*, Bd. I und II, Lâhôr 1976 und 1979 (Die Großen der Pakistanbewegung) (Urdu) (<u>ATP</u>)

Qayyum, A.: Non-Formal Approaches to revitalize Basic Education. Some Stray Experiences of Pakistan, UNESCO; UNICEF. Aids to Programming UNICEF Assistance to Education, Paris 1981 (<u>Qayyum</u>)

Qayyum, Abdul: Revitalization of Rural Mosques as centres of Learning, Allama Iqbal Open University, Islamabad 1983 (mimeo)

Qazilbash, Agha K. H.: Authority and Power Structure in Konsh Valley Distt: Mansehra NWFP, *M.Sc.* Thesis, Department of Anthropology, Quaid-i-Azam University, Islamabad 1981 (unveröffentlicht)

Qâdirî, Muḥammad Dîn Kalîm: *Taḏhkirah-e Maṣhâ'iḵh-e Qâdiriyyah*, Lâhôr 1985² (Biographien der Mystiker des Qâdirî Ordens) (Urdu)

Qâsimî, Aḥmad Nadîm: *Sannâṭâ*, Naiya Idârah Lâhôr 1959² (Stille) (Urdu)

Quraishi, Mansoor A.: Some aspects of Muslim education, Lahore 1983 (fertiggestellt 1970)

Qureshi, A.I.: The Economic and Social System of Islam, Lahore 1979

Qureshi, I.H.: Education in Pakistan, Karachi, Ma'aref printers 1975

Qureshi, I.H.: Ulama in Politics, Karachi 1974

Rahman, Fazlur: Islam and Modernity, University of Chicago Press 1982

Rahman, Fazlur: The Qur'anic solution of Pakistan's educational problem, in: Islamic Studies, Vol. 4, No. 4, Karachi 1967, S. 315-326

Raḥmân, Tanzîl al-: *Islâmî naẕariyyâtî kawnsil*, in: fikr o naẕr: nifâz-e ṣharî`at nambar, Bd. 20, Nr. 10/9, Islâmâbâd 1983, S. 153-162 (Rat für islamische Ideologie) (Urdu)

Raḥmân, Tanzîl al-: *Islâmî naẕariyyâtî kawnsil*, in: Ḥurmat: Nifâz-e Islâm nambar, Bd. 20 Nr. 25/26, Râwalpindî 1983, S. 193 ff (Rat für islamische Ideologie) (Urdu)

Rashid, S.Kh. und Husain, S.A.: Wakf Laws and Administration in India, Lucknow 1973²

Rashid, S.Kh.: Muslim Law, Lucknow 1973²

Rauf, Abdur: Renaissance of Islamic culture and civilisation in Pakistan, Ashraf Press, Lahore 1965

Râhî, Akhtar : *Taḏhkirah `Ulamâ'-e Punjâb*, Lâhôr 1980 Bd. I und II (Biographie der Geistlichen Punjabs) (Urdu)

Râhî, Akhtar: *Taḏhkirah-e muṣannifîn dars-e niẕâmî*, Lâhôr 1978² (Biographie der Autoren des dars-e nizâmî) (Urdu)

Register der Graduierungskandidaten verschiedener *Madâris* Organisationen (Manuskripte) (Urdu) (mimeo)

Riḍwân, Ḥizb al-Aḥnâf, Lâhôr Bd. 33 Nr. 4/5, Mai 1984 und Bd. 38 Nr. 6, Juni 1984 (Urdu)

Riḍwî, Sayyid Maḥbûb: *Tarîḵh Dâr al-`Ulûm Dêôband*, Bd. I und II, Dehlî 1977, (Die Geschichte des Dâr al-`Ulûm Dêôband) (Urdu)

Riport barâ-e sâl 1984, hrsg. vom markaz-e `ilm wa dâniṣh, Jâmi`at al-Muntaẕar, Lâhôr 1984 (Bericht für das Jahr 1984) (Urdu)

Robinson, Francis: Separatism among Indian Muslims; the politics of the United provinces' Muslims 1860-1923, Cambridge 1974 (Separatism)

Robinson, Francis: The `Ulamâ' of *Farangî Mahall* and their Adab, in: B.D. Metcalf (ed.): Moral conduct and authority, a.a.O., S. 152-183.

Rosenthal, E.I.J.: Islam in the modern national state, Cambridge University Press 1965

Rothermund, Dietmar (ed.): Islam in Southern Asia; a survey of current research, Wiesbaden 1975

Rothermund, Dietmar: Europa und Indien im Zeitalter des Merkantilismus, Darmstadt 1978

Rothermund, Dietmar: Grundzüge der indischen Geschichte, Darmstadt 1976

Rothermund, Dietmar: Nationalismus und Sozialer Wandel in der Dritten Welt: Zwölf Thesen, in: Otto Dann (Hrsg.): Nationalismus und Sozialer Wandel, Hamburg 1978, S. 187-208

Roy, Olivier: Islam and Resistance in Afghanistan, Cambridge University Press 1986

Sa'îd, Ḥakîm Muḥammad (Komp.): *Naẓariyyah o falsafah-e tal'îm-e islâmî*, 4. Hamdard Sîrat Konferenz, Bd. I Karâchi 1984 (Theorie und Philosophie des Erziehungswesens im Islam) (Urdu)

Saad, Geti (Hrsg.): Selected bibliography and abstracts of educational materials in Pakistan 1977-1981, im Auftrag von "the office of U.S. Department of Health, Education and Welfare, and the National Science Foundation, Washington D.C."

Ṣadîqî, Ḥafîẓ al-Raḥmân/Aḥmad, Anis: *Ta'lîmî palîsî 1979*, Islâmâbâd 1981 (Erziehungspolitik 1979) (Urdu)

Saeed, Sheikh M.: A dictionary of Muslim Philosophy, Institute of Islamic Culture, Lahore 1981 (erstm. 1970)

Said, Edward: Orientalismus, Frankfurt a.M. 1981

Sajjâd, Muslim: *Pâkistân meñ niẓâm-e ta'lîm kî islâmî tashkîl kî ḥikmat-e 'amlî*, Islâmâbâd 1982 (Anleitungen zur Gestaltung des islamischen Erziehungssystems in Pakistan) (Urdu)

Salîm, Sayyid Muḥammad: *Hind o Pâkistân meñ musalmânôñ kâ niẓâm-e ta'lîm o tarbiyyat*, Lâhôr 1980 (Das Erziehungs- und Bildungswesen der Muslime in Hind- und Pakistan) (Urdu)

Saqib, Ghulam Nabi: Modernization of Muslim education, Lahore 1983 (fertiggestellt 1977)

Sarmast, Yûsuf: *Bîswîñ saddî meñ Urdû nâwal*, Ḥayderâbâd 1973 (Der Urdu Roman im zwanzigsten Jahrhundert) (Urdu)

Sayeed, Khalid B.: Politics in Pakistan, New York 1980

Schacht, Joseph: An Introduction to Islamic Law, Oxford 1982⁵

Schimmel, A. (Hrsg.): Botschaft des Ostens, Tübingen 1977

Schimmel, A.: Mystical Dimensions of Islam, University of North Carolina Press 1975

Schluchter, Wolfgang (Hrsg.): Max Webers Sicht des Islams, Frankfurt a.M. 1987

Schmucker, Werner: Sekten und Sondergruppen, in: Ende, W./ Steinbach, U. (Hrsg.): Der Islam in der Gegenwart, a.a.O., S. 505 ff.

Scholz, Fred: Detribalisierung und Marginalität. Eine empirische Fallstudie, in: Wolfgang Köhler (Hrsg.): PAKISTAN; Analysen - Berichte - Dokumentationen, Hamburg 1979, S. 31-68

Scholz, Fred: Verstädterung in der Dritten Welt: Der Fall Pakistan, in: W. Kreisch/W.D. Sick/ J. Stadelbauer (Hrsg.): Siedlungsgeographische Studien, Berlin, New York 1979, S. 341-385

Schöfthaler, T./Goldschmidt, D. (Hrsg.): Soziale Struktur und Vernunft, Frankfurt a.M. 1984

Schulze, Reinhard: Die Politisierung des Islam im 19. Jahrhundert, in: Die Welt des Islams, Bd. XXII, Nr. 1-4, S. 103-116
Schulze, Reinhard: Islamische Kultur und soziale Bewegung, in: Peripherie, Nr. 18/19 April 1985, S. 60-84
Senghaas, D. (Hrsg.): Peripherer Kapitalismus, Analysen über Abhängigkeit und Unterentwicklung, Frankfurt a.M. 1981[3]
Senghaas, D.: Weltwirtschaft und Entwicklungspolitik, Plädoyer für Dissoziation, Frankfurt a.M. 1978[2]
Shad, Abdur Rehman: Muslim Etiquettes, Kazi Publications, Lahore 1980
Shahani, R.G.: Osmania University and the growth of Urdu literature, in: Indian Art und Letters, NS 15, London 1941, S. 12 - 24
Shahâb, Rafî` Allâh: *Islâmî Rîâsat kâ mâliyyâtî niẓâm*, *IRI*, Islâmâbâd 1973 (Das Finanzsystem des islamischen Staates) (Urdu)
Shaikh, Faḍl Karîm/Bukhârî, Asrâr al-Raḥmân: *Pâkistân kê idârê*, Lâhôr etwa 1983 (Die Institutionen Pakistans) (Urdu)
Shalabî, Aḥmad: *Tarîkh-e Ta`lîm o Tarbiyyat-e Islâmîyyah*, Lâhôr 1963 (Geschichte der islamischen Erziehung und Bildung) (Urdu)
Shalaby, Ahmad: History of Muslim Education, Beirut 1954
Shâh, Muftî Anwâr: Manuskript über die *Wafâq al-madâris al-`arabiyyah*, Multân 1986 (Urdu) (ohne Titel) (mimeo)
Shâkir, Iliyâs: MRD, *Kamiyâbîâñ, Nâkâmîâñ*, Karâchî 1985 (MRD, Erfolge und Versagen) (Urdu)
Smith, W.C.: Modern Islam in India; a social analysis, Lahore 1969
Smith, W.C.: The `ulama' in Indian Politics, in: C.H. Philips (ed.): Politics and Society in India, London 1963, S. 39-51
Sufi, G. M. D.: Al-Minhaj; evolution of curricula in the Muslim educational institutions, Sh. Muh. Ashraf, Lahore 1981 (erstm. 1941)
Suhail, Azhar: *Pîr Pagârô kî kahânî*, Karâchî 1987 (Die Geschichte des Pir Pagaro) (Urdu)
Syed, A.: Pakistan; Islam, Politics and National Security, Lahore 1984
Syed, G.M.: Sindhu Desh: A Nation in Chains, o.O. 1974
Syed, Riaz Ahmed: Pakistan on Road to Islamic Democracy, Referendum 1984, Islamabad 1985
Ta`âruf; Râbiṭah al-madâris al-islâmiyyah Pâkistân, Lâhôr 1984 (Die Liga der islamischen religiösen Schulen; eine Vorstellung) (Urdu)
Taeschner, Franz: Zünfte und Bruderschaften im Islam, München 1979
Tageszeitungen:
Anjâm (Urdu)
Daily Ittehad
Dawn
Ḥurriyat (Urdu)
Imrôz (Imroze) (Urdu)
Jang (Jang) (Urdu)
Jasârat (Jasarat) (Urdu)
Jur'at (Jurat) (Urdu)
Kohistan Times
Mashriq (Urdu)
Military and Civil Gazetter

Morning News
Musâwât (Musawat) (Urdu)
Nawâ'-e Waqt (Nawa-e Waqt) (Urdu)
New Times
Pakistan Times
Pakistan Observer
Shâhbâz (Shahbaz) (Urdu)
Statesmen
Tam'îr (Tameer) (Urdu)
Tasnîm (Tasneem) (Urdu)
The Muslim
The Sun

Tanẓîm al-madâris al-`arabiyyah (Hrsg.): *Fihrist madâris-e mulḥiqah tanẓîm al-madâris Pâkistân*, Lâhôr 1984 (Verzeichnis der an den Verband religiöser Schulen Pakistans angeschlossenen Schulen) (Urdu)

Tanẓîm al-madâris al-`arabiyyah kê *sâlânah rûdâd*, Lâhôr (Jahresberichte der Tanẓîm al-madâris al-`arabiyyah), (Urdu)

Tanẓîm al-Madâris al-`arabiyyah: *Lâ'iḥah-e `amal*, Lâhôr 1974 und 1983 (Vorgehensweisen) (Urdu)

Tarîn, `Abd al-Ḥamîd: *Faqîr Epî*, Tâj Kampanî Ltd., Karâchî 1984 (Urdu)

The Gazette of Pakistan, Extraordinary

The Institute of Strategic Studies (ed.): Afghanistan Report, Islamabad (monatlich)

Tibawi, A.L.: Islamic Education, London 1972

Tibi, Bassam: Die Krise des modernen Islam, München 1981

Tirmizî, Muftî Sayyid `Abd al-Shakûr: *`Aqâ'id-e `Ulamâ'-e Ahl-e Sunnat Dêôband*, Lâhôr 1984 (Die Prinzipien der Gelehrten der Dêôband Schule) (Urdu) (AUD)

Trimingham, J.S.: The Sufi Orders in Islam, Oxford University Press 1971

Troll, C.W.: Sayyid Ahmad Khan; a reinterpretation of Muslim Theology, Oxford University Press 1978/79

Ṭufail, Muhammad: *Nuqûsh Lâhôr Nambar*, Idârah-e Furûgh-e Urdû, Lâhôr 1962 (Urdu)

Turner, Brain S.: Accounting for the Orient, in: D. Maceoin/A. Al-Shahi (eds.): Islam in the Modern World, Canberra 1983, S. 9-26

UGC: Higher Education News, Vol. II No. 10 Oktober 1982

UNESCO: "Traditional forms of Education within a diversified Educational field: The case of Coranic Schools" 10.-12. Dez. 1984 in Paris

Viewpoint, Lahore, wöchentlich

Wafâq al-madâris al-`arabiyyah Pâkistân (Hrsg.): *Karwâ'î ijlâs Wafâq al-madâris*, Multân 1980 (Sitzungsprotokoll der Wafâq al-madâris) (Urdu)

Wafâq al-Madâris al-`arabiyyah Pâkistân: *Sôlah sâlah niṣâb-e ta`lîm, manẓûrkardah*, o.O. 1983 (sechszehnjähriges Curriculum) (Urdu) (manẓûrkandah I)

Wafâq al-Madâris al-`arabiyyah Pâkistân: *Sôlah sâlah niṣâb-e ta`lîm, manẓûrkardah*, Multân 1984 (sechzehnjähriges Curriculum) (Urdu) (manẓûrkardah II)
Waseem, Mohammad: Pakistan under Martial Law, 1977-1985; Vanguard Books Ltd., Lahore 1987
Wright, T.P. (jr.): Indian Muslim Refugees in the Politics of Pakistan, in: The Journal of Commonwealth Comparative Politics, Vol. XII No. 2, July 1974, S. 189-205
Yazdânî, Muḥammad Ḥanîf (Komp.): *Hindûstân mêñ Ahl-e Ḥadîth kî `ilmî khidmat* (hrsg. von Abû Yaḥyâ Imâm Khân Nawshehrwî), Maktabah Nadhiriyya, Chîchawatnî 1970 (Die akademischen Aktivitäten der Ahl-e Ḥadîth in Indien) (Urdu)
Zafar, M.D.: 100 Questions on Islamic Education, Lahore 1984
Zahid, N.S.: Ushr, a Theoretical and Empirical Analysis, Discussionpaper No. 39, Applied Economics Research Centre, University of Karachi, Karachi 1980 (unveröffentlicht)
Zaidî, Sayyid Nadhr: *Qîâm-e pâkistân mêñ mawlânâ mawdûdî kâ fikrî hissah*, Idârah-e ma`ârif islâmî, Lâhôr 1983 (Der ideelle Beitrag des Mawlânâ Mawdûdî im Aufbau Pakistans) (Urdu)
Zingel, Wolfgang-Peter: Die Problematik Regionaler Entwicklungsunterschiede in Entwicklungsländern, Wiesbaden 1979
Zingel, Wolfgang-Peter: Urbanisierung und regionale Wirtschaftsentwicklung in Pakistan, in: Hermann Kulke/H.C. Rieger/L. Lutze (Hrsg.): Städte in Süd Asien, Beiträge zur Süd-Asien Forschung, Bd. 60, Wiesbaden 1982, S. 233-267
Ziring, Lawrence: Pakistan: The Enigma of Political Development, Dawson Westview 1980

Unveröffentlichte Regierungsdokumente

Akte FSC's Judgement, eingesehen am 18.2.86 im Auqaf Department Punjab, Lahore
Brief des Erziehungsministeriums am 15. März 1981 an Dr. Halepota No. F.2-4/81-IES-II
Brief des Religionsministeriums an Dr. Halepota am 25. März 1981 zitiert "President's minutes No. 587 1980 14.3.81" im Baluchistan Governor's House
Brief No. D.M. - N.C. 1/79/541 vom 10. Juni 1979 (Urdu)
Dalîl *Dâr al-`Ulûm al-Ḥaqqâniyyah Akorâ Khattak Madînah Bishâwar, Bâkistân, Taqaddama Idârah al-Ta`lîm*, Peshâwar o.J. (Bericht über den Dâr al-`ulûm al-Ḥaqqâniyyah) (Arabisch)
Daten aus dem *Pakistan Banking Council* (mimeo)
Extract from "A Brief Account of the Activities of the Advisory Council of Islamic Ideology", January, 1964, December 1970

Fihrist dînî madâris jin kô sâl 1984/85 kê lî'e ṣûbâ'î Zakât Fund sê mâlî imdâd faraham kî gâ'î, Lâhôr 1986 *PZC* Punjâb (Liste der religiösen Schulen, die im Jahre 1984/85 finanzielle Unterstützung durch den Zakat Fond erhalten haben) (Urdu) (mimeo)

GoP, Allama Iqbal Open University, Arabic Teacher Courses, Islamabad 1985 (Arabisch) (mimeo)

GoP, CII: Annual Report of the Proceedings of the Advisory Council of Islamic ideology for the year 1966, o. A. (3. Bericht)

GoP, CII: Annual Report of the Proceedings of the Advisory Council of Islamic ideology for the year 1967, o. A. (4. Bericht)

GoP, CII: Annual Report of the Proceedings of the Advisory Council of Islamic ideology for the year 1971, o. A. (8. Bericht)

GoP, CII: Consolidated Recommendations of the CII relating to Education system in Pakistan, 1962 to 1982, Islamabad 1982 (Urdu/Englisch)

GoP, CII: Islamic Social Order Report of the CII 1962 - 1982, Islamabad 1982 (Urdu)

GoP, *Naẓariyyâtî kawnsil kî sâlânah riport 1977-78*, Islâmâbâd 1979, (CII: Täṭigkeitsbericht des *CII* für das Jahr 1977-78) (Urdu)

GoP, *Naẓariyyâtî kawnsil kî sâlânah riport 1978-79*, Islâmâbâd 1980, (CII: Tätigkeitsbericht des *CII* für das Jahr 1978-79) (Urdu)

GoP, *Naẓariyyâtî kawnsil kî sâlânah riport 1980-81*, Islâmâbâd 1982, (CII: Tätigkeitsbericht des *CII* für das Jahr 1980-81) (Urdu)

GoP, Council of Islamic Ideology (CII): Consolidated Recommendations on the Islamic Economic system, Islamabad 1983 (Urdu/Englisch)

GoP, *CZA: List of Zakat-receiving D.M. from the Provincial Zakat Fund*, Islamabad

GoP, LAMEC: *Dînî Madâris Prôjekṭ*, Islâmâbâd 1985 (mimeo) (Urdu)

GoP, Ministry of Education, Curriculum Wing: *Qurṭâs `amlî. Pâkistân mêñ ta`lîmî niẓâm kô islâmî sânchê mêñ ḍâlnê kâ `amal*, Islâmâbâd 1984 (mimeo) (Die Islamisierungschritte für das Erziehungswesen) (Urdu)

GoP, Ministry of Education, Directorate for educational Planning and Managment: Material for Supplementaries (for the mosque schools scheme), Islamabad, 1985 (mimeo)

GoP, Ministry of Education, Islamic Education Research Cell: Important statistics of the Deeni Madaris of NWFP, Islamabad 1983 (mimeo)

GoP, Ministry of Education: Data Book, Islamabad 1982 (Manuskript)

GoP, Ministry of Education: *Dînî madâris Pâkistân kê kawâ'if*, Islâmâbâd o.J. (etwa 1983) (Einzelheiten und Umstände der Dînî Madâris in Pakistan (Fragebogen)) (Urdu)

GoP, Ministry of Law and Parliamentary Affairs (Law Division), Draft Shariat Commission Order, Islamabad 1978 (mimeo)

Islamic Research Institute: *Qawmî idârah barâ-e dînî madâris Pâkistân ordinîns mujariyyah 1401 hijrah (maswadah); pîsh kardah Dr. `Abd al-Wâḥid Hâlêpôṭah*, Islâmâbâd 1980 (Vorschlag für eine Dînî Madâris Regelung Präsident Zia ul Haq vorgelegt von Dr. `Abd al-Wâḥid Hâlêpôṭah am 9. November 1980) (Urdu)

Islamic University Islamabad: Seminar on Islamization of Knowledge, January 4-9 1982, Papers Contributed Vol. 1., Islamabad 1982

Khan, A. A.: Papier zum "Seminar on the management and development of Awkaf Properties at Jeddah" 1984

Panel Report on Zakat 1978, Islamabad (mimeo)

PZC Peshawar Disbursement from Provincial Zakat Funds to Deeni Madaris, June 1985 (stating all the provinces) (mimeo)

PZC Punjab: *List of zakat-receiving Dini Madaris in Ḍila Lahore*, (Urdu) (mimeo)

PZC Punjab: *Ṣûbâ'î Zakât Funḍ sê dînî Madâris kô sâlânah imdâd kî frahamî*, PZC Punjâb 1985 (mimeo) (Jährliche Unterstützung für die religiösen Schulen durch die Provinz Zakat Fond) (Urdu)

Religionsministerium: "*Main und Sub Committee on Deeni Madaris*", 4. August 1980 (mimeo)

Religionsministerium: "*working paper*" vom Oktober 1985 über Schreine im Punjab und Sindh (mimeo)

Religionsministerium: Akte M/RA u. o. No. /JS-Auqaf 1. Oktober 1978

Religionsministerium: Akte No. S 1/I/CMLA of 28. September 1978

Religionsministerium: am 8.10.78 Dyno 1586/38 Din

Religionsministerium: *Equivalence of Deeni Sanads*, o.A. (mimeo).

Religionsministerium: *Madâris-e `arabiyyah kî muttaḥidah tanẓîm; eik sarsara jâ'izah*, 19. Dezember 1978 (Einheitsorganisation der arabischen Schulen; ein grober Überblick) (Urdu)

Religionsministerium: O.O. No. 370/Scey/78 dt: 26.12.78

Religionsministerium: *Report of the Committee on the Eligibility of Religious Institutions and their Students for Zakat*, Islamabad o.J. (mimeo)

Religionsministerium: *Sargodha Report* vom 28. September 1978 Islamabad, (mimeo)

Religionsministerium: U. o. No. 6 (3)/ 80-R.CII vom 29.7.80 Annexure II

Religionsministerium: u. o. No. 8/6/Secy/79 vom 4. Juni 1979

Talal, Yusuf: Draft chapter on Islamic Education for inclusion in the Report of the President's Task Force on Education, Islamabad 1982 (mimeo)

Telegramm vom 11. März 1981 von M. Khadim Muh., Mohtamim of D.I. Khan an das Religionsministerium

Telegramm vom 19.2.81 von Mr. Umar Daraz Mohtamim Madrasa Daruloom Qoran Qurashivabad Dehatar Tandomohdkhan an das Religionsministerium

Telegramm vom 29.2.81 von Mr. Muh. Umar of Muzaffargarh an das Religionsministerium

UGC: *Qurṭâs `amlî/pîshnâmah barâ-e kamîṭî ma`âdalah isnâd dînî wa jamî`î*, 25. August 1982, Islâmâbâd; (Urdu)

Annex A

Mitglieder des Advisory Council of Islamic Ideology bzw. des Council for Islamic Ideology 1962 - 1984*

1962

Justice (retd.) Abu Saleh Muh. Akram[1]	(Chairman)	E,B,U
Justice Muh. Sharif[2]	(Rücktr. 64)	E,U
Mawlânâ Akram Khân[3]	(Rücktr. 64)	E,B,U,A
Mawlânâ `Abd al-Ḥâmid Badâyûnî[4]		U,A,P
Mawlânâ Ḥâfiẓ Kifâyat Ḥusain[5]		U,A,P
Dr. I.H. Qureshi (*IRI*)[6]		E,U
`Abd al-Hâshim (Islamic Academy Dacca)[7]		E,B,A,U
Mawlânâ A.H. Muḥ. `Abd al-Ḥayy[8]		B,U,A

Berater:

Mr. Akhtar Hussain (Ex-Governor of West Pakistan)
Governor of State Bank of Pakistan
Deputy Chairman, Planning Commission

(Erläuterungen siehe Tabelle der Periode 1981-84)

Nur die Namen der Geistlichen folgen der bisherigen Umschrift. Die Umschreibung aller anderen Mitglieder habe ich dagegen angelehnt an die in den einschlägigen englischsprachigen Zeitungen und Zeitschriften sowie in der *Pakistan Gazette* erscheinenden Namen.

1964/65

\`Allâmah \`Alâ al-Dîn Ṣiddîqî[1]	(Chairman)	
(Islamic Studies Dep., University Punjab)		E,U,P,A
Justice (Retd) Abdul Jabbar Khan[2]	(Rücktr. 65)	E,B,U
Shams al-\`Ulamâ' Mawlânâ Wilâyat Ḥusain[3]		B,A,U
Mawlânâ \`Abd al-Ḥâmid Badâyûni[4]		U,A,P
Mawlânâ Ḥâfiẓ Kifâyat Ḥusain[5]	(end. 65)	U,A,P
Dr. I.H. Qureshi[6]	(Rücktr. 64)	E,U
Ch. Muh. Ali (Peshawar University)	(Rücktr. 65)	E,Pa,U
\`Abd al-Hâshim (Islamic Academy Dacca)[7]	(end. 65)	E,A,U
Mawlânâ A.H. Muḥ. \`Abd al-Ḥayy[8]	(Rücktr. 65)	B,U,A
Dr. Fazlur Rahman (*IRI*)[9]		E,U,A,L,P

Neuernennungen für die Zurückgetretenen:

Dr. A. B.A. Haleem (University Karachi)	E,U
Dr. Syed Moazzam Hussain (University Dacca)	E,B,U,A
Mawlânâ \`Abd al-Mannân[10]	B,U,A
Muftî Ja\`far Ḥusain[11]	U,P,A
Secretary, Ministry of Law and Parliamentary Affairs	E,U

Plus vier Berater:

Mr. M.M.Ahmad, S. Pk. CSP, Deputy Chairman Planning Commission (ex-officio)
Mr. M. Rashid, S. Pk. S.K., Governor of State Bank Pakistan (ex-officio)
Mr. Akhtar Hussain, H. Pk. CSP (retd.), Ex Chairman, National Press Trust
Mr. S.A. Hasnie, H.Q.A. S.Pk., Ex Governor, State Bank of Pakistan[2]

(Erläuterungen siehe Tabelle der Periode 1981-84)

2 Vgl. Jahresbericht CII 1967, a.a.O., S. 2

1969/1970

\`Allâmah \`Alâ al-Dîn Ṣiddîqî[1]	(Chairman)	E,U,P,A
Shams al-\`ulamâ' Mawlânâ Wilâiyat Ḥusain[2]	(end. 70)	B,A,U
Mawlânâ \`Abd al-Ḥâmid Badâyûni[3]	(gest. 70)	U,A,P
Khalid M. Ishaque (Advocate)[4]	(ab 70)	E,U,A,S
Dr. Serajul Haque (University Dacca)	(ab 70)	E,B,U,A
\`Abd al-Hâshim (Islamic Academy Dacca)[5]		E,A,U
Dr. Fazlur Rahman[6]	(Rücktr. 69)	E,U,A,L,P
Justice (Retd.) Aminul Islam[7]		E,B,U
Dr. A.B.A. Haleem (University Karachi)		E,U
Dr. Syed Moazzam Hussain (Universität Dacca)		E,B,U,A
Dr. A.W.J. Halepota (University Sindh)[8]		E,S,U,A
Muftî Ja\`far Ḥusain[9]		U,P,A
Secretary, Ministry of Law and Parliamentary Affairs		E,U

Plus vier Berater

(Erläuterungen siehe Tabelle der Periode 1981-84)

1974

Justice Hamoodur Rahman[1]	(Chairman)	E,B,U
Justice Muh. Gul, S.Q.A. Law Sectretary		E,U,Pu
Justice (Retd.) Jamil Hussain Rizvi[2]		E,U,Pu
Justice (Retd.) Qadir Nawaz Awan		E,U,S
Justice Muh. Afzal Cheemah[3]		E,U,Pu,A,P
Mawlânâ Muḥ. Ḥanîf Nadwî[4] (*IRI*)		U,E,A,Pu
Mawlânâ Irshâd al-Ḥaq Thânwî[5]		U,A,E
Mawlânâ Muḥ. Bakhsh Muslim[6]		E,Pu,E,A
Mawlânâ Najm al-Ḥasan Karârwî[7]		E,Pa,E,A
Mawlânâ Muḥ. Idrîs Kandhālwî[8]		U,A,P
Dr. Prof. Shamim Akhtar (Islamabad University)		E,U
Dr. Miss Kaniz Yousuf (Islamabad University)		E,U
Dr. A.W.J. Halepota[9] (*IRI*)		E,S,U,A

ohne Berater

(Erläuterungen siehe Tabelle der Periode 1981-84)

1977

Justice (Retd.) Muh. Afzal Cheemah[1]	(Chairman)	E,U,A,P
Justice (Retd.) Salahuddin Ahmad[2]		E,B,U
A.K. Brohi (Advocate)[3]	(Rücktr. 78)	E,S,U,A
Khalid M. Ishaque (Advocate)[4]		E,U,A,S
Mawlânâ Muḥ. Yûsuf Binorî[5]	(gest. 78)	A,U,Pa,P
Khawâjah Qamar al-Dîn Pîr of Sîâlwî[6]		E,Pu,A,P
Muftî Saiyyaḥ al-Dîn Kâkâkhêl[7]		U,A,Pa,P
Muftî Muḥ. Ḥusain Na'îmî[8]	(Rücktr. 80)	U,P,A,Pu
Mawlânâ Ẓafar Aḥmad Anṣârî[9]		U,E,P,A
Mawlânâ Taqî 'Uthmânî[10]		U,A,E,P
Muftî Ja'far Ḥusain[11]	(Rücktr. 79)	U,P,A
Mawlânâ Muḥ. Ḥanîf Nadwî[12]		U,E,A,Pu
Dr. Ziauddin Aḥmad[13] (Governor of State Bank)		E,U
Tajammul Hussain Hashmi[14]	(Rücktr. 78)	E,U

1978 sind folgende Personen dazugekommen, bzw. haben die Plätze ihrer jeweiligen Vorgänger übernommen:

I.H. Imtiazi[15]		E,U,Pu
Mawlânâ Shams al-Ḥaq Afghânî[16]		U,A,Pa,P,E
'Allâmah Sayyid Muḥ. Râḍî[17]	(Rücktr. 80)	U,A,P,E
Dr. Mrs. Khawar Khan Chishti[18]		E,U,Pu

Ohne Berater, jedoch mehrere "Panels".

(Erläuterungen siehe Tabelle der Periode 1981-84)

1981–1984

Justice Dr. Tanzil ur Rahman[1]	(Chairman)	E,U,P,A
Justice Syed Jamil Hussain Rizvi[2]	(gest. 81)	E,U,Pu
\`Allâmah Aḥmad Sa\`îd Kâzmî[3]	(Rücktr. 81)	U,P,A,Pu
Mawlânâ Muntakhib al-Ḥaq Qâdirî[4]		U,P,A
Mawlânâ Maḥmûd Aḥmad Riḍwî[5]		U,P,A
Khawâjah Qamar al-Dîn Pîr of Sîâlwî[6]		U,Pu,A,P
Muftî Saiyyaḥ al-Dîn Kâkâkhel[7]		U,A,Pa,A
Mawlânâ Shams al-Ḥaq Afghânî[8]		U,A,Pu,P,B
Mawlânâ Ẓafar Aḥmad Ansârî[9]		U,E,P,A
Mawlânâ Muḥ. \`Ubaid Allâh[10]		U,P,A
Mawlânâ \`Abd al-Ghaffâr Ḥasan[11]		U,A,P
Qâḍî Sâ\`ad Allâh Muḥ. Ḥasnî[12]		U,A,P,B
Dr. Ziauddin Ahmad[13] (Governor of State Bank)		E,U
Allâmah \`Alî Ghazanfar Karârwî[14]	(Rücktr. 81)	U,A,P,Pu
Dr. Sharafat Ali Hashmi[15]		E,U
Dr. A.W.J. Halepota[16] (*IRI*)		E,S,U,A
Ghias Muhammad[17] (ex-Attorney)		E,U,Pu
Dr. Mrs. Khawar Khan Chishti[18]		E,U,Pu
\`Abd al-Mâlik \`Irfânî[19] (Advocate)		Pu,U,E,A,P

Quellen:

Die Namen der Mitglieder sind entnommen aus: "Extract from "A Brief Account of the Activities of the Advisory Council of Islamic Ideology", January, 1964, December 1970", Seite 2, 3, 4 und 5 (Kopie für die Durchsicht vom *CII* erhalten); The Gazette of Pakistan, Extraordinary Part II, February 1974, Islamabad 1974, S. 165 f, The Gazette of Pakistan, Extrao. Part III, May 31.1971, Islamabad, S. 247 f sowie "Jahresbericht des *CII* für 1977-78, GoP, Islamabad 1979 , S. 6 f. (Urdu)

Erläuterungen:

IRI = Islamic Research Institute
gest. = gestorben
ab = Beginn der Nominierung
end. = Amtszeit endete
Rücktr. = Rücktritt

U = Urdu
E = Englisch
A = Arabisch
P = Persisch
Pu = Punjabi
Pa = Pashto
S = Sindhi
B = Bengali
G = Griechisch
L = Latein

Die am besten beherrschte Sprache steht an erster Stelle, die zweitbest beherrschte an zweiter Stelle usw.

Alle Angaben zu den Sprachkenntnissen der Mitglieder sind mir von *Herrn Hâfiz Muhammad Latîf* (*Chief Research Officer CII*) am 27.2.85 im *CII* in Islamabad erteilt worden. Daß diese Angaben nicht völlig mit der Realität übereinstimmen, ist möglich. Sie reichen jedoch aus, um festzustellen, wie die bildungsmäßige Ausrichtung der einzelnen Mitglieder ist.)

Erläuterungen zu den Mitgliedern des *Council*

1962

1: Angehöriger der *Muslim Liga*; trat im Februar 1964 zurück
2: Trat im Februar 1964 zurück
3: Bengali. Präsident der provinziellen *Muslim Liga*. Trat ebenfalls im Februar 1964 zurück.
4: 1898 in Badayun in U.P. (Indien) geboren. Mitglied der *Ulama Convention 1951* und Mitgestalter der *22 Punkte*; damaliger Präsident der *JUP*. Angehöriger der *Qâdiriyyah*. Er hatte sich schon früh für die Idee Pakistans eingesetzt und war 1940 enger Ratgeber von M.A. Jinnah. Ab 1914 als Aktivist in der Kalifatsbewegung tätig, indem er Zweigniederlassungen dieser Bewegung aufbaute. Ab 1937 war er

Mitglied der Muslim Liga. Ab 1947 war er Präsident der *JUP* in der Sindh/Karachi Zone. In Karachi gründete er die religiöse Schule *Ta`lîmât-e Islâmiyyah* mit moderner und traditioneller Bildung (*Muhâjir*; *Brelwi*)[3].

5: 1898-1968. Mitglied der *Ulama Convention 1951* und Mitgestalter der *22 Punkte*. Er hat 1910 in Lucknow *madrasah*-Erziehung genossen und 1916 *fâdil `arabî* an der Punjab Universität absolviert. Er kam 1920 nach Peshawar, um sich dort dem *Tablîgh* zu widmen und wurde 1925 *Qâḍî-e Sharî`at* der Sarhad Regierung. 1942 trat er zurück und war ab 1947 in Lahore. 1957 Mitglied der *Law Commission* und 1962 Mitglied des *Auqaf Board* (*Mujtahid*; *Muhâjir*; *Schia*).[4]

6: Aus Indien; ein wesentlicher politischer Aktivist der *Muslim Liga*. Studierte in Dehli und in Cambridge. U. a. Mitglied des *Basic Principles Committee*. Nachdem er in der Columbia Univerität Gastprofessor für *Pakistan Studies* gewesen war, wurde er ab 1960 Direktor des *Institutes of Islamic Research*. Als Vorsitzender des *IRI* vertrat er die Ansicht, daß:

> "the most important task of the Institute was the explanation of Islam in the context of modern life and scientific criteria..."[5].

Damit ist Qureshi deutlich zu den Vertretern der islamischen Avantgarde zu rechnen. Verfasser mehrerer Bücher (*Muhâjir*).

7: Bengali; vor der Teilung war er Generalsekretär der *Muslim Liga*.

8: Bengali aus Naokhali

1964/65

1: Geb. 1907 in Lahore; gest. 1977. Genoss sowohl *madrasah* als auch formale Erziehung; Angehöriger der *Muslim Liga*[6]

2: Keine Angaben

3: Bengali; Leiter der modernistischen *Madrasah-`Alia Dacca*

4: Vgl. 1962 Nr. 4 (*Muhâjir*; *Brelwi*)

5: Vgl. 1962 Nr. 5 (*Muhâjir*; *Schia*)

6: Vgl. 1962 Nr. 6. Er trat zurück, weil er den Vorsitz des *IRI* antrat.

7: Vgl. 1962 Nr. 7

---

3 Vgl. Muḥammad Ṣâdiq Qaṣûrî: Akâbir-e taḥrîk-e Pâkistân, Bd. I und Bd. II Lahore 1976 und 1979 (Die Großen der Pakistanbewegung) (Urdu) (*ATP*) Bd. I, S. 51 und 105 ff. sowie Muḥammad Dîn Kalîm Qâdirî: Tadhkirah-e Mashâ'ikh-e Qâdiriyyah, Lâhor 1985² (Biographien der großen Mystiker des Qâdirî Ordens) (Urdu) <TMQ>, S. 279 ff.

4 Vgl. Sayyid Ḥusain `Arif Naqwî: Tadhkirah-e `Ulamâ'-e Imâmiyyah Pâkistân, Markaz Taḥqiqât Fârsî wa Pâkistân, Islâmâbâd 1984 (Biographien der schiitischen Würdenträger) (Urdu) (*TUI*) S. 249-251

5 Zitiert nach Muhammad Khalid Masud, in: IS a.a.O., S. 36.

6 Vgl. Akhtar Râhî: Tadhkirah `Ulamâ'-e Punjab, Lâhore 1980 Vol. I (Biographie der Geistlichen Punjabs) (Urdu), S. 385 ff.

8. Vgl. 1962 Nr. 8
9: PhD. in Mc Gill/Canada. Er sei durch die Schriften des *Ibn Taymiyyah* wieder zum Islam zurückgekehrt. Seine modernistische Auffassung konnte er jedoch nicht durchsetzen. Es kam zu einem Zusammenprall zwischen ihm und den Ulama. Besonders heftig war die Kritik von *Mawlânâ Yûsuf Binorî*, der die Ulama dazu aufforderte, gegen *F. Rahman* zu propagieren.[7]
10: Mitglied der *JUI*. Unterschrieb die Resolution von 1969 (*Deobandi*).
11: 1914 in Gujranwala in traditionell religiöse Familie geboren. 1928 in Lucknow (*Madrasah Niẓâmiyyah*). In Lucknow Universität auch *fâḍil `arabî* und *fâḍil ḥadîṯh* absolviert. Danach ist er nach Najaf gegangen. Ab 1949 Mitglied des *Ta`lîmât-e Islâmî Board*. 1977 aktiv in der *PNA* und 1979 *Qâ'id-e millat Ja`fariyyah* in der *Bhakkar Convention*. Eröffnete 1979 die *Jâmi`ah Ja`fariyyah* in Gujranwala. Er war auch Mitglied der *Ulama Convention 1951* und Mitgestalter der *22 Punkte* (*Mujtahid*; *Schia*)[8].

<u>1969/1970</u>

1: Vgl. 1964 Nr. 1
2: Vgl. 1964 Nr. 3
3: Vgl. 1962 Nr. 4 (*Muhâjir*, *Brelwi*)
4: Heute führende intellektuelle Persönlichkeit in Pakistan
5: Vgl. 1962 Nr. 7
6: Vgl. 1964 Nr. 9
7: Bengali; High Court Dacca
8: Formale und *madrasah* Erziehung. Mitglied zahlreicher *silsilah*s (Tendenziell *Deobandi*)
9: Vgl. 1964 Nr. 11 (*Mujtahid*; *Schia*)

<u>1974</u>

1: Angehöriger der *Muslim Liga*; Richter am obersten Gerichtshof Pakistans von 1970-1981; u.a. "Advisor on Constitutional Affairs to the CMLA", trat dann aber zurück. War Mitglied der *Mu`tamar al-`âlam al-islâmî* (Islamischer Weltkongreß).
2: Formale und *madrasah* Erziehung; vgl. auch 1981 (*Schia*)

---

7 Vgl. Al-Baiyanât: Binorî nambar, Karâ<u>ch</u>î (Urdu), S. 49 und 318-323
8 Vgl. *TUI*, S. 73-76

3: Aus Faisalabad. An der Punjab Universität Rechtswissenschaften studiert. Mitglied der *Niẓâm-e Islâm Party* und 1962 *Member National Assembly* (*MNA*) und zeitweilig *Deputy Speaker*. Richter am *High Court Punjab*; *Secretary Ministry of Law* und Richter am *Supreme Court*. Heute Deligierter der *Mu`tamar al-`âlam al-Islâmî* in Pakistan.
4: Studierte in der *Nadwat al-`Ulamâ'* in Lucknow; war beschäftigt am *Institute of Islamic Culture*, Lahore (*Ahl-e Hadith*).
5: (*Muhâjir*, *Deobandi*)
6: *Khaṭîb* in der *Jâmi`ah Moschee* in Lahore (an das *Auqaf Department* angeschlossen) (*Deobandi*)
7: 1918 in Allahabad geboren. Ab 1927 in der *Madrasah Niẓâmiyyah* in Lucknow. 1933 formale Fächer (Arabisch, traditionale Heilkunde und islamisches Recht) an der Lucknow Universität studiert; ab 1947 in Peshawar. Angehöriger der *Muslim Liga* und politischer Aktivist. Starb im Juli 1982 (*Muhâjir*, *Schia*)[9]
8: Geboren 1899 in Bhopal. Er war Schüler des *Ashraf `Alî Thânwî*. Später ging er nach Deoband und war ab 1949 in der *Jâmi`ah Islâmiyyah* in Bahawalpur (an das *Auqaf Department* angeschlossen) tätig. Seit 1951 in der *Jâmi`ah Ashrafiyyah* in Lahore. Er unterschrieb ebenfalls die *22 Punkte* (*Muhâjir*, *Deobandi*)[10]
9: Vgl. 1969 Nr. 8 (tendenziell *Deobandi*)

1977

1: Vgl. 1974 Nr. 3
2: keine Angaben
3: Ab 1978 Minister für religiöse Angelegenheiten
4: Vgl. 1969 Nr. 4
5: *Sayyid*; 1904 in Peshawar geboren. Sein Vater war ein Kenner des Islam, Händler und *Naqshbandî* Shaikh. In Kabul *madrasah*-Erziehung. 1930 *mawlwî fâḍil* an der Punjab Universität; 1945-47 in Deoband; *khalîfah* und *majâz* des *Ashraf `Alî Thânwî*; 1951 *hijra* nach Pakistan; folgte *Shabbîr Aḥmad `Uthmâni* nach Dabhil und wurde dort *sadr mudarris* der *Jâmi`ah Islâmiyyah Tando Allah Yar* bei Hyderabad, Sindh. Dann *madrasah* in Karachi gegründet. Mitglied der *Ulama Convention 1951* und Mitgestalter der *22 Punkte*; Mitglied der *JUI*; Gegen *Ayûb Khâns*, *Parvez'*, *Fazlur Rahmans* und *Mawdûdîs*

9 Vgl. *TUI*, S. 406 ff.

10 Vgl. Akhtar Râhî: Tadhkirah a.a.O. Vol. II, S. 609 ff und Ḥâfiẓ Muḥammad Akbar Shâh Bukhârî: Akâbir-e `Ulamâ'-e Deoband, Lâhore o.J. (Urdu) (Die Großen von Deoband) (*AUD*), S. 177 ff.

Vorstellungen vom Islam. In Peshawar Präsident der *JU* Peshawar (*Deobandi*)[11].

6: 1906 in Sargodha geboren (Distrikt). *Madrasah* Erziehung in Muradabad. 1946 Mitglied der *Banaris All India Sunni Conference.* 1946 für die *Muslim Liga* gearbeitet. Durch seine mächtige *gaddî* (Sitz eines *pîrs*; wörtl. Kissen) konnte er politisch sehr stark einwirken. Er gilt als hohe mystische Persönlichkeit und als einer der wichtigstens Vertreter der *Mashâ'ikh*. Präsident der *JUP* 1970. 1973 dort zurückgetreten. Ab dann Anhänger von *Shâh Aḥmad Nûrânî.* Starb 1981 (*Brelwi*)[12].

7: In Peshawar geboren. Lehrt in Faisalabad und hat in Deobandi *madrasah* studiert. Er ist heute Rechtsberater des Internationalen Institutes für islamische Wirtschaft (*IIIE*) (tendenziell *Jama`at-e Islami*).

8: Vater war Händler. 1923 in Muradabad geboren. 1948-53 in *Dâr al-`Ulûm Anjuman-e Nu`mâniyyah* in Lahore gelehrt. In Lahore *madrasah* gegründet. Mitglied der *JUP.* In den 60er Jahren Mitglied im *Auqaf Department.* 1977 während der *`niẓâm-e musṭafâ'* Bewegung sehr aktiv (*Muhâjir*; *Brelwi*)[13].

9: 1905 in Allahabad geboren. Keine *madrasah* Erziehung; Philosophie Studium; Mitglied der *JUH,* später Angehöriger der *Muslim Liga*; heute Jama`at-e Islami Sympathisant; unterschrieb die *22 Punkte* und war einer der Mitglieder des *Ta`lîmât-e Islâmî Board* (*Muhâjir*; *Deobandi*).

10: In Indien geboren. *Law degree* in Karachi Universität; M.A. Arabisch; Madrasah Erziehung; Vorsitz des *Dâr al-`Ulûm Karâchî*; Mitglied der *JUI*; Richter im *Sharî`at*-Gerichtshof (*Muhâjir*; *Deobandi*).

11: In Najaf und Lucknow studiert. Trat zurück im April 1979; vgl. auch 1964 (*Mujtahid*; *Schia*)[14].

12: Studiert in *Nadwat al-`Ulamâ'*; Beschäftigt im *Institute of Islamic Culture.* Ursprünglich aus Gujranwala (*Ahl-e Hadith*).

13: Geboren in Indien.Im Ausland studiert und in Havard graduiert. Jama`at-e Islami Sympatisant. Z. Z. Direktor des *IIIE* (*Muhâjir*).

14: Sekretär für religiöse Angelegenheiten.

15: Bundesminister. Ab 1980 Administrator für Zakat.

16: 1900 in Peshawar geboren. 1920-29 in Deoband; *bai`ah* von *Ashraf `Alî Thânwî*, *khalifah* und *majâz* von *Muftî Muḥammad Ḥasan Amratsarî* (Gründer der *Jâm`iah Ashrafiyyah*, Lahore); 1963-1975 an der Bahawalpur Universität gelehrt. *Chief Justice* und Erzie-

---

11 *AUD* S. 234 f.; Al-Baiyanât: Binorî nambar, Karâchî (Urdu) S. 10 f., 51, 83, 312 ff

12 Muḥammad Ṣadîq Hazârwî: Ta`âruf-e `Ulamâ'-e Ahl-e Sunnat, Lâhôr 1979 (Vorstellung der Ulama der Ahl-e Sunnat) (Urdu) (*TUAS*), S. 268-271, *ATP* Bd. I, S. 51 und 200 ff.

13 *TUAS*, S. 286-290, Wafâq (RP) vom 30.7.80 (Urdu)

14 *TUI*, S. 73-76

hungsminister in *Qalat State*. Mitglied der *Ulama Convention 1951* und Mitgestalter der *22 Punkte* (*Deobandi*)[15].

17: Ursprung Lucknow; jetzt in Karachi. Trat zurück im Mai 1979 mit der Begründung, daß Regierung Sunni *fiqh* einführen wolle (*Muhâjir*; *Schia*)[16]

18: Ursprung Lahore. Vorsitzende eines Frauen Colleges. Ph.D. in den USA.

1981-1984

1: Herkunft U. P.; jetzt in Karachi. Ph.D. im Fach islamisches Recht an der Universität Karachi. Keine *madrasah* Erziehung (*Muhâjir*).

2: Vgl. auch 1974 Nr. 2; Formale und *madrasah* Erziehung (*Schia*)

3: 1913 in Muradabad in traditionell religiöse Familie geboren; *madrasah* Erziehung in Muradabad; baute in Multan eine *madrasah* auf. *Murîd* von *Khawâjah Mu'în al-Dîn Chishtî Ajmerî* in Multan. 1935 *Anwâr al-`Ulûm* in Multan gegründet; Angehöriger der *Muslim Liga*. 1946 Mitglied in *Banaris All India Sunni Conference*; stark pakistan-nationalistisch. Gründer der *JUP* und ihr *Nâẓim-e `alâ*. 1978 Vorsitzender der *Tanẓîm al-Madâris*. 1978 Präsident der *JUP*. Unter seinem Vorsitz *All Pakistan Sunni Conference* in Multan. Auch in der Bahawalpur Universität gelehrt. Kündigte Mitte 1981 mit der Begründung, daß *Council*-Arbeit Makulatur sei; Mitglied des *Central Zakat Council* (*Muhâjir*; *Brelwi*)[17].

4: 1910 in U. P. geboren. *Madrasah* Erziehung in Deoband und Muradabad. Mitglied der *JUP*; ansässig in Gulshan-e Iqbal, Karachi (*Muhâjir*; *Brelwi*).

5: 1924 in Agra (Indien) geboren in traditionell religiöse Familie. *Madrasah* Erziehung. Baute in Lahore *Ḥizb al-Aḥnâf* auf; tritt für einen islamischen Pluralismus ein, da im Lande nicht ein Islam herrschen könne; ebenso beschwerte er sich über die Zakatregelung und die Nationalisierung der Stiftungen (*Muhâjir*; *Brelwi*)[18].

6: Vgl. 1977 Nr. 6 (*Brelwi*)

7: Vgl. 1977 Nr. 7 (*Deobandi*; *Jama`at-e Islami*)

8: Vgl. 1977 Nr. 16 (*Deobandi*)

9: Vgl. 1977 Nr. 9 (*Deobandi*; *Jama`at-e Islami*)

---

15 *AUD*, S. 283-284; vgl. auch Riḍwî: Tarîkh Dâr al-`Ulum, a.a. O. Bd. II, S. 123 ff.

16 MN, 5.5.79

17 *TUAS* S. 26-30; *ATP*, S. 51 f. und NW, 13.5.81; vgl. auch CII Jahresbericht 1981/82, a.a.O., (Urdu), S. 293

18 Vgl. *TUAS* S. 342-345; zur kritischen Stellungnahme vgl. z.B. `Ulamâ' Kanwenshan 1980 (Urdu) a.a.O., S. 29 f.

10: *Madrasah* Erziehung. Vorsitzender der *Jâmi`ah Ashrafiyyah* in Lahore. Mitglied der *JUI.* Soll starke Verbindungen zu Zia haben über Heirat (*Deobandi*).

11: *Madrasah* Erziehung. Lehrt in Faisalabad. Sein Sohn S. *`Abd al-Ghaffâr Ḥasan* soll mit der Jama`at-e Islami zusammenarbeiten (*Ahl-e Hadith*).

12: 1924 in Baluchistan geboren. *Madrasah* Erziehung (*Deobandi*).

13: Vgl. 1977 Nr. 13 (*Jama`at-e Islami* Sympatisant)

14: In U.P. geboren; in Harvard Universität Ph.D.; trat im Juni 1981 zurück, angeblich wegen privater Gründe. Er wurde durch *`Allâmah Ṭâlib Jawharî* aus Karachi ersetzt (*Muhâjir*; *Schia*)[19].

15: 1924 in Aligarh geboren. In Aligarh Wirtschaft und in Californien *Business Administration* gelernt (*Muhâjir*).

16: Vgl. 1969 Nr. 8 und 1974 Nr. 9; geboren in Sindh; *madrasah* Erziehung sowie Ph.D. in Oxford (tendenziell *Deobandi*). Hat den *CII* Vorsitz seit 1985.

17: Ursprung Hoschiarpur. Formale Erziehung in Lahore (*Muhâjir*).

18: Vgl. 1977 Nr. 18

19: Ursprung Gujrat. Soll bezahlter Arbeiter der Jama`at-e Islami (*Jama`at-e Islami* Sympathisant) gewesen sein.

---

19 Vgl. Jahresbericht CII 1981-82, a.a.O. (Urdu), S. 16

Annex B

Korrelationstest und Regressionsanalyse der Variablen Einlagen in Girokonten und Sicht- und Termineinlagen; Regressionsdatei und Diagramm der Residuen

Parametrischer Korrelationstest nach Pearson

VARIABLE	N	MEAN	STD DEV	SUM	MINIMUM	MAXIMUM
GIRO	25	473467.2	86570.3	11836680	348323.0	637170.0
TERMIN	25	524278.8	139959.6	13106971	329838.0	714791.0

PEARSON CORRELATION COEFFICIENTS / PROB > |R| UNDER HO:RHO=0 / N = 25

	GIRO	TERMIN
GIRO	1.00000	0.94720
	0.0000	0.0001
TERMIN	0.94720	1.00000
	0.0001	0.0000

Regressionsanalyse von Giro- auf Termineinlagen

DEP VARIABLE: GIRO
ANALYSIS OF VARIANCE

SOURCE	DF	SUM OF SQUARES	MEAN SQUARE	F VALUE	PROB>F
MODEL	1	161372246047	161372246047	200.694	0.0001
ERROR	23	18493646995	804071608		
C TOTAL	24	179865893042			

ROOT MSE	28356.16	R-SQUARE	0.8972
DEP MEAN	473467.2	ADJ R-SQ	0.8927
C.V.	5.989043		

PARAMETER ESTIMATES

VARIABLE	DF	PARAMETER ESTIMATE	STANDARD ERROR	T FOR HO: PARAMETER=0	PROB > |T|
INTERCEP	1	166304.47	22411.52766	7.420	0.0001
TERMIN	1	0.58587664	0.04135606	14.167	0.0001

DIE REGRESSIONSDATEI VON GIRO AUF TERMIN

OBS	NR	JAHR	MONAT	GIRO	TERMIN	PROGNOS	RESID
1	1	1981	April	348323	335453	362839	-14516
2	2	1981	Mai	355523	335125	362646	-7123
3	3	1981	JUNI	383793	329830	359549	24244
4	4	1981	Juli	362296	345989	369011	-6715
5	5	1981	August	359863	350158	371454	-11591
6	6	1982	April	384834	399724	400493	-15659
7	7	1982	Mai	395092	394853	397640	-2548
8	8	1982	JUNI	428534	388952	394182	34352
9	9	1982	Juli	418803	416247	410174	8629
10	10	1982	August	423412	427399	416708	6704
11	11	1983	April	466616	512714	466692	-76
12	12	1983	Mai	477770	529309	476414	1356
13	13	1983	JUNI	507038	531840	477897	29141
14	14	1983	Juli	489498	548689	487769	1729
15	15	1983	August	498976	559746	494247	4729
16	16	1984	Maerz	492523	643962	543587	-51064
17	17	1984	April	485937	649615	546899	-60962
18	18	1984	MAI	514926	608433	522771	-7845
19	19	1984	Juni	511838	644027	543625	-31787
20	20	1984	Juli	504768	649338	546736	-41968
21	21	1985	Maerz	584425	709748	582129	2296
22	22	1985	April	589345	704186	578871	10474
23	23	1985	MAI	600004	665628	556280	43724
24	24	1985	Juni	637170	711207	582984	54186
25	25	1985	Juli	615373	714791	585084	30289

Balkendiagramm der Residuen von Giro- auf Termineinlagen

FREQUENCY BAR CHART
FREQUENCY

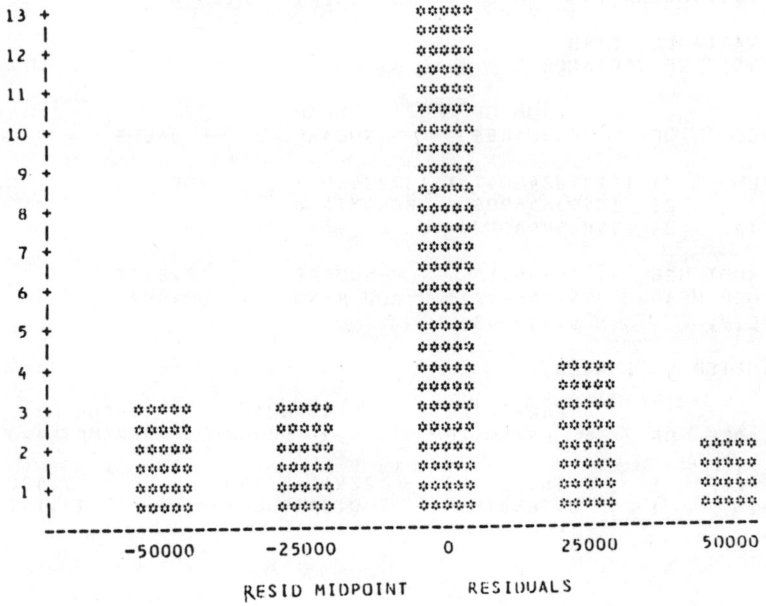

Annex C

"Notification" für die Äquivalenz

UNIVERSITY GRANTS COMMISSION
SECTOR H-9,
ISLAMABAD
(Academic Division)

No:-8-418/Acad/82/128 Dated: Nov 17,1982

NOTIFICATION

Subject:- EQUIVALENCE OF DEENI ASNAD WITH UNIVERSITY DEGREE.

The decision of the University Grants Commission on the subject, is reproduced below for information and implementation

"Ashahadat-ul-Fazeela (الشهادة الفضيلة) Sanad awarded by Wafaq-ul-Madaris; Ashahadat-ul-Faragh (الشهادة الفراغ) Sanad awarded by Tanzeem-ul-Madaris, Ashahadat-ul-Alia (الشهادة العالية) Sanad awarded by Wafaq-ul-Madaris-ul-Salfia (Ahl-e-Hadis); and Sultan-ul-Af (سلطان الافاضل) Sanad awarded by Wafaq-ul-Madaris, Shia after Dora-e-Hadis be considered equivalent to the M.A in Arabic/Islamic Studies for the purpose of teaching Arabic and Islamic Studies in colleges and universities and for pursuing higher studies in Arabic and Islamic Studies. For employment in fields other than teaching, however, such Sanad holders would be required to qualify in two additional subjects other than Arabic and Islamic Studies at the B.A level from a university. They would alo have to qualify in the recently introduced elective Pakist Studies and Islamic Studies paper at the B.A level.

To bring uniformity to the nomenclature of the Asnad issued by different schools of thought, it was decided that henceforth the final Sanad (Degree)recognised as equivalent to M.A in Arabic and Islamic Studies will be known as "Shahadat-ul-Almiyya Fil Uloomil Arabia Wal Islamia (شهادة العالمية فى العلوم العربية والاسلامية)

(MOHAMMAD LATIF VIRK)
DIRECTOR ACADEMICS.

Annex-D

Tabelle 65: Graduierungsdistrikte der Deobandis in ausgewählten Jahren (1963, 1965, 1974, 1975 und 1984)

Graduierungsdistrikt	Anzahl	Prozent
Keine Angaben	127	-
Abbottabad	9	0,5
Attock	22	1,1
Azad Kashmir	8	0,4
Bannu	127	6,5
Bahawalpur	11	0,6
Bahawalnagar	4	0,2
Faisalabad	32	1,6
Gujranwala	34	1,7
Hayderabad	9	0,5
Karachi	379	19,4
Kohat	91	4,7
Lahore	139	7,1
Muzaffargarh	11	0,6
Multan	281	14,4
Mansehra	2	0,1
Mardan	16	0,8
Peshawar	669	34,3
Quetta	13	0,7
Rawalpindi	27	1,4
Sialkot	5	0,3
Sahiwal	38	1,9
Swat	10	0,5
Thatta	7	0,4
Toba Thek Singh	6	0,3

Tabelle 66: Titel der Väter der Deobandi Graduierungskandidaten in ausgewählten Jahren (1963, 1965, 1974, 1975 und 1984)

Titel	Anzahl	Prozent
K.A.	1320	-
Al-Ḥâj	46	6,1
Beg	3	0,4
Choudhrî	3	0,4
Faqîr	3	0,4
Ghâzî	2	0,3
Ḥâjî	78	10,3
Ḥakîm	7	0,9
Ḥaḍrat	3	0,4
Ḥâfiẓ	41	5,4
Imâm	2	0,3
Khalîfah	1	0,1
Mawlânâ	342	45,2
Mîr	28	3,7
Malik	6	0,8
Mirzâ	21	2,8
Muftî	3	0,4
Mîrzâdah	2	0,3
Pîr	3	0,4
Qâḍî	2	0,3
Ṣâḥib	19	2,5
Sayyid	53	7,0
Shaikh	8	1,1
Sharîf	5	0,7
Shâh	67	8,9

Kreisdiagramm 1: Summe der Graduierungskandidaten der Deobandis in verschiedenen Jahren

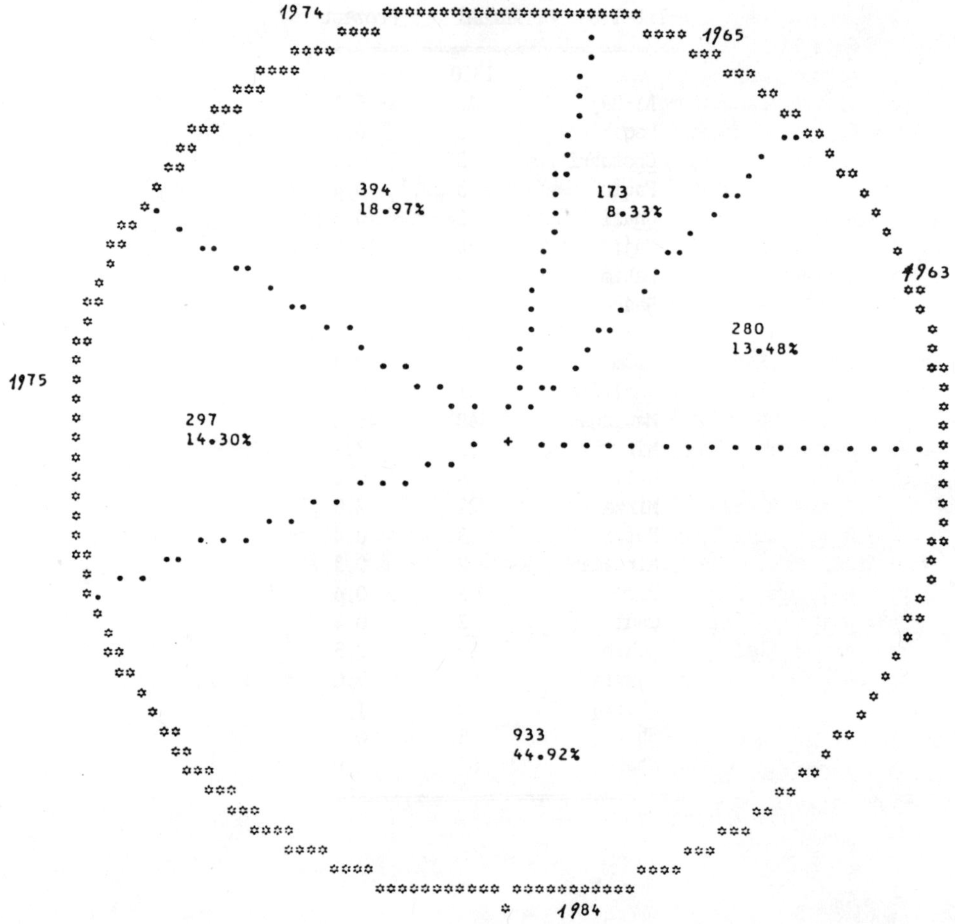

Kreisdiagramme 2-6: Herkunftsdistrikte der Graduierungskandidaten der Deobandis in verschiedenen Jahren (1963, 1965, 1974, 1975 und 1984)

Erläuterungen:

1 = Bangla Desh, Indien, Iran, Sri Lanka und sonstiges Ausland
2 = Karachi
3 = Hayderabad, Badin
4 = Thatta, Dadu, Sanghar
5 = Sukkur, Jacobabad, Shikarpur
6 = Quetta, Pishin, Lasbela, Zhob, Chaghi, Sibi, Nasirabad, Kachhi, Khuzdar, Kharan, Badin, Qalat, Turbat, Gwadar, Panjgur
7 = Bahawalpur, Bahawalnagar, Rahim Yar Khan
8 = Muzaffargarh, Dera Ghazi Khan, Leiah
9 = Multan, Vihari, Sahiwal
10 = Faisalabad, Jhang
11 = Toba Tek Singh, Mianwali, Bhakkar, Sargodha, Khushab
12 = Lahore, Kasur, Shaikhupura
13 = Gujranwala, Gujrat, Sialkot
14 = Rawalpindi, Islamabad, Jhelum, Attock
15 = Peshawar
16 = Mardan
17 = Kohat, Karak
18 = Bannu, Dera Ismail Khan, Dir, Khaibar Agentur, Bajor Agentur, Mohmand Agentur, andere Agenturen, Nord Waziristan, Afghanistan
19 = Mansehra, Kohistan, Abbottabad
21 = Swat, Chitral, Muzaffarabad
22 = Azad Kashmir
23 = Baltistan, Gilgit

Kreisdiagramm 2: Herkunftsdistrikte der Graduierungskandidaten der Deobandis in verschiedenen Jahren, 1963 (Erläuterungen s.o.)

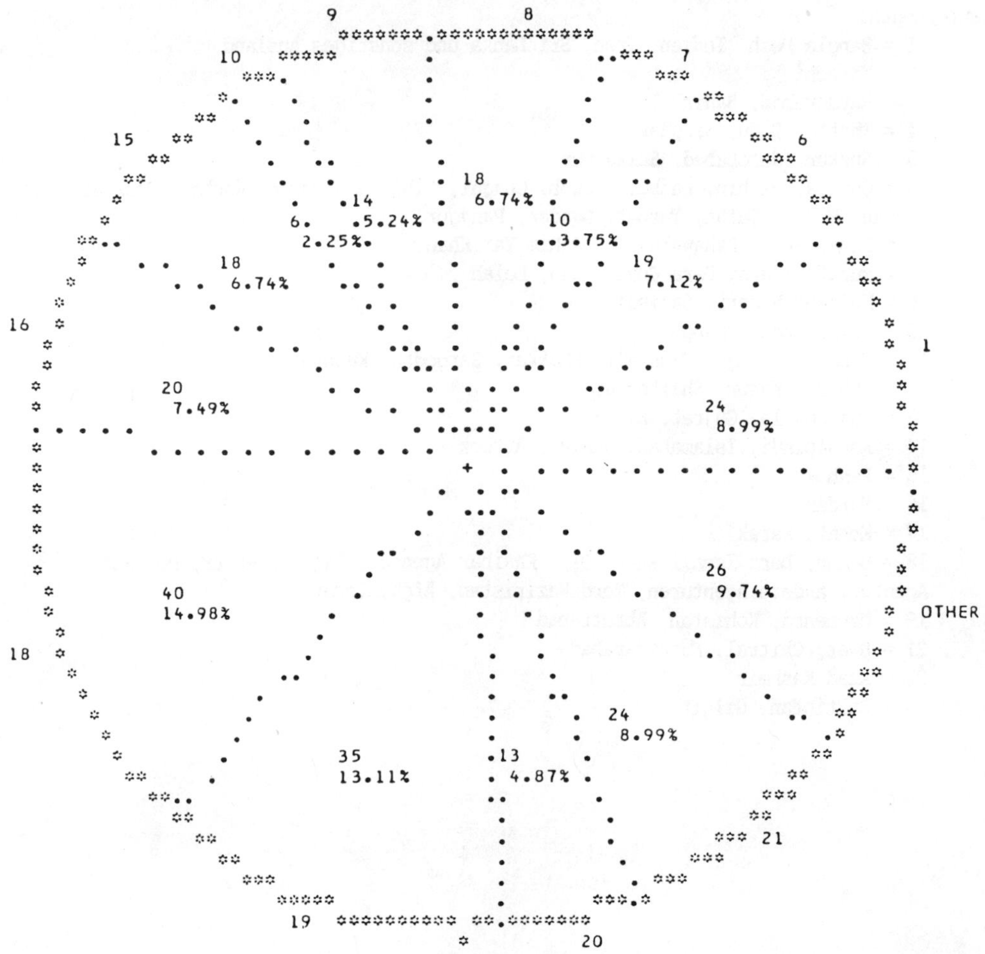

Kreisdiagramm 3: <u>Herkunftsdistrikte der Graduierungskandidaten der Deobandis in verschiedenen Jahren, 1965</u> (Erläuterungen s.o.)

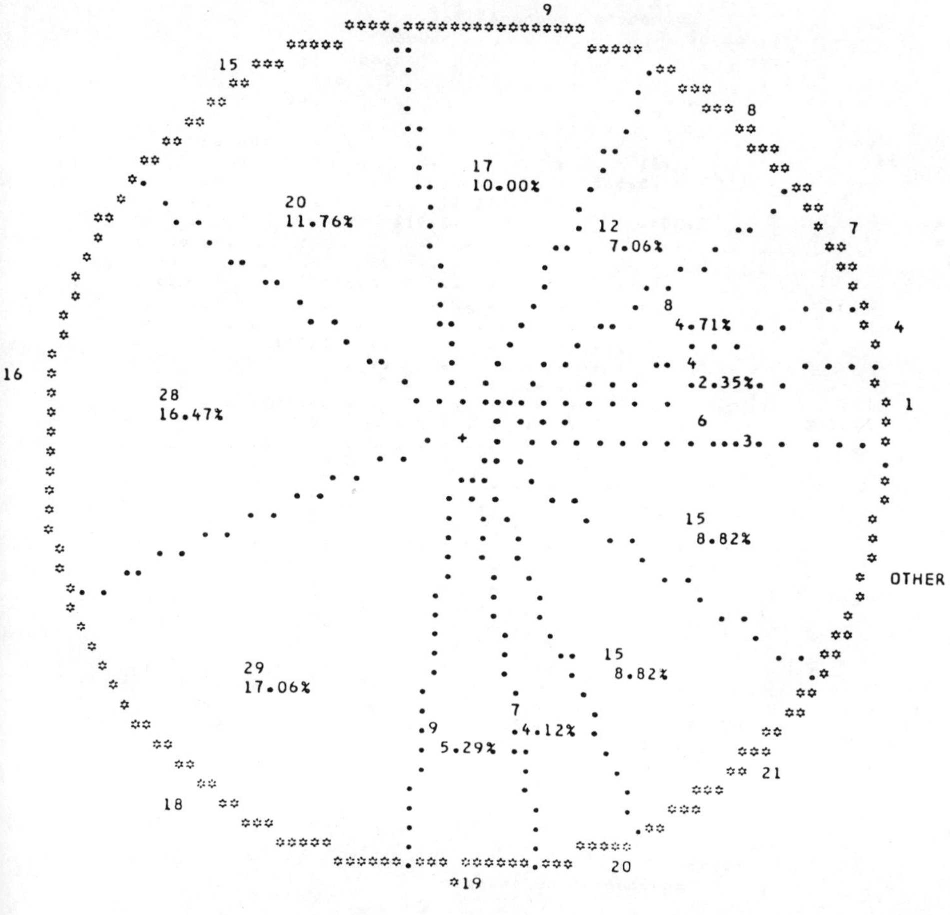

Kreisdiagramm 4: Herkunftsdistrikte der Graduierungskandidaten der Deobandis in verschiedenen Jahren, 1974 (Erläuterungen s.o.)

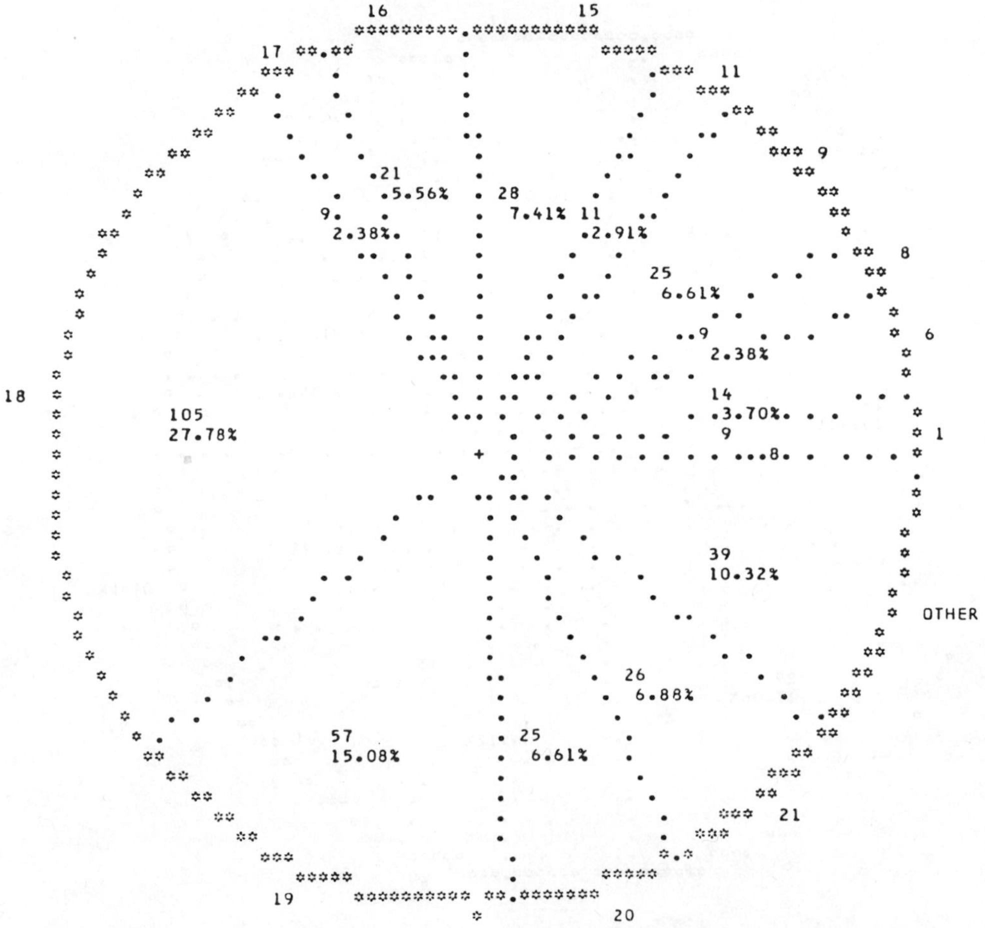

Kreisdiagramm 5: <u>Herkunftsdistrikte der Graduierungskandidaten der Deobandis in verschiedenen Jahren, 1975</u> (Erläuterungen s.o.)

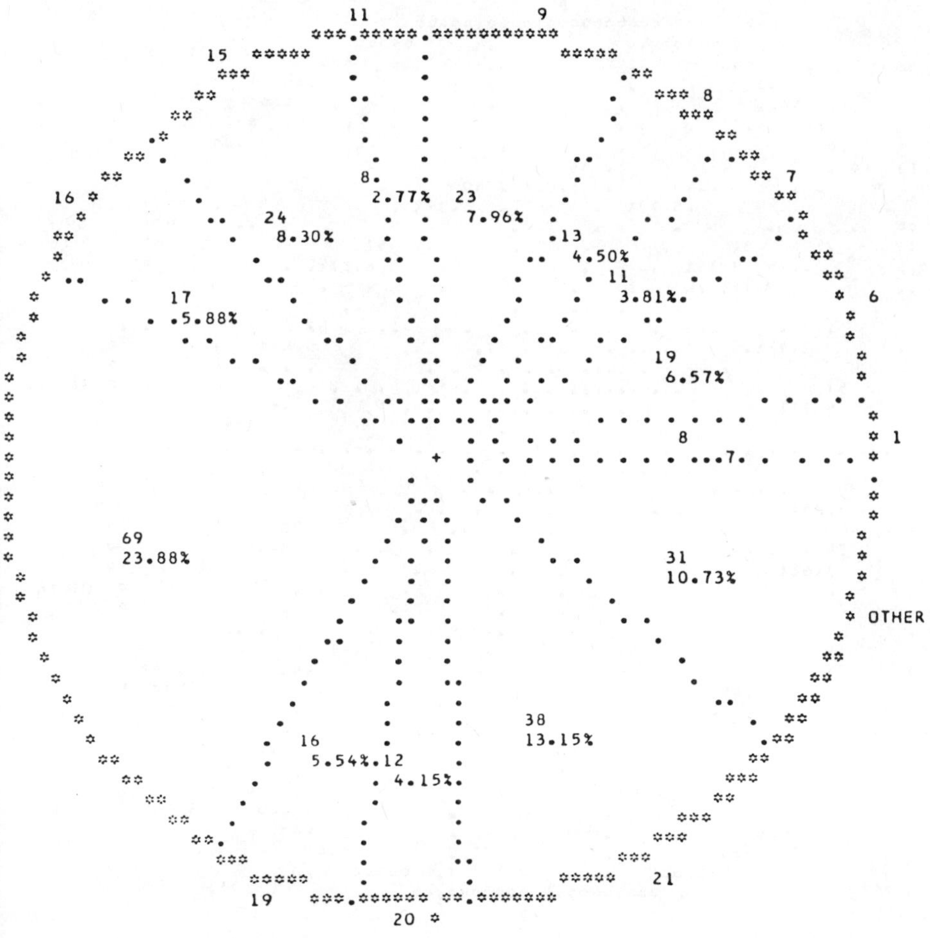

Kreisdiagramm 6: Herkunftsdistrikte der Graduierungskandidaten der Deobandis in verschiedenen Jahren, 1984 (Erläuterungen s.o.)

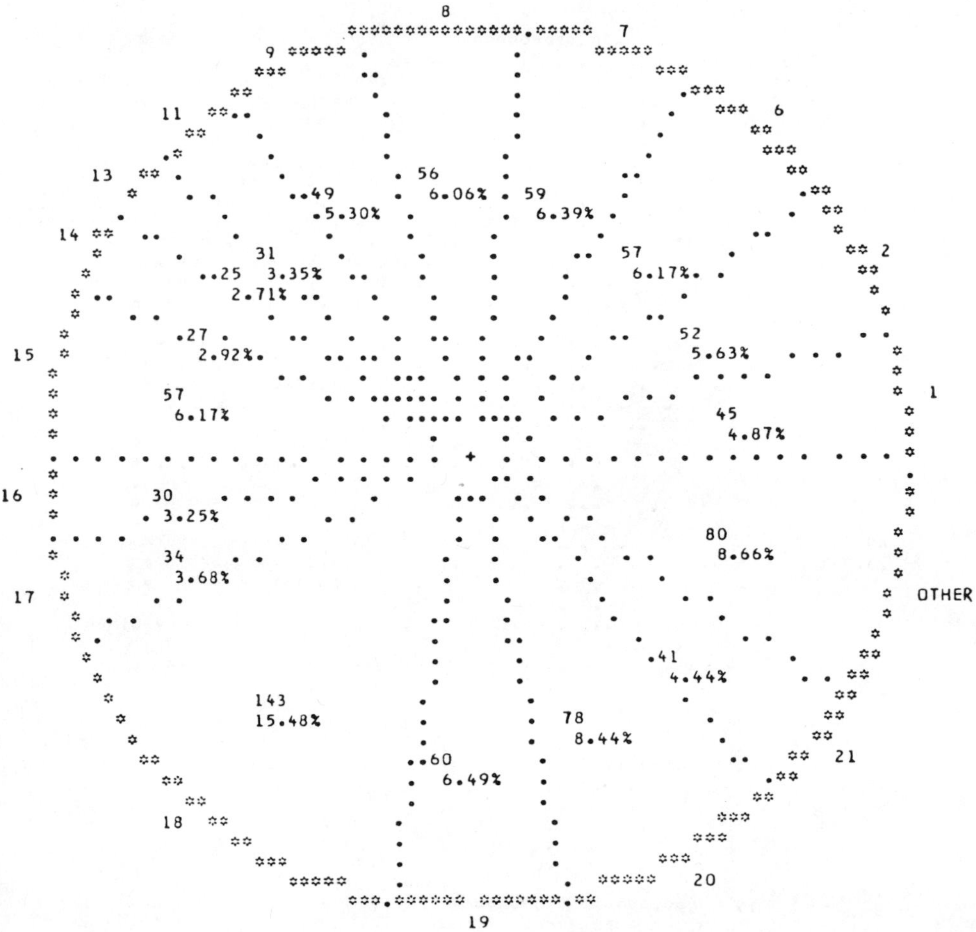

Kreisdiagramm 7: Graduierungsdistrikte nach Gruppen geordnet

Erläuterungen:

Quetta = 1; Karachi = 2; Hayderabad = 3; Thatta = 3; Sukkur = 3; Bahawalpur = 4; Bahawalnagar = 4; Muzaffargarh = 5; Multan = 6; Sahiwal = 6; Faisalabad = 7; Toba Tek Singh = 7; Lahore = 8; Gujranwala = 8; Rawalpindi = 9; Attock = 9; Peshawar = 10; Mardan = 11; Kohat = 12; Bannu = 13; Mansehra = 14; Abbottabad = 14; Swat = 15; Azad Kashmir = 16;

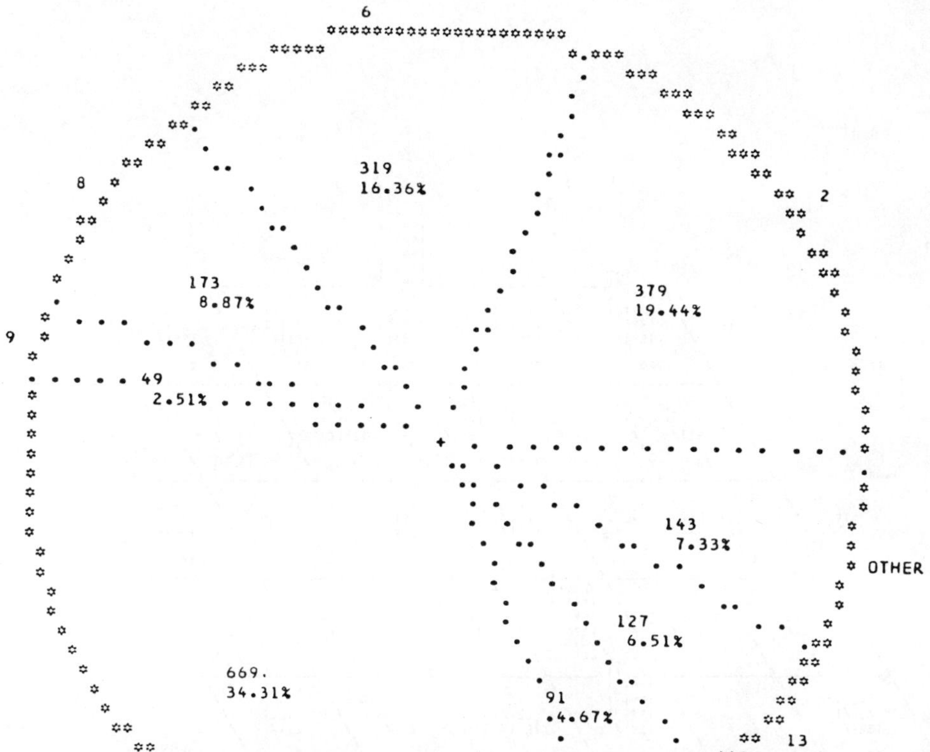

Blockdiagramm 1: <u>Titel der Väter nach Gruppen sortiert</u>

Erläuterungen:

1 = al-Ḥâj, Ḥâjî
2 = Ḥâfiẓ, Qârî, Imâm, <u>Kh</u>alîfah, Pîr, <u>Gh</u>âzî, Ḥakîm
3 = Mawlânâ, Muftî
4 = Sayyid, <u>Sh</u>âh
5 = <u>Sh</u>arîf, Ḥaḍrat, <u>Sh</u>ai<u>kh</u>, Ṣâḥib, Qâḍî
6 = Beg, <u>Ch</u>oudhrî, Mîr, Malik, Mirzâ, Mîrzâdah

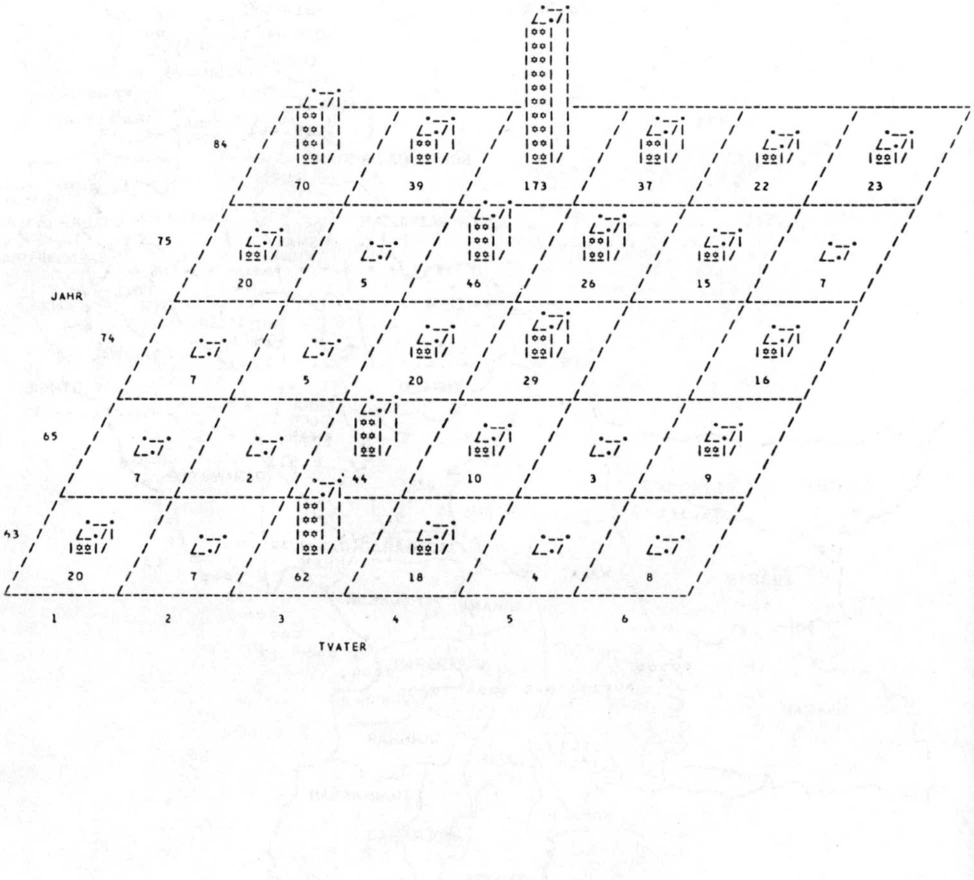

Annex E

Karte 3: <u>Administrative Einheiten Pakistans, 1973</u>

(Quelle: W.-P. Zingel: Die Problematik regionaler Entwicklungsunterschiede in Entwicklungsländern, Wiebaden 1979, S. 211)

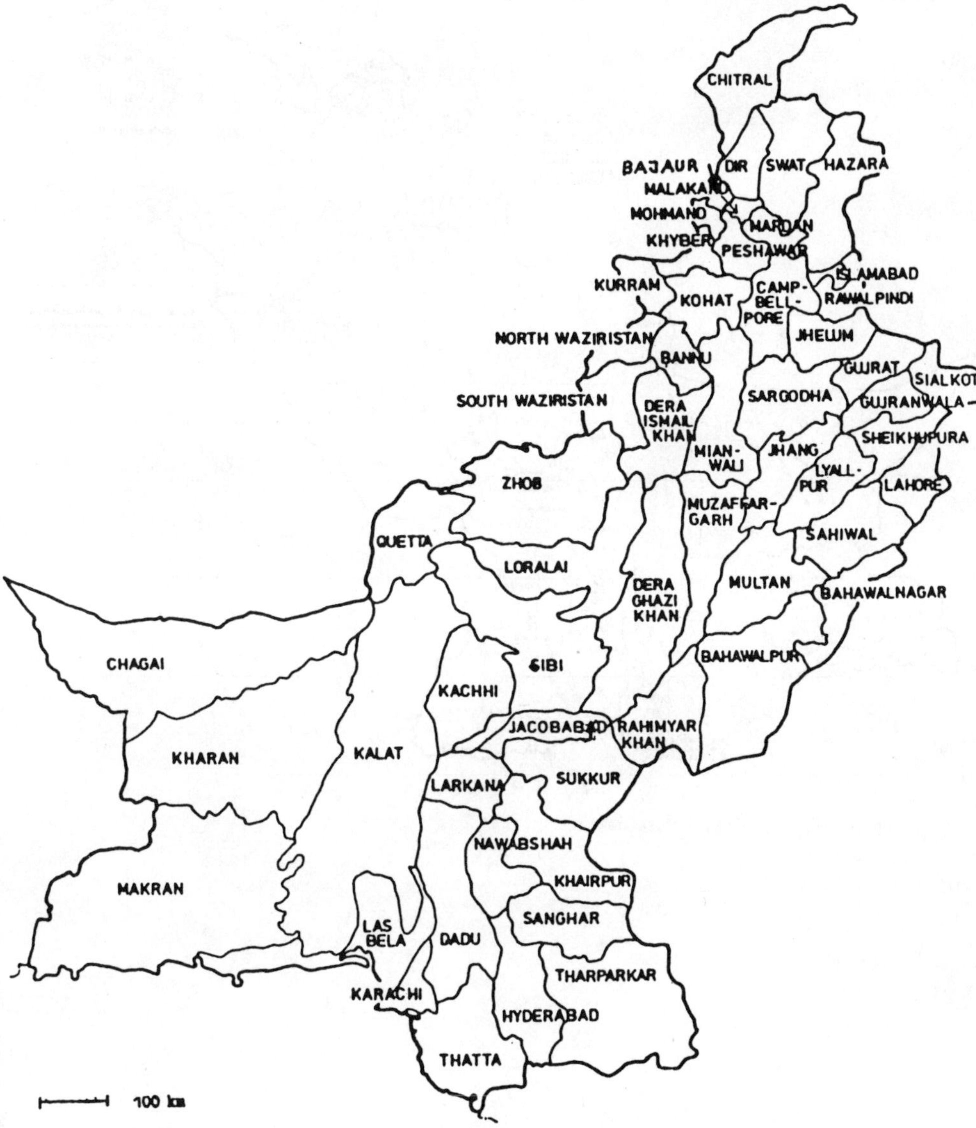

Karte 4: <u>Administrative Einheiten Pakistans, 1982</u>

(Quelle: GoP, Statistics Division, Population Census Organisation: 1981 Census Report of Pakistan, Islamabad 1984, S. 199)

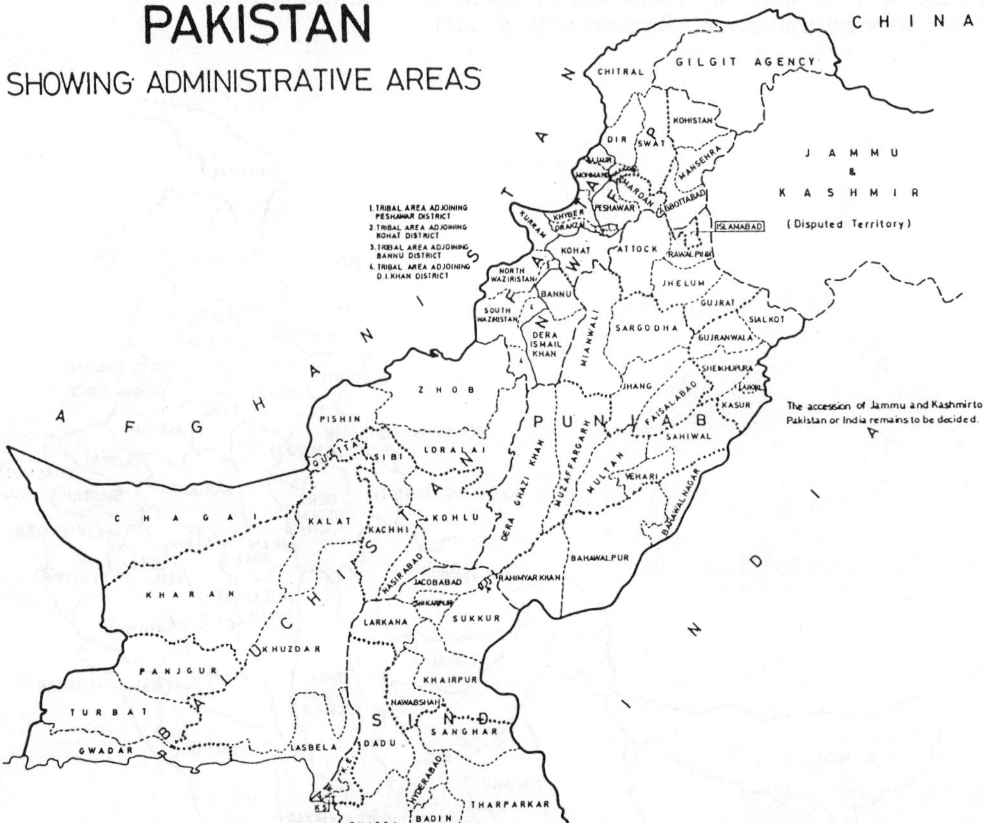

Summary

Islamization in Pakistan, 1977 - 1984; Inquiries into the disintegration of autochtonous structures.

Unfortunately the majority of literature available on modern Islam in general and Islamization in particular has not contributed to any clear understanding of Islam as a political force, thus giving a rather distorted picture, thereby nourishing the already existing prejudices specially among Western readers.

While anthropological studies concentrate on local Islam focusing the micro-level, sociological and politological studies confine their heuristic task on investigating Islamization in terms of macro-leveled issues. Neither attempt to bridge both in order to develop a coherent understanding of what the Islamization really is. Only very few socio-historical studies have tried to envisage a deeper insight into and a more or less theoretical approach on this subject.

A theoretical framework is specially paramount, since the Pakistani society is not only complex in terms of different *Islams* prevalent but also in terms of *urban*, *rural*, *traditional* and *colonial* sectors of the society. Accordingly, the representatives of the different sectors have to be identified in order to understand the incremental complexity of the society. Proceeding socio-historically, a framework was developed in which not only the different Muslim discourses were placed in but also the different social groups. Thus, it was possible to locate the supporters and architects of what we consider as Islamization.

As the subtitle of the thesis suggests the Islamization is an approach curbing the autonomous and autochtonous institutions that hitherto not only were more or less peacefully exsisting but also gave identities to the masses.

In a country, which by its *raison d'étre* is Islamic and has been created for Muslims of the *Subcontinent* one may ask rightly what is to be islamized? The study of the sociological basis of the supporters of the Islamization points out to the fact that only a small religious elite and those integrated into a (post)-*colonial* system are busy in defending *their* State through this policy.

These social groups differ with regard to their respective integration into the international system, the structures of which were laid down by

the colonial rule. The degree of the social sectors' integration into this broader colonial system is reflected in the respective cultural articulation of social and economic conflicts. Paradoxically, the more the supporters of a *certain* kind of Islamization are secularized by virtue of their socio-economic background and thus enjoy the benefits of modern life, the more they tend towards an "integrationist" interpretation of Islam. In other words, their conceptualisation of Islam is ideologized and aims at changing the society as a whole - *hic et nunc.* They are *per se* bound to draw their perceptions on State and society not only in contrast to Western ideologies but also in conformity to them. Thus, they are committed to a *Weltanschauung* which can cope with the West, not abolishing the given structures, but enlarging the sphere of the State, from which they receive their identities and in which they reproduce themselves. We may observe this approach in the postulates of the *Islamic Avantgarde* and the religious elite.
Contrary to this conceptualisation, "isolationist" interpretations are reflected in the positions of some Islamic scholars, the *'Ulamâ'*, and the representatives of *Folk*-Islam, the *Mashâ'ikh*, who tend towards a more theological interpretation with a considerable degree of autonomy. They do not claim to change the society and are hardly concerned with the present.
Between these *integrationist* and *isolationist* or *traditional* and *colonial* poles, there are *mixed sectors* which reflect the potential for the mobilisation of the Islamization. The roots for this state of affairs can be found in the social history of the respective social sectors.

In Pakistan we may observe the *integrationist* strategy attempting at integrating Islam or better certain aspects of the *Sharî'ah*- and *Ṭarîqah*-Islam into the given system, a system heavily relying on colonial heritage.
The main thesis is that the Islamization of the *Zia* regime proves to be a means of state control in order to guarantee stability and continuity enacting thereby a particular notion of Islam.

The different mechanisms of integration as persued by the State and the reactions and results in the complex society elucidate the policy of Islamization.

The Islamization is paradigmatically demonstrated in a historical context,

firstly in the role of the *Council of Islamic Ideology* as a main catalyst for the Islamization,
secondly in the process of nationalization of the Islamic endowments (*waqf*),
thirdly in the elaboration of the *Zakat and Ushr system* as it is implemented since 1980 and
finally in the interaction between the Islamic scholars and their places of learing (*dînî madâris*) vis-á-vis the official policies.

The *Council of Islamic Ideology* was created in order to conform the colonial structures with Islam. Accordingly, its suggestions were conformist, its members mostly recruited from the *colonial sector* or at least from the *mixed sector*, which is oriented towards colonial norms. By the end of the *Bhutto* regime the composition was slightly changed, showing a proportional increase of the representatives of the religious elite and persueing a different policy. The aim was to integrate Islamic norms into social and economic discourses, however, without any interest in changing the system. Under *Zia*, the *CII's* composition changed drastically and Islamic scholars were having the upper hand. But still, very few revolutionary suggestions were made. Nevertheless, an opposition slowly emerged, being also visible in some members' resignations. Critical remarks, and thus a *isolationist* approach, on the Islamization were not too seldom. But, since the *Council* is an advisory body, its suggestions remained without influence. Because the coopted members represented different schools of thoughts, they could not stand up on a common platform and the opposition remained at an individual level. In this way, the State was able to ignore *traditional* Islamic corporations seeking support from a loyalist group.

The representatives of the *traditional sector* became victims of State intervention by the sixties. In contradiction to the text of the *Mussalman Wakf Validating Act, 1913*, which the "father of the nation" had pushed through, from 1960 onwards the State nationalized (profitable) religious endowments in order to further its interests. The *Auqaf Department* was thus able not merely to employ its supporters, but also to localize and bind down "subversive" and "un-Islamic" tendencies. The administrative tying up of autochtonous institutions was accompanied by a transformation of the foundations in substance. Thus, the central and sacred position of the shrine-holder (*pîr*, *mujâwar* etc.) was apparently replaced by the anonymous State and its agents. Similarily, the bureaucracy and the military attempted to transform the religious education in the endowments through alterations in the curricula.

These changes, however, affected the attitude of the followers (*murîdîn*) and the pilgrims sanctioned the official policy of integration by reducing their contributions to shrines and setting up new ones. But the rejection of State power hardly takes any other form than individual protest, just like in the case of the *Council*. In the face of this the State can afford to restrict its investments to those endowments which earn large incomes. Modern institutions were built in profitable shrines, while other foundations decay. The installation of cash-boxes in shrines proved to be very profitable for the *Auqaf Department*. Their contributions to its annual receipts are almost 50%. The structure of income differs in different areas and reflects their respective social environment.

Sectarian conflicts have increased under *Zia ul Haq*. This gives the State the excuse to nationalize more foundations and to strengthen its control in already nationalized ones.

Consequently the *colonial sector* successfully absorbs autonomous institutions. It enriches itself, pushes through its ideology and legitimizes it Islamically. At the same time, *traditional* organisational structures are dissolved without being adequately replaced.

The introduction of the *Zakat and Ushr system* in 1980 has its roots in the sixties, when this subject was first brought up. But it was only under *Zia* that it was introduced. The highly sophisticated system of deducting *Zakât* at source from all but current accounts was elaborated by secularized forces rather than relying on Islamic scholars. Its sudden implementation produced a lot of resentments among different quarters of the society. It not only aims at milking a certain part of the society, namely the middle class, and thus leaving the upper and lower tiers of the social hierarchy untouched, be they Non-Muslim, *Shî`a* or Non-Pakistani. It also created a vast army of loyalists engaged in the system. Furthermore, a defraudation of *Zakât* and a growing conversion among *Sunnîs* to *Shî`as*, who do not need to pay *Zakât* to the State, is evident. The procedure of disbursing the money deducted shows a similar distorting picture. Instead of spending the money on the needy poor, a reasonable amount flows into the bureaucracy, stabilizing the main pillar of the State. The money is disbursed on the basis of the number of population instead of the degree of development and poverty of a district, questioning the effects of what is called Islamic Welfare System. And,

since the *Zakât* system requires an administrative net from Islamabad upto the local level, a control of each and every corner of the society seems to be guaranteed, bearing a great deal of corruption among and political power for those integrated in the scheme. Politically unconformist forces are punished by withdrawal of *Zakât* money. This is specially true for the *mustaḥaqîn* studying in religious schools.
Instead of questioning and thus abolishing the common colonial system of taxation, it is now legitimized by the introduction of an Islamic tax.
In addition to this, the existing public social service as part of the *traditional* society is gradually eliminated but not replaced by alternatives.

As has been seen during the *taḥrîk-e niẓâm-e musṭafâ* in 1977, the religious schools and their leaders had played a significant role in mobilizing a considerable part of the society. Hence, religious schools inherited the potential of upheaval especially because of their being selfsufficient and autonomous. In order to gain control over these autochtonous institutions, several attempts have been made by the government starting from the *Awqâf scheme* of the *Ayûb* era. But just on the eve of the *Waqf Ordinance 1960* the theologians of different schools of thought built up umbrella-organisations in order to safeguard their interests. On a common platform they could oppose the integrative policy of the *colonial sector*. Hence, a take over of religious endowments in the shape of religious schools was not easy.
In order to get hold of the *'Ulamâ'* and other representatives of the *traditional sector*, the administrative integration was accompanied by reforms regarding the traditional theological curricula, the *dars-e niẓâmî*. An integration of "modern" and "old" subjects was envisaged in the sixties, but not really followed up due to opposition.
The *Bhutto* regime was the first in attempting to recognize the hitherto "backward" Islamic scholars when formalizing their degrees. The recognition did, however, not work out due to resentments among the bureaucracy and the intellectuals. The issue became virulent under *Zia*, who had postulated an Islamic system. Without a reasonable backing of the *'Ulamâ'* he was not able to hold his command. Accordingly, the regime has tried several steps to bring the holders of Islamic tradition under state control, however, with partial success. The means of regularizing the "clerical" entities and their leaders were versatile: starting from the reconstitution of the *Council of Islamic Ideology* in 1977, the *'Ulamâ'* and

Mashâ'ikh-Conventions in Islamabad, the *Zakat and Ushr Ordinance 1980*, the *Awqâf schemes* and the *Federal Shariat Court*.
One of the main issues was, however, to modernize the "clergy's" places of learing and to integrate them accordingly. The state mechanisms once more undertook various reforms compromising the traditional curricula of the religious schools, their administrative set-up as well as their financial resources, displaying a strategy of limited participation.
The members of the *National Committee on Religious Schools 1979*, comprising of the religious elite, intellectuals and bureaucrats, produced a report showing the economic situation of the institutions of different schools of thought, their respective curricula and their area of operation. A reform was recommended, like in the sixties, which was agreed upon by all members. However, the proposals could not materialize due to heavy opposition of the *Deobandîs*, who launched a nation-wide campaign. Their reaction to the colonial rule in the 19th century became visible once more. Although the proposals of the committee had to be abandoned for the time being, there were still other means to consolidate - or rather to "islamize" - the *`Ulamâ'*.
The *Zakat and Ushr Ordinance 1980* had a large impact on the religious schools. By virtue of this scheme, their students were entitled to receive *Zakât* through the "headmasters". It is, however, only disbursed to schools in line with the official policy. Although a section of the *Deobandî* schools rejects *Zakât* money, the majority of the *`Ulamâ'* and the *dînî madâris* do benefit from the money disbursed by the *Provincial Zakat Councils*. Connected with the disbursement of *Zakât* are requirements of registration and book-keeping, obligations disliked by the *`Ulamâ'* as they consider them to be attempts to curb their autonomy. This is specially true since the leaders of religio-political parties are mainly recruited from theological seminaries and thus represent a considerable part of the political opposition. The boycott has, however, a political undertone and prevails in one province only: The *Deobandî* schools identify themselves with regional nationalism in *Sindh*, refering to a *fatwâ* of *Muftî Maḥmûd*. Thus, the religious schools can be regarded as vehicles of nationalist movements against State power, which seems to come from the *Punjab* suppressing all efforts of regional autonomous movements.
The Government, in order to dissolve the national struggles, has been introducing i.a. *Zakât* to the more conformistic religious groups, namely

the *Brelwîs*, *Ahl-e Ḥadîth* and *Jamâ`at-e Islâmî*, especially in *Sindh* and *Baluchistan*. Thus, the new system is used as a political means rather than to built up a Social Welfare System. While a large amount of the small religious schools are benefitting from the *Zakât* scheme, huge amounts are being allocated to higher spheres of religious learning and big urban schools serving elitist purposes.

The official *Zakât* disbursements amount to more than one forth of the annual receipts of religious schools producing a considerable dependency. Moreover, new requirements are conspicuous among the *`Ulamâ'*, which only can be satisfied through *Zakât* money. In addition to this dependency, the scheme has led to the establishment of new religious schools to the extent of their "mushroom-growth". These new schools are frequently met in rural areas, where they are demanded by poorer sections of the society. Apparently, the State is able to control the development of these institutions.

The next step of integration was the recognition of the religious schools' degrees bringing the *`Ulamâ'* at par with the formal education system, which is based on colonial legacy. The equivalence scheme was pushed through by *Zia ul Haq* in a personal effort, contrary to the ambitions of the secular forces, thus giving the representatives of the *traditional sector* a chance to establish themselves next to the agents of the State, at least formally. This measure was, however, connected with the condition to set up a reformed curricula integrating "modern" and "old" subjects and being of sixteen year's duration, instead of hitherto eight years, reflecting the proposals of the *National Committee on Religious Schools 1979*. The setting-up of the new curriculum witnessed a conflict between *jayyid `ulamâ'* and the *ancient* regime among the *Deobandîs* resulting in a compromise. Other schools of thought were keen in producing a reformed syllabus.

The policy of integration has shown a spectacular increase of graduates, thus pointing to an overwelming conflict potential for the nineties.

Both, the recognition of the degrees and the *Zakât* scheme resulted in a new organisational formation among the respective organisations of the different schools of thought. The enhanced degree of formation among the *`Ulamâ'* and the religious schools has the potential of benefit and damage to the Government. While the benefit lies in the identifyability of these schools and their students, the potential damage lies in their cohesiveness, thus bearing new problems for the State.

Certain areas of origin and of graduation can be suggested for each school of thought as well as particular geographical concentration, thus indicating particular social, economic, spatial and ethnic as well as familiar background of the *'Ulamâ' in spe*. Accordingly, the more trade-oriented *Ahl-e Ḥadîth* are concentrated in the commercial centres of Pakistan, while the more peasant oriented *Brewlîs* are mostly found in the rural areas of *Punjab*. The *Deobandîs*, as the largest group, are specially strong in the *NWFP*, in *Sindh* and in *Baluchistan*. The stronghold of the *Shî'a* is the *Northern Areas*, some parts of *Punjab* and urban *Sindh*. The *Jamâ'at-e Islâmî* as the representatives of the *Islamic Avantgarde* are to be found in urban centres as well as in politically sensitive areas.

Besides these developments, some religious schools and scholars have proven to be important elements in the *Afghan* crisis and the *Jihâd*. Especially the *Dâr al-'Ulûm Ḥaqqâniyyah* turned out to be a useful centre for the reproduction of men and material for the *Holy War*.

Accordingly a section of the religious scholars can be integrated in the *Jihâd* issue. The majority, however, are now waiting to be integrated in the national economy, since they are "equivalent". It is suggested, that because of the bureaucracy's refusal of giving them any jobs, although some new literacy programs have been implemented, thousands of M.A.-*fuḍalâ'* will soon be the future problem for the Government.

To sum up, the official policy towards religious and autochtonous institutions have produced a stiffening of fronts between the influential parts of the "clergy" who has mass support and the Government quarters, has produced a resurgence of religious schools as well as an overproduction of *fudalâ'* in the wake of modernization strategies which inherit political ambitions and tends to control indigenous institution rather than to islamize the Muslim society.

The reconciling, unifying and *integrationist* Islamization in Pakistan can not succeed due to the prevalent different schools of thought concentrated in different regions. In contrast to the somewhat *modernist* interpretation of official Islam on the basis of *ijtihâd*, there are the *traditionalists* mostly adherent to *taqlîd*. The *isolationist* tendencies of the latter can be regarded as quite legitimate reactions bearing a potential of conflict not to be tackled easily by *integrationists*.

BEITRÄGE ZUR SÜDASIENFORSCHUNG

Stuttgart: Franz-Steiner-Verlag-Wiesbaden
ISSN 0170-3137

1 *Cultures of the Hindukush*: selected papers from the Hindu-Kush Cultural Conference held at Moesgård 1970 / ed.by Karl Jettmar. In collaboration with Lennart Edelberg. - 1974. XIV,146 p. ISBN 3-515-01217-6

2 Die Holztempel des oberen Kulutales: in ihren historischen, religiösen und kunstgeschichtlichen Zusammenhängen / von *Gabriele Jettmar*. - 1974. XI,133 S. ISBN 3-515-01849-2

3 Regionalism in Hindi novels / by *Indu Prakash Pandey*. - 1974. 179 p. ISBN 3-515-01954-5

4 *Community health and health motivation in South-East Asia*: proceedings of an international seminar organized by the German Foundation for International Development and the Institute of Tropical Hygiene and Public Health, South Asia Institute, University of Heidelberg, 22 October to 10 November 1973, Berlin / ed. by Hans Jochen Diesfeld and Erich Kröger. - 1974. VIII,199 p. ISBN 3-515-01990-1

5 Die britische Militärpolitik in Indien und ihre Auswirkungen auf den britisch-indischen Finanzhaushalt 1878-1910 / von *Werner Simon*. - 1974. VI,296 S. ISBN 3-515-01978-2

6 Die *wirtschaftliche Situation Pakistans nach der Sezession Bangladeshs* / von Winfried von Urff; Heinz Ahrens; Peter Lutz; Bernhard May; Wolfgang-Peter Zingel. - 1974. - XIX,453 S. ISBN 3-515-01979-0

7 Muslime und Christen in der Republik Indonesia / von *Wendelin Wawer*. - 1974. 326 S. ISBN 3-515-02042-X

8 The Muslim microcosm: Calcutta, 1918 to 1935 / by *Kenneth McPherson*. - 1974. VII,162 p. ISBN 3-515-01992-8

9 Adat und Gesellschaft: eine sozio-ethnologische Untersuchung zur Darstellung des Geistes- und Kulturlebens der Dajak in Kalimantan / von *Johannes Enos Garang*. - 1974. X,193 S. ISBN 3-515-02048-9

10 The Indo-English novel: the impact of the West on literature in a developing country / by *Klaus Steinvorth*. - 1975. III, 149 p. ISBN 3-515-02049-7

11 The position of Indian women in the light of legal reform: a socio-legal study of the legal position of Indian women as interpreted and enforced by the law courts compared and related to their position in the family and at work / by *Angeles J. Almenas-Lipowsky*. - 1975. IX,217 p. ISBN 3-515-02050-0

12 Zur Mobilisierung ländlicher Arbeitskräfte im anfänglichen Industrialisierungsprozess: ein Vergleich der Berufsstruktur in ausgewählten industrienahen und industriefernen Gemeinden Nordindiens / von *Erhard W. Kropp*. 2. unveränd. Aufl. - 1975. XVII, 231 S. ISBN 3-515-01976-6

13 Die Sozialisation tibetischer Kinder im soziokulturellen Wandel, dargestellt am Beispiel der Exiltibetersiedlung Dhor Patan (West Nepal) / von *Gudrun Ludwar*. - 1975. XI,209 S. ISBN 3-515-02063-2

14 Die Steuerung der Direktinvestitionen im Rahmen einer rationalen Entwicklungspolitik / von *Leo Rubinstein*. - 1975. XI,260 S. ISBN 3-515-02064-0

15 Ein erweitertes Harrod-Domar-Modell für die makroökonomische Programmierung in Entwicklungsländern: ein wachstumstheoretischer Beitrag zur Entwicklungsplanung / von *Axel W. Seiler*. - 1975. VII,230 S. ISBN 3-515-02092-6

16 *Islam in Southern Asia*: a survey of current research / ed. by Dietmar Rothermund. - 1975. VIII,126 p. ISBN 3-515-02095-0

17 *Aspekte sozialer Ungleichheit in Südasien* / hrsg. von Heinz Ahrens und Kerrin Gräfin Schwerin. - 1975. VII,215 S. ISBN 3-515-02096-6

18 Probleme interdisziplinärer Forschung: organisations- und forschungssoziologische Untersuchung der Erfahrungen mit interdisziplinärer Zusammenarbeit im SFB 16 unter besonderer Betonung des Dhanbad-Projektes / von *Dieter Blaschke*. Unter Mitarbeit von Ingrid Lukatis. - 1976. XI,201 S. ISBN 3-515-02131-0

19 Einfluss des Bergbaus auf die Beschäftigungsstruktur in ländlichen Gemeinden: gezeigt am Beispiel des Dhanbad-Distriktes, Bihar, Indien / von *Erhard W. Kropp*. - 1976. XII,184 S. ISBN 3-515-02132-9

20 Drei Jaina-Gedichte in Alt-Gujarāti: Edition, Übersetzung, Grammatik und Glossar / von *George Baumann*. - 1975.XVIII,176 S. ISBN 3-515-02177-9

21 Eigentumsbeschränkungen in Indien / von *Franz-Josef Vollmer*. - 1975. VIII,147 S. ISBN 3-515-02307-0

22 Nomaden von Gharjistān: Aspekte der wirtschaftlichen, sozialen und politischen Organisation nomadischer Durrani-Paschtunen in Nordwestafghanistan / von *Bernt Glatzer*. - 1977. XII, 234 S. ISBN 3-515-02137-X

23 Buddhistische Politik in Thailand: mit besonderer Berücksichtigung des heterodoxen Messianismus / von *Walter Skrobanek*. - 1976. VII,315 S. ISBN 3-515-02390-9

24 Lohnpolitik und wirtschaftliche Entwicklung: ein Beitrag zur Analyse der Verteilungsproblematik unter besonderer Berücksichtigung Indiens / von *Gunther Dienemann*. - 1977. VII,318 S. ISBN 3-515-02389-5

25 Der Gleichheitssatz in der Praxis des indischen Zivilverfahrens / von *Dierk Helmken*. - 1976. XII,286 S. ISBN 3-515-02134-5

26 Der Einfluss von Produktionstechniken auf die Produktion der Hauptfruchtarten im pakistanischen Punjab: methodische Probleme der Erfassung und Quantifizierung / von *Bernhard May*. - 1977. XVIII,403 S. ISBN 3-515-02580-4

27 Tai-Khamti phonology and vocabulary / by *Alfons Weidert*. - 1977. 92 p. ISBN 3-515-02582-0

28 Rudras Geburt: systematische Untersuchungen zum Inzest in der Mythologie der Brāhmaṇas / von *Joachim Deppert*. - 1977. LX, 396 S. ISBN 3-515-02583-9

29 Der Reisanbau im unteren Kirindi Oya-Becken: Analyse einer Reisbaulandschaft im Südosten der Insel Ceylon / von *Gisela Zaun-Axler*. - 1977. XIX, 286 S. ISBN 3-515-02584-7

30 *Faktoren des Gesundwerdens in Gruppen und Ethnien*: Verhandlungen des 2. Rundgesprächs 'Ethnomedizin' in Heidelberg vom 29. und 30. November 1974 unter Schirmherrschaft des Südasien-Instituts, Institut für Tropenhygiene und Öffentliches Gesundheitswesen und Seminar für Ethnologie / herausgegeben von Ekkehard Schröder. - 1977. XIII,125 S. ISBN 3-515-02585-5

31 Von Armut zu Elend: Kolonialherrschaft und Agrarverfassung in Chota Nagpur, 1858-1908 / von *Detlef Schwerin*. - 1977. XIX, 551 S. ISBN 3-515-02407-7

32 The Nilgiris: weather and climate of a mountain area in South India / by *Hans J. von Lengerke*. - 1977. XVIII,340 p. ISBN 3-515-02640-1

33 The social setting of Christian conversion in South India: the impact of the Wesleyan methodist missionaries on the Trichy-Tanjore diocese with special reference to the Harijan communities of the mass movement area 1820-1947 / by *Sundararaj Manickam*. - 1977. VIII,296 p. ISBN 3-515-02639-8

34 Religiöses Volksbrauchtum in Afghanistan: islamische Heiligenverehrung und Wallfahrtswesen im Raum Kabul / von *Harald Einzmann*. - 1977. IX,346 S. ISBN 3-515-02652-5

35 Untersuchungen des Königswahlmotivs in der indischen Märchenliteratur: Pañcadivyādhivāsa / von *Gabriella Steermann-Imre*. - 1977. XII,316 S. ISBN 3-515-02597-9

36 Schichtungsmodelle, Schichtungstheorien und die sozialstrukturelle Rolle von Erziehung: eine theoretische Diskussion und eine empirische Fallstudie aus Indien / von *John P. Neelsen*. - 1976. XII,240 S. ISBN 3-515-02638-X

37 Innovationsfaktoren in der Landwirtschaft Indiens: gezeigt am Beispiel ausgewählter Dörfer des Dhanbad Distrikts, Bihar, Indien / von *Harald Hänsch*. - 1977. XII, 277, 34, 4 S. ISBN 3-515-02704-1

38 Der indisch-pakistanische Konflikt und seine wirtschaftlichen und sozialen Kosten für Pakistan in den Jahren 1958-1968 / von *Hans Frey*. - 1978. XIX,234 S. ISBN 3-515-02716-5

39 Arleng Alam: die Sprache der Mikir; Grammatik und Texte / von *Karl-Heinz Grüssner*. - 1978. 222 S. ISBN 3-515-02717-3

40 Indian merchants and the decline of Surat, c. 1700-1750 / by *Ashin Das Gupta*. - 1978. X,305 p. ISBN 3-515-02718-1

41 Bangladesh: constitutional quest for autonomy, 1950-1971 / by *Moudud Ahmed*. - 1978. XVI,373 p. ISBN 3-515-02908-7

42 Bestimmungsgründe und Alternativen divergierender regionaler Wachstumsverläufe in Entwicklungsländern: eine theoretische und empirische Analyse unter besonderer Berücksichtigung der Regionalentwicklung in Ost- und Westpakistan 1947-1970 / von *Heinz-Dietmar Ahrens*. - 1978. XV,392 S. ISBN 3-515-02827-7

43 Das tibetische Handwerkertum vor 1959 / von *Veronika Ronge*. - 1978. VIII, 181 S. ISBN 3-515-02793-9

44 Hunza und China (1761-1891): 130 Jahre einer Beziehung und ihre Bedeutung für die wirtschaftliche und politische Entwicklung Hunzas im 18. und 19. Jahrhundert / von *Irmtraud Müller-Stellrecht*. - 1978. VII,139 S. ISBN 3-515-02799-8

45 Interdependenzen zwischen gesamtwirtschaftlichem Wachstum und regionaler Verteilung in Pakistan / von *Heinz Ahrens und Wolfgang-Peter Zingel*. - 1978. XXXVI,882 S. ISBN 3-515-02830-7

46 Institutioneller Agrarkredit und traditionelle Schuldverhältnisse: Distrikt Dhanbad, Bihar, Indien / von *Hans-Dieter Roth*. - 1978. XIX,364 S. ISBN 3-515-02795-5

47 Comparative evaluation of road construction techniques in Nepal / by *Hans C. Rieger and Binayak Bhadra*. - 1979. XIII,257 p. ISBN 3-515-03120-0

48 Labour utilization and farm income in rural Thailand: results of case studies in rural villages, 1969-70 / by *Friedrich W. Fuhs* in cooperation with Gregory Capellari and Fred V. Goericke. - 1979. XVI, 371 p. ISBN 3-515-03001-8

49 *Aruṇantis Śivajñānasiddhiyār*: die Erlangung des Wissens um Śiva oder um die Erlösung. Unter Beifügung einer Einleitung und Meykaṇṭadevas Śivajñānabodha aus dem Tamil übersetzt und kommentiert von Hilko Wiardo Schomerus. Hrsg. von Hermann Berger, Ayyadurai Dhamotharan und Dieter B. Kapp. 2 Bde. - 1981.XVI,745 S. ISBN 3-515-03874-4

50 Tamil dictionaries: a bibliography / by *Ayyadurai Dhamotharan*. - 1978. 185 p. ISBN 3-515-03005-0

51 Die Problematik regionaler Entwicklungsunterschiede in Entwicklungsländern: eine theoretische und empirische Analyse, dargestellt am Beispiel Pakistans unter Verwendung der Hauptkomponentenmethode / von *Wolfgang-Peter Zingel*. - 1979. XIV,554 S. ISBN 3-515-03002-6

52 Viêt-Nam: die nationalistische und marxistische Ideologie im Spätwerk von Phan-Bôi-Chau (1867-1940) / von *Jörgen Unselt*. - 1980. XIII,304 S. ISBN 3-515-03133-2

53 Auswirkungen der Nahrungsmittelhilfe unter P.L. 480 auf den Agrarsektor der Entwicklungsländer: dargestellt am Beispiel Indiens / von *Joachim von Plocki*. - 1979. 240 S. ISBN 3-515-03144-8

54 Paschtunwali: ein Ehrenkodex und seine rechtliche Relevanz / von *Willi Steul*. - 1981. XIV,313 S. ISBN 3-515-03167-7

55 The *Stūpa*: its religious, historical and architectural significance / ed. by Anna Libera Dallapiccola in collaboration with Stephanie Zingel-Avé Lallemant. - 1980. VII, 359, [103] p. ISBN 3-515-02979-6

56 Faktorproportionen, internationale Arbeitsteilung und Aussenhandelspolitik: eine theoretische und empirische Analyse unter besonderer Berücksichtigung von Singapur, Westmalaysia und Pakistan / von *Norbert Wagner*. - 1980. XV, 333 S. ISBN 3-515-03300-9

57 Jyotiṣa: das System der indischen Astrologie / von *Hans-Georg Türstig*. - 1980. XVIII,343 S. ISBN 3-515-03283-5

58 *Naṉṉūl mūlamum Kūḻaṅkaittampirāṉ uraiyum* / ed. by Ayyadurai Dhamotharan. - 1980. XXVIII,246 p. ISBN 3-515-03284-3

59 Britische Indien-Politik, 1926-1932: Motive, Methoden und Mißserfolg imperialer Politik am Vorabend der Dekolonisation / von *Horst-Joachim Leue*. - 1981. XI,259 S. ISBN 3-515-03395-5

60 *Städte in Südasien*: Geschichte, Gesellschaft, Gestalt / hrsg. von Hermann Kulke; Hans Christoph Rieger; Lothar Lutze. - 1982. XVIII,376,41 S. ISBN 3-515-03396-3

61 Die Erörterung der Wirksamkeit: Bhartṛharis Kriyāsamuddeśa und Helārājas Prakāśa zum ersten Male aus dem Sanskrit übersetzt, mit einer Einführung und einem Glossar versehen / von Giovanni Bandini. - 1980. 200 S. ISBN 3-515-03391-2

62 Die landwirtschaftliche Produktion in Indien: Ackerbau-Technologie und traditionale Agrargesellschaft dargestellt nach dem Arthaśāstra und Dharmaśāstra / von *Johannes Laping*. - 1982. X, 155 S. ISBN 3-515-03521-4

63 Kānphaṭā: Untersuchungen zu Kult, Mythologie und Geschichte śivaitischer Tantriker in Nepal / von *Günter Unbescheid*. - 1980. XXXIII,197,16 S. ISBN 3-515-03478-1

64 Die Kasten-Klassenproblematik im städtisch-industriellen Bereich: historisch-empirische Fallstudie über die Industriestadt Kanpur in Uttar Pradesh, Indien / von *Maren Bellwinkel*. - 1980. XII,284 S. ISBN 3-515-03499-4

65 Tamang ritual texts 1: preliminary studies in the folk-religion of an ethnic minority in Nepal / by *András Höfer*. - 1981. 184 p. ISBN 3-515-03585-0

66 Tamang ritual texts 2 / by *András Höfer*. - (forthcoming) ISBN 3-515-03852-3

67 Towards reducing the dependence on capital imports: a planning model for Pakistan's policy of self-reliance / by *Heinz Ahrens and Wolfgang-Peter Zingel*. With a contribution by Syed Nawab Haider Naqvi. - 1982. XVI,337 p. ISBN 3-515-03853-1

68 Aspekte der regionalen wirtschaftlichen Integration zwischen Entwicklungsländern: das Beispiel der ASEAN / von *Alfred Kraft*. - 1982. X,298 S. ISBN 3-515-03801-9

69 Indien, Nepal, Sri Lanka: Süd-Süd-Beziehungen zwischen Symmetrie und Dependenz / von *Citha Doris Maass*. - 1982. XXI, 380 S. ISBN 3-515-03802-7

70 *Grundbedürfnisse als Gegenstand der Entwicklungspolitik*: interdisziplinäre Aspekte der Grundbedarfsstrategie / Norbert Wagner und Hans Christoph Rieger (Hrsg.) - 1982. VIII,220 S. ISBN 3-515-03838-8

71 The vagrant peasant: agrarian distress and desertion in Bengal, 1770 to 1830 / by *Aditee Nag Chowdhury-Zilly*. - 1982. XV,196 p. ISBN 3-515-03855-8

72 Orissa: a comprehensive and classified bibliography / by *Hermann Kulke* in collaboration with Gaganendranath Dash and Manmath Nath Das, Karuna Sagar Behera. - 1982. XXIII,416 p. ISBN 3-515-03593-1

73 Adat, Macht und lokale Eliten: eine Studie zur Machtstruktur der Pfarrei Habi in Sikka, Flores, Indonesien anhand der Einführung der Institution Gabungan Kontas 1975/76; eine empirische Untersuchung / von *Paul Rudolf Nunheim*. - 1982. XVI,345 S. ISBN 3-515-03834-5

74 Tamil: Sprache als politisches Symbol; politische Literatur in der Tamilsprache in den Jahren 1945 bis 1967; mit besonderer Berücksichtigung der Schriften der Führer der dravidischen Bewegung: E. V. Rāmacāmi und C. N. Aṇṇāturai / von *Dagmar Hellmann-Rajanayagam*. - 1984. VII,249 S. ISBN 3-515-03894-9

75 Moderne Gesetzgebung in Indien und ihre Auswirkung auf die Landbevölkerung: eine Dorfstudie aus Uttar Pradesh / von *Eva Prochazka*. - 1982. XI,133 S. ISBN 3-515-03893-0

76 Status and affinity in middle India / by *Georg Pfeffer*. - 1982. VII,104 p. ISBN 3-515-03913-9

77 *Indology and law*: studies in honour of Professor J. Duncan M. Derrett / ed. by Günther-Dietz Sontheimer and Parameswara Kota Aithal. - 1982. XI, 463 p. ISBN 3-515-03748-9

78 Über Entstehungsprozesse in der Philosophie des Nyāya-Vaiśesika-Systems / von *Hans-Georg Türstig*. - 1982. XIX,101 S. ISBN 3-515-03951-1

79 Cheap lives and dear limbs: the British transformation of the Bengal criminal law 1769-1817 / by *Jörg Fisch*. - 1983. VII, 154 p. ISBN 3-515-04012-9

80 Brata und Alpanā in Bengalen / von *Eva Maria Gupta*. - 1983. X, 210 S. ISBN 3-515-04063-3

81 The *Modī documents from Tanjore in Danish collections* / edited, translated and analysed by Elisabeth Strandberg. - 1983. 386 p. ISBN 3-515-04080-3

82 Agrarverfassung und Agrarentwicklung in Thailand / von *Friedrich W. Fuhs*. - 1985. XVIII,311 S. ISBN 3-515-04553-8

83 Mokṣa in Jainism, according to Umāsvāti / by *Robert J.Zydenbos*. - 1983. IX, 81 p. ISBN 3-515-04053-6

84 Fischerei und Fischereiwirtschaft im nördlichen Ceylon: Standort und Lebensraum der Fischer im Norden der Tropeninsel / von *Thomas Gläser*. - 1983. XV,196 S. ISBN 3-515-04054-4

85 Thailands Lehrer zwischen 'Tradition' und 'Fortschritt': eine empirische Untersuchung politisch-sozialer und pädagogischer Einstellungen thailändischer Lehrerstudenten des Jahres 1974 / von *Ingrid Liebig-Hundius*. - 1984. XII, 342 S. ISBN 3-515-04121-4

86 *Ethnologie und Geschichte*: Festschrift für Karl Jettmar / hrsg. von Peter Snoy. - 1983. 654 S. ISBN 3-515-04104-4

87 Malediven und Lakkadiven: Materialien zur Bibliographie der Atolle im Indischen Ozean / von *Thomas Malten*. - 1983. 101 S. ISBN 3-515-04125-7

88 Astor: eine Ethnographie / von *Adam Nayyar*. - 1986. XIII, 120 S. ISBN 3-515-04344-6

89 Zwischen Reform und Rebellion: über die Entwicklung des Islams in Minangkabau (Westsumatra) zwischen den beiden Reformbewegungen der Padri (1837) und der Modernisten (1908); ein Beitrag zur Geschichte der Islamisierung Indonesiens / von *Werner Kraus*. - 1984. X,236 S. ISBN 3-515-04286-5

90 Energie und wirtschaftliche Entwicklung in Entwicklungsländern: das Beispiel Nepal / von *Jürgen Steiger*. - 1984. XX,329 S. ISBN 3-515-04345-4

91 Kampf um Malakka: eine wirtschaftsgeschichtliche Studie über den portugiesischen und niederländischen Kolonialismus in Südostasien / von *Malcolm Dunn*. - 1984. XV,275 S. ISBN 3-515-04123-0

92 Portraits in sechs Fürstenstaaten Rajasthans vom 17. bis zum 20. Jahrhundert: Voraussetzungen, Entwicklungen, Veränderungen; mit besonderer Berücksichtigung kulturhistorischer Faktoren / von *Juliane Anna Lia Molitor*. - 1985. 179 S. ISBN 3-515-04346-2

93 Bangladesh: era of Sheikh Mujibur Rahman / by *Moudud Ahmed*. - 1984. XI,282 p. ISBN 3-515-04266-0

94 Die politische Stellung der Sikhs innerhalb der indischen Nationalbewegung, 1935-1947 / von *Christine Effenberg*. - 1984. VI,232 S. ISBN 3-515-04284-9

95 'Hir': zur strukturellen Deutung des Panjabi-Epos von Waris Shah / von *Doris Buddenberg*. - 1985. VIII,156 p. ISBN 3-515-04347-0

96 Dialectics and dream: an evaluation of Bishnu Dey's poetry in the light of Neo-Marxian aesthetics / by *Subhoranjan Dasgupta*. - 1987. X, 273 p. ISBN 3-515-05134-1

97 Das Tor zur Unterwelt: Mythologie und Kult des Termitenhügels in der schriftlichen und mündlichen Tradition Indiens / von *Ditte König*. - 1984. XII, 389 S.
ISBN 3-515-04410-8

98 Religionspolitik in Britisch-Indien 1793-1813: christliches Sendungsbewußtsein und Achtung hinduistischer Tradition im Widerstreit / von *Cornelia Witz*. - 1985. VIII, 137 S. ISBN 3-515-04527-9

99 Landschenkungen und staatliche Entwicklung im frühmittelalterlichen Bengalen (5. bis 13. Jahrhundert n. Chr.) / von *Swapna Bhattacharya*. - 1985. XIV, 171 S.
ISBN 3-515-04534-1

100 *Vijayanagara - city and empire*: new currents of research / ed. by Anna Libera Dallapiccola in collaboration with Stephanie Zingel-Avé Lallemant. - 1985.
ISBN 3-515-04554-6
Vol.1. Texts. - XIII,439 p.
Vol.2. Reference and documentation. - X,221 p.

101 Zur Relevanz mikroökonomischer Theorie für die Analyse des ökonomischen Verhaltens der Wirtschaftssubjekte in Agrarsektoren von Entwicklungsländern / von *Rainer Marggraf*. - 1985. IX,295 S. ISBN 3-515-04513-9

102 Zur Methodik kosten-nutzen-analytischer Bewertung verteilungsorientierter Preispolitik: mit empirischen Untersuchungen zur Agrarpreispolitik Thailands und der Europäischen Gemeinschaft / von *Lothar Oberländer*. - 1985. XV, 320 S.
ISBN 3-515-04490-6

103 Zentrale Gewalt in Nagar (Karakorum): politische Organisationsformen, ideologische Begründungen des Königtums und Veränderungen in der Moderne / von *Jürgen Frembgen*. - 1985. XII,441 S. ISBN 3-515-04588-0

104 *Regionale Tradition in Südasien* / hrsg. von Hermann Kulke und Dietmar Rothermund. - 1985. XXIV,256 S. ISBN 3-515-04519-8

105 Law and society East and West: dharma, li and nomos, their contribution to thought and to life / by *Reinhard May*. - 1985. 251 S. ISBN 3-515-04537-6

106 Darul-Islam: Kartosuwirjos Kampf um einen islamischen Staat Indonesien / von *Holk H. Dengel*. - 1986. VIII, 255 S. ISBN 3-515-04784-0

107 Aṅkāḷaparamēcuvari: a goddess of Tamilnadu; her myths and cult / by *Eveline Meyer*. - 1986. XII,329 p. ISBN 3/515-04702-6

108 Die Vāḍabalija in Andhra Pradesh und in Orissa: Aspekte der wirtschaftlichen und sozialen Organisation einer maritimen Gesellschaft / von *Elisabeth Schömbucher*. - 1986. IX,253 S. ISBN 3-515-04835-9

109 Guru-Śiṣya-Sambandha: das Meister-Schüler-Verhältnis im traditionellen und modernen Hinduismus / *Ralph Mark Steinmann*. - 1986. XI,312 S.
ISBN 3-515-04851-0

110 Herrschaft und Verwaltung im östlichen Indien unter den späten Gangas, ca. 1038-1434 / von *Shishir Kumar Panda*. - 1986. III,184 S. ISBN 3-515-04861-8

111 Tension over the Farakka Barrage: a techno-political tangle in south Asia *Khurshida Begum*. - 1988. X, 279 S. 3-515-05064-7

112 *Developments in Asia*: economic, political and cultural aspects / ed. by Christine Effenberg. - 1987. 545 p. ISBN 3-515-05049-3

113 Annotated bibliography of new Indonesian literature on the history of Indonesia / by *Holk H. Dengel*. - 1987. 114 p. ISBN 3-515-04988-6

114 Die Stadt Badulla: Strukturentwicklung und Zentralität eines Ortes im östlichen zentralen Hochland der Insel Ceylon / von *Siegbert Dicke*. - 1987. XII,311 S. ISBN 3-515-04995-9

115 Social accounting matrix als praxisnahes Daten- und Modellsystem für Entwicklungsländer / von *Elmar Kleiner*. - 1987. X,210,[20],3 S. ISBN 3-515-04997-5

116 The problem of 'Greater Baluchistan': a study of Baluch nationalism / by *Inayatullah Baloch*. - 1987. VIII,299 p. ISBN 3-515-04999-1

117 *Portuguese Asia*: aspects in history and economic history; 16th and 17th centuries / ed. by Roderich Ptak. - 1987. VIII, 219 p. ISBN 3-515-05136-8
118 Rahmat Ali: a biography / by *Kursheed Kamal Aziz*. - 1987. XXXIII,576 p. ISBN 3-515-05051-5
119 Sozio-ökonomische Determinanten der Fertilität der Landbevölkerung im Nord-Punjab: Fallbeispiel Muradi Janjil, Pakistan / von *Eva-Maria Herms*. - 1987. XII,256 S. ISBN 3-515-05058-2
120 Ziarat und Pir-e-Muridi: Golra Sharif, Nurpur Shahan und Pir Baba; drei muslimische Wallfahrtstätten in Nordpakistan / von *Harald Einzmann*. - 1988. IX, 185 S. ISBN 3-515-04801-4
121 Yantracintāmaṇiḥ of *Dāmodara* / critically ed. by Hans-Georg Türstig. - 1988. 166, 5, 40 p. ISBN 3-515-05212-7
122 Die sowjetische Entwicklungspolitik gegenüber der Dritten Welt unter besonderer Berücksichtigung Indiens / von *Klaus-Dieter Müller*. - 1988. XIII, 433 S. ISBN 3-515-05284-4
123 Effektive Protektion von Rohstoffproduktion und -verarbeitung: mit empirischen Untersuchungen zur philippinischen Volkswirtschaft / von *Markus Kramer*. - 1988. ISBN 3-515-05348-4
124 Sozialstrukturen im Kumaon: Bergbauern des Himalaya / von *Monika Krengel*. - 1988. ISBN 3-515-05358-1
126 Burmese entrepreneurship: creative response in the colonial economy / by *Aung Tun Thet*. - 1989. XVI, 197 p.
127 Reduplizierte Verbstämme im Tamil / von *Thomas Malten*. - 1989. IX, 283 S.

SOUTH ASIAN STUDIES

University of Heidelberg, South Asia Institute
New Delhi Branch

(from vol.8:) New Delhi: Manohar
Stuttgart: Franz-Steiner-Verlag-Wiesbaden [in comm.]

[1] Helmuth von Glasenapp: interpreter of Indian thought / *Wilfried Nelle*. With a preface by Zakir Husain. - 1964. 108 p.
2 *South Asian studies II* / ed. by Heimo Rau. - 1965. 111 p.
3 The dialect of Delhi / *Bahadur Singh*. - 1966. 68 p.
4 *Some problems of independent India* / ed. by Lothar Lutze. - 1968. 54 p.
5 A grammar of Tirukkural / *A. Dhamotharan*. - 1972. X,257 p.
6 Goethe and Tagore: a retrospect of East-West colloquy / *Alokeranjan Dasgupta*. - 1973. XI,127 p.
7 The joint Hindu family: its evolution as a legal institution / by *Günther-Dietz Sontheimer*. - 1977. XXI,250 p.
8 The *cult of Jagannath and the regional tradition of Orissa* / ed. by Anncharlott Eschmann; Hermann Kulke; Gaya Charan Tripathi. South Asia Interdisciplinary Regional Research Programme, Orissa Research Project. - 1978. XX,537 p.
9a *Zamindars, mines and peasants*: studies in the history of an Indian coalfield and its rural hinterland / ed. by Dietmar Rothermund; D. C. Wadhwa. - 1978. XXI,236 p. - (Dhanbad Research Project report / South Asia Interdisciplinary Regional Research Programme; a)
9b *Urban growth and rural stagnation*: studies in the economy of an Indian coalfield and its rural hinterland / ed. by Dietmar Rothermund; Erhard Kropp; Gunther Dienemann. - 1980. XXVI, 493 p. - (Dhanbad Research Project report / South Asia Interdisciplinary Regional Research Programme; b)

9c *Social inequality and political structures*: studies in class formation and interest articulation in an Indian coalfield and its rural hinterland / ed. by John P. Neelsen. - 1983. XIII, 285 p.

10 History of the Chaitanya faith in Orissa / *Prabhat Mukherjee*. - 1979. 126 p.

11 *Memorial stones*: a study of their origin, significance and variety / eds: S. Settar; Günther D. Sontheimer. - 1982. [85] 393 p. - (I.I.A.H. series / Institute of Indian Art History, Karnatak University; 2)

12 The religious system of the Mahānubhāva sect: the *Mahānubhāva Sūtrapāṭha* / ed. and transl. with an introduction by Anne Feldhaus. - 1983. VIII,285 p.

13 Oriya nationalism: the quest for a united Orissa 1866-1936 / *Nivedita Mohanty*. - 1982. XIX,201 p.

14 Indian moneylenders at work: case studies of the traditional rural credit market in Dhanbad District, Bihar / *Hans-Dieter Roth*. - 1983. XII,112 p.

15 *India and the West*: proceedings of a seminar dedicated to the memory of Hermann Goetz / ed. by Joachim Deppert. - 1983. 263 p.

16 Hindi writing in post-colonial India: a study in the aesthetics of literary production / *Lothar Lutze*. - 1985. XII,227 p.